일본식당 골목장사 천재들

글/사진 이영호

일본 도쿄, 오사카에서 찾아낸 맛집 경영 노하우

일본 역사와 일본 음식이야기

일본 식당의 성공할 수밖에 없는 이유가 밝혀진다

도서출판 서훈

글/사진

이영호 패션디자이너 빅터 리

잘 되는 가게엔 분명 이유가 있습니다.

세계 곳곳으로 비즈니스를 다니며 현지인들과의 만남을 무역과 비즈니스로 교류를 이어오며, 오랜 시간 직접 만나고 현장에서 경험한 성공 가게들의 이야기들을 한권에 모아 '일본식당 골목장사 천재들 : 도쿄 & 오사카 편'에 담았습니다.

月刊 상공회의소 「도전과 성공」 에서 소개, 서울대학교 한국디자인산업연구센터(KDRI) 유어트렌드 칼럼니스트로 활동했습니다. [MBC 손에 잡히는 경제]에 이어 [EBS], [SBS 그것이 알고 싶다] 등의 방송 출연과 다수 언론에 소개되었습니다.

주요 집필 도서로는 패션도서 '옷장사부터 패션브랜드까지(도서출판 서훈)' 외에 경제 분야 주요 저서로 '일본 최고의 장사꾼들', '너무 바빠서 죄송합니다', '홍콩 최고의 장사꾼들', '오사카에서 장사의 신을 만나다' 등이 있습니다.

⁂글 들어가며⁂

잘 되는 가게엔 분명 이유가 있다

경제 활동 여건이 어렵다는 장기불황에도 성공을 달리는 장사의 고수들이 있다.

10년 넘게 장기불황에 빠진 일본에서도, 쇼핑의 천국이라 불릴 정도로 경쟁이 치열한 홍콩에서도 경쟁 가게를 물리치고 승승장구하며 세계인의 지갑을 열게 만드는 장사의 고수들도 있다. 그래서 장사가 잘 될 때나, 잘 안 될 때라도 장사의 고수들을 통해 장사 잘 하는 전략을 배워야 한다. 자기만의 고집 따윈 중요하지 않다. 소비자는 변하고 그들이 원하는 상품과 서비스도 변한다. 넘실대는 파도 앞에서 '난 괜찮을 거야!'라고 고집 피우지 말고 살아남기 위해서 배워야 한다.

"난 사업을 하니까! 장사는 내게 해당되는 이야기가 아냐."

아니다. 장사와 사업은 다르지 않다. 사무실에서 일하니까 사업이라는 부르는 게 아니다. 거리 가게에서 일한다고 장사라고 부르는 게 아니다. 모두 똑같은 장사다. 내가 가진 걸 누군가 기꺼이 돈을 지불하면서 살 때 그 상황을 '거래'라고 부른다. '거래'는 장사의 다른 말이다.

취업이 안 되어 작은 가게라도 열어서 장사를 하려는 사람이 있다.

인터넷쇼핑몰을 만들어 뭔가를 팔려고 생각하는 사람이 있다. 하지만 주위 사람들이 이들을 모두 말린다. 요즘 경기가 어떤 시국인데 장사를 하려느냐고 다그친다. 아무 것도 안 되는 시대라고 말린다. 뭘 해도 손해 보는 세상이라고 설득한다. 과연 그럴까?

경기가 안 좋은 상황을 따지자면 6.25 전쟁 직후 상황이 더 안 좋았다.

팔 물건도 없었고 사람들에겐 돈도 없었다. 정신까지 피폐해진 상황에서 속칭 '먹고 죽을 돈'도 없었다. 장사가 웬 말이며 사업이 무슨 말인가? '그게 먹는 건가?' 고민할 정도였다. 하지만 아무 것도 없는 상황에서 사업을 일으키고 장사를 해서 성공한 사람들이 있었다. 세계 곳곳엔 어려운 시기에 성공한 사람들이 부자가 되어 살아가고 있다.

세계 최고의 부자는 가난한 나라 출신일 경우가 많다.

가난하다는 건 돈이 없다는 게 아니라 돈의 중요성을 배울 수 있는 좋은 기회다. 단돈 10원을 써도 허투루 쓰지 않는 법을 배울 수 있는 기회다.

빚은 누구에게나 있다.
돈은 누구에게나 부족하다.
돈이 없어서 뭘 못한다는 생각은 핑계일 뿐이다.

그래서 장사가 안 될수록, 경기가 나쁘다고 할수록 성공한 가게들에게 배워야 한다. 시시각각 변하는 트렌드에서 살아남은 그들의 노하우를 배우고 나만의 것으로 개발해서 장사해야 한다.

장기불황이 이어지는 일본에서도 장사가 잘 되는 가게들이 나타났다.

일본의 경기가 좋을 때 생긴 가게들이라고 말할 수 없다. 생긴지 10년이 채 안 된 가게들이 성공을 이어가는 중이기 때문이다. 그렇다면 불경기 중에 창업한 셈인데 과연 그들이 성공한 전략은 무엇이었을까? 경기침체기에 접어들면서 일본식 불황을 고스란히 따라간다는 우리나라 경제 실정에서 그들에게 배울 것은 무엇일까?

돈이 많은 여건에서 막대한 투자금을 쏟은 기업들 이야기가 아니다.

우리나라에서도 흔히 볼 수 있는 소자본 가게들이 대부분이다. 이들이 극심한 경기침체기를 이겨내고 손님들로 문전성시를 이루는 비결을 찾아보자. 장사의 성공은 자본의 많고 적음이 아니라는 점, 아이템의 문제가 아니라는 걸 알게 된다. 내가 가진 돈으로 어떻게 장사할 것인지 효과적인 '전략의 문제'라는 걸 배울 수 있다.

장사를 하려는가?
가게를 열고 싶은가?

극심한 경기침체기 일본에서 찾아본 장사 잘 되는 가게를 배워보자. 장사를 해서 성공하려면 이래라 저래라 잔소리를 늘어놓는 잔소리(?)가 아니다. 장사로 성공을 이어가는 그들의 모습을 생생하게 보고 이해하며 나만의 전략을 세울 수 있게 해주는 현장 취재탐방 보고서다.

글로벌 패션디자이너로 활동해온 필자가 세계 곳곳의 상권을 다니며 일본에서 시장을 직접 찾아다니며 체험했던 숨은 장사의 고수들의 전략도 드러난다. 일본 시내에서 누구나 아는 상권분석이 아니라 현지에서 살아가는 실제 장사꾼들의 이야기다. 오랜동안 경기침체를 겪은 와중에서도 살아남고 성공가도를 달리는 숨은 실력파 장사꾼들의 노하우이기도 하다. '밥만 먹고 살자'고 시작했던 장사가 이젠 어느새 '기업'형 프랜차이즈 사업이 된 경우도 있다. 중요한 건 전략이다.

이 책에는 오랜 시간 필자가 보고 느낀 성공가게 창업아이디어도 담았다.

그 사례로 일본인들이 먹고, 마시고, 대화하는 현장에서 그들이 살아가는 이야기에 대한 기록을 다루는 이유다. 일본 대기업의 프랜차이즈 가게에서 얻은 홍보성 이야기가 아니다. 작은 가게를 운영하는 일본 서민들의 홍보전략부터 일본에서 자영업하는 일본인들의 생각을 담았다.

몇몇의 일본인 장사꾼들을 관찰하고 써내려간 이야기가 아닌, 실제 그들이 살아가는 현장 이야기다. 그래서 이 책은 장사하는 일본인들의 마케팅 전략을 배울 수도 있고, 일본인들이 가꾸고 지켜가는 그들의 생활방식을 엿볼 수도 있다. 그리고 그들의 모습은 우리의 모습이기도 하다.

중국과 일본 등, 세계에 곳곳에서 여행객이 찾아오는 한국이다.

세계로 여행 다니며 트렌드와 유행상품을 미리 알고 오는 한국인들이다. 유례없이 똑똑한 요즘 소비자들을 상대로 가게를 하겠다는 당신에게 이 책이 필요한 이유다. 최소한 이 책의 저자가 세계를 직접 다니며 찾아낸 창업전략이자 마케팅 아이디어를 가득 담았기 때문이다.

목차
Contents

도쿄東京편

ラーメン
ジャンカラ
四海樓
たこ焼
TAKOYAKI
くれおーる
OKONOMIYAKI
お好み焼
大阪名物 たこ焼·お好み焼
かつ

오사카大阪편

부록| 홍콩식당, 골목장사의 천재들

foodrepublic 大食代
TEPP

[일러두기]

이 책에 소개된 가게들이 많은 분들에게 알려져 널리 도움 되기를 바라는 취지입니다. 도서에 소개된 가게 마케팅 등의 전략은 글 쓴 이의 주관적 경험칙상 마케팅 경영분석에 따른 것일 뿐이고, 실제 현지 가게들의 사례와 무관한 것임을 밝혀둡니다. 본문 내용상 임의 선택에 따라 가게 위치, 상표 등을 가림 처리하였습니다. 비즈니스 및 강연 등 각종 제안은 victorleehouse@daum.net 메일로 문의 바랍니다.

東京 도쿄 편

성공하는 가게는 좋은 위치가 따로 있다.

사람들이 몰리는 곳, 유동 인구가 많은 곳이 좋은 곳이 아니다. 뜨내기손님들을 대상으로 장사하는 게 필수 요소가 아니다. 당신의 가게가 아무리 입지 여건이 안 좋은 곳에 있더라도 상관없다.

당신의 가게가 손님들의 머릿속에만 있을 수 있다면, 손님들이 당신의 가게를 연상하게 할 수만 있다면 가게 위치는 전혀 상관없다. 가게는 길에서 하는 것도 아니고 인터넷에서 하는 것도 아니다. 잘 되는 가게는 손님의 머릿속에서 장사한다. 가게 스토리와 함께 손님들의 머릿속에서 장사하는 법을 알아두는 게 필요한 이유다.

손님의 머릿속에서 장사하는 노하우를 기억하도록 하자.
가게 위치는 '손님 머릿속'이 된다.

a. SNS엔 예쁜 카페, 예쁜 요리, 조명 좋은 장소에서 찍은 사진들이 있다

손님들이 무언가를 부러워하는 본능, 질투와 같은 '욕구'를 공략하는 방법이다.

사람들이 부러워하는 곳, 사귀고 싶어 하는 사람, 이상향의 사람, 놀러가고 싶은 곳을 배경으로 가게를 꾸미게 되면 그걸 보는 사람들은 '자기 욕망 충족=상품 구입'이라고 여긴다.

무언중에 드는 연상효과가 된다.

손님이 그동안 아무에게도 말하지 않은 꿈이 있는데, 다음에 돈 많이 벌면 가고 싶은 여행지이기도 했고, 돈 벌어 성공하면 되고 싶은 모습이 있었는데 '지금 저 가게 안에 저 사람이 그걸 하네?'라고 여기는 순간이다.

저건 내 모습이야!
맞아! 나도 저 곳에 갈 건데, 그 순간을 위해서 미리 사둬야겠군!

가게들이 단순히 예쁜 사진을 위해서 그럴싸한 배경을 만들어야 한다고 착각하면 안 된다. 사진을 아무리 잘 찍어도, 아무리 모델이 예뻐도 어느 가게엔 손님들이 북적이는데 어느 가게엔 파리만 날리는 경우가 있다.

왜 그럴까?

그 이유는 손님의 머릿속에서 장사 하느냐, 안 하느냐의 차이이다.

가게의 배경사진이 예쁘기만 하면 손님들이 들어오는 게 아니다. 손님의 머릿속에 얼마나 오래 남아 있었는지 그 시간이 중요하다. 그래서 어떤 가게들이더라도 상품만 파는 게 아니다. 사진 속 장소를 팔고 손님들의 머릿속에 남아있는 욕구를 건드려야 한다. 손님의 머릿속에 가게를 차리는 사람이 승리한다.

b. 아메리카노 한 잔에 5,000원인 곳 vs. 테이크아웃 1,500원인 곳의 차이

커피 한 컵 가격이 식사 가격이다.

호텔에서 파는 커피는 1만 원대를 훌쩍 넘어가니 더 비싸다. 그래서 사람들은 커피 한 컵을 마실 때도 '연상'하며 마신다. 5,000원짜리 커피를 마시는 사람은 그 커피를 마시는 동안만큼은 '나에게 주는 휴식 또는 선물'이라고 여기는데 1만 원이 넘는 커피를 마시는 사람은 그 커피를 마시면서 '나에게 투자'를 한다고 여긴다.

이 생각의 차이가 뭘까?

두 종류의 커피가 어떤 맛인지, 어떤 내용물인지, 각각 얼마나 로스팅을 했고 어디 생산지에서 왔는지는 중요하지 않다. 심지어 커피점 주인이 원두가격 절약하느라 커피 대신 니코틴을 섞었다 해도 신경 쓰지 않는다. 손님들의 머릿속엔 온통 '자기 욕구 충족'뿐이다. 커피점 가게 주인이 커피값에 대해 설명을 해주려고 해도 귀담아 듣지 않는다. '내 돈 내가 쓰는데 당신이 무슨 상관?'이라고 여긴다.

손님의 머릿속에 가게를 차렸다면 그 다음엔 가게 이름이 중요하다.
예를 들어, 당신의 가게가 주택가 인적 드문 곳에 작은 평수라고 하자. 남들처럼 대로변에, 이면도로에라도 가게를 내지 못한 당신은 무조건 망해야 할까? 아니다. 그렇다면 세상에 모든 작은 가게는 다 문 닫았어야만 한다. 뭐가 중요할까?

당신의 가게에 테이블이 3개, 10평 이내 공간, 그 안에 카운터랑 주방까지 같이 있는 곳이라고 해보자. 주택가이고 출퇴근 유동인구가 전부인 곳이다. 아침 10시부터 저녁 6시까진 택배아저씨, 우유아줌마, 도시락배달기사들이 전부인 곳, 당신은 거기서 가게 이름을 어떻게 지어야 할까? 아래 예시 중에 당신의 마음에 드는 걸 골라보자.

① 코타키나발루로 향하는 문
② 세상 속 휴식을 위해 남은 3자리
③ 태풍의 눈
④ 비타민충전소, 하루에 3알
⑤ 안에서 잠근 문

정답은?

맞다. 위 5가지 가게이름 모두 상관없다. 왜 그럴까? 여기서 중요한 건 바로 '연상효과'이기 때문이다. 위 5가지 가게 이름을 보자. 하나같이 무언가 연상되는 이미지를 갖게 된다. 코타키나발루라는 곳을 가진 않았지만 뭔가 여유로운 그럴싸한 시간이 기대되는 곳이다. 세상 속에서 휴식을 얻을 수 있는 남은 3자리라는 가게이름도 좋다. 다른 데선 얻을 수 없는 딱 3자리라는 선착순의 이미지를 준다. 출근하는 사람들에겐 가고 싶은 자리, 퇴근하는 사람들에겐 쉬고 싶은 자리가 된다.

태풍의 눈이란 가게이름 그 자체로 시끄러운 세상과 동떨어져서 그 안에서 혼자 즐길 수 있는 고요함의 연상이미지를 준다. 바쁘게 돌아가는 세상이 태풍이라면 그 안에서 평안을 즐길 수 있다는 이미지가 연상된다. 비타민 충전소는 하루에 꼭 꼭 들러야할 곳이란 이미지를 준다. 비타민이란 느낌이 가게의 공간이 크건 작건 상관없다고 여기게 해준다. 애초에 비타민 통은 크지 않아서다.

그리고 '안에서 잠긴 문'이란 가게이름에선 방해받기 싫어하는 사람들을 위한 장소라는 이미지를 준다. 누군가로부터 떨어져서 나 혼자 사색을 즐기기도 하고 혼자만의 공간을 연상하게 되는 가게이름이다.

그럴까? 생각해보자.

바쁜 회사일, 지긋지긋하게 시달리는 야근, 마음속으로는 11:50부터 시작되는 점심시간이지만 항상 보면 13:30까지 책상 앞에서 딴 짓 하는 사람들이 많은 이유다. 이 사람들은 출퇴근길에 시달린 사람들이고 시내 중심가에서 사람 많은 곳, 잘 꾸며진 곳, 유명한 곳, 비싼 곳, 북적대는 곳을 잘 아는 사람들이다. 이런 사람들이 하루에도 몇 번씩 '나만의 곳'을 찾게 되는데 그때마다 당신 가게가 연상되게 하는 전략이다.

"빨리 퇴근하고 지난 번 그 가게에나 들려야겠다."

"그런데 거기 이름이 뭐였더라?"

당신의 가게는 지금 어디에 있는지, 당신의 가게는 몇 평인지, 당신의 가게는 무엇을 팔고, 당신 가게에 오는 손님들은 누구인지 따져보며 전략(?)을 세우는 중인가? 현재까지 그랬다면 지금 당장 멈추고 당신의 가게 이름부터 다시 보자. 당신의 가게 이름 하나만 바꿔도 손님 수가 배 이상 늘어날 게 분명하다.

가게 이름 & 연상효과가 중요하다.

잘 지은 가게 이름 하나만으로도 특별한 홍보를 하지 않아도 사람들 머릿속에 자리잡을 수 있다. 브랜딩 전문 용어로는 이를 가리켜 '포지셔닝'이란 영어단어를 사용하기도 한다. 사람들의 기억 속에 자리매김하는 단계라는 의미로 사용된다.

자, 이제부터 시작이다.

손님의 머릿속에 가게를 차렸고, 기억에 오래 남아 떠오르는 가게 이름까지 잘 만들었다면 이제부터 당신은 가게를 시작하고 돈을 받을 계획만 세우면 된다. 나머진 손님들이 알아서 찾아오고 기꺼이 그들의 지갑을 열어 당신에게 돈을 건넬 것이기 때문이다.

당신에게 알려주려는 모든 노하우는 그래서 '불편하고 불만족스럽고, 부족한 것들을 가게의 성공 전략으로 마케팅하는 노하우'라고 요약할 수 있다. 장소가 문제가 아니고 유동인구가 문제가 아닌 시대다. 손님들은 아무리 멀어도 스마트폰 지도 찾기로 찾아오고 그게 불가능하다면 온라인 주문하고 택배로 쇼핑한다. 세상의 모든 가게는 더 이상 주변 유동인구만을 위한 게 아니다.

일본 식당, 골목장사의 천재들
드디어 도쿄東京에서 이야기를 시작한다.

골목에 붙잡아두는 가게들

도쿄 최대 번화가 신쥬쿠에 가면 가부키쵸라는 유흥가 지역이 나온다. 세계 곳곳에서 이곳을 찾아오는 사람들이 끊이지 않는 곳, 유흥업소가 얼마나 많은지 그 수를 헤아리기 어려웠던 탓에 무료업소 소개소가 생길 지경이니 말이다. 한편으로, 무료업소 소개소는 관광객들을 상대로 한 호객꾼들이 이 지역에서 온갖 문제를 일으키자 일본 경찰이 단속에 나서면서 새롭게 생긴 업소 홍보 방식이기도 했다.

그런데 신쥬쿠 가부키쵸가 유명세를 얻기 훨씬 전부터 불어 닥친 도시 재개발 바람은 인근 골목도 예외가 아니었고, 도쿄 시내 중심지에서 벗어난 인근 지역에도 주택가마다 재개발 바람이 불었다. 하지만 거센 개발 바람에도 불구하고 자기가 살던 터전을 떠나지 않으려는 사람들이 있었으니 그들이 모여 골목 이름을 정하고 골목을 특화시키기 위해 노력했다. 그러자 인근 지역 사람들도 골목에 오기 시작했다. 사람들은 자리를 지키는 게 중요하다는 걸 알았다. 신쥬쿠역과 기찻길 철로 하나를 사이에 두고 좁은 골목 안에 형성된 오모이데요코초추억골목이다.

사람 많은 번화가 거리도 아니고 주택가 인근 이웃이 많은 골목도 아니다. 물론 그곳에서도 가게를 시작할 수 있다. 길이 있으면 사람들이 온다. 가게는 길이 없는 곳에 열더라도 가게 앞에 길을 만드는 게 제일 중요하다. 손님들은 길이 있으면 온다. 그 길은 가게들이 직접 만들 수 있다.

"일본에 오모이데요코쵸 가봤다고 했지?"

"네? 네. 저 골목에서 작은 가게로 창업한다고 했더니 거기 꼭 가 보고 시장조사하라고 해서 다녀왔어요. 그런데 왜요? 거기 꼬치가 유명하다고 해서 기대는 했는데 한국에서 먹는 거랑 별반 차이 없던데요?"

"중요한 건 메뉴가 아니라 전략이야. 꼬치가 아니라 골목이라구."

"골목? 전략이요?"

눈을 동그랗게 뜬 박현수 얼굴이 스마트폰 화면에 들어왔다.

"응. 신쥬쿠 지역의 역사적인 유래나 이런 건 별개로 하더라도 그 골목 어때? 지나다니는 사람들에게 쉽게 눈에 띄는 곳이 아니지? 게다가 기차가 다니는 철로 바로 옆이어서 시끄럽기도 하고 모임을 갖는다거나 편안하게 들릴 수 있는 곳은 아냐."

"아, 그런 것 같아요. 기찻길 옆이어서 그랬는지 좀 지저분한 느낌도 들었어요."

"맞아. 그런데 기차가 다니는 철로 옆이란 게 중요해. 철로라고 해봤자 우리나라 지하철 같은 건데, 그 골목은 기차에 타고 있는 사람들을 대상으로 홍보해서 성공한 곳이야. 생각해 봐. 신쥬쿠에 가는 사람들은 관광객이 대부분이야. 가부키쵸나 동키호테 들려서 쇼핑하기에 바쁘고 유흥가에서 노는 게 더 즐겁지. 자리도 좁고 메뉴도 별반 특이할 게 없는데 시끄럽기까지 한 꼬치골목에 갈 이유는 별로 없어. 기찻길 옆이라서 지저부하다고 느끼는 곳이기도 했지. 자, 그러면 꼬치골목 가게들은 어떻게 해야 장사를 할 수 있었을까? 자기들이 가진 단점을 무시하고 장점을 살려야 했을 거야. 그러려면? 기차에 탄 사람들이 지나다니며 볼 때 '아, 저기 특이하다!'라는 인상을 줘야했고 뭔가 골목에 얽힌 스토리가 필요했어. 기차를 타고 다니는 사람들은 기찻길 바로 아래쪽이 지저분하다고 해서 신경 쓰지도 않거든. 그래서 기차를 탄 사람들이 '찾아오는 골목'을 만들어야만 한 거야. 그래서 골목 이름이?"

"아! '오모이데'! 일본어로 '추억'이네요?"

"응, 골목도 좁아서 지나다니는 사람들이 알아채기도 힘들고, 골목 입구에서 안쪽으로 보더라도 뭔가 특별한 걸 기대하기 어려운 구조야. 도로에 다니는 자동차들이 아무리 많아도 순식간에 지나쳐버릴 정도로 좁은 곳이야. 그래서 꼬치골목은 기차에 탄 사람들에게 집중적으로 홍보를 해야 했는데 그들이 지나가며 창밖을 볼 때 '아, 저기 가보고 싶다!'고 생각하게 하려면 뭐가 필요했을까? 지하철 타고 다니는 사람들의 마음을 사로잡으려면? '퇴근 후 한 잔'이었어. 지하철 타고 다니는 사람들이 창밖을 본다? 어떤 상황이겠어? 서 있는 거잖아? 힘들지. 힘들고 피로한 사람들이 지하철 창밖으로 보게 되는 골목이 있는데 모락모락 연기도 나고 뭔가 푸근한 느낌이 와. 어쩌겠어?"

"가보고 싶죠."

"그렇지만 문제가?"

"가격이죠? 비싸면 좀 그러니까. 지하철 타고 다니는데 저 골목에 물어 찾아갔다가 가격이 비싸면 왠지 찾아오고 싶어 했던 마음도 사라지고 좀 그럴 것 같아요."

"꼬치골목에 갔을 때 가게들마다 메뉴판 걸어둔 거 봤지? 어떻게 되어 있었어? 기억나?"

"아, 맞다. 가게들마다 간판도 내걸고 가격도 엄청 쌌어요. 메뉴도 가게 앞에 주르륵 붙여놓고 사진으로 보여주는 곳도 많았어요."

"그런데 간판을 보게 되는 방향이 골목 손님들이 보라고 하기보단 조금 위쪽으로 기울은 상태였지? 기차에서 보기 쉽게 만든 거야. 그리고 가게 문들이 대부분 유리창으로 되어 있었을 거야. 가게 밖에서도 안을 보고 자리가 있으니 들어오라고 하는 것이지. 일반 여기 와보라고 하는 홍보지. 일단 골목 안으로 사람들이 오기만 하면 쉽게 되돌아갈 생각을 하지 못하게 할 임무는 누가? 골목 안에 가게들이 책임지는 거니까."

"아… 난 또 그것도 모르고 그냥 가서 꼬치 메뉴만 몇 개 먹어보다가 나왔어요. 가부키쵸 가서 구경하다가 그냥 재미가 없어서 숙소로 가서 잤거든요. 역시…"

"꼬치골목에 가게들마다 내세우는 메뉴를 보면 그들이 얼마나 전략적으로 골목을 살리려고 했는지 알 수 있어. 꼬치가 있으면 생맥주가 있고 그 옆엔 국수 가게가 있어. 꼬치골목이긴 하지만 생맥주랑 국수가 주요 메뉴인 거야. 사람들이 꼬치골목에 가면 꼬치만 먹어야 한다고 생각할 수 있잖아? 그럼 꼬치골목에 안 오지 않겠어? 꼬치만 먹고 나서 다른 데 또 힘들게 가서 입가심 하려면? 꼬치골목을 가는 게 부담되거든. 그래서 꼬치골목 안에 상인들은 자기들끼리 전략을 세웠을 거야. 너희는 꼬치, 나는 국수. 너희 꼬치는 야채랑 닭 중심, 우리 가게 꼬치는 소고기랑 돼지고기 중심, 뭐 이런 식으로. 그래야만 꼬치골목에 오는 사람들이 여러 가지 메뉴를 맛볼 수 있고 입가심도 하고 국수도 먹고 2차, 3차도 골목 안에서 즐길 수 있는 거야."

"근데 거기 자리가 너무 좁았어요. 저는 덩치가 작은 편도 아닌데, 일본인들 체형 위주였던 거 같아서 사실 좀 짜증이 났었거든요. 이래 갖고 무슨 장사가 되겠어 생각들 정도였어요."

"자리가 좁은 거? 그것도 전략이야."

"네? 전략이라고요?"

"단점인데 장점으로 만든 거란 얘기야. 생각해 봐. 오모이데 요코초. 추억골목이야. 요즘처럼 넓은 쇼핑몰이랑 넓은 커피점들이 득시글한 상황에서 자리가 좁다는 건 단점이 아니라 차별화가 되는 중요한 요소야. 골목 이름이 뭐야? 추억이잖아? 가게에 들어와서 좁은 장소에 앉아도 불평하지 말고 추억할 수 있다는 게 장점이지. 그리고 혹시 거기 가게에 갔을 때 사진도 찍었어?"

"아, 사진요? 셀카봉을 가져갔는데요, 가게 안에선 너무 좁아서 못 찍고 밖에 나와서 골목 입구에서 찍었어요. 그래도 다녀갔다는 기록이라도 남기려고요."

"딩동댕. 그게 추억이지."

"네?"

"추억골목에 왔는데… 뭐가 남겠어? 사진이야. 그 골목은 가게에 온 손님들이 사진을 많이 찍고 가서 블로그나 페이스북, 인스타그램 등에 사진을 많이 올려주기를 바라는 거야. 그야말로 추억의 골목이잖아? 추억을 남겨달라는 거지. 가게가 좁아서 못 찍었다고 했지? 가게 안에서 카메라를 꺼내면 한 가지 재미있는 상황을 볼 수도 있었을 텐데 아쉽다. 가게 안에서 카메라를 꺼내면 직원들이 손님 눈치 못 채게 슬쩍 자리 이동하는 걸 볼 수 있을 거야. 손님 테이블하고 주방쪽 공간 사이에 군데군데 놓인 술병이랑 메뉴판이 이상하다고 생각 안 했어?"

"이상하다고요? 아뇨. 그냥 이 가게들은 손님들에게 홍보를 많이 하려고 홍보물이랑 안주 메뉴판, 술병들을 테이블 위에 올려뒀구나 생각했어요. 근데 왜요?"

"가게 안이 좁다고 했지? 내가 만약 가게 주인이라면 어떻게 할래? 가게가 넓어보이게 하려고 했을 거 아냐? 그런데 가게 안이 좁은데다가 또 이것저것 장치물을 많이 들여놨다는 건?"

"아…"

"손님이 카메라를 꺼내면 가게 안에 직원들은 손님 카메라에 안 나오는 위치로 이동하는 걸 봤을 거야. 손님들은 그들의 추억을 남기고 싶어 하는 걸 알거든. 가게 직원들 얼굴이 나오는 걸 원하지 않아. 그래서 직원들이 미리 알아서 피해주는 거야. 그런데 좁은 가게에서 어디로 가겠어? 손님들이 카메라를 꺼냈을 때 가게는 보이는데 직원들이 안 보이려면? 술병 뒤, 안주메뉴판 뒤 쪽으로 서는 거야. 손님들 카메라엔 직원들이 안 보이는 대신 가게에서 파는 안주랑 술병들, 준비된 신선한 재료들이 보일 거야. 그런 사진들이 페이스북이랑 인스타그램, 블로그에 올라간다고 생각해봐. 오모이데 요코초 골목이 유명하게 될 수밖에 없지?"

박현수가 수화기 너머에서 내 이야기를 들으며 뭔가 수첩에 적는 듯 했다.

방금 전까지 스마트폰 화면을 가득 채우던 남자 얼굴이 사라지고 어딘가 처음 보는 가게 간판들이 보였다. 주위로 지나가는 사람들의 이야기 소리도 들렸다. 잠시 후 박현수 얼굴이 다시 화면에 들어왔다.

"암튼 가게는 잘 얻었어! 축하해! 장사를 시작한다니 뭐라도 도와주고 싶긴 한대. 그런데 우리 인간적으로 면도를 하고 하는 게 어때? 손님들 도망가면 어쩌려고? 혹시 면도기 팔려는 거 아니지? 그러려면 수염은 필요하지만."

솔직히 농담이었다.

어떻게 하든 박현수의 수염을 깎으라고 하고 싶어서 우스개로 꺼낸 이야기였다. 그런데 박현수는 깜짝 놀란 얼굴로 내게 되물었다.

"우아! 선배! 어떻게 알았어요? 나 면도기 팔려고 일부러 수염 기른 건데! 진짜 대박!"

"엥? 무슨 소리야, 그게?"

박현수의 아이템은 대학생들과 중고등학생을 위한 이미용품 가게였다.

여대생을 위한 제모기부터 남학생들의 면도기도 포함되었다.

요즘처럼 성장이 빠른 청소년들의 경우엔 이들을 상대로 남성용 화장품과 여성용 화장품 사업도 추천할 만 했다. 박현수는 대학가 주변에서 인근 중·고등학교까지 시장 범위에 두고 청소년부터 대학생 그리고 사회 초년생들까지 고객군으로 포함하는 이미용품 가게를 구상한다고 했다.

면도기를 파는 남자가 수염을 기른다?

박현수의 전략은 이른바 '지식검색 마케팅'인 셈이다. 이를테면 이렇다. 당신이 어디를 가는데 길거리에 쓰레기가 보인다고 하자. 당신의 생각은 뭘까? '여긴 쓰레기통도 없나?'가 된다. 주위를 들러보고 쓰레기통을 찾는다.

이런 경우도 있다.

당신이 운전 중이다. 약속장소를 정하려는데 마뜩찮게 좋은 장소가 떠오르지 않는다. 우선 근처에 가서 좋은 장소를 찾아보려고 생각한다. 그래서 약속장소 지역에 도착한 당신, 가장 먼저 하는 일은? '자동차를 세울 주차장이 어디에 있지?'가 된다. 운전하는 당신 눈엔 도로변 공간, 주택가 이면도로에 공터, 넓은 공용주차장이 눈에 확확 들어온다. 필요에 의해 찾게 되는 당신의 본능이다.

지식검색 마케팅이란 이처럼 사람들의 심리를 이용하는 전략이다. 사람들은 자기가 말하지 않으면 다른 사람들이 절대 모를 거란 착각을 하지만 그렇지 않다. 마케팅에서 당신의 생각은 더 이상 비밀이 아니다. 당신의 생각은 이미 지배당한지 오래다.

박현수의 수염은 그래서 다분히 전략적이다.

가게를 지나다니는 사람 또는 박현수를 본 사람들은 '지저분한 수염'을 보고 '면도를 하면 좋을 텐데!' 여긴다. 박현수를 보면서 자기 모습을 떠올린다. '나도 저렇게 지저분한 거 아냐?', '나 면도 언제 했지?' 생각한다. 그러면서 박현수 가게를 유심히 살펴보게 된다. 그 즉시 당장 가게 안으로 들어가서 뭔가를 사지 않더라도 그 자리에 박현수의 가게가 있다는 걸 기억하게 된다. 다리에 털 많은 사람이나 수염이 많은 사람을 봐도 박현수를 떠올린다.

'면도기랑 제모기 파는 사람이면서 정작 자기 스타일은 수염도 안 깎고 덥수룩하다?'

요즘 같은 SNS 시대에 사진 찍히고 인터넷에 올라갈 상황 100%다.

사람들이 박현수를 보면서 '극혐장난기가 섞인 표현으로 지저분하다, 싫다는 의미'이라고 부르던, '용자누구도 예상치 못한 상황에서 자기만의 삶을 영위하는 사람을 부르는 인터넷은어'라고 부르던 간에 일단 박현수는 가게홍보 제대로 한 셈이다.

내게 영상통화를 건 이유는 한 가지였다.

"선배! 이 가게 인테리어 어떻게 해요? 간판이랑 외부 디자인은요? 평수는 작아서 10평도 안 되는데 전문 인테리어 업체라는 곳에 맡기려고 알아봤더니 평당 130만원은 달라던데요, 그럼 1,000만원은 훌쩍 넘어가잖아요. 돈도 없는데 그렇게 못해서요."

박현수의 생각이 기특했다.

아이템을 고르는 것도 신중했고 가게 입지 선정도 지금 당장을 위한 자리가 아니라 앞서 보고 고른 것도 잘했다. 그리고 인테리어의 중요성도 소홀히 하지 않으며 나름 고민하는 태도가 보였다.

전문 업체에게 알아봤더니 너무 비싸서 내게 부탁한다는 이야기는 '하얀 거짓말' 인 걸 알 수 있었다. 내게 바로 부탁하긴 미안하니까 부족한 돈 이야기를 꺼내며 인테리어 디자인 구상을 맡기는 모양새였다. 박현수는 학생 때나 사회에 나와서나 남에게 미안한 부탁을 제대로 못하는 성격인 게 여전했다.

"박현수 가게가 있는 곳도 대학가 근처 주택가 골목상권이지? 고등학교랑 중학교, 대학교까지 10대부터 20대까지 아우르는 사람들이 주요 고객일 테니까 젊은 감각으로 가야겠다, 그렇지? 그러려면 메신저나 카톡 언어를 사용하고 인터넷방송 아프리카tv에 나오는 BJ들 대화처럼 광고문구를 만들어 보는 게 좋겠어. 간판도 고객층에게 익숙한 컬러를 고르고 그 동네에서 명소가 되어야 해. 학생들이 와서 셀카도 찍게 하고 페이스북이나 카톡에 사진 올리게 해. 인테리어나 간판도 재밌어야 할 거야, 그렇지? 골목 통로를 눈여겨보고 사람들이 어느 쪽에서 어디로 이동하는지 방향이랑 시간대를 조사해 봐. 시간대별로 이동하는 사람들이 다를 거야. 그러면 시간대에 따라서, 낮과 밤에 따라 간판이랑 문구를 다르게 만들어. 가게 내부엔 여대생들 다이어리처럼 여성적인 느낌을 강조해서 여학생들에겐 비밀수첩처럼, 남학생들에겐 누나방 구경하는 것처럼 느끼게 해. 이 · 미용제품이니까 남자는 여자에게 배우는 느낌 나게, 여자는 파우더룸 들어온 것처럼 느끼게 해주는 게 필요해."

"선배, 조금만 천천히 말해요, 나 적을 테니까."

박현수는 내 이야기를 하나도 빼놓지 않고 모두 받아 적으려고 했다. 그가 든 스마트폰 카메라가 나한테 하늘을 보여줬다. 박현수는 스마트폰을 내려놓고 수첩에 적는 중이었다. 내 스마트폰 화면으로 박현수가 있는 곳 하늘이 보였다. 그리고 박현수의 덥수룩한 얼굴이 내 스마트폰의 작은 화면에 나타났다.

"근데 파우더룸이 뭐에요?"

"POWDER ROOM. 여자들 화장하는 방. 그건 그렇고, 암튼. 내부 인테리어 어떻게 꾸밀 건지 적었으면 외부 간판이 중요한데, 가게 정면에서 바라볼 때의 시각으로만 간판을 만들면 안 돼! 알았어? 그 가게는 골목으로 지나다니는 사람들, 가끔 차를 운전하고 다니는 사람들이 손님이 될 텐데 그 사람들 시각에서 가게 간판이 어떻게 보일지 염두에 두고 만들어야 해. 박현수의 가게라고 해서 박현수의 눈높이에서 만들면 안 돼! 알았지? 중요하니까, 꼭 기억해!"

"알았어요! 그리고 제가 또 뭐 해야 할 일 없을까요?"

박현수가 자기 스마트폰 카메라에 얼굴을 들이대며 말했다.

덕분에 내 스마트폰 화면에 박현수의 얼굴이 가득 들어찼다. 내가 팔을 뻗어 스마트폰을 조금 멀리 들고 말했다. 남자끼리 얼굴 가까이에서 대화하는 느낌은 정말 영 아니었다.

"고객을 응대하는 마음인데 이게 중요해. 박현수의 상품이 좋으니까 손님은 무조건 사야 한다, 이런 생각은 하지 말고 무조건 고객의 이야기가 맞다는 생각으로 대우하는 게 필요해. 알았지? 고객들이 불평을 하거나 불만을 제기하는 걸 그대로 들었다가 나중에 고치고 개선해 나아가는 전략도 필요하고. 특히 거기 아이템이 이 · 미용제품이잖아? 그 제품을 사려는 사람이라면 자기 외모에 관심이 많고 가꾸려는 사람들이야. 그 손님들에겐 외모 칭찬부터 말해주기 시작하면 가까운 단골 사이가 될 거야. 그리고 손님의 외모에 필요한 여러 가지 좋은 제품을 추천해주면 더 좋아할 거야. 여자들은 자기 외모의 장단점을 제대로 아는 가게를 만났다고 좋아할 거고 남학생들은 혼자만의 비밀이었는데 이젠 자기 비밀을 터놓고 같이 고민할 형이 생겼다고 좋아할 거야. 자기를 가꾸려는 사람들은 누구보다 자존심이 센 편일 테니까 그들이 원하는 스타일에 어울리는 제품을 추천해주고 다양한 정보를 공유하는 페이스북이나 카톡 친구로 만들어서 지속적으로 연락을 주고받아야 해."

"네. 그리고요?"

"또? 또, 할 것은... 음. 그래. 가게 인테리어 다하고 정상 영업하기 전이라도 일단 가게 입주하기 전에도 주변에 가게들 다니며 인사하고 미리 친해두면 좋겠어. 생각해 봐. 박현수가 가게를 거기에 열기 전에 이미 근처에서 장사하고 계신 분들이거든. 그분들은 그 동네에 골목 상권을 누구보다도 잘 알고 어디에 사는 누가 어떤 성격인지도 다 알고 있는 분들이야. 어느 집 식구가 몇 명인지도 알 걸? 그러니까 네가 먼저 인사하러 가고 그분들과 친해지려고 해. 그러면 너를 좋게 본 사람들은 네 가게가 정상영업 하기 전이라도 자기 가게에 오는 손님들에게 네 가게에 대해 좋게 이야기해줄 거야. 네가 하려는 가게가 무슨 가게이며, 거기 사장이 젊은이인데 열심히 살려고 하더라! 등등, 너를 좋은 이미지로 포장해줄 거야. 아, 아니지. 넌 원래 좋은 사람이니까 있는 그대로의 모습을 알려줄 거야. 가게는 혼자 하는 게 아닌 거 알지? 너의 가게에 오는 손님들도 네 편으로 만들어야 하고, 네 가게가 있는 곳 주위 가게에 사람들도 네 편으로 만들어야 해."

박현수의 전화는 내가 인천공항에서 내려와서 공항철도를 타러 오기까지 이어졌다.

그리고 공항철도가 도착하면서 통화를 마무리했다. 박현수는 내 이야기를 모두 받아 적은 모양이었다. 수첩을 덮는 소리가 들리더니 박현수가 자기 팔을 뻗어 스마트폰 앞에서 고개를 숙여 나한테 꾸뻑 인사를 하는 모습이 보였다. 고맙다는 표시였다.

'넌 성공할 거야. 그리고 꼭 성공해라!'

[팁] 골목을 만드는 상인들, **오모이데 요코초**

신쥬쿠에 오면 반드시 들려볼 곳으로 오모이데요코초를 추천한다. 신쥬쿠 동쪽 출구로 나가서 직진하면 우측에 철로가 나오는데 조금 더 걷다가 좌측으로 철로 아랫길이 나오면 통과한다. 그리고 철로를 나오자마자 다시 좌측에 보면 옹기종기 모여 다닥다닥 붙은 꼬치구이가게들을 볼 수 있다. 일본의 오랜 과거시절부터 명맥을 유지해오는 꼬치골목이다. 각 지방 별로 특화된 꼬치의 맛을 볼 수 있는데 퇴근 시간이 조금만 지나도 손님이 꽉 들어차므로 조금 일찍 들르는 게 팁이다.

바쁜 손님에게 다가갑니다

안 되는 걸 되게 할 때 돈이 벌린다. 무슨 이야기일까?

사람들의 상식 밖에서 돈을 번다는 얘기다. 예를 들어 보자. TV에서 모 연예인이 여행 프로그램을 떠났다. 이 날 촬영에선 방송 중에 게임을 하고 꼴지는 벌칙을 수행하는 내용이 있었다. 저마다 모든 출연자들이 기를 쓰고 게임에 임했고 다들 이기기를 바랐지만 그들 중에 한 명이 꼴찌가 되었다. 그리고 꼴찌에게 주어진 벌칙은 소쿠리 한 개를 들고 섬에 혼자 남아서 물고기를 잡으라는 임무가 주어졌다. 어떤 일이 벌어졌을까?

소쿠리 한 개로 어떻게 물고기를 잡느냐며 기가 찬 표정으로 항의하던 연예인을 그냥 두고 떠나버린 일행이었다. 어쩔 수 없이 남은 한 명은 반드시 물고기를 잡아야만 그 섬을 탈출할 수 있던 상황. 그런데 잠시 후 기적적으로 그 연예인이 일을 냈다. 실제 물고기를 잡는 사건이 벌어진 것. 이 순간 시청률은 예능 사상 순간시청률 40%를 넘었다. 사람들은 그들이 익히 알고 있는 상식이 뒤집어졌을 때 관심을 갖는다. 그리고 그들이 알게 된 새로운 사실을 주위 사람들과 나눈다.

스마트폰을 들고 우주를 관찰하고 우주정거장 안에 우주인들과 메시지를 나누는 시대다.

사람들은 이제 공간의 차이를 느끼지 못한다. 손바닥 안에서 유럽을 보고 미국을 보며 중국 도로에 카메라로 도로 사정까지 확인할 수 있는 시대다. 이러한 시대에 살아가는 사람들에게 당신의 가게는 어떤 서비스를 했는지 생각해보자. 사람들이 당신 가게에 안 오는 이유는 그들이 원하는 게 없어서였다.

그들이 원하는 건 뭘까?

"중심상권에 가게를 열면 거기 다니는 사람들이 야마다의 가게에 올 것 같아?"

야마다의 얼굴이 뜨끔한 표정이었다. 그렇지 않아도 내심 고민하던 눈치였던 모양이다. 사람 많다고 거기서 장사하면 진짜 잘 될까? 사람들이 내 가게에 와줄까? 야마다는 고민의 연속이었다.

"장사를 한다는 건 좋은 생각이야. 남이 아니라 이제부터 자신을 위해 일한다는 생각을 한 거니까. 남에게 받는 돈이 아니라 자기가 직접 버는 돈이라서 그렇지. 그런데 야마다는 돈을 쓸 때 어떤 생각을 해? 중심상권에 가서 커피점이나 식당, 노래방 등에 갈 때 익숙한 곳에 다녀? 아니면 새로 신장개업한 곳에 가?"

"맛집에 가죠. 쭉 걷다 보면 사람들 많은 식당이 있어요. 사람 없는 곳엔 안 가고 그런 데를 가야 맛집에 들르는 거죠."

"만약에 그 식당이 사람들 불러서 공짜로 음식 주면서 먹이고 있는 거였다면?"

"네?"

이른바 '줄 세우기' 전략을 말했다.

새로 가게를 연 곳에서는 '오픈빨'이란 게 있다. 새로 가게를 열었으니 인근 지역 주민이나 행인들이 신기해서라도 와본다는 뜻이다. 이때 매출이 어느 정도 생긴다. 하지만 이후 오픈빨은 급속도로 줄어들어서 일주일만 지나더라도 본 모습이 드러나는 순간이 된다. 진짜 실력은 이때부터 평가받게 된다.

그래서 새로 가게를 열 때는 '개업식'이다 뭐다 해서 사람들을 초대한다.

가게 안에 사람들이 많은 것처럼 보여야만 홍보도 되고 행인들의 이목을 끌 수 있어서다. 아는 사람들 수가 적을 때는 돈을 주고 고용하기도 한다. 물건을 사가지 않더라도 줄만 세우는 곳도 있다. 길게 늘어선 줄을 보면 지나가는 자동차에 탄 사람들이거나 자기 갈 길 바쁜 사람들이 한 번씩은 쳐다보고 그들 나름대로 '무슨 손님이 저렇게 많아? 뭘 파는 가게야?' 생각해서다.

가게를 인수할 때도 조심해야 하는 이유 중에 하나다.

가게를 넘기려는 사람은 이런 방법을 쓴다. 당신이 가게를 보러 온다고 약속한 날이 되면 후배들이나 선배를 오라고 해서 손님처럼 가게 안에서 놀고먹으라고 한다. 물론 모든 음식은 공짜다. 꽉꽉 들어찬 사람들을 보고 당신은 그들이 손님이라고 여긴다. 기존 가게주인이 그들에게 지출한 돈은 당신 호주머니에서 나오는 권리금 내지는 가게인수자금으로 충당된다.

야마다는 가게를 할 생각을 하면서도 기본적인 '줄 세우기' 전략에 대해선 전혀 모르는 눈치였다. 너무 순진한 걸까? 아니면 진짜 실력만으로 승부하려는 '장인 정신' 일까? 야마다가 하려는 가게는 자기가 개발한 음식메뉴나 아이디어도 아니었다. 본사가 지점을 늘려가는 프랜차이즈 가게 중에 하나였다.

야마다에게 필요한 건 가게를 시작할 때 장소를 어디에 열어야 하는지, 고객을 어떻게 확보할 것인지에 대한 문제였다.

"지하철 4호선 숙대입구역 10번 출구에서 나와서 숙대쪽으로 고가 철로를 통과하면 오른쪽에 교회가 하나 보여. 삼일교회란 곳인데 성도 수가 2만 여명 되는 곳이야. 1953년에 설립되었든가 암튼 그래."

"대단하네요. 큰 교회네요."

"그런데 건물은 그렇게 크지 않아. 예배 시간을 여러 부로 나눠서 주일에만 7번 정도를 예배보거든. 성도를 분산해서 좁은 장소를 최대한 이용하는 셈이지."

"네. 그런데 갑자기 교회 이야기는 왜요?"

야마다가 커피 한 모금을 마시고 테이블 위에 다시 내려놨다. 사실 야마다는 나랑 만나기로 한 커피점 브랜드 가게를 열려는 중이었다. 아무래도 젊은이들이 커피를 많이 마시니까 사람들이 많은 곳에서 시작해야 하지 않을까 고민하는 중이었다.

"그 교회 주변엔 철공소가 대부분이었어. 식당이라고 해봐야 지나다니는 택시기사를 위한 기사식당 정도가 전부였지. 주변 여건도 지하철 철로가 지나가지, 사람들이 많이 다니는 곳이 아니라서 황량한 느낌마저 들던 곳이야. 그런데 재미있는 일들이 일어났어."

"네?"

"바로 길 건너에 어느 날 갑자기 삼일슈퍼가 생겼거든."

"왜요?"

"왜일까? 교회 성도들이 예배를 마치고 나오면서 음료수도 마시고 싶고, 교제시간에 필요한 과자 등등, 기타 이런저런 물건을 사야하는데 가게가 없던 거야."

"아하!"

"그런데 더 재미있는 건 교회 바로 옆에 삼일마트가 또 생겼어. 경쟁하기 시작한 셈이지."

"세상에."

야마다는 내 얼굴만 바라보며 집중하기 시작했다.

"어느 가게가 이겼어요?"

"누가 이긴 게 중요하지 않아. 두 가게를 채우고도 남을 만큼 손님 수는 많았으니까. 예배를 마치면 길을 건너가서 교제 모임을 갖는 사람들도 있고 집이나 다른 장소로 이동하려고 지하철을 타러 가려는 손님들도 있었거든. 어차피 길 하나를 사이에 두고 손님들이 갈리니까 두 가게는 서로 경쟁할 필요가 없었어."

"그런데 예배는 주일에만 보잖아요? 일주일 중에 하루만 장사하는 거예요?"

"아니지. 새벽예배도 있고 교회엔 사실 주일에만 예배 보는 게 아니라 주일 내내 예배가 있어. 그런데 더 놀라운 건 사람들 수가 점점 늘어난다는 점이야."

"왜요?"

"교회는 하나인데 성도들이 전도하면서 친구, 가족, 직장동료들까지 점점 오게 되는 거였어. 두 가게는 가만히 있는 상태에서 자리만 잘 잡았을 뿐인데 손님들이 다른 손님들을 데리고 와주는 상황이 일어난 거야!"

야마다는 가만히 내 얼굴을 보며 뭔가 생각하는 눈치였다. 그러더니 궁금해서 못 참겠다는 표정으로 다시 물었다.

"아, 그럼 저 교회를 알아봐야 하나요? 성도 많은 교회 찾아서 그 주변에 가게 열면 어때요? 그거죠?"

"아냐."

"그럼 뭔가요? 궁금해 미치겠어요. 빨리 얘기해줘요."

"건물 1층이나 지하 층, 요즘 들어서는 복합주택 건물로 '맨션'이라고 새로운 주거 형태도 있어. 아파트나 오피스텔 1층은 관리비도 비싸고 임대료도 비싸니까 추천할 만한 장소는 아냐. 고객들이 자주 놀러가는 곳에 따라가서 가게를 열 생각을 하지 말고 고개들이 사는 곳에 가서 가게를 열어 봐. 그게 훨씬 낫지 않겠어?"

"그런 곳에선 어떤 가게를 열죠?"

야마다가 나를 보며 물었다. 그렇게 좋은 장소가 있다면, 아니, 발전 가능성 높은 비밀의 가게 터가 있다면 빨리 알려달라는 눈빛이었다. 남들 모르는 틈에 자기가 빨리 가서 가게를 열겠다는 의지가 엿보이는 순간이기도 했다.

"우리가 지금 있는 여기 가게를 봐."

"네?"

야마다는 주위를 둘러 봤다. 일본인 야마다에겐 낯선 풍경이 아니었다. 도쿄 도심에서 자주 볼 수 있는 회집, 그리고 일본 맥주. 그냥 일본 술집이었다. 야마다가 다시 나를 쳐다봤다. 뭘 보라는 건지 모르겠다는 표정이었다.

"야마다는 고향이 어디라고 했지?"

"아, 저는 요코하마요."

"바닷가지? 하긴 일본은 섬나라라서 어디를 가든 바닷가이니까. 그래도 바닷가 출신들은 도쿄나 오사카처럼 도시에 살면서 갑갑하다고 할까? 그런 생각을 한다던데? 그래서 여름이면 해안가 가서 서핑도 즐기고 해외여행을 가면 하와이로 주로 가잖아?"

"네. 맞아요. 우리 부모님이나 친척들도 하와이에 많이 갔어요. 어떤 분들은 하와이로 이민 가서 아예 거기서 살죠. 그냥 일본이랑 느낌이 같대요. 하와이나 일본이나."

"그냥 일본이 아니라 바닷가지."

야마다 얼굴을 보며 미소를 지었다. 야마다는 커다란 눈으로 나를 바라보기만 했다.

"일본인들 다수는 바닷가 출신이야. 그래서 도쿄나 이케부쿠로 같은 도심지에 산다고 해도 항상 바다를 보면 묘한 향수가 있어. 여름이면 파도타기를 즐기는 젊은이들이 많은 이유도 알잖아? 옷가게엔 서핑 하는 사람을 위해 셔츠랑 보드, 선글라스 같은 소품도 팔기 시작하고 대다수 일본인 젊은이들은 해안가에서 즐기지?"

"그렇죠. 아무래도 바다가 편하니까."

"그래서 도쿄 중심에 이런 가게가 돈을 벌 수 있어. 아까 가게 안으로 들어오면서 어땠어? 야마다가 느끼기에도 편했을 거야. 고향에 온 것처럼."

야마다가 고개를 끄덕였다.

사실 아까 야마다는 오늘 나랑 만나면서 사업 이야기를 할 생각에 다른 관심은 없었다. 서울에서 어떤 가게를 열어야 할지, 입지가 좋은 곳은 어디가 있는지, 어떤 아이템으로 장사를 해야 할지 고민이었다. 야마다의 여자친구는 사회복지를 전공하는 한국인 여대생이라고 했다. 요코하마 출신으로 게이오대학에서 공부한 야마다가 서울 여행을 갔다가 만난 인연이었다.

"서울엔 이런 가게 없어요?"

"비슷한 가게는 있지만 여기처럼 바닷가 풍경을 그대로 가게 안으로 옮겨온 곳은 없지. 여기 보면 마치 바닷가에 와서 바다를 등지고 인도 쪽으로 향한 포장마차에 앉아서 바다를 보며 회랑 술을 한 잔 하는 느낌이잖아? 실제로 건물 밖은 물론 자동차만 다니고 고층건물에 매연 가득한 거리에 인스턴트 음식이 즐비한 도시일 뿐인데 말이야."

야마다는 내 이야기를 들으며 다시 고개를 들고 가게 안을 살피기 시작했다.
야마다와 내 앞엔 에비스 맥주 두 잔이 놓였다.
내 앞에 놓인 에비스 잔이 비워갈 무렵이었다.

사실 야마다와 내가 들어간 가게는 가게 내부에서만 생각할 때 그곳이 빌딩 숲 고층건물에 있는 가게라고 생각되지 않을 정도였다.

가게 안에 들어서는 순간 비릿한 바닷가 내음도 나고 가게 중앙에 포장마차 형태로 만든 주방에서 숙달된 안목을 지닌 것으로 보이는 중년의 남자가 생선회를 다듬고 있었다. 파도치는 소리 대신 기분이 흥겨워지는 일본노래만 흘러나왔을 뿐이지 영락없는 저녁 무렵 해안가 포장마차 느낌 그대로였다.

오늘의 추천재료를 따로 표시해두고 손님들이 그날 가장 신선한 생선을 맛볼 수 있게 해주는 서비스도 돋보였다. 손님 입장에선 가게 중앙에 주방장이 직접 나와서 재료를 다듬어주는 덕분에 재료에 대한 신뢰, 맛에 대한 믿음도 갖는 듯 했다.

대부분의 생선회집이나 해산물 요리가게들은 손님들에게 가게 주방도 보이지 않는다.

주방이 어디에 있는지 알 수 있는 건 오로지 주문한 메뉴가 나오는 작은 창문 하나였을 뿐 아닌가? 가게 손님 입장에선 주방이 제대로 청결한지, 재료들은 신선한지 궁금할 수 있는데 그것을 보자고 할 수도 없는 노릇이고 그냥 믿고 맡기는 경우가 대부분이었으니 말이다.

그런데 이 가게는 가게 정중앙에 주방장이 나와서 재료들을 손님들 앞에 내보이고 주문을 받은 즉시 다듬고 손질을 해서 요리를 만들어냈다. 그뿐 아니었다. 이 가게의 장점은 주방 한 가운데에 주방장 복장을 착용한 상태 그대로 손님이 재료를 고르는 손짓 하나하나, 시선 하나하나를 그대로 따라 보고, 나중에 손님이 재료에 대해 궁금한 점이나 질문을 할 때도 주방장이 직접 손님과 시선을 마주보며 음식을 해주는 게 장점이었다.

아이컨택.

눈과 눈을 마주 보며 대화를 할 때 손님과 주방장 사이에 생기는 믿음이었다. 재료를 다듬는 주방장을 보던 내가 옆에 앉은 야마다를 쳐다본 것도 그 무렵이었다.

"사람들이 가고 싶어 하는 곳을 해 봐. 가게를 만들 때 아이템을 생각하지 말고 장소를 생각해 봐. 장소가 아이템이란 소리도 되는데. 가령, 여기처럼 바닷가 밤풍경을 그대로 가게 안으로 가져오든가, 아니면 우주선도 좋고, 배 위 풍경도 좋아. 하지만 한 가지 반드시 기억해야할 조건이 있어. 야마다가 어떤 장소를 옮겨와서 가게로 만들려고 하던 간에 그 장소는 반드시 사람들에게 익숙한 곳이어야만 한다는 거야. 야마다가 좋아하고 야마다에게만 익숙한 곳이면 안 돼. 무슨 말인지 알지? **많은 사람들이 그리워하고, 누구에게나 공통된 기억이 남아 있는 곳이면 더 좋지. 야마다의 가게를 보는 순간 자신의 오래 전 기억을 떠올린 사람들이 저절로 발걸음을 옮기게 될 거야.** 그 가게에서 어떤 음식을 먹는 건 중요하지 않아. 그 사람들은 야마다 가게에 장소가 그리워서 온 거거든. 그 사람들이 행복했던 장소이기도 하고, 한두 가지씩 추억이 남아 있어서 일행들을 데리고 와서 자기 추억을 공유하려고 할 거야. 메뉴도 너무 많이 준비할 필요는 없어. 추억에 도움 되는 특징적인 메뉴면 충분해. 그 사람들은 자기 추억을 일행들과 나누다가 야마다가 가져온 메뉴를 보고 이야기를 이어갈 거야. 이 음식은 내가 언제 먹었던 건데 말이야, 이러면서."

사람들은 집에 대부분 머문다.

그러다가 친구들과 약속이 있을 때 시내로 나간다. 오랜만에 만난 친구, 모임약속, 생일파티, 사은회, 동호회 모임 등등 '약속'이 생길 때만 나간다. 그런 장소에서 가게를 열면 '뜨내기' 손님을 상대하는 아이템이 효과적인 건 맞다. 커피점도 좋다. 약속장소가 되며 사람들이 몰릴 게 분명하다.

하지만 문제는 당신에게 자금이 부족하다면 어떨까? 게다가 경제여건이 안 좋고 소비경기가 위축될수록 외출을 줄이고 집안에 머무는 사람들이 많아지는 상황에서 당신 가게는 꾸준히 잘 될까? 중심상권이고 사람들이 많은 곳이긴 하겠지만 그들이 당신 가게에 들어와서 돈을 쓰려고 할까? 아니면 친구랑 만나는 장소로만 사용하고 정작 다른 가게에 가서 돈을 쓰려고 한다면?

사람들이 머물고 싶어 하는 곳에서 가게를 여는 게 전략이다. 주택가면 좋다. 다세대주택들이 모여 있거나 빌라주택가도 좋다. 세대 수가 많지 않아도 된다. 당신 가게를 알게 되는 그 사람이 친구를 불러오고 손님을 데려와준다.

"사람들 생각은 크게 다르지 않아. 대부분 거기가 거기야. 내 생각이 다른 사람들 생각이라고 생각해보면 그게 맞아. 살아가는 게 뭐 크게 다른가? 아니지. 보물은 반드시 동굴 안에 있는 게 아냐. 내가 가진 물건을 누군가 탐낸다면 그 사람에겐 내가 가진 그게 보물이야.”

아파트나 맨션, 다세대 주택가 골목에 가게를 열 때는 ‘생활밀착형 가게’만이 능사가 아니다. 세탁소를 열고 마트를 열고 미용실이나 이발소를 여는 게 아니다. 당신 집 주변에 그런 가게들이 있다는 건 굳이 당신 동네에 살지 않는 사람들이더라도 아는 사실이다.

‘집 주변에 뭐 갈만한 데가 있나? 커피라도 한 잔 마시려면 시내에 나가야지.’

사람들의 상식을 깨면서 기회가 생긴다.

사람들은 약속이 있어서 시내에 나간다. 그런데 명절이나 휴일뿐 아니라 평일에도 집으로 놀러오는 사람들도 많다. 이웃들과 어울릴 기회도 많다. 꾸미고 차려입고 헤어샵 다녀와서 외출해야만 한다면 귀찮아서 포기할 만남이지만 집 앞에 이웃들과 입에 찾아온 친지나 친구들과 어울리는 건 또 다르다.

[일본 팁] 도심 속 바닷가를 누리는 즐거움, **즉석 생선회 바BAR**

도쿄 이케부쿠로에서 동쪽 출구로 나와서 주유소 이면도로에 오면 산뜻한 도심 속 건물에 자리 잡은 회집을 보게 된다. 오뎅바도 아니고 흔한 이자카야도 아닌데 이를테면 ‘즉석 생선회 바’라고 비유할 수 있겠다. 가게 중앙에서 장인으로 보이는 주장방이 숙달된 솜씨로 손님들이 주문하는 생선회를 만들어 내놓는다. 여기에 안주는 에비스 맥주.

밖에선 도심 건물이었지만 가게 안에 들어오면 일본 해안가 어느 포장마차에 온 느낌이 느는 곳이다. 그것도 어부가 직접 자기가 잡은 물고기로 생선회를 만들어주는 곳으로 느껴진다. 횟집도 아니고 오뎅바도 아닌 '즉석 생선회 바'를 즐겨본 사람만이 아는 즐거움이다.

한국에선 생선회 가게라고 하면 노량진수산시장에서 생선을 사서 근처 식당에 가져가서 회로 떠달라고 하고 매운탕을 곁들여 먹거나, 횟집에서 특정 생선을 주문해서 여러 반찬이랑 같이 즐기는 모습을 떠올리게 된다. 비싼 일식집에서 인테리어 잘 된 룸에 앉아 즐기는 회를 생각한다. 하지만 조금만이라도 색다르게 경영하면 거기에 성공전략이 있다.

이른바 생선회 BAR.

광어도 먹고 싶고 우럭도 먹고 싶고, 방어나 농어를 먹고 싶다고 하자. 한 마리에 보통 수만 원에서 십여 만원 넘는 메뉴도 많다. 주머니가 가벼운 사람들은 횟집 가기가 꺼려지는 이유다. 그런데 이럴 때 생선을 소분小分해서 적은 양을 팔게 된다면 어떨까? 만 원짜리 한 장으로도 농어와 광어, 방어 한 점씩 먹으려는 손님들이 들어온다. 가게 매출은 술에서 벌고, 메뉴에서도 번다. 주인이 팔고 싶은 메뉴만 파는 가게가 아니다. 손님이 먹고 싶은 메뉴를 모두 먹게 해주는 전략이다. 어느 손님이 이런 가게를 꺼려할까?

엉덩이만 오세요

작은 카페는 작은 카페대로, 큰 커피점은 큰 커피점대로 요즘 장사가 힘들다고 아우성이다.

가게에 온 손님들커피를 주문하지 않고 자리만 차지하고 앉아 시간을 때우다 가니 손님이라고 부를 수 없을지 모르지만은 많은데 매출은 늘지 않아서다. 작은 커피점은 대부분 테이크아웃 형태로 커피를 팔고 있지만 이마저도 장사가 잘 안 된다고 아우성이다. 쿠폰제도 써보고 아메리카노 가격을 한 잔에 1500원으로 대폭 할인해서 광고도 해보면서 단골고객 확보에 치중하지만 사람들이 커피를 잘 마시지 않는다고 했다.

뭐가 문제일까?

사람들은 언제부터 커피를 잘 마시지 않게 된 걸까? 커피점에서 커피를 마시지 않는 사람들, 가게에서 물건을 사지 않는 사람들, 당신 가게는 이제 무엇을 팔아야 할까?

"요즘 누가 물건을 팔아요? 사람들은 더 이상 물건을 사지 않아요. 제가 장사하려는 아이템은 서비스를 파는 거예요. 그래서 가게를 만들 장소만, 그러니까 공간이 필요하다고요."

"그럼 장소를 파세요."

"장소를요? 아니, 장소를 뭐 한 칸 두 칸 떼서 파나요? 장소 다 팔면 또 장소 구하러 가거나, 장소 만들어야 된다는 거예요? 지금?"

"장소가 뭐 물건인가요, 장소를 빌려주라는 거죠, 임대사업을 하세요. 장소가 필요한 사람들에겐 장소를 팔고, 장소가 필요 없는 사람들에겐 음식만 파세요. 여기서 음식 사서 딴 데 가서 먹으라고 해도 그렇게 할 거예요."

"네? 딴 데 가서요? 그리고 장소 임대요?"

"네. 사무실이나 가게처럼 부동산을 임대하란 얘기가 아니고요, 사람이 앉을 자리, 그러니까 의자 한 개를 임대하란 얘기에요. 요즘 사람들이 그런 게 필요해요. 아참, 그 자리 옆 2m 이내엔 전원 콘셉트를 반드시 만들어두세요."

시부야109 쇼핑몰을 나와서 미나미아오야마南青山로 향했다.

오늘 내 일행은 오사카에서 도쿄로 출장을 온 '카지야마' 씨였다. 오사카 태생인 카지야마는 태어나서 학교를 다닐 때도, 회사에 다니면서도 오사카를 떠나본 경험이 없다고 했다. 그런 그가 신칸센을 타고 도쿄에 왔다. 오사카에 아메리카무라America村에 새로 만드는 가게에 대해 나하고 이야기를 하기 위해서였다. 도쿄 여행이 처음이라는 카지야마는 장소를 임대해주라는 내 이야기를 이해하지 못한 표정이었다.

미나미 아오야마에 들러 cafe MUJI에 들어섰다.

넓어 보이는 공간에 곳곳에 놓인 테이블마다 사람들이 자리 잡은 상태였다. 빈자리가 보이지 않았다. 다시 나가야 하나 난감한 상황에서 마침 창가 쪽 테이블에 앉은 여성이 일어섰다. 다행이었다. 전원 코드를 꼽을 수 있는 연결구도 가까이 있는 자리였다.

"잠깐만요, 저 와이파이 좀 볼게요."

카지야마와 자리에 앉았다.

나는 스마트폰을 먼저 켜고 전원 잔량을 확인하고 충전케이블을 연결해서 전원 코드에 넣었다. 20% 정도밖에 안 남았던 스마트폰에 배터리가 충전되기 시작했다. 스마트폰 배터리가 줄어들면 불안해지는 게 영락없는 현대인인가 싶다. 와이파이도 신호 세기가 강했다. 조금 안심이 되는 기분이 들었다.

이제 남은 건 카지야마의 문제였다.

"우리 여기 맛있는 메뉴 고르죠. 이곳에 커피랑 빵이랑 간단하게 식사도 되요."

이럴 땐 식사를 하면서 얘기하는 게 최고였다.

사람은 배가 고프면 신경질을 낸다. 그래서 거꾸로 신경질을 낼 때 식사를 하면 짜증이 사라지는 경우가 종종 생긴다. 카지야마는 자기 일생에서 도쿄에 한 번도 오지 않아도 될 사람인데 shop 오픈에 대해 한국 거래처인 나랑 상담하려고 머나먼 도쿄에 온 것 만해도 큰 선심을 썼다고 생각하는 듯했다.

카지야마는 그 당시 나이 40대 초반의 부장 직급이었다.

나는 카지야마보다 나이가 어렸지만, 한국 거래처 사장으로서 비즈니스 상담을 하러 온 회사 대표였다는 점에서도 일본 거래처 대표 자격으로 온 카지야마랑 원활한 업무처리를 해야 할 임무(?)가 있었다.

"여기 손님들이 항상 많네요. 그렇죠?"

메뉴 주문을 하고 음식을 받아들고 다시 자리를 오기까지 몇 분이 채 지나지 않았다.

카지야마는 일본인 특유의 매너를 보이며 음식을 들고 온 내게서 쟁반을 받아 테이블 위에 놓았다. 카지야마에겐 상담 시간이 아니라 식사 시간이 되었다. 분위기는 훨씬 부드러워졌다. 물론 내게는 여전히 상담 시간이었다. 카지야마에게 빵을 건네고 커피를 그의 앞에 가까이 놓아주었다.

"cafe MUJI는 일본에서도 유명하죠. 생활용품이나 의류, 식품도 다 팔거든요. 가격도 싼데 품질이 좋아요. 요즘엔 이렇게 카페 사업도 하잖아요? 정말 MUJI에 오기만 하면 모든 게 다 해결되는 그런 곳이 되었다니까요. 그래서 다들 엉덩이만 무거워졌어요. 자리에 앉으면 일어날 줄을 몰라요. 엉덩이에 자석을 붙여놨나."

카지야마는 주위를 둘러보면서 말했다.

빵 한 조각을 입에 물고 나머지 빵은 손에 든 상태로 다른 손엔 커피 컵을 들고 커피를 홀짝거리며 마시는 중이었다.

"카지야마 씨, MUJI에 대해 잘 아시네요? 요즘 사업하는 사람들이라면 거래처 상담하기도 좋고, 간단한 메뉴도 주문할 수 있어서 편리한 거 같아요."

카지야마가 고개를 끄덕였다.

그는 입안에 우물거리던 빵을 삼켰는지 손에 들고 있던 빵을 입에 대고 조금 더 떼어 물었다. 다른 손에 들고 있는 커피 컵을 들어 한 모금 홀짝거리며 마시기도 했다.

시간은 오후 2시가 조금 지난 무렵이었다.

아침 일찍 영업을 시작하는 이곳에선 브런치를 위해 들르는 손님들도 많았다. 간단한 빵과 음료를 세트로 주문해도 1,000엔 정도면 가능했다. 도쿄 시내에 평균적인 식당에서 식사를 할 때 필요한 금액과 비교해도 많진 않았다. 게다가 쾌적한 장소와 테이블, 인터넷이 가능한 와이파이를 켜두고 자기가 원하는 시간만큼 앉아 있어도 누가 뭐라고 하지 않는 장소였다.

그래서인지 cafe MUJI엔 사람들이 항상 많았다.

거래처로 보이는 사람들은 몇 테이블 정도뿐이었다. 나머지 테이블엔 20~30대로 보이는 남자와 여자들이 각자 테이블마다 앉아서 노트북을 펼쳐 놓거나 노트 공책을 꺼내 놓고 뭔가 열심히 작업을 하는 중이었다. 노트북 컴퓨터를 사용하는 사람은 보고서를 쓰는 듯 했고 노트 공책을 펼쳐둔 사람들은 입시준비 중이거나 외국어 공부를 하는어떤 사람은 학생과 선생으로 보이는데 영어공부를 하는 상황으로 보이는 중이었다.

카페는 더 이상 연인들만의 공간이 아니었다. 이제 막 사랑에 불붙은 연인들이 카페에 들어 와서 구석진 자리를 찾아 앉고는 밀어를 속삭이는 공간이 아니다. 한국 사람들도 이제는 누구나 안다. 커피점에 가면 커피를 먹는 게 아니라 장소값을 내는 거라고 여긴다. 커피가 비싼 게 아니라 인테리어 멋진 곳에서 내 시간을 갖는데 쓰는 비용이라고 생각한다.

하지만 그게 다 일까?

요즘 커피점에서 쇼핑몰 장사한다는 사람, 공부만 하고 커피는 마시지 않는다는 사람들 이야기 하려는 게 아니다. 커다란 커피점 안에 사람들이 많아도 실제 매출엔 도움이 안 되더란 얘기가 아니다. 누구나 아는 얘기라면 꺼내지도 않았다. 카지야마도 이런 내 속뜻을 모르는 게 분명했다. 나는 커피점에서 '장소' 그다음에 팔 아이템에 대해 이야기를 꺼내려던 참이었다.

"카지야마도 일본인이지만 그런 일본인 특유의 정서를 현대화된 삶의 방식에 접목한다면 어떨 것 같은가요?"

"네? 그게 뭔가요?"

카지야마가 그제야 내 이야기가 무슨 뜻인지 다시 물었다.

"최근 2~30년 사이에 일본은 고령화 인구 사회가 되어가는 중이에요. 전체 인구 1억 3천만 명 되는 중에 65세 이상 노령인구가 25% 정도 되거든요. 한국도 노령화 사회가 되어간다는 점이 다르진 않지만, 일본은 한국보다도 더 속도가 빠른 듯해요."

"맞아요. 젊은이들은 아이를 낳지 않고, 맞벌이하기에 바쁘죠. 저도 오사카에서 살지만, 도쿄나 오사카나 마찬가지거든요. 실제 요즘도 저희 부모님도 일에 바쁘시고, 어떤 경우는 제가 부모님 대신 할머니랑 할아버지를 모신다니까요. 제 아내는 고등학생 때부터 할머니를 돌봐드렸데요. 아침 식사부터 시작해서 할머니랑 목욕도 같이 하고 잠도 같이 잤데요. 진짜 고령화 사회란 게 일본에선 큰 문제에요."

카지야마가 이야기를 하며 고개를 연신 끄덕였다. 이번엔 내가 말했다.

"요즘 사람들은 상품을 사지 않는다는 게 맞아요. 집 앞 슈퍼? 대형마트? 인터넷 쇼핑몰? 요요기공원이나 하라쥬쿠에서 열리는 벼룩시장? 물건을 파는 사람은 많은데 정작 물건을 사는 사람들은 점점 줄어들죠."

카지야마가 고개를 살짝 위아래로 끄덕였다. 자기가 아까 한 말이 바로 그거라는 표시였다. 내 이야기는 아직 끝난 게 아니었다.

"상품을 사지 않는 이유가 중요한데요, 아까 카지야마 이야기처럼 청년들이 돈이 없어요. 할머니랑 할아버지를 모시는데 무슨 돈이 있어서 쇼핑도 하고 데이트도 하고 그러겠어요? 그래서 상품이 아니라 장소가 필요해요."

"장소요?"

카지야마가 다시 물었다.

"네. 젊은 사람들이 돈을 벌 수 있는 장소요. 공부를 할 수 있는 장소도 필요해요. 공부를 해서 좋은 직업을 갖게 되면 돈을 더 많이 벌 수 있는 거랑 같거든요. 그리고 할아버지 할머니를 모시려면 그분들이랑 항상 가까운 곳에 있어야 하는데 개인 시간이 자유롭지 않은 회사에 다닐 수가 없어요. 그러니까 또 장소가 필요해요. 할머니 할아버지랑 멀지 않은 곳에서 공부를 하거나 창업을 할 수 있는 그런 장소요."

"요즘 일본에선 노인들도 혼자 사는 경우가 많아요. 독거노인이 사회 문제화되는 추세인데요? 조부모를 모시고 산다는 일본 젊은층 이야기는 듣기 힘든 이야기에요."

"그건 카지야마 지극히 개인적인 의견이에요. 요즘 신혼부부가 아이를 낳으면 누구에게 맡기죠? 시어머니나 친정엄마에요. 물론 친정아빠나 시아버지가 보기도 하죠. 어린이집에 맡기는 사람들도 있지만 경제가 어려워지면서 5세 이상 아동들에겐 어린이집 낼 돈으로 차라리 부모에게 의지하려는 사람들이 대부분이죠. 자기 아이를 부모에게 맡기는 세대가 늘어나는 중인데요, 집은 따로 살아도 왕래하긴 편한 곳, 아이를 부모에게 맡기고 나는 창업하고 사업할 수 있으려면요? 그들을 대상으로 장소를 빌려주는 사업을 하면 돈을 벌겠죠?"

"아……"

"예를 들면?"

"cafe MUJI."

"네."

카지야가 고개를 끄덕였다.

이제야 내 이야기를 이해한 표정이었다. 카지야마 얼굴 표정이 다소 심각하게 변했다. 어떤 장소를 팔 것인지 고민하는 모양이었다.

물론 고령화 사회 문제는 일본인들에게만 해당되는 일은 아니다.

하지만 일본 정부에서도 고령화사회 진입에 대해 심각한 상황으로 받아들이고 해결책을 찾으려고 노력하며 위기감을 갖게 되는 이유는 '속도' 때문이라고 했다. 어느 나라 할 것 없이 고령화사회가 진행되고 있지만 '고령화사회'에서 실제 '고령사회'로 접어드는 국가들이 속속 나타나고 있는데, 프랑스가 115년 정도 걸렸다면 일본은 24년밖에 안 걸린다고 했다.

그래서 일본 정부에서는 일본 청년들의 부담을 덜어주려고 외국인 노동자를 적극 받아들이고 있다고 하는데 궁극적인 해결책이 될 수 있을 것인지는 일본의 중년 세대인 카지야마로서도 확신할 수는 없다고 했다. 자기가 상품을 팔지 않고 서비스를 팔려는 사업전략을 세운 이유도 마찬가지 이유에서였다는 설명이었다. 상품을 만들어봤자 돈을 내고 살 사람이 부족한 상황에서 차라리 사람들이 필요로 하는 일을 대신 해주는, 서비스상품을 만들게 되면 오히려 더 사업성이 있다고 했다.

맞다. 카지야마의 설명이 틀린 말은 아니었다.

시간이 없고 돈이 없는 일본 청년층에게 그들이 짊어진 부담을 덜어주는 서비스상품이라면 확실히 효과를 기대할 수도 있다는 생각이 들었다. 어떤 서비스를 대행할 것인지, 서비스상품의 가격은 얼마를 받을 것인지만 결정하면 될 문제이기도 했다.

카지야마가 하려는 서비스상품 사업은 일본인들의 개인적 영역 안으로 들어가야 하는 사업이었다는 점에서 고민이 점점 깊어진다고도 했다. 카지야마가 나를 만나러 도쿄까지 한달음에 달려온 이유였다. 서비스를 상품으로 만들려는데 어떤 상품을 만들어야 할지 회의하자는 목적이었다. 그런데 내가 거기에 대고 '장소'를 팔라고 했으니 카지야마로서는 황당했을 뿐이었다.

"그러니까 장소를 팔아야 해요. 상품을 내세우지 말고 장소만 보여주세요. 그러면 사람들이 장소를 가지려고 상품을 살 거예요. 한 번 앉으면 일어나지 않는 사람들, 그들에게 맘껏 앉아 있으라고 하세요. 돈 내고."

카지야마가 다시 눈을 동그랗게 뜨고 나를 쳐다봤다.

"엉덩이만 오라고 하라고요?"

기껏 서비스상품의 중요성을 이야기했건만 아직도 자기 이야기가 무슨 뜻인지 이해가 안 되냐는 표정이었다. 물론 카지야마의 주장을 모르는 바는 아니었다. 카지야마를 보며 다시 말을 이었다.

"cafe MUJI에 오는 사람들은 왜 올까요? 생각해 보세요. 우리가 여기 왔을 때 우리가 가장 먼저 찾은 건 뭐지요? 여기서 파는 빵이나 메뉴를 찾았나요? 아니죠? 우린 장소를 찾고 있었어요. 우리 엉덩이를 붙일 자리를 찾고 있었다고요. 애초에 여기서 파는 빵이나 음료를 먹으러 온 게 아니었죠. 우린 여기 와서 이야기를 나눌 장소가 필요했고, 스마트폰을 충전시킬 전원코드 그리고 인터넷을 하기 위해 와이파이가 필요했을 뿐이에요."

"그런데요?"

카지야마가 물었다.

"cafe MUJI는 우리에게 엉덩이를 놓을 장소를 판 거죠."

"네?"

"우린 여기서 장소를 샀던 거예요. 그리고 이 자리 '장소'에 머물려고 하다 보니 빵이나 음료를 더 추가로 사야했던 거죠. 이해되시죠?"

"사회가 발달할수록 사람들은 눈에 보이는 상품보다는 그들이 필요로 하는 무형의 상품을 더 필요로 해요. 형체가 있는 유형의 상품은 세상 어디를 가더라도 없는 곳이 없어요. 사람들이 쳐다보는 곳곳마다 다 있죠. 사람들은 상품이 부족하다고 느끼질 않아요. 그래서 더 많이 사려고, 더 빨리 사려고 노력하지 않죠."

"맞아요."

카지야마가 고개를 끄덕이며 내게서 시선을 떼지 않았다. 내가 왜 자신과 cafe MUJI에 왔는지 그제야 알아챈 듯 했다.

"하지만 장소는 어때요? 사람들은 자기만의 장소를 원하기 시작했어요. 사람들마다 원하는 장소가 다 다르죠. 귀중한 거래처를 접대하려는 사람은 좋은 식당을 찾아갈 것이고요, 데이트하는 연인들은 분위기 좋은 카페를 찾으려고 할 거예요. 그런데 경기가 어려워지면 데이트도 줄이고 거래처 접대도 줄이겠죠? 그 대신 뭐가 늘어날까요? 창업자들이 생기게 되요. 그런데 창업자들은 아무것도 없는 상태에서 뭔가를 창업하려는 사람들보다는 기존에 하는 일 외에 추가로 또 뭔가를 해서 돈을 벌려는 사람들이 더 많아요. 아무것도 없는 상태에선 뭔가를 시작할 수 있는 돈이 부족하거든요. 오히려 돈을 벌던 사람이 더 돈을 벌기 위해 하던 일을 하면서 또 새로운 일을 벌이는 거죠."

"그래서 바쁜 사람들에게 필요한 게 바로."

"장소."

"그 장소군요."

"네. 하던 일을 하면서도 잠깐 동안의 짬을 내서 또 돈을 벌 수 있는 장소요. 이런 곳이면 최고죠. 거래처 미팅도 되고 노트북 컴퓨터 한 대를 놓고 자기 일을 할 수도 있어요. 인터넷도 되고 배가 고프면 간단한 끼니도 해결할 수 있죠. 비용도 비싸지 않아요. 이런 장소를 파는 사람은 어떨까요? 생산비가 들어갈까요?"

"아니죠. 한 번만 시설을 꾸며두면 '장소'를 팔기 위해 더 돈을 쓸 필요는 없죠. '장소'란 것도 사라지는 게 아니니까, 바쁜 사람들은 알아서 왔다가 다시 나가고 할 테고, 상품회전율, 그러니까 커피 한 잔 시켜놓고 하루 종일 머물거나 하는 그런 손님은 거의 없겠네요."

카지야마는 이제야 내 생각을 이해하겠다는 표정을 지었다. 얼굴이 밝아졌다.

자기 공간에 대해 특히 소중하게 생각하는 사람들이라면 상품을 팔게 아니라 장소를 팔면 될 뿐이었다. 바쁜 사람들 일을 맡기라고 대신해주겠다고 그들을 설득할 필요도 없었다. 장소를 찾는 사람들이 스스로 와서 알아서 일하고 알아서 가게 하면 될 노릇이었다.

"하지만 장소를 파는 사업도 오래 할 수 있는 아이템은 아니에요. 지금 당장은 사람들이 사무실 임대료도 아끼고 집안일도 가까운 곳에서 볼 수 있는 이점 때문에 장소를 파는 가게가 인기인데요, 경기가 좋아지고 사람들이 돈을 갖게 되면 장소 아이템은 금방 인기가 수그러들 거예요."

"네? 그렇군요. 그럼 어떻게 해야 하죠?"

"생각해 보세요. 지금 사람들에게 '장소'만 필요하게 된 이유가 뭘까요? 그건 경제 시스템에 인터넷이 생겼기 때문이에요. 인터넷이 없었다면 사람들은 여전히 사무실로, 거래처로 다니며 팩스 한 통 기다리느라 퇴근도 못했을 거예요. 그럼 인터넷 덕분에 '장소'라는 인기 아이템이 생겼는데 그 다음이 뭘까요? 그 다음엔 스마트폰이에요."

"네?"

"사람들은 어느 순간부턴 장소도 떠나게 되요. 장소마저 필요가 없어지죠. 옥외광고나 건물 현수막도 사라지는 중이에요. 왜일까요? 사람들이 손바닥만 보고 다니니까 기존의 광고판 효과는 전멸하는 중이죠. 거리에 광고 좀 봐달라고 간판 들고 선 사람들도 생겼잖아요? 스마트폰 생기면서 카지야마씨도 지하철 차량 안에서 광고판 보신 기억나나요? 그 많던 지하철 무료일간지들이 순식간에 사라졌어요. 이처럼 사람들의 트렌드는 순식간에 변하죠. 그런데 요즘엔 스마트폰 한 대만 있으면 손바닥 안에서 모든 게 해결되거든요. 장소가 필요 없는 이유죠. 커피점에 나올 필요도 없고요 집에 침대에 누워 일을 해도 되는 아이템들이 필요해요. 이 다음 아이템은 스마트폰 안에서 찾아보세요. 영상통화랑 게임 또는 문자메시지 같은 기능을 잘 살펴보면 새로운 아이템이 보일 거예요. 사람들이 장소를 떠나기 시작할 때 새로운 아이템을 찾으려고 하면 너무 늦어요. 지금 찾아보세요. 스마트폰 안에 히트 아이템이 있어요."

카지야마가 하려는 사업은 너무 힘든 사업이었다.

사람들에게 일일이 설명해야 하고 설득해야 했다. 그래도 상대방이 선뜻 돈을 내면서까지 자기 일을 맡기리란 보장도 없었다. 설득하는 데만 오랜 시간이 걸릴 게 분명했다. 그래서 카지야마는 '어떤 서비스 상품을 만들어야 할지 고민'하는 중이었다. 거기에 대고 나는 '장소'를 팔라는 이야기를 해준 하루였다. 게다가 장소를 넘어설 히트 아이템이 어디에 있는지 알려준 기억이다.

일을 더 하려는 요즘 사람들에게 '장소'를 제공하는 게 가게의 아이템이 된다. 장소를 파는 사업이 비전이 있다. 예를 들어, 시내 커피점을 가보게 되면 이른 아침부터 노트북 컴퓨터 한 대를 테이블 위에 놓고 인터넷을 하며 뭔가를 열심히 하는 사람들을 보게 된다. 1인 창업이라는 말도 무색할 정도로 도저히 1인 기업이라곤 생각지 못할 정도로 큰 사업을 하는 사람도 많다. 과외를 해주고, 통역 번역을 해주고, 무역을 하는 사람도 많다.

이른 바 사무실이 필요 없는 사업이 인기를 얻는 중이다.

취업하기가 어려워서 창업으로 돌아선 사람들 이야기가 아니다. 애초에 취업보다 창업을 목표로 1인 창업을 하려는 사람들 수가 급속도로 늘어나는 중이다. 이들이 필요로 하는 건 상품이 아니다. 그들이 일할 수 있는 장소다. 그들이 엉덩이를 붙이고 앉아 맘껏 일할 수 있는 곳이 필요하다.

[일본 팁] 비즈니스 청춘을 위한 모든 것, Cafe MUJI

일본에 한 번이라도 여행을 다녀봤다면 가격 대비 품질이 좋은 아이템으로 승부하는 생활용품shop MUJI무지를 모르는 사람은 없을 것이다. 생활용품뿐 아니라 의류, 가구 그리고 식품과 카페 및 레스토랑 사업까지 품목을 늘려가는 MUJI는 한 끼 식사에 1,000~1,300엔 정도면 내 입맛에 맞는 메뉴만을 골라서 해결 가능하다. 시부야를 여행 중이었다면 도쿄 미나토구 미나미 아오야마南青山 점에 들러보기를 추천한다.

추억을 공유하는 가게

먹자거리에 가게를 여는 사람들은 단골보다 뜨내기손님이 매출을 올려준다고 입을 모은다. 대를 이은 가게도 아니고 어떤 메뉴에 장인의 숨결이 담겨 있어 음식 맛 하나로 승부하는 가게가 아닌 경우가 대부분이다. 회사를 그만두고 자의반 타의반으로 거리로 내몰린 사람들이기도 하며, 회사 생활 지겹던 차에 퇴직금이나 그동안 적금 부어오던 거 모아서 가게 하나 차리려는 사람들이었다.

"뜨내기손님도 없어! 사람들이 다 어딜 간 거야?"

그러나 얼마 후 손님이 생각만큼 차지 않으면 걱정을 하고 짜증을 내는 사람들로 변했다. 가게 오픈빨새로 문을 열면 찾아오는 손님도 떨어지고 가게 앞 골목에 다니는 사람들은 많은데 이상하게 자기 가게엔 들어오지 않는다는 푸념이었다. 그들에게 무슨 일이 생긴 걸까? 손님들은 다 어디에 있는 걸까?

시부야에 횡단보도가 이렇게 많았던가? 모리카와를 쫓아다니며 내가 이날 건너본 횡단보도를 지그재그 식으로 계산해보니 십여 개가 훌쩍 넘었다. 그리고 드디어 모리카와는 횡단보도를 걷는 게 시시했던 모양이었다.

모리카와가 오모테산도表参道 JR역 쪽으로 걷기 시작했다.

시부야역에서 오모테산도역으로 가려면 키타아오야마北青山가 나오는데 이 동네엔 건물 외벽이 유리로 되어 있어서 마치 공항나리타공항이나 인천공항처럼 외벽 디자인이 유리로 된 느낌에 온 기분을 만끽할 수 있는 멋진 AO빌딩이 있다.

"시부야 횡단보도는 진짜 넓지. 처음부터 이렇게 넓게 만든 건 아닌 것 같은데."

"점점 넓어졌어. 사람들이 자꾸 많아지니까."

"좁게 해서 줄 서서 다니라고 하면 안 됐을까? 횡단보도가 마치 4차선 왕복차도 같아. 왜 이렇게 넓어?"

"그래도 시부야니까."

모리카와가 어깨를 들썩하며 자신도 잘 모르겠다는 표정을 지었다. 횡단보도가 넓다는 것만 생각한 모양이었다. 그 이유에 대해선 궁금하지 않았다는 표정이었다. 모리카와는 내 앞에 서서 길을 걷다가 AO 빌딩 안으로 들어섰다.

언제쯤인가?

모리카와가 미국 유학 중에 잠시 일본에 다니러 온 날이 있었다.

마침 나도 일본에 있었던 터라 저녁에 잠시 보기로 하고 약속장소를 고르는데 그때도 AO 빌딩이었던 것으로 기억났다. 말끔한 건물 외벽 그리고 현대식으로 디자인된 내부 구조, 그 중에서도 더욱 좋은 점은 투 룸즈TWO ROOMS라는 카페 겸 레스토랑이었다. 나는 와인이나 간단한 위스키 정도를 마시기에 이곳을 바BAR라고 부르지만 말이다. 그런데 여기서 퀴즈. 이 가게 이름은 왜 '투 룸즈'일까? 술을 마시는 룸을 따로 둔 곳도 아니었다. 가게 내부가 두 개의 공간으로 나뉜 곳도 아니었다. 그런데 가게 이름이 투 룸즈. 투 개의 방이었다.

가령 이런 경우다.

당신이 어느 가게에 갔다.

더운 여름이건 추운 겨울이건, 선선한 가을이건 볕이 좋은 봄이건 그 어느 계절 중에 하루일 게 분명하다. 당신은 어느 가게를 떠올릴까? 당신이 집에 있건, 회사에 있건 그건 중요한 게 아니다. 당신은 분명 그날 바깥 날씨를 보고 외출을 결심할 테니까. 최소한 회사일 마무리하고 그냥 퇴근하기보단 친구라도 불러내서 차 한 잔 하고 들어가고 싶어 할 게 분명하다. 이때 당신의 선택은?

투 룸즈는 이러한 사람들의 심리를 정확하게 짚어낸 곳이다. 깔끔한 현대식 건물

은 낭만과 현대적 분위기를 선호하는 젊은 층의 구미에 맞췄다. 주변 지역엔 IT와 패션 분야 종사자들이 많은 이유도 있다. 투 룸즈에 올만한 손님들은 새로운 걸 좋아하고 취향이 다양한 사람들이었다. 가게에 가더라도 야외 테라스에서 와인 한 잔 하는 게 더 좋은 사람들이기도 했고, 비가 내리는 날엔 가게 안에서 창밖 비 내리는 풍경을 보며 커피 마시는 걸 즐기는 사람들이었다. 투 룸즈는 야외 공간과 실내 공간으로 구분된 두 개의 '방Room'을 말했다.

번화한 도쿄 도심 속 높은 공간에서 바라보는 도쿄의 거리, 도쿄의 날씨, 도쿄의 유행과 트렌드를 한눈에 바라볼 수 있는 자리, 그 자리에 어울리는 음악과 술 그리고 와인과 식사메뉴를 곁들인 곳. 투 룸즈에 오는 손님들이 IT 분야와 패션 분야에 종사하는 사람들인 이유였다. 도쿄 패션의 거리인 시부야에 인접한 이유이기도 했다.

평일이라서 그런가, 평소보단 손님들이 많지 않았다.

다행이었다. 그 날 만큼은 상쾌한 늦가을 날씨라서 모리카와와 나는 실내 테이블보다는 외부 테이블에 앉기로 했다. 쌀쌀해진 날씨 때문이거나 아니면 외부 테이블옥상 테라스로 꾸며진 곳에 놓인 테이블에 앉는 손님들을 위해 온열난로가 설치된 점도 마음에 들었다.

'투 룸즈'는 내부 구조를 A0 건물의 디자인적 요소를 살려 현대적이고도 고급스런 자재로 구성한 게 특징이었다. 고급 소파로 의자를 사용하고 질감 좋은 생목으로 테이블을 비치한 점만 보더라도 이곳에 오는 손님들은 IT계열이나 패션 분야 전문가들일 것 같다는 생각이 들었다. 투 룸즈에 처음 왔을 때, 이곳 단골이 되기 전에 가졌던 생각들이었다.

투 룸즈에서 건물 평수가 좁은 것도 아니었지만 한정된 장소에 많은 테이블을 두기보다는 넉넉한 공간을 사용하도록 배려한 점이 느껴지기 때문이었다. 외부 테이블에 앉으면 시부야 지역 야경이 한눈에 들어오며 밤하늘 별빛과 함께 꽤 싱그러운 느낌을 만들어냈다.

고급스러운 검정 가죽 소파와 오크우드 계열의 테이블 중심의 가게 분위기였다.

단정하게 차려입은 직원들이 서비스하며 손님들이 올 때마다 나지막한 목소리로 인사하는 곳, 탁 트인 내부 공간에서 벽 한쪽으로 바텐더의 공간이 있을 뿐, 자리에 앉은 몸을 뒤로 뉘이면 어느 누구에게라도 편안한 휴식을 선사할 그런 공간이었다. 엘리베이터를 타고 내리는 사람들 눈앞에 펼쳐지는 광경이기도 했다.

시부야에 모처럼 들른 그 날, 모리카와의 얼굴을 보며 문득 쿠루메 거래처 남자의 이야기가 떠올랐다. 투 룸즈의 직원이 모리카와랑 내가 앉은 테이블 위에 와인 잔 두 개를 올려두고 와인을 반쯤 채워준 다음이었다.

투 룸즈에 앉은 모리카와랑 내 자리도 아주 오래 전 그때와 다를 바 없었다.

기억하는지 모르지만 모리카와는 지난 번 그 자리에 똑같이 앉았고 나는 그런 모리카와 맞은 편 자리에 앉은 상태였다. 투 룸즈 옥외 테라스에 놓인 테이블 위치도 바뀌지 않은 듯 했고 모리카와와 나는 투 룸즈에서 허락한, 정해진 한쪽으로 봐야하는 야경임에도 불구하고 마치 그 야경이 세상에서 제일 멋진 시부야 야경인 것처럼 새삼 감격하는 중이었으니 말이다.

"그냥 여기 투룸즈에 오니까 다른 카페도 생각나고 하는 거야. 이래서 투룸즈에 오고 싶어 한 거고, 이곳에 오면 여러 가지 추억을 다시 생각나게 해주거든. 내가 바하나 베니시카를 먼저 떠올리지 않은 이유가 뭘까? 그건 여기 투룸즈에서 누리는 추억이 더 큰 이유였겠지. 이래서 내가 투룸즈에 그렇게 오고 싶어 했나 봐."

"향기 있는 투룸즈?"

"어, 그 말 기억하네? 나 여기 처음 왔을 때 이 건물 디자인이랑 인테리어에 반했잖아. 내 취향이라고 그러면서 여기 야외 테라스에 앉아서 와인 마시는데 그 이야기 했지? 도쿄 향기를 마시는 거 같다고. 도쿄의 밤공기를 와인 잔에 담아 마시는 기분이었어. 하루 종일 저 아래 거리에서 바쁘게 일하다가 저녁에 퇴근하고 나서 여기 앉아 와인을 마시면 내가 오늘 하루도 열심히 살았구나 하는 나만의 향기에 빠진다고 할까? 투 룸즈라는 가게 이름도 저 아래의 내 모습과 여기서의 내 모습을 말하는 거 같아서 좋아. 바쁘게 일할 때는 힘도 들고 그렇지만 이따가 투 룸즈 가서 와인 한잔 해야지 하는 상상만 하더라도 기분 좋아지는 그런 거 알지?"

"알지. 그래서 모리카와가 여기 오고 싶다고 할 때도 금방 이해했어. '추억이 고프구나' 하는 상태인 거."

"맞아. 투 룸즈엔 여기로 앉아라, 저기로 앉아라 이런 것도 없고, 손님이 와서 자기 취향대로 편한 자리에 앉으면 되거든. 모든 분위기를 만들어 놓고 추억은 손님이 만들라고 하는 건가? 아니면 손님이 추억을 가져오면 투 룸즈라는 우리가 보관해주겠다 하는 건가? 여기에만 앉으면 즐거웠던 기억도 많이 생각나고 오래 머물게 된다니까."

"투 룸즈가 장사 잘하네. 손님이 오래 머물면서 와인을 여러 번 주문할 테니까."

"추억 한 번에 와인 한 모금이라 이거지? 응."

한편, 일본에 최초로 생긴 커피점은 1888년 도쿄 우에노上野에 생겼다. 17세기 후반에 프랑스 파리Paris에 생긴 카페를 본 따 만든 커피점이었는데 당구대까지 갖춘 사교 목적의 장소였다. 일본에 커피가 최초로 수입된 시점이 1877년이라고 하니 그로부터 11년이 지나 생긴 커피점이었다.

손님의 추억이 가게의 브랜드가 된다.

그 브랜드는 홍보를 얼마나 하느냐가 아니고, 가게가 얼마나 커야 하느냐도 아니다. 장사는 찾아온 손님이 단 한 명이더라도 그 사람이 시간이 흘러 다시 찾아오고 싶어 하는 곳이 되어야 하는 게 중요하다. 그러려면 장사가 잘 되건 안 되건 상관없이 장기적으로 보고 '그 자리'를 지키는 게 중요하다.

추억은 강요하는 게 아니라 저절로 만들어진다.

사람들을 똑같은 장소에 데려다 놓더라도 각자 기억하고 생각하는 게 다르기 때문이다. 어제 당신이 다녀온 커피점을 기억해보자. 당신은 누가 기억나는가? 당신과 같이 간 사람 외에 당신과 함께 머물렀던 사람들 얼굴이, 그들의 이야기가, 당신에게 커피를 건네준 직원의 얼굴이라도 기억나는가?

당신은 그 커피점에 갔지만 다시 가져온 것은 당신의 추억일 뿐이다. 다른 사람들도 마찬가지다. 당신이 그들의 추억을 만들려고 하지 말고 그들이 각자의 추억을 만들어 가져가게 해야 한다. 추억이 있는 사람들은 언제든 다시 오고 싶어 하니까 말이다. 그래서 모리카와와 내가 들른 가게는 추억이 담긴 가게였다. 우리는 다른 사람들처럼 추억을 두고 온 그 가게에 들러 예전 느낌을 돌려받은 것뿐이었다.

[일본 팁] 와인(WINE) 향에 흐르는 **TWO ROOMS**

시부야역에서 오모테산도역 방면으로 걷다보면 도쿄 미나코구 키타아오야마北青山가 나온다. 이 동네에 외벽이 유리창으로 만들어진 멋진 A0빌딩 안에는 식사와 와인을 즐길 수 있는 투 룸즈가 있다. 커피는 850엔, 칵테일이나 주류는 한 잔에 1,000~1,500엔 정도에 즐길 수 있다. 시부야에서 쇼핑하고 도쿄의 야경과 함께 분위기 있는 곳에서 와인 한 잔을 즐기고 싶다면 '투룸즈'에 들려보자.

1,000원 커피에 사로잡힌 사람들

컵밥을 먹게 될지 몰랐다는 수험준비생들이 있다면 그 이전에 컵밥을 팔게 될지 몰랐다는 상인들이 있다. 2,500원에 한 끼 식사를 하는 컵밥은 돈이 없는 수험생들의 인기 메뉴다. 컵에 밥을 담고 그 위에 반찬 한두 가지를 얹어 식사를 하는 건데 이를테면 덮밥의 변형 상품이다. 아직 돈을 벌진 못하고 정한 용돈 안에서 버텨야 하는 수험생들에겐 식당에서 6,000원 주고 한 끼 식사를 하기도 부담되는 게 사실이다.

"요 앞에 회사가 직원들 한 달 치 점심 식사 대주면 월별 결제해준다고 했는데, 회사가 사라졌어. 이젠 식사 때 마다 사람들에겐 돈 내고 먹으라고 하려고."

직장인들을 위한 점심 메뉴로 6,000원 한 끼 식사를 내놨는데 그것도 잘 안 팔리고 라면 한 개에 김밥 한 줄로 5,500원짜리 식사를 하거나 여자 손님들은 김밥 한 줄로 2,000짜리 식사를 하는 사람들이 많아졌다며 나라 경제를 걱정하는 가게 주인이 한숨 섞인 이야기를 한다. 그런데 과연 식당 주인의 말처럼 사람들 지갑이 얇아진 이유가 경제 탓일까? 식당에 오는 손님이 줄어든 이유가 나라 경제만의 문제일까?

아침 7시나 되었을까?

하토리가 이른 아침에, 호텔 로비에 와서 기다리고 있다며 호텔방으로 전화를 걸어왔다. 나는 아침 7시가 되자마자 요란하게 울리는 벨소리를 듣고 지난 밤 알람을 맞춰두었나 싶어 애꿎은 스마트폰만 만지기를 수차례, 스마트폰 전원을 아예 꺼버려도 벨이 울리기에 그제야 전화벨 소리인 걸 알았다.

"어, 하토리. 왜?"

"일어났어? 나 호텔 로비에 있으니까 빨리 내려와. 기다릴게."

무슨 일인가 싶어 얼른 일어나 겉옷만 걸치고 내려갔다.

하토리는 로비에서 나를 발견하더니 이내 웃는 얼굴로 다가왔다. 세수도 제대로 못하고 일어나자마자 내려온 나는 양손으로 얼굴을 부비며 물었다.

"무슨 일인데? 왜 이렇게 일찍 왔어?"

"응? 밥 먹자고. 이 호텔 아침식사 맛있거든."

기가 막힐 노릇이었다.

자기 밥 먹자고 일찍 와서 한창 잠자고 있는 사람을 깨우다니? 그것도 어제 일을 마치고 자느라 새벽녘에야 잠자리에 든 사람을. 얼추 새벽 2시가 되는 걸 보고 잠이 든 것 같았으니 3시쯤 잠들었다고 하면 4시간 정도밖에 못 자고 일어난 셈이었다.

"식사 다했어? 우리 커피는 나가서 먹자. 내가 살게."

하토리가 옆 의자에 걸쳐둔 외투를 집으며 나를 보고 말했다.

하토리가 말하는 커피란 '캡슐커피'다. 일본 내에 편의점에서 판매하는 커피인데 작은 컵 한 개에 100엔1천원짜리 커피다. 시내 커피점에서 350엔이 일반적이고, 분위기 좋은 비싼 장소에서 파는 커피는 850엔짜리도 있는 점에 비해서 상당히 저렴한 커피이긴 했지만 편의점 이용객이 많은 일본에선 꽤 인기가 높은 커피 축에 속했다. 물론 자판기에서 먹는 커피는 120엔짜리도 많다.

하토리는 호텔 바로 옆 편의점에 냉큼 들어가더니 100엔 커피를 들고 나왔다.

두 잔이었다.

주문대가 따로 있는 것도 아니고 자기가 들어가서 컵 두 개를 들고 뜨거운 물을 부어 뚜껑을 덮은 후, 편의점 계산대에 가서 계산하고 나오면 될 뿐이었다. 도로변 편의점 벽에 100엔 커피를 판매 중이라는 홍보문이 커다랗게 붙어 있는 게 눈에 들어왔다. 유리벽 안을 통해 편의점 안에서 하토리가 캡슐커피를 들고 계산하는 모습도 지켜볼 수 있었다.

"맛있지? 전문 커피점이나 이거나 똑같은 커핀데 별 차이를 모르겠어. 괜히 비싼 커피 마시는 사람들 보면 이해가 안 되기도 하고. 안 그래?"

하토리는 의기양양한 표정이었다.

맛있는 커피를 먹는데 돈을 절약했다는 의미였다. 하토리가 건넨 캡슐커피를 들고 한 모금 마실 때였다. 하토리가 호텔에서 빠져나와서 바로 옆 편의점에 혼자 들어가더니 곧이어 커피 두 개를 양손에 들고 다시 돌아 나와서 내게 하나를 건네는 걸 받은 뒤였다.

캡슐커피, 이름이 다를 뿐이지 한국에도 없

는 아이템은 아니었다. 편의점에서 파는 1,000원짜리 커피 아이템이 있다. 하지만 일본에서 인기를 얻는 캡슐커피와 한국의 편의점에서 보는 커피의 다른 점은 디자인이었다.

생각해보자.

커피 한 잔은 양이 많다. 남자가 마시기에도 여자가 마시기에도 한 번에 마실 수 있는 양이 아니다. 어쩔 수 없이 들고 다녀야 한다. 그래서 커피를 마시고 싶은 사람들은 자기가 들고 다닐 컵 디자인을 생각하게 된다. 캡슐커피는 디자인적인 면에서도 들고 다니기 괜찮았다. 하토리는 내가 커피 컵을 들고 이리저리 살펴보는 동안 어느새 자기 커피를 반쯤이나 마신 듯 했다.

"캡슐커피는 1.5세대 상품이기도 하지?"

"1.5?"

"응. 여기를 1이라고 하고 저기를 2라고 할 때, 요기서 저기까지 가는 중간 과정에 있는 모든 걸 가리키는 말. 여기도 아니고 저기도 아닌 모든 것."

"말 되네."

"그래?"

"일본인들은 1.5를 좋아하거든. 일본인들이 준비성이 철저하다고 하는데 그게 1.5를 좋아한다는 증거야. 볼래? 일본인들이 여기서 저기를 본다면 1과 2를 아는 거야. 그런데 저기까지 가기 위해선 중간에 어떤 과정을 거치는지 다 알려고 하거든. 세세하게 확인해보고 점검하고 경우의 수를 따지고 하는 게 모두 1.5를 알아가는 과정이랑 같잖아?"

하토리의 이야기를 들으며 1.5세대의 의미가 정리되는 느낌이었다.

여기도 알고 저기도 알 때, 여기와 저기 사이의 모든 것에 대해 알아가는 것 자체가 1.5라는 것. 기성세대가 만들어둔 삶의 방식대로 따라 살아가는 걸 거부하는 세대, 기성세대와 다르게 살아가려는 세대를 제대로 표현해낸 의미였다.

그래서 요즘엔 장사를 하려면 1.5에 집중해야 한다. 기존의 것이 아무것도 아닌 게 되는 상황이다. 사람들은 새로운 것을 찾기보다는 기존의 것을 부정하고 현실을 지켜보는데 더 치중한다. 사회생활을 하려면 반드시 자동차 운전면허를 취득해야할 필요성을 느끼지 못하고 해외여행을 나가야할 필요성도 못 느낀다. 광고의 사망 시대라고도 부를 수 있다. 신문이나 방송, 잡지 등에 게재되는 광고는 사실이 아닐 수 있으며 '나한테 돈을 쓰라는 유혹'이라는 점을 모르는 사람이 없다.

사람들이 1을 알고 2를 알기에 굳이 1부터 2까지 가려고 하지 않는다. 차라리 1부터 2까지 가는 과정의 모든 것에 대해 현실을 즐기고 관조하며 배우고 누리려고 하는 경향이 더 많아졌다.

한 끼에 6,000원을 내고도 식사하던 사람들인데 나라 경제가 어렵고 지갑이 얇아졌으니 2,500원짜리 컵밥만 먹어야겠다고 생각하는 게 아니라는 의미다. 한 끼 식사는 지금도 대학가 주변엔 1,500짜리도 많고 도심지라도 종로에서는 3,000원 짜리 식사도 있다. 그리고 그런 식사들은 최근에 나라경제가 어려워서 새롭게 생긴 메뉴가 아니라 짧게는 몇 년, 길게는 몇 십 년 지속되는 메뉴란 점에 집중해야 한다. 사람들은 없던 걸 소비하는 게 아니라 익숙한 걸 소비할 뿐이다.

예를 들어, 결혼을 해야 할 필요성을 스스로 느끼지 않으면 아무리 나이가 들어도, 주위 사람들이 아무리 재촉해도 절대 서두르지 않는다. 직업을 가져야 하고 아침 9시까지 회사에 출근해야 하며 저녁 퇴근 후 야근을 해야 할 필요성이 없다고 여긴다. 왜 그렇게 살아야 하느냐고 반문하고 스스로 가치를 두지 않으면 남의 이야기엔 절대 휘둘리지 않는다. 주변 시선이 문제가 아니라 자기 만족에 따른 소비가 이뤄지는 상황이란 이야기도 된다.

기존에 젊은이들이 몰리는 곳으로 시끄러운 음악과 무대가 있는 클럽이 있었다면 지금부턴 흥겨운 음악과 몸을 움직일 수 있는 넓은 공간만 있어도 된다는 뜻이다. 요즘 사람들은 춤을 추기 위해 반드시 클럽에 가야만 한다고 생각하지 않는다. 흥겨운 음악이 있고 춤을 출 공간만 있다면 무대가 없어도, 장소가 어디라도 내가 춤을 즐길 수 있다고 여긴다.

최고의 커피 맛? 세계 7대 커피? 이런 순위는 무의미한 시대다.

고급스런 인테리어와 분위기가 있는 커피점에 가지 않아도 편의점에서 얼마든지 커피를 마실 수 있다고 여기는 사람들이다. 예전 사람들이 'A라면 B여야 하지!' 라고 여겼다면 요즘 사람들은 'A인데 왜 B여야만 하지? '라고 생각한다. 그리고 'A라고? 나는 C여도 되고 D여도 되는데? '라고 생각한다.

> 하숙집이나 1인 가구가 살아가는 원룸이 많은 동네에서 커피점을 한다고 하자. 커피점에는 혼자 오는 근처 이웃들이 많을 수밖에 없다. 이 경우 그 커피점을 어떻게 운영할까? 다른 곳과 마찬가지로 테이블 배치, 메뉴 동일하게 그저 그렇게 하면 될까?
>
> 이건 어떨까?
>
> 커피점 안에 커다란 냉장고를 두어 밑반찬을 넣어두고 손님들에게 팔아보면? 냉동실엔 랩으로 잘 싸둔 일회용 밥도 좋다. 가스레인지에 데워 먹기만 하면 따뜻한 식사가 될 수 있다. 출퇴근이 자유롭고 1인 비즈니스를 하거나 취업을 준비하거나, 수험생인 사람들을 위해 그들의 시간을 절약해줄 수 있는 아이디어라면 무엇이든 좋다. 커피점을 1이라고 하고 근린생활편의점이 2라고 할 때 커피점에서 생활편의점 상품을 소비할 수 있게 되면 그게 1.5 상품이 된다.

요즘 사람들에겐 광고와 홍보가 전혀 먹혀들지 않는다.

이걸 하면 당신은 미래에 저렇게 될 수 있다는 식의 '가치'는 인정받지 못한다. 오로지 '실시간'만 존재할 뿐이다. 친구들끼리 나누는 실시간 정보를 통해 스스로의 판단에만 의지해서 결정한다. 탑스타가 모델이 되어 'A가 좋아!'라고 해도 사람들은 '그래, 넌 그걸 좋아하렴. 난 다르거든!'이라고 말한다. 물론 자신의 친구가 실시간으로 SNS를 통해 'A가 요즘 뜬다! 진짜 재밌는데!'라고 해도 사람들은 스스로 경험하고 '난 별론데!' 하거나 '나도 좋다!' 또는 '넌 좋아해라. 난 아니다.'라고 할 뿐이다.

그래서 요즘 장사하기가 더 쉽다.

예전엔 많은 사람을 위한 장사를 했다면 요즘엔 단 한 사람을 위한 장사를 해도 된다. 그 단 한 사람이 장사를 하는 본인이어도 된다. 문제는 빨리 포기하지만 않으면 된다. 계속 하다보면 당신의 장사를 좋아하고 팬이 되어주는 사람들이 나타나기 시작한다. 1에서 2를 가려는 사람들이 중간에 당신의 장사를 보고 기꺼이 그 자리에 같이 머물러줄 것이기 때문이다.

[일본 팁] 아침에 일어나는 사람은 지갑이 얇다. CAPSULE COFFEE

일본에 처음 여행 온 사람은 거리마다 늘어선 수많은 자판기에 놀라고, 일본인들에게 없어선 안될 편의점 수에 놀란다. 그래서 일본에 온 이상 자판기도 이용해보고 편의점도 한번쯤은 들어가 보기를 추천하는데, 이때 눈여겨봐야할 아이템 하나가 캡슐커피다. 일본에서 살아가는 사람이라면 하루에 서너 번 이상은 꼭 방문하게 되는 편의점 덕분에 즐기는 커피 한 잔의 기쁨이랄까? 160g 작은 컵 한 개에 100엔이면 그날 아침 갓 내려준 드립커피를 맛볼 수 있다.

전통을 지키는 가게

대전에 소문난 소보루 빵, 안흥에서 소문난 빵, 전주에서 소문난 콩나물국밥, 그리고 비빔밥, 춘천에서 인기 높은 막국수와 닭갈비, 포항에 고래고기 등처럼 각 지역 별미도 있고 맛집으로 알려져 지역 특산물처럼 된 본점 가게들이 있다.

얼마 전 한국 땅에 운석이 대거 발견되었을 무렵엔 근처 식당에서 발 빠르게 내놓은 운석국수가 큰 인기를 얻기도 했다. 평범한 잔치국수에 메추리알을 넣어 그걸 보고 운석이라고 부르던 메뉴였는데 운석을 찾으면 돈이 된다는 뉴스를 본 사람들이 그 지역에 몰리면서 많은 인기를 얻은 가게였다.

"난 사람들에게 새로운 메뉴를 알려주고 싶어. 나만 아는 거. 내가 개발한 소스로 나 아니면 맛을 낼 수 없는 그런 메뉴를 팔 거야!"

자기만의 메뉴 비법이 있다며 요리학원에도 다니고 열심히 자격증을 딴 후에 야심차게 식당 문을 열었던 남자가 얼마 지나지 않아 문을 닫았다. 그 남자만의 메뉴는 글자 그대로 그 남자만 즐기는 메뉴가 되었던 이유였다. 남들도 다 아는 유명한 메뉴를 팔 것인가? 자기만 아는 맛, 세상에 없던 그 맛을 나만의 메뉴로 팔 것인가의 문제다.

"아, 벌써 시간이! 유키코가 짜증내겠다."

오전 10시가 가까워질 무렵이었다.

나는 서둘러 도쿄메트로 긴자선 토라노몬虎ノ門역에서 록폰기六本木역으로 향했다. 사실은 이 날 하루 전에 토라노몬 역 인근에 있는 우리나라 은행 도쿄지점에 들렀다가 깜빡 잊고 두고 온 소지품이 있어서 그걸 되찾으러 다녀오는 길이었다.

유키코가 내게 전화를 걸어온 시각은 바로 어제.

"그럼 내일 록폰기역 쪽에서 만나요. 일본의 전통과자 맛을 알려드릴게요."

마지막 전화통화를 한 지 꽤 지난 것으로 기억하는 유키코는 창업을 한다고 했는데, 내게 뭔가 아이템을 보여주고 평가받고 싶다고 했다. 일본에서 사업차 거래처 담당 파트너로 알고 지낸지 꽤 오랜 시간 동안 자기 일 성실히 잘하며 비즈니스 감각도 갖고 있는 사람이란 걸 알았던 터라 내심 어떤 아이템을 찾았는지 기대가 되기도 했다.

유키코와 만나기로 한 곳은 록폰기 지역이었다.

유키코는 수년 째 거래하는 일본 기업의 임원이었다. 오사카에서 근무하던 유키코가 도쿄로 온 것은 자기 사업을 펼칠 때가 되어서하고 했는데 이번 미팅에선 오랜만에 인사도 나누고 유키코의 사업에 대해 이야기를 듣기 위해서였다. 유키코는 도쿄 인근 주택가에 일본 전통 과자 가게를 열고 싶다고 말하던 터였다.

"오랜만이죠? 여기에요."

나를 만난 유키코는 록폰기역 가까운 곳에 편의점 앞에 섰다.

편의점이라니? 여기서 무슨 전통과자를 파는가 싶었는데 유키코는 편의점 옆 작은 가게 안으로 들어갔다. 자세히 보니 겉에서 보기에는 우리나라의 즉석과자점처럼 보이는 곳이었다. 나무재질의 출입문 그리고 목재 진열대가 놓인 실내 분위기였다. 유키코는 앞장서 가게 안으로 들어갔다.

"유키코! 내가 문 열어 주면 들어가야죠. 그래야 유키코가 먼 훗날 나를 기억할 때 매너 있는 남자였다고 생각할 거 아니에요?"

유키코의 뒤를 따라 가게 안으로 들어서던 내가 말했다.

그러자 유키코가 고개를 돌려 나를 돌아보며 킥킥대며 웃었다. 자기가 너무 서둘렀는지 미처 생각하지 못했다는 표정이었다. 아니면 유키코가 이곳에 올 때마다 즐거워하던 기분 때문이었는지 모른다. 내게 웃는 얼굴로 윙크를 살짝 건넨 유키코는 다시 가게 안에 진열된 과자들을 살펴보기 시작했다.

유키코는 그날 나한테 자기가 사업하려는 아이템을 보여준다고 했다.

유키코가 가게 안에서 과자를 고르는 동안 나는 실내 분위기를 둘러보기로 했다. 유키코와 내 뒤를 이어 말쑥하게 차려입은 손님들이 들어오고 나가며 과자를 사는 게 반복됐다.

유키코가 안내한 가게는 뭔지 모르게 훈훈한 느낌이 있는 그런 가게였다.

수백 년 된 가구와 전문가 장인 포스를 발산하는 그런 느낌의 '내공'이라기보다는 어릴 적에 할아버지 할머니 손가락 하나를 주먹을 쥐어 꼭 부여잡고 과자 사달라고 조르며 따라오는 아이들의 기억 속에 남은 그런 가게였다.

천장에 매달아둔 조명은 옛날 조명이 아니었다.

하지만 가게 밖에서 안으로 출입문을 열고 들어오면 가게 오른쪽에 놓인 진열대도 몇 번의 수선과정을 거쳤는지 모를 정도였다. 시간의 흔적이 진열대에 남으면 가게주인이 윤기를 덧칠하고 손질하며 하루하루를 지내온 느낌이었다. 할아버지 할머니는 손녀 손자에게 빵을 고르게 하고 뒤에서 묵묵히 웃으며 지켜보면 꼬맹이 아이들이 진열대에 손을 얹고 기대어 빵을 고르는 모습이 느껴질 정도였다.

그 외에 인테리어라면 가게 출입문과 마주 보는 곳에 자리 잡은 계산대과 계산대 너머 빵을 만드는 오븐 기계가 보이는 게 전부였다. 이 가게가 일본의 전통과자를 만든지 꽤 오랜 세월 동안 영업을 했다는 사실은 가게에 오는 손님들이 하나같이 단정한 옷차림, 말쑥한 스타일의 차림새였다는 점에서 느껴졌다. 그날 가게 오는 사람들은 대부분 어른이었지만 그들 표정은 예전에 할아버지 할머니 손가락을 부여잡고 쫄래쫄래 따라오던 꼬맹이 손주들의 눈빛과 닮아 있었다.

사람들의 옷차림이 말쑥한 이유는 마치 그들의 오래 전 추억에 대한 예의를 갖추는 것 같다고 말하려던 순간이었다. 유키코가 과자를 다 골랐는지 카운터에서 계산을 마치고 돌아서며 나를 보고 환하게 웃었다. 그때였다. 내 눈에는 이 가게에 언젠가 할머니를 따라 과자를 사러온 새침한 꼬마숙녀의 미소가 보였다. 그 꼬마숙녀의 이름은 유키코였다.

"얼른 이거 먹으러 가요."

가게를 나와 근처 커피점으로 향했다.

모닝커피를 곁들여 브런치를 판매하는 곳으로 보였다. 유키코는 나를 데리고 커피점 안쪽으로 안내했다. 그리고 방금 전 들렀던 가게에서 사온 과자를 테이블 위에 펼쳤다.

방금 구워진 듯 했다. 내 눈에 보이기엔 과자라기보다는 빵이었다.

노릇하게 잘 구운 빵, 그 모양만 보더라도 향긋하게 고소한 맛이 느껴질 것만 같은 식감이 전해지는 그런 느낌이었다. 유키코가 테이블 위에 펼쳐진 빵일본 전통과자을 흐뭇하게 내려 보더니 다시 고개를 들고 말했다.

"계란을 듬뿍 넣어서 물엿하고 꿀을 넣어 반죽해서 만드는 거예요. 그리고 이 안엔 삶은 팥이 들어가기 때문에 더 달아요. 일본어로는 '도라야키'라고 부르는데요, 누가 제일 먼저 시작했는지 모르지만 도쿄엔 이런 가게들이 인기에요. 오랜 시간 동안 일본인들에게 사랑을 받는 가게들이죠."

"이름이 도라야키? 이름이 특이한데요? 원반 형태라서 그렇게 부른 건가요?"

"아! 거의 비슷해요."

유키코가 미처 설명하는 걸 깜빡 잊었다는 표정을 지으며 다시 말했다.

"청동 재질의 타악기를 '동라銅鑼'라고 부르는데요, 그 모양이 원반 형태에요. 그걸 닮아서 그렇다고도 하는데 어떤 사람은 동라 위에도 이 과자를 구워 만들었다고 해서 도라야키라고 부른다고도 해요."

유키코의 설명에서 '동라'란 악기는 한국에선 '징'이라고 부른다.

'동라'를 일본어 발음에서 '도라'라고 부르는데 우리나라에선 농악에서 주로 볼 수 있는 전통 타악기다. '징'을 닮은 모양 때문에 '도라'라고 부르고 '굽다'는 의미로 '야키焼き'를 붙여서 '도라야키'가 된 셈이었다.

"아하. 일본의 전통에서 오랜 시간 동안 꾸준히 사랑받는 아이템! 도라야키 가게를 하려는 이유인가요? 유키코! 하하. 실패한 확률도 거의 없고 일본인들이라면 누구나 아는 과자이기도 하고 그리고."

"그리고?"

"유키코도 좋아하는 과자이고요! 맞죠?"

"네."

유키코가 웃었다. 유키코의 사업 아이템 선정이 탁월하다고 생각했다.

자기가 좋아하고 제일 잘할 수 있는, 즐기면서 행복하게 팔 수 있는 아이템이었다. 가게 규모에 상관없이 자기만의 맛으로 특색 있게 만들기만 하면 되는 아이템, 일본인들에게 널리 알려져 있어서 새로 나타난 제품이라고 홍보할 필요도 없는 아이템이었다. 투자규모가 크지 않아도 되는 아이템이었고 주택가 골목에서 시작해도 인접 지역 주민들이 손님이 되고 인터넷쇼핑몰을 열면 원거리 손님들에게도 배달해줄 수 있는 아이템이기도 했다. 추억을 가진 일본인들은 일본 땅 모든 곳에 있어서다.

"그런데 유키코, 일본의 전통과자라면 도라야키 외에도 '단고동그랗게 찹쌀반죽으로 만든 과자' 나 '킨츠바안에 고물을 넣어 밀가루 반죽을 얇게 해서 만든 과자' 같은 것도 있는데 도라야키를 선택한 이유는 뭔가요?"

"맞아요. 일본에 '에도'시대 무렵부터 이런 과자들이 많이 생겼는데요, 저처럼 젊은 현대인들에게도 익숙한 걸 찾다보니 도라야키가 생각났어요. 그리고 대학시절에 친한 친구 중에 오사카 출신이 있었는데요 제가 도라야키 먹으로 가자하고 여기 데려왔었는데 이걸 보더니 '아, 미카사三笠'라고 부르더라고요."

미카사三笠는 일본의 간사이關西지역 중에 한 곳인 '나라奈良'에 있는 유명한 공원이름이다. 이 공원이 유명한 이유는 공원 안에서 '미카사야마三笠山'라고 부르며 밤에 '달月'을 구경하기에 좋은 곳이 있는데 일본인들이 여기서 달을 보며 그 모양이 마치 도라야키를 닮았다고 해서 붙여진 애칭이다.

그래서 미카사또는 도라야키는 전국적인 지명도가 있고, 유키코도 쉽게 만들 수 있을 정도로 만드는 방법도 간단하고 어렵지 않아서 주방장을 채용할 필요도 없다는 장점이 있다. 서양에선 팬케이크라고 부를 수도 있는데, 도라야키를 직접 만드는 방법은 팥고물을 넣어 팬케이크를 구우면 끝이었다. 갓 구워낸 게 맛있어서 일본인 가정에서도 쉽게 만들어 먹을 수 있는 과자라는 점이고 만든 지 시간이 조금 지나서 먹더라도 전자레인지나 토스트기에서 살짝 데우면 그래도 맛있는 과자다.

유키코의 창업 아이템 선택은 훌륭했다.

나중에 들은 이야기지만 유키코는 도라야키 가게를 열기로 결정한 이후엔 록폰기에 있는 가게뿐 아니라 우에노에 있는 가게들, 다른 지역에 있는 가게들도 다 가서 먹어보고 꼼꼼히 기록을 정리해서 맛의 차이점이나 인테리어의 장단점 등을 기록해두던 상태였다. 일본인 특유의 꼼꼼함이 드러나는 부분이었다.

유키코는 록폰기에 있는 가게를 지정해두고 매일 아침 일찍 가장 먼저 가게에 오는 손님이 되었다고 했다. 매일매일 새로 구워내는 '도라야키'를 가장 처음 맛보기 위해서였다. 재료에 따라 맛이 달라질 수 있는지 알고 싶은 이유였고, 자신이 좋아하는 그 맛이 매일매일 일정한지 확인하고 싶었다고 했다.

그런데 유키코가 그 가게의 첫 손님이 된 이유는 따로 있었다.

유키코가 올 때마다 가게에서 건네는 '하나 더' 전략 때문이었다는 게 아닌가? 유키코는 아침 일찍 첫 손님이 된다면 맛있는 와가시를 하나 더 상으로 받을 수 있었는데, 가게에서 새로 준비하는 아이템을 주기도 하는 점이 유키코에겐 더없이 좋았다고 했다.

이른 아침 출근길에 가게에 들른 손님을 위해 가게 주인이 내놓는 선물이기도 했는데, 하나를 사려다가 두 개가 생기는 행운인 셈이다. 1+1이기도 하지만 이걸 그냥 '하나 더 덤'으로만 받는다고 여기면 안 된다. 와가시는 위에서 말했다시피 일본인들이라면 누구나 아는 추억의 과자다. 그래서 하나를 사려다가 두 개가 생긴 사람은 반드시 자기가 아는 사람과 나눠먹을 생각을 하게 될 게 아닌가? 가게 입장에선 1명의 손님에게 2명을 상대로 홍보하는 셈이었다.

물론 가게 입장에서 볼 때, 하나 더 주더라도 손님이 나중에 혼자 먹어도 상관없었다. 최소한 그 손님에겐 가게를 두 번 알리는 기회가 되기 때문이다. 회사에서 한 개를 먹고, 퇴근 후 스포츠센터에서 또 한 개를 먹는다면 가게 홍보가 두 곳에서 되는 셈이기도 했다.

유키코에게 '하나 더' 전략이 주는 전략을 말해주진 않았다.

유키코로선 그 가게가 자신을 특별 대우해준다고 생각할 뿐이었기 때문이다. '그게 아니라 넌 이용당하는 거야'라고 알려줄 필요는 없다. 가게의 전략대로 유키코가 행복을 느끼면 될 뿐이었다. 그렇게 어느 정도 시간이 지나고 나서야 나를 불러서 만나자고 했는데 내가 느끼기에도 그 맛이 맛있는지, 일본에 이 정도 가게를 열려면 추천할 만한 지역이 어디가 좋을지 듣고 싶었다는 이야기를 꺼냈다.

사업을 할 때 필수 3요소가 '사람, 자본, 기술'인데 이 중에 하나라도 부족하거나 없으면 사업을 하면 안 된다. 여기서 자본이란 사업자금이 될 '돈'이고, '기술'이란 사업을 하려는 그 일이나 분야에 대한 충분한 '경험'을 말한다. 그리고 '사람'이란 사업을 하려는 분야에서 나를 도와줄 수 있는 '인맥'을 가리킨다. 이 세 가지가 하나라도 없거나 부족하다면 사업을 해선 안 된다.

사업의 3요소를 갖췄다고 하면 그 다음엔 '트렌드 파악', '경쟁업체 조사', '나만의 차별화'가 중요하다. 내가 알던 인기 요인이나 트렌드가 과거의 것일 수 있다. 내가 모르는 경쟁업체가 나타나서 탁월한 상술로 시장을 장악해버릴 수도 있다. 사업도 경쟁이 필수이기에 나보다 강한 업체가 있다면 내 사업이 성장할 수 없다. 경쟁업체가 누구이고 그들과 맞서서 내가 이길 수 있는 차별화된 장점이 무엇인지 반드시 갖고 있어야만 한다.

다만, 나만 생각하는 트렌드가 되어선 안 된다.

가령, 일본인들이 자전거를 많이 탄다고 해서 자전거 장사를 하면 잘 될 거라고 생각하면 실패할 확률이 더 높다. 일본인들이 자전거를 많이 타는 이유는 동네 곳곳을 연결할 정도로 지하철 철로가 많은 덕분에 집에서 지하철역까지만 가면 이동하기 편하기 때문이다. 자전거를 좋아해서가 아니라 교통비를 아끼려고 타는 일본인들이라서 자전거가 고장 나도 쉽게 새로 사지 않고 고쳐서 쓰는 사람들이 많아서다.

사업을 할 때는 전체 국내 시장 규모가 500억 원을 넘어야 한다는 게 기준이다. 우리나라 사람들이 그 사업아이템에 쓰는 돈이 연간 500억 원을 넘어야 한다는 이야기다. 그렇지 않으면 사업을 하면서도 성장하기 어렵고 돈을 벌 수도 없다.

사업 아이템은 나만의 것이 아닌, 누구나 알고 있는 익숙한 상품이 좋다.

이래야만 홍보비나 광고비, 영업비가 크게 필요하지 않다. 사람들은 자신에게 익숙한 상품을 쇼핑하기에 그렇다. 새로운 제품이나 기존에 없던 상품이라면 그걸 사람들에게 알리고 돈을 내서 사서 쓰라고 홍보하는데 비용이 많이 들어간다.

창업한 사람들이 나중에 실패해서 늘어놓는 대부분의 넋두리 중에는 '남들이 하는데 잘 되는 것 같아서'라거나 '내가 생각하기엔 꼭 될 것만 같아서', '믿을만한 친구가 꼭 같이 하자고 해서' 시작했다가 실패했다는 핑계들이 많다.

사업은 절대로 동업하는 게 아니며, 단돈 10원이라도 반드시 이익이 남아야만 하는 것이고, 앞에서 남는 것 같은데 뒤에서 보면 손해 보는 장사를 하면 절대 안 되는 점을 소홀히 여긴 까닭이다.

[일본 팁] 和菓子와가시의 첫 손님을 위한 특별 서비스. 青野 AO NO

일본에 전통과자를 가리켜 '화과자'라고 부른다.

일본의 전통이나 일본스타일을 의미할 때 '화和'를 붙인 단어를 쓰는데 과자도 그렇다. 일본인들에겐 선물로 주고받는 의미가 있어서 화과자를 사러 오는 손님들은 항상 말쑥한 차림인 게 특징이다. 팥이 들어가거나 밤이 들어간 제품이 특히 인기다. 록폰기六本木에 들렀다면 로손 편의점 옆 화가자(和菓子, 와가시) 가게 아오노青野에서 일본 전통의 맛을 느껴보자.

하나 더 상을 받는 행운의 주인공이 되어 보는 것도 좋은 하루를 시작할 수 있는 선물이다.

쇼핑상가 옆 이면도로에 세워라

마음에 드는 가게를 얻으려고 하지 말고 손님이 찾아오고 싶은 가게를 만드는 데 집중하자. 좋은 가게 입지를 찾는 건 불가능하다. 가게 입지가 좋다면 유동인구가 많아서라고 여기는 게 대부분인데 사람들 생각이 그러하듯이 세상에 좋은 가게 입지에는 이미 다 장사 중이고, 당신이 얻으라고 남겨둔 건 세상에 아예 존재하지 않는다.

사람들이 몰리는 곳에 가게가 생긴다는 점을 기억하자. 주택가 인근 산책길에 사람들이 몰리면 그 시간대를 맞춰 노점이 생긴다. 과일도 팔고 우유도 팔며 빵도 판다. 그래서 '가게 입지'가 중요한 게 아니라 손님의 흐름을 만드는 것, 물길을 터주는 게 중요하다.

길 위에 가게를 만들 생각보다 가게 앞에 길을 낼 생각을 해야 한다.

사람들은 길이 있다면 온다. 문제는 가게 앞에 길ROAD이다. 당신의 가게에 손님이 별로 없는 건 입지가 안 좋아서가 아니다. 당신이 그 가게 앞에 길을 만들지 않아서다. 그 길은 도로포장된 아스팔트가 아니다. 손님이 당신 가게에 올 이유를 만들지 않았다는 의미다.

골목상권이 있다면 그 안에 들어가기보다는 바로 옆 이면도로또 다른 골목를 공략한다. 임대료 면에서도 저렴하고 아이템이 중복되어도 유리한 점이 더 많다. 골목상권은 반드시 누군가 리드하는 사람이 있어서 장사하는데 알게 모르게 자유롭지 못한 부분이 있다. 나만의 가게를 만들고 내 방식대로 도전한다면 상권이 형성된 곳에 들어가지 말고 바로 옆이나 근처 사람들이 이동하는 통로를 찾아서 가게를 만들자.

아이템은 될수록 골목상권 안에 있지 않은 것으로 고르는 게 유리하지만 전혀 다를 필요도 없다. 내가 자신 있는 아이템이면 된다. 다만 골목상권 안에 오는 사람들의 특성을 잘 파악해서 그들이 필요로 하는 아이템을 정해야 한다. 그들이 필요로 하는 아이템을 모르겠다면 그들이 '불편하게 여기는 부분'을 해결해주는 아이템이어야 한다.

예를 들어, 반찬골목이라고 하자.

당신이 반찬골목 안에 들어가면 반찬만 팔아야 되지만 이면도로에 있다면 반찬 대신 음료수나 밥, 식당을 차려도 된다. 반찬골목에 오는 사람들은 음식을 만들기 귀찮아하는 사람이거나 시간이 없는 사람이다. 그들은 집에 가서 밥만 해놓고 반찬을 먹으려는 사람이기도 하고 어떻게 하든 식사를 간단하고 쉽게, 빠르게 하려는 사람들이다. 이럴 때 당신의 가게는 식당을 해서 그들이 당신 가게에서 식사를 하고 가게 하거나, 밥 또는 음료수처럼 반찬과 어울리는 또 다른 아이템으로 정해서 그들이 당신 가게를 떠올리게 만들어야 한다.

사람들은 불편해서 돈을 쓴다.

밥 짓기가 귀찮은 사람들에게 '햅반'이 나왔다. 반찬하기 귀찮은 사람들에게 '반찬'이 나왔다. 식혜 만들기 어려운 사람들에게 '식혜' 음료수를 판다. 쌀 씻기 귀찮은 사람들에게 '씻은 쌀'이 팔린다. 1인 가구인데 양배추 한 통 사서 먹기 많고 무거운 사람들에게 반쪽 양배추가 팔린다. 오렌지 사서 갈아서 주스 만들어 먹기 귀찮은 사람들에게 오렌지 주스가 팔린다.

사람들은 그들이 불편하고 귀찮다고 여기는 곳에 돈을 쓴다.

불편하니까 불편함을 없애려고 돈을 쓰는 건 '합리적인 경제관념'이라고 여긴다. 쌀 씻고 반찬 만드는데 시간도 오래 걸리고 직접 만들면 맛도 없는데 사서 먹으면 간단하고 시간도 절약하니까 그 시간에 내게 좀 더 유익한 일을 하자고 생각해서 돈을 쓰는 건 '나를 위한 선물'로 여긴다.

빨래하기 귀찮아서 세탁기가 나오고, 밥 하면서 지켜보기 귀찮아서 전기밥솥이 나왔다. 당신의 장사는 당신의 가게에 손님이 될 사람들의 불편을 없애주고 그 손님들이 귀찮아하는 걸 돈 내고 해결할 수 있는 아이템으로 팔아라.

돈이 있다고 내가 들어가고 싶은 장소에 하고 싶은 아이템으로 장사를 할 수 있는 것이 아니다. 아는 동생이 일본에서 가게를 알아보는데, 돈을 주고 들어와서 장사를 한다고 해도 가게를 내주지 않는단다. 나는 직감적으로 뭔가 다른 사정이 있는 곳이란 느낌이 들었다. 동생이 말한 곳은 원래 상권이 아닌 주택가 골목이었다.

"무슨 가게를 차릴 건데?"

"생맥주집을 내려고 해."

"한식이나 양식도 가능하다면 다른 아이템을 찾아봐. 그리고 바꾼 아이템으로 다시 가게 주인에게 말해봐."

며칠 뒤, 동생에게 그 가게에 들어갈 수 있게 되었다고 전화가 왔다.

이야기를 들으며 짐작했던 부분이었다. 동생은 상권이 형성된 골목을 발견하고 거기서 장사가 잘 되는 아이템으로 가게를 열려고 했지만 가게 얻기가 갑자기 취소되었다고 했는데 이 경우 원인은 딱 한 가지였다.

건물주의 변심이 아니었다. 건물주가 의지하는 누군가의 입김이었다.

그게 누굴까? 그건 골목상권을 만들어서 건물주에게 돈을 벌어주는 사람이 있는 게 분명했다. 애초에 그 자린 주택가였고 그래서 변변한 가게도 없었으며 규모가 큰 가게가 들어설 만한 공터가 없던 곳이었다. 그런데 그런 장소가 골목상권으로 형성이 되고 사람들이 몰려들기 시작했다면 분명 그건 누군가 상권을 만들려고 기획하고 실제로 만들었다는 얘기다.

건물주는 집 하나 가진 것보다 상가를 갖게 되어 짭짭한 임대수입이 생기는데 어느 장사가 들어온다고 해도 마다할 이유가 없는 사람이다. 그런데 거절을 했다면 그건 골목상권을 관리하는 누군가가 건물주에게 '그 가게는 안 된다'고 얘기한 게 분명했다. 그럼 그 누군가의 생각은 뭘까? 골목상권에 콘셉트를 정하고 한 아이템에 하나의 가게를 들어오게 해서 다양한 가게가 모인 상권을 만들려는 사람은 게 분명했다.

> 건물주에게 신임을 받는 사람으로 건물주가 의지하는 사람이라면?
> 골목상권 가게들이 많이 생길수록 좋은 사람이라면?
> 골목상권이 활성화 되고 임대료가 치솟을수록 건물주 못지않게 돈을 더 많이 버는 사람은?

그건 그 동네에서 오래 살고 있는 부동산중개인일 게 분명했다. 중개업자가 경기가 나빠지고 부동산 거래가 뜸해지면서 수입이 줄어들자 골목상권을 활성화시켜서 중개수수료를 얻고자 한 거였다. 골목상권을 만들려면 가게 터가 필요한데 마침 거주자 우선주차제가 시행되면서 도로변에도 주차를 할 수 있게 되었다. 그러자 부동산중개인은 건물주들과 만나면서 필요 없게 된 주차장 공간을 가게로 바꾸자고 설득한 경우다.

골목 안에 있던 인근 주택들이 주차장을 하나둘 개조해서 가게로 만들었다.

그 다음 단계로 부동산중개인은 처음엔 낮은 임대료에 권리금도 없이 장사할 사람들을 불러 모으기 시작했다. 그렇게 몇 달이 지나자 골목 안엔 다양한 가게들이 옹기종기 모여들었고 인근 번화가에 온 사람들은 차를 타러 걸어가거나 자동차를 몰고 지나가면서 하나둘 가게들이 생기는 걸 보고나선 기꺼이 가게에 들려 손님이 된 경우다.

가게들이 생기고 나니 사람들이 많이 모였다. 장사가 된다는 소문이 나면서 부동산중개인이 원하는 상황이 생기기 시작했다. 임대료가 오르고 권리금도 생기면서 당연히 중개수수료도 높아졌다. 인기 상권으로 바뀌었다. 기존에 초창기에 들어와서 장사하던 사람들이 나가더라도 골목에 들어와서 장사하겠다는 사람들이 줄을 섰다.

하지만 가게를 하겠다고 해서 무조건 허락하는 건 아니었다. 골목상권이 지속적으로 명맥을 유지하고 인기를 얻으려면 사람들을 불러 모으는 그 무언가가 있어야 하는데 이런저런 중복 콘셉트의 가게가 몰리면 그만큼 매력이 떨어지는 게 당연했다. 동생이 그 골목에서 생맥주 가게를 한다는 것 역시 중복된 콘셉트라는 점에서 허락되지 않았던 경우다.

이 가게를 보자.

골목상권으로 형성된 바로 옆 주택가로 통하는 골목에 자리 잡고 있다.

그리고 먼저 여기 골목상권을 살펴보자면 주택가에 인근 상점들을 모아서 골목상가를 만들고 나름 명칭까지 지어둔 곳이다. 골목 안에는 슈퍼마켓과 의류점, 초밥가게, 지압가게, 기념품점 등이 있다. 골목 안에 오는 손님들은 인근 지역 주민들인데 이따금 근처 숙소에 머무는 외국인들도 들러서 찬거리를 사가거나 기념품을 사간다.

그런데 골목의 구조는 하나의 통로로 처음부터 쭉 이어진 곳이 아니라서 가게 몇 개를 지나면 주택가로 들어갈 수 있는 더 작은 골목길이 이어져 있는 게 특색이다. 맨션도 있고 평범한 단독가구나 다세대 가구들이 모인 지역이라서 주로 찬거리, 식료품 손님이 많지만 그 외에도 다양한 생활용품을 구할 수 있어서 가족 단위 손님이 주로 찾는 골목이다.

골목상권이 형성된 곳이라면 반드시 들어가야 할까?

아니다. 바로 그 옆, 또 다른 골목에 미리 들어가서 진지를 만들고 있으면 그게 더 효율적이다. 골목상권은 확대되게 마련이다. 생각해보자. A골목에 다양한 가게들이 모여들면서 사람들이 많이 온다고 하자. 당신도 그들 중 한 명이라고 하자. 당신은 그 골목에서 즐거운(?) 한때를 보내고 어디로 갈까?

골목상권의 장점은 아기자기한 색다른 콘셉트가 많다는 점인데 단점은 너무 짧다는 점이다. 8차선 대로변 수백 미터 나열된 가게들이 아니라 기껏해야 수십 미터 걸어가면 끝나는 주택가 골목이란 게 문제다. 그럼 어떻게 할까? 사람들은 '구경 다했다!'고 바로 빠져나갈까? 아니면 '이게 끝이야? 아니겠지! 뭔가 더 있을 거야!'라고 생각하고 근처 다른 골목을 다녀보게 될까?

그들처럼 당신도 골목상권 주변 크고 작은 다른 길을 탐험하게 된다.

뭔가를 기대하며 돌아다니게 되는데 이때 골목상권 바로 옆 또 다른 이면도로에 다소곳하게 자리 잡은 가게를 발견한다면 그 만족도는 배가 된다. '거 봐! 내가 이럴 줄 알았어! 또 있다니깐!' 사진 찍고 카카오톡 카카오스토리에 올리고 페이스북에 올리고 '내가 찾은 가게' 로 소개하기 바쁘게 된다.

그게 당신 가게가 된다면 얼마나 좋은가?

골목상권 안에 있지 않아서 임대료나 보증금도 높지 않다. 골목상권 안에 다른 가게들이랑 아이템이 겹쳐도 상관없다. 오히려 손님들에게 제일 나중에 선택받는 가게가 되면서 매출이 더 많을 수 있다.

'이거 여기서 사면 집까지 갖고 걸어가려면 무거운데, 아, 맞다. 가다가 골목 안에 이런 가게가 하나 또 있지!'

그 골목에 오는 손님들은 대부분 인근 주택 거주자들이다.

자동차를 타고 오지 않고 걸어온다. 쇼핑한 봉투는 배달을 시키거나 직접 들고 간다. 당연히 그들의 집과 최대한 가까운 곳에 있는 가게에서 물건을 사려고 한다. 남자들보다는 여자들이 쇼핑을 하러 오고 무거운 거 드는데 익숙하지 않아서다.

'집에 들어가려니까 출출한데, 뭐 좀 먹고 갈까?'

퇴근길 집에 다가오면 '딱 한 잔'이 생각나는 남자들이 있다. 여자 친구 집까지 바래다주는 남자는 아쉬워서 조금 더 시간 보내고 들어가라고 붙든다. 골목가게에 장보러 나왔다가 찬거리 사서 집에 가서 만들어먹기 귀찮다보니 대충 밥 파는 가게 있으면 해결하고 들어가자는 생각도 하게 된다.

골목상권 바로 근처 가까운 또 다른 골목에서 가게를 하면 좋은 이유다.

[일본 팁] 손님이 움직이는 곳마다 동행하는. **이면도로 가게들**

일본에서 주택가 이면도로에 자리 잡은 아기자기한 가게들의 매력에 빠져보자. 대부분 근처 골목상권 또는 대형 슈퍼가 있는 가까운 골목에서 장사를 하는데 그 아이템들을 보면 골목상가에 없거나, 대형수퍼에서 팔지 않는 상품을 취급하며 틈새를 공략하는 걸 알 수 있다. 이면도로에서 주택가 쪽으로 난 길에 가게를 열기도 하고 아예 바깥 차도 쪽으로 문을 열고 영업하는 가게들도 있다. 장사를 하는데 있어서 큰 자본 없이 틈새장사를 할 수 있는 아이템들이다.

며칠 후 터지는 가게

가게 문을 열어야만 장사를 하는 게 아니다.

가게는 문 닫은 시간에도 영업을 한다. 지나다니는 사람들이 가게를 보고 주위에 사람들이 가게를 기억한다. 가게는 가게 문을 열어야만 영업을 하는 게 아니라, 사람들 머릿속에서 기억되는 순간에도 영업을 한다. 여름철이 되면 휴가를 떠나는 사람들이 많다며 '나도 장사 좀 쉬고 휴가를 가겠다'고 여기는 사람이 있다. 쉴 땐 쉬어야 되는 거 아니냐며 가게가 문 닫을 때도 있어야 한다고 말한다.

과연 그럴까?

가게는 문 열고 장사하는 게 아니라 사람들 머릿속에서 기억되면서 장사한다. 가게가 문 열려 있어서 손님이 오는 게 아니라 사람들이 기억하고 가게를 찾아오는 게 이치다. 사람들이 기억했을 때 가게는 항상 열려 있어야 한다. 그렇지 않으면 어느 순간부터 사람들은 그 가게를 기억하지 않게 된다. 당신 가게가 문 닫는 순간이 왔음을 말한다. 아이템이 특별하지 않다고 걱정하지 말자. 가게에 손님이 오는 건 그 가게만의 메뉴가 있어서라기보다 그 가게가 문을 열었기 때문이다. 메뉴가 특별하지 않다면 또 다른 특별함으로 승부하자. 문 닫지 않는 가게란 이미지만 얻을 수 있어도 그게 특별함이 된다.

모처럼 들렀던 가게에 문이 닫혔다.

이럴 때일수록 진짜 낭패라는 기분이 든다. 거리도 가까운 게 아니어서 큰맘 먹고 왔는데 덜컥 가게가 휴일이라니. 그나마 혼자 왔기에 다행이다. 여럿이 왔으면 체면이 안섰을 뻔 했다.

"여름이라 손님도 없어요. 나도 가게 문 닫고 직원들이랑 가족들이랑 계곡이나 바다로 휴가 좀 가려고요."

다카하시의 연락을 받은 시점은 연일 최고 기온을 기록하며 푹푹 찌는 가마솥더위가 기승을 부리는 지난 여름이었다. 7월 말부터 8월 초 사이가 휴가철이라고 하는 이유는 그 기간에 가장 더워서일 텐데 요즘 날씨를 보면 그것도 아닌 것 같다. 6월부터 무더위가 시작되기도 하고 9월까지 더위가 가시지 않는 날도 이어졌다.

다카하시는 손님들이 다 어디 갔는지 요사이 며칠 가게에 손님 코빼기도 안 보인다며 이럴 바에야 고생하지 말고 휴가나 다녀올 생각이라고 말했다. 무더위에 가게에 나와서 에어컨 틀고 있는 것보다 차라리 쉬고 휴가를 가는 게 돈도 더 적게 들것 같다는 얘기도 덧붙였다. 다카하시는 가게를 열기 전부터 내게 이런저런 조언을 들었던 까닭인지 가게를 쉬고 휴가를 간다고 하는 것까지 내게 허락을 받으려는 것 같았다.

"휴가 며칠 가는데?"

"2박 3일요."

"가게는?"

다카하시는 잠시 말을 멈추고 숨을 고르더니 말했다.

"가게 출입문에 '휴가 중'이라고 쓰려고요. 사실 뭐 올 손님도 없겠지만요."

"휴가를 간다는 건 알겠는데 이왕이면 '휴가 중'이라고 쓰지 않으면 좋겠어."

"네?"

다카하시는 내 말이 언뜻 이해가 안 된 모양이었다.

휴가를 가는 건 좋은데 '휴가 중'이라고 쓰지 말라니? 나중에 다카하시가 휴가를 다녀와서 내게 다시 말할 기회가 있었는데 '휴가 중'이라고 쓰지 말라는 얘기를 들었을 때는 속으로 그 당시엔 그럼 '쉬는 중'이라고 쓰라는 말인가? 별의별 생각이 다 들었다고 말했다.

"가게 앞에 '휴가 중'이라고 쓰면 다카하시가 휴가를 떠난 그 2박 3일 사이에 어느 손님이라도 한 명이라도 오게 되면 '휴가' 간 걸 알게 되잖아?"

"네. 알게 되죠. 근데 왜요?"

"그 손님이 휴가를 다녀왔으면 그나마 괜찮겠지만 휴가를 못 간 손님이라면 어떻게 하겠어? 자기는 휴가도 못 갔는데 다카하시는 휴가라도 가네? 생각하겠지. 그러면 다음에라도 다카하시 가게에 또 오고 싶을까? 자기는 휴가도 없이 일하는데 다카하시는 휴가도 가고, 손님은 만에 하나라도 그런 생각을 할 수 있어. '나보다 나은 가게네? 내가 여기 돈을 쓰느니 다른 가게 가야지!'라고 말이야."

"아."

다카하시는 그제야 내 이야기를 이해했다.

"그럼 어떻게 해요? '휴가 중'이라고 하지 않으면 뭐라고 쓰죠?"

"휴가지가 유원지나 그런 계곡이 아니라면 가는 장소를 적고 '출장 중' 또는 '직원워크샵'이라고 쓰면 어때? 아니면 약간 재미지게 표현하는 걸로 '00일부터 00일까지 2박 3일 동안 손님을 더 잘 모시기 위한 연구 활동 차 현지조사를 다녀오겠습니다.'라고 쓰던가."

다카하시는 내 이야기를 듣더니 말했다.

"에이, 그렇게까지 해야 해요? 어차피 다른 가게들도 여름엔 다 휴가 가는데 휴가 때는 '휴가 중'이라고 쓰잖아요? 그런 것까지 신경 쓰고 그럴 사람들은 없는 거 같은데요?"

"남들 하는 대로 하는 것보단 다카하시 가게가 뭐라도 하나 다르면 어때? 그리고 '휴가 중'이런 말도 손님 입장을 배려해서 써 붙여 놓는다면 다카하시 가게에 대한 이미지가 확 달라질 거야. 손님들 입장은 어느 가게에 갔는데 '휴가 중'이라고 써 있으면 그 순간은 아니더라도 집에 가면서다 발걸음을 다른 데로 돌리면서 머릿속으로는 온갖 생각을 다 하거든."

"어떤 생각요?"

다카하시가 물었다.

"저 가게도 휴가를 가는데 나는 뭔가?"

"아."

"에이, 근데 고작 2박 3일인데요, 뭐. 그 정도는 금-토-일 주말 한 주 지나가는 거랑 똑같지 않아요? 일주일도 아니고요."

"다카하시는 2박 3일 가게 휴가 갔지만 만약에 그 손님이 다카하시가 휴가 오는 날부터 3박 4일 휴가 간다면 어때? 그럼 그 손님은 7일 동안은 다카하시 가게에 못 오는 건데도?"

"아, 진짜! 그러네."

직원들이랑 가족만 휴가를 보내고 다카하시는 아무래도 안 되겠다며 가게에 남겠다고 했다. 하지만 그럴 필요까진 없었다. 다카하시에게도 휴식은 필요했다. 나는 다카하시에게 가게 앞에 붙여둘 문구를 알려주고 휴가를 다녀오라고 했다.

"그럼 저 어떻게 해요? 휴가 가도 될까요?"

"다녀와. 괜찮겠지."

"가게는 어떻게 해요? 손님 오면요? 그냥 '내부수리 중'이라고 할까요?"

"아냐, 아냐. 다카하시가 휴가를 복귀해서 가게를 다시 여는 시간을 00:00으로 맞춰두고 가게 앞에 폭탄처럼 생긴 디자인으로 시간이 거꾸로 줄어드는 시계를 하나 보이게 해줘. 그 위에 '터지기 전에 오겠습니다!'라고 써두고. 48시간부터 시작해서 1초 단위로 시간이 점점 47시간 59분 59초, 47시간 59분 58초, 그런 식으로 시간이 점점 줄어들게 해. 그러면 손님들도 재미있어 할 거 같아. '진짜 시간 내에 올까?' 궁금하잖아? 최소한 가게에 모처럼 왔는데 문이 닫혀있다고 해서 짜증내거나 그럴 것 같진 않아. 다카하시의 아이디어가 재미있다고 생각할 거야. 사실 손님 입장에선 '헛걸음'했다는 게 제일 짜증나는 건데 가게 앞에 그런 시계가 있으면 재미있잖아?"

"대박! 그거 좋네요. 알았어요! 그렇게 할게요."

처음엔 생각한 문구는 "손님 속 터지기 전에 달려오겠습니다!"였다.

그런데 그 문구보다는 폭탄 디자인 그림으로 해두고 시한폭탄처럼 줄어드는 시간을 표시하는 게 좋았다. 실제로 다카하시는 휴가를 마치고 돌아왔을 때 가게 문을 열자마자 손님들이 밀려들어서 깜짝 놀랐다고 전해왔다.

손님들이 가게에 왔다가 폭탄을 보고 돌아갔는데 진짜 시간 내에 왔는지 궁금해서 다시 보려고 왔다고 했다. 친구랑 동료들까지 데리고 오면서 그들에겐 "야, 오늘 잘하면 터지는 가게 있다! 구경 가자'고 우스개를 나눴다고 했다.

다카하시의 휴가는 대성공이었다.

'실제로 터지긴 터졌네. 손님들이 미어터졌어.'

다카하시의 전화를 끊고 든 생각이다.

가게를 하면서 가장 큰 유혹은 '쉬고 싶다'는 유혹이다.

오카야마와 헤어진 그 날 다카하시에게 전화를 받고 떠오른 기억이다.

다카하시는 지진이 있어서 혹시라도 내가 일본에서 괜찮은지 걱정 되어서 전화했다고 말했다. 그렇게 일본에서 큰 지진을 겪은 하루가 지나는 중이었다.

비가 오나 눈이 오나 가게 문은 열려 있어야 한다. 손님들은 그들이 쇼핑을 해야 하고, 그들이 식사를 하고 싶어 하고, 그들이 보고 싶을 때 가게에 온다. 그래서 가게는 장사하는 사람의 마음대로 열고 닫는 게 아니라 손님들이 원할 때 언제든 찾아올 수 있도록 항상 열려 있어야 한다.

'가게 주인은 휴가도 가지 말라는 건가? 장사는 잘 먹고 잘 살자고 하는 건데 가게에만 매달려서 돈만 벌라는 건가?'

가게 주인의 휴가는 손님들이 휴가 시기여야 한다.

손님들이 가게에 오지 않을 때 가게 주인이 휴가를 가야한다. 가게에만 매달려서 허구 헌 날 장사만 하라는 이야기가 아니다. 하지만 가게 문을 여는 시간, 닫는 시간을 정했다면 반드시 지켜야만 한다는 이야기다.

가게를 시작했다고 하자. 첫날부터 손님이 들이닥치는가? 이걸 '오픈빨'이라고 하는데 2주 정도가 지나면 오픈빨은 사라진다. 그 때부터 어떻게 장사할 것인가 고민해야 한다.

사람들은 어떤 가게가 생겼다고 매일 오지 않는다.

그들이 오직 원할 때 오게 되는데, 여기서 그들이 필요할 때란 어떤 상황에서 그들 머릿속에 떠오르는 가게여야만 '아, 거기 가자!'하고 찾아온다는 얘기다. 그러려면 사람들에게 기억나는 가게가 되어야 한다. 'A는 B가게'라는 공식이 사람들 머릿속에 들어 있어야 한다. 그렇게 되려면 무엇보다도 '항상 열려 있는 가게'가 되어야만 한다.

만약 휴가를 간다면 가게 앞에 절대 '휴가 중'이라고 쓰지 말아야 한다. 가게 휴가 중 왔다간 손님이 만약 휴가를 못 가게 되었다면 '나보다 나은 가게네? 내가 여기 돈을 쓰느니 다른 가게 가야지!'라고 생각할 수 있다.

대신 휴가지가 유원지나 그런 계곡이 아니라면 가는 장소를 적고 '출장 중' 또는 '직원워크샵'이라고 써보자. 약간 재미지게 '00일부터 00일까지 2박 3일 동안 손님을 더 잘 모시기 위한 연구 활동차 현지조사를 다녀오겠습니다'라고 쓰는 것도 좋다.

고작 2박 3일 정도 휴가를 간다고 하더라도 만약 휴가를 다녀온 날 손님이 3박 4일 휴가를 간다면 7일 동안은 이 가게에 못 오게 되는 것이다.

이렇게 해보는 것은 어떨까? 식당을 운영하는 친구에게 이 방법을 알려주었다.

"휴가를 복귀해서 가게를 다시 여는 시간을 00:00으로 맞춰두고 가게 앞에 폭탄처럼 생긴 디자인으로 시간이 거꾸로 줄어드는 시계를 하나 보이게 해줘. 그 위에 '터지기 전에 오겠습니다!'라고 써두고. 48시간부터 시작해서 1초 단위로 시간이 점점 47시간 59분 59초, 47시간 59분 58초, 그런 식으로 시간이 점점 줄어들게 해. 그러면 손님들도 재미있어 할 거 같아. '진짜 시간 내에 올까?' 궁금하잖아? 최소한 가게에 모처럼 왔는데 문이 닫혀있다고 해서 짜증내거나 그럴 것 같진 않아. 다카하시의 아이디어가 재미있다고 생각할 거야. 사실 손님 입장에선 '헛걸음'했다는 게 제일 짜증나는 건데 가게 앞에 그런 시계가 있으면 재미있잖아?"

"대박! 그거 좋네요. 알았어요! 그렇게 할게요."

실제로 그 친구가 휴가를 마치고 돌아왔을 때 가게 문을 열자마자 손님들이 밀려들어서 깜짝 놀랐다고 전해왔다.

손님들이 가게에 왔다가 폭탄을 보고 돌아갔는데 진짜 시간 내에 왔는지 궁금해서 다시 보려고 왔다고 했다. 친구랑 동료들까지 데리고 오면서 그들에겐 '야, 오늘 잘하면 터지는 가게 있다! 구경 가자'고 우스개를 나눴다고 했다.

친구의 휴가는 대성공이었다. 가게를 하면서 가장 큰 유혹은 '쉬고 싶다'는 유혹이다.

좁은 가게의 큰 손님

가게가 좁고 볼품이 없어서 초대를 못 하겠다?

요즘 회사도 어려워지고 해서 부업 삼아 가게를 열었는데 가진 돈이 적다보니 가게 면적도 좁고 아내랑 부부가 둘이 하는 데라서 누구를 오라 마라 할 수가 없다. 돈 좀 벌고 나서 보란 듯이 면적도 큰 가게를 하게 되면 그때 친구도 오라고 하고 사람들도 불러 모아서 제대로 가게를 열 생각이라는 남자가 있다. 이 가게는 분명 얼마 지나지 않아 문 닫게 될 가능성이 크다.

왜 그럴까?

이 남자는 가게를 열기 전에 사회적으로도 인정받는, 안정된 위치에서 직장생활을 했을 가능성이 많다. 그래서 가게를 열어도 자기가 아는 사람을 오라고 할 정도의 규모가 아니기에, 돈을 벌고 나서 나중에 사람들에게 알리겠다는 얘기를 한다. 과연 그럴까?

세상에 작은 가게는 없다. 작은 사장만 있을 뿐이다.

가게가 작아서 장사를 못 하는 게 아니다. 가게가 좁아서 돈을 못 버는 게 아니다. 세상에 가게는 물건 하나 놓을 자리만 있어도 되고 전화기 한 대 놓을 공간만 있어도 된다. 실제 공간이 없고 인터넷공간만 있어도 되는 게 요즘 가게다. 가게가 좁아서 자부심 갖고 장사를 못 하겠다는 사람이라면 다시 생각해보자. 당신이 좁다고 생각하는 건 가게인가 아니면 당신의 마음가짐인가?

"아키노리? 응. 이따가 우에노로 갈게."

우에노 역에 도착해서 박물관 출구를 찾고 있을 때 아키노리에게서 전화가 걸려왔다. 이따가 저녁 7시에 모처럼 우에노에서 만나서 아메요코 시장 안에 있는 뎃카돈부리鐵火丼를 먹자는 약속 기억하느냐는 재확인이었다. 아끼노리의 전화에 은근히 장난끼가 발동한 내가 대답했다.

"뜨거운 철판鐵火은 뭐 하러 먹으려고 그래? 혓바닥 괜찮겠어?"

내 말 뜻을 알아챈 모양이었다.

수화기 저편에서 아끼노리가 낄낄거리며 웃는 소리가 들렸다. 그러면서 내가 약속 기억하는 거 같으니 그럼 이따가 보자는 얘기를 하며 전화를 끊는다. 실은 내가 꺼낸 이야기 '빨갛게 달궈진 쇠'란 의미가 뎃카鐵火라고 말하는데 일본에선 일본인들이 좋아하는 참치회에서 빨간 뱃살을 가리키는 말로도 사용되기 때문이다. 우에노 아메요코 시장에 있는 뎃카돈부리鐵火丼는 그래서 '참치회덮밥' 정도로 번역되는 의미였다.

"여긴 진짜 올 때마다 느끼지만 사람들이 진짜 많아."

우에노역에서 가까운 동경국립박물관에 들러 전시를 보고나오니 아끼노리를 만나기로 한 시간이 될 무렵이었다. 모처럼 만난 아끼노리는 여전히 싱그러운 미소를 지닌, 건강한 일본남자 이미지를 지닌 채 나를 보고 반갑게 인사를 한다.

'이렇게 보면 영락없는 미국인데 말이지.'

도쿄에 소재한 외국국적 회사에 근무하는 아끼노리는 사회생활 매너와 생활 방식 등등이 서양인 스타일이었다. 귀까지 내려오는 길이로 웨이브를 주어 뒤로 넘긴 헤어스타일 그리고 청바지와 셔츠 차림을 바탕으로 유창한 영어 구사 실력까지 아끼노리가 일본계 미국인 또는 외국 생활 오래한 일본인이라는 이미지를 주는데 부족하지 않았다. 하지만 매번 내 생각을 깨는 건 아까처럼 아끼노리가 약속을 번번이 재확인하는 모습이었다. 아끼노리는 전형적인 일본인이었다.

"앉아. 앉아. 자, 오늘은 뭐부터 시작할까나?"

아끼노리는 뎃카돈부리에 도착하자마자 메뉴판을 쳐다봤다.

아끼노리 옆에 앉은 나는 주위 풍경을 보며 모처럼 다시 찾은 아메요코 시장의 분위기에 젖어들기 시작했다. 다른 가게들에 비해 유난히 손님이 많다고 인정받는(?) 이곳은 해산물을 주로 재료로 덮밥 메뉴를 판매하는 가게다. 시장 골목 주위로 터키 사람들이 케밥 종류를 팔고 있었다. 한글 메뉴가 보였다. 지나다니는 사람들을 향해 케밥을 팔고 그 옆에선 일본인 상인들이 덮밥류를 파는 식이었다.

시장 골목 특성상 그것도 노변에 있다 보니 인테리어가 예쁘다거나 분위기가 근사하다는 느낌은 없었다. 단지 맛있는 메뉴를 저렴하게, 빨리 맛볼 수 있고 편하게 앉아서 언제든 즐길 수 있는 게 이점이었다. 손님 회전율은 말하지 않아도 무시무시한 속도로 바뀌었다. 주문하고 먹고 계산하고.

행선지가 많아서 갈 길이 바쁜 사람들이 자신의 입맛에 맞는 메뉴를 즐기는 곳, 이 가게의 인기 원인은 역시 저렴한 가격이었다. 덕분에 손님이 항상 많은데, 해물 덮밥을 500엔 정도에 맛볼 수 있다는 혜택을 즐기려는 사람들이 몰려든다.

게다가 주문방식도 간단하다.

메뉴 보고 주문하고 가게점원이 번호표를 주면 그걸 받아들고 가게 안에 빈자리 아무데나 가서 앉아 기다리다가 음식이 나오면 먹는다. 다른 가게와 다를 바 없다. 그래서 아메요코 시장 안에 뎃카돈부리 가게의 가장 큰 특징이라면 '시장 통로 거리에서 편하게, 빠르게, 저렴하게 맛보는 해물덮밥'이라고 할 수 있다.

여기서 파는 메뉴는 가게 한쪽 벽에 사진으로 걸어두고 일본인이나 외국인이라도 사진을 보고 번호만 골라서 계산대에 오게 되어 있다. 번잡한 시장 안에서 즐기는 음식치고는 나름 특색 있는 식당에 온 것 같은 느낌을 주는 탓일까? 가게 주방 좌우 옆으로 폭이 좁은 테이블을 나란히 길게 붙여두고, 테이블 위엔 양념통, 젓가락, 냅킨을 뒀을 뿐이다.

"나는 성게알 돈부리. 아끼노리는? 연어? 알았어."

주문을 하고 음식을 기다리는 동안 테이블 위에 양념통을 보는데 내 앞에 앉은 아끼노리는 모처럼 들른 아메요코 시장 분위기가 마음에 들었는지 연신 싱글벙글이다. 주위에 다른 손님들이랑 붙어 앉을 정도로 좁은 공간도 개의치 않는 표정이었다. 낯선 사람과 속 깊은 이야기하기를 꺼린다는 일본인 특유의 감정도 없었다. 바로 옆 테이블에 앉은 여자 손님 두 명이 하는 이야기가 원하건 원하지 않던 간에 아끼노리와 내 귀에 들렸다.

그냥 가만히 앉아 음식을 기다리기 지루해졌는지 테이블 위에 놓인 물 컵을 갖고 장난치던 아끼노리가 갑자기 고개를 들고 나를 보며 물었다.

"한국에도 그거 뭐지? 비빔밥? 그런 음식 있지?"

"있지."

"여기처럼 덮밥이지? 그러고 보면 세상 어느 나라던 음식은 다 비슷한 거 같아. 오므라이스도 보면 밥 위에 계란프라이 얹은 거고, 그렇지?"

"그래도 각자 고유의 음식문화가 있으니까 전통과 공존하는 거라고 보는데? 한국

비빔밥은 덮밥이라고 볼 순 없지. 영양소를 골고루 섭취한다는 점에서 영양식이라고 보는 게 더 가깝지."

"밥과 반찬으로 그릇에 나눠서 식사해도 되는 거잖아? 어쨌든. 요즘 일본인들은, 나도 그렇지만 스피드가 중요해. 식사할 때도 스마트폰을 봐야 하니까 이왕이면 간단한 식사를 찾게 된다니까. 양손 쓰는 거 말고 한 손만으로 식사하는 메뉴도 좋고. 밥 안 먹으면 배는 고프니까 뭐라도 먹고 다시 스마트폰 보는 거지, 뭐."

아끼노리가 웃었다. 아마도 자신의 부모 세대와 요즘 젊은 일본인들의 문화가 다르다는 생각을 하는 듯 했다.

"한국에선 물에 밥을 말아먹는다고 들었어. 맞아?"

"뜨거운 물에 말아서 먹기도 하고, 여름엔 찬물에도 말아서 먹기도 해. 여름철엔 찬물에 밥을 말아서 김치를 척척 얹어서 먹으면 진짜 맛있거든. 일본에도 있잖아?"

"오차즈케お茶漬け? 그래서 말하는 거야. 일본 음식을 떠올리는 사람들은 선입견이 있어. 음식에 따라 여러 가지 모양이 다른 예쁜 그릇으로 정갈한 테이블 위에서 식사하는 모습을 말하는데, 일본음식 중에도 대충 먹는 게 많거든. JR역 주변에 마끄도나르도맥도날드 패스트푸드점에서도 200엔도 안 되는 아침식사 세트메뉴가 잘 팔려. 햄버거 한 개랑 콜라 한 잔. 그뿐인가? 국밥도 가격만 비싸지 않으면 어차피 스피드 메뉴라는 점에서 다를 바 없지. 안 그래? 일본음식은 더 이상 잘 차려진 예쁜 그릇에 담아 먹는 그런 게 아냐. 오차즈케라고 해봤자 덮밥처럼 연어나 새우 그런 거 밥 위에 올려두고, 밥그릇에 녹차 우린 물이랑 멸치육수 같은 거 넣어서 섞어 먹는 거거든. 한국에서 물 말아 먹는 밥이랑 뭐가 달라? 똑같지."

아끼노리가 갑자기 입을 다물었다.

성게알 돈부리와 연어 돈부리가 앞에 놓인 것을 보는 순간과 거의 동시였다. 테이블 위에 놓인 음식을 본 아끼노리와 나는 식사를 먼저 하기로 했다. 누가 먼저랄 것도 없다. 젓가락만 사용하는 일본식 스타일(?)로 식사를 하고나니 10분이나 채 지났을까? 더 추가해서 먹기엔 배가 부를 것 같고, 조금 적지 않은가 생각하기엔 적당한 양이었다.

텐카돈부리 가게에서 나온 우리는 자리를 옮기기로 했다. 2차는 도쿄메트로선을 타고 록폰기에 가면 좋겠다는 이야기를 하는 중이었다.

* 주방장과 손님을 연결하는 초스피드 주걱을 만나다

롯폰기에 가면 자기가 새로 발견한 음식점이 있다는 아끼노리의 이야기에 흥미가 생겼다. 아끼노리는 내가 일본에서 여러 가게에 들러 문화트렌드를 경험하는 걸 좋아한다는 걸 잘 아는 친구였다.

록폰기역에 내려서 이쿠라 방면으로 걸어가던 중 얼마 안 가서 금방 다다른 곳이었다.

깔끔한 가게 외관을 보며 색다른 야키니쿠(***소고기 구이집 맞나요?) 가게인가 생각했는데 가게 안으로 들어가 보니, 이게 무슨 일? 야키니쿠 가게인 것은 맞는데 주방과 손님 테이블이 하나의 테이블로 연결되어 주방장과 손님들이 맞닿아 같은 테이블에서 식사하는 구조가 아닌가? 손님들이 주방에 들어와서 식사하는 느낌이기도 하고 주방장들이 손님 테이블에 와서 메뉴를 만들어주는 느낌이 들기도 했다.

"재미있지? 내가 좋아할 줄 알았어. 얼른 앉자."

아끼노리는 메뉴를 보며 야채 종류와 고기류, 그리고 해산물을 주문했다. 그러자 주문과 동시에 앞에 앉은 주방장직원이 우리 눈앞에서 재료를 하나씩 직접 골라가며 굽기 시작했다.

츠츠측.

주방장의 손동작에 따라 재료가 익어가는 소리가 나며 식감을 자극했다.

야채는 살짝 구웠고 해산물과 고기를 제대로 익을 때까지 두었다. 내가 아끼노리와 술 한 잔을 하는 동안 우리 눈앞에서 음식이 익어가는 모습을 보는 것도 색다른 즐거움이었다. '재료를 구워 술안주로 먹는다'는 기본 콘셉트는 여느 다른 가게들과 다른 점이 없었다.

그런데 이곳에선 왜 뭔가 색다른 느낌을 받는 걸까?

주방장이 있고 없고의 차이점일까?

여러 생각이 스쳤다.

"시샤모 구이입니다. 여기 있습니다."

가게 안을 둘러보며 좁은 장소임에도 최대한 손님들을 많이 받을 수 있는 공간 배치 아이디어가 좋다는 생각을 할 즈음. 주방장으로 보이는 남자 옆에 정말 긴 주걱을 발견했다. 저것은 뭐에 쓰는 물건인고? 생각할 겨를도 없었다. 그저 장식품이겠거니 생각했다. 그도 그럴 것이, 가게 안에 들어서서 몇 발자국 걷지 않아 자리를 잡고 앉은 곳이 주방장 앞이었다. 그것도 주방장과 손님 사이엔 다양한 식재료가 있고 팔뚝 길이의 테이블만 있는 게 전부였지만 말이다.

다리 편하게 뻗고 앉아서 술잔도 주거니 받거니 할 만한 공간도 없었다.

요리하는 요리사들이 머물 주방도 없었다. 가게라고는 그저 현관 출입문 그리고 그 안에 공간 하나. 그 공간 안에서 손님과 주방장과 식재료들과 요리가 만들어지는 불이 모두 어우러져 있었다. 지나치게 효율적인 공간이라고 생각될 정도로 간단하면서도 심플한 가게였다.

그리고 잠시 후.

아끼노리와 내가 앉은 자리 앞에서 재료를 굽던 주방장이 음식 나왔다는 말을 하는 순간 내 눈 앞에 커다란 주걱이 다가온 걸 발견했다. 주방장이 방금 구운 음식을 주걱 위에 얹어 손님 앞에 내민 상황이었다.

이걸 어쩌라고?

그릇을 들어 주걱 옆에 가까이 대며 주방장에게 음식을 내려놓아도 된다고 고개를 끄덕였다. 그러자 나를 보던 아끼노리가 웃으며 젓가락으로 주걱 위에 놓인 음식을 집어 자신의 그릇 안에 내려놓았다. 그리고 주방장이 다시 두 번째 음식을 주걱 위에 올려 주걱을 내게 내밀자 나한테 젓가락을 받아 들더니 주걱 위에 놓인 음식을 집어 내 그릇 안에 넣는 게 아닌가? 이 가게만의 특색이었다.

주방장이 손님에게 직접 서빙하기
서빙은 주걱으로 하기

테이블을 놓기엔 좁은 가게 공간에서 하나의 테이블 만으로도 여러 손님들과 재미있게, 가게만의 특색을 삼은 아이디어가 놀라웠다. 아끼노리는 나를 향해 내 그릇에 담긴 음식을 바라보면서 눈을 찡긋했다. 맛을 보라는 표시였다. 그릇에 담긴 음식을 집어 입에 넣기까지 내 코끝을 자극하는 향기로움 그리고 신선한 향취가 느껴졌다. 입속에 들어가서도 식감이 제법 훌륭했다.

재료를 골라서 굽고 손님에게 내오기까지 이보다 더 빠른 순 없었다.

요리가 되자마자 즉석에서 맛보는 식감이 최고였다. 이를 테면 이런 식이었다. 어떤 가게이던지 손님들이 가장 궁금하게 여기는 게 있는데 신선한 재료인지, 주방장이 직접 만드는지가 제일 중요하다. 그런데 이 가게에선 손님이 모든 걸 자신이 직접 눈앞에서 확인할 수 있다.

이 가게에 오는 손님들은 최소한 재료에 대한 불신이나 주방장이 요리를 하는지 안 하는지에 대한 걱정은 없었다. 아무리 의심이 많은 일본인이더라도 이 가게에선 모든 의심을 내려놓을 수 있었다. 일본인 특유의 습성으로, 좀체 드러내며 말하지 않는 어떤 일에 대한 의심마저도 저절로 사라지게 해주는 철저하고도 완벽한 서비스였다.

그리고 주걱 하나로 해결된, 가장 스피드가 빠른 메뉴였다.

어떤 음식이든지 요리가 되는 그 순간 먹는 게 가장 맛있는 법이다. 요리를 해서 그릇에 담으면 그릇에 빼앗기는 열이 요리의 맛을 줄어들게 하고, 주방에서 손님 테이블까지 내오는 순간에도 요리만의 맛이 사라지게 된다. 손님이 주문한 요리를 먹을 때 그 요리의 진짜 맛을 모를 수밖에 없다는 이야기와 같다.

'주걱 하나로 요리의 본연의 맛을 그대로 손님에게 전달할 수 있다니?'

음식 재료가 신선한지 여부에 대한 의심과 주방장 직접 요리 여부에 대한 의심이 사라지는 이점 외에 '요리가 가장 맛있는 순간, 요리된 직후의 식사'가 가능했다. 고기류의 육즙이 그대로인 상태에서, 야채의 신선도와 향취가 공기 중으로 사라지지 않은 상태에서, 해산물의 향기와 맛이 사라지지 않은 상태에서 요리와 동시에 맛을 보는 서비스였다.

"스피드. 맞지?"

아끼노리의 이야기에 나는 고개를 끄덕일 수밖에 없었다.

세계에서 가장 빠른 음식서빙 아닐까? 이 가게는 도쿄에 두 곳 그리고 뉴욕에 한 곳 지점을 두고 있을 뿐, 여러 곳에 가게를 두고 프랜차이즈 식으로 영업을 하는 곳도 아니었다. 손님들에게 이런 서비스를 하는 방식이라면 충분히 이해할 수 있었다. 여러 곳에 가게를 두고 영업하면 안 되는 이유가 있다.

생각해보자.

이런 서비스를 즐기어 오는 손님들은 요리에 대해, 음식 맛에 대해 제대로 꿰뚫고 있는 사람들이다. 음식재료를 볼 줄 아는 눈을 가졌으며 음식의 맛을 구분해낼 줄 아는 사람들일 게 분명했다. 그래서 이 가게처럼 '최고의 맛'을 서빙한다는 콘셉트라면 가게가 많을 수가 없었다. 최고의 맛이 여러 곳에 분산될 수가 없어서다. 최고의 맛을 내는 재료가 여러 가게로 배달될 수 없어서다. 여러 가게에 배달되는 재료라면 이미 그건 최고의 신선한 재료가 아니었다.

진정으로 그 아이디어와 서비스 콘셉트에 대해 박수받을 만한 곳이었다.

흔히 생각하기를 '돈을 많이 벌려면 가게 평 수가 넓어야 한다'고 생각하는 경향이 있다. 과연 그런가? 아니다. 가게가 넓으면 장소가 좁은 가게에 비해 그만큼 상대적으로도 고정비용이 많이 필요하다. 직원들도 많아야 하고 유지비도 많이 필요하다. 매출을 많이 올리기 위해 미리 준비해둬야 할 재료도 많이 사둬야 한다. 그런데 장사가 매일 잘되는가? 아니다.

가게가 좁으면 '돈을 조금밖에 벌 수 없다'는 착각을 빨리 버려야 한다.

식당이라면 맛만 좋으면 된다. 손님들은 가게가 좁으면 좁은 대로 인원수를 스스로 맞춰서 오고, 이 가게는 어떤 가게라는 이미지를 스스로 만들어 두고 자신이 이 가게에 초대하고 싶은 사람만 선택적으로 데려오게 된다. 넓은 가게에서 손님이 안 와서 고민하는 것보다 좁은 가게에서 손님들이 많아서 회전율이 높은 게 더 장사 잘 되는 가게다.

[일본 팁] INAKAYA田舍屋

일본어 '이나카田舍'는 '시골'이란 뜻이다. 여기에 '방, 가게'라는 의미로 '야屋'를 붙인 상호를 사용하는 정겨운(?) 가게다. 진짜 일본 스타일의 분위기를 느껴보고 싶을 때 들를 만한 곳이다. 록폰기 5-3-4 레느빌딩 1층에 있으며 일본식 푸짐한 로바다야끼爐端燒き를 즐길 수 있는 곳이다. 록폰기 사거리교차점에서 이쿠라 방면으로 오다가 첫 번째 신호로아 빌딩 앞에서 우회전, 맞은편에 하드락 카페가 있고 오른쪽 옆에 주차장이 있는 첫 번째 골목에 들어와서 우측에 있다.

식재료를 손님 앞에 진열해두고 그 뒤에 앉은 주방장이 손님 앞에서 요리해주는데 손님까지 거리가 가까워 주방장이 갖고 있는 긴 주걱나무 판에 요리를 얹어 손님에게 건네는 게 특징이다. 피자를 구울 때 사용하는 삽 비슷하게 생긴 주걱이다. 이 가게의 인기 메뉴는 바다의 귀부인이라고 불릴 정도로 화려한 색을 가진 '금색 눈을 가진 돔(金目鯛:kin me dai)' 을 구워주는 생선구이다.

이곳에서 맛볼 수 있는 '야채류 구이'는 7~900엔대, 생선류 중에는 시샤모구이, 가리비호타테구이, 소라 단지사자에 쯔보, 하마구리대합, 꽁치산마 소금시오구이 등이 2,000대인데, 참새우 소금쿠루마에비 시오구이와 왕게타라바가니구이, 방어부리 4,000엔대, 털게모가니가 13,000엔 정도의 가격대로 높은 편이고, 1인당 2개를 주는 가정식 고기전꼬치 및 닭꼬치는 1,100엔 정도다.

원산지를 만드는 가게

완도 김, 통영 굴, 무안 낙지, 횡성 한우, 벌교 꼬막, 금산 인삼, 나주 배, 제주 귤 등처럼 원산지로 믿고 소비하는 아이템들이 있다. 똑같은 김이고 굴이며, 한우이더라도 본 고장 산이라면 소비자들에게 더욱 신뢰를 받는 식이다. 물론 식재료뿐만 아니라 특정한 메뉴도 본 고장이 있다. 한국의 김치, 한국의 불고기, 일본의 라멘, 중국의 북경 오리, 홍콩의 에그타르트 식인데 여기에 누가 뭐라고 해도 유명한 본 고장 메뉴가 있으니 그게 바로 이탈리아 피자다.

"피자는 한국에도 많은데요? 굳이 이탈리아 피자라고 해서 다를 것도 없던데요?"

가게는 손님의 머릿속에서 장사한다.

손님의 생각에 유일무이한 장점이 있어야만 다른 가게들과의 경쟁에서 이긴다. 피자 가게를 예로 들어 보자. 이탈리아 정통 피자 가게가 있고 일본 내에서 자체 브랜드로 내세우는 피가 가게가 있다고 하자. 당신이라면 어느 피자 가게를 갈까? 가게 인테리어와 분위기, 손님들 대다수도 이탈리아 사람들이고 정말 글자 그대로 가게 안으로 들어서는 순간 이탈리아에 왔다고 착각할 정도로 만들어주는 가게라면?

당신의 가게가 피자 가게라서 망한 게 아니다. 당신의 가게에 이탈리아가 없어서 다른 피자가게와 경쟁할 때 뒤쳐졌을 뿐이다. 마찬가지로 당신의 치킨 가게가 망한 이유는 따로 있다. 사람들이 흔하게 볼 수 있는 치킨가게여서 망했다. 당신의 치킨 가게에 본 고장 이미지를 넣을 수 있는 소스라던가, 튀김가루 혹은 뭔가가 없어서 그랬다. 손님들이 당신의 가게에서만 느낄 수 있는 그 무언가가 없었을 뿐이다.

아자부주반역에서 빠져나오면 눈앞에 산적한 자전거가 나오는데, 그 옆을 가로질러 중심 도로로 나오면 일본 속 유럽을 마주하게 된다. 한적한 아침 여유를 즐기는 단란한 가족이 등장하거나 이름 모를 유럽산 애완동물들이 각자의 자태를 뽐내며 활보하는 모습, 포르쉐 또는 벤틀리 등의 명차들이 나란히 줄지어 주차된 모습도 쉽게 발견할 수 있는 곳이다.

그리고 아자부주반 지역엔 세계 각국에서 일본에 온 외교관들이 머무는 주택이 모여 있는데, 그래서인지 이곳에서 쉽게 마주치는 사람들은 일본인보다 외국인이 더 많을 때도 있다. 그야말로 서구화된 일본의 모습을 단박에 확인할 수 있는 동네인 셈이다.

거리를 걷다가 마음에 드는 카페에 앉으면 거기가 유럽이 되는 이상한 동네다.

그 날 내가 간 곳은 독일에 어느 브랜드 자동차 대리점 바로 옆 카페였는데 1,150엔을 내면 커피와 빵, 스크램블드 에그와 신선한 상치샐러드 그리고 크로와상, 치즈, 해물샐러드, 크림스파게티를 준다. 아자부주반에서 내가 좋아하는 곳이다.

물론 이곳 말고 또 다른 곳이 있다면 정통 이탈리안 피자를 맛볼 수 있는 곳이 있는데 꽤 여러 해 동안 해오는 일 중에 하나가 도쿄에 들른 사람들에게 빼놓지 말고 들러보기를 추천하고 있는 점이랄까? 하여간 아자부주반의 매력을 유난히 좋아하는 개인적 스타일이 일요일 아침 늦잠의 권력을 이겼다는 그런 소회를 말하는 중이다.

"커피 마셨으면 조금 산책하고 이따가 이탈리안 피자 가게 '사보이'에 가자. 너도 좋지?"

'피자가게는 자기가 처음 소개해줬으면서.'

사실은 일요일 아침 늦잠의 유혹을 뿌리치고 나오게 된 이유가 이탈리안 피자가게에 가고 싶은 마음 때문이었다. 피자가게가 무슨 대수냐고 달콤한 잠까지 포기하느냐 말한다면 그건 이 곳의 매력을 몰라서 하는 말이다.

사보이SAVOY는 '마리나라MARINARA' 피자와 '마르게리타MARGHERITA' 피자라고 해서 모짜렐라 치즈를 더 얹은 피자, 딱 두 종류만 파는 이 곳은 10석도 안 되는 테이블좌석을 둔 맛집이다. 외국인들이 항시 줄 서 있어서 제대로 운이 좋은 날 아니라면 여간해선 기다리지 않고 바로 들어가서 식사를 할 수 있는 곳이 아니다. 오죽했으면 가게에선 기다리는 손님들을 위한 테이크아웃take-out 서비스를 하고 있으니까 말이다. 기다리지 말고 가져가서 먹으라는 말 아닐까?

메뉴는 딱 두 개.

오는 손님들은 일본 내에서도 외국 생활 좀 해봤다는 사람들이 모여 산다는 아자부주반. 이 동네에서 허투루 이탈리아 피자라고 내세웠다간 정통 맛을 아는 손님들에게 클레임 들을 게 빤한 동네. 거기에 문을 연 이탈리아 피자가게. 대충 이런 정도만 생각해도 왠지 그 피자 맛을 보기도 전부터 이 피자가게에선 뭔가 정통의 향기가 스멀스멀 난다는 느낌을 갖게 된다.

오븐에 굽는 피자가 아니라 화덕에 굽는 피자이기에 기름기가 적고, 재료와 만드는 방식이 이탈리아 정통 그대로 만든다는 게 전부였지만 이 피자가게엔 일본인과 외국 손님들이 끊이질 않는다. 누가 보더라도 동네 분위기상 이탈리아 피자가게라고 인정받을 만한 장소였다. 일본 내 유럽풍 거리인 아자부주반에서 맛보는 이탈리아 정통 피자가게가 이곳의 이미지다.

게다가 가격도 착하다.

평일에 직장인들을 위한 점심 메뉴는 음료수와 샐러드 포함해서 피자 한 개에 1,000엔이면 된다. 근처에 레스토랑에서 판매하는 한식 메뉴는 어마 무시한 가격을 자랑(?)하니 말이다. 한국이라면 삼겹살집에서 무한리필 제공되는 김치조차 작은 간장종지보다 조금 더 큰 접시 분량에 거금 600엔을 받으니 말 다할 정도 아닌가?

피자 가게에 들어오면 밖에서 보는 이탈리아 느낌의 외관 건물이 비해서 안에서 직접 맞닥뜨리게 되는 공간이 기대보다 협소하다는 사실에 놀란다. 하지만 테이블 사이에 자리를 잡고 앉아서 바로 앞 화덕에서 구워주는 피자를 맛보면 오기를 잘했다는 만족을 하게 된다. 공간이 작은 점도 단점보다는 장점이 된다. 제대로 이탈리아 정서를 느끼게 해준다는 점이랄까? 그런데 이탈리아 피자를 구워주는 직원들이 일본인 남자인 점은 여전히 아쉽다.

이탈리아 피자 made by Japanese in Japan.

그래, 일본에서 일본인이 만드는 이탈리아 피자인 셈이다.

마침 피자가 나왔다.

"우아! 진짜 맛있겠다. 잘 먹겠습니다."

영희 누나랑 이야기를 하다보면 화제가 엉뚱한 데로 튀는 경우가 종종 생긴다.

나도 그렇지만 영희 누나도 종잡을 수 없는 캐릭터다. 근데 또 이야기를 안 할 수 없는 건 영희 누나 표정이 사뭇 진지하기 때문이다. 그래서 우리는 다시 현실로 돌아오곤 한다.

그러고 보면 원산지라는 단어가 곧 사라질 것처럼 느껴졌다.

굳이 어느 나라에서 만들었다고 할 수 없을 정도로 이 나라 저 나라 기술과 사람들, 제품들이 혼용되는 중 아닌가? 일본에서도 오리지널 역사와 가치를 지닌 정통 브랜드가 사라지는 상황, made in japan 라벨을 한정해서 붙이겠다는 정책을 짜야하는 현실이었다.

"잘 먹었습니다."

아자부주반에 있는 정통 이탈리아 피자 가게를 나온 시각은 오후 2시쯤이었다.

영희 누나는 월요일 아침 출근해서 프리젠테이션 발표할 게 있다고 회사에 가서 미리 준비해야 한다며 회사로 돌아갔다. 일요일에도 출근하는 현대인들의 삶을 과거에 살았던 수렵 생활하던 시대의 사람들이 보면 어떤 생각을 했을까?

아자부주반 거리에 밀집한 유럽풍 건물과 각종 가게들을 뒤로 하며 나도 서둘러 지하철을 타기 위해 발걸음을 옮겼다. 신쥬쿠 가부키쵸에서 모처럼 지인들과 만나기로 한 저녁 약속이 있었다.

'한국산' 100%라는 홍보문구를 사용해보자.

식당일 경우엔 각종 음식재료부터 주방장, 가게 사장, 일하는 직원들 모두 한국인만 채용해서 서비스를 하면 다른 가게들과 차별화가 된다. 중국 교포들이 식당 서빙을 해주지 않으면 우리나라 요식업이 살아남기 힘들다는 요즘 상황에서 귀에 확 들어오는 아이디어다.

예를 들어, 식당에 들어갔을 때를 떠올려 보자.

한국산 의류를 입은 한국인 직원들이 한국제 테이블, 주방도구, 한국제 집기로 인테리어를 하고, 국산 김치와 국산 육류 등 모든 재료를 국산으로 사용하며 메뉴판에도 한글만 적어둔 곳이 있다면 어떤 느낌이 드는가? 외국인 친구들을 데려오고 싶고, 외국 거래처 사람들에게 소개해주고 싶으며 가족끼리 나들이에도 부모님의 입맛에 맞는 정통 한국식 식단에 안심할 수 있다.

패션shop이나 헤어shop, 치킨가게, 슈퍼마켓, 휴대폰대리점, 전자제품판매점 등도 마찬가지다. 제품의 특성상 '원산지'를 한국산으로 고집하기 어려운 경우엔 '한국산'임을 홍보할 수 있는 부분을 홍보해보자.

'모태 한국인 사장이 운영하는 갤럭시 대리점'
'오리지날 한국인 직원들이 서비스하는 국산닭 치킨집'
'한국인이 엄선한 패션스타일 shop'
'한국인에게 어울리는 헤어스타일을 연출하는 한국인 헤어디자이너'
'한국인 체질을 잘 아는 한국인이 운영하는 슈퍼마켓'

원산지가 사라진 시대에 소비자가 불안해하는 원산지를 드러내놓고 홍보하는 전략이 필요하다. 그렇다고 잠깐 쓰다가 사라지는 '애국심 마케팅' 차원이 아니다. 소비자의 불안을 잠재우고 좋은 제품과 서비스로 승부해야하는 차원에서 장사 전략을 '원산지'에 집중하는 콘셉트를 말한다.

[일본 팁] 일본에 상륙한 이탈리아 정통 피자 **'사보이'**

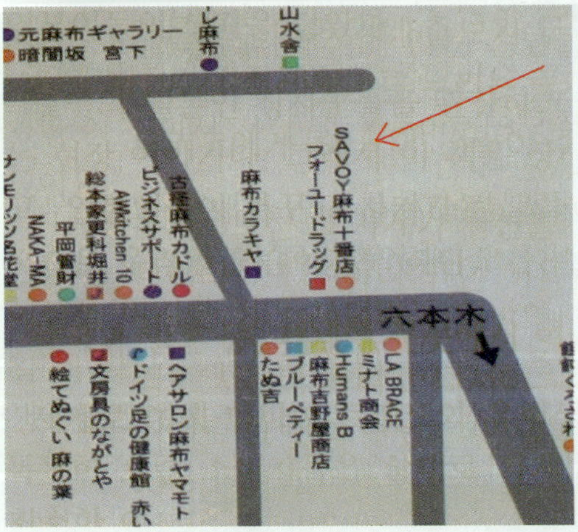

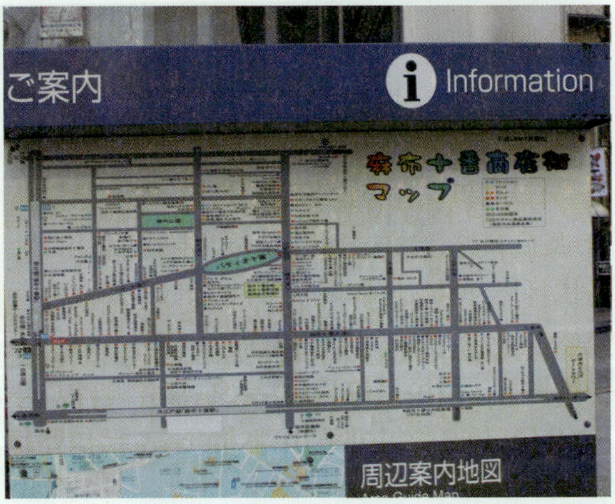

일본 도쿄 아자부주반 역에 내려서 록폰기 지역으로 향해서 걷다 보면 유럽풍 거리 골목이 끝나는 지점에 이르러 굉장히 높은 건물이 바라보이는 앞에 크기를 비교했을 때 다소 작아 보이는 피자가게 '사보이'가 나타난다. 정식 가게이름은 '사보이 아자부주반점'이다. 길이 헷갈리면 아자부주반역에 내려서 바로 옆 지도를 스마트폰으로 찰칵 사진에 저장해두고 골목을 따라 찾아가면 쉽다.

아자부주반 지역의 거리 특성상 외국 생활에 익숙한 일본인 부유층들이 살아가는 모습도 구경하면서 가게에 다다르면 드디어 이탈리아 정통 화덕 피자를 맛볼 수 있는 가게에 도착하게 된다.

이야기가 흐르는 오래된 가게

어떤 가게가 있다.

겉모양에선 오래 되어 낡은 듯 보이는 간판, 그다지 청결해 보이지만은 않은 가게 안, 음식을 만들어 판매하는 사람들도 가만히 보니 나이 50세는 넘어 보이는 분들이다. 머리카락이 하얗게 샌 남자가 카운터에 앉아서 꼬장꼬장한 표정으로 돈을 계산한다. 가게가 들어 있는 건물도 신식 건물이 아니다. 차량이 들어가기에 편리한 길도 아니다. 차량 두 대가 지나가기에도 벅차게 보이는 좁은 골목이다. 게다가 오후 4시가 넘어서 찾아가면 일찌감치 문 닫고 장사 안 하는 가게다. 그런데 이 가게 앞에 20대, 30대는 물론이고 나이에 상관없이 많은 사람들이 줄을 서고 아침부터 봉지 하나씩 들고 음식을 사간다면 당신은 어떤 생각이 드는가?

사람들이 미쳤다?

저건 분명 조미료 엄청 들어간 맛 홀리는 음식이다?

반면에 어느 가게는 신식 건물에 입주했고 서비스하는 사람들도 20대 초반 젊은층이다. 가게 메뉴는 스파게티, 까르보나라, 와인 등처럼 서구식 메뉴다. 그런데 이 가게엔 방금 전 다른 가게보다도 손님이 없다. 두 가게를 보는 당신의 생각은? 그리고 당신 가게가 두 번째 가게라는 문제점을 해결한 방법은? 그 순간부터 당신 가게엔 스토리가 필요한 시점이다. 이야기가 있어야 가게 생명이 길다.

"한국인들은 이상해!"

지난 주에 한국에 다녀왔다는 '야마모토'가 나를 보면서 잔뜩 흥분된 얼굴로 말한다.

도쿄에 볼 일이 있어 나온 김에 케이세이 우에노 역 앞에서 만난 야마모토와 나는 근처 패스트푸드점에 들어가서 앉았다. 깃사텐(喫茶店:찻집)이나 커피점은 사람들도 많고 시끄러워서 별로 구미가 당기지 않는 성격인데 야마모토도 나와 비슷한 성격이었다. 그래서 우리 두 남자가 서로 친한지 모르지만 말이다.

"지난주에도 업무 때문에 한국에 갔는데 미팅 마치고 저녁에 술자리에 간 거야. 그런데 술자리에서 진짜 재미있는 게임도 막 하고 취해서 웃음도 많아질 무렵 되니까 갑자기 한국인들이 나한테 나이 물어보고, 고향 어디냐고 물어보면서 내가 다닌 대학 이야기도 하는 거라 이거지. 대단하지 않아?"

"진짜? 그래서?"

야마모토는 내가 놀라는 척 하는 얼굴을 보며 그것 보라고, 너도 관심 가질 줄 알았다며 더욱 기분이 좋아진 모양이었다. 야마모토가 다시 말을 이었다.

"한국엔 기무라야木村屋 단팥빵(앙빵:あんパン) 그런 거 없어?"

야마모토가 내게 물었다. 순식간에 정해지는 사람 사이의 관계를 생각하다가 일본에서 오랜 시간 단팥빵만 만들어오는 가게가 떠오른 모양이었다. 일본에서처럼 오랜 시간 가꾸고 만들고 지켜보는 그런 문화가 없냐는 이야기였다.

왜 없겠는가? 당연히 있지.

대표적으로 안흥찐빵도 있고, 천안에 호두과자도 있다! 종로나 삼청동, 대전, 부산, 전주, 대구 등등, 한국에 거의 모든 지역에도 오랜 시간 동안 전통을 지켜오며 가꾸고 지켜오는 문화가 있다. 전주비빔밥, 전주 콩나물국밥으로 유명한 삼백집, 삼청동의 칼국수집, 종로에 삼계탕집 등, 한국에도 분명히 있다. 야마모토에게 말해준 내용들이다.

참고로 '기무라야 앙빵' 가게는 긴자역에서 A9 출구로 나온 후 걷다보면 곧 만나게 되는 가게인데 1874년에 처음 생겼다고 전해지므로 2015년 시점을 기준으로 계산하면 141년이 된 가게다. 140년 넘게 단팥빵만 만들었으니 아마도 전 세계에서 단팥빵에 대해 가장 잘 아는 가게가 아닐까?

가게엔 항상 손님이 줄을 서 있는데 가게 앞 전면부에 개발한 단팥빵의 종류를 맛으로 구분해서 손님들이 직접 볼 수 있게 진열해놓은 점이 특색이 있다. 한 가지 흠이라면 크기가 약간 작은 편이어서 한 입 먹어도 어째 좀 부족한 듯 먹게 된다.

하지만 그 또한 이곳만의 차별화 전략으로 보이면서 더욱 인기를 얻는 요인이 되고 있으니 크게 불평할 노릇도 아니다. 사람들마다 입 크기가 다르지만 어느 누가 먹더라도 입 안에서 자유롭게 맛볼 수 있는 크기다. 기무라야 앙빵의 크기는 오랜 시간 사람들 입 모양과 입 속 공간의 넓이를 고려한 후에 결정된 크기라는 점에서 가게의 노력이 돋보이는 거 아닐까?

기무라야 앙빵의 성공은 단팥빵 한 개에 그치지 않고 빵 속에 다양한 재료를 넣어 맛을 다채롭게 했다는 게 포인트다. 사실 단팥은 달콤한 맛이 일품이기도 하지만 사람에 따라 호불호가 갈리는 재료라서 그렇다. 그래서 기무라야 앙빵에서는 시대에 따라 사람들이 선호하는 재료를 빵에 넣으면서 여러 종류의 아이템을 만들어내는데 집중했고 그게 성공 요인이 되었다. 100년이 넘도록 생명력을 유지하는 비결이기도 하다.

야마모토가 한국인들의 사람 사이 관계 정하기에 대해 생각하면서 기무라야 가게를 떠올린 이유는 그만큼 서로 오랜 동안 지켜보고 잘 아는 사람이 되어야만 전화번호도 교환하고 가까운 사이가 될 수 있다고 믿어서다. 일본인들의 공통된 문화이기도 했다.

그런데 세계 곳곳에 보면 500년을 이어가는 오리고기 식당이 있는가 하면 100년이 넘도록 전통방식으로 빵을 만들거나 맥주, 와인 등을 만드는 기업들이 상당 수 있다. 유럽이 본거지인 패션브랜드는 그 수를 헤아리기 어려울 정도로 많지 않은가? 그러고 보면 한 가지 아이템으로 100년을 이어가는 장사를 한다는 점도 어려운 일이긴 하되 불가능한 일은 아니란 걸 알게 된다.

장사를 하려는데 그 이유가 무엇인지, 목표를 어디에 뒀는지 생각해보고, '밥 먹고 살려고'이거나 '할 줄 아는 게 없어서' 또는 '배운 게 이거라서'로 시작하는 장사는 하지 말자. '이게 요즘 돈벌이가 된다기에'도 안 되며, '남들이 그러는데 이거 해보라고' 해서 한다는 사람도 장사를 시작하면 안 된다.

장사는 단순히 '밥 먹고 살자'에서 한 걸음 더 나아가 대를 이어 계승해줄 가치를 심어야 한다. 시장에서 반찬을 팔아도, 골목어귀에서 치킨을 튀겨도 본인만의 가치관으로 노하우를 만들고 남들과 다른 장점을 심어야 한다. 하찮은 장사란 없다. 죽지 못해서 하는 장사라고 생각할 순 없다.

내가 하고, 후손들이 하며, 사람들이 본인의 장사를 생각할 때 엄지손가락을 기꺼이 들어 올려줄 수 있는 가치관을 담도록 하자. 여기엔 스토리가 중요하다. 단순히 남들보다 싸게, 남들보다 많이 파는 게 아니라 '장사에 스토리를 넣어 그 이야기가 후대에도 전해지도록' 해야 한다.

당신의 가게에 담을 수 있는 이야기는 무엇이 있을까?

[일본 팁] 맛을 기억하면 눈으로 주문한다. 기무라야 앙빵

일본 긴자에는 기무라야木村屋에서 파는 단팥빵(앙빵:あんパン)이 있다. 긴자 지하철역에 내려서 A9 출구로 나와서 걷다 보면 만나게 된다. 1874년 창업부터 꾸준히 100년이 넘는 시간 동안 오로지 단팥빵만을 만들어 오는 오랜 역사를 전통으로 자랑하는 가게다.

오랜 역사만큼이나 일본인들의 영양 간식으로 명성을 이어왔는데 세대가 바뀌면서 일본인들의 식성이 변함에 따라 기무라야 앙빵도 다양한 속을 넣어 만든 빵의 종류를 자랑한다. 팥은 기본이고 치즈크림, 밤, 일본 술까지 들어간 빵 등등, 20여 가지도 넘는 종류가 있다. 맛 별로 빵을 진열해놓는 덕분에 손님은 가게 앞에서 맛을 골라서 편리하게 빵을 주문할 수 있다. 빵 하나의 가격은 126엔. 크기가 약간 작아 보이는 게 아쉽다고 할까?

음식이 다르면 그릇도 다르다

똑같은 맛의 김치찌개를 전문으로 판매하는 두 곳의 식당이 있다고 하자.

한 곳에선 스테인레스 그릇에 담는 김치찌개와 밥 한 공기, 김 그리고 계란말이 등의 찬을 플라스틱 반찬그릇에 담아 식탁 위에 놓아준다. 그런데 다른 곳에선 놋으로 만든 밥그릇 흑미黑米로 밥을 짓고, 김치찌개는 뚝배기에서 끓인 상태로 내어오며 깍두기와 깻잎, 콩절임, 삶은 돼지고기 등을 각기 다른 접시와 그릇에 맞춰 내어온다.

두 가게의 가장 큰 차이라면 똑같은 김치찌개를 만들면서도 반찬과 메뉴를 내오는 그릇이 다르다는 점이다. 당신이라면 어느 가게를 갈까?

김치찌개 식당을 문 열었다고 해서 세상에서 흔히 보는 김치찌개 식당이 되면 안 된다. 무언가 당신 가게만의 차별화가 있어야만 한다. 당신만의 차별화라고 해서 인테리어랑 서비스를 말하는 게 아니다. 음식 메뉴에 한해서 승부를 걸 수 있는 차별화다. 똑같은 메뉴라도 그릇이 다르면 차별화가 가능하다.

식당을 차리면 밥은 먹고 살 줄 알았는데 망했는가?

당신 가게만의 차별화는 무엇이었는지 생각해보자. 당신도 알고, 그도 알고, 그녀도 아는 그런 평범한 식당은 아니었는지 반성해보자. 사람들은 그들만의 특별한 무언가를 생각할 때 그 가게에 온다. 멀다면 자동차를 타고라도 온다. 하지만 그들이 평범하다고 생각하는 가게엔 오지 않는다. 당신만의 가게가 특별했어야만 했던 이유다.

"일본 음식은 진짜 눈으로 먹고 입으로 먹고 2번 먹는 거 같아. 어쩜 그렇게 음식을 예쁘게 만들지? 그릇들도 요리마다 다 달라서 음식하고 어울리잖아? 주방장들이 센스가 있어서 각자 취향대로 요리를 담는 거야? 식당마다 보면 음식은 비슷한데 그릇은 다 달라. 어느 식당에 가면 음식보다 그릇이 탐나서 갖고 싶더라니까."

매번 휴가 때마다 돈을 모아서 여행을 갈 것이라며 두고두고 벼르다가 마침내 일본에 오게 된 거래처 담당 파트너 '이미희'를 나리타공항에서 만났다. 일본에서 하루 잠자고 나머진 밤비행기로 오가는 1박 3일 일정이라며 자기 몸집보다 더 큰 캐리어 가방을 들고 온 것까진 이해할 수 있었는데 이미희는 나리타공항 입국장으로 들어서면서부터 빨리 식당에 가보자고 나를 채근하는 중이었다.

"드디어 내가 본고장에 왔다 이거지! 대충 계산해도 6끼 이상은 먹을 수 있으니까. 참 근데 신쥬쿠랑 시부야, 긴자, 하라쥬쿠, 시나가와, 록폰기, 아카사카, 요코하마, 아자부주방까지 주르륵 들를 수 있어요? 2일 머무니까 충분하겠죠?"

이미희 부장은 나를 보면서 수첩을 꺼내더니 제일 앞장에 적어둔 뭔가를 찾는가 싶더니 어느새 한국에서 미리 검색해본 맛집 리스트를 불러댔다. 자기가 미리 맛집을 찾았다며 내심 뿌듯해하는 그녀를 보면서 한편으론 안타까운 심정이었다. 이미희 부장의 수첩에 있는 음식점 리스트엔 제대로 된 맛집이 없었다. 이미희 부장은 한국처럼 일본에도 블로그마케팅을 하고 돈을 받고 후기를 올려주는 사람들이 있다는 사실을 모르는 듯 했다.

물론 이미희 부장의 이야기는 전혀 틀린 것은 아니었다.

일본음식은 입으로 먹기 전에 눈으로 먹는다는 표현이 있을 정도로 디자인적 요소가 강조되는 음식이다. 각 지역마마 특산물이 다르고 지역색이 있어서 음식 하나만으로도 전통과 특색을 담기에 그렇다.

'일본음식은 왜 예쁠까? 그릇은 왜 음식마다 다른 모양일까?'

그 이유는 일본음식을 먹는 '젓가락' 에 있다고 봐야 한다.

일본인들은 식사를 할 때 수저를 사용하지 않는다는 점이다. 젓가락만 사용하며 국물이 있는 음식일 경우에만 사용하는 작은 국자가 있을 뿐이고 대부분의 음식은 그릇을 들어 입에 대고 젓가락으로 그릇 안에 음식물을 입 안으로 밀어 넣는다. 우리나라 된장국에 해당 되는 일본음식의 '미소시루(みそ汁 또는 味噌汁)'는 그릇째 들고 국물을 마시

고 안에 음식물을 젓가락을 사용해서 먹는 음식이다.

음식을 먹을 때 국을 떠먹는 전용스푼 외에 젓가락만 사용하고 밥과 반찬을 먹는 '수저' 가 없다 보니 일본에선 당연히 그릇에 관심을 갖게 되었다고 볼 수 있다. 그래서 입에 대는 그릇인데 그 안에 음식이 담겼으니 그 모양이 중요하게 된 까닭이다. 일본 음식에서 나오는 식기 디자인을 자세히 보자. 대부분 손에 들기 편하도록 만들어졌음을 알 수 있다.

그래서 일본인들의 가정에서도 식구들마다 자신이 사용하는 전용 식기(밥그릇, 젓가락, 찻잔)가 따로 있는 경우가 대부분인데, 각자 사용하기 편리한 그릇에 맞춘 식사 방식인 이유다. 심지어 일본인들은 아이가 성장하게 되면 매해마다 젓가락을 새로 사주는 풍습도 있다. 아이의 손이 커지니까 그에 맞는 젓가락을 새로 사주는 일이다.

"여자 그릇이요, 남자 그릇이요?"

"네? 남자요 여자용이 따로 있나요?"

"네. 밥그릇은 남자용이 지름 12cm 정도이고요, 여자용은 11cm에요. 찻잔은 남자용이 8cm, 여자용이 7cm 정도죠."

"정도? 정확한 사이즈가 있는 건 아닌가 보네요?"

"역시 이미희 부장님은 예리하시네요. 네. 옛날 기준이에요. 요즘엔 일본인들 체형도 달라져서 자기에게 어울리는 크기를 선택하죠."

일본인에게 음식 그릇이란 자기 자신의 것을 뜻한다.

그래서 일식 식당에선 각각의 손님을 위한다는 의미를 담아내기 위해 그릇 디자인과 크기, 음식의 모양도 신경 쓰게 되는데, 젓가락을 사용한다는 점에 근거해서 음식의 모양과 재료 손질도 주의를 기울인다. 우리 식당에 오는 손님들에게 딱 맞는 음식을 서비스한다는 의미다. 일본음식의 모양에 대해 세계 사람들이 찬사를 보내는 이유가 바로 여기에 있다.

그렇다면 일본 음식에서 식당마다 손님들을 생각하는 차이점만 있고 일본인에게 어울리는 사이즈는 없을까? 한국에도 집집마다 깍두기 크기가 다르긴 하지만 육면체 모양이란 점은 비슷하듯이 일본 음식에도 'ㅇㅇㅇ는 대개 이런 모양이다'란 음식은 없을까? 물론 있다. 이런 종류다.

일본 음식은 식재료가 입에 들어갔을 때를 염두에 두며 가로×세로×높이 크기를 3×2×1 크기로 만든다. 3cm는 한입에 쏙 들어가며 식감을 느끼게 해주는 알맞은 크기다. 일식의 대표적인 사시미생선회의 크기가 여기에 속한다. 그렇다고 모든 음식이 이 크기에 맞는 건 아니다. 식감에 따라 나눠 먹기에 좋은 음식은 6cm로 잘라서 3cm씩 두 입에 먹을 때를 고려한다.

"음, 그런데 일본에 간다니까 다들 방사능 조심하라던데, 괜찮겠죠?"

이미희 부장의 걱정스런 얼굴을 보며 내가 말했다.

"수산물 시장에 방사능측정기를 들고 가서 수산물에 가까이 대보며 테스트한 영상인데요, 모든 수산물이 완벽하진 않다고 이야기하는 영상이었어요. 영상에서만 보면 어떤 수산물에서 방사능 오염 신호가 나왔으니까요."

"세상에. 그럼 나 어떻게 해요? 먹어요, 말아요?"

"오늘 가는 식당들은 괜찮을 거라고 추천할게요. 값싼 재료를 쓰는 곳도 아니고 수십 년 이상 거래하는 업체들에게서 철저한 위생 상태를 점검해서 음식을 만드는 곳이니까요. 이러면 이제 좀 안심되죠?"

이미희 부장을 데려가는 곳은 아카사카赤坂에서 알아주는 '가이세키 요리'점이다.

우선 '아카사카'는 일본 국회의사당, 정부 청사들이 모인 곳이고 이 지역 음식점에는 정치인이나 경제인들이 왕래하기 때문에 모든 음식에 위생 상태는 믿을 수 있었다.

그리고 '가이세키' 요리란 일본의 차문화(다도)에서 시작된 접대요리를 말하는데 예의를 기초로 한 음식답게 그릇에도 반드시 지켜야하는 규격이 있다는 게 특징이다. 가령, 생선회를 큰 접시에 홀수(일본인들이 여기는 행운의 수)를 맞춰 담았으면 간장 종지를 곁들여 내게 되는데 이때 간장종지의 크기는 생선회 한 점을 넣을 수 있는 크기로 만든다는 식이다. 손님 접대를 위해 내놓는 음식으로 그릇부터 격식을 갖춘다는 점에서 고개를 끄덕이게 된다.

"난 일본음식은 무조건 싱거울 줄 알았는데, 이건 너무 짜요."

가이세키 전문점에 들렀다.

가게 안에 내부 구조는 이렇다 할 특별한 요소는 없었다. 깔끔한 분위기로 보이는 게 전부였다. 한국에서도 얼마든지 볼 수 있는 일식집. 이 가게는 인테리어를 내세우는 곳이 아니라 음식을 내세우는 곳이었다. 다른 여느 식당과 다를 바 없는 내부 인테리어였지만 정갈함 음식과 특유의 메뉴는 일본의 오피니언 리더들을 상대로 하기에 부족함 없었다.

그래서 이 가게가 유명세를 얻고 손님들로 북적이게 된 이유다.

'접대'가 필요한 지역에 '접대음식'을 파는 가게를 차렸다는 데 있다고 봐야 했다. 거래처를 만나고 외국 손님을 모시고, 업무상 인맥 등등을 만들 때 상대를 배려해야 하는 등의 식사 자리가 필요하다면? 일본인들이 가장 먼저 기억하고 찾아오는 곳이었다. 예의를 바탕으로 시작된 음식 메뉴이기에 그렇다. 한국으로 치자면 정부청사가 있는 삼청동이나 여의도 국회의사당 인근 한정식집을 비유할 수 있다.

> '사회 지도층 인사들을 상대하는 식당이라면 고급 한정식집인데, 그런 가게를 차릴 돈도 없고 우리 가게랑은 안 맞아!'
>
> 이런 생각이 들 수 있다. 하지만 아니다.
>
> 가이세키 요리점을 이야기하면서 강조하는 건 다른 가게들과의 차별화다. 가이세키 요리가 다도茶道 문화에서 시작되었고 예의를 기초로 하는 음식이라곤 하지만 거기엔 사회 지도층을 위한 음식이란 점보다는 '상대방을 배려하는 접대음식'에 더 초점을 맞춰야 한다. 사회가 발달할수록 사람들이 만나고 일과 업무로 연결되는 일이 많으면서 식사 자리 한 번이 여러 번의 미팅보다 나은 경우가 있지 않은가? 가이세키 요리점은 이러한 사회생활에서 사람들이 필요로 하는 순간을 제대로 파고든 틈새시장 공략이라고 봐야 한다.
>
> 예를 들어, 시내에 나가야 만날 수 있는 베트남쌀국수 가게가 있다고 하자.
>
> 주택가 인근 작은 골목에 동네 주민을 위한 쌀국수 가게를 차리면 어떤가? 시내에 관공서 주변이나 외국인 관광객들이 몰리는 곳에서 볼 수 있는 한정식집도 마찬가지다. 당신이 살아가는 주택가 골목에 특화된 한두 가지 메뉴의 한정식집을 차리는 건 어떤가? 쌀국수를 먹고 싶은 순간에, 가족들과 한정식집을 가고 싶은데 시내까지 나가는 게 번거로운 순간에 사람들이 당신 가게를 떠올릴 수 있도록 말이다. 가이세키 요리점도 마찬가지의 경우다. 사람들이 필요로 하는 순간에 가장 먼저 떠오르는 가게가 되었을 뿐이다. 당신 가게의 차별화를 이야기하는 중이다.

이미화 부장은 테이블에 앉자마자 메뉴판을 들여다보며 어떤 음식에 도전할까 잔뜩 기대하는 눈치였다. 메뉴판을 내게 넘긴 이미화 부장은 어떤 음식을 시킬지는 온전히 나만 믿겠다며 테이블에서 물러섰다. 벽에 등을 기댄 채 식당 안을 여기저기 둘러보던 중 첫 음식이 나오자 조심스럽게마치 소중한 무언가를 처음 만나는 사람처럼 젓가락을 들어 음식을 집어 입안에 넣었다.

"아이, 짜!"

첫 마디였다.

나도 젓가락을 들어 한 개를 집어 먹어봤다. 짜다고 하기에 혹시 가게에서 실수를 한 건지 걱정스러웠기 때문이었다.

"아, 이건 짠 게 아니라 지극히 평범한 거예요."

"네? 이게요? 내 입엔 짠데. 이건 싱거운 맛이 아니잖아요?"

이제야 이해가 됐다.

이미화 부장은 일본에 오기 전부터 일본에 대해 여러 책자를 본 모양이었다. 음식은 어떻고, 집은 어떻고, 기후는 어떻고 설명해둔 여행책자를 말한다. 그런데 어떻게 하겠는가, 여행이야말로 교과서랑 실제 세상이 다르니 말이다.

"짠 맛, 단 맛, 비린 맛, 그리고 이런 맛들이 섞인 음식들이 대부분이에요. 일본인들은 그리고 절대 소식하는 사람들이 아니에요. 많이 먹죠. 일본 식당에선 요리를 시켜도 곁가지로 나오는 반찬까지 다 돈을 받아요. 그래서 다른 반찬도 공짜로 안주는데 음식이 싱거우면 안 된다고 말하는 사람도 있는데요, 그건 아니에요."

"세상에."

그러는 사이, 주문한 음식들이 테이블 위에 하나씩 놓이더니 모두 나왔다.

이미화 부장은 음식을 찬찬히 둘러보더니 하나씩 집어 맛을 보기 시작했다. 아, 일식 먹으면서 이렇게 경건한 적이 있었던가? 역시 무슨 일을 하든 그 일에 대해 기대하고 좋아하는 사람과 같이 해야 함을 느꼈다.

그런 경우다.

상대방의 배려가 얼마나 큰 배려인지 모르는 사람들에겐 어느 순간부터 그 배려가 당연하게 되는 경우다. 접대를 받아도 그 접대가 소중함을 모르고 으레 그러는 거 아닌가? 당연하게 여긴다면 상대방은 두 번 다시 그 사람을 보려고 하지 않기 때문이다.

"그건 사쿠라 절임이에요. 소금에 절인 벚꽃이요."

이미화 부장이 고개를 끄덕였다. 그리고 입안에 넣은 절임 한 조각을 음미하듯 씹어보며 식감을 느껴보려는 모습이었다.

"일본인들은 사쿠라벚꽃을 좋아하거든요. 그런데 1년에 한 번 보다보니까 아쉬운 거예요. 그래서 절임을 만들어서 1년 내내 보기도 하고 먹기도 하고 그러는 거죠. 그게 메인 요리는 아니고요, 음식 장식으로 주로 사용해요. 맛은 어때요?"

"맛이요? 음, 이게 무슨 맛이지. 그러니까. 어릴 때 손톱에 봉숭아물 드리는 거 아세요? 그거 봉숭아꽃 절여서 먹는 기분 같아요. 입맛엔 별로 안 맞는데요. 그냥 일식 중에 이런 게 있으니까 먹어보려고요."

이미화 부장 앞으로 다른 절임 반찬 하나를 더 옮겨줬다.

"그러네요! 이건요?"

"이건 오이절임이에요. 집집마다 절임 정도가 달라요 일본인들의 입맛이 다 다른 거겠죠? 자기 입맛에 맞춰서 먹는 절임이에요. 여름에 일본 온 사람들은 바닷가에서 불어오는 습기 찬 후덥지근한 바람을 못견뎌하는데요 그럴 때 여름에 염분 보충에 좋겠다고 여기면서 먹어두는 편이에요."

"네. 여름엔 두 말 않고 치맥이죠. 짠 음식 먹으면 입안이 텁텁할 거 같은데요? 이것만 먹으라면 안 먹을래요."

"치맥이요? 하하. 치맥은 한국인들이 만들어낸 메뉴에요. 일본인들은 치킨이랑 밥을 먹어요. 치킨 조각을 밥이랑 같이 먹는 거예요. 근데 이게 한국의 치민 양념이 아니라 일본인 스타일 양념이어서요, 짭짜름해서 먹을 만해요. 참고로 영국에서도 치맥은 없어요. 후라이드 치킨이 전부죠. 한국엔 마늘치킨도 있고 간장치킨, 양념치킨도 있고 그 종류가 많죠? 영국엔 그런 거 없어요. 간장소스 치킨이나 파랑 섞은 '파닭'은 먹을만하다고 할 거예요. 양념치킨은 맵다고 하고요. 마늘치킨은 진짜 이상하다고 할 걸요? 후라이드 위에 마늘 다진 소스를 얹은 그 모양새가 좀 찝찝할 거고요. 영국인들은 아마 어쩌면 그걸 보고 고양이가 토한 거 같다치킨 위에 얹은 마늘 소스의 양이 적으므로도 할 거예요. 어쨌든 일본에선 치킨을 밥 위에 얹어서 먹어요. 돈가스처럼."

이미화 부장은 내가 말할 때마다 고개를 끄덕이며 때로는 '아!'라고 말하거나 '네.'라고 하거나 '그래요?'라고 말하는 걸 잊지 않았다. 고양이 이야기를 할 때는 눈동자를 동그랗게 뜨는 것도 잊지 않았다. 나는 여자가 아니지만 분명 이미화 부장의 그 모습은 여자들끼리의 대화 방식이었다는 걸 안다. 상대방과 시간을 공유한다는 점에서 관계를 소중히 여기는 여자들만의 감성을 말한다.

남자들은 대부분 밥을 먹으러 가면 '밥이나 먹지, 뭘 말을 해?'라고 하겠지만 여자들은 다르다. 여자가 있는 장소, 같이 있는 사람, 분위기, 느낌 등의 모든 것을 포함해서 밥을 먹는다고 여긴다는 점이다.

그런데 이미화 부장이 내 이야기를 전부 기억할까?

그런 걱정은 안 해도 된다고 여겼다. 그날은 이미화 부장을 위한 일식 투어였다. 일본에 처음 오는 한국인들이라면 대부분 관심 갖는 부분이 아닌가? 여자에겐 음식과 쇼핑을 말한다.

자, 그럼 이젠 제일 마지막에 나온 그릇에 담긴 반찬 차례였다.

음식이 나오고 이야기를 나누면서 꽤 오래 지켜보는데 이미화 부장은 테이블 위에 놓인 모든 반찬과 음식을 먹어보면서도 유독 마지막 그릇 만큼은 손을 대지도 않았다. 쳐다보기도 싫어하는 듯 보였다.

"이것도 드세요."

"으으. 그거 결국 먹어보라고 하시네요. 되게 징그러워서 쳐다보지도 않았어요. 그거 번데기죠?"

"네? 하하."

유럽인들은 그 재료를 가리켜 '아티초크Artichoke'라고 부른다.

영어로 부르자면 'Chinese Artichoke(중국 아티초크)'라고 말하는데 일식 중에 절임류 음식으로 아삭아삭한 식감으로 좋은 '쵸로기' 라는 채소로 만든 메뉴다. 한국에서는 치매 예방과 변비에 좋다는 약초로 취급하며 '초석잠'이라고 부른다. 이 재료는 일본인들 중에도 모르는 사람들이 꽤 있을 정도로 흔한 것은 아니고 가격도 비싸다.

일반적으로 아티초크는 내가 보기엔 그저 나무에서 열리는 파인애플 형태의 작은 열매 혹은 꽃봉오리(혹은 두릅) 정도로 생각되는데 '예루살렘 아티초크'는 감자나 고구마처럼 자라는 채소로 그 모양새가 영락없이 애벌레처럼 생겼다. 이 날 가이세키 요리점에서 내온 메뉴였다.

"맛은... 음. 나쁘진 않네요."

내 설명을 듣고도 한참 망설임 끝에 젓가락을 든 이미화 부장은 눈을 질끈 감고 입안에 넣어 맛을 보며 말했다. 이 날 일본에 처음으로 온 이미화 부장은 가이세키 요리점에 들러 예의바른 음식을 맛보는 중이었다. 어쩌면 그동안 자신이 상상하던 일본을 맛보는 중이었는지도 모르지만 말이다.

똑같은 음식이더라도 맛이 다른 경우가 있다. 그 맛은 인공조미료를 썼는지 아니면 천연재료로 간을 맞췄는지 차이가 생기기도 하고 그릇을 다르게 배열해서 음식 맛 외적으로도 품위를 느끼게 해주는 맛이 있다.

이른바 '눈요기'가 되는 음식이라고 할까?

어떤 가게를 하던 세상의 없는 메뉴를 파는 곳은 없다. 그렇다면 '어떤 음식을 파느냐'가 중요한 게 아니라 '음식을 어떻게 파느냐'가 중요하다. 똑같은 메뉴일지라도 입속에서 맛이 다르게 할 수 있는 게 차이점이고, 눈으로 음식을 볼 때 먹지 않고 보기만 했는데도 식감을 느끼게 해주는 정성이 있다면 그게 차이점이 된다.

삼겹살가게인데 마늘절임이 독특하다면 그게 차이점이 된다. 손님들은 곳곳에 펼쳐진 가게를 보면서 자기가 아는 가게들마다의 차이점을 기억해내려고 한다. 맛도 같고 가게 분위기가 비슷하다면 그 다음엔 그릇이 중요하다. 다른 가게들도 파는 비슷한 음식일지라도 어떤 그릇에 내오느냐가 당신 가게의 전략이 된다는 뜻이다.

차별화가 중요하다.

그곳에 가게를 연다면 내 가게에 과연 몇 명이나 올 것인가 짐작할 수 있을까? 5명? 10명? 또는 50명? 장사를 하는 사람들은 대부분 많은 손님을 원하며 그 거리에 오가는 사람들 모두가 내 가게 손님이라고 여기는 경향이 있다. 그래서 될수록 많은 메뉴와 다양한 가격을 내세우는데 이런 가게일수록 망하는 지름길을 걷는다.

그 거리에 오가는 사람들이 100명이라고 하는 건 내 가게가 100가지의 스타일 중에서 누구와 어울릴 것인지 골라야 한다는 의미와 같다. 중국인이 13억 인구라고 해서 시장이 크다는 의미가 아니라 13억 가지의 스타일이 존재한다는 의미로 생각해야 하는 점과 같은 이치다.

그래서 손님이 많고 스타일이 다양해질수록 인기 있는 스타일을 따라가기보다는 나만의 장점을 살려서 특색을 갖는 게 더 좋다. 100명의 스타일에 맞추기보다는 내 스타일을 얹어 101개의 스타일이 되도록 하는 게 장사에 도움 된다는 뜻이다.

생각해보자.

그 거리에 100명이 다닌다는 사실은 나 외에도 다른 사람들 누구나 안다. 그런데 당신이 그곳에 100개의 스타일 중에 하나의 스타일로 골라서 가게를 열었다면 사람들이 관심 갖지 않는다. 100개의 스타일 중에서 그대로 변화가 없기 때문이다. 장사 매출은 단골이 기본유지를 해주고 대박은 뜨내기손님이 올려준다. 당신 가게엔 대박이 없다는 얘기다.

그럼 101가지 스타일로 장사를 했을 땐 어떤 일이 벌어질까?

그 거리가 101가지 스타일이 있는 거리가 된다. 그 거리를 아는 무수한 사람들이 관심을 갖기 시작한다. 그 거리는 100개 스타일이 있는 거리가 아니라 101가지 스타일이 있는 거리가 되었기 때문이다.

"거기에 새로운 가게 열었다는데, 구경 가보자."

사람들이 당신 가게에 몰리게 된다.

[일본 팁] 최고와 최고가 만나다. 가이세키요리懐石料理

일본 도쿄에 왔다면 '아카사카'에 들러 정통 일식인 가이세키 요리점 '히카와ひかわ'에 들려보기를 추천한다. 록폰기나 긴자와 가까운 점도 이득이다. 록폰기 미드타운 방향의 히노키공원을 가로질러 걷다보면 10분 안에 도착한다.

이곳에서 살짝 덜 익힌 소고기 초밥을 맛보며 참치 초밥의 맛과 또 다른 식감에 빠져보는 것도 좋고, 홋카이도산 굴과 싱싱한 도미 회를 즐겨도 좋다. 단, '오차즈케'라고 해서 차녹차에 밥과 김, 생선 등을 넣고 말아먹는 메뉴는 굳이 선택하지 않아도 되겠다. 한국에선 밥에 물 말아먹는 것과 차이가 별로 없으니까.

당신의 취미가 머무는 가게

만화에 나오는 로봇 모형 조립하기, 자전거 타기, 특이한 애완동물 기르기, 애니메이션 소설 속 캐릭터 좋아하기, 만화 속 영웅의 무기 장난감 사기, 축구공 모으기, 야구 유니폼 모으기 등등 사람들의 취미가 진화하는 중이다. 남들이 하던 취미랑 같을 필요도 못 느낀다. 남들은 남들대로, 자기는 자기만의 취미가 있다고 여기는 사람들이다. 이들이 모여 소비자집단이 되고 구매시장을 만든다.

'장사를 하려고 해도 그럴듯한 아이템이 없어!'

식당을 차릴까? 옷가게를 할까? 애완동물 가게를 차려? 반찬가게? 자동차 액세서리 가게? 자전거 수리가게? 맥주가게? 수입과자 가게? 치킨가게? 커피가게? 당신 머릿속에서 나오는 장사 아이템이 고작 이 정도라면 이번엔 눈을 돌려 사람들이 좋아하고 관심 갖는 분야를 떠올려 보자. 사람들의 취미가 시장을 만든다. 당신이 먼저 시작하면 다른 사람들이 따라온다. 남들 다하는 가게를 연다면 경쟁에 치이고 실패할 확률이 높지만 남들보다 먼저 시작한다면 당신이 시장을 리드할 수 있다.

일본은 고독하다. 그런데 그 고독한 일본인들을 위한 시장이 생겼다.

15세 이하 인구가 65세 이상 인구보다 적은 나라. 건강지압 서비스, 보청기 가게처럼 노인을 위한 각종 가게가 거리에 즐비한 나라가 되는 중이다. 거리 상점 주인은 할아버지 할머니가 운영한다.

젊은이들은 어디에 갔을까? 일하는 할머니와 할아버지가 일본의 현재 모습이다. 일본이 고독에 빠졌다. 활기가 없다. 일본 젊은이들은 만화, 애니메이션, 게임에 빠졌다. 현실에 대한 불확실성으로 가상의 세상에 몰입하는 중이다. 1990년대부터 시작된 일본의 장기불황에서 현재까지 근 20년이 흘렀지만 삶은 나아지지 않았다. 1990년대 대학생이던 사람들은 어느새 40대가 되었지만 그들에겐 불황이란 단어가 오히려 더 익숙하다.

자기 목소리를 내던 일본의 모습으로 돌려놓고 싶어 하는 일본이 모습이 현재의 상황이다.

일본의 젊은이들은 그들의 부모세대가 강했던 과거의 모습에 관심이 없다는 게 문제다. 그러기엔 너무 많이 와버렸다. 현재 일본의 젊인 청춘들은 오로지 자기 자신의 삶과 인생에서 자신이 소중히 여기는 것에만 관심이 있다. 현실이 팍팍할수록 미래에 대한 비전을 갖지 않는다.

어차피 미래는 자기 계획대로 되지 않는다고 알아버린 탓이다.

그들의 부모세대가 그렇게 열심히 일했지만 결국 세상은 더욱 살기 어려워졌다는 걸 직접 눈으로 본 그들이라서다. 과거로 돌아가고 싶은 늙은 일본, 미래에 대한 비전 대신 현실에 안주하려는 젊은 일본이 공존하는 상황에서 일본의 고독은 더욱 깊어만 가는 중이다. 고독한 일본인들의 마음속을 자리잡은 건 취미 시장이었다. 일본인들이 마음을 빼앗긴 취미에 돈을 쓰는 중이다.

그리고 일본인들은 그들이 알던 과거의 기억에만 돈을 쓰고 있다. 풍족하진 않았지만 행복할 수 있었던 어린시절 기억을 떠올리게 해주는 먹거리에 돈을 쓰고, 추억을 떠올리면서 다시 찾아낸 그들만의 기억에 돈을 쓰고 있는 중이다.

"이곳에 사세요?"

나는 차를 몰아 나카메구로 지역으로 들어섰다. 부유한 일본인들이 주로 거주하는 지역이다. 동네 자체가 개성을 살린 집들로 이뤄진 곳인데 집집마다 알게 되는 일본인들도 지식수준이 높은 편이라 동네 자체가 시끄럽지도 않고 나름 살아가기에 편한 곳이다.

김준수씨는 차창 밖으로 내다보며 주변 경치를 감탄하며 말했다.

두 남자의 이야기는 '오덕후'에서 어느덧 주변 경치로 바뀐 상태였다. 김준수씨는 예전에 서울에서 나하고 만났을 때는 자신은 일본에 가면 주로 '아키하바라'에 들른다고 말한 적이 있다. 자신이 다니던 동네와 경치가 다른 점이 매력적이었을까? 김준수씨는 이후로도 이따금 '우와!'라는 감탄사만 연발할 뿐 잠시 다른 이야기는 잊은 모양이었다.

"여긴 어딘가요?"

동네 분위기를 감상(?)하던 김준수씨가 물었다.

움직이던 차가 멈춘 것과 거의 동시였다. 차 앞 유리를 통해 맞은 편 건물 1층에 가게가 눈에 들어온 듯 했다.

"타이야끼 가게에요."

"타이야끼요? 우아! 그건 붕어빵처럼 고정 틀에서 찍어내는 빵이잖아요?"

"네. 이 가게가 유명해요. 타이야끼 가게는 도쿄 어느 동네에 가더라도 전혀 없는 건 아니지만 나카메구로 동네에 있는 이 가게가 소문난 곳이에요."

타이야끼 가게는 도쿄에 시내 중심지에서도 종종 발견할 수 있다.

우에노上野에 아메요코 시장 골목 안으로 들어가면 양쪽에 붕어모양 틀을 가진 직사각형 철판에 다양한 속을 넣어 붕어빵을 구워주는 가게가 있다. 단팥을 넣기도 하고 크림, 치즈, 고기를 넣은 붕어빵도 있어서 사람들의 입맛에 따라 선택할 수도 있다.

나카메구로 동네 어귀에 자리를 잡은 가게는 거리의 모퉁이 부분에 있어서 오가는 사람들의 눈에 자주 띄는 위치가 장점이기도 했다. 김준수씨도 주변 경치를 바라보다가 순식간에 가게를 알아본 이유였다.

도로가로 만든 창문과 그 양 옆으로 출입문을 만들어서 모퉁이 어느 쪽에서건 손님들이 들어올 수 있게 한 아이디어도 돋보인다. 창문 바로 아래엔 신제품 타이야끼나 인기 메뉴를 만들어 표시해두고 가게의 오른쪽 왼쪽 어디에서 보더라도 잘 보이게 진열해둔 아이디어도 느껴졌다. 가게 안에 인테리어란 것도 특이할 만한 것은 없다. 한국에서 붕어빵 포장마차가 그대로 가게 안으로 들어간 모양이랄까? 거리 골목에 있던 붕어빵 틀이 그대로 가게 안으로 들어간 모습이다. 손님들은 가게 앞을 지나며 붕어빵을 사갔다.

"이 맛인가요? 이 맛이군요!"

타이야끼의 장점은 상식을 깨는 재료에 있다고 봐야 했다. 김준수씨도 내가 사서 건넨 붕어빵 한 개를 베어 물더니 깜짝 놀라는 눈치였다. 자기가 베어 문 붕어빵의 잘라진 면을 다시 쳐다보며 말했다.

실제로 밤을 으깨어 만든 타이야끼다.

이곳에서는 가을에 생산되는 밤을 재료로 잘 으깨어 타이야끼 속을 만들어 팔고 있는데 붕어빵 속이 단팥이 아니라 고소하고 맛있는 '밤'이 들었다는 점을 알게 된 사람들은 어느새 이 가게의 팬이 되고 말았다. 나카메구로 동네가 부자들이 모여 사는 지역으로 유명세를 얻었다면 타이야키 가게는 부자들이 즐겨 먹는 간식으로 인기를 얻는 식이었다.

한국의 경우라면 청담동에 붕어빵 가게가 생긴 식이다.

노점 포장마차가 아니라 제법 아담하고 인테리어도 갖춘 가게로 운영되는 붕어빵 가게. 청담동에 대비되어 어울리는 또 하나의 명소가 되지 않을까? 길거리 먼지가 묻을 걱정도 없고 관할구청이 생겼으니 세금도 내고 제대로 된 위생관리까지 믿을 수 있을 터였다. 거리 간식이 가게를 얻으면서 하나의 프랜차이즈 브랜드가 되는 경우다. 나마케구로에 타이야키 가게에 들러 한국의 붕어빵 포장마차를 떠올린 건 그래서 당연했다.

나카메구로에서 들른 타이야키 가게를 거치며 김준수씨에게 하나를 건넸다.

"오덕후 될 수 있을까요? 타이야끼에 반한 팬으로서요. 라이트노벨 표지에 애니메이션 캐릭터를 그린 거랑 타이야끼 겉에 붕어 모양이 나오게 한 점이 비슷하지 않아요? 게다가 라이트노벨은 대부분 한 권에서 하나의 이야기가 끝나는 것처럼 타이야끼도 겉은 붕어빵으로 같지만 속에 넣은 재료에 따라 전혀 맛이 달라지거든요."

"아, 네. 그런데 이 거 진짜 고소하네요. 맛있어요. 어떻게 이런 생각을 했을까요? 우린 그냥 붕어빵하면 단팥 속을 생각하잖아요? 그런데 여긴 단팥뿐만 아니라 여러 가지 재료로 속을 만들었네요. 으깬 밤이 진짜 고소해요. 붕어빵을 이렇게 고소하게 먹어보긴 처음인데요?"

타이야키를 먹던 김준수씨가 나를 보며 물었다.

"붕어빵은 속재료에 따라 골라먹는 재미가 있어요. 하지만 그게 전부는 아니죠. 타이야끼 가게에서 파는 메뉴들은 사실 알고 보면 일본인들의 어릴 적 추억을 파는 거랑 같아요. 일본도 경기 여건이 안 좋은 지 꽤 지났거든요. 그래서 일본인들은 언젠가부터 자기들이 과거에 즐기던 향수가 있는 아이템이 집중하기 시작했어요. 예를 들면, 스파게티나 까르보나라 같은 서양 음식이 아니라 돼지국밥이나 감자전을 먹는다고 할까요? 지금 어른들이 어릴 때 먹던 불량식품이라고 부르던 것들 있죠? 연탄불에 구워먹는 쫀득이도 있고 투명 비닐에 채운 과일맛 나는 분말 빨아먹던 거 있듯이요."

"아, 네. 저도 기억나요. 스카이콩콩 타고 동네 문구점에서 딱지 사서 애들이랑 서로 내기하는 거도 있죠."

"타이야끼도 그런 종류의 향수가 깃든 아이템이에요. 그 맛이 특별하다거나 고도의 기술이 들어간 건 아니잖아요? 그런데 요즘 일본인 어른들이 어렸을 때 그들의 부모님들이 사오던 그 맛이 아직도 남았다고 할까요? 경기가 어려워질수록 사람들은 과거의 향수를 찾기 마련이라서 기억 속에 남아있는 추억들을 떠올리려고 하는 거죠. 아직까지도 타이야끼 가게가 굳건하게 잘 운영되는 이유에요."

그 날은 숙소에 짐을 푼 김근태씨와 함께 다시 이동해서 아키하바라에 들러 피규어를 고르고 DVD를 사며 시간을 보냈던 하루의 기억이다. 자신의 취미를 위해 한국에서 일부러 일본으로 출장을 온 남자, 출장 기간까지 자비로 하루 더 연장하고 오로지 취미생활을 즐기기 위해 기꺼이 돈을 쓰는 사람이었다.

취미와 향수가 닮은 것처럼 자기 일에서 성공한 사람들이 다시 찾는 어릴 때 추억이랄까?

그게 아니면 삶 여건이 힘들수록 기억나는 아주 오래 전 행복했던 추억이기도 했다. 사람들은 나이가 들수록 과거를 기억하기 마련이니까. 돈이 있건 없건 간에 어릴 때 추억은 대부분 비슷해서다. 과거의 상품이 오늘도 팔리는 이유다.

지갑이 얇아진 청소년들이나 청년층은 씀씀이를 줄이거나 소비를 안 하게 되는데 비해서 자기가 좋아하는 취미에 집중하고 지출을 하는 흐름이 나타난다. 다른 지출은 줄이더라도 자기를 위한 지출은 늘리는 경향도 나타난다. 이러한 흐름은 소득은 줄었더라도 최소한의 자기 자신에 대한 세상에 대한 불만을 상대하는 방법으로 자기 자신을 위한 '스스로의 위안'이라고 할 수 있다.

그리고 장년층이나 노년층은 과거의 상품을 찾아 소비하는 추세가 된다.

"옛날에 이거만 먹고도 살았어!"

경기가 어려워지면서 자신의 씀씀이를 돌아보게 되고 '굳이 이런 데 돈을 써야 할까?'라는 생각을 하게 된다. 예전엔 이런 거 없어도, 이런 거 안 먹어도 잘 살았다는 생각을 하게 되며, 자신들을 어려운 환경에서 키워낸 부모들에 대해 아련한 추억을 떠올리게 된다. 그래서 경기가 좋을 때는 자신들의 아이들이나 손주들에게 사주는 추억의 상품이 되고, 경기가 안 좋을 때는 그들 자신이 사고 싶어 하는 추억의 상품이 된다. 퇴근하는 부모님이 사오던 붕어빵이 될 수 있고 나카메구로 타이야키 가게에서 사먹는 간식이 된다.

그래서 사람들은 경기가 안 좋은 상황에서는 '미래는 나아질 거야'라고 자신의 앞날을 긍정하기보다는 '경기가 안 좋더라도 옛날엔 잘 살았어'라며 행복하게 살았던 기억을 뒤쫓아 간다. 오늘 이렇게 어려운데 어제는 어떻게 살았지? 생각하게 되는 이치다. 사람들은 현재의 상황에서 불만족스러운 문제가 생긴다면 과거의 경험을 통해 해결하려고 한다.

추억 상품에 집중하고 사람들이 찾는 추억 상품에 새로운 아이디어를 넣어야 하는 이유다.

돈을 쓰는 사람들은 20대 이상의 어른들이다.

이들은 저마다 추억이 있다. 어릴 때 부모가 사주던 것들이 있고, 자기가 먹었던 것, 자기가 갖고 싶었던 것들이 있다. 그런 추억을 갖고 오늘을 살아가는 사람들이다. 그런데 그들에게 오늘 상황이 어렵다고 해보자. 그들은 무엇을 떠올리게 되며 어디에 돈을 쓰려고 할까?

붕어빵에 으깬 밤을 넣는 참신한 아이디어로 가게를 열 수 있다.

거리에 뽑기 아저씨를 떠올리며 별모양, 달 모양 그림을 찍어 뽑는 사람에게 하나 더 줄 수 있는 아이디어도 가능하다. 쫀득이를 떠올리는 사람들도 생긴다. 하나 같이 그들이 과거 어느 날엔가 행복해하고 웃었던 기억들이다.

주점을 운영하는가?

추억의 안주를 서비스해보자. 할아버지와 아버지, 삼촌이 즐겨 먹던 안주를 선보여 보자. 신김치에 빈대떡도 좋다. 열렬한 호응을 얻을 것이다. 패션샵을 운영하는가? 무조건 싸게 팔 생각만 하는 바겐세일보다는 추억의 기획상품전을 열어보자. 고쟁이를 팔거나 몸빼바지를 내놓아 보자.

식당을 운영하는가? 추억의 먹거리를 제공해보자.

예를 들어, 누룽지도 좋다. 식사를 마친 손님들에게 숭늉을 대접하고 누룽지도 조금씩 건네 보자. 가마솥단지에 걸어 의도적으로 만든 누룽지가 아니어야 한다. 밥솥에서 냄비에서 식사를 만들며 생긴 누룽지면 된다. 예전 그대로 집에서 먹던 그 맛 그대로여야 한다.

"맞아! 옛날엔 우리 누룽지 진짜 참 많이 먹었는데."

손님들이 당신의 서비스에 감동하게 될 것이다.

[일본 팁] 상식을 깨는 즐거움. 타이야키たい焼き

일본 도쿄에서 고급 주택가를 꼽자면 나카메구로中目黑가 있다. 이 동네가 유명한 이유는 부유층이 산다는 것 외에 유명한 맛집이 곳곳에 많다는 점 때문인데 동네 자체 분위기가 조용하면서도 어딘지 모르게 넉넉하고 평온해 보이는 점이 특징이다. 그렇다고 월세가 비싸기만 한 곳은 아니므로 고급 주택가라는 단어에 미리 주눅들 필요는 없다.

그리고 나카메구로에 들러 일본의 전형적인 고급 주택가 분위기에 취해봤다면 골목 어귀에 자리잡은 타이야끼たい焼き 가게에 들러 맛을 보도록 하자. 우리의 거리음식 붕어빵 가게와 같은 곳인데 가을엔 실제 '밤'을 넣어 독특한 붕어빵을 만들어 팔기도 한다. 가격은 한 개에 330엔 정도로 싼 편은 아니지만 붕어빵 안에 단팥이 아니라 밤을 으깨어 넣어 그 맛이 독특하다.

사람을 만나는 직업, 가게

장사는 손님의 머릿속에서 문을 연다. 그래서 가게가 홍보하고 광고해서 손님을 불러 모으는 게 아니라 손님이 스스로 생각하고 찾아오게 만들어야 한다. 지금껏 당신이 '장사는 무조건 길목'이라며 유동인구 많은 지역만 찾아보려고 애썼다면 이제부터라도 생각을 바꿔보자. 상품도 적고 정보도 얻기 힘들 무렵에 일하느라 바빴던 사람들은 시내에 나간 김에, 다른 보는 김에 쇼핑을 했다. 하지만 요즘 사람들은 시간이 없어도 절대 함부로 지갑을 열지 않는다. 인터넷으로 알아보고 가격비교 해보고, 실제 가게에 가서 샘플을 써보고나서 지갑을 열지 말지 결정한다. 지갑을 열고 돈을 내서 쇼핑을 했다고 하더라도 상품이 자기 마음에 안 들면 교환하고 반품하는 시대다. 장사는 더 이상 길목이 아니다.

'집 근처 슈퍼에서 750원짜리 우유 하나를 사더라도 신용카드로 사야지. 그리고 마일리지 체크하는 것도 잊지 말고.'

장사는 이제부터 소비자 스스로 똑똑하다고 여기게 만들어야 돈을 버는 시대다.

사람들에게 무조건 내 물건부터 보라고 할 게 아니라 '볼일 다 보시고 지나가는 길에 내 물건 보게 되면 살지 말지 찬찬히 생각해 보세요'라고 해야 한다. 그리고 '우리 가게엔 이런 물건들이 있으니까 모양도 보시고 가격도 보시고 마음에 들 때까지 찬찬히 생각해서 쇼핑하세요' 해야 한다.

껌 하나를 사더라도 신용카드를 내는 손님들, 슈퍼에서 라면 한 개를 사더라도 마일리지 올려달라고 고객번호 말해주는 사람들이다. 당신의 가게는 더 이상 물건을 싸게 파는 게 중요한 게 아니다. 똑똑한 사람들을 만나는 직업이 된지 오래다. 좋은 물건 싸게 파는 게 중요한 게 아니라게다가 요즘엔 다 좋은 물건이다, 똑똑한 소비자를 당신 편으로 만들어야 하는 시대다. 당신이 똑똑하고 잘 알아서 가게를 하는 게 아니라 손님들이 똑똑해서 찾아오는 가게가 되어야 한다.

"시부야渋谷에도 있군요."

일본에서 만나는 향기 트렌드가 있다.

시부야109패션몰에서 즐기는 스타일 외에도 나만의 개성 넘치는 아이템 발견을 기대하는 즐거움이 있는데, 그 바로 앞 시부야 거리엔 여자들만을 위한 향기 가게가 있다. 시각을 사로잡는 패션 아이템들이 즐비한 시부야 거리에서 지나다니는 사람들의 코를 먼저 자극하는 곳, 천연비누를 파는 가게다. 코를 통해 가게를 발견하고 피부를 위해 찾는 가게인 셈이다. 시부야109 쇼핑몰에 들러 패션에 취했다면 지하철을 타러 가기 전 거리에서 이 가게에 들러 나만의 향기를 찾아 볼 수 있다.

국내에는 2002년에 진출하여 각 백화점이나 핫플레이스에 영업 중이기도 이 브랜드는 유기농 과일 채소와 자연치유 효과를 가졌다고 알려진 식물을 이용해서 만드는 천연 화장품 브랜드다. 70% 이상의 제품에 방부제를 사용하지 않는다. 그런데 일본이랑 국내에도 있지만 국적은 영국계 수제 화장품 회사라는 점을 아는 이는 그렇게 많지 않다.

오사카 본사에서 도쿄로 출장을 온 '미즈하라'와 시부야에서 만났다.

JR시부야 역 앞에서 만나기로 해놓고 약속 시간이 임박해서도 나타나지 않아 내가 전화를 걸게 했던 미즈하라였다. 그런데 시부야에 너무 일찍 도착해서 나를 만나기 전까지 바로 앞 시부야109 쇼핑몰에 들러 시장조사를 하고 있다는 게 아닌가? 마침 전화를 받자마자 쇼핑몰에서 나와서 역 쪽으로 가려는 중이었다고 했다.

"시부야109에서 패션 쇼핑을 하면 시부야 역으로 가기 전에 들러 향기를 쇼핑하라? 가게 위치가 제대로 인데요! 시부야109 건물 출구랑 이어진 통로이고 JR시부야 역으로 향하는 길목이에요. 지하도 출입구 바로 앞이라서 다른 곳에서 건너온 사람들도 이 가게 앞을 지나쳐야만 시부야109 건물로 들어갈 수 있어요. 쇼핑 아이템도 의류나 잡화랑 겹치지도 않고요. 이런 곳에 제가 근무하는 회사도 shop을 열 수 있으면 좋겠어요."

나는 시부여 JR역 앞에, 미즈하라는 시부야109 쇼핑몰에서 나와서 역 쪽으로 오는 중이었다. 미즈하라는 전화를 끊지 않은 상태에서 계속 이야기를 하는 중이었다.

"가게 앞에 비누거품처럼 보이는 효과를 내는 장치를 꺼내놨어요. 향기도 나오고 있고요. 거리에 사람들 보면 먼지도 많고 이런저런 바이러스 때문에 위생상 마스크를 하고 다니는데 이걸 보면 진짜 몇 개 사서 집에 갖고 가서 씻고 싶겠는데요? 출입구도 이면도로 진입로 쪽으로 한 개, 거리 쪽으로 한 개, 가게 벽은 통유리로 해서 안이 다 보여요. 오오, 이런. 직원들은 마치 씻을 준비를 하려는 상태인 사람들처럼 옷차림을 했어요. 비누를 팔겠다는 게 아니라 '같이 씻자'는 거 같아요. 내가 직접 써봤더니 진짜 편하다는 느낌이라고 말해주는 거 같아요. 대단해요! 요란한 광고 설명 없이도 손님이 스스로 생각하고 느끼게만 했는데 오히려 더 상품 홍보가 잘 되는 거 같아요."

오사카에 소재지를 둔 미즈하라의 회사는 통신판매를 주요 유통경로로 갖는 화장품 및 이미용품 전문 업체다. 도쿄엔 간혹 출장을 몇 번 왔지만 시부야에 들러 시장조사도 하고 업무 미팅을 갖는 건 처음이라고 했다. 미즈하라는 시부야109 건물 앞에서 주위를 둘러보더니 LUSH 가게를 발견하곤 혼잣말을 중얼거렸다.

이윽고 시부야 JR역 앞에 모습을 드러낸 미즈하라를 발견했다. 내가 손짓을 했더니 나를 발견한 그가 다가와서 인사를 했다.

"한국에선 홍대 주변 거리나 압구정동, 강남 지역 쪽에 이 가게가 있죠?"

정신이 번쩍 든 순간이었다.

'이 남자 뭐지? 일하러 만난 게 아니라 일하면서 만난 거네?'

미즈하라는 나를 만난 시점부터 일을 시작한 게 아니었다. 나를 만나기 전이나 만나러 오는 중에도 일하는 중이었다. 우린 전화를 통해 업무 대화를 한 셈이다. 미즈하라는 실수로 전화를 안 끊은 게 아니었다. 길을 찾기 위해, 나를 쉽게 찾기 위해 전화를 안 끊은 것도 아니었다. 전화로 나랑 일하는 중이었다.

그와 전화통화를 하던 내 생각엔 미즈하라는 자기가 하는 일이니 어딜 가든 상권분석부터 하는구나 싶었다. 그래도 오사카에서 일하면서 도쿄 출장도 고작 한 손에 꼽을 정도라는 그였으므로 한국 관련 정보까지 알고 있으리라곤 내심 기대하지 않았던 터였다. 미즈하라는 시부야109는 물론이고 한국의 강남과 홍대지역 상권도 이미 아는 눈치였다.

미즈하라는 담배를 재떨이에 부비며 불을 껐다.

나는 미즈하라와 함께 하치코 동상을 지나 시부야109 건물 맞은 편 식당 건물로 향했다. 점심시간을 조금 넘긴 무렵이었다. 미즈하라는 걸어가며 이야기했다.

“시부야 shop에 대해서도 인터넷에서 뉴스나 블로그 글로 대부분 검색이 되죠. 그런데 여기까진 누구나 아는 정보라는 거죠. 나만의 정보가 될 수 없고요. 그럼 나는 어떻게 해야 나만의 정보를 얻게 될까요? 그래서 인터넷에서 들은 기본 정보로 시나가와에 대해 질문한 거죠. 나머진 직접 말씀해주셨죠? 제 정보력은 조금 더 깊이 파고드는 습성에 있어요. 일본인다운 일본식 정보 찾기라고 할까요? 외부에서 온 정보를 좋아하지만요, 그걸 받아들이기까진 같은 섬나라 사람들끼리 의견을 주고받으며 굉장히 오랜 시간을 궁리하죠. 이게 내게 어떤 의미일까? 이 정보가 좋은지 나쁜지 다른 사람은 어떻게 생각할까? 이게 다른 사람에겐 어떤 의미일까?”

미즈하라는 일본인 특유의 습성으로 어떤 정보에 대해서 깊게 파고드는, 그러니까 최종적으로 ‘내 정보다!’라고 판단하기 전까지 오랜 시간 재확인하고 주위에 확인하고 또 반복확인 검증하는 과정을 거친다는 이야기를 하는 중이었다. 미즈하라에겐 남들에겐 없는 정보인맥이 있는 게 아니라 정보를 가공하고 다듬는 훈련이 되어 있다는 의미였다.

딩동.

경쾌한 벨소리가 나더니 엘리베이터 문이 열렸다. 다행이었다. 미즈하라의 질문에 대답할 시간적 여유가 생겼다.

“자, 어떤 메뉴를 골라볼까요?”

식당 앞에 서서 진열대에 놓인 음식 모형을 보며 말했다. 미즈하라는 내 옆에 서서 교토 음식 중에 하나를 골랐다. 나는 우동을 골랐다. 새우튀김을 얹은 메뉴였다.

"일본인들이 실패를 싫어한다는 이야기가 맞는 거 같아요. 이렇게 음식 모형이라도 보여주면서 어떻게 음식이 나올지 손님들에게 알려주는 거잖아요?"

내가 미즈하라에게 말했다. 미즈하라는 들고 있던 가방을 옆 의자에 놓더니 나를 보고 웃었다. 미소를 살짝 띤 얼굴로 이야기를 꺼냈다.

"일본인들은 철저한 국민성으로 인정받는다? 말하는데 반드시 그렇진 않아요. 우리는 실패가 두려울 뿐이죠. 여기 보세요. 시부야처럼 세계에서 온 관광객들이 넘치는 중심지 건물 곳곳에 식당가가 들어섰죠. 얼핏 보면 세계 사람들의 다양한 입맛을 배려해주며 수많은 음식 종류를 파는 것 같지만 그 안엔 정작 일본의 음식만으로 승부하겠다는 확고한 자존심이 없어요."

미즈하라는 테이블 위에 놓인 물 컵을 들어 한 모금 마시고 내려놓았다.

"음식 모형이 등장한 건 1923년이에요. 밀랍인형 만드는 기술을 활용한 거죠. 이걸 사업화한 사람은 이와사키류조岩崎瀧三인데요 그때가 아마 1932년 정도일 거예요."

"꽤 오래됐네요?"

"네. 그런데 재밌는 게 여기에도 있는데요, 이런 음식 모형 만드는 교본이 아직도 없다는 거예요. 이걸 만드는 사람들이 저마다 기술을 적용해서 자기만의 방법으로 만든다는 거죠. 특히 생선이나 초밥, 맥주 거품처럼 소리나 향기가 느껴질 정도로 실물과 똑같은 모형을 만드는 게 제일 어렵다고 해요."

내가 창가 쪽, 미즈하라가 출입문을 등지고 향한 상태였다. 나는 미즈하라 어깨 너머로 주방에서 음식이 나오는 걸 발견했다. 내가 식당 내부를 여기저기 둘러보자 미즈하라가 말한다.

"음식 모형의 또 하나의 단점, 실제 모양은 볼 수 있어도 '맛'은 모른다는 거죠? 이제 우리가 맛을 볼 차례네요. 모든 식당들이 내부 인테리어에 신경을 쓸 수는 없죠. 프랜차이즈 가게들도 많지만 테이블 위치나 메뉴판 구성, 서비스하는 직원들 의상이나 헤어스타일, 가게 현관, 주위 상권에서 사람들 눈에 잘 띄는 가게 꾸미기는 어쩌면 쉬운 건 아니죠. 특히 식당을 하는 입장에선 제일 중요한 게 맛이잖아요? 그 맛을 사람들이 기억하고 다시 찾아오게 해야 하는 게 필요한데 그럴 때 음식 모형이 진짜 필요한 거 같아요. 식당을 하는데 인테리어는 대부분 비슷비슷하거든요. 거기서 전략을 짜내는 것도 어렵다면 맛하고 음식 모양을 알리는 게 중요하겠죠."

가게 직원이 우리가 주문한 음식을 가져와 테이블 위에 올려 주었다. 음식을 보며 양손을 모아 '잘 먹겠습니다!'라고 말하고 나서야 양손으로 젓가락을 펼쳐 드는 미즈하라의 모습을 보며 '매우 일본스럽다'는 생각을 하던 순간이었다.

> 쿠루메 식당가의 장점 이야기가 아니다.
>
> 식당에서 음식 모형을 가게 앞에 내놓는 건 단순히 우리 가게가 어떤 음식을 판다는 의미가 아니다. 사실 사람들은 어떤 음식이 어떤 모양인지 모르는 게 아니다. 된장찌개가 어떻게 생겼는지 모르는 사람이 없는 것처럼 말이다. 그럼에도 사람들은 된장찌개를 먹고 싶을 때 고민한다.
>
> '어느 집에 갈까?'
>
> '어느 식당에 갈까?'
>
> 왜 그럴까?
>
> 그들이 아는 된장찌개는 있는데 그 맛이나 모양이 언뜻 잘 기억나지 않아서다. 이럴 때 그들 앞에 예전에 들렀던 식당에서 봤던 된장찌개 모형이 있다면 어떨까? 기억하기가 쉽다. 다른 데는 된장찌개라는 간판이나 메뉴판만 있었는데 그 가게에선 된장찌개 모형이 있어서 미리 모양을 보고 주문했던 기억을 한다. 왠지 그 식당 된장찌개엔 믿음을 가졌던 기억도 떠오른다.
>
> '얼마나 자신 있으면 된장찌개 모형을 만들어 놓고 사람들에게 미리 보여주고 팔까?'

미즈하라가 말했다.

"음식 모형은 맛을 볼 수 없다는 게 단점이에요. 그렇죠? 그런데 음식모형을 내놓으면 사람들이 시각으로 먼저 보잖아요? 어느 날 새우덮밥을 먹고 싶은데 그 맛이 잘 떠오르지 않을 때가 있어요. 새우덮밥이라고 하면 어렸을 때부터 먹었던 음식이라서 익숙한데도 막상 그 맛을 기억하려면 잘 기억나지 않죠. 맛이란 게 미각이라서 입속에 들어와야만 기억나는 법인데 머릿속에서 그려지는 그런 감각이 아니잖아요? 그걸 보면 음식 모형은 진짜 식당 마케팅에 딱 인 거 같아요. 사람들이 음식을 시각으로 기억하게 해주니까요. 새우덮밥을 먹고 싶을 때 혀로 맛을 기억하는 게 아니라 그 모양을 기억할 수 있으니까요. 이 가게는 그래서 오늘 100점이에요. 가게 앞에 음식모형이랑 지금 내가 먹는 새우덮밥이랑 모양도 똑같아요. 그리고 맛은 기대한 것 이상이에요. 아까 모형을 보며 눈시각으로 한 번 먹고 지금 입미각으로 또 먹으니까 내 몸속에서 두 번 인식해서 그런가 봐요."

미즈하라의 이야기가 맞다.

식당에서 음식 모형을 내놓는 이유는 손님들에게 '우리 가게에서 먹은 음식을 맛으로 기억하지 못하면 모양으로라도 기억해주세요'라는 의미가 있다. 사람들이 '맛을 기억하고 찾아가는 식당'이 얼마나 되겠는가? 최소한 음식 모양을 기억하고 찾아오는 식당이 되겠다는 의미이기도 하다. 음식모형이 실제 가게에서 파는 메뉴랑 똑같아야 함도 물론이다. 모형이랑 실제 음식이랑 다르면 손님들은 배신당한 기분을 가지니까.

그래서 생각해보면 된장찌개라고 해도 식당마다 그 모양이 다른 걸 알게 된다.

순두부찌개라고 해서 똑같은 모양들이 아니다. 김치찌개라고 해서 모양이 닮은 건 아니다. 식당 마다 재료도 다르고 재료 놓는 위치도 다르다. 음식을 파는데 '맛만 있으면 돼!'라고 말하면 안 되는 시대라는 걸 알게 된다. 식당을 하려면 맛도 내세우고 모양도 내세워야 하는 시대다. 맛으로 기억되는 식당이 아니라 모양으로도 기억되는 식당이어야 한다는 얘기다.

당신은 지금 식당을 운영하는 중인가?

당신 가게에서 파는 음식 모양을 생각해보자. 당신이 사장이라고 하더라도 당신 식당에서 파는 음식 모양을 제대로 그려낼 수 있는 경우는 별로 없다. 당신이 그런데 하물며 손님들은 어떨까?

방금 미즈하라가 음식을 앞에 두고 '잘 먹겠습니다'라고 말하며 젓가락을 들던 손동작은 예전에 일본에서 먹고 살기 어려웠던 시절, 태풍이나 지진으로 농작물 재배가 어렵고 먹거리가 부족했던 시절에 일본인들이 음식에 감사함을 표현하는 행동이었다. 그런데 그로부터 몇 세대가 지나고 각종 음식이 풍부한 요즘도 일본인들 중에는 음식을 앞에 두고 '잘 먹겠습니다!' 외치는 이들이 많으니 말이다.

어쩌면 일본 음식 중에 '가라아게' 그리고 '아부라 사바'가 일본인의 모습과 닮은 건 아닐까?

'아부라油 사바鯖'는 고등어를 살짝 데친 느낌의 메뉴인데 한국인 입맛에는 '회'도 아닌 것이, 그렇다고 '조림'도 아닌 것이 왜 이런 걸 먹을까 싶은 생각이 드는 메뉴인데 일본인들은 이 요리를 즐기니 말이다. 그리고 '가라아게(空揚げ 또는 唐揚げ)'라는 건 튀김옷을 뺀 튀김을 말하는데 치킨가라아게란 일본 양념가루 시치미七味를 통닭에 버무려 술안주로 먹는 메뉴를 말한다. 통닭이 부직포로 보이는 포장에 넣어 나오고 옆에 양념이 따로 나오면 이 둘을 섞어 잘 흔들어서 제대로 섞였다 싶을 때 꺼내어 먹는 메뉴다. 한국인 입장에서 보면 익숙치 않은 메뉴다.

그래서 어찌 보면 '아부라 사바', '가라아게'야말로 일본인의 본 모습을 나타내주는 음식이다.

완전히 익지도 않지만 그렇다고 날 것도 아닌 음식을 좋아하는 일본인이라면 말이다. 제대로 익히기까지 시간이 걸리고, 날 것으로 먹기엔 찝찝하니 영락없는 일본이 모습이다. 치킨가라아게는 그들 나름의 양념을 준비해서 남모르게 어딘가에 숨겨 잘 흔들어서 만든 다음에야 남들 앞에 꺼내놓는 모습이라서 그렇다.

우스개일 수도 있지만 일본어 중에 '고등어鯖'를 반복해서 붙여 말하면 '사바사바鯖鯖(さばさば)'란 단어가 된다. 당당하지 못하게 일을 처리하는 모양을 빗대는 말 아닌가? 일례로 조선시대에 일본인이 일본에서 당시에 귀한 생선인 고등어 2마리를 들고 관청에 일을 부탁하러 왔는데 이 일본인에게 갖고 가는 게 뭐냐고 가냐고 묻자 대답하기를 '사바'라고 했다는데서 비롯된 표현이라고 전해진다.

매일 똑같은 사람들만 오는 가게가 아니라면 장사를 하는 직원들이나 사업자도 매일 다른 사람들과 어울릴 수 있는 마음이 되어야만 한다. 내가 좋아하는 스타일의 손님에게만 잘해주고 반찬도 하나 더 주고 싶다면 장사를 해선 안 된다. 그리고 내가 기분이 우울하다고 해서 가게에 오는 손님들도 우울하게 만드는 가게가 되어선 안 된다. 장사와 가게는 누가 오더라도 즐겁고 행복한 기억을 남겨줘야 한다. 그래서 장사를 할 때는 어떤 가게를 하더라도 '맛' 외에 다른 '오리지널'이 없어야 한다.

그런데 다양성이 있다는 건 장점이 아니다.

식당의 경우를 생각해보자. 음식의 종류가 많아도 좋은 점보다는 단점이 된다. 다양한 손님들의 입맛을 맞추겠다고 음식 메뉴를 다 만들겠다고 하면 그 가게에 음식 맛을 누가 신뢰를 할까?

어느 주방장이 한식, 양식, 일식, 중식을 배워서 모두 자격증이 있다고 해보자. 그 주방장이 일하게 되는 가게 사장은 간판을 내걸어 온갖 메뉴를 다 적어놨다고 해보자. 삼계탕, 설렁탕, 짜장면, 탕수육, 복어회, 초밥, 비빔밥, 까르보나라, 스파게티, 돈까스 등등, 간판에 여백이 잘 안 보일 정도로 메뉴를 채웠다고 하자. 당신이라면 그 식당에서 만드는 음식의 맛을 기대할 수 있겠는가?

'가게'는 그 자체가 '하나의 아이템'이라는 점을 기억하자.

단, 손님들과 상대하는 직원들과 가게 사장은 모든 손님들을 응대할 수 있는 다양한 배려심을 가져야만 한다. 장사란 결국 사람들을 움직이게 하는 직업이기 때문이다. 우리 가게로 손님들이 오도록 만드는 직업이고, 사람들이 우리 가게를 기억하도록 만드는 직업이다. 가게를 먼저 만들었더라도 장사를 하려면 사람들이 오게 해야 하고, 사람들이 다니는 곳에 있던 가게라면 내 장사를 하면서 사람들이 계속 들어오게 해야 한다. 장사란 그래서 사람들이 움직이도록 하는 직업이 된다.

[일본 팁] 진열대에 들어간 음식. 구루메타운

일본의 식당은 일본어를 몰라도 걱정할 필요가 없다? 맞다. 주택가 골목에 자리 잡은 선술집의 경우엔 일본어로 된 메뉴만 걸어두고 지역 동네 사람들의 여흥을 나누기에 그림이나 영어표기가 없지만 시내 대부분의 식당엔 미리 음식모형을 만들어 전시하거나 메뉴판에 음식 사진을 넣어두어 일본어를 모르는 사람들일지라도 손쉽게 주문할 수 있도록 돕는다. 세계에서 관광객이 몰려드는 시내중심지는 말할 것도 없다. 거리에 건물 곳곳이 식당들이 즐비한데 특히 '구루메타운'이라는 식당가를 추천한다.

트렌드도 비껴가는 인기 가게의 비밀

뭔가 특별해야 한다는 생각은 가게 주인만의 고집일 수 있다.

오히려 평범함 속에서 비범함이 나오는 경우다. 가령, 맥주집을 여는데 주위 가게가 500cc 한 잔에 3,000원을 받는다고 하자. 당신도 '그럼 우리 가게도 똑같이 받아야지!' 할 건가, 아니면 '우리 가게는 2,500원 받아야지!' 할 건가? 아니면 한 잔에 3,000원! 두 잔에 5,000원 할 건가? 당신 가게의 '비범함'이란 차별화는 이처럼 특별하지 않은 곳에서도 나올 수 있다.

'한 사람당 술 한 병만 파는 가게'

이런 가게가 있다. 가게 주인의 이야기로는 한 사람이 한 병 이상을 마시면 술에 취하고 주정을 뒤치다꺼리하느라 고생이라서 정했다고도 하는데, 술을 좋아하는 사람들이 들어오긴 어렵지만 술을 잘 못 마시는 사람들이 들어오기엔 좋은 가게로 소문나는 계기가 되었다. 생각해 보면, 세상엔 술 잘 마시는 사람보다 술을 못 마시는 사람들이 많다. 술자리에 가서도 술을 부어라 무셔라 하는 이들보다 술 한 잔 놓고 어쩔줄 몰라하는 사람들이 있다. 이들에게 딱 좋은 가게가 아닐 수 없다.

이처럼 술을 파는 가게라고 해도 술 잘 마시는 사람들만 손님이 되는 게 아니다. 옷가게라고 해서 옷을 잘 입는 사람만 고객이 되는 게 아닌 것과 같다. 당신이 술집을 한다면 누구를 상대로 장사했는지 생각해보자. 단순히 술자리가 좋아서 어울리는 사람, 술이 좋아서 술을 마시려는 사람, 술은 못 마시지만 어쩔 수 없이 따라다니는 사람 등등이 많다. 당신의 고객은 누구였을까?

술집을 하더라도 술을 잘 마시는 사람을 상대로 하는 게 아니다. 술집에 오는 사람들을 대상으로 장사를 해야 한다. 술을 마시러 오는 사람들은 반드시 당신 가게에 올 필요는 없다. 그들이 당신 가게에 오게 하려면 뭐가 필요할까? 트렌드가 필요한 순간이다. 그들을 자연스럽게 당신 가게로 오게 하는 방법은 대단한 전략이 아니라 500원 저렴한 메뉴만으로도 충분할 때가 많다.

"조금만 쉬었다가 해요."

후미코가 재촉했다.

오늘 일본 시내 촬영을 앞두고 예쁘게 보일 거라는 일념 하에 하이힐을 신고 나온 것까진 이해할 수 있었는데 촬영을 하지 않고 이동하는 시간엔 운동화를 신으라는 내 충고를 깜빡한 결과였다. 그렇게 오래 걸을지 몰라서 그랬다는데 정해진 촬영 시간 때문에 발이 안 아플 때까지 마냥 쉴 수도 없는 노릇이어서 난감했다. 패션 시즌을 앞두고 새 얼굴의 신인모델과 촬영을 하다보면 번번이 생기는 일화다.

"알았어. 신주쿠新宿로 이동할 거니까 조금 쉴게."

후미코는 내 말을 듣자마자 주위에 앉을 의자부터 찾는 듯했다.

그런데 막상 의자도 없고 어디 들어가서 쉴만한 커피샵도 없다는 걸 알자 도로가 보도블록 옆 벽에 조금 튀어나온 돌 장식에 엉덩이를 걸터앉고 얼른 하이힐부터 벗었다. 양쪽 발가락이 구두 앞쪽으로 모여 빨갛게 부어오른 상태가 많이 아파 보였다.

"안 되겠다. 후미코! 오늘은 여기까지만 촬영할 거니까 쉬어도 돼. 내일 다시 하자."

그 상태 그대론 촬영할 수 없을 것 같았다.

촬영 일정이 촉박하긴 했지만 모델의 상태까지 무시하며 독촉할 순 없었다. 모델의 얼굴만 나오는 화보 촬영이라고 하더라도 그 눈빛마저 감출 순 없는 게 이 일이었다. 발이 불편한 모델이 행복한 표정을 짓는다고 카메라 앞에 섰을 때 그 느낌이 소비자들에게 전달될 수 있을까? 안 될 말이었다.

“어, 코스프레다! 와후!”

촬영을 쉬기로 하고 후미코랑 크레페를 하나씩 사서 들고 먹으며 걷던 중이었다.

후미코가 내게 팔을 쑥 뻗었다. 크레페를 잠깐 들고 있어달라는 얘기였다. 방금 전까진 힐을 신고 다녔더니 다리가 아파 촬영을 조금만 늦춰달라던 여자였다고 보기엔 힘들 정도였다. 크레페를 내게 잠시 맡긴 후미코는 얼른 카메라를 꺼내서 골목 안을 지나가는 코스프레 일행을 찍기 시작했다.

“저 캐릭터는 내가 좋아하는 캐릭터거든요. 나도 저렇게 코스프레 해본 적 있는데 고등학생 때만 조금 해보고 이젠 안 하거든요.”

“코스프레는 중고등학생 때만 한다고 하던데.”

“네. 맞아요. 일본인들은 중고등학생 때만 조금 재미삼아 하고요, 이젠 그런 거 안 해요. 그런데 어른이 되어서도 아저씨들이 여장 옷 입거나 캐릭터 코스프레 하는 사람들도 많아요. 그냥 저 사람은 저 캐릭터를 따라하는구나 그렇게 봐주는 거죠. 보통은 일요일에 아키하바라秋葉原에서 하는데 하라쥬쿠에 왔네? 신기하다.”

“완전 키모카와きもかわ하지?”

“네! 키모카와きもかわ!”

후미코가 환하게 웃었다.

모델 촬영을 할 때는 메이크업과 의상, 포즈 등이 프로페셔널한 전문 모델이지만 크레페를 들고 걸어 다니며 하라쥬쿠를 구경하다가 코스프레 일행을 보며 사진을 찍고 즐거워하는 모습은 20대 초반의 평범한 대학생일 따름이었다.

그리고 키모카와きもかわ란 키모카와이이気持ちが 悪くて かわいい의 줄임 표현으로 ‘기분은 나쁜데 귀엽다’라는 뜻으로 선뜻 하기엔 마음이 내키진 않지만 모습은 귀여운 이미지란 의미인데, 일본 젊은이들 사이에서 유행하는 조합어다. 코스프레를 하려고 마음먹었을 때는 선뜻 내키진 않지만 자기가 좋아하는 캐릭터로 변신했을 때 그 모습을 보면 귀엽다는 경우를 얘기하기도 한다. 2010년대 이후로 일본 젊은이들 사이에서 유행하는 표현이다.

“크레페 먹었더니 기분이 좋아졌어요. 와타미에서 생맥주랑 맛있는 요리 먹을 때랑 같아요. 참, 우리 오늘 촬영 마치고 와타미 안 가요? 생맥주 마시면 오늘처럼 더운 날 진짜 스트레스도 풀고 딱 좋을 텐데!"

"후미코는 와타미 알아? 술은 잘 못한다며?"

"와타미는 음식 메뉴가 맛있어요. 가격도 저처럼 일본인 대학생들이 가기에도 부담 없고요. 술은 잘 못 먹지만 생맥주 한 잔은 가능해요."

그러고 보면, 일본인은 무조건 작게 만들려는 성향보다는 뒤섞고 혼합하려는 성향이 강하다는 느낌을 받는다. 코스프레를 통해 실제 생활과 가상의 캐릭터로서의 삶을 섞는 것도 마찬가지이며, 패션쇼핑을 하다가 크레페를 먹게 되는 하라쥬쿠 거리의 인상, 거기에 명품 거리로 유명한 긴자銀座를 걷다 보면 한 쪽 골목 안에 자리 잡은 이자카야 '와타미和民'를 발견하게 되는 점도 모두가 매한가지라서 그렇다.

와타미는 술과 음식을 팔기에 정통 일본식 이자카야라고 부르기도 애매하지만 술집과 레스토랑 중간 정도의 식당이라고 생각하면 적합한 곳이기 때문이다. 그리고 어쩌면 일본인들의 '뒤섞임' 문화를 제대로 파고든 게 와타미의 전략이 아닐까? 생각도 든다.

기분은 좋으면서도 나쁘다란 말이 유행하고, 눈으로 보는 패션과 입으로 먹는 크레페가 공존하는 거리, 게다가 만화와 현실 속 코스프레에 이어 고층빌딩 도심 한가운데에 일본식 전통 주점으로 말이다. 극명한 대비를 이루면 오히려 무감각해지는 사람들의 습성을 파고들었을 수도 있다. 도쿄는 세계 최대의 번화가이지만 정작 도쿄엔 일본에서도 시골 출신 이주민들이 많다는 점이 사실이고, 도쿄에서 느끼는 세계 트렌드에 맞춰 일본식 전통 고유의 맛을 끼워 넣었다는 느낌을 갖게 되는 점 때문이다.

와타미는 그래서 현대화된 일본 속에서 전통을 유지하려는 일본인들의 마음이기도 했다. 매일 아침 빵과 커피로 식사를 하고 브런치 카페가 수두룩하게 많은 일본이었지만 그 안에서 일본 전통의 맛을 즐기는 사람들의 식성을 만족시켜준다고 할까? 명품이 즐비한 긴자 거리에서 와타미를 만날 수 있는 이유이기도 하다.

물론 와타미란 곳에 가보면 일본여성이 오비차림으로, 일본남자가 훈도시 차림으로 등장할 것만 같은 공간은 아니다. 쾌적한 실내공간에 나무색 인테리어가 가득한 숲의 어느 그루터기를 테이블 삼아 앉아서 여러 가지 음식을 맛 볼 수 있는 느낌이라고 할 수 있다. 한국의 고유의 민속주점보다는 퓨전민속주점이라고 부를 수 있을까? 가격이 비싸지 않고 저렴하면서 맛깔난 메뉴를 즐길 수 있는 곳이다.

명품 브랜드가 즐비한 긴자에서 만나는 저렴한 술집 '와타미'는 역시 분위기는 분위기대로 느끼고, 식사는 저렴하게 할 수 있는 최고의 장소라고 하겠다. 명품으로 시각을 즐기면서 미각으로는 와타미를 즐긴다는 콘셉트가 돋보이는 입지선정도 포함된다. 이 점에서도 서로 혼합하려는 뒤섞임의 성향이 보이지 않는가?

20대 초반의 후미코가 와타미를 즐긴다는 걸 보면 저렴한 가격과 깔끔한 인테리어로 일본 애에서도 인기를 더해가는 와타미의 장점을 충분히 알 수 있지 않을까? 트렌드에 민감한 세대들도 기꺼이 기억하는 곳, 그보다 나이 든 직장인들도 찾기에 편안한 곳이다.

"후미코는 와타미가 왜 좋아?"

그날 저녁이었다. 촬영을 마치고 무더운 밖을 피해 잠시 들린 와타미에서 후미코에게 물었던 기억이 있다.

"왜 좋냐고요? 음. 그건 생각 안 해봤는데요."

"그럼 다시 물어볼까? 후미코는 와타미 하면 뭐가 떠올라?"

"와타미..? 그냥 생맥주랑 그리고 저렴한 메뉴?"

"와타미란 가게에 대해선 뭔가 딱 하고 떠오르는 그런 이미지는 없고?"

“글쎄요? 외국인들에겐 와타미하면 일본식 주점이니까 색다르게 보일 순 있지만 일본인들에겐 단지 ‘일본 맛’이란 느낌이거든요. 한국에도 그런 거 있지 않아요? ‘한국 맛’이란 가게가 있으면 한국인들이 갖는 이미지요. 그거랑 같을 거 같아요.”

후미코는 미간을 찌푸려가며 내 질문에 신중하게 대답을 해주려는 모습을 보였다. 물론 그 동작은 나랑 대화를 하려는 여성의 배려 그 이상도 이하도 아니었지만 말이다.

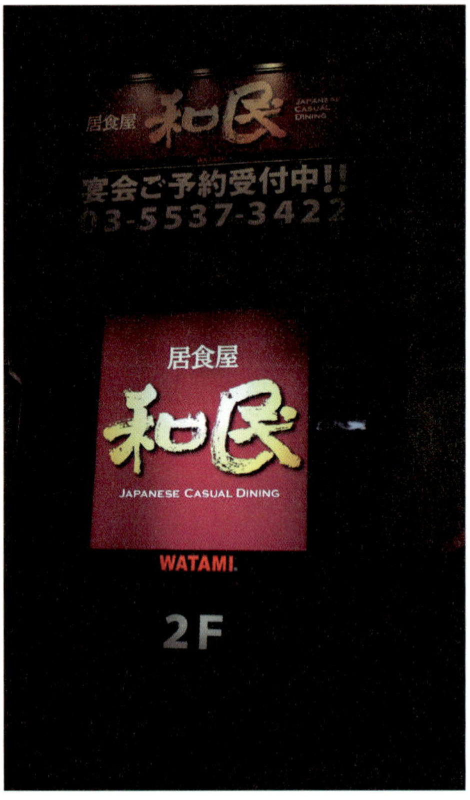

후미코의 이야기를 빌지 않아도 와타미는 누가 보더라도 인기를 끌 수밖에 없는 곳이었다. 3,000원짜리 생맥주 한 잔 가격이 대부분인 곳에서 2,500원에 파는 가게란 느낌과 같다. 15,000원짜리 안주가 대부분인 가게들에서 10,000원짜리 안주를 파는 가게란 이미지이기도 했다. 가격이 저렴하지만 인테리어랑 시설, 가게 안에 분위기는 여느 다른 가게랑 비교해도 부족하지 않은 곳, 와타미의 장점이자 매력이었다.

그리고 하나 더 추가하자면 ‘손님들의 머릿속과 시선을 사로잡는 치밀한 전략’이 없는 곳이었다. 한 번이라도 들어와 본 기억이 있는 사람이라면 다시 찾게 되는 곳 와타미에는 ‘앉을 자리’가 전부였다. 앉을 자리가 필요한 사람들이라면 누구나 와서 자리를 차지하고 부담 없이 술과 안주를 나누며 일행들과 어울릴 수 있는 곳이란 이미지다. 지극히 평범하면서도 다른 가게들과 비교될 수 있는 강력한 무기로 ‘자리’를 내세우는 전략이었다.

와타미라고 해서 전략적인 인테리어가 없는 게 장점도 아니며, 특정한 고유의 맛을 내세우는 메뉴가 유명한 이유도 아니다. 한국으로 비유하자면 필자 의견에 한해서 ‘현대식 인테리어를 갖춘 저렴한 메뉴의 민속주점’이라고 말할 수 있겠다. 조금 더 과장될 수도 있지만 IT 회사에서 일하다가 햄버거나 샌드위치를 먹는 게 아니라 새참을 먹게 되는 일과 같겠다.

사회 초년생들과 대학생들을 상대로 하는 가게다. 고객층이 뚜렷하다 보니 기성세대가 즐기는 가격 비싼 곳과 분위기는 비슷하되 주머니 사정 가벼운 세대에게 어필할 수 있는 저렴한 가격이 특징이다. 국내의 경우라면 가격이 저렴하다고 해서 이것저것 주문을 많이 하면 별반 다를 바 없지만 술을 과음하지 않는 요즘 세대에선 딱 제격이다. 평범함 속에서 비범함을 추구하는 세대에게 앞으로도 꾸준한 인기를 받을 곳인게 분명하다.

[일본 팁] 저렴한 가격만으로도 충분히 명품. 와타미

일본에 있다면 와타미에 들러 일본식 이자카야의 맛을 느껴보는 것도 잊지 못할 추억이 된다. 특정 지역에 자리 잡은 명소가 아니라 일본 곳곳에서 만날 수 있는 주점이다. 일본의 맛이란 의미를 갖는 와타미는 갖가지 메뉴를 즐길 수 있으며 일본 특유의 시원한 생맥주 맛을 유감없이 맛볼 수 있는 곳이다.

저렴한 가격과 갖가지 메뉴로 일본인들에게 인기를 얻으며 급성장하는 와타미는 깨끗한 일본식 실내인테리어, 넉넉한 자리 테이블 공간, 아기자기한 메뉴 그릇, 시원한 생맥주로 누구에게나 인기를 얻고 있다.

사람을 지키는 가게

가게를 열면서 테이블 회전율을 고려하게 된다. 좁은 가게일수록 하루에 손님이 몇 명 오면 몇 명이 더 와야 수지타산이 맞는다는 생각을 한다. 최소한 한 테이블이 몇 명이 앉아야만 기대 매출이 얼마가 되고 거기서 이윤이 얼마 남는다는 생각을 한다. 생각한 대로 손님이 많이 오고 많이 나가면 기분 좋아하지만 어느 날엔 손님이 적고 매출이 안 오르면 고민하게 되는 사람들이다.

그런데 손님들은 가게의 회전율을 생각하지 않는다. 그들이 그 가게에 온 이유는 일행들과 대화를 즐기기 위해, 간단한 식사를 하기 위해서인 경우가 대부분이다. 대부분의 식당이 밤 10시엔 문을 닫고 영업을 마치지만 손님들의 이야기는 언제나 그렇듯이 밤 자정이 지나도록 쉽게 끝나지 않는 경우를 말한다.

그렇다고 주문을 더 하는 것도 아니고 영업에 도움 안 되는 이야기만 더 하려는 사람들일 때, 당신의 가게에선 그동안 어떻게 했는가? 당신은 그 가게에서 돈을 버는 대신 인심을 잃진 않았는지 생각해보자. 장사가 잘되던 당신 가게인데 어느 날부터 손님이 하나둘 줄더니 적자가 생기고 결국엔 문 닫을까 생각을 하던 기억이 있다면 그 이유를 떠올려보자. 가게는 돈을 만드는 곳이 아니라 사람들이 찾아오는 곳이다.

여기 수제햄버거를 파는 가게가 있다. 재료가 떨어지면 더 이상 장사를 안 한다. 신선한 재료만 공급하겠다는 원칙이라고 했다.

'돈을 더 벌면 좋은 게 아닌가?'

돈을 몇 푼 더 벌 수 있을지 몰라도 가게의 신뢰도를 잃기 싫다는 원칙으로 느껴졌다. 이 가게에 불이 켜졌다는 건 그때까지 손님이 있다는 표시였다. 사람들은 햄버거를 신선한 재료로 만들어 파는 가게에 온다.

우에노에서 내려 숙소로 갈 때면 지나가는 길에서 만나는 가게다.

수제햄버거를 파는 곳. 가게 안은 그렇게 크지 않은 곳인데 안에 들어가 보면 항상 손님들이 있었다. 요란한 인테리어가 있는 곳이 아니면서도 가게 안에 들어서면 왠지 모르게 사람을 푸근히 감싸는 기분이 들었다. 패스트푸드점이 아니라 휴일에 엄마가 해주는 간식을 먹을 수 있는 곳이었다고 할까? 도쿄 시내 주택가 인근에 자리 잡은 수제 햄버거 가게에 손님들이 몰리는 이유였다.

주택가와 인근 지하철역 사이 도로변에 위치한 덕분인지 이른 아침엔 정장 차림의 출근길 직장인들이 손님으로 왔고, 오후엔 인근 학교에 다니는 학생들이 손님으로 들어왔다. 저녁엔 나처럼 외국인이 간식거리를 사 먹으려고 오는가 싶었는데 그 생각도 잠시, 수베 햄버거 가게는 준비한 재료를 다 팔면 문을 닫는 영업방침이 있었다.

대기업에서 엄청난 재고를 준비하고 팔아대는 인스턴트 음식이 아니라, 정성된 재료로 한정된 손님에게만 햄버거를 파는 가게였다. 사람들이 자꾸 오는 이유는 선택받으려는 본능, 그러니까 신선한 재료의 햄버거를 맛보려는 사람들이었다.

"오늘 영업은 마치겠습니다."

햄버거 하나를 주문하더라도 손님이 식사를 다 마칠 때까지는 가게 문을 닫지 않았다. 손님들이 식사를 하건 말건, 대화를 하건 말건 간에 이 가게는 언제 문 닫을 거니까 대충 정리하고 나가달라는 투로 이야기하는 가게들과는 전혀 다른 영업방식이었다. 사람들이 제한된 시간이 되어도 나가지 않으면 주방에서 음식이 나오는 작은 틈을 통해 매서운 눈동자로 손님들을 쏘아보는 그런 사람들도 없었고, 쓰레기통을 치우면서 요란한 소리를 내며 대화를 방해하는 그런 몰지각한 가게도 아니었다.

"즐거운 시간 되세요."

햄버거를 주문받아서 내주던 곳엔 인사를 마치고 어디론가 가버려 남은 직원이 없었지만 가게 안엔 아직 대화를 끝내지 못한 손님들 한두 테이블이 남아 있는 상황, 그 어느 누구도 다가와서 나가달라고 말하지 않는 곳이었다. 오히려 손님들 대화에 방해가 될까 싶어 주의하는 듯 한 움직임이 들리곤 했다. 햄버거를 만드는 주방 쪽에서 식기 부딪히는 소리가 작게 들리더라도 바로 사라지곤 했다. 퇴근을 서두르는 직원들의 발걸음 소리는 들리지조차 않았다.

이곳에서 파는 수제 햄버거는 인스턴트 음식도 아니고 패스트푸드도 아니었다. 가족들끼리 만들어 즐기는 행복한 간식이었다. 빨리 먹고 나가서 다른 손님 들어오게 해야만 되는 '손님이 미안한 곳'도 아니었다. 햄버거 하나를 주문하더라도 가게 안에서 편안하게 다 먹고 소화를 시킬 수 있는 분위기까지 신경 쓰는 가게였다. 햄버거 하나를 파는 게 중요하지 않고 손님 한 명이 와서 충분히 즐기고 햄버거를 맛보고 소화까지 다 하고 나갈 수 있는 곳이었다.

이곳 수제 햄버거 가게가 잘 되는 이유가 다른 데 있지 않았다.

손님들은 이 가게에 오면 손님으로 오는 게 아니라 가족으로 오는 듯 했다. 식탁에서 햄버거를 먹을 때 흘리고 먹어도 혼내지 않는 엄마처럼, 밥 먹으면서 가족들끼리 재미있는 이야기에 시간 가는 줄 모르고 이야기해도 누가 먼저 이제 시간 됐으니 들어가서 자라고 말하지 않는 것과 같았다. 가게는 평수가 크지 않고 좁은 편이었지만 10여 개 되는 테이블이 모인 공간엔 손님 대신 가족들이 모여 자기들 이야기를 나누는 곳이었다.

수제햄버거라고 해서 재료만 신선한 햄버거가 아니다. 주문 후에 주방에서 햄버거를 받아들고 테이블에 와서 앉으면 그 순간부터 손님이 직접 만들어먹는 느낌이 전해진다. 초록색 인테리어 덕분에 마치 숲속에 앉은 기분도 든다. 패스트푸드점이라고 보일 수 있지만 가게 안에는 테이블 마다 간격이 충분해서 바로 옆 테이블 사람들과 섞인다는 기분도 안 든다. 마치 숲속에 소풍 와서 내가 가져온 피크닉 바구니에서 꺼내먹는 햄버거라고 할까?

만들어진 햄버거 패티나 소스를 받아서 뿌려 먹는 게 아니라 주문과 동시에 주방에서 만드는 재료를 받아서 즉석에서 만들어먹는 햄버거인 셈이다. 재료를 준비하는 손만 다른 사람 의 도움을 빌렸고, 햄버거를 고르고 재료를 받아서 먹는 순간은 오로지 손님 스스로 만드는 상황이었다. 수제햄버거 가게는 세상에 많지만 손님이 직접 재료를 준비해서 만들어 먹는 느낌을 가질 수 있는 가게는 드물지 않은가?

[일본 팁] 가족에게 줄 수 있는 정성. 수제 햄버거 가게

손님의 건강까지 생각하는 햄버거 가게를 만나고 싶다면 도쿄에서 놓치지 말아야할 곳이다. 오카치마치 역이나 우에노역에서 내려 타이토쿠에 들어서면 도로변에 보인다. 오카치마치 역에서 조금 더 가깝다. 빌라폰테뉴 호텔에 가는 도중 도로변이기도 하고 우에노 아메요코 시장에서 걸어도 가깝다.

집이 되는 가게, 가게가 되는 집

가게를 열고 싶은데 어디에 가게를 얻어야 할 지 고민을 한다. 장사가 잘 되는 곳을 얻자니 세가 비싸고, 안 되는 곳을 얻자니 장사가 될 지 걱정을 한다. 뭐가 답일까? 장사를 하려면 가게를 반드시 새로 얻어야 할까?

장사를 하려면 반드시 가게가 새로 얻어야 하는 건 물론 아니다.

주택가에 자리 잡은 주택형 가게를 생각하자. 평수도 작고 가게 간판이나 특별한 장식이 없어서 화려하진 않지만 인근 주택가 주민들에게 인기를 꾸준히 얻는 가게가 된다. 가게를 찾아주는 손님이 있는데 그 가게의 불이 꺼지지 않는다. 주점도 있고 집주인의 솜씨를 보여주는 공방 가게도 가능하다. 좁은 집이지만 그 나름의 분위기를 매력으로 동네 이웃들이 모이는 가게가 되었다.

'내가 살고 있는 이 집이 가게가 된다고?'

가게란 장사를 하는 곳이다. 집에서 장사를 하면 그곳이 가게가 된다. 그리고 집이 넓어야 하는 것도 아니다. 1인 가구이거나 다가구이거나 상관없다. 1층에 도로변 집이거나 2층 집이지만 별도 출입구가 있다면 가게가 될 수 있다. 굳이 안방과 거실에서 가게를 할 필요도 없다. 주차장이 있다면, 집 마당 옆 공간이 있어도 된다. 장사를 할 곳이 있으면 거기가 가게다.

한국에서 온 거래처 손님을 호텔에 안내해주고 숙소로 돌아가는 길이 오카즈요코초에 잠시 들렀다. 한국이나 외국에서 손님들이 올 때면 자주 안내하는 곳이 빌라폰테뉴 우에노 호텔인데 시설도 깨끗하고 근처에 우에노 역을 비롯하여 JR선이나 지하철 등의 교통편도 편리하기 때문이다.

오카즈요코초 골목은 호텔을 나와서 횡단보도를 건너지 않고 왼쪽으로 조금 더 걸으면 다다른다. 골목 특성화사업으로 일본 정부에서 지정해둔 곳이어서 일까? 예전 그대로의 모습을 간직한 가게들도 많고 여기에 오면 일본 서민들이 살아가는 모습 그대로를 볼 수 있어서 자주 들르는 곳이다. 일본어로 '반찬골목'이란 의미의 이 동네에 가면 출퇴근 시간엔 인근 이웃들과 인사를 나눌 수도 있고 저녁 무렵 출출하다 싶을 땐 소박한 느낌의 가게에 들러 한 잔 걸치며 가게주인이 된 이웃과 세상 돌아가는 이야기를 나눌 수도 있다.

그리고 이 골목에서 만나는 반찬가게, 정육점, 가구공방, 꽃가게, 주점, 중국음식점, 부동산중개사, 헤어샵, 식당 등은 일본 서민들이 살아가는 집 그대로를 가게로 꾸며놓은 곳들이 대부분이다. 요란한 인테리어도 없고 시끌벅적한 호객꾼도 없는 동네가게, 눈이 어지러운 네온싸인을 만날 필요가 없는 아늑한 정서가 장점인 동네다.

"요 앞에 호텔에서 손님들도 많이 오죠? 여기가 우에노랑 가깝고 일본 서민 생활 그대로를 볼 수 있으니까 외국인들도 많이 오겠어요?"

오카즈요코초 골목에 들어서 평소 자주 가는 이자카야 가게에 들어서 생맥주 한 잔을 하던 중 가게 사장에게 물었다.

"근데 동네가 너무 조용해서. 아직 많이 홍보도 되지 않아서 생각만큼 사람들이 많진 않지. 오늘도 호텔에 손님들 데려다 주고 오는 길인가 보네?"

가게 안에 들어서 테이블에 앉았다고 해봤자 대여섯 평 되는 공간에 딱 두어 개 놓인 테이블이 고작이다. 한쪽 칸막이를 두고 주방을 삼고 반대 쪽 공간에 테이블을 뒀다고는 하지만 손님이 다 들어찬다고 해봤자 5명이나 들어올까? 카메라를 들고 사진을 찍어도 되냐고 묻자 어색한 웃음으로 손사래를 친다. 어디에 내보이기도 좀 그런 곳이라며 한사코 사양이다.

"맞은 편 저 집엔 손님들이 많네요?"

1층 마당에 파라솔을 둔 가게를 쳐다보며 말했다.

가게 마당이 있고 없고의 문제는 아니었다. 저마다 자기 집 앞에 간판 하나 내걸로 1층을 가게로 꾸며 장사하는 곳이었으니 말이다. 샷시 문으로 된 이 가게는 커튼 하나 쳐두고 별다른 장식을 하지 않았는데 가게 사장의 음식솜씨 맛이 좋아서 내가 자주 들르는 곳이고, 골목 안에서 맞은편 가게는 파라솔 하나 댕그라니 두고 가게 안에선 사람들이 제법 북적대는 모습이었다.

"그러게. 오늘 뭐 모임 있다고 그러던데? 저 집 사장이 이런 저럼 모임을 많이 해서 이따금 사람들이 오곤 하지?"

궁금했다.

가게 사장에겐 잠깐 화장실 좀 다녀오겠다고 하며 가게를 나서 맞은편 가게에 문을 열고 들어가 봤다. 시끌벅적. 세로로 길게 좁은 가게 안엔 맞은 편 끝에 주방이 있고 집 주안장의 아내로 보이는 중년의 여자가 서빙을 들다가 나를 보더니 다가왔다. 오늘 모임 예약자 중에 일행이냐고 물어보는데 아니라고 하자 오늘은 자리가 만석이라서 미안하다고 한다. 나를 보고 나가달라는 얘기겠다.

괜찮다.

뭐 어차피 가게 안에 분위기가 궁금해서 들어 왔던 것뿐인데 다음에 오겠다는 인사를 남기고 가게를 나서 아까 가게로 돌아왔다. 조금 전 내가 주문한 메뉴가 이제 막 나온 듯 했다. 자리에 앉아 사장을 보니 방금 내가 맞은편 가게에 다녀온 걸 알고 있는 듯 했지만 상관하지 않는다는 표정이다. 그도 그럴 것이 어차피 그들은 이 동네 이웃들이다.

"저 가게는 와인도 있고 스파게티, 스테이크도 파네요? 사장님도 메뉴를 다양하게 해보시지 그러세요?"

마음에도 없는 소리로 농을 쳤다.

그러자 가게 사장이 웃으며 말했다. 다 똑같은 메뉴 팔면 누가 이 골목에 오겠냐는 얘기였다. 저 가게는 주인장의 손재주도 좋아서 파라솔도 갖다 두고 가게 안에도 인테리어를 꾸며서 조명도 달고 테이블도 아기자기하게 꾸몄지만 자신의 가게엔 그럴 재주도 없고 그런 걸 원하는 성격도 아니라고 했다. 그저 자기는 맛있는 음식 나누면서 이따금 오는 손님들하고 즐거운 시간을 같이 즐기면 될 뿐이라는 얘기도 덧붙였다.

"여기 안주 만드실 때는 저 골목에 정육점에서 고기 사고, 요 앞에 반찬집에서 재료 사오시죠? 테이블은 보아하니 공방 처녀에게서 주문해서 가져오신 것 같네요."

가게 사장이 웃는다.

두 말 하면 잔소리.

오카즈요코초 골목은 일본인 서민들이 함께 어울려 살아가기 위해 만든 동네인데 이왕이면 동네 사람 걸 팔아줘야 서로서로 좋다고 했다. 그들이 자기 가게에 와서 맥주 한 잔, 사케 한 잔 곁들이고 식사하고 갈 때도 있으니 서로에게 손해도 아니라고 했다. 그들은 골목을 지켜나가기 위해 함께 작전 중인 동지들이기도 했다.

"저는 내일 아침에 호텔에 다시 와서 손님들하고 이동해야 해서요, 오늘은 이만 갈게요."

가게를 나서며 인사를 하자 가게 사장이 계산을 하고 돈을 받더니 다시 앉아보란다. 마침 그날 새로운 메뉴를 하나 만들었는데 나보고 맛을 보란다. 닭고기 육회인데 겉을 살짝 익히고 감칠맛 나는 일본의 양념 시치미를 넣어 버무린 메뉴였다. 먹어보니 식감도 나쁘지 않았다. 맛이 좋다며 이거 인기 좀 끌겠다고 하자 얼른 자기 등 쪽에 주방에서 사케 한 병을 꺼내더니 잔에 따라준다.

새로운 메뉴랑은 이 술을 같이 마셔봐야 한단다.

정녕 그런가 싶다.

닭고기 메뉴랑 사케가 입안에서 향이 어우르며 코끝까지 식감이 전해진다. 맛있다. 이번에도 고개를 끄덕였다. 가게 사장이 웃는다. 나도 웃으며 가게 문을 나서자 사장이 따라 나와서 배웅해준다. 언제든 그냥 편하게 와서 들르라는 말도 잊지 않는다. 꼭 주문해야만 하는 거 아니니까 언제든 와서 얘기하고 그러라고 한다.

"얼른 들어가세요. 밖엔 아직 추워요. 내일 시간 되면 손님 모시고 같이 올게요."

집이 가게 된 곳에선 가게에 온 손님이 아니라 집에 온 이웃이 된다.

당연한 거 아닐까? 난 그 날 가게에 들른 손님이 아니라 그들의 이웃이었다.

자기 집에서 장사도 하고 생활도 하는 이웃들이 함께 있다면 오카즈요코초 골목의 스토리가 멈추지 않을 것이란 확신이 드는 까닭이다.

"어이쿠, 식사 중이시네요? 다음에 다시 올게요."

"아니에요. 식사 다 했어요. 들어왔으니 테이블에 앉아요."

모처럼 한국에서 온 손님을 데리고 들렀던 오카즈요코초 골목에 중국식당에서 가게 주인이 식사를 하던 중이었다. 테이블은 4개, 의자는 초등학교 교실에서 가져왔는지 영락없이 학생들이 앉는 의지 그대로였다. 가게 문을 열고 들어서면 테이블 그리고 바로 맞은편에 주방이었다. 가게 주인은 마침 일을 보러온 남편과 함께 늦은 점심식사를 하려던 중이었나 보다.

사실 이 가게에 오려고 한 건 아니었다. 내가 가려던 가게는 오후 5시는 되어야 문을 열기에 그 전에 끼니라도 할겸 일본식 식사를 하려고 들어온 곳이었다. 하지만 가게에서 파는 메뉴가 문제였다. 마파두부, 청경채 등으로 중국식 아닌가?

"식사 하시는데 죄송해서요. 그리고 메뉴를 보니까 일본식 식사가 없네요?"

"네? 아, 문제없어요. 여기 뭐 안 되는 게 있나요, 말만 해요, 메뉴를 만들어 줄게요."

그리고 잠시 후.

나는 그날 한국 손님과 함께 돈코츠라멘과 새우돈부리덮밥을 먹을 수 있었다. 가게는 술과 안주를 파는 가게였는데 늦은 오후 식당에 온 손님들을 위해서 기꺼이 메뉴에 없는 음식을 만들어줬다. 음식을 주문해놓고 일행이랑 얘기를 하느라 눈치 채지 못하고 나중에 알게 된 일이었지만 가게 주인은 마침 가게에 없는 재료 때문인지 남편 보고 골목에 가서 자료를 사오라고 했단다. 나는 벽 쪽을 보고 앉고 손님이 벽을 등지고 앉아서 가게 안을 바라보는 상태였기 때문에 손님이 나중에 알려준 얘기였다.

생각해보자.

가게에 손님이 왔다. 그런데 메뉴판을 보더니 자기가 찾는 음식이 없다고 하며 나가려고 한다. 당신이라면 어떻게 할까? 그대로 내보내도 되지만 이왕이면 그 손님을 위해서 없는 메뉴라도 만들어줘야 하지 않을까? 그 손님이 단 한 명으로 끝나는 게 아니라 나중에, 더 많은 일행을 데리고 재방문할 수도 있어서다. 원하는 음식을 맘대로 주문해서 먹을 수 있는 가게는 사실 불가능한 것도 아니지만 그렇다고 해서 쉽게 찾을 수 있는 곳도 아니기 때문이다.

[일본 팁] 집이 아니라 가게입니다. 오카즈요코쵸 가게들

자기 집을 남에게 임대해주는 사업은 예전부터 있던 아이템이다. 다만 그 사업 형태가 자기 집을 가진 사람이 남에게 월세, 전세, 반전세 등으로 임대해주는 게 고작이었을 뿐이다. 그런데 사업 형태를 더 다양하게 해서 1인 출판사, 번역사무소, 인터넷쇼핑몰 등으로 확장해도 된다. 부동산을 임대해서 사업을 하는 형태라면 어떤 사업이든 가능하다.

일본 도쿄 우에노 인근 타이토쿠에 가면 오카치마치 역에 내려서 빌라폰테뉴호텔 옆 오카즈요코쵸반찬골목이 나온다. 여기에 살아가는 주민들이 자기 집을 가게로 만들어서 영업을 하는 형태를 많이 볼 수 있다. 자신의 전공을 살려서 가구공방을 차리기도 하고, 부모님들과 함께 반찬가게를 열기도 했다. 작은 마당을 가진 집이라면 1층과 마당을 열어서 이웃들이 모일 수 있도록 만든 주점을 볼 수도 있다.

해외여행이 꿈이다,
하지만 지금은 돈을 벌어야 하는 신세

"저 시계 틀렸어요!"

한국에서 출장을 왔다는 마리안 요시코를 다시 만난 건 그가 홍콩 휴가를 다녀온 지 몇 개월 후였다. 모처럼 일본에 왔다는 그녀마리안 요시코는 일본에 디자인스쿨 유학파 출신이다를 데리고 이케부쿠로에 철판요리점으로 향했다. 이케부쿠로역 동쪽 출구로 나와서 횡단보도를 건너 주택가 이면도로로 들어갔다.

"아, 네. 저 시계는 하와이 시간입니다."

미국 메이저리그 야구 구단 중 한 곳의 야구모자를 쓴 남자가 나를 보며 환하게 웃으며 말한다. 찢어진 청바지에 반팔 티, 검은색 야구모자, 옷 스타일만 보면 영락없는 일본인 청년인데 어쩐지 청년이라고 부르기엔 외모가 조금 나이 드신 분이다. 대략 40대 후반에서 50대 초반의 나이로 보인다.

"하와이 시계라고요?"

"아, 시계는 중국제인데요, 시간이 하와이 시간입니다."

"아, 네. 근데 왜 하와이 시간을 알려주나요?"

"이 가게에 해물철판요리가 주 메뉴인데요, 제가 하와이에서도 살면서 일본에 다니며 장사를 하거든요. 하와이 바닷가에서 맛보는 해산물 요리 그대로 일본에서 팔고 있습니다. 하와이에 일본인들 진짜 많은데요, 이 가게에 오는 손님들이 하와이를 대부분 좋아하거든요. 하와이 시간을 알려주면 다들 좋아합니다. 그리고 저 옆에 하와이에 전화를 걸 수 있는 인터넷전화도 있고요."

"네? 전화요?"

"하와이에 가족이나 친구, 회사동료가 있는 일본인들이 있어요. 그분들이 이 가게에 오면 전화도 무료로 거실 수 있어요."

"아!"

손님은 가게 안으로 들어서서 빈자리를 찾아 앉아서 철판요리 메뉴를 고르기만 하면 된다.

종업원들이 토핑재료랑 메뉴에 들어갈 식재료를 준비해서 철판 위에 올려놓는다. 이 가게에 오는 손님들은 철판 위에 식재료를 직접 조리해서 먹을 수도 있고, 잘 모르고 서툴다면 직원들에게 부탁하면 된다. 상냥한 직원들이 부드러운 미소와 함께 다가와서 손님 뒤에서 서비스해준다. 일종의 여자 손님을 위한 '백허그 스타일'이 된다.

'이거 좋은데? 누군가 나를 위해 등 뒤에서 요리를 해준다?'

지난번에 가게에 들었을 때 감동받은 서비스를 기억하고 다시 들렀던 날이다.

"근데 이 가게가 왜 여자에게 더 좋아?"

요시코가 물었다.

여자에게 더 좋은 가게가 있다면 바로 여기라고 말하자 다짜고짜 온갖 궁금증들이 쏟아진다. 잘 되는 가게도 아니고, 가격이 싼 가게도 아니고, 음식이 맛있는 가게도 아니며, 인테리어가 전략적인 가게도 아닌 '여자에게 좋은 가게'인 이유가 뭐냐는 의미다. 여자에게 더 좋은 가게 이야기를 처음 듣는 사람들이 하나같이 물어보는 질문이다.

"우선 여자는 한 번 가본 가게는 일단 머릿속에 기억하는 본능이 있어. 나이가 어릴수록 이런 성향이 강한데, 20대 초반 여성들은 분위기가 예쁜 곳, 맛있는 음식이 나오는 곳, 소파가 넓은 곳, 파우더 룸이 있는 곳, 카페에서 흐르는 배경음악이 마음에 드는 곳, 그 날 자기 옷 스타일과 어울려서 그 옷 입을 때면 또 가고 싶은 곳, 호감을 가진 남자랑 만난 곳, 우연히 들렀는데 기억이 자꾸 나는 곳 등처럼 자기만의 스토리가 있거든. 그래서 여자가 가는 곳은 그 여자에게 특별한 곳이 되지."

"그래서?"

"반면에 남자는 어때? 사회생활하면서 격식을 갖춰야한다면 좋은 식당, 비싼 식당을 찾지? 여성과 데이트를 할 경우엔 더 신경 쓰면서 찾지. 하지만 친구들끼리는?"

"아무 데나 가지."

"그래. 남자들은 식당이나 옷가게, 카페에 가더라도 별다른 의미를 두진 않아. 그저 가까운 곳, 눈에 보이는 곳, 편한 곳에 가거든."

"근데 이 가게랑 그게 무슨 차이지?"

이쯤 되면 이야기를 듣는 사람들은 머릿속이 헷갈리기 시작한다. 여자들이 가게에 가는 이유를 들을 때는 신선했는데(같은 여자에겐 누구나 그런 거 아니냐? 생각될지라도) 남자들 가게 가는 거야 뭐 다 그런 거 아니냐는 표정을 짓는다. 요시코도 마찬가지였다. 도대체 이 가게랑 무슨 차이가 있다는 얘기인지 모르는 표정이다.

"간단해. 친구랑 만날 약속을 한다고 해. 남자들은 전화로 약속하고 바로 옷 입고 나가기도 하지? 그런데 여자는 달라. 약속을 정하기 전에 일단 여자랑 전화를 하건 만나서 대화를 하건 이야기를 시작해야 해. 서로 감성이 통한다는 느낌을 나눠야 하거든. 남자들끼리 약속이 '야, 오늘 뭐해? 할 거 없으면 나와!'일지라도 여자들 사이에선 '오늘 날씨 좋다! 진짜 뭐 생각나지 않아? 이런 날 집에만 있긴 따분한대. 참,

그 소문 들었어?'로 이어가다가 '그럼 우리 오늘 만나서 거기 가볼까? 지금 오후 1시니까 준비하고 이따가 저녁 6시쯤 보자. 어때?'가 되거든."

여기까지 이야기를 듣는 사람들은 드디어 목이 바짝바짝 말라온다. 남자들일 경우 더욱 그렇다. 그들이 익히 봐오던 여자들 이야기라서다. 여자에게 만나자고 하면 당일 만남은 따질 게 많고 최소한 3~4일 전에는 미리 연락해서 약속을 잡아야하는 경험이 있어서다.

"가게를 한다는 건 반드시 넓은 장소나 큰 가게가 꼭 필요한 게 아냐. 작은 가게라도 충분해. 어떤 경우? 그렇지. 여자들의 머릿속에서 문 여는 가게면 OK야. 이런 식이지. 여자가 애인을 만날 약속을 정했다고 해. 자, 여자는 무슨 생각부터 할까? 거울부터 보고 피부에 뭐가 났는지, 없는지 살피지. 옷장을 열어서 옷도 살펴보고 메이크업이랑 옷도 맞춰보게 되거든. 이런 걸 왜하냐고? 그 날 그 약속에 입고나갈 스타일을 정하기 위해서야. 식사는 어디에서 할지, 술을 마시게 될지, 그 남자 차를 타고 이동할 것인지, 대중교통을 탈 것인지, 식사를 할 때 와인을 마시는지, 그날 날씨가 어떨지 등등 생각할 게 엄청 많아져. 여자에게 선택장애가 있는 게 아니라 여자는 신중한 거야."

이쯤만 되도 사람들은 고개를 끄덕인다. 뭔가 알겠다는 표시다.

"그래서 여자에게 더 좋은 작은 가게 이야기라는 건 여자가 필요할 때 생각나는 가게가 되면 성공한다는 의미야. 21살 여자와 24살 여자의 감성이 달라. 20대와 30대 여자의 감성도 다르지. 똑같은 21살 여자라고 해도 태어난 계절이 언제인지, 어떻게 생겼는지, 어디에 사는지에 따라 감성이 달라. 이름이 무엇인지, 체형이 어떤지에 따라서도 감성이 달라. 복잡하지? 그만큼 앞으로도 성공할 수 있는 가게가 많이 있다는 얘기야. 작은 가게면 충분해. 여자에게 더 좋다면. 가게를 차릴 거라고? 그러면 여자들이 좋아하는 걸 생각하지 말고 여자에게 필요한 걸 생각해 봐. 여자에게 다가가려고 하지 마. 여자들은 그럼 경계심을 가져. 그러니까 여자들이 스스로 찾아오게 해. 물론 시간이 오래 걸려. 여자들은 신중하게 오래 생각하거든. 포기만 하지 않으면 돼. 여자들이 스스로 필요하다고 생각되는 순간이 되면 그 가게는 대성공을 할 거야."

"그래도 한 가지 힌트만이라도 줘. 이 가게는 그럼 어떤 점에서 더 좋은 거야?"

"새롭잖아. 여자의 호기심을 끄는 아이템을 골라서 가게를 열었어. 생각해 봐. 대부분의 여자는 자기가 예쁘건 아니건 간에 예쁜 여자들이

어떻게 스타일 하고 다니나 살펴보는 건 필수야. 여자들은 다른 여자가 어떻게 하고 다니는지 굉장히 관심이 많거든. 자기보다 예쁜 여자가 하고 다니는 스타일이 있거나, 어떤 여자가 뭘 했는데 그게 자기에게도 어울릴 것 같다면 당장 지갑을 열거야. '여자에게 더 좋은 작은 가게 이야기'는 그래서 여자의 머릿속에 문을 여는 가게 이야기도 되고, 여자들이 스스로 찾아오는 가게 만드는 이야기라고도 부를 수 있어. 그리고 백허그."

"백허그?"

"응. 음식을 조리해주는 스타일이 여자 손님 뒤에서 서비스해주는 방식이야. 여자를 위해 요리해준다는 느낌, 남자들에겐 사실 어색하거든. 남자는 직접 하는 걸 선호하는 편인데, 여긴 그래서 여자들에게 더 좋은 가게라는 이야기야."

사실 이전에 이 가게에 왔을 때부터 생각하던 바였다. 그래서 나중에 마리안 요시코에게도 소개해주고 싶은 마음이 컸다. W는 그녀의 말로는 일본 유학시절 학교, 작업실, 집만 오가는 고달픈 생활을 했다고 말했다. 디자인 작품을 내서 학점을 받아야지만 졸업을 할 수 있기 때문이었다는 게 이유다. 요시코에겐 배려가 필요하다는 생각을 했던 이유였다.

"마리안 요시코도 메뉴 하나 골라야지? 그래서 이것저것 맛을 봐야지."

내가 먼저 주문을 했고 두 번째 요리는 마리안 요시코에게 맡겼다. 허리까지 숙인 채 얼굴을 바짝 대고 뭘 먹을까 생각하던 중으로 보이던 W가 메뉴판을 뒤적거리더니 눈을 동그랗게 뜨며 메뉴 하나를 골랐다.

"나, 이거."

"뭔데?"

"오늘의 인기 없는 메뉴. 5위."

"응?"

"재밌잖아. 한 번 시켜봐. 우리 그거 먹어 보자. 얼마나 맛없나."

마리안 요시코가 내게 건네는 메뉴판에는 실제로 '오늘의 인기 없는 메뉴 5위 목록'

이 있다. 나도 처음에 봤을 때는 이건 또 뭔가? 인기 있는 메뉴라고 해야 잘 팔리지 않을까? 이 가게는 일부러 이러는 건가? 손님과 심리게임이라도 하는 걸까? 여러 생각을 했던 기억이 있는데 이 가게 주인의 이야기를 들었을 땐 저절로 고개를 끄덕이게 되었다.

"철판요리가게는 신선한 재료가 제일 중요합니다. 손님들이 메뉴를 주문하면 저희가 주문한 식재료를 손님 눈앞에 그대로 올려둬야 하거든요. 그래서 재료가 조금이라도 이상하거나 신선하지 않다면 손님들이 바로 알아냅니다. 식재료가 좋지 않다면 그 날 음식을 안 드릴 것이고 다음에 또 오시지도 않을 겁니다. 그래서 저희 가게는 식재료를 그날 장사할 만큼만 사서 신선한 상태를 유지하거든요."

"그럼 어떤 날엔 준비한 식재료가 다 팔리지 않을 수도 있겠네요?"

"네. 그래서 '오늘의 인기 없는 메뉴'를 정해봤습니다. 그 말은."

"이 메뉴는 '식재료가 많이 남은 메뉴입니다'란 뜻이네요?"

"네."

가게 사장이 웃었다.

환하게 웃는 모습은 그 사람의 나이를 떠나서 청춘이라고 부를 수 있게 해준다.

"손님들 반응은 어떤가요?"

가게 사장은 마리안 요시코를 보며 말했다. 마리안 요시코는 일본인 남자가 갑자기 자기를 가리키자 나를 쳐다봤다. 마리안 요시코는 화장실에 다녀오는 중이었다.

"왜? 왜? 무슨 일이야? 메뉴 없대?"

"아니, 지금 그 메뉴 이야기 하고 있었어."

내가 마리안 요시코에게 말해줬다. 가게 사장이 말했다.

"여기 여자 손님처럼 '우리도 한 번 먹어보자'고 주문하는 분들이 계시고요, 저희 가게 자주 오시는 분들은 '오늘은 이 재료 팔아줘야 해!'라고 일부러 주문해주시죠."

손님들과 가게 사장이 어떤 관계를 만들어 가는지 알 수 있는 이야기였다.

가게에 오는 사람들은 저마다 가슴 한쪽에 하와이에 대한 추억을 듬뿍 가진 사람들일 게 분명했다. 그들에겐 일본 땅에서 하와이를 느낄 수 있는 곳, 이 가게가 이익을 남겨서 계속 장사를 해야만 되는 곳이기도 했다. 가게 사장은 마치 내 생각을 알아채기라도 했다는 듯 미소를 지은 그대로 나를 보고 있었다.

잠시 후.

"이거 맛있네? 왜 인기 없는 메뉴라고 하지? 맛있기만 하구만!"

마리안 요시코는 음식을 만들어 먹어보곤 고개를 끄덕였다.

마리안 요시코가 한국어로 말을 하자 곁에 섰던 일본인 직원들이 돌아봤다. 그들을 부르는 소리로 들었을까? 마리안 요시코를 보더니 이내 나를 쳐다보며 필요한 일이 있는지 물어보는 표정을 짓는다. 내가 마리안 요시코를 쳐다보며 가게 직원들을 보라고 눈짓을 했다. 그러자 마리안 요시코는 일본인 직원들에게 일본어로 맛있다는 이야기를 한다. 그제야 가게직원들도 웃으며 고개를 끄덕였다.

*

사람들은 추억의 장소가 있다.

어디를 가든, 누구랑 갔다는 기억을 하고, 혼자 여행을 가든가 머문 공간에 대해서도 추억이라는 이야기를 남긴다.

"내가 거기 아는데."

"나 거기 가봤는데."

"내가 거기 어떻다고 들었는데."

내 가게를 손님들의 추억의 장소로 만드는 게 중요하다.

가게의 규모는 중요하지 않다. 손님들이 원하는 물건을 찾게 해준다면 그들에겐 내 가게가 고마운 장소가 된다. 내 가게에 와서 그들이 찾던 물건을 살 수 있다면 그 자체만으로도 손님과 가게라는 관계에서 손님과 손님의 기억이란 관계로 된다. 그 손님은 어디를 가든지 '그 물건'을 보면 내 가게를 기억하게 된다.

사람들의 추억은 남들에게 비밀일 땐 머릿속에 담긴 상품이지만, 추억을 나눌 사람들과 함께 있을 때는 주머니 속에 상품이 된다.

하와이에 다녀온 기억이 있고 그곳에서 그들만의 추억이 있다면 사람들은 언제든 그 추억을 다시 꺼내어 똑같이 느끼고 싶어 한다. 그래서 하와이 가게를 찾게 되는 것과 같다. 하와이는 미국에 있지만 그들 머릿속에 하와이는 일본에 있기에, 일본에서 하와이를 느끼는 방법은 그 가게에 가면 되면 그걸로 충분해서다.

나만의 추억의 장소를 가게로 만들어보자.

내가 그곳에서 행복하던 순간, 내가 맛있게 먹었던 음식, 내가 그곳에서 보내던 시간이 있다면 그 기분 그 맛 그대로 가게에 담아보자.

"어, 나 여기 아는데!"

내가 가진 추억을 공유할 수 있는 손님들이 찾아오기 시작한다.

[자영업 마인드 수칙] ① "사람들은 그들이 추억하는 만큼 돈을 쓴다."

맛집을 찾아가는 사람들은 '맛에 대한 추억'이 그리워서가 아니라 가까운 사람과 함께 '맛을 나누고 싶어서'다. 그리고 사람들은 감정을 공유하고 얻은 즐거운 시간 만큼 기꺼이 돈을 지불한다. 그래서 추억을 파는 가게는 오래도록 잊히지 않는다. 가게에서 제공할 수 있는 추억은 음식뿐이 아니다. 점원과의 대화, 가게주인의 인사, 가게 인테리어만으로도 손님에게 즐거움을 줄 수 있다.

가게 직원과 나눈 대화에 즐거웠던 사람은 동료들을 데리고 그 가게에 다시 간다. 가게 직원과 다시 한 번 더 즐거운 대화를 나누고 싶어서다. 이런 경우 손님은 가게직원과 나눈 순간을 추억하고 찾아가게 된다.

햄버거를 즐겨 사먹는 사람이 있다고 하자.

그 사람은 햄버거가 자기 몸속에 들어가서 어떤 영양소로, 어떤 에너지로 바뀌는 걸 알기에 사먹는 게 아니다. 그 사람은 햄버거가 입속에 들어갈 때 입 안에서 어떤 맛을 주는지 알고 있기에 그 맛을 느끼기 위해 햄버거를 사먹는 것도 아니다. 사람들은 햄버거를 먹을 때 느끼는 행복을 갖기 위해 돈을 지불한다. 사람들은 추억하는 만큼 돈을 쓴다는 얘기랑 같다.

가게를 운영 중이라면 손님들과 스토리를 남겨야 한다.

그 이야기가 맛이든, 서비스이든, 사람이든 간에 손님이 당신의 가게에서 기억하고 가져갈 만한 스토리를 남겨야 한다. 스토리라고 해서 어렵고 비싼 것은 아니다. 손님이 올 때마다 반갑게 맞아주는 것도 스토리가 된다. 손님이 오고 나갈 때 살갑게 대해주는 인사도 스토리가 될 수 있다. 손님이 당신 가게에서 기억하는 스토리가 생긴다면 그 손님은 언제든 그 수토리가 기억날 때 당신 가게에 다시 온다.

지진이 났는데 어떤 식당이 문을 열겠어?

"지진이다!"

어느 때처럼 일본에서 일을 보러 다니며 지하철에서 내렸는데 땅이 흔들리는 기분이 들더니 주위에 섰던 사람들이 갑자기 지하철 출구로 뛰기 시작했다. 지하철을 타려고 기다리던 옆 일본인 여성이 땅이 흔들리는 동시에 내 얼굴을 바라보며 외쳤다. 지하철 안내방송도 나왔다. 여자의 말대로 지진이었다.

2011.3.11.

일본에 거대한 쓰나미를 몰고 온 대지진의 여파였다.

원전 일부가 부서지고 방사능 유출이 우려된다는 뉴스가 전해졌다. 지하철이 모두 중단되고 택시나 버스고 다니지 않았다. 모든 교통수단이 중단된 상황, 일부 택시들과 버스들만이 차량기지로 복귀하느라 간간히 정류장에 서거나 방향이 같은 승객만 골라 태우는 중이었다.

"빨리 여기 타! 이쪽! 이쪽!"

일본에서 생활하며 지진을 처음 겪는 일은 아니었다.

하지만 이번엔 한국에서 온 일행이 있었다. 이케부쿠로 시내에서 촬영을 하던 중 지진을 만난 나는 동행하던 일행을 불렀다. 가까스로 택시를 잡은 덕분이었다. 수많은 사람들이 거리를 가득 메우고 온통 택시 잡기에 혈안이 되어 있던 순간이었다.

인파를 헤집고 택시 한 대가 내 앞으로 서서히 다가왔다.

일행의 호텔 주소를 일러주고 갈 수 있냐고 말하지 않는 대신 무조건 일단 타고 봐야 했다. 당시에 일본에서 촬영하던 일행 M은 일본이 첫 여행, 해외촬영도 처음 하는 사람이었다. 하이힐을 신고 돌아다니느라 도저히 걸어갈 수도 없는 상황이었다. 택시를 붙잡고 큰 소리로 부르자 M이 내 목소리를 들었는지 얼른 다가와서 택시를 탔다. 지진이 일어난 당일, 택시를 타고 무사히 호텔로 귀가할 수 있던 건 행운이었다.

"영업 하세요?"

다음 날 아침 11시.

호텔 앞에서 만난 M과 함께 가까운 식당을 찾아 나섰다.

하지만 거리 골목에 다니는 차도 없고 지하철도 멈춘 상태였다. 하루 전 날 지진 여파로 거리 상점도 문 열지 않았고 택시나 버스는 찾기 어려웠다. 휴대전화도 아직 불통이었다. 지하철은 언제부터 운행을 시작하는지 물었지만 아직 계획이 없다는 대답만 들었다.

식당을 찾아서 거리를 헤매던 순간 '영업 중'이란 푯말이 붙은 작은 식당을 찾았다.

'제발. 여기 영업해야 하는데.'

문이 열렸기를 기대하지 않은 건 아니었지만 거기도 분명 닫혔으리라 생각하고 문을 당겨 밀어봤다. 그런데 이게 왠 일! 열었다. 이 식당은 장사를 한다! 아침에 호텔을 나서 꽤 오래 식당을 찾고 있지만 번번이 문 닫힌 곳만 보던 M도 내가 식당 안으로 들어서는 모습을 보더니 얼른 따라 들어왔다.

가게 안으로 들어서며 직원을 찾았는데 아무런 인기척이 없었다.

다시 불렀다. 도저히 이곳마저 돌아나가게 된다면 더 이상 어찌 해볼 수가 없을 것 같았다. 편의점들도 문 연 곳이 없었던 날이었다. 일본에서 일하면서 그런 날은 처음 겪는 일이었다. 더 큰 문제는 한국에서 온 M이었다. 어제부터 아무 것도 먹지 못한 상황이었다.

"네. 어서 오세요."

아, 다행이었다. 가게 주방 안쪽에서 주방장으로 보이는 중년의 남자가 나왔다.

이제 모든 걱정이 사라지는 기분이 들면서 두 다리에 힘이 빠졌다. M에게도 자리에 앉으라고 하고 나도 그 옆에 앉았다. 덮밥을 주문했다. 가게 안에 남자는 우리가 주문한 음식이 가능하다고 했다.

오후 2시 30분경.

점심시간보다 늦은 시각. 손님은 우리밖에 없었다. 가게 사장이 우리를 위해 음식을 준비하는 동안 비로소 가게 안 풍경이 눈에 들어왔다. M도 그제야 안심이 되는 듯 얼굴에 웃음이 돌아왔다. 목이 칼칼했다. 우선 생맥주가 필요했다.

맥주를 마시며 가게 안을 둘러보는데 출입문 바로 앞에 잡지와 식권자판기가 보였다. 그리고 좁은 가게 안으로 들어오면 출입문과 마주보는 벽 위에 TV가 놓였고 그 아래에 문이 하나 보였다. 아주 작은 표시판이 있어서 화장실이라는 걸 알 수 있었다. 지진만 아니었더라면 손님들이 길게 줄을 서며 식사를 하는 곳이란 걸 짐작할 수 있었다. 출입문 바로 앞에 놓아둔 잡지들이 꽤 많아서였다.

"지진 때문에 큰 걱정입니다. 그런데 오늘 어떻게 문을 여셨네요?"

"손님들 오시니까 열어야지요."

쑥스럽다는 듯 입가에 작은 미소를 지으며 남자가 말했다. 부드러우면서도 온화한 어조였지만 그 이야기 안에서 '손님'이란 단어에 힘이 들어가 있다는 걸 알 수 있었다.

"지진 나서 거리에 아무도 없어요. 오늘 저희 말고 손님 받으셨어요?"

"아니요. 손님 한 분이라도 오실 수도 있으니까요."

아까 가게 안에 들어서며 내 눈에 들어온 건 깨끗하게 닦여 한쪽에 정돈된 주방도구들이었다. 점심시간 대에 손님들이 있었다면 그렇게 식기가 깨끗하게 치워진 상태일 수 없다는 생각이었다. 가게 남자는 여전히 부드러운 표정을 잃지 않으며 내게 대답을 했다.

'오실 수도 있다니?'

가게 남자의 이야기가 귓가에 울렸다. 그 남자는 지진이 나서 손님이 없다는 걸 알았지만 문 닫고 집에서 쉬기보다는 가게를 연 사람이었다. 왜 그랬을까?

"오실 수도 있다는 말씀은, 그럼 손님이 없어도 문을 여신 거네요?"

"네."

"그러다가 오늘 저희도 안 왔으면요?"

"집으로 퇴근해야지요."

"손님을 기다려도 안 올 수 있잖아요? 저희야 문을 열어주셔서 정말 감사하지만... 오늘 같은 날이면 그래도 사장님댁 가족분들이 걱정도 하실 수 있고 손님들도 설마 오늘 그 가게가 문 열었겠어? 생각하고 안 올 수도 있을 텐데요..."

"저희가 손님을 기다린다고 여기면 문을 닫을 수도 있겠지만 손님이 가게를 기다린다고 생각하면 도저히 문을 닫을 순 없지요."

"영업시간은 몇 시까지인데요?"

"밤 11시까진 합니다만 손님이 계시면 그 이상도 늦게까지 계속 있습니다."

가게 남자의 이야기를 듣자면 손님이 없어도 밤 11시까진 문을 열어둘 생각이었다고 했다. 손님이 가게에 올지 안 올지 아무도 몰랐지만 그래도 혹시 손님이 왔다가 문 닫힌 가게를 보고 돌아가는 게 모습이 생각되어 도저히 집에 있을 수 없다는 얘기도 덧붙였다.

손님을 기다리는 가게가 아니라 손님이 기다리는 가게라는 말이 귀에 남았다. 손님이 올지 안 올지 모르는 상황이라면 가게 문을 닫고 쉴 수도 있겠지만 손님이 가게를 기다리는 상황에선 문을 닫을 순 없다는 얘기였다.

"장사하는 가게인데... 문 열어야죠."

가게 남자는 조용한 어조로 내게 이야기를 하더니 우리가 주문한 음식을 주고는 다시 주방 안을 정돈하기 시작했다. 설거지를 한다거나 소리를 내면서 그릇을 포개놓는 그런 정돈은 없었다. 우리가 주문한 음식을 준비하느라 꺼냈던 식재료와 주방도구를 가지런히 정리하는 수준이었다. 그리고 우리가 식사를 하는 동안 주방 안에서 어떤 소리도 들리진 않았다. 가게 남자는 우리 등 뒤로 보이는 TV를 켜고 가만히 지켜보고 주방 안에 서 있기만 할 뿐이었다.

가게 사장에게 메뉴를 주문하고 나서야 내 눈에 가게 안 풍경이 들어오기 시작했다.

밖에서 보기에 가게는 큰 편이 아니었다. 어른 남자 두 명이 옆으로 서면 꽉 찰 정도의 좁은 출입문이 전부였고, 안으로 들어서면 왼쪽엔 주방, 오른쪽엔 주방을 마주보고 손님들이 앉는 테이블로 짜인 공간이었다. 좌석은 주방과 마주한 테이블 아래에 바닥에 고정된 상태로 10석이 채 안 되는 정도였다. 가게 사장 1인이 주방 일을 보고 손님 서비스까지 해야 하는 가게였다.

한 가지 눈에 띄는 점은 메뉴를 붙여놓은 아이디어였다.

주방 쪽 벽에 여러 메뉴를 음식사진과 함께 붙여 두었고 벽에서 오른쪽 위엔 갖가지 추가 재료를 고를 수 있는 메뉴판을 붙여두어 손님들이 각자의 입맛에 맞춰 주문할 수 있도록 신경 쓴 점이 돋보였다. 덮밥을 주문하고 얹을 재료까지 추가 주문하면 대략 600엔에서 900엔 정도 되는 가격으로 식사를 할 수 있었다.

'시내에 음식점에 비하면 메뉴 가격이 비싼 편은 아니네.'

도쿄 중심지 시내에서 일반적인 음식 가격은 1,000엔 정도인데 비해서 이 가게는

5~600엔 정도로도 식사를 할 수 있었다. 물론 도쿄 시내에서도 300엔짜리 식사라든가 500엔짜리 덮밥이 없는 건 아니었지만 내가 말하는 건 음식의 양과 정성 대비 가격을 말한다. 손님의 눈앞에서 가게 사장이 주방에서 바로 조리해주는 음식은 재료 상태부터 메뉴로 완성되는 과정이 모두 확인되는 탓이다.

덮밥을 주문하고 가게 안을 둘러보는데 주방과 맞닿은 손님 테이블 위에 붙은 경계벽에 또 하나의 메뉴가 눈에 들어왔다. 생맥주나 간단한 음료를 마실 수 있다는 문구였다.

'왜 이렇게 했을까? 다른 식당처럼 세트메뉴로 표시하든가 아니면 메뉴판에 여러 가지 음료랑 메뉴를 적어서 손님이 메뉴판만 보고 고르게 하는 게 더 편하지 않았을까?'

식사 때가 훨씬 지난 무렵이라 시장기가 돌기도 했고 지진 때문에 놀란 가슴이 진정되기도 전이어서 그랬는지 모르지만 여기저기 눈에 띄는 메뉴를 보면서 차라리 한 곳에 모아두지 왜 여러 곳에 나눠 붙였을까 살짝 짜증이 나기도 했다. 한 번에 모두 주문할 수 있도록 하면 손님도 편하고 주문받는 가게 사장 입장에서도 편했을 것이란 생각이었다.

'아니다! 아, 맞네. 메뉴를 나눠서 붙이는 게 훨씬 더 이익이야!'

사실이었다. 다시 가게 안을 둘러보기 시작했다.

식당에 오는 사람들은 배가 고픈 사람들이다. 그렇다면 그들에게 가장 필요한 건 우선 음식이다. 어떤 음식이 있고 어떤 맛일지, 각자 좋아하는 메뉴를 고르게 된다. 식사를 주문하는데 음료나 생맥주를 같이 고르라고 하면 손님 입장에선 'NO!'라고 말할 가능성이 높다.

'아니, 배가 고파서 식사를 하려는데 술까지 먹으라니?'

약간 짜증도 날 수 있는 상황이다. 식사를 하러 온 것이지 다른 건, 그러니까 음료수나 생맥주는 필요 없다고 여긴다. 차라리 물이나 한 컵 달라고 하면 그뿐이다. 가게도 좁으면서 음식이나 팔면 되지 음료수나 술까지 팔려고 하다니 가게 사장이 대단히 악착같이 돈을 번다고 여길 수도 있다.

그런데 음식을 주문하고 나서 그때의 나처럼 마음이 안정된 상황, 그러니까 음식이 나오기까지 기다리는 순간이 되면 생각이 살짝 달라질 수 있다. 음식은 이제 주문했으니 가게 안 풍경이 여기저기 눈에 들어오기 시작할 무렵이다. 테이블 위에 젓가락통에서 내가 사용할 젓가락도 꺼내두고 그 옆에 양념통을 보며 곧이어 내가 맛볼 음식이랑 곁들일만한 걸 찾게 되는데 바로 그때 생맥주 메뉴가 보인다면?

'아, 그래. 목도 칼칼한데 시원하게 생맥주랑 같이 먹을까?'

손님의 생각이 달라지는 순간이다.

가게 사장이 손님을 배려하는 마음까지 느껴지기도 한다. 메뉴판에 음식이랑 생맥주 가격을 적어두고 한 번에 주문하게 했다면 거부감을 가졌을 상황인데 음식메뉴랑 따로 떼어 양념통 옆에 생맥주 가격을 적어두다니? 게다가 대부분의 양념이 입 안을 자극하고 음식 맛을 강하게 해준다고 하면 생맥주로 중화시켜줄 수 있겠다는 생각을 갖게 되기도 한다.

'여긴 단순한 식당이 아니네? 가게 공간은 좁지만 곳곳에 아이디어가 넘치는 곳이야!'

우선 TV 위치가 눈에 들어왔다.

가게 안으로 들어서는 출입구랑 맞은편에, 고개를 들어야만 보일 정도로 높게 선반을 설치해서 그 위에 있었다. 좁은 가게 공간에서 활용도가 적은 천장 모서리를 TV 위치로 정한 아이디어였다. 가게 출입문 안쪽에 잡지랑 만화책이 놓인 점을 보면 나중에 온 손님들이 순서를 기다리는데 지루하지 않도록 신경 써서 배려한 점이었다. 세로로 좁은 가게 공간에서 주방과 손님 테이블, 손님이 기다리는 공간까지 없는 게 없는 상태였다.

'화장실이 어딨지?'

사실 조금 전부터 화장실을 가고 싶었지만 애써 참는 중이었다. 배가 고파서 식당을 찾을 때는 몰랐는데, 막상 식사를 기다리는 동안 마음도 진정되어서인지 화장실이 가고 싶었다. 아까 거리에서 식당을 찾을 때는 막연히 '가게 안에 화장실 있겠지'란 생각을 했는데 가게 안에 들어서는 순간 좁은 가게 안을 보고 화장실을 포기해버린 탓이다. 그래서 가게 사장에게 손님들이 화장실을 찾으면 뭐라고 하는지 물었다.

그러자 가게 사장이 내 등 뒤를 보며 TV 선반 아래쪽에 문 하나를 가리켰다.

내가 보기엔 주방으로 연결된 통로로 향하는 문으로 생각했는데 가게 사장이 알려주는 대로 거기가 화장실이었다.

세상에.

그 문 위에 아주 작게 화장실 그림까지 그려져 있었다.

눈여겨보지 않으면 거기가 화장실인지 아무도 모를 지경이었다. 게다가 가게에 온 손님들은 주방 쪽을 향해 앉은 상태이므로 식사 도중 누가 화장실을 가더라도 신경 쓸 필요가 없지 않은가?

그래서 식사를 마치고 가게를 나서며 배가 부르다는 포만감 외에 또 하나의 든든함을 갖게 된 건 우연이 아니었다. 내게도 나를 기다리는 가게가 생긴 덕분이었다. 나를 기다려주는 가게이기도 했다. 처음 보는 사이에서도 음식을 주문하고 먹고, 나중에 언제 또 오게 될지 기약 하지 않는 거리에 흔한 음식점이 아니라 내가 필요할 땐 언제든 다시 와서 식사를 할 수 있다는 신뢰를 갖게 된 가게를 말한다.

[자영업 마인드 수칙] ② "장사는 문 닫지 않는다."

"몸 아프면 쉬어야지, 그렇게 돈 벌어서 죽어서 싸가려고요?"

장사를 하는 사람들은 항상 어떤 돈을 번다. 누구의 돈이냐 하면 '그놈의 돈'이다. 장사하는 사람들은 '그놈의 돈' 때문에 가게를 연다고 한다. 맞는 말일까? 도대체 '그놈'은 어디에 있을까? 얼마나 돈이 많기에 장사하는 모든 사람들로부터 '그놈의 돈'을 벌기 위해 가게를 연다는 소리를 들을까?

우스개이지만 시사하는 바가 없지 않다.

'장사'는 '그놈의 돈' 때문에 항상 문을 열어야 하는 건 아니다. 때로는 문을 닫는 것도 아이템에 따라 전략이 될 수도 있다. 물론 대부분의 장사는 문을 닫는 대신 열어야 하지만 말이다.

장사는 가게를 시작하는 순간부터 '내 일'이 아니다.

'손님'의 스케줄에 맞춰야 하고, '손님'이 원하는 물건을 준비해야 한다. '손님'이 올 때를 기다려야 하고, '손님'이 필요한 건 가게에 없다면 근처 슈퍼에 가서 사오더라도 서비스해야 한다. '내가 가게를 시작'했지만 '손님을 위한 가게'가 되는 이유다.

그래서 '내 스케줄에 따라 문 닫는 가게'가 되면 안 된다.

손님의 스케줄에 따라 문 닫는 가게는 괜찮지만 '그 손님'이 언제 올지 모르기에 항상 문을 열어놓는 가게가 되어야 한다. 당신의 장사는 '손님'을 만나는 게 일이다.

가게는 좁고 테이블 살 돈도 없다

"스미다!"

교토에서 도쿄에 왔다는 스미다를 만난 건 다시 일본에 돌아온 지 일주일쯤 지난 후였다. 30대 중반의 이 일본인 남자의 이름은 '모리 준'이었다. 그런데 모리가 와세다 대학에 다니던 시절에 한국에 여행을 갔다가 한국 여대생에게 반해서 짝사랑을 한 후 한국어를 배우면서 오늘날 '스미다'로 불리게 된 계기가 되었다.

일본에서 비즈니스 건으로 나하고 만나게 된 후에 그동안 손을 놓고 있었던 한국어 공부를 다시 했다고 하는데 예나 그때나 여전히 한국어 대화를 할 때 '~스미다'라고 발음하기 때문이었다.

"먹었스미다. 반갑스미다. 알았스미다."

'모리 준'이란 일본 남자는 여전히 '스미다'였다.

그가 한국어를 배우기 시작한 지 벌써 10년 넘게 시간이 흘렀지만 모리는 여전히 '스미다'로 불리고 있었다. 나 외에도 한국에서 알게 된 대학생 시절 친구들에게도 이름보다 더 많이 불리는 애칭이라고 했다.

"여긴 테이블이 없어. 의자도 없지."

"응. 이게 콘셉트잖아? 술 마시기 아주 힘든 곳이지. 안 그래?"

스미다랑 내가 얼굴을 마주 보고 웃었다.

그 날은 우에노 JR역전 빌딩에서 만나서 아메요코 시장 쪽으로 가서 오랜만에 술 한 잔 하며 사업 이야기를 나누기로 한 날이었다. 오랜만에 만난 스미다는 여전히 같은 양복에 같은 구두를 신고 나왔다. 본인 이야기로는 너무 바빠서 양복 사러 갈 시간도 없고 구두 사러 갈 시간도 없어서라고 했다.

"이렇게 사람 많은 가게에서도 스미다는 단박에 알아챌 수 있어."

"어떻게?"

"밖에서 걷다가 가게 안을 살짝 보기만 해도 스미다의 구두랑 양복바지를 알 수 있거든."

"응?"

스미다가 웃는다.

나도 따라 웃었다. 한국인과 일본인이었지만 워낙 오랫동안 만난 친구 사이라서 굳이 말을 하지 않아도 눈빛만 보면 서로의 마음을 아는 사이이다. 스미다가 내 옆에 선 채 잔을 건배했다. 우리 앞에선 가게 주방장이 우리랑 마찬가지로 서서 요리를 하는 중이었다. 그러니까 여긴 주방장이나 손님이나 모두 서서, 스텐드빠 형태의 동그란 테이블 안에는 주방장이, 그 주위로 손님들이 늘어서서 술을 마시고 안주를 먹는 가게다.

"이런 가게는 누가 제일 처음 생각한 거야? 응?"

"글쎄. 아마 돈 없는 가게주인일 거야. 가게를 얻었는데 가진 돈은 다 썼고 테이블이랑 의자살 돈이 없던 거야. 종업원 채용할 돈도 없고. 그래서 '에라, 모르겠다!' 하고 서서 먹는 술집을 만든 거 아닐까?"

"콘셉트는 좋은 거 같아. 손님이 술을 서서 먹으니까 술이 취하질 않아. 안 그래? 그리고 술손님들은 대부분 1차, 2차, 3차를 가는데 이렇게 서서 먹는 술집은 1차 술손님도 좋고 3차 째인 술손님도 좋겠어."

스미다가 나를 쳐다보며 물었다. 이제 1차를 시작했는데 벌써부터 스미다 얼굴엔 취기가 올라오는 듯 보였다. 술이 약한 건 여전한 사람이었다.

"응? 그건 왜?"

"1차 술손님은 여기서 술 먹고 빨리 2차 갈 거니까 자리가 나서 좋고, 3차 술손님은 술 많이 먹고 왔을 테니까 술 취하는 속도가 느리면서 많이 먹을 거 아냐? 우리 예전에 서울에서 술 먹은 거 이거 안 나? 잠실 쪽에 파크텔에서 밤새도록 술 마시고 어울리다가 다음 날 행사일정 다 망친 거."

"으으."

스미다가 와락 웃음을 터뜨렸다.

대학생 시절 기억이었다. 스미다는 일본에서 온 국제행사 참가자였고 나는 한국에서 대학생 대표로 참가한 참가자였다. 행사 첫째 날, 공식 일정을 마친 각 나라 대학생들이 삼삼오오 어울려서 술자리를 가졌는데 그날 마침 일본대학생들과 한국인 대학생들이 어울려서 소주를 마시기 시작한 게 아닌가. 스마다도 그 날 과음을 하고 다음 날 공식 일정 내내 숙취에 고생했던 기억이었다.

"그게 벌써 몇 년 전인데?"

"10년도 넘었지."

"그러게. 그런데 대학 졸업 후에 이렇게 일하면서 또 사업으로 이어지고 있네? 세상은 참 우리 일이 앞으로 어떻게 될는지 아무도 모르는 거 같아."

"그래, 맞아. 지금 우리 앞에서 안주 만들어 주는 저 일본인 남자도 10년 후엔 뭘 하고 있을까? 여기서 계속 안주 만들진 않을 거 아냐?"

"우리처럼 이 술집에 와서 10년 전 이야기 하겠지."

스미다는 갑자기 나를 보며 말했다.

"아냐. 어쩌면 저 남자는 10년 후엔 이런 가게를 차릴지 몰라."

"이 가게를? 왜?"

"자기가 젊었을 때 경험을 쌓은 일이 이거니까. 경험이란 게 그렇게 소중하거든. 지금 저렇게 열심히 일해서 돈 모으고 10년 뒤엔 이 근처에 이런 가게를 여러 개 가진 사장님이 될지도 모르지."

"이런 가게? 조금 더 색다른 가게가 생기면 좋겠어. 이런 가게는 술 마실 땐 취해서 서 있기가 힘든지 모르긴 한데 집에 가면 다리가 아프거든."

"그래? 그럼 다른 어떤 가게?"

스미다를 보며 내가 말했다.

"일본엔 DVD방이 있잖아? 그 안에서 술 마시는 가게 어때? 혼자 DVD 보면서 술 마시게 해주는 거야. 아니면 담배를 파는 흡연 가게를 차리는데 그 안에서 술도 파는 거야. 담배 피러 온 사람들이 간단하게 술도 마시는 곳. 어때, 괜찮지?"

"오, 그거 좋네. 그럼 나도 아이디어 하나 있어. 이런 가게 말고 도로변에 복권 파는 데처럼 아주 작은 공간 하나 만들어 두고 술만 파는 거야. 그럼 사람들이 와서 술을 시켜. 그리고 술을 받으면 도로변 아무 데나 앉아서 마시는 거야. 근데 술 들고 너무 멀리 가거나 하면 안 되고 딱 그 근처에서만. 가로등 아래나 뭐 그런 데서 거리에 서서 마시는 거야. 어때?"

스미다는 도로변에서 술 마시기를 말하는 듯했다.

국내에서 편의점에서 술을 사서 그 앞에 파라솔 의자에 앉아 마시는 것 같은 느낌 아닐까? 아니면 술만 가게에서 산 후에 공원에 가서 벤치나 도로변 계단에 앉아 쭈그리고 앉아서 마시는 술이기도 했다. 그런 가게가 있다면 가게세를 안 내도 되고 장사하는 사람에게 이점이 있는 건 분명했다.

근데 안타깝게도 그런 가게가 있다. 스미다가 생각하기 전에 이미 실천에 옮긴 사람들이다.

"스미다, 근데 그런 가게가 홍콩에 있어."

"홍콩에?"

"응. 란콰이펑에 가면 밤 10시부터인가 차량 통행금지가 되거든. 근데 그거랑 상관없이 도로변에 술 가게가 하나 있고 사람들이 거기서 술을 사서 거리에서 그냥 마셔."

"그건 거리에서 마시는 거 아냐?"

"아냐. 거기서 술을 파는 가게에서 가로등 사이에 널빤지 같은 나무판처럼 생긴 좁은 간이 테이블을 가로등 사이에 설치해두고 거기서 술잔 놓고 대화하며 술 마시게 하거든."

"대박."

"나도 처음엔 이게 뭔가 그랬는데 그 거리가 차가 안 다니면 그 시간대엔 통행로도 아니고 근처 카페나 술집 손님들만 오는 데거든. 가게들이 안에 공간이 적으니까 손님들 와도 보내진 않고 술만 팔아서 거리에서 마시게 하는 거야. 나름대로 운치 있고 낭만 있더라. 여기 일본 가게는 서서 먹는 데잖아? 거기도 같은 덴데 여기 일본 가게는 가게 안에서만, 홍콩 거긴 도로변에서도 마신다는 게 다른 점이지."

"그럼 홍콩은 거기 란콰이펑에서만 그래?"

"아니, 침사추이 쪽에 해안가 가게에서도 술만 팔고 사람들이 근처 계단이나 바닷가 바라보면서 마실 수 있도록 해둔 데가 있어. 또 다른 덴 동그란 원형 경기장처럼 생긴 곳에 사람들 모이게 해두고 술만 팔아서 사람들이 술잔 들고 마치 클럽처럼 어울리면서 노는 곳도 있어."

스미다는 놀란 눈치였다.

그날 내게 지나가듯 슬쩍 말했던 아이디어는 스미다가 하려던 가게이었을 수 있다. 그런데 이미 홍콩에선 자신의 아이디어를 그대로 구현해낸 가게들이 장사를 하고 있다고 하니 겉으로 드러내진 않았지만 속으로는 적잖이 당황한 모양이었다.

스미다가 이야기하는 가게는 술을 팔고 안주를 파는 곳이지만 테이블이 없는 가게였다. 일본이나 홍콩처럼 땅값이 비싼 곳에서 볼 수 있는 형태이기도 했다. 스미다가 처음 생각한 가게는 더더욱 아니었다. 나는 그날 저녁엔 스미다의 다른 아이디어는 들을 수 없었다. 스미다가 떠올린 사업 아이템이었던 셈이었다.

*

고층 빌라에 사는 어떤 사람이 창밖을 내다보며 멋진 한강 변과 한강 다리들을 가리켜 자기 거라고 한다. 자기 집에 오는 손님들에겐 항상 해주는 말이 "저거 다 내 거야. 너 갖고 싶어? 너 다 가져!"다.

중국에 당대 최고의 부자가 돈을 엄청 많이 모아서 무엇을 할까? 생각하다가 당시 중국에서 가장 큰 정원을 짓기로 했다. 공사 기간만 몇십 년이 걸릴지 모르는 이 사업을 시작한 부자는 결국 살아생전에 그의 정원이 완성되는 걸 보지 못하고 죽고 말았다.

지금 그 정원은 중국 상하이 인근 지역에 실제 존재하는데 99%를 완성해두고 죽은 중국부자 대신 중국 정부가 그의 부정축재 재산임을 알고 압수해서 나머지 1%를 완성한 후에 중국인들과 관광객들에게 관광지로 공개해버렸다. 이 정원은 입구에서 모든 길을 다 걸어 보고 나오는 데만 1시간 넘게 걸리는 커다란 곳이다.

"장사할 건데 내가 하려는 아이템 파는 가게를 어디에 얻을까요?"

장사를 하려면 가게부터 생각하는 사람들이 있다.

하지만 의외로 세상의 모든 장사는 가게가 필요한 장사가 있고 가게가 필요 없는 장사도 있다. 누구나 생각하기를 술집의 경우에도 반드시 가게 안에 테이블에 앉아서 마셔야만 하는 곳이 아니다. 술을 파는 가게이긴 하지만 손님이 공원이나 어느 주택가 옥상에 있어도 개의치 않는 가게들이 많다.

어떤 아이템을 파느냐가 중요하지, 어디에서 가게를 얻어서 파느냐가 중요하지 않은 시대다. 오프라인 가게보다 온라인에 만든 가게가 더 잘되는 세상 아닌가? 장사를 하려는데 상품도 넉넉히 준비하고 그거 쌓아둘 창고도 필요하고, 손님들에게 팔 가게도 필요하다고 생각하다 보면 장사 시작하기도 전에 지치는 낙담하는 일이 생긴다. 욕심은 커지는데 가진 자금은 부족해서다.

그런 때일수록 장사를 하려고 마음먹었더라도 가게가 반드시 필요한지 생각해 보자. '가게는 이런 게 가게지!'라고 단정 짓지 말고 '온갖 불편함과 부족한 조건에서 가능한 가게의 모습'을 떠올리자. 문제는 '돈을 벌 가게 만들기'이지 '가게가 안 되는 조건 만들기'가 아니다.

어쩌면 당신의 가게는 온라인에 만들어야 더 좋을 수 있고, 물건을 팔되 가게가 없어야 더 좋을 수도 있다. 당신의 물건을 사가는 손님들이 그 물건을 사용하는 장소가 어딘지 생각해보자. 당신이 생각하는 '당연히 그런 가게'가 필요한 건 아니다. 작은 아이디어가 당신의 사업을 기존의 것과 전혀 다른, 완전히 새로운 장사로 만들어 줄 수 있다.

[자영업 마인드 수칙] ③ "물건을 팔되 손님이 원하는 곳에서 쓰게 하라."

물건을 팔았다면 그 물건은 당신의 물건이 아니다.

생각해보자. 음식점에서 파는 물건은 음식이다. 당신은 손님에게 음식을 파는 순간 그 음식은 당신 게 아니다. 그런데 손님이 그 음식을 먹을 장소까지 당신이 제공할 필요가 있을까? 당신은 그러면 그 음식을 판 게 아니라 음식과 장소까지 함께 판 셈이다. 당신의 가게는 음식가게 아니라 음식이랑 장소를 제공해주는 임대사업까지 하는 가게다.

작은 생각의 차이가 큰 이익을 만든다.

음식만 파는 음식가게를 '배달전문점'이라고 부른다.

음식과 장소임대를 해주는 가게를 '식당'이라고 부른다. 커피랑 장소 임대를 해주는 가게는 '커피점'이다. 커피만 파는 가게면 '테이크아웃'이라고 부른다. 정육점에서는 고기만 판다. 그래서 고기를 먹을 장소는 팔지 않는다. 수산시장에 가면 해산물만 파는 가게가 있고, 그 해산물을 조리해서 먹을 장소만 파는 가게가 있다. 사람들은 이미 상품가게랑 장소임대 가게랑 구분한 지 오래다.

손님은 자기가 필요한 물건을 당신에게 주문하고, 당신은 그 물건을 손님에게 가져다주기만 하면 된다. 배달료도 손님이 낸다. 손님은 그 물건을 받아서 자기가 원하는 곳에서 사용한다.

당신의 고정 관념을 깨야 한다.

남들이 기존에 하던 방식으로는 제대로 성공할 수 있는 방법이 없다. 기존에 남의 방식대로 장사를 하려고 하니까 힘들다, 안 된다, 경기가 안 좋다고 하는 실망 섞인 소리가 나온다. 남들이 해도 성공하기 어려운 길은 굳이 따라가려고 하지 말아야 한다.

거리에 있는 가게에서만 물건 사는 세상이 아니다.

백화점 물건은 고급이고 마트 물건은 저급이라고 생각하는 세상도 아니다. 인터넷에서 가상의 상점에서 물건을 주문하는 세상이다. 세상이 바뀌었는데 굳이 필요 없는 가게를 돈 낭비해서 얻을 필요는 없다.

당신의 아이템은 당신만의 가게에서 팔자.

거기가 실제 가게이든 아니면 온라인쇼핑몰이던, 또는 누구나 공유하던 공간이든 상관없다. 당신의 물건을 파는 그 장소가 당신의 가게다.

쇼핑이 좋아서 밥 먹는 시간도 아까운 손님

일본에 다녀간 경험이 있는 사람이라면 시부야, 신쥬쿠, 우에노, 아카사카, 요코하마, 오다이바 등처럼 관광 명소(?)로 소문난 곳을 마치 '인증샷' 만들려는 사람들처럼 답사하는 경우를 이야기한다. 남들이 간다하니 자기도 가야하는데 누가 거기에 반드시 가라고한 것도 아님에도 불구하고 인파에 떠밀리며 거리 구경을 하던 기억들을 말한다.

가령 이런 경우다.

일본의 영패션을 보려면 시부야에 들러 시부야109 쇼핑몰에 가야만 한다든가, 시부야역 앞에 '하치코' 동상 앞에 서서 기념사진을 찍어야 한다는 이야기를 한다. 평소에 자기를 사랑해준 주인을 못 잊어 주인이 죽은 후에도 항상 주인을 맞이하던 시부야역 앞에 나와 10년을 기다리던 강아지 '하치코' 이야기를 기억하며 찍는 사진이다.

밤에는 신쥬쿠 가부키쵸에 들러 일본의 밤문화를 구경하고 신쥬쿠 옆 앞에 동키호테에 들러 값싸고 품질 좋은 상품을 쇼핑해야 된다는 이야기를 나눈다. 요코하마에 들러 시파라다이스를 구경하거나 오다이바에 들러 쇼핑을 해야 한다는 등의 이야기가 끊이지 않는다. 일본에 여행을 다녀온 사람들이 후기를 올려둔 블로그엔 매번 똑같은 장소, 똑같은 사진들이 나타나게 되는 이유다.

그런데 하라쥬쿠에 가면 사람들이 즐겨 이용하면서도 여행후기에 잘 등장하지 않는 소문난 가게가 있다. 크레페CREPE 가게다. 하라쥬쿠 다케시타 토오리 중간쯤에 자리 잡은 이 가게는 사실 노점이라고 부를 정도로 그 크기가 협소한데, 제대로 된 테이블이나 의자는 고사하고 비가 내릴 땐 가게 앞 골목에 서서 비를 맞아야 하는 상황도 감내해야 한다. 도대체 왜 이 가게가 사람들에게 인기일까?

"힘들지?"

다케시타 토오리 골목을 다니며 사진기 셔터를 연신 눌러대다가 카메라 앵글에 들어온 김유진가명의 얼굴을 보며 말했다. 일본 화보 촬영차 출장을 왔다는 그녀가 하루는 시내 구경을 시켜달라는 연락을 해서 동행한 날이었다. 출퇴근 시간대엔 일본 지하철에도 엄청나게 많은 사람들이 몰리는 탓에 비교적 사람이 적은 시간대를 골라서 나서기로 한 날이다. 김유진이 머무는 이케부쿠로 지역 내에 호텔 앞에서 아침 10시에 만나서 하라쥬쿠에 왔을 때는 아침 11시가 조금 지난 무렵이었다.

김유진의 얼굴을 보니 힘든 기색이 역력했다. 하이힐 때문이었다.

하루 전 전화를 걸어 와서 다음 날은 시내 구경을 하겠다며 즐거워하는 그녀에게 제발 하이힐은 신지 말라고 그렇게 신신당부를 했건만 끝내 괜찮다고 말하며 하이힐은 여자의 자존심이라고 웃어넘기던 상황과 딴판이었다.

김유진에게도 미리 얘기를 했지만 일본에 여행 온 여자들에게 하이힐은 금물이었다. 도쿄가 국제도시이고 시내 곳곳이 지하철로 촘촘히 연결되어 걷기에 편하다고 하지만 시내 구경을 다니다 보면 한두 시간 내에 끝나는 것도 아니고 의외로 지하철 사이사이 걸어야 할 길들이 많아서 그렇다. 한두 시간 걷다보면 어느새 여자들이 하이힐을 신고 나온 걸 후회하며 얼굴표정이 난감해지는 상황을 목격하게 되는 일이다. 업무차 출장을 와서 잠깐 짬이 생기는 행운의 여행 타임을 갖게 되는 경우엔 자칫 방심하기 쉬운 부분이다. 예쁜 여행 기념사진을 남기려는 여자들의 계획이 하이힐 때문에 피곤에 찌들게 된 얼굴만 가득한 사진으로 만들어지는 것도 한순간이다.

"우리에겐 당糖이 필요해! 당 떨어지는 소리가 여기까지 들린다. 어서 와. 이 중에 골라봐."

김유진을 데리고 크레페 가게 앞에 섰다.

아침 이른 시간대라서 그런지 다케시타 골목에도 사람들 수가 별로 많지 않다고 생각했는데 크레페 가게 앞에도 사람들 수가 많지 않아서 오래 동안 줄을 설 필요는 없었다. 주말이나 공휴일 같았으면 최소 10분 정도는 기다렸어야 되는 상황이 많았다. 김유진은 골목 안에서 온통 옷가게랑 액세서리만 보다가 갑자기 눈앞에 나타난 크레페를 보더니 기분이 좋아진 모양이었다. 크레페 메뉴를 번호표로 구분해서 만들어둔 모형 앞에 서서 뭘 먹을지 즐거운 표정을 지었다.

"저는 55번이요."

김유진은 딸기시럽이 들어간 크레페를 주문하고 나는 초코시럽이 얹힌 크레페를 주문했다. 주문하는 방식은 간단했다. 일본어를 모르는 외국인이라고 해도 어려울 건 없었다. 가게 앞에 세워둔 크레페 메뉴 모형 앞에서 마음에 드는 크레페 번호를 고른 후 가게로 가서 번호를 말하며 돈을 내고 기다리면 된다. 그러면 자신의 눈앞에서 가게 직원들이 크레페 만드는 모습을 구경하며 순식간에 완성된 크레페를 받아들게 된다.

"우리 이거 어디에서 먹어요?"

크레페를 받아든 김유진이 나를 보며 말했다.

"어디긴? 길에서 먹지. 여기 테이블 없어. 주위에 봐. 사람들 다 길에서 서서 먹잖아."

사실이었다. 크레페 가게에선 자기가 먹을 메뉴를 고르고 돈을 낸 후에 완성된 크레페를 받아들면 그게 끝이다. 어디에서 먹을지는 자기가 알아서 선택해야 한다. 김유진의 표정을 보니 그래도 좋은 듯 했다. 방금 전까진 하이힐이 주는 발바닥의 고통에서 헤매며 짜증 폭발 일보직전까지 갔던 여자의 얼굴이 순식간에 행복한 여자의 얼굴로 돌아온 상태였다.

김유진을 데리고 크레페 가게 옆 골목 안쪽으로 들어갔다.

주택가 골목인데 조금만 더 들어가면 단독주택들과 공터가 나오고 작은 놀이터가 있는 계단이 있다는 걸 알고 있었다. 일본에 몇 번 와보지 않은 사람들은 하라쥬쿠에 오면 다케시타 골목에 와서 크레페를 받아들고 걸어 다니며 먹는 게 고작인데 비해 나름 꽤 편안한 장소인 셈이다. 이날 김유진의 모습에서도 느낀 점이지만 하라쥬쿠 다케시타 골목 안에 크레페 가게를 만든 건 신의 한 수였다.

이런 이유에서다.

좁은 골목에서 꽉 찬 사람들과 함께 걷다보면 피곤해지는 게 당연한데 스트레스로 인한 불편함 때문이다.

세계 각지에서 온 사람들과 원하지 않게 부딪히고 이런저런 이야기가 들리다 보면 우리 몸이 낯선 반응에 대한 거부감으로 피곤한 상태가 된다. 이럴 때 필요한 게 당분이 된다. 크레페가 사람들 눈에 쏙 들어오는 이유다.

또 다른 이유는 쇼핑이다.

다케시타 토오리 골목에 즐비한 옷가게랑 액세서리가게들을 다니며 구경하다 보면 어떤 스타일이 내게 어울릴지, 안 어울리는지, 가격이 싼지 비싼지 생각하느라 온정신이 팔린다.

생각을 많이 하다 보면 우리 몸은 다시 '일을 많이 했다'고 여기게 되면서 에너지 보충을 생각하게 되는데 '뭔가 달달한 것'을 찾게 된다.

크레페 가게에서 골목에 다니는 사람들의 눈에 잘 띄는 곳에 걸어둔 메뉴판이 눈에 쏙 들어오는 이유다. 옷가게가 즐비한 골목에 크레페가 가게가 들어선 이유다.

"하나 더 먹을래?"

크레페 하나를 거의 다 먹은 김유진에게 물었다. 그러자 고개를 젓는다. 하나 더 먹고는 싶은데 이것도 양이 많아서 배가 너무 부르다는 얘기가 나왔다. 한 개 가격이 500엔에서 600엔이 기본이고 조금 더 비싼 크레페도 있는데 한 끼 식사대용으로도 충분하다는 뜻이었다. 다케시타 골목에 자리 잡은 피자가게나 커피점, 우동집이나 스파게티 가게보다도 객단가손님 1인당 기대매출가 높다는 의미다.

피자가게나 스파게티 가게처럼 건물에 입점한 가게들은 임대료, 제세공과금, 직원 급여, 재료비 등의 비용을 감안하여 매출액 대비 수익을 계산하게 되는데 크레페 가게의 경우엔 점포 임대료와 일부 전기료 등의 제세공과금 외에 추가 비용이 들어갈 곳이 없다. 테이블도 없고 서빙을 해야할 직원도 없으므로 상대적으로 비용지출 규모가 작아서 매출액 대비 이익 비율이 크다.

"너무 맛있긴 한데 하나 더 먹으라면 못 먹겠어요."

김유진이 손에 남은 크레페 조각을 마저 먹고 나서 나를 보며 말했다. 든든한 식사를 마친 표정이기도 했다. 그런데 너무 피곤한 탓일까? 하이힐을 신고 오래 걸어 다닌 김유진의 발바닥은 피곤이 채 가시진 않은 상태였다. 조금 더 앉아 있기로 했다. 계단에 앉은 상태로 주위를 둘러보던 김유진이 나를 불렀다.

"이거 하나 남았어요."

김유진은 크레페를 담았던 원뿔 모양의 종이를 내게 흔들어 보였다.

맞다. 크레페는 음식물 찌꺼기도 남지 않는 게 장점이었다. 재활용 종이는 분리수거하면 그뿐이었다. 메뉴 한 개의 가격은 일반 음식점 1인 식사 메뉴 가격과 비슷한 수준인데 비해서 쓰레기 걱정도 없는 완벽한 아이템이기도 했다.

크레페 가게 안을 다시 둘러봤다.

좁은 공간 안에 3명의 직원이 일하고 있었다.

한 명은 크레페 빵을 만들고 다른 한 명은 생크림과 과일을 담으며 다른 한 명은 과자와 크레페 포장을 해서 손님에게 건네는 게 전부였다. 일이 바쁠 땐 3명이 각자 맡은 일에 집중하느라 눈 코 뜰 새 없어 보였는데 손님이 조금 적은 시간대엔 혼자서도 충분히 일을 할 수 있을 것처럼 보였다.

크레페 가게의 관건은 크레페 빵을 굽는 과정이었기 때문이다.

손님들이 몰려들면서 주문하는 메뉴가 여러 가지였지만 그건 크레페 빵 안에 담는 재료의 차이만 있을 뿐이었고 크레페 빵은 똑같은 크기의 한 가지 종류여서다. 가만히 지켜보면 크레페 빵을 굽는 사람이 최고참 직원인 게 보였다. 사람들이 씹을 때 식감이 일정해야 하고 과일과 과자, 생크림 등을 넣었을 때도 모양을 유지해야 하기 때문에 숙달되지 않은 사람이 빵을 구울 순 없어보였다.

크레페 가게의 매출은 재료의 사용량에 비례해서 다르겠지만 가게 사장이 자리에 없는 걸로 봐서는 가게 매출을 확인할 수 있는 무언가 장치가 있는 게 분명했다. 그게 뭘까? 크레페 빵의 개수가 분명했다.

"우아, 이거 맛있는데 하루에 얼마나 돈을 벌까요?"

김유진이 입맛을 다시더니 아쉬운 듯 크레페를 쌌던 종이를 접어 근처 휴지통에 넣고 나서 내게 다가왔다.

생크림과 과일, 과자가 잔뜩 들어간 크기 덕분에 여자의 한 손에 담기도 버거울 정도로 많아 보였지만 어느새 그걸 순식간에 먹어버린 게 놀랍던 모양이었다.

"하루 매출은 크레페 빵 개수로 알 수 있겠지."

"빵 개수로요?"

"응. 생각해 봐. 생크림이나 과일, 과자는 이 가게 크레페 메뉴 별로 사용되는 양이 달라서 그거 갖고 매출을 계산하기란 어려워. 크레페 한 개에 몇 개 식으로 고정된 수량이 있으면 그걸로 하루 매출을 계산할 텐데 그렇지 않은 게 문제지. 그러면 결국 크레페 한 개를 만들 때 사용하는 어떤 재료를 기준으로 매출을 계산해야 하는데 그게 빵이 있잖아? 여기 가만히 보면 크레페 종류는 많은 것 같아도 사용되는 크기의 빵은 한 가지인 걸 알게 돼."

"빵이요? 근데 아까 보니까 직원들이 빵을 새로 만들어서 크레페로 담아주던데요? 기존에 만들어진 빵을 데워서 사용하는 게 아니고요."

김유진은 그사이 가게 안을 눈여겨본 모양이었다. 이래서 직업은 속일 수 없는 걸까? 일본 출장에서 김유진이 맡은 일은 디저트 시장조사라고 했다. 사실 김유진은 한국에 레스토랑 제과점 업체에서 디저트 개발 담당자로 근무 중이었다.

"크레페 빵은 피자 도우(Dough : 밀가루 반죽)랑 비슷한 거야."

"반죽요?"

"응. 피자를 만들 때는 250g, 350g 밀가루 반죽을 사용하거든. 작은 건 미디엄 피자, 큰 건 라지 피자에 사용해. 피자가게에는 도우 반죽을 미리 만들어서 냉장고에 보관해두는데 나중에 피자 만들 때를 위해서 발효시키는 과정이기도 하고 손님에게 주문을 받을 때 되도록 빨리 피자를 만들기 위해서거든."

"크레페 가게 안엔 냉장고도 들어갈 자리가 없던데요? 그리고 크레페 빵은 덩어리를 반죽해서 만들지 않고 부침개처럼 넓게 고르게 펴서 만들었어요."

"크레페만 기다리는 줄 알았더니 그사이 과정을 다 봤구나? 대단한데? 그런데 크레페 빵은 피자처럼 도우반죽으로 준비해두진 않지만 그렇다고 해서 하루 사용량을 모르는 건 아냐. 왜냐하면 밀가루 반죽을 만들어 둘 때 사용하는 양이 있어서야. 하루에 밀가루 양을 얼마나 썼구나로 알 수 있지."

"양으로요? 하루에 팔린 개수 그러니까 손님이 낸 돈으로 아는 건 아니고요?"

"돈으로만 계산하자면 오차도 생기고 착오가 있을 경우 전체 매출이 맞지 않아서 곤란하게 돼. 그래서 밀가루 양으로 계산하는 게 정확하지. 자세히 보면 여기 직원들 중에 크레페 빵만 만드는 직원이 보일 거야. 최고참 직원이겠지. 크레페 빵 한 개에 어느 정도의 밀가루 양을 써야하는지 아는 사람, 그래서 어느 크레페나 똑같은 맛을 내는 빵을 만들 수 있는 사람이야."

예를 들어 크레페 빵 한 개에 밀가루반죽 100g이 사용된다고 하면 크레페 빵을 만드는 사람은 주문이 있을 때마다 정확하게 100g의 밀가루반죽으로 빵을 즉석에서 만들어내는 사람이기도 했다. 그래서 하루에 사용된 밀가루반죽 양을 계산하면 그날 매출이 얼마인지 알 수 있는 방법이다.

피자가게에서 쓰는 매출 계산 방법이기도 했다.

피자는 사이즈에 따라, 토핑 재료에 따라 가격이 다른데 비해서 피자빵을 만드는 도우는 딱 두 가지다. 미디엄 사이즈와 라지 사이즈인데 피자가게에선 그날 미디엄 사이즈 몇 개, 라지 사이즈 몇 개가 팔렸는지 계산해서 전체 매출을 파악하게 된다.

피자 위에 토핑되는 토마토소스, 페페로니, 체다치즈, 불고기, 파인애플, 피망 등의 재료는 각 피자 종류별로 일정한 사용량이 정해져 있어서 나중에 계산하기 어려운 점은 없다. 미디엄 사이즈 피자와 라지 사이즈 피자에 맞게 그람 수 별로 사용량을 정해두고 있는데 전체적으로 평균을 내면 결국 미디엄 사이즈와 라지 사이즈 빵 개수의 평균 가격에 맞아떨어진다.

피자가게에서 매출을 계산할 때 도우반죽 개수를 사용하면 가게 사장이 가게를 지키고 있지 않아도 나중에 영업을 마무리할 때 가게에 남은 도우 반죽 수를 세어보면 그 날 매출이 계산되는 식과 같다. 크레페 가게에서도 밀가루 반죽 양을 계산하면 그 날 매출이 나오게 되는 이유다.

크레페 가게 안에서 한 명의 직원으로도 크레페를 만들어낼 수 있는 방법도 간단하다. 한 명의 직원이 앞에서 손님에게 주문을 받고 뒤로 돌아서 크레페 반죽으로 빵을 구운 후 팔을 뻗어 생크림과 과일을 넣고 과자까지 넣은 후 돌돌 말아 포장지로 싸서 손님에게 건낼 수 있었다. 직원의 행동반경이 좁은 가게 안에서도 충분히 이뤄지면서 주문과 생산이 즉석에서 이뤄질 수 있는 구조였다.

밀려드는 손님들이 주문하는 대로 크레페를 만들어 내주는 직원들을 가게 앞에서 잠자코 쳐다보던 김유진이 이제 발 아픈 게 나은 듯 내 팔을 잡아끌며 말했다.

"크레페 감싸는 저 종이 개수만으로도 하루 매출이 얼만지 나오겠어요. 생크림이나 과일, 과자 재료는 메뉴별로 다르지만 전체 평균을 내면 한 개에 들어가는 양이 일정할 거고요, 밀가루 반죽은 사용하고 남은 양을 계산하기 번거롭잖아요? 나 같으면 포장지 개수로 매출 계산하겠네요."

하라쥬쿠 다케시타 토오르 골목을 지나 다시 지하철역 쪽으로 걸어가는 김유진의 뒷모습이 이따금 기우뚱하는 듯 했다. 그날따라 유난히 높은 언덕하이힐 High Hill에 선 여자였던 것만은 아니지만 말이다. 김유진의 뒷모습을 보며 얼마 전 서울에서 가졌던 미팅 기억이 났다.

일본에서 돌아와 한국에서도 가게를 준비하던 시기였다. 대학에서 패션을 전공하고 얼마 전에 쇼핑몰을 열었다는 김유진의 연락을 받았다. 나로서도 준비하던 사업과 연관도 있고 해서 미팅을 가졌던 날이었다. 오프라인 가게를 열 것인지, 온라인쇼핑몰을 열 것인지 고민한다는 얘기를 듣고 만난 기억이다.

"이제 압구정동 로데오거리나 이대 보세골목은 죽었어. 그나마 홍대 주차장 골목 쪽으로 보세가게들이 살아남았는데 거기도 옷이 많이 팔리진 않고 팔리는 옷만 팔리잖아?"

김유진은 당시 나이 25세, 서울에 소재한 대학에서 의류 관련 전공을 했다.

얼마 전까지 부전공으로 경영학을 배운 후 가을학기가 되어 대학을 졸업하고 패션 회사만 30여 곳 넘게 이력서를 내고 다녔는데 취업 대신 창업이라며 쇼핑몰을 하거나 로드샵을 내겠다고 알아본다는 중이었다.

"인터넷쇼핑몰은 어때? 알아봤어?"

김유진에게 물었다.

"인터넷쇼핑몰 만들려고 찾아봤더니 200M 정도는 무료로 쇼핑몰 만들 수 있게 해주는 곳이 있긴 한데 제품사진 올리다가 용량 늘어나면 돈 더 내야하고, 무료 쇼핑몰이라고 하지만 나중에 호스팅 비용이다 촬영 비용이다 사무실 공유 비용이다 해서 돈 써야만 하는 데가 대부분이에요."

"많이 알아봤네? 언제 그렇게 했어? 대단하다. 부지런하네."

"부지런만 하면 뭐해요. 돈도 없는데요."

"이제 그럼 뭐 할 거야?"

"쇼핑몰 만들기도 더 공부하고, 내가 팔고 싶은 디자인 옷도 찾아 봐야죠. 없으면 내가 만들 건데 바느질이 꼼꼼하지 않으니까 걱정도 되고, 할 일은 태산인 거 같은데 어디서부터 해야 할지 모르겠어요."

유진의 고민을 들으면서도 딱히 해줄 수 있는 해결책이 없었다. 유진이 쇼핑몰을 하다가 사이트를 개발한다고 할 때 나서서 조금 도와줄 수 있을 뿐이라고 여겼다. 유진의 연락을 처음 받은 건 그날로부터 3일 전, 그러니까 지난주 금요일 저녁이었다.

「지금도 고민 중이에요. 로드샵은 무리인 거 같고, 쇼핑몰을 하긴 해야겠는데 어디서부터 뭘 해야 할지 모르겠어요.」

유진은 금요일 이후로 다음 날인 토요일, 주일에도 간간이 메시지를 보내왔다. 그동안 남모르게 유진이 가졌던 고민들을 하나둘 알게 된 시기였다. 가장 큰 고민은 역시 취업, 대학교를 다니면서 어쩔 수 없이 학자금 대출을 받아야 했던 유진은 '졸업하고 직장 다니면서 갚지, 뭐'라고 생각하며 '나는 잘 될 거야!'라는 막연한 기대감이 있었다고 했다.

막상 졸업을 앞두고 대기업을 위주로 관심 분야 기업을 찾아 해당 직종에 입사지원을 냈는데 면접 보러 오라는 곳이 한 곳도 없었을 때도 '그래, 급한 취업은 선배들에게 주고 나는 졸업하고 나서 취업하지, 뭐'라는 생각이었다고 했다.

그런데 졸업을 하고 나서도 원하는 기업에 취업이 안 되자 점점 불안해진 유진은 차라리 중소기업에 가서 그 회사를 대기업으로 키우는 인재가 되자고 생각하기도 했다. 유진은 자기를 몰라보는 대기업 인사담당자들을 향한 원만감도 가졌다. 유진을 채용한 중소기업을 대기업으로 키워서 '이것 보란 듯'이 당당하게 그 회사(유진을 몰라보고 채용하지 않았던 회사들)를 인수한 후에 인사담당자를 찾아내서 '해고하겠다'는 계획을 세웠던 일도 있다고 했다.

그런데 정작 중소기업도 유진을 기다리며 얼른 오라는 곳은 없었는데, 이력서를 내고 면접을 보러 다닌 끝에 입사하게 된 모 회사는 유진의 전공 분야나 적성과 전혀 무관한 일을 시킬 뿐이었다고 했다.

'이런 일을 해보는 것도 다 경험이고 내 실력이 될 거야!'

유진은 중소기업에 다니며 처음 해보는 일일지라도 나중에 성공했을 때 후배들에게 가르쳐줄 수 있는 경험으로 여기고 최선을 다했는데 어느 날 갑자기 회사에서 나오는 일이 생겼다고 했다. 누구보다도 열심히 일한 유진이었지만 그건 유진의 잘못이 아니었다. 중소기업의 대표가 회사 경영이 어려워지자 그만 부도를 내고만 일이었다.

"제가 거기 다니면서 월급을 제대로 받은 것도 아니었어요."

"응? 월급을 안 줘?"

"아뇨. 주긴 주는데 금액이 적어요. 제가 학교 졸업한 지 얼마 안 되었고 회사에선 저한테 이익이 나지 않으니까 당분간은 교통비만 받고 다니면서 일을 배우라고 했거든요. 그러면서 나중에 일도 숙달이 되고 이익이 나서 회사에 도움 된다 싶으면 그때부터 제대로 월급을 챙겨준다고 했어요. 근데 이해해요. 저는 학생 신분에서 벗어난 지 얼마 지나지 않았는데 회사에 돈을 벌어다 줄 일이 뭐가 있겠어요? 그냥 그러려니 하고 이해하기로 했었죠. 그나마 다행인 건 디자이너가 될 수 있는 길이 있다는 건데요 그 회사는 제 사이즈를 보는 것도 아니고 나름 괜찮았어요."

"사이즈라고?"

"네. 왜 있잖아요, 요즘 패션계 회사들은 디자이너 뽑을 때도 남자나 여자나 체형

보고 뽑아요. 키 몇, 허리 몇, 몸무게 몇 그러면서 면접 볼 때는 그 회사 브랜드 옷도 입어 봐야 하고요, 회사 이미지에 맞아야만 디자이너로 채용되고 일할 수 있거든요."

디자이너를 채용하면서 '용모단정' 기준을 내세운다는 회사들 이야기였다.

디자이너 지원자들은 개인의 능력이 용모 순이냐며 반감을 갖기도 했고, 사회적으로도 개인의 꿈을 담보로 비합리적인 채용을 하는 거라며 인권위에 민원을 제기하겠다는 목소리도 있었다.

그런데 회사 입장에서는 나름 항변하는 주장도 나왔다.

회사의 디자이너는 브랜드 이미지에 맞게 디자인하고 고객을 만나기도 하며 백화점 담당자들이랑 회의를 하거나, 국내외 시장조사를 가더라도 브랜드를 대표해서 가는 사람들인데 어쩔 수 없이 패션브랜드 이미지에 맞는 사람을 채용할 수밖에 없다는 볼멘소리였다.

디자이너 파트만 브랜드 이미지에 맞는 사람을 채용하려는 것이고 경영지원 파트나 다른 부서 직원들은 용모를 보는 것도 아니라고 했다. 디자이너 지원자 입장이나 회사 입장에서도 나름 속사정을 근거로 항변하는 이야기들이 있었다.

하지만 급여 문제는 다른 이야기였다.

젊은 직원들의 꿈을 담보로 일을 부려먹는다는 인식이 강했다. 회사 입장에서도 별다른 항변을 할 수 없는 부분이었다. 직원을 채용해놓고 야근시키고 주말 근무를 시키면서도 '일을 가르쳐주는 입장이고 이익이 없다'는 식의 주장은 억지였다. 만약 견습생 신분으로 채용한 사람들이라면 진짜 바쁠 때만 정해진 시간만큼 오라고 해서 곁에서 일하는 걸 보라고 하면 될 뿐이었다.

"어쨌든 모든 게 제 마음대로 되는 건 아니더라고요."

얼마 후 문제가 생겼다. 하루아침에 유진이 다니던 회사가 사라졌다.

결국 유진은 세상일이란 게 내 마음대로 되는 게 아니란 걸 알게 되고 이럴 바에야 또 다른 회사에 들어가서 시간을 허비하느니 취업 대신 창업을 해보자고 선택한 일이었다. 인터넷쇼핑몰을 만들어서 전공도 살릴 겸 옷을 만들어 팔자는 계획이었다.

"선배님 저는 골목 창업으로 처음부터 거리에 가게를 열기보다는 우선 집에서 인터넷으로 쇼핑몰을 하고 싶어요. 그러다가 잘 되면 오프라인 가게도 내고 처음엔 작은 가게부터 시작해서 돈도 벌고 그러면 규모도 늘려서 저만의 패션브랜드를 하고 싶어요."

유진의 이야기를 들으며 예전에 만났던 프로모션회사(의류브랜드 회사에게 디자인을 기획해서 제안하고 그 회사로부터 해당 디자인을 주문받아 국내외에서 생산하여 납품하는 회사)의 어느 사장이 기억났다.

패션계에 발을 들인 그 사장도 다른 사람들처럼 다르지 않았다.

처음엔 창고나 물류부터 시작을 했고 의류마케팅으로 옮기면서 할인점, 마트, 백화점 등에서 유통을 하게 되었는데, 그러다가 의류브랜드 거래처에 아는 사람도 생기고 발도 넓어지면서 OEM하청 업체를 차렸다고 했다. 그 당시 사장의 꿈은 평생 남의 옷만 만들어 줄 수는 없고 언젠가 자기 브랜드를 만들어서 멋지게 사업하고 싶다는 꿈을 갖고 있었다.

"인터넷쇼핑몰 해서 돈 벌려면 어떻게 해야 해요?"

유진이 내게 물었다.

"우리나라 패션 경기가 어떻게 해서 나빠졌는지 아니?"

"네?"

유진이 내게 다시 물었다. 무조건 성공하는 노하우를 찾는 유진에게 뭔가 다른 방식의 설명이 필요했다.

"인터넷쇼핑몰을 하려면 오프라인 가게를 운영하는 방법에서 시작해야 해. 장사라는 게 온라인하고 오프라인이 다른 게 아니거든. 현실 세계와 가상의 세계라는 점이 다르긴 하지만 장사라는 원칙적인 부분은 변하지 않지. 돈을 주고받는 방법이 다른 것뿐이지 돈이 오고 간다는 과정이 사라진 건 아니거든. 맞지?"

"아, 네."

다행이었다. 유진은 내 이야기에 귀를 기울이는 상황이었다.

"인터넷쇼핑몰과 골목 창업 모두 해당되는 이야기를 해줄게. 유진도 온라인 가게를 먼저 시작하지만 나중엔 오프라인에 가게를 열 생각이니까, 응?"

"네."

유진이 고개를 끄덕였다. 내가 다시 이야기를 시작했다.

"우선 사업기획이야. 어떤 물건을 팔 것인가 고민해야지. 그러려면 오프라인 시장이 어떤 상황이고 온라인은 어떻게 하면 될 것인가 전략을 세워야 하는데, 그 이유는 사업이란 것도 하나의 게임과 같아서 그 바다에서 돌아가는 게임의 법칙을 알아야 하고, 그 게임을 누가 제일 잘하는지, 가령 누가 1등이고 어떤 고수들이 있는지 알아야 해. 그들을 이길 방법을 궁리해서 나만의 노하우로 삼아야 하는 거거든."

"아, 네."

유진의 목소리가 조금 기운이 빠진 듯했다.

무엇이든 좋은 아이템으로 싸게만 팔면 돈을 벌 거라는 생각을 한 모양이었다. 의외로 이야기가 조금 깊게 들어가는 것 같아서 갑자기 자기도 해야 할 일이 많을 수 있다는 걸 깨달은 듯했다.

"동대문시장은 초창기엔 세계 각지에서 물건을 사러 오는 바이어들로 넘쳤어. 다양한 디자인이 많았거든. A도 살고, B도 살고, C도 살아갈 수 있는 구조였어. 그런데 동대문시장에 큰손들이 등장하면서 중국 사람들이 좋아하는 디자인이 많이 팔린다고 하더니 중국 쪽으로 팔 디자인만 만들어냈어. 그럼 어떻게 됐을까? 일본이나 인도네시아, 유럽이나 미국 측 손님들은 살 옷이 없어졌겠지? 그래서 그들이 동대문시장에 안 오고 중국이나 일본으로 발걸음을 돌렸어. 장사란 게 그런 걸 보면 상당히 간단한 거야. 손님들이 찾을 물건을 만들어 팔면 되는 거거든."

"아."

"어쨌든 동대문 상인들은 일단 돈이 된다고 해서 다른 나라 바이어는 신경 안 쓰고 중국 쪽에만 디자인을 맞췄는데 나중엔 중국 손님들도 동대문에 안 오기 시작한 거야."

"네? 그건 왜요? 중국 쪽 사람들이 좋아하는 디자인이 많은데 오히려 더 자주 와서 사야 하는 거 아니에요?"

"그렇지 않았지. 중국 사람들은 동대문 상인들이 앞다퉈가며 자기들에게 디자인을 보여주고 거래 제안을 하니까 슬슬 편하게 장사하려고 한 거야. 중국에 있을 테니 한국 업체가 중국 사무실로 샘플 들고 들어 와라고도 하고, 한국 업체들끼리 가격 경쟁 붙여서 무조건 싸게만 만들려고 했어."

"세상에."

"거기서 끝이 아니었지. 한국 업체들에겐 주문량을 점점 줄였어. 1,000장 만들던 거 100장으로 줄이기도 하고 다시 50장으로도 줄였어."

"네? 그건 왜죠? 한국 업체들이 샘플 들고 중국까지 들어가서 주문받고 그랬는데 편하게 장사하면서 절약하는 비용만큼 더 생산해야 되는 거 아니었어요?"

"그건 한국인들 생각이었지. 중국인으로서는 어떻게 하든 한국에서 만드는 것보다 중국 현지에서 생산하는 게 저렴했어. 중국 상인들이 필요한 건 한국의 디자인 감각이었을 뿐이고 생산실력이야 중국에서도 한국을 따라잡은 상황이었거든."

"그러면요? 한국에 소량 주문하고 중국에서 대량 생산해서 판 거예요? 우아! 진짜 나빴어!"

유진이 내 이야기를 받아 적다가 화가 난 모양이었다. 갑자기 소리치며 고개를 들었다.

"그래서 중국인들은 결과적으로 한국엔?"

"샘플 주문."

"그러다 잘 되면? 중국에서?"

"대량 생산."

나는 유진을 보며 고개를 끄덕여줬다. 내가 질문을 하면 유진이 대답하는 식이었다.

유진은 나를 보며 마치 자기 스스로도 한심한 듯, 마치 유진 자신이 중국 업체에게 디자인만 빼앗기는 수모를 당하면서도 일을 계속 할 수밖에 없는 신세가 된 것처럼 황당한 표정을 지었다.

"그럼 지금은요? 나라에서도 동대문을 살리겠다면서 봉제인력도 양성하고 그러잖아요?"

"응, 그건 필요한 부분이긴 한데 궁극적인 해결책은 아닌 것 같아. 우리나라에 디자이너들하고 옷가게 하는 사람들 다수는 중국 현지로 들어간 상태거든. 동대문에서 장사하다가 중국 사람들에게 당하는 거 같으니까 돈 들고 중국으로 들어가 버렸어. 이왕 할 거 중국 현지에서 승부 걸겠다 이거였어."

"잘하고 있나요?"

처음엔 잘하는 듯했지. 하지만 단가 면이나 유통이나 세금이나 여러 가지 면에서 경쟁은 힘들어. 주류는 중국 상인들이 가져가고 한국 업체들은 양념 정도 역할만 하겠지. "

"세상에. 진짜 세상엔 쉬운 일이 한 개도 없어. 못하는 사람은 죽는 거네요, 그렇죠?"

유진을 보며 말했다.

"자, 그럼 온라인쇼핑몰 이야기로 돌아와서, 아이템 기획은 어떻게 하면 좋을까? 유진이 하려는 패션쇼핑몰의 경우는?"

"나만의 색깔을 갖고 조금씩이라도 꾸준히 하는 게 좋겠어요. 단박에 몇억씩 번다는 거 허황된 거니까 꿈도 꾸지 말고 내 색깔을 담을 수 있도록 천천히 열심히 해야죠."

유진이 잠시 생각하더니 말했다.

"근데 요즘 뉴스나 이런 데 보면 1년에 수억 원, 수십억 원씩 번다는 사람들은 뭐예요?"

"그 사람들이 방송에 나와서 보여주는 통장을 보면 입금된 돈들이 어마어마하지? 그런데 그걸 보고 사람들이 현혹당하는 건데, 생각해보면 금방 알아. 그건 물건값이 입금되는 통장이고 거기서 실제 수익은 10% 정도밖에 안 되거든. 물건값을 보여주면 안 되고 세금이란 원가랑 경비랑 다 빼고 실제 수익을 보여줘야 하는 데 그게 정확한 수입이니까."

"아, 알았어요. 그러면 1년에 10억 원을 번다고 해도 실제 수입은 1년에 1,000만 원 정도인 거네요?"

유진에게 고개를 끄덕여줬다.

"그런데 마케팅은 어떻게 해야 돼요? 물건도 준비하고 쇼핑몰도 만들었는데 거기까진 어렵지 않아도 누구나 하는데 결국엔 마케팅이 안 된다고 하면서 포기하는 사람들이 많아요."

"마케팅이 중요하지. 이 생각을 해볼까? 어떤 가게가 있어. 거기에 오는 손님들은 가게를 알고 올까? 아니면 지나가다가 발견하고 올까?"

"지나가다가 보고 오기도 하고요, 누군가 소개해주거나 아니면 인터넷 찾아보고 오기도 할 것 같아요. 제 경우가 그래요. 맞나요?"

유진이 내 표정을 살피며 말했다.

나를 처음 만났을 때는 '빨리 인터넷쇼핑몰로 돈 버는 방법을 내놓으라던 유진'의 모습보다 많이 조심스러워진 상태였다. 내 이야기를 들을수록 섣불리 경솔하게 사업을 시작하면 안 되겠다고 생각하는 모양이었다.

"인터넷쇼핑몰도 똑같아. 가게를 차린다고 사람들이 알아서 와주는 건 아니지. 홍보를 해야 해. 그럼 어떻게 해야 많은 사람들에게 알리고 내 가게에 오게 할 수 있을까?"

"키워드 광고?"

유진이 말했다.

"그건 필수 광고가 되겠지? 하지만 돈이 문제잖아? 그러면?"

"제 친구들이나 주위에 쇼핑몰 하는 사람들 보면 블로그도 만들고 트위터, 페이스북 만들어서 홍보하고 주문받아서 장사하던데요? 키워드 광고보다 SNS 만들어서 인맥 만들어서 파는 게 더 잘 팔린다던데요. 어때요? 맞나요?"

유진도 나름 열심히 찾아보고 준비한 게 분명했다. 내가 다시 말했다.

"맞아. 그것도 좋은 방법이야. 패션사업 초창기엔 인터넷 시대가 아닐 때는 백화점이 '갑'이었지. 백화점으로 사람들이 몰렸거든. 그래서 업체들은 자기 물건을 백화점에 입점 시키려고 노력을 엄청 했어. 하지만 지금은 상황이 바뀌었지? 백화점 매출은 명품 세일 위주로 돌아가고 어지간한 브랜드 옷 아니면 사람들이 백화점엘 가지 않아. 소비 패턴 자체가 변화가 새긴 거야."

"맞아요. 저도 그렇고 친구들도 백화점에서 쇼핑하는 경우는 거의 없어요. 차라리 내가 믿을 만한 블로그 운영자가 파는 아이템이라든가 해외직구로 사거든요. 우리나라엔 입을 만한 옷들이 없어서요. 값도 싸고요."

유진이 내 눈치를 보며 조심스럽게 말했다.

자기도 해외직구 한다면서 국내에 쇼핑몰 사업을 하겠다는 건 무슨 소리냐는 핀잔을 들을까 봐 걱정이라도 된 걸까? 내가 말했다.

"백화점에서 물건을 사던 사람들이 하나둘 쇼핑몰로 옮겨오기 시작했는데 백화점에서 파는 게 브랜드이고 쇼핑몰에서 파는 건 값도 싸고 그게 무슨 옷이냐고 핀잔하던 사람들이었거든. 그런 사람들인데 어쩌다가 쇼핑몰에서 파는 옷들을 봤는데 백화점 옷이나 별반 차이가 없던 거야, 어떻게 하겠어? 겉으론 백화점 가서 산다고 해도 실제론 쇼핑몰에서 사는 사람들이 생겼지."

"맞아요, 맞아! 우리 엄마도 백화점에서 안 사고 쇼핑몰에서 산다니까요."

유진이 웃으며 말했다. 어느 날 자기 방에 온 엄마가 쇼핑몰에서 주문해보라고 말해준 게 기억난 모양이었다.

"그래서 쇼핑몰 매출이 팍 뜨면서 덩달아 온라인 키워드 광고도 비용이 높아졌어. 처음엔 광고를 안 해도 인터넷에서 자기 옷 찾아서 잘 사던 사람들이었는데 온라인에 쇼핑몰이 몰리면서 단가가 막 내려가니까."

"10원이라도 싸게 파는 곳 찾게 되고요."

"가격 검색도 하게 되고?"

"비슷한 옷 골라서 장바구니에 담아두고 또 다른 쇼핑몰도 찾아보고요."

"신용카드로 주문했다고 하더라도 나중에 더 싼 옷 찾았으면 앞서 샀던 거 일주일 안 지났으면 다시 주문 취소하고 새로 찾은 옷 사야지? 브랜드라거나 비슷한 옷이 국내 쇼핑몰에 없으면 해외직구라고 하려고 해외쇼핑몰들 중에서 찾아야지? 그러다가 국내 쇼핑몰엔 어차피 잘 된다하면 마구 몰리는 습성 때문에 비슷한 옷들뿐이니까 차라리 해외쇼핑몰에서 찾아보는데 훨씬 싸고 예쁘고 다양한 옷들이 많은 거야, 맞지?"

"어쩜! 제가 쇼핑하는 거 옆에서 보셨어요? 어떻게 그렇게 다 아세요?"

유진이 웃으며 물어봤다. 내가 다시 말했다.

“근데 이런 것쯤은 나 말고도 쇼핑몰 사업자들이 다 알아. 그럼 어떻게 될까? 유진이 해외쇼핑몰에서 샀다고 생각하던 그 옷이 어쩌면?”

“한국 사람이 해외에 쇼핑몰 만들어서 팔던 옷이다? 세상에!”

전혀 불가능한 이야기가 아니었다. 실제로 해외 직수입 브랜드만 취급하는 쇼핑몰이 인기를 얻는 시기엔 국내 업자들이 이탈리아나 영구, 프랑스 등지에 상표를 출원해두고 그 나라에서 상표출원서를 증거로 쇼핑몰 입점 신청을 하면 받아주는 경우가 있었다.

해외 직수입 쇼핑몰에서 파는 물건인데, 상표는 외국 현지에 출원된 게 사실이라고 해도 상표의 주인은 한국인이었으며 물건 생산지는 중국이나 아시아 국가 중의 한 곳인 경우가 대부분이었다. 해당 상표를 그 나라에 출원만 했다 뿐이지 주인도 그렇고 매출이 발생하는 지역은 국내였던 셈이다. 소비자는 ‘헛똑똑’이었고 국내 판매자는 추가경비만 더 들여서 더 많이 팔뿐이었다.

“그러면 차라리 국내에 오픈마켓에서 사는 게 낫겠어요. 사람들이 많이 사는 인기 상품 위주로 사면 되겠죠? 파워판매자들이 파는 걸로요? 그럼 품질이나 디자인도 믿을만하겠죠?”

유진이 내게 물었다. 내가 대답했다.

“그건 쇼핑몰의 알고리즘 무제인데, 오픈마켓에선 수만 명이나 되는 판매자들의 물건을 잘 팔리는 순서대로 직원들이 일일이 앞으로 노출시켜 줄 수가 없어. 그래서 어떤 알고리즘 그러니까 문법을 설정해두게 되는데 ‘주문을 많이 받아서 실제 팔린 제품이 앞으로 노출되게’ 하는 식이야. 누가 샀는진 중요하지 않지.”

“네? 그건 어떤?”

“유진이 오픈마켓에서 장사하는 판매자라고 해볼까? 물건을 올렸는데 검색도 안 되고 너무 뒤 페이지에 검색되는 바람에 소비자들이 볼 수도 없고 팔리지도 않아. 그런데 많이 팔린 물건은 앞으로 빼주는 시스템이란 걸 알게 되었어. 어떻게 할래?”

“글쎄요. 흠. 더 열심히 홍보해서 사람들에게 인정받는다?”

착한 유진이었다.

"그렇게만 하면 좋지. 그런데 세상은 유진처럼 사람들이 착하기만 한 게 아니라서. 전략을 쓰거든. 자기 물건 자기가 되사서 매출을 올려 주는 편법을 써. 그러면 물건은 많이 팔리니까 앞으로 노출되고 그 사람은 오픈마켓 수수료 빼주고도 어차피 물건은 자기 손에 있으니까 깨끗한 상태로 다시 팔면 되겠지?"

"뭐예요? 그럼? 광고비로 생각하고 오픈마켓에서 자기 물건 자기가 사는 식으로 하는 거예요? 세상에. 그건 좀 그렇지 않아요?"

유진에게 말해줬다.

"하나씩 바뀌어 가겠지. 사람들의 욕심이 허황된 거라는 걸 알게 되고 정정당당히 장사를 해도 얼마든지 잘 살 수 있다는 걸 깨닫기까진 시간이 좀 걸리겠지?"

유진은 어안이 벙벙한 모양이었다. 다시 나를 쳐다보며 말했다.

"선배님에게 물어보기 전에 나도 쇼핑몰 쪽 일하는 친구들에게 조사를 했어요. 선배님 말씀을 안 듣겠다는 게 아니라 뭘 알아야 질문도 하니까 그래서 그런 건데요, 패션 전공하고 쇼핑몰에 취업한 친구들이 많아요. 기업체 취직보다 차라리 자기 사업하겠다는 친구들인데 일 배울 겸해서 취업한 거거든요. 그런데 걔들이 그러는 거예요. 쇼핑몰에서 파는 옷들이 다 해외에서 파는 옷들 브랜드 디자인 카피해서 한국에서 싸게 만들어서 판대요. 드라마나 방송에서 나온 옷을 하루 만에 카피해서 팔기도 하고요. 심지어 쇼핑몰 옷을 드라마에 협찬해주는 곳도 많데요. 쇼핑몰만의 어떤 디자인 그런거 없고 콘셉트나 방향성 가치관 그런 것도 전혀 없데요. 학교에서 교수들님이 가르쳐준 브랜드의 역사라든가 히스토리 그런 건 아예 꿈도 꾸지 말라더라고요."

유진을 보며 말해줬다.

"하루아침에 바뀌진 않을 거야. 그래서 요즘 해외직구하는 소비자들이 늘어나는 건데 사람들이 진짜 필요로 하는 게 뭔지, 소비자들이 원하는 게 무엇인지 알게 되면 그런 쇼핑몰들도 사라질 거야. 그리고 사라질 수밖에 없지. 장사가 안 되는데 버틸 수 없지 않겠어? 걱정하지 마. 그리고 유진이 진짜 원하는 가치관대로 밀어붙이다 보면 언젠가 사람들이 알아주는 날이 올 거야. 사람들에게 인정받자고 사업하는 거 아니잖아? 미지의 꿈을 위해서 하루하루를 걷다보면 어느 순간 유진이 원하던 그 길을 걷고 있는 걸 보게 될 거야. 화이팅!"

[자영업 마인드 수칙] ④ "특화상권에서 틈새를 찾는다."

구경거리가 많은 장소에선 식당하기가 어렵다.

가게 상인들을 위한 도시락가게이거나 쇼핑을 마친 이들이 들를 수 있는 쇼핑몰 주변 음식점이 대부분이다. 그 이유는 밥을 굶더라도 구경하고 보자는 사람들이 많아서다. 동대문쇼핑몰 지역에 가는 사람들이 밥을 먹으러 가는 게 아니라 옷을 구경하고 쇼핑하러 가는 이유랑 같다. 쇼핑을 하다가 지친 사람들이 커피점에 들르고 식당엘 들러 밥을 사먹고 커피를 마신다. 동대문쇼핑몰 지역에 커피점이나 식당이 극소수인 이유다.

그래서 밥부터 먹고 구경하자는 얘기는 관광지에서나 가능하다

시내에서 각종 가게가 넘치는 도로라면 쇼핑하느라 밥을 굶는 사람들이 태반이다. 그래서 이럴 땐 쇼핑하라고 하면서 바쁜 그들에게 손은 뭐하냐고 생각하게 해야 한다. 눈은 바쁘지만 손은 한가하지 않느냐며 그들이 손에 들 수 있는 먹거리를 팔아야 한다.

쇼핑을 즐기는 그들이 빨리 먹고, 심지어 손에 갖고 다니며 먹을 수 있는 메뉴여야 한다. 그들의 쇼핑 시간을 뺐지 않고서도 얼마든지 식사를 팔 수 있는 방법이다. 쇼핑타운에서 식당을 하는데 생각만큼 손님이 들지 않아 걱정인가? 손님들에게 들고다닐 수 있는 메뉴를 팔아보자. 당신 가게 앞에 손님들이 줄을 서는 모습을 보게 된다.

삼각김밥은 왜 항상 빨리 다 팔리지?

편의점 최대 히트상품은 삼각김밥이다.

간식을 즐기는 사람들 사이에선 삼각김밥 한 개만으로도 밥 한 공기의 열량을 얻는다며 식사대용으로도 먹는데 주로 중고생들이 컵라면과 삼각김밥 한 개를 섭취하는 일이 많으며 그 내용물에 따라 불고기 삼각김밥, 오징어불고기 삼각김밥, 김치 삼각김밥 등으로 나뉜다.

그런데 사실상 김밥은 새로운 아이템이 아니다.

길거리에 허다한 분식집에서 파는 상품이 김밥이고 가정집에서도 김이랑 재료만 준비해서 즐기는 게 김밥이다. 김밥의 맛은 간이 제대로 벤 쌀밥이라고 하는 사람들도 있지만 찰진 밥에 간장을 찍어 즐기는 김밥도 있는 것처럼 어떤 특정한 김밥에 정해진 규칙은 없는 게 맞다.

어찌 보면 김밥은 누구나 만들 수 있고 각자 만드는 재료에 따라 수만 가지 종류로 만들 수 있는 것에 지나지 않는다. 그래서 한 개에 1500원짜리 김밥도 있고 참치를 넣어 한 개에 3000원짜리 김밥도 있을 수 있다.

사람들이 김밥을 떠올릴 때는 '소풍'을 간다거나 '운동회'를 생각하는 이유도 야외에서 간편하게 즐길 수 있는 식사라는 이미지에서다. 진짜 평범한 김밥이다. 그래서 김밥 전문점이 없어도 전혀 이상하지 않다고 여기는 사람들이다.

"이게 뭐야?"

도쿄에서 일을 보던 중 오후 4시가 지날 무렵이었다.

그날도 점심식사는 했지만 왠지 출출하고 시장기를 느껴 동료에게 간식 좀 하자고 했더니 삼각김밥을 사오겠다고 다녀와서 책상 위에 포장지를 펼쳤는데 그 안에서 등장한 것들을 보고 꺼낸 이야기다.

"한국엔 없어요? 이거 삼각김밥인데."

간식을 하자는 얘기에 기분 좋은 표정으로 밖에 다녀온 야마바시가 내 얼굴을 보며 걱정스럽게 되물었다. 누가 그걸 몰라서 하는 소리인가? 내가 놀란 건 다른 이유였다. 삼각김밥의 종류가 너무 많아서였다. 게다가 내가 잘 못 먹는 명태알 삼각김밥도 있었으니 말이다.

"한국에도 삼각김밥 있어. 근데 주로 편의점에서만 팔지."

"아, 있죠? 어휴, 다행이다. 그런데 한국에선 편의점에서만 팔아요?"

일본과 한국의 차이점이었다.

한국에선 편의점 히트 상품으로 유명한 삼각김밥이었지만 일본에선 어엿한 단독 매장을 갖고 있는 삼각김밥이었다. 야마바시는 명태알 삼각김밥을 들더니 양 볼이 씰룩거릴 정도로 우걱우걱 거리며 먹기 시작했다. 나는 돈가스 삼각김밥을 들었다.

"이 근처에도 삼각김밥 가게 있나보네? 나는 지나다니면서도 못 봤는데, 어디 있데?"

"아, 우리 회사 나가면 고가도로 쪽으로 한 블록만 걸어가서 우회전하면 빌당 사이에 있어요. 1층에요."

"그래? 나도 이따가 숙소 갈 때 조금 더 사가야겠어. 잘 됐네."

일을 마치고 야마바시가 알려준 가게를 찾아 나섰다. 모처럼 숙소에 가서 삼각김밥을 즐길 생각을 하니 하루 일과로 지친 상태였긴 했지만 마음은 가벼웠다. 시원한 콜라에 맛있는 삼각김밥을 먹을 생각을 하면서 기분마저 유쾌해졌다.

"여긴가?"

삼각김밥 가게를 찾기란 어렵지 않았다. 도로변 커다란 건물 사이에 앙증맞게 자리 잡은 간판 그리고 간판 크기에 비해서 그 아래 문을 연 가게가 나타났다. 간판은 검을 현玄 한자를 동그라미 안에 넣어 상호를 표시했는데 그 디자인을 보더라도 '김밥'을 의미하는 것이라 생각되었다.

앞으로 다가설수록 가게 구조가 눈에 들어왔다.

간판 크기에 비해 다소 작은 편인 가게는 간판에 눌린 게 아닌가 싶을 정도였다. 가게에 비해 간판을 크게 만든 이유는 멀리서라도 보고 찾아오게 만들고 싶은 의도로 보이긴 했지만 어쩐지 다소 비대칭적으로 보였다. 간판 그림자에 가게가 가릴 지경이었다.

가게 안 공간은 예상보다도 더 작은 정도였다.

좁은 공간을 둘로 나눠 앞에 도로쪽 공간에 진열대와 계산대를 뒀고, 안쪽 공간은 김밥을 만드는 주방으로 삼았다. 가게 분위기를 지켜보니 노인 부부와 함께 아들로 보이는 남자가 영업을 하는 듯 했다. 아버지가 주방에서 삼각김밥을 만들고 어머니는 잔심부름을 도우며 아들이 손님들에게 삼각김밥을 파는 모습이었다.

오늘의 도시락

삼각김밥 속재료를 요일별로 특화해서 매일매일 색다른 맛을 볼 수 있는 도시락을 판매하는 게 특징이었다. 삼각김밥이라고 해서 모두 똑같은 맛이 아니었다. 가게 한쪽엔 작은 냉장고를 두어 삼각김밥을 찾는 손님들에게 팔 차茶를 보관해두었다. 오뎅세트 550엔, 김밥세트 350엔 정도의 가격으로 일반적인 도시락보다는 조금 저렴한 가격이었다.

그런데 삼각김밥 가게를 보면서 눈에 들어오는 아이디어는 가게 위치와 간판의 크기였다.

우선 누가 보더라도 이 자리는 그닥 좋은 편이 아니었다는 점이다. 높은 빌딩 사이에 위치한 작은 가게는 길 건너 편에서 찾기가 어려운 점은 고사하고 지나다니는 사람들에게도 눈에 띄기 어려운 위치였다. 서너 발자국이면 지나가버릴 뿐이었다.

'아! 그래서구나!'

가게 공간에 비해 지나치게 간판이 큰 이유를 생각해보다가 그제야 가게 사장의 의도를 알아낼 수 있었다. 조금 뒤로 물러선 위치에서 가게를 바라볼 때였다. 간판의 크기와 방향 그리고 간판 색상을 회색 바탕에 검은 글씨로 정해둔 이유가 이해되었다.

생각해보자면, 이 삼각김밥 가게는 가게 앞을 오가는 사람들을 대상으로 영업하는데 중점을 둔 곳이 아니었다. 좌우로 지나다니는 사람들에게 선보이는 그 흔한 간판 하나도 없었다. 무슨 메뉴는 얼마, 어떤 메뉴는 얼마 식으로 적어둔 입간판이 없었다. 최소한 이 가게는 오가는 행인들에게 잘 보이기(?)위한 영업은 하지 않는다는 걸 알 수 있다.

그렇다면 간판의 디자인과 방향이다.

간판은 위로 약간 상향식 경사면을 두어 최대한 크게 만들었다. 간판의 높이랑 옆 건물의 1층 높이가 비슷한 이유는 간판의 높이 제한 때문일 텐데 무엇보다도 이 간판은 크기가 중요한 게 아니라 방향이 중요했다. 간판의 방향이 가게 바로 앞 고가도로를 오가는 자동차들에게 잘 띄도록 하기 위함이었다.

간판에 그려진 글자와 그 주위를 둘러싼 모양을 자세히 보면 동그라미 안에 들어간 한자 현玄가 아니라 삼각김밥 안에 들어간 재료 모양이기도 했다. 동그라미처럼 보일 수 잇지만 자세히 보면 삼각김밥의 삼각형 모양인 걸 알게 된다. 심지어 한쪽 경사면에 마치 붓글씨의 먹이 부족한 흰 부분처럼 표시한 곳은 간판 아래 진열된 삼각김밥에 햇볕이 들어올 때 반짝이는 것을 나타낸 표현이지 않은가?

'간판이 이렇게 되어 있어서 가게 앞을 지나다니는 사람들에겐 눈에 잘 띄지 않았던 거야.'

간판의 색상도 눈에 들어왔다.

옆 건물에 외관 색상과 그 사이에 들어간 그림자를 볼 때였다. 삼각김밥 가게의 간판은 바탕색을 바로 옆 건물들의 외벽 색과 비슷하게 회색으로 만들면서 건물의 일부처럼 효과를 주었고 건물 정문에 생긴 그림자처럼 사각김밥 간판 로고 디자인을 검정색으로 만들어둔 의도가 돋보였다.

삼각김밥 가게를 정면에서 바라볼 때 왼쪽 가게의 간판을 보니 검정 바탕에 흰 글씨로 만든 모양이 삼각김밥 가게 간판의 세로 면 색상과 흡사하게 보였다. 간판의 정면은 건물 외관처럼, 간판의 옆면은 가게 앞을 오가는 사람들을 대상으로 하는 최소한의 홍보용으로 사용됨을 알 수 있다.

주위 건물을 찾아오는 회사원들, 가게 앞 고가도로를 오가는 자동차에 탄 사람들을 위해 만든 간판이었다. 길 건너 빌딩에서 맞은편 사각김밥 가게를 보고 가게 바로 앞 육교를 건너 올 수 있도록 만든 간판이기도 했다. 그게 바로 이 가게의 간판이 크게 그리고 상향식 구도를 가진 이유였다. 간판이 상향식 구도로 약간 튀어나오면서 옆에서 보면 마치 삼각김밥의 모양을 갖게 된 점도 장점이 되었다.

전화번호를 간판에 큰 글씨로 넣은 이유는 주문을 받기 위해서였다.

아닌 게 아니라 가게 안에 카운터에 보니 어디론가 배달될 삼각김밥 도시락이 놓여잇는 게 보였다. 이 가게는 주방과 진열대가 좁다는 입지여건상 단점을 커다란 간판과 배달

주문에 집중하면서 장점으로 바꾼 곳이었다.

[자영업 마인드 수칙] ⑤ "좋은 아이템인데 왕래고객이 없어서 아는 사람이 없다면."

간판으로 승부하고 시선을 끌어라! 사람은 멀리 있더라도 시선은 어디든 올 수 있다!

발걸음을 멈추게 할 수 없다면 시선을 멈추게 해야 한다. 사람들의 발은 그들의 눈을 따라오게 된다.

예를 들어, 삼각김밥이 인기이고, 청소년들에게 끼니, 직장인에게 간식이 된다. 그렇다면 삼각김밥은 누구나 다 아는 상품이란 말과 같은데 이 경우 어떻게 해야 할까? 사람들이 먹고 싶은 삼각김밥을 사려면 반드시 편의점에만 가야 한다면?

마침 우리 동네에 편의점이 없다면? 이처럼 장사 아이디어는 사람들이 불편하게 생각하는 부분을 해결해주면서 시작된다.

옆 가게가 마음에 안 들어

밤나무에서 떨어지면 약도 없다는 이야기가 있다.

밤나무에 주렁주렁 열린 밤을 따려고 올라가는 건 좋은데 거기서 떨어지면 나무 아래에 무수히 뒹굴던 밤 가시에 찔리게 되니 그걸 치료하는 덴 약이 없다는 의미다. 밤나무에 열린 밤을 가진 욕심에 함부로 밤나무에 올라가지 말라는 의미로도 사용된다.

그래서일까? 유난히 밤톨을 좋아하는 사람들이 있다. 특히 껍질을 벗겨낸 알밤을 보면 반드시 먹어야만 직성이 풀리는 사람들도 있다. 따가운 밤 가시를 발로 밟아 벗겨내고 그 안에 고동색 딱딱한 밤껍질까지 벗겨내야만 드러나는 하얀 밤알이 매력적이어서라기보다는 몇 차례 고생을 해야만 먹을 수 있는 밤알이기 때문으로 생각된다.

그런데 밤나무를 떠올린 장소가 하필이면 가방 가게 앞이라니?

일전에 아키타를 만나서 시간을 같이 보낸 곳 '우에노'에 오면 항상 떠올리는 밤에 얽힌 이야기다. 이 글을 쓰는 시점보다도 훨씬 오래전 기억인데 아직도 잊히지 않는 걸 보면 군밤과 가방 가게의 공존 전략이 아키타뿐만 아니라 내게 있어서도 강렬했던 모양이다.

"어? 저곳에 왜 군밤 가게랑 가방 가게가 같이 있지?"

나리타공항에 바이어를 데려다주고 온다며 우에노 역 앞에서 만나기로 약속한 아키타가 횡단보도 앞에 서서 맞은편 가게를 보고 말했다. 아키타는 한국에도 몇 차례 다녀간 경험이 있는 무역회사 직원이다. 주로 유럽과 미국 측 바이어를 대상으로 한국의 회사와 중계무역하여 중국에서 의류를 생산, 수출하는 일을 했다.

"군밤이랑 가방이랑 잘 어울리잖아? 그래서 시너지 효과도 있고 내가 보기엔 나쁘지 않은데?"

"잘 어울린다고?"

"응."

우에노역 앞에 나오면 횡단보도 바로 길 건너에 군밤 가게랑 가방 가게가 공존하는 현장을 볼 수 있다. 대부분의 사람들은 별다른 의미를 두지 않고 지나치지만 패션 일을 하는 내겐 첫 만남부터 강렬했던 기억이 있다. 아키타를 만나기 훨씬 전부터 나름 봐오던 장면이다. 아키타가 내 이야기가 믿기지 않는다며 되물었다.

"외형적으로도 생밤은 밤껍질 안에 있잖아? 밤껍질이랑 가방이란 부분이 서로 의미가 연결되는 부분이기도 하지. 밤껍질과 가방이 그렇다는 얘기야. 근데 저건 군밤 가게라서 밤껍질은 없는데 어떤 생각이 들어?"

"군밤에겐 밤껍질이 필요해? 뭐 이런 거?"

아키타가 여전히 궁금한 얼굴로 내게 말했다. 순간 아키타의 순진한 발상에 웃음이 터질뻔 했지만 가까스로 참을 수 있었다. 아키타의 생각이 전혀 생뚱맞은 건 아니었다.

"저기 두 가게는 겉으로만 보자면 별문제가 없어. 횡단보도에 마주 보이는 도로 한 면을 가방가게가 모두 차지한 것 같긴 하지만 바로 한 옆에 군밤 가게가 있다는 건 가방 가게로서도 나쁜 게 아냐."

"어째서?"

아키타는 여전히 모르겠다는 표정이었다.

아키타랑 이야기를 나누는 동안 신호등이 두어 번 바뀌었다. 하지만 아키타와 나는 건너갈 생각을 하지 않았다. 군밤 가게랑 가방 가게의 전략에 대해 이야기하는 곳은 그 자리가 최고였다. 우에노역 바로 앞 횡단보도다.

*

그날 내가 아키타에게 해준 이야기는 크게 두 가지였다. 하나는 밤 가게와 가방 가게의 연관성이고 또 하나는 장소적 이점에 대한 것이었다.

밤 가게와 가방 가게의 연관성은 이른바 '후각' 마케팅에 대한 내용이었다.

가방 가게 앞을 지나다니는 사람들이 군밤 가게에서 생기는 향긋한 밤 냄새를 맡고 가게 앞에 서게 되는데 바로 옆 가방 가게도 구경하게 된다는 효과를 말한다. 가방 가게에 온 사람은 생각하고 생각해서 모처럼 가방을 사러 오지만 군밤 가게에 온 사람은 지나가다 군밤을 사게 된다는 차이점이었다.

군밤은 언제라도 먹고 싶으면 살 수 있지만 가방은 생각날 때마다 사는 상품은 아니라는 얘기다. 가방 사러 온 사람은 가방 사는 데 집중하지만 군밤 사러 온 사람은 주위 상황에 더 관심을 갖는다는 이야기이기도 했다. 가방 사러 와서 군밤을 보는 건 아니지만 군밤 사러 와서 가방을 볼 수는 있다는 뜻이다.

군밤 가게와 가방 가게의 장소적 이점은 조금 더 세밀하게 생각해야 한다.

이런 식이다. 우선 그 자리는 우에노역 앞이라는 사실이다. 우에노역은 근처에 공항 직통편, 지하철, JR선 등이 오가는 교통 요지다. 하루에도 수많은 사람들이 오가는 곳인데 공항편을 이용하려는 사람들과 외국인 관광객들도 많다는 특징이 있다. 우에노역에서 공항까지 이동하려면 스카이라이나를 탈 경우 40여분, 쾌속편을 탈 경우 1시간 20분 정도가 걸린다. 두 교통편 요금 차이는 약 2배 정도다.

이런저런 차편이 모이는 지역이기에 이를테면 여행객이 많다는 사실이다. 그래서 가방 가게를 보더라도 학생 가방이나 여성용 핸드백보다는 배낭처럼 여행에 어울리는 가방이 많은 걸 알게 된다. 다시 말해서 우에노역 앞에 오는 사람들은 여행하는 사람들이거나 가방 수요가 필요한 사람들이란 뜻이다.

자, 그럼 어떤 일이 벌어질까?

업무상 출장이건 여행이건 간에 여행을 하는 사람들이 모이는 곳인 점에서 가방 수요가 많은 지역이다. 단순한 가방 수요만 생기는 건 아니다. 공항까지 이동하는 사람들에겐 긴 시간 차 안에서 간식거리가 필요하기도 한데 이럴 때 군밤처럼 좋은 게 없다. 누구에게나 어울리는 간식인 동시에 못 먹는 사람도 없는 게 군밤이다. 어린아이부터 어른들까지 골고루 좋아하는 간식이 된다.

게다가 그 위치가 우에노역 바로 앞이라면?

군밤 가게랑 가방 가게가 공존해야 하는 충분한 이유가 된다. 언뜻 생각하기엔 군밤 냄새가 날아들면서 가방가게 손님들에게 안 좋은 건 아닐까 생각할 수 있는 것도 사실이다. 군밤을 구울 때 먼지가 생기면서 가방에 묻는 건 아닐까? 가방 가게에 왔다가 군밤 냄새가 가방에 밴다고 그냥 가려는 손님은 없을까? 별의별 걱정을 할 수도 있다. 하지만 그건 군밤 가게랑 가방가게가 같이 있으면서 얻을 수 있는 효과에 비해 턱없이 적은 수준일 뿐이다.

*

아키타는 내 이야기를 다 듣더니 그제야 고개를 끄덕였다. 횡단보도를 건넌 것도 그때였다. 신호등 색이 바뀌면서 아키타와 내가 가방 가게 앞으로 다가섰는데 그때도 바로 옆 군밤 가게에서 군밤 굽는 향긋한 냄새가 코끝을 간지럽혔다.

"세상에! 지금 보니까 군밤 가게랑 가방 가게가 하나의 간판을 쓰고 있었어!"

아키타가 나를 보며 소리쳤다. 횡단보도 앞에서 봤을 때는 군밤이란 가방만 보였던 모양이었다. 놀라는 얼굴의 아키타를 데리고 군밤가게 옆으로 데려갔다. 그리고 아메요코 시장 진입로를 바라보는 위치에 서서 말했다.

"우에노역에서 나오면 횡단보도에 서게 되면서 자연스럽게 여기 밤 가게랑 가방가게를 보는 사람들이 많아. 그런데 우에노역 이 주변은 교통 요지이긴 하지만 여기에 오는 사람들이 모두 어디론가 가려고 오는 거 아니거든. 이 골목 안에 오면 선술집도 많고 저렴하게 즐기는 식당이나 주점, 약속 장소들이 많아. 사람들이 많이 온다는 얘기지."

아키타가 고개를 끄덕이며 내 이야기를 들었다.

"그런데 만약에 시장 골목 안으로 쏙 들어가 버리고 우에노역이나 스카이라이나 공항편 타러 가는 사람이 없다면 어떻게 하겠어? 어쩌면 여기 가방가게가 있다는 것도 모르는 사람들이 있을 수도 있어. 근처에 주택가에 사는 사람들이 여기에 오지만 저작 우에노역에 가진 않고 지인들이랑 만나러 골목 안으로 들어가는 경우야. 그 사람들에게까지 가방 가게를 알리려면 어떤 방법이 있을까?"

"그렇네. 길모퉁이 가게이긴 한데 뾰족한 모퉁이라서 골목 안에 사람들에겐 가방 가게가 잘 보이진 않을 거야. 그래서인지 가방 가게에선 군밤 가게 옆으로 가방 샘플을 내어놓기도 했는데 그것만 갖고는 눈에 잘 띄지도 않고 큰 효과는 없겠다. 그렇지?"

아키타가 나를 보며 말했다.

"딩동댕! 맞아. 그래서 군밤 가게의 힘이 더 큰 부분이야. 시장 골목에 들어가는 사람들은 약속이 있어서 들어가는 사람들도 있지만 시장에서 장사하는 사람들도 많거든. 그들이 들어가고 나오면서 군밤 향기를 맡게 될 거야. 기분 좋은 향기지 않겠어? 군밤을 사러 오게 되고 또 가방 가게를 보게 되고. 이 가방가게랑 군밤 가게는 하나의 간판을 써야 하는 이유가 충분하지?"

아무 말 없이 고개만 끄덕이는 아키타였다. 그리고 아키타가 다시 말했다.

"군밤 가게가 먼저 생겼을까? 가방가게가 먼저 생겼을까? 간판을 같이 쓰자고 생각한 건 누구였을까?"

"그건 군밤 가게가 먼저 생겼을 거야. 건물 모퉁이 한 평도 안 되는 공간은 어떤 가게라고 해도 이용 가치가 부족하거든. 기껏해야 자판기를 놓을 수도 있겠지만 가방가게랑 자판기랑은 매치가 잘 안 돼. 자판기에서 나온 음료수를 들고 다녀야 하고 다 먹으면 쓰래기통도 찾아야 하고 불편하지. 반면에 군밤은? 다 먹어버릴 수 있어서 편하잖아. 그리고 가방가게처럼 어느 정도 평수도 있고 넓은 공간에서는 다른 업종이라도 가능하지. 가방가게 주인도 저 자리에 장사를 하려고 마음먹기 전에는 군밤 가게가 고민이었을 거야. 하지만 간판을 같이 쓰기로 전략을 세우면서 오히려 상부상조하게 된 덕이니 서로 좋은 결과지."

[자영업 마인드 수칙] ⑥ "밤을 구우면 향긋한 향기가 난다."

가방 사러 온 사람은 밤을 떠올리고 향긋한 향을 맡으며 가방을 산 후에 나가면서 밤을 사서 가방에 넣어간다. 가방 안엔 많은 물건을 넣는데 손님은 어느새 밤을 넣어갈 생각을 하게 되고, 밤 향기를 맡으면 담아갈 가방을 떠올린다. 이처럼 가방가게랑 군밤 가게는 전혀 어울릴 것 같지 않으면서도 서로 공존할 수 있는 부분이 큰 가게다.

그래서 세상엔 내 마음에 안 드는 옆 가게란 없다는 게 말이 된다.

'내 가게 옆에 이상한 가게가 와서 장사가 힘들어!'라는 말은 '나 장사 못 하는 사람이야'라고 스스로 고백하는 것과 같다. '장사'란 내 마음에 드는 환경에서만 하는 게 아니라 주어진 환경 속에서 적응하고 생존하는 게 중요한 목표가 된다.

일해 볼만하면 그만두는 가게 직원 뽑기가 너무 힘들어

"한국에선 뭐 담뱃값이 밥값이야."

"그래? 일본에선 400엔 정도니까 밥값보다는 조금 싸네. 아니다. 비슷하네."

"2015년 환율이라면 한 4,000원 정도네? 쿠로다! 그 정도는 약과지? 호주에선 1만 8천 원 정도이고 노르웨이에선 1만 5천 원 정도야! 담배값이!"

며칠 전에 삿포로에 다녀왔다는 쿠로다와 만난 후에 긴자 거리에 있는 '와타미和民'라는 이자카야에 들르기로 했다. 명품거리로 유명한 긴자에 올 때는 이자카야 중에서도 저렴한 와타미에 가곤 한다. 명품거리에 왔으니 무조건 비싼 주점에 가야된다는 생각은 아니었지만 그렇다고 해서 와타미처럼 저렴한 가격으로 인기를 얻는 곳만 골라서 찾아가는 스타일도 아니었다. 그날 쿠로다와 와타미에 간 이유는 그냥 가까운 곳에 있는 이자카야라서 그랬다.

쿠로다와 나는 삿포로에 가서 우동 먹고 왔냐는 이이야기는 더 이상 농담도 아닌 관계, 업무상 만났지만 알고 지내온 시간이 길어서 오래된 친구 사이가 되어버린 사람이기도 했다. 예전의 일본 분위기라면 담배갑부터 테이블 위에 올려두고 서로에게 불을 붙여주며 이야기를 했겠지만 일본은 달라진 지 오래였다.

쿠로다가 길을 걸어가던 중 나를 보며 말했다.

"몸은 피했지만 연기에 부딪혔다고 하잖아?"

일본인들이 말하는 길거리 흡연에 대한 이야기였다. 주위에 담배를 피우며 걸어가는 사람이 있어서 몸은 피했는데 그 사람이 핀 담배의 연기에 부딪혔다는 얘기다. 그만큼 길거리 흡연이 금지되는 나라가 일본이다.

"그전엔 나도 담배자판기에서 성인인증카드 쓰면서 담배 샀는데 이젠 담배도 끊으려고. 그거 알아? 일본 흡연 인구가 5명 중에 1명꼴이었어. 그래서 거래처 사람에게 치실 같은 거 선물로 주면 좋아하곤 그랬는데 이젠 담배 자체를 피면 안 되는 분위기가 되었네."

쿠로다는 나를 보며 이야기하면서도 허허 웃고 말았다.

2008년 7월부터로 기억한다. 일본에선 담배자판기에서도 성인인증 카드를 사용해야만 담배를 구입하게 했는데 이 제도를 악용해서 청소년들이 성인카드를 빌려 쓰는 일이 빈번하게 생기자 후속 제도를 만들기도 했다. 길거리 보행을 엄격히 금지하고 제한된 장소에서만 담배를 피우도록 한 일 등이다.

이런 제도는 사실 일본에서 생긴 어떤 사건 때문이다. 일본은 금연 정책을 펴면서도 흡연인들과의 공존을 배려하기도 했는데 한번은 길을 걸어가며 담배를 피우던 사람이 담뱃불을 끄면서 불씨를 튕겨낸다는 게 근처에 있던 초등학생 눈에 들어가는 일이 벌어졌고 그 초등학생이 실명하게 되는 어처구니없는 사고가 생긴 뒤 벌어진 일이기도 했다.

"맞아. 그전에는 일본 길거리에서도 노인이랑 청년이 맞담배를 피우는 것도 자주 볼 수 있었고 회사에 갔더니 회의하다가 직장 상사랑 여직원이 맞담배를 피는 모습도 봤거든."

"그전엔 여고생이 길에서 담배를 피워도 뭐라고 할 사람이 없는 분위기였어. 집에서도 시아버지랑 며느리가 맞담배를 피우는 풍경도 낯선 게 아니었는데 뭐."

이미지_ 7 폴더담배방, 초점 흐린 사진은 작게 쓰시거나 빼주세요

"담배 나 한 대 피고 가자. 어차피 안에 들어가면 담배 피우지도 못할 텐데."

쿠로다는 내 앞에서 한 걸음 정도 앞서 걷다가 앞에 보이는 흡연방을 가리키며 말했다. 나는 쿠로다의 이야기를 들으며 내가 쿠로다를 만난 게 굉장히 오래 전이란 걸 알았다. 아주 오래 전엔 이따금 담배를 피우곤 했지만 수년 전부터 아예 담배를 피우지 않기 때문이다.

"들어가서 피고 나와. 나는 밖에서 기다릴게. 나 담배 끊었어."

쿠로다는 내 이야기에 놀란 듯했다. 모처럼 만난 친구와 담배 한 대 피우며 이야기를 하려고 했는데 공교롭게도 자기만 담배를 아직도 못 끊은 걸 들킨 상황이어서일까? 쿠로다는 내 이야기를 듣고 자기도 담배를 피울까 말까 잠깐 망설이는 듯했지만 결국 흡연방 안으로 들어갔다.

"10초만 있다가 한 모금만 피고 바로 나올게. 기다려. 나도 담배 끊을 거야."

머쓱해진 모양이었다. 가깝다는 친구의 금연 정보도 모를 만큼 간만에 만나게 된 것인지 미안해서였을까? 뭐 그 정도는 상관없었다. 담배를 피우진 않지만 그렇다고 해서 담배를 피우면서 끊지 못하는 사람을 이해 못하는 건 아니었다. 다만 건강에도 안 좋으니 만큼 하루라도 빨리 끊는 게 좋다고 곁에서 이야기해주는 역할뿐이었다.

쿠로다가 안으로 들어간 흡연실은 이른바 '담배방'이었다. 안에서 담배를 피우는 사람들이 모여서 커피도 마시고 음악도 들을 수 있는 공간이었다. 담배회사에서 무료로 운영하는 흡연실도 있는 반면에 이렇게 흡연실을 공중전화 부스처럼 만들어서 설치해주는 사업을 하는 회사도 있었다. 공항 등에서 볼 수 있는 흡연실이랑 비슷한 공간이다.

쿠로다가 다시 흡연실에서 나왔다. 못내 미안한 표정은 감추지 못한 상태였다. 자기만 담배를 피우는 동안 밖에서 기다리게 했다는 미안함이기도 했다.

"이제 좀 시원해? 스트레스가 풀려?"

쿠로다를 향해 농담 삼아 이야기를 건네자 금방 환한 표정으로 웃는다. 자기를 미워하지 않아줘서 고맙다는 답변도 돌아왔다. 담배를 피워서 미안한 건지, 담배를 피우지 않는 내가 자기랑 같이 시간을 보내게 되어서 미안하다는 건진 모르겠지만 어쨌든 나와 쿠로다 사이에서 미안함의 이유가 된 건 담배였다.

"아, 잠깐만. 나 담배 사고. 참, 뭐 음료수 마실래?"

쿠로다는 길을 걷다가 다시 조금 앞에 보이는 자판기가게를 발견하더니 내게 물었다. 내가 콜라를 마시겠다고 하자 알았다며 서둘러 가게 안으로 들어갔다.

자판기가게.

음료수 자판기와 담배자판기를 들여놓은 가게를 말한다. 출입문을 바라보는 맞은편 공간 쪽으로 잔돈을 거슬러주는 주인이 앉은 모습이 보일뿐, 좁은 공간 좌우로 벽을 향하게 세워둔 자판기 몇 대가 전부인 도로변에 있는 가게였다.

한 가지 특이한 점은 자판기만 채운 가게 안에서 사람들이 들어가더라도 곧바로 다시 나오진 않는다는 점이었다. 서류 가방을 든 회사원부터 예쁜 핸드백을 든 여성의 모습도 보였다. 갖고 다니는 현금이 없는 사람들은 신용카드로 자판기를 이용했는데 지갑에서 지폐를 꺼내 잔돈을 바꾼 사람들은 자판기 사이 공간에 놓인 긴 의자에 빈자리를 찾아 앉는 듯했다.

그리고 사람들은 담배를 꺼내 피우기 시작했다.

방금 전 흡연실과 또 다른 형태의 흡연실인 셈이었다. 이곳에서는 자판기에서 담배를 사고 안에서 흡연도 할 수 있는 곳이었는데 담배를 피우는 동안 볼 수 있도록 만화책이나 잡지가 놓인 게 보였다.

금연바람이 불고 흡연 장소가 줄어들면서 생겨난 또 다른 형태의 새로운 가게이기도 했다.

우연의 일치라고 보긴 어려웠지만 자판기 가게 바로 앞 도로변에 쓰레기통이 놓인 점도 눈에 들어왔다. 자판기 가게에서 음료를 마신 후에 바로 버리고 갈 수 있었다.

"여기 괜찮지? 나도 다음에 나이 들면 이런 가게나 하나 해볼까 생각해본 적 있지."

쿠로다가 자판기가게에서 나오며 나를 보고 말했다.

그 이야기를 들으니 방금 전 가게 안에서 출입문 맞은편 공간에 앉아 잔돈을 거슬러주던, 백발이 성성한 할아버지 얼굴이 쿠로다 얼굴로 바뀌어 보이게 되면서 웃음이 나왔다. 쿠로다는 내가 웃는 이유를 아는 눈치였다. 자기도 웃으며 말을 이었다.

"이게 사실 뭐 돈이 많이 드는 게 아니잖아? 가게 얻고 자판기 놓고 월 임대료랑 전기세 같은 거만 내면 나머진 수익이 되는 건데 얼마나 편해? 직원 관리가 필요하지도 않고, 이따금 내가 바쁘면 자판기만 두고 다른 일 보러 나가도 가게는 돌아가잖아?"

"자판기 안에 채워주는 상품들 관리해야지?"

"자판기 안에 그거? 요즘 자판기회사들이 알아서 해주는 데가 많아. 자판기 한 대만 놓을 공간만 제공해주면 나머진 다 알아서 해준다니까. 정기적으로 자판기 점검도 자기들이 직접 하고, 재료 채워 넣는 것도 다들 해주던데? 내가 할 일이라고는 자판기에 돈 들어오는 거 카운트만 하면 되겠더라고. 담배도 마찬가지고 여기처럼 흡연실 기능도 하면서 담배를 팔면 흡연자들이 이곳에만 올 거 아냐? 안 그래?"

쿠로다의 이야기가 일리 없는 건 아니었다.

그래서였을까? 자판기가게 안에 쭈그리고 앉은 할아버지의 얼굴이 쿠로다 얼굴처럼 보이는 게 사라지지 않았다. 나중에 쿠로다가 할아버지가 되어서 기력도 약해지고 바쁘게 다니며 일을 할 수 없을 정도로 나이가 든 경우라면 생각해볼 만한 가게라는 생각이 들었다.

또는 지금이라도 회사에 다니면서라도 부업으로 해볼 만한 가게가 될 수도 있다는 생각이었다. 가게 임대료와 전기세만 부담할 수 있다면 충분히 해볼 만한 가게 아이템이었다. 가게 운영을 하면서 가장 큰 애로점 중에 하나인 자유로움도 보장되는 가게 아닌가? 자판기 시설이 노후된다고 해도 자판기 임대 회사에서 재료 갈아주고 기계 설비 교체해주는 조건이라면 나쁘지 않을 거라고 여겼다.

자판기가게 앞에서 잠시 생각에 잠긴 내 얼굴을 보던 쿠로다가 입가에 미소를 띠고 있다는 걸 알게 된 건 잠시 후였다.

[자영업 마인드 수칙] ⑦ “시간도 없다. 돈도 부족하다. 가게는 하고 싶다면”

당신이 가진 공간에 자판기만 설치해두면 된다. 손님들이 스스로 와서 고르고 돈 내고 받아갈 것이다. 가게에서 장사한다고 해서 당신이 반드시 있어야 되는 세상이 아니다. 아이템이 다양한데, 가게에서 일하는 사람이 없어도 되는 무인 장사아이템이 자판기가게다.

길거리 포장마차에서 뭘 하겠어?

"신쥬쿠라고? 알았어. 이따가 오후 5시에 동쪽 출구 앞에서 만나!"

신쥬쿠에 도착했다는 하야시에게서 연락을 받은 건 월요일 오전 11시 무렵이었다. 마침 오사카에 들렀다가 신칸센을 타고 신쥬쿠 역으로 오려던 중이던 나는 넉넉하게 5시에 만나자는 약속을 했다. 오사카에서 신칸센을 타고 신쥬쿠까지 오는데 걸리는 시간은 약 3시간 30분 정도다. 오사카에서 12시경 출발하는 차편을 타면 오후 3시 30분엔 도착할 수 있었지만 혹시 모를 일이었다. 약속 시간 30분 전에 현장 도착을 필수로 삼는 내 성격 탓 때문이기도 했다.

"신쥬쿠에 왔어, 하야시는 지금 어디야?"

오사카에서 출발한지 꼬박 3시간 넘게 달려 신쥬쿠 신칸센 역에 도착한 시각은 오후 4시가 가까울 무렵이었다. 오후 5시 약속 시간보다 1시간가량 일찍 도착했다. 최소한 30분은 여유 있는 시간이었다.

"뭐? 어디? 동키호테? 알았어. 그리 갈게!"

하야시가 쇼핑 중이라는 동키호테는 신쥬쿠 역 동쪽 출구로 나와서 가부키쵸로 조금만 더 걸어내려 오면 횡단보도 건너편에 있었다. 수만 가지 상품을 저렴한 가격에 파는 덕분에 관광객과 일본인들로 항상 붐비는 곳이었다.

오후 5시 정각.

하야시에게 동키호테 앞에 도착했다는 연락을 남긴 후 횡단보도 건너 동키호테 바로 앞 관광안내소 옆에 서서 기다리기로 했다. 주위를 오고 가는 행인들을 구경하며 시간을 보내는 중이었다. 갑자기 마이크 소리가 들리더니 안내방송이 나오기 시작했다. 방송은 신쥬쿠 경찰서에서 관광객들에게 주의를 당부하는 내용이었다.

중국어, 한국어 위주로 방송되는데 그 내용은 이를테면 '값 싼 술집이라고 데려간 후 비싸게 돈 내라고 한다', '전단지에 나온 여자접대부를 보려고 갔는데 실상 손님 접대부로 나온 여자는 다른 여자다', '이런 데 항의했더니 매를 맞고 돈을 빼앗긴 경우가 신고 되었다'는 경고였다. 신쥬쿠 특히 가부키쵸를 찾는 한국인과 중국인 관광객이 얼마나 많으면 관할 경찰서에서까지 이런 안내방송을 할까 생각되어 쓴웃음이 나오기도 했다. 그런데 방송 맨 마지막에 덧붙이는 멘트를 들어보니 실소가 터지기도 했다.

'호객꾼들아! 여기는 신쥬쿠 경찰서다!'

하야시는 가게 안에서 쇼핑 중 이라며 조금만 기다려달라고 했다. 살만한 걸 찾는 중인데 곧 찾아서 쇼핑하고 밖으로 나오겠다는 말도 덧붙였다. 하야시의 말을 듣고 기다린 지 1시간이 지나고 2시간이 가까울 무렵이 되어서야 하야시가 동키호테 쇼핑몰 안에서 천천히 걸어 나오는 모습이 보였다.

"하야시, 이상 없어?"

"어, 왔어? 나 너무 늦었어?"

"하야시 그 안에서 길 잃은 줄 알고 경찰에 신고하려고 했어!"

오후 7시가 가까운 시간이었다.

하야시 양손에는 가게 안에서 산 것으로 보이는 작은 생활용품 몇 개가 들려 있었다. 저걸 사려고 나를 밖에서 2시간 넘게 기다리게 하다니? 허탈함 웃음이 새어나왔지만 어쩌겠는가 싶어 참았다. 하야시는 일본 여자다. 여자의 쇼핑은 무죄다.

"미안. 내가 타코야키 사줄게. 가자."

하야시가 배시시 웃으며 내 팔을 잡아끌었다. 짜증난 표정을 숨긴다고 숨겼는데 하야시는 내 얼굴에서 내가 상황을 탐탁지 않아 함을 느낀 듯 했다. 내 기분을 풀어준다며 타코야키를 먹으러 가자고 했다.

'타코야키라니? 신쥬쿠에서?'

하야시의 팔에 이끌려 신쥬쿠 가부키쵸 골목 안으로 들어가는 중에도 내심 믿기지 않은 이야기였다. 신쥬쿠에 타코야키가 있다니? 타코야키는 관광지나 주택가 인근 도로변에서 사먹는 길거리음식 아닌가? 타코야키가 일본 중심지 중에서도 가장 번화한 거리인 가부키쵸에 있다니 쉽게 믿어지지 않았다.

"여기야! 어때? 괜찮지?

하야시가 내 팔을 꼭 붙잡고 가부키쵸 골목 안으로 이끈지 얼마나 지났을까? 막다른 골목까지 왔구나 싶을 때였다. 사실 예전엔 이 주변이 신쥬쿠 영화관 거리라고 불리며 일본 젊은이들이 가장 많이 붐비던 곳이었지만 최근엔 이케부쿠로나 시부야 쪽으로 인파가 이동하고 관광객이나 드문드믄 찾아오는 거리가 된지 오래된 곳이었다. 하야시가 가리키는 곳을 쳐다보니 글자 그대로 진짜 '타코야키 가게'가 보였다. '긴다코'라는 가게였다.

"타코야키 2인분 주문할게."

하야시가 가게 앞에서 타코야키를 주문하더니 가게 안으로 들어섰다. 나도 따라 들어갔다. 하야시가 주문한 메뉴는 310엔짜리 타코야키 였다. 1인분에 4개였고 2인분이면 8개가 나오는 메뉴다.

하야시는 가게 안에 들어오자마자 마음에 드는 테이블 하나를 고르더니 그 앞에 섰다. 의자는 없었다. 입식 가게였다. 하야시가 들고 있던 짐은 옆에 의자에 내려뒀다. 동그란 테이블 위엔 메뉴판 하나와 젓가락 통 한 개가 놓인 게 전부였다. 하야시가 나를 보며 미소를 지었다. 방금 전까지 자기가 쇼핑을 오래 한 탓에 동키호테 밖에서 기다리다가 짜증을 내려고 하던 나였는데 어느새 타코야키 가게 안에 들어오는 순간부터 여기저기를 둘러보며 호기심 어린 표정이 된 걸 본 후였다.

사실 나는 하야시가 쳐다보는 것도 모른 상태에서 타코야키 가게 안에 놓인 메뉴판에 신경을 쏟고 있었다. 콩나물볶음 330엔, 오징어구이 400엔, 양념야키소바 500엔, 군만두 400엔, 새우마요네즈 380엔, 게살튀김 380엔 등등이 보였다. 대부분의 메뉴가 300엔에서 400엔 사이였고 간혹 500엔 정도 되는 메뉴도 있었다.

가게의 주력 메뉴는 역시 타코야키 위주였다.

데리야끼 소스 또는 파를 얹거나 치즈를 얹은 타코야키가 360엔이었고, 페페론치노 소스를 얹은 타코야키가 420엔이었다. 고구마 맛탕처럼 만든 타코야키 맛탕 메뉴는 350엔이었고 타코문어를 사용한 메뉴들이 460엔, 크림치즈에 겨자소스를 섞은 타코 메뉴가 400엔 정도 가격에 판매 중이었다.

메뉴판을 보다가 고개를 들었을 때는 어느새 하야시가 타코야키를 받아들고 8개 중에서 3개를 먹은 상태였다. 타코야키 메뉴 옆에 마요네즈 양념은 그나마 그대로 둔 상태였다. 하야시는 암도 이 날 나를 위해 이곳에 온 게 아니라 쇼핑하느라 지친 자기 몸을 위해 타코문어를 먹으러 온 게 분명했다고 느낀 순간이었다.

'도대체 이 가게는 왜 여기 있을까? 예전의 번화했던 영화관거리도 아닌데 아직도 이곳에서 영업을 이어가는 이유는 뭘까? 주변엔 온통 성인샵 가게들뿐이고 술집과 안마방, 각종 퇴폐업소가 밀집한 이 골목에서 타코야키를 파는 이유? 아니면 기대효과가 뭘까? 매출이 그만큼 잘 나와서 계속 판매 중인가? 아니면 신쥬쿠 가부키쵸를 찾는 관광객들만을 대상으로 영업을 계속 하는 중일까?'

추가해서 내 질문은 '타코야키 메뉴가 가게에 들어온 이유가 뭘까?' 알아내고 싶은 상태였다. 그런데 신쥬쿠랑 타코야키 가게가 어울린다고 생각한 건 그로부터 얼마 지나지 않은 순간부터 타코야키 가게에 찾아드는 손님들을 보면서 부터였다.

'아하! 그랬구나! 이제야 알겠어!'

신쥬쿠 가부키쵸에 타코야키 가게가 있는 이유를 알 수 있었다.

그 이유는 첫째 '주변에 유학생'과 각 급 학교에 다니는 학생들이 먹을 만한 간식이 된다는 이유였다. 신쥬쿠는 1일 이용객 수 대비 일본 내에서 최다 인원이 오가는 장소다. 그래서 많은 사람들이 오고 가는데 신쥬쿠 주변 지역에 유학원과 학교, 아카데미 학교들이 많아서 학생들이 자주 들를 수 있는 곳이기도 했다. 가부키쵸를 중심으로 여러 지하철 노선이 지나는 덕분에 어느 역에 내리든지 가부키쵸 안에 타코야키 가게에 올 수 있다는 장점도 있었다.

두 번째, 신쥬쿠에서 일하는 여성들을 위한 음식 메뉴였다.

생각해보자. 신쥬쿠에는 많은 백화점과 쇼핑몰들이 있다. 해외 관광객은 물론이고 일본인들이 빈번하게 모이는 지역이다. 그래서 각 쇼핑몰에서 근무하는 직원들 수도 어마어마한 수준인데 오히려 여성들이 즐길 만한 간식용 메뉴가 별다른 게 없다는 단점이 있었다. 그래서 타코야키는 신쥬쿠에서 근무하는 여성 직원들을 위한 훌륭한 간식 메뉴가 되었다.

의자가 없는 테이블은 판매사원 유니폼을 입은 여자들에게 안성맞춤이었고 테이블 위에 젓가락 역시 립스틱이 지워지지 않게 한입에 쏙 타코야키를 넣을 수 있도록 도와주는 도구일 뿐이었다.

세 번째, 타코야키 가게는 가게 안에 들어와서 먹는 손님보다 포장손님이 더 많은 게 특징이었다. 그들 손님은 주변 가게에서 일하는 사람들이었다. 가게 밖으로 나오기 꺼리는 유흥업소 직원들이 타코야키를 포장해서 가게 안으로 가져가곤 했다. 유흥업소에서 일하다 보니 옷차림이나 메이크업 상태가 상당히 야할 수 있었는데, 그들은 주변 식당에 가서 식사를 하기에도 부담스럽고 가부키쵸 골목에서 걸어 다니며 뭐하나 사려고 해도 남의 눈치를 봐야할 수 있었다. 그런데 비해서 타코야키는 포장해서 갖고 오게 할 수 있으며 화장을 지우지도 않아서 먹고난 후에도 다시 메이크업을 할 필요가 없는 훌륭한 간식이었다.

가격이 싼 점은 네 번째 이유다.

타코야키 가게 '긴다코'는 철저하게 포장손님을 위한 가게로 보였다. 가부키쵸 골목 쪽으로 만든 창을 통해서 가게 안의 여러 직원들이 타코야키를 만들고 포장해서 팔고 있었다. 가격은 주변 다른 음식보다 100엔 정도 저렴한 수준이었다. 인근 유흥업소나 가게에서 일하는 가난한 직원들에게도 부담 안 되는 가격이었으며 관광객들이나 주변 학교 학생들에게도 크게 부담 안 되는 가격이었다.

하야시가 타코야키를 거의 다 먹었을 때였다.

신쥬쿠 가부키쵸에 타코야키 가게가 있는 이유를 나름 정리하던 나도 어느 정도 생각을 정리한 뒤였다. 우선은 가격이 저렴한 장점 덕분에 매출이 꾸준히 상승세를 이룰 수 있다는 점이었고, 인근 업소 직원들이나 가게 직원들이 간식 또는 식사대용으로 부담없이 이용할 수 있는 메뉴라는 점이 장점이라고 여겼다. 게다가 여성들 입장에서도 애써 꾸민 메이크업을 지우거나 다시 할 필요 없이 즐길 수 있는 '한 입에 쏙 메뉴'라는 점이 장점이 되었다.

"여기 좋지? 신쥬쿠 가부키쵸에 타코야키 가게라니? 재밌지 않아?"

마지막 남은 타코야키까지 입에 넣고 우물거리던 하야시가 나를 보며 말했다. 양 볼이 오물거리는 모습이 귀여워서 나도 모르게 살짝 웃음이 나오기도 했다. 하야시는 내가 웃자 화가 풀린 거라고 생각한 듯 했다.

"여기 좋네. 그리고 '심야식당(深夜食堂, 아베 야로 원작만화)' 하이볼까지! 신쥬쿠엔 딱이야! 심야식당 시즌3 드라마가 2014년 12월에 끝났나? 그 작품도 대단해, 벌써 시즌3까지 방송하니 말이야."

"어? '심야식당'이란 작품 알아? '하이볼'까지 아는 거 보니 대단하네? 혹시 모를까 알까 궁금해서 잠자코 있었어. 여긴 관광객들이 많이 오는 곳인데 긴다코는 뭐 일본 여기저기 있는 지점이 많거든. 그런데 관광객들은 대부분 타코야키 가게로만 알고 돌아가는 거야. 진짜는 하이볼인데."

관광객들은 하이볼을 모른다?

하야시의 이야기를 듣고 보니 내가 간과했던 부분이 눈에 들어왔다. 핵심은 하이볼이다. 관광객들은 일본의 타코야키를 보러 왔겠지만 일본 손님들은 심야식당을 기억하며 하이볼을 보고 오는 가게였다. '하이볼'이라고 하는 건 일본에서 대인기를 얻은 만화이자 드라마로 방영된 '심야식당'이란 작품에 등장하는 칵테일 이름이다.

이 작품의 인기가 일본 내에서 어느 정도냐 하면 일본의 주류회사인 산토리에서는 하이볼을 마시기 위한 전용 위스키 '가쿠빈'이란 상품까지 출시했을 정도였으니 아무튼 일본인들에겐 '하이볼' 을 모르는 사람이 없을 정도다.

말하자면 이 가게는 일본인들이라면 대부분 알고 있는 그 유명한 '하이볼' 칵테일을 맛볼 수 있는 곳인 셈이다. 가게 밖에서 볼 때도 '가쿠 하이볼 사카바가쿠 하이볼 주점' 라고 써 붙인 간판도 있었다. 심야식당이란 작품이랑 밤새워 영업하는 신쥬쿠 가부키쵸의 업소들의 이미지가 제대로 맞아떨어지지 않는가? '긴다코'는 심야식당이란 유명 작품 속 하이볼이란 핵심 콘텐츠까지 가게 홍보에 활용하고 있었다. 이 가게에 오는 여성 손님과 학생들 손님이 많은 이유도 그 덕분이기도 했다.

하야시의 이야기를 듣는 순간 내심 아차 싶었다.

타코야키 가게에 와서 어떤 전략으로 영업하는지만 살펴보다가 정작 그 유명한 하이볼을 빼놓다니? 너무 유명해서 당연하게 생각하세 되어버리고 마는 '치명적 오류' 라고 해두자. 그리고 이야기가 나온 김에 하이볼에 대해 조금 더 설명해두자면 이렇다.

'하이볼'이란 명칭은 그 유래를 볼 때 미국의 철도에서 비롯되었다고 보는 게 가능한데, 미국의 철도에서는 동그랗게 공 모양으로 생긴 볼을 신호로 사용하는데 서부개척시대에 인디언과 싸우면서 하이볼이 올라가면 안전하다는 의미로도 통용되었다는 이야기가 전해지기 때문이다. 철도역에서 '볼'이 올라가서 하이볼이 되면 기차가 곧 도착한다는 의미이기도 했고, 기차를 기다리며 술을 마시던 사람들이 하이볼을 보곤 위스키에 탄산수를 타서 빨리 마셨다고 하는 이야기도 있으니 하이볼 칵테일의 모양을 떠올려 봐도 상당히 가능성이 높다고 생각된다.

그런데 타코야키랑 하이볼이 어울리면 무슨 맛이 날까?

하이볼은 원통 모양의 길게 생긴 잔을 사용하는데 얼음을 먼저 가득 채우고 위스키와 탄산수를 1:3이나 1:2 정도의 비율로 섞어주면 된다. 취향에 따라 레몬 한 조각을 얹어주기도 하는데 그건 개인의 취향이므로 알아서 마시는 사람들이 많다.

"여기 '긴다코' 가게에선 하이볼코크가 350엔이고 매실하이볼이 380엔 정도네? 아! 정통 하이볼이라기보다는 타코야키에 맞춰서 서비스하는 메뉴구나! 조금 다르긴 한데 그래도 '액자하이볼가쿠하이볼'이란 이름엔 어울려. 머리 좋다. 하이볼까지 타코야키에 활용하고 말이야."

그래서 다섯 번째 이유는 '하이볼' 이었다.

신쥬쿠 가부키쵸에 타코야키 가게가 있는 이유는 심야식당이란 작품으로 연상되는 이미지랑 어울리기 때문이다. 일본 거리 곳곳에서, 심지어 한국에서도 흔하게 볼 수 있는 '문어를 넣은 풀빵' 정도로 생각할 수 있는 타코야키가 신쥬쿠 가부키쵸라는 그

땅값 비싼 곳에서 적지 않은 가게를 열고 영업을 이어가는 전략이기도 했다.

유명한 드라마와 만화 속에서 인기를 끈 하이볼을 데려오고, 지역 사람들에게 어울리는 메뉴를 판매하며 관광명소로 찾아오는 관광객들에게 일본 대표 먹거리로 홍보되는 전략이 모두 딱딱 들어맞았다.

[자영업 마인드 수칙] ⑧"붕어빵의 변신"

일본에서 타코야키가 살아가는 모습을 부러워할 것만은 아니다.

국내에 길거리음식으로 누구에게나 친숙한 붕어빵이나 계란빵을 특화시켜서 하나의 가게 브랜드로 만들 수 있다. 계란빵을 홍콩의 에그타르트처럼 지역 명소로 만들 수 있다. 어떤 계란인지 어떤 밀가루인지, 누가 반죽하는지 생산과정에 스토리를 담으면 가게 브랜드로 키울 수 있다.

붕어빵도 마찬가지다.

붕어 생선을 닮은 형태인 풀빵 안에 속 재료로 단팥을 넣는 것만이 능사가 아니다. 알밤을 넣거나 야채, 초콜릿, 마시멜로 등을 넣어 색다르게 만들어내면 디저트로도 좋고 글로벌하게 유명해져서 프랜차이즈 가게로도 대성공할 수 있는 가능성도 충분하다.

도시락인데 아무리 그래도 집밥만 하겠어?

"잘 지냈어요? 또 왔어요!"

일본 도쿄에 머물 때마다 들르는 집이다. 벌써 햇수로 3년째가 되어오는지 이젠 기억도 가물가물하다. 도쿄 인근 주택가게 자리 잡은 '도시락' 가게인데 언뜻 보기엔 그닥 특이할 것 없는 가게로 보일지 모르지만 조금만 더 관심을 기울여보면 다른 가게와 다른 차별화가 장점인 곳이다.

첫째, 이 가게는 주택가에 있다.

가게 위치는 도로변에 있어서 차들이 다니면서 자주 보게 된다. 이 블록 곳곳에 일본다운(?) 소형 집들이 가득한데 대부분 1인 가구 형태인 일본 사회의 적나라한 '외로움' 실상을 그대로 볼 수 있는 곳이다. 작아도 그냥 작은 게 아니다. 매우 작은 집들이 옹기종기 모인 곳이다. 예를 들면, 인도에서 걷다가 주택가 앞을 지나가게 된다고 하자. 어른 걸음으로 3발자국도 못 가서 사라지는 집들이 대부분이다.

그래서 이 가게가 장사가 된다.

1인 세대가 모인 동네에서 '밥 해먹기'는 여간 귀찮은 게 아니다. 그렇다고 돈이라도 많으면 나가서 사먹겠지만 '누가 돈 많은데 이런 집에 살까?' 생각되는 곳이기에 그냥 집에서 해먹거나 라면 한 개로 때우는 집들이 대부분이다. 그래서 동네 사람들이 이 가게에 온다.

도시락 한 개에 288엔.

반찬 3~4개에 양도 푸짐하다. 돈가스나 생선가스, 오믈렛, 마카로니와 짭쪼롬한 절임 반찬까지 입맛을 돋우는 메뉴로 도시락이 만들어진다. 그렇다고 정성이 없는 게 아니다. 가정식 도시락처럼 맛도 훌륭하다.

둘째, 가격이 싸다.

동네 수퍼에 가서 우유를 한 개 사려고 해도 100엔이 넘는 게 대부분이다. 콜라도 마찬가지다. 그런데 여기서 파는 도시락은 300엔이 채 안 된다. 이 가게에서 조금만 벗어나면 왕복 4차선 도로인데 이 주변 가게들에서 판매하는 식사 메뉴 가격은 500엔이 훌쩍 넘는다. 도로변 이면도로 주택가에 있는 가게라고 해서 가격이 쌀 이유는 없는데 이 가게는 싸다.

셋째, 가격이 싼 이유가 있다.

부부가 직접 운영한다. 남편과 아내가 번갈아서 가게에 나온다. 그런데 가게 안을 자세히 보면 보이는데 도시락을 판매하는 가게보다 그 안에 주방이 더 크다. 이게 무슨 말인가? 조리된 음식을 가열해서 간단히 데워서 파는 도시락 가게가 아니다. 부부가 운영하면서 주방에서 직접 조리해서 도시락을 만들어 판다.

메뉴를 단순화 시켜서 뭔가 먹을까 싶어 들어가 보면 도시락 종류는 2~3개가 전부다. 그런데 반찬이 골고루 섞여 있어서 도시락 종류가 마치 3~4개처럼 느껴진다. 주방 앞에 보면 손님이 계산을 마친 후에 필요한 만큼 젓가락을 집어가게 했는데 그 옆에 보니 작은 비닐포장이 된 양념이 보인다. 한 개에 100원10엔이다.

도시락을 살 때 간장 등의 소스를 갈

이 살 수 있다. 도시락 한 개에 280엔이면 소스 2개만 사도 300엔이다. 거스름돈 받아 갈텐가 아니면 소스 몇 개 가져갈 텐가?

넷째, 도시락 가게이지만 도시락만 파는 건 아니다.

가게 안에는 사장 부부가 주방에서 직접 만든 튀김반찬, 절임반찬 등을 판다. 가격은 한 개에 100엔, 200엔 정도다. 도시락 한 개에 280엔인데 반찬 가격은 1/2 또는 1/3 가격이다. 어째 좀 이상하다 싶었다. 반찬 1~2개만 사도 도시락 가격이랑 비슷하니 말이다. 여기 사장은 반찬이랑 도시락이랑 가격을 왜 이렇게 책정했을까?

반찬을 팔기 위해서였다.

집에서 밥 먹을 때를 생각해보자. 밥은 있는데 반찬이 문제다. 뭘 만들어 먹자니 귀찮고, 반찬만 사서 먹자니 돈 아깝다. 특히 튀김 반찬을 좋아하는 일본인들의 특성상 기름에 튀길 재료를 사려면 돈이 만만치 않게 깨진다. 수저를 안 쓰고 국물용 스푼을 사용하는 게 고작이라서 대부분의 식사는 젓가락으로 해결해야 하는 일본인들이다. 반찬을 만들어 먹을 때도 떠먹는 반찬보다는 집어먹는 반찬이 인기다. 그래서 반찬만 사러 오는 손님들이 있다.

"도시락 안에 있는 반찬을 따로 팔기도 하네요?"

"네. 손님들이 반찬만 찾는 경우도 많아서요."

가게 사장이 웃으며 말했다.

사실 나도 이 가게에 올 때마다 느끼는 점인데 때로는 도시락 안에 든 반찬을 보고 구미가 당기지 않을 때가 있다. 돈가스와 생선가스가 당기는 날이 있고 때로는 매운 반찬이 당기고, 다른 날은 컵라면 한 개로 때우고 싶은 날도 있어서다.

"컵라면만 팔릴 때도 있어요."

가게 사장이 카운터 옆에 진열해둔 컵라면들을 보며 말했다. 1인용 컵라면이라고 불러야 할까? 여자들에게 어울릴 양이었다. 여성들에겐 한 끼 식사로 충분한 정도다. 가격도 도시락 가격보다 싸다.

다섯째, 가게 앞에 전자레인지가 있다.

처음엔 이게 왜 도대체 여기 있는지 생각지도 않았다. 사용하는 게 귀찮기도 했고 도시락을 사 갖고 가서 뜨거운 물과 함께 식사하거나 숙소에서 잠깐 데워 TV를 보면서 먹는 게 편했다. 이 가게에 오는 이유는 단지 밥 하기 귀찮아서라고 여기는 시기다.

"도시락을 사러 오는 손님들이 전자레인지에 데워서 가세요."

"집에 가서 안 하고요?"

"이 동네엔 집에서 잠만 주무시는 분들이 많아요. 전자레인지는 좁은 집에 두고 사용하기에 공간만 차지할 뿐이기도 하고요. 혼자 사는데 집에서 밥 먹을 시간이 별로 없으니까 저희 가게에 오셔서 도시락 사 갖고 가시면서 데워서 가시죠."

"여기서 데워간다고 해도 어디서 먹어요? 금방 식을 텐데요?"

"전자레인지에 5분 정도 데워서 갖고 가시면 10분 정도까진 따듯하게 드실 수 있어요."

이 가게엔 근처 상인들이 손님이기도 했다.

상가골목 어귀에 자리 잡은 가게는 골목 안 상인들이 가끔 손님이 되어주었고, 인근 지역 주민들이 주문을 하기도 했는데 가장 많이 오는 사람들은 역시 출근하거나 퇴근하는 직장인들이었다. 도시락 반찬이 주로 튀김 종류인 점이나 마카로니가 들어간 이유를 그제야 알 수 있다.

그리고 바보 같은 질문을 했다는 걸 알았다.

자전거를 많이 타고 다니는 일본인들 특성상 도시락을 사갖고 가면서 길에서 자전거를 잠시 세워두고 그 위에 앉은 자세로 도시락을 먹는 경우도 있었다. 자전거를 씽씽 달리던 사람이 한적한 도로 변에 자전거를 세우고 안장에 앉은 자세 그대로 서서 도시락을 먹는 모습은 낯선 게 아니었다. 집에 가서 먹으려는 게 아니라, 회사에서 직원들이 먹으려는 게 아니라, 가게에서 장사하다가 먹으려는 게 아니라 '자전거 타고 가다가 잠깐 세우고 먹으려는 게' 이유였다.

"전자레인지가 있으니까 좋긴 하네."

도시락을 사서 들고나와서 가게 앞에 전자레인지 문을 열고 데우기 시작했다. 손잡이를 돌리면 가열 시간이 설정되는 방식이었다. 도시락을 안에 넣고 3분 정도로 시간을 설정했다. 그리고 주위를 둘러보는데 눈앞에 전자레인지가 다시 들어왔다.

'아! 맞다. 이 전자레인지가 아이디어다!'

생각해보니 전자레인지가 굳이 밖에 있을 필요가 없었다. 가게 안에 두고 손님들이 도시락을 사서 바로 데울 수 있도록 했다면 손님들이 도시락 사가는 모습을 남에게 들킬 염려도 없고, 처량하게 혼자 도시락 먹는다는 느낌을 줄까 봐 남의 시선 의식 안 할 수도 있었다. 그런데 전자레인지는 밖에 있었다.

따뜻하게 도시락을 데워 먹을 수 있다는 효과였다.

생각해보자. 도시락 가게는 많다. 한국에도 저렴한 도시락 가게가 있다. 편의점에서도 도시락 정도는 값싸게 먹을 수 있다. 그런 곳에서 전자레인지는 모두 가게 안에 있는 게 정상이었다. 편의점에서 라면 한 개를 사도 전자레인지에 데워 먹으려면 가게 안에서 해결 가능했다.

'지나다니는 사람들에게 홍보용이었어.'

전자레인지에 연결된 전원코드를 찾아보니 아니나 다를까 가게 벽 외부에 전원콘센트가 보였다. 이 가게 사장은 전자레인지를 안에 두고 사용하다가 밖에 둔 게 아니었다. 가게를 만들 당시부터 애초에 전원코드도 외벽에 만들어두고 가게 밖에 전자레인지를 두려고 계획한 셈이었다.

왜 그럴까?

도시락은 '맛집'이 아니다. 점심이고 저녁이고 사람들이 몰려오는 가게가 아니다. 안주용으로 술 한 잔 하며 먹는 음식도 아니다. 그럼 뭘까? 바쁜 사람들이 일하면서 빨리 먹는 게 도시락이다. 회사에서, 운전하면서, 일하다가 먹는 게 도시락이다. 그들에게 가장 필요한 건 '따뜻한 집밥'이다.

'도시락 가게네? 어? 전자레인지 있네? 그럼 따뜻하게 먹을 수 있겠는데?'

도시락 가게 앞을 지나다니는 시장한 사람들이 전자레인지를 보고 갖게 될 생각이다. '조금만 더 참고 집에 가서 먹자' 하거나 '근처 어디 식당 가서 먹자'하다가도 전자레인지를 보면 도시락 하나 사서 차 타고 가면서 먹자고 생각이 바뀔 수 있다. 이 가게는 주택가와 골목상가에 인접해 있으면서도 주요 대상고객은 도로변으로 지나다니는 사람들이란 점을 알 수 있다. 가게 앞에 덩그러니 놓인 전자레인지를 보고 처음엔 생뚱맞다고 여기다가 생각이 바뀐 순간이었다.

[자영업 마인드 수칙] ⑧"도시락 가게를 하더라도 '이미지'를 팔라"

도시락 가게를 하는데 도시락만 싸게, 맛있게 팔면 되는 거라고 여기는 사람들이 많다. 그런데 값을 싸게만 만들어서 팔려고 하다 보면 콩자반에 김치에 시금치에 무말랭이만 넣고 있는 자신을 발견하게 될 수 있다. 손님들이 당신의 도시락을 기꺼이 사서 먹으려고 오게 될까?

도시락 가게를 한다면 반찬을 정할 때 다양한 재료로 만들려고 하는 대신에 제한된 재료로 여러 메뉴를 만드는 게 좋다. 사람들인 당신의 도시락이 반찬이 다양하다고 오는 게 아니다. 단지 그들은 '배가 고파서 온다'는 걸 알아야 한다. 대부분의 사람들은 시간도 없고 돈도 없는데 도시락이나 먹고 말자는 생각으로 온다. 물론 배가 너무 고프고 먹을 게 마땅한 게 없으면 콩자반 반찬이라도 참고 먹으려고 하겠지만 그건 그날로 끝이다. 두 번은 오지 않으려고 한다.

어떻게 할까?

도시락 가게이지만 평범한 도시락 가게가 아니라는 걸 홍보하는 게 중요하다. 도시락 하면 드는 생각이 용기에 담겨진 상태에서 오래 두고 누군가에게 팔리기만을 기다리는 상품이 떠오른다. 안 팔린 도시락은 주인이 몰래 몰래 가져다가 반찬 덜어내고 다시 다른 통에 넣어 진열해둘 수도 있다는 생각을 한다. 위생상 께름칙할 수도 있다.

그래서 주방이 있는 도시락 가게가 필요하다. 음식을 직접 만들어서 바로바로 팔릴 만큼만 만들어 진열해둔다는 걸 알려야 한다. 전자레인지는 가게 안에 두는 게 아니다. 가게 밖에 두면 좋다. 지나가던 사람들은 도시락 가게 간판을 보는 게 아니라 전자레인지를 먼저 본다. 그 다음에 도시락 가게를 쳐다본다. 그리고 생각한다. 전자레인지 안에 뭘 데워먹을까? 그래, 도시락 먹어도 되겠다.

大阪 오사카 편

일본의 부엌 '오사카'에서 가게를 읽다.

"오사카大阪 가게 이야기야!"

유명한 오사카 가게 이야기라고 했더니 고개를 갸웃거리며 여전히 잘 모르겠다는 표정이었다.

서울의 모 커피점.

내 앞에 앉아 아메리카노 커피컵을 들었다 놨다 하면서도 눈빛은 여전히 아직도 이해가 되지 않는다는 이 여성은 스물다섯 살의 이소라가명다. 인스타그램instagram과 블로그 포스트, 페이스북facebook을 운영하는 자칭 '트렌드세터trend setter'다. 그러니까 트렌드를 가장 먼저 받아들이고 생활화한다는 현대 여성을 말한다.

"도쿄東京랑 달라요? 같은 일본 아니에요?"

소라는 커다란 눈망울을 두어 번 껌뻑거리면서 나를 쳐다보고 말했다. 그리고 내가 미처 대답하기도 전에 스마트폰을 꺼내더니 오사카 이미지를 검색해본다. 소라의 스마트폰 화면에 오사카 거리와 각종 이미지가 나타났다. 소라는 아무리 봐도 거기가 거기, 똑같은 일본인데 뭐가 다른지 모르겠다는 표정이었다.

"피팅 모델 촬영하러 도쿄 갔을 때랑 거리 풍경도 똑같아요. 여기 일본어 간판도 있네. 거리에 일본사람도 있고. 여기 이 남자는 도쿄에서도 본 것 같은데?"

소라는 피팅모델로 활동 중인 신인 배우다.

일본 도쿄엔 친구들과 여행으로도, 인터넷쇼핑몰 스타일 촬영을 위해 모델로 일 하러도 몇 번 다녀왔다고 했다. 스마트폰에서 오사카 이미지를 몇 차례 검색해보더니 심드렁한 표정으로 테이블 위에 스마트폰을 내려놨다. 이번엔 내가 아메리카노 컵을 들면서 시선을 소라에게 향했다.

"타코야키 좋아한다고 했지? 오코노미야키 알아? 회전초밥은?"

"알죠! 그거 다 일본음식이잖아요?"

일본음식? 아, 맞다. 그래. 일본음식은 일본음식이지.

그런데 도쿄에서 맛본 그 모든 음식이 처음 생겨난 곳은 오사카다.

"그리고 도쿄 사람은 소바메일국수를 즐기고 참치회에서도 빨간 부위를 말하는 아카미赤身를 좋아하는데, 오사카 사람들은 우동을 즐기고 흰살 생선인 도미를 좋아한다는 거 알아? 오사카랑 도쿄는 맛에 대한 선호도가 다르거든. 그래서 식재가 풍부한 오사카를 가리켜 '쿠이다오레くいだおれ'라고 해. '먹다가 죽는 곳'이라는 뜻이지. 사람들은 오사카를 가리켜 일본의 부엌이라고 부르기도 하지. 한마디로 오사카야말로 진정한 식도락가들이 모인 곳이라고 말할 수 있어. 오사카에서 유명한 가게라면 진짜 실력을 인정받은 곳이라고 인정해도 좋을 거야."

오사카행 비행기를 타면서 떠오른 기억이었다.

「잠시 후 착륙하겠습니다.」

기장의 안내방송이 들리는 것과 동시에 비행기 창문 밖으로 어느덧 오사카 풍경이 하나둘 보이기 시작했다. 넓은 바다와 해안가 주변 크고 작은 집들이 먼저 나타났다. 일본의 도쿄와 또 다른 맛味이 존재하는 곳, 도쿄가 일본의 수도가 되기 전까지 옛 일본 정치의 중심지이자 맛의 중심지 역할을 톡톡히 해온 오사카는 그야말로 일본의 부엌이란 별명으로도 충분하지 않을 정도로 많은 매력이 있는 장소가 아닌가. 하늘에서 오사카를 바라보며 감상에 젖는다.

도쿄로 대표되는 간토關東 지역과 오사카로 대표되는 간사이關西 지방은 예로부터 라이벌 의식을 가져왔다. 두 지역 사람은 성격에서도 차이가 있고 언어적인 면에서도 사투리가 다르다.

식생활에서도 차이가 크다.

예를 들어, 식빵의 굵기도 다르다. 도쿄에선 얇은 식빵이 잘 팔리고 오사카에선 2센티미터가 넘어야 잘 팔린다. 선호하는 면 종류도 다르다. 오사카에는 우동 가게가 소바(蕎麦:메밀국수) 가게보다 더 많다. 도쿄에선 소바 가게가 더 많은 게 사실이다. 이처럼 도쿄와 오사카는 서로 다른 모습이 있다.

그럼 언제부터 도쿄랑 오사카랑 식습관이나 여러 가지 면에서 차이가 생긴 걸까? 지역적으로 기준은 어디일까 생각해보면 사무라이 문화가 강한 도쿄 지역과 상인 문화가 강한 오사카 지역의 역사적 기록에서 근거를 찾아볼 수 있겠다.

서기 1600년경 도쿠가와 이에야스德川家康가 이끄는 '동군'과 도요토미 히데요시豊臣秀吉가 이끄는 '서군' 사이에 전투가 있었는데, 역사적으로 일본의 권력이 오사카에서 에도(江戸・도쿄의 옛 지명)로 옮겨지게 되는 이 전투가 치러지는 장소가 오사카로부터 130킬로미터 떨어진 '세키가하라關ヶ原'이고, 400여 년이 지난 현대에 이르러서도 도쿄와 오사카의 서로 다른 생활방식은 이 지역을 경계로 구분되고 있다.

오사카는 지리적으로 더 한국과 가까워서 한국인에게 더 어울리는 가게들 이야기이기도 하다. 나는 요즘도 오사카를 찾는 수많은 한국인이 몰려가는 도톤보리道頓堀, 난바難波, 니폰바시(日本橋, 도쿄에 동일 지명 日本橋는 '니혼바시'로 부른다)의 잘나가는 가게들에서 나름의 성공 전략을 찾는다. 감정에 솔직하고 원색을 선호하며 뛰어난 상술을 지닌 옛 오사카로부터 전해지는 현대 오사카의 가게들 이야기에 빠질 수밖에 없다.

'힘들수록 사람을 만나라'는 상인의 격언은 세상이 불경기이고 모든 가게가 잘 안 되는 시기일수록 잘되는 가게에게서 배우라는 말과 같다고 하겠다. 가게 운영이 어려운가? 가게를 창업하려는데 성공전략이 있는가? 어떻게 하다 보면 밥은 먹고 살겠지라고 생각하는가? 가게운영은 경영이 아니라고 여기는가? '해볼 만큼 해봤는데 안 되더라'는 이야기는 누구의 판단인지 다시 생각해보자. '해볼 만큼 해봤다'는 게 누구의 기준인지, '안 된다'는 게 누구의 결정인지 생각해보자.

어쩌면 당신이 저지른 판단 착오일 수 있다.
잘되는 가게 주인은 당신과 생각이 달랐을 수 있다.
이제는 당신이 배울 시점이다.

이 책은 일본의 부엌이라고 불리는 오사카에서 수백 년 동안 가게를 이어온 전통만을 이야기하려는 게 아니다. 시대를 거쳐 살아남고, 성공을 이어오며 생존한 가게의 전략 이야기를 들으며 배워야 할 건 배우자는 것을 말하려 한다. 도쿄의 가게와는 다른 오사카 가게만의 전략이 있다. 일본의 부엌이라는 애칭(?)을 유지해오며 많은 손님들이 기꺼이 가게 앞에 줄을 서며 기다리는 곳, 오사카에서 만난 가게 이야기를 시작한다.

꼭 비싸야만 제대로 된 스시초밥가 아니다

성공적.

인천공항에서 출발한 지 두 시간이 채 안 된 무렵 오사카의 관문 칸사이關西 국제공항에 도착했다. 비행 유도등을 따라 공항으로 부드럽게 내려앉은 비행기가 넓게 트인 활주로를 따라 이동했다.

비행기가 착륙한 이후 맞바람으로 속도를 줄이기 위한 날개가 작동되면서 다소 따가운 기계음이 귓가를 파고든 건 참을 만했다.

그래서 착륙은 성공적이었다.

"어디서 봤더라. 아, 저기다!"

제1터미널에 도착하자마자 내가 찾은 건 교통카드 구매기였다.

우리나라의 티머니에 해당되는 일본의 교통카드 아이코카icoca 카드를 사두면 지하철과 버스요금 결제는 물론이고, 편의점에서도 사용 가능하며 코인락카 요금도 결제할 수 있다.

일본여행 처음 온 사람이 아니면, 지하철이나 버스 탈 때 잔돈 준비하고 티켓 사는 게 그다지 편리하지만은 않다는 걸 안다. 아이코카 카드는 우리나라에서처럼 기계에 갖다 대기만 하면 자동으로 요금정산이 된다.

가격은 2,000엔.

그런데 요금정산기에 대보면 이상하게 1,500엔만 충전된 상태라는 걸 보게 된다. 까딱하면 이거 무슨 당한 것 같은 기분도 들 수 있는데 차액 500엔은 카드보증금이라는 걸 알아두자. 카드를 다 사용하고 반납할 때 500엔을 돌려준다.

한국 돈으로 약 5,000원에 해당된다. 우리나라에선 카드보증금이 500원인데 너무 비싼 거 아니냐고 생각할 수 있지만 그래도 돌려주는 돈이니 별 상관은 없다. 참고로 카드 디자인이 귀여워서 반납 안 하고 그냥 가져가는 사람들도 상당수 있다는 사실.

"슬슬 출발해야지. 드디어 시작이군."

행선지는 난바難波역이다.

오사카의 북쪽에 우메다梅田역과 함께 남쪽엔 난바 역이라는 용어가 있을 정도로 오사카의 대표적인 번화가다. 이 말은 오사카를 남북으로 구분할 때 각각의 지역을 대표하는 상업지역이라는 의미다. 이 책에서 소개할 가게들이 모인 지역 '도톤보리道頓堀' 에서 무척 가깝다. 숙소를 정한 곳이 난바역 근처인 이유다.

혹시라도 이 책을 통해 오사카 난바에 오고자 하는 경우를 위해 설명해두자면 난바역 14번 출구 또는 닛폰바시역 2번 출구로 나오면 도톤보리로 가기 편하다. 난바역 14번 출구로 나오면 첫 번째 블록에서 우회전이고 니폰바시역 2번 출구로 나오면 첫 번째 블록에서 좌회전이다. 혹은 난바역 B22 번 출구로 나와서 센니치마에千日前 통로를 따라 안으로 들어오면 바로 도톤보리 거리가 나온다.

참고로 '난바'라는 이름은 먼 옛날 '오사카' 시市가 생기기 전에 동네 이름인 '니시나리西成군郡 난바 촌(村: 무라)'에서 비롯되었던 것인데 1925년경에 오사카 지역으로 행정구 편입이 진행되면서 근처 지역이 통합되었다. 아무튼 도시가 발달하면서 점점 넓어진 곳이란 정도만 알아둬도 좋겠다.

칸사이 국제공항에서 난바역까지 가는 방법은 난카이선南海線 중에 라피트rapit를 이용하는 것이다. 오사카에서 난바역까지 순간이동이라도 해줄 것만 같은 이 열차의 이름 때문인지 오사카를 찾는 많은 한국인들도 자주 이용한다고 들었는데 나는 그저 JR 일반급행을 이용하고 만다. 그 이유는 별로 시간 차이가 안 나서다. 고작 10분 정도인데 그 시간이라면 차창 밖 풍경을 보며 여유롭게 소비해도 되지 않을까?

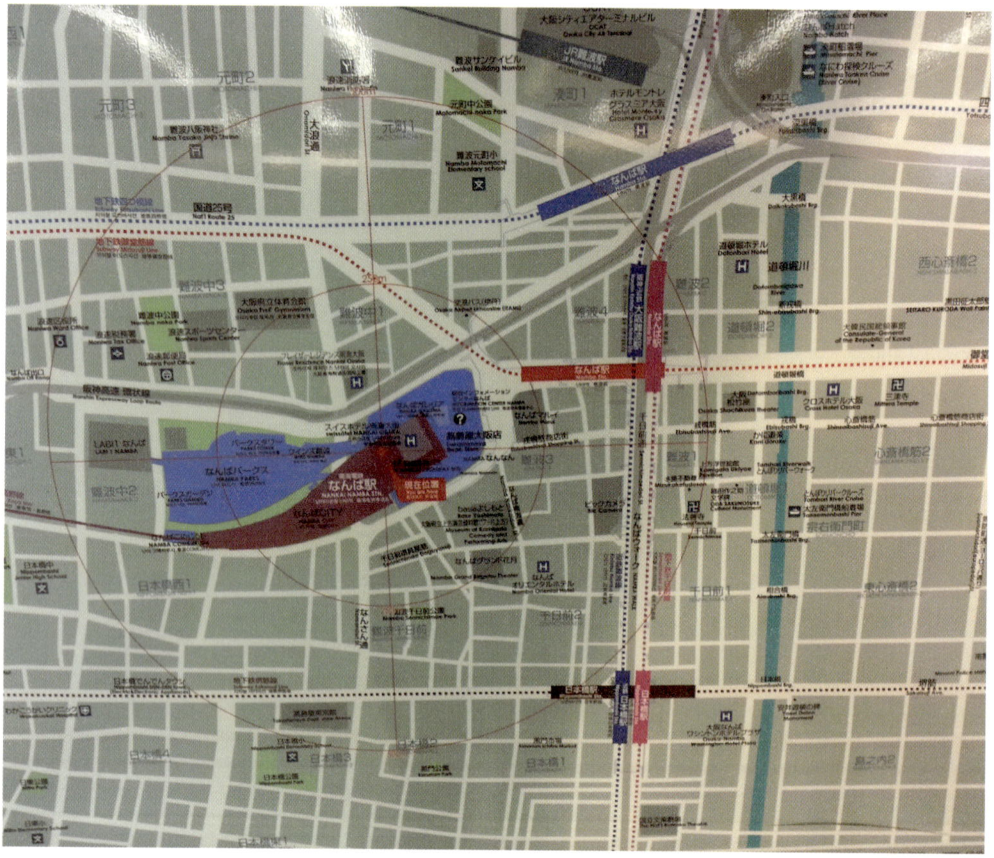

게다가 요금도 고려해야 한다. 라피트 레귤러시트가 1,130엔, 슈퍼시트지정석가 1,340엔이다. 시간은 35분 정도다. 반면에 JR 난카이선을 타고 가면 요금은 920엔이고 45분 정도가 소요된다. 그리고 하나 더 팁을 말하자면 라피트는 출발시간이 지정되어 있어서 난카이선을 타고 난바역에 도착하는 거나 라피트를 타고 오는 거나 시간이 비슷할 때가 있다.

'칸사이 공항에서 난바역까지 가는 더 싼 방법은 없을까?'

물론 있다.

난카이 라피트 티켓을 한국에서 왕복선오사카↔난바으로 미리 끊어서 갈 수 있다. 가격은 2,000엔. 오사카에 도착하면 표로 바꿔야 하는 수고는 있지만 말이다.

그 외에도 '난 공항리무진이 편하더라'고 생각한다면 공항에서 난바까지 1,550엔만 내면 된다. 또는 오사카에 도착해서 근처에 지하철을 환승할 경우엔 1,000엔짜리 '치카토쿠깃푸ちかトクきっぷ'를 사면 편하고, 오사카 1일 자유승차권을 끊고자 한다면 라피트와 함께 이용하는 '요코소 오사카 티켓YOKOSO OSAKA TICKET' 1,500엔짜리도 있다.

'드디어 오사카. 도톤보리에 얼마만이야. 벌써부터 기대가 되네.'

미리 예약해둔 호텔 숙소에 짐을 풀고 다시 밖으로 나선 시각은 오후 3시간 조금 지난 시각이었다. 걸어서 도톤보리까지 가기로 했다. 오랜만에 수로水路를 보며 주위 풍경을 감상하고 싶은 마음도 컸다.

도톤보리는 한마디로 시장골목 같은 곳이다. 오사카 지역엔 키타신치北新地를 비롯해서 신사이바시心齋橋처럼 고급 상점들과 도시형 번화가들도 있는 반면에 뭔가 서민적이고 정감이 어리는 곳이랄까?

다만 서민적 느낌의 먹자골목이면서도 도톤보리가 번화가라고 느껴지는 이유는 역시 뭐니 뭐니 해도 '간판의 힘'이라고 할만하다.

도톤보리 수로를 따라 즐비한 네온사인을 보면 여기가 도쿄에 유흥가 가부키쵸歌舞伎町라고 해도 손색이 없을 정도다. 그것도 음식점이 유독 많이 모인 곳이기도 해서 나름의 특색이 있다.

글리코맨Glico Man.

수많은 도톤보리의 간판들 중에서도 하나를 꼽자면 도톤보리의 상징이 된 간판으로 빼놓을 수 없다. 1935년부터 그 자리를 지키며 사람들을 향해 두 팔을 벌린 자세로 달려오는 듯 한 자세의 남자가 '글리코맨(일본어 발음 그리코만:グリコ マン)'인데, 일본의 제과 업체로 유명한 글리코社가 만든 광고물이다.

두 팔을 벌린 자세로 만든 이유를 들어보니 달리기 선수가 1등으로 도착점으로 들어오는 순간을 표현한 것이라고 한다.

단순한 파란 배경을 비롯해서 오사카 성, 카이유칸, 오사카 돔 등처럼 오사카의 명소들이 글리코맨의 배경으로 나타났다가 사라진다. 이를테면 도톤보리를 찾는 사람은 글리코맨이 오사카 주요 지역을 달리면서 도톤보리로 1등으로 들어오는 순간을 만끽하는 셈이다.

도톤보리에 왔는데 마침 달리기 대회 골인 지점에서 1등 선수를 만나는 기분을 주려는 것인가? 도톤보리가 달리기 대회 골인 지점인가? 이런 저런 생각이 들게 해주는 광고판이다. 도톤보리가 유명하게 된 가장 큰 공신을 꼽으라면 어쩌면 글리코맨이 아닐까 한다.

"오늘은 예쁜 여성이 어디에 있을까나?"

주위를 둘러 봤다. 도톤보리의 또 다른 명소가 된 다리 '에비스바시戎橋'에 왔다. 에비스바시에서는 예쁜 여성을 찾고 다가가서 데이트 신청을 하는 게 예의라고 한다. 그게 무슨 소리냐고?

에비스바시는 '난파なんぱ'로 유명한 곳이다. 청춘남녀가 우연히 만나면서 남자가 여성에게 가서 데이트 신청을 하는 걸 '난파'라고 부르는데, 그걸 하는 장소가 에비스바시라는 곳이다.

길을 걷다가 남자가 호감을 주는 여성을 만났을 때 다가가서 전화번호를 달라고 요청하는 일, 한국에선 헌팅을 하다, 헌팅을 당하다라고 말하는데 일본에선 '난파'한다고 말한다. 오사카 난바 도톤보리에 오면 에비스바시에서 난파가 허용된다. 그런데 이게 한 가지 재미있는 게 일종의 매너처럼 인식이 된 상태라서 에비스바시에서 난파를 당하지 못한 여성은 살짝 자존심 상해한다는 얘기도 있다.

누가 처음 만들었는지는 모르지만 도톤보리에서 난파를 당하다는 표현 자체가 '데이트 장소로 좋은 도톤보리'를 홍보하기에도 제격이란 느낌이 들지 않는가? 남녀 커플이 도톤보리에 자주 오라! 없으면 와서 커플을 만들라는 메시지도 된다는 생각에서다.

"배고파. 겐로쿠스시에 빨리 가야겠어."

글리코맨의 양팔 벌린 자세를 흉내 내며 에비스바시에 서서 셀카를 찍던 중이었다. 에비스바시에서 난파를 주고받는 일본인 커플을 찾는라 얼마나 시간을 보냈을까, 도톤보리의 스토리를 생각하다 보니 저녁식사 시간이 다가왔음을 알았다. 서울에서부터 출발하면서 아무것도 먹지 않은 상태라는 것도 새삼 깨달았다.

다행이다.

이른 봄이라서 그런지 시간은 이르지만 어느덧 어슴푸레 저녁를 해도 될 만한 분위기였다. 이쯤 어두우면 저녁을 먹으러 가도 될 시간이었다. 서둘러 '겐로쿠 스시'로 향했다.

> '요즘엔 한 접시에 135엔이지? 그러면 초밥 두 개에 1,350원 정도이니까 초밥 20개를 먹어도 13,500원 정도 되겠네. 나쁘지 않아. 밥공기 한 그릇이 초밥 10개 정도보다도 적을 테니 배가 많이 고픈 상태이긴 하지만 오늘 저녁 식사비가 많이 나오진 않겠어.'

문제는 줄을 선 사람들이 너무 많다는 사실이었다.

한국의 많은 사람들에게 블로그와 페이스북 등을 통해 익히 알려진 곳이었기에 어느 정도 북적댈 것이란 예상은 했었지만 가게 앞으로 기다리는 사람들이 너무 많아서 살짝 망설여지기도 했다.

'돌아가야 하나? 차라리 편의점에서 라면이나 사서 호텔에서 먹을까?'

하지만 그럴 순 없는 일. 도톤보리의 맛집 명소 '겐로쿠 스시'를 맛보지 않고 다음으로 미룬다면 또 언제 올지 모르는 일 아닌가? 줄의 끝을 찾아 가기로 했다. 다른 가게들 사정도 마찬가지이긴 했다. 때 이른 식사시간이라지만 도톤보리에 오는 사람들이 너무 많아서 어느 가게이든지 기다리는 사람들 수가 적지 않았다.

게다가 겐로쿠스시는 찾아오기도 쉽지 않은가?

오사카 도톤보리에서 커다란 초밥이 매달린 초밥집을 찾으면 그곳이 겐로쿠 스시다. 늘 사람들이 많이 오는 가게, 간판 위에 빨간 아카미(?) 참치 한 점을 얹은 초밥 광고물이 상징처럼 된 곳이니 말이다.

겐로쿠 스시 읽기

눈에 확 들어오는 입체적 간판

도톤보리에 가면 무엇을 먹을 것인가? 생각하는 사람들이 많다. 일본에 있으니 '초밥'은 먹고 가야지 생각하는 사람들이 많은 건 당연. 이럴 때 사람들 눈에 확 들어오는 간판 하나만도 사진 배경이 되고 즐거움을 찾는 관광객들에게 추억이 된다.

겐로쿠스시 가게 앞에서라기보다 커다란 초밥 광고물을 배경으로 사진 찍는 게 더 즐거운 사람들이라서다.

도톤보리 지역은 눈에 확 들어오는 광고물로도 유명하다. 가게마다 특색을 살려서 광고물을 잘 만들어야 한다는 얘기도 된다. 그에 따른 고민도 대단할 것이다. 수많은 광고물 중에서 자기네 가게의 광고물이 손님들 보기에 별로로 인식되면 안 되기 때문이다.

'그래도 오늘은 오래 기다리진 않겠어. 테이블 회전율도 빠른 것 같고 관광객 손님이 많은 것 같으니까 말이야.'

겐로쿠 스시에 오는 사람들은 대부분 관광객이라서 테이블 회전율이 빠르다?

맞다. 회사일 마치고 오는 직장인은 손님 접대용이거나 회식 자리가 많은데 이 경우 테이블 회전율이 낮다.

그들은 되도록 한 자리에서 오래 머물기 때문이다. 반면에 관광객은 한정된 시간 내에서 식사도 하고 명소도 다녀야 하기 때문에 식사 시간도 아껴서 쓴다. 테이블 회전율이 빠를 수밖에 없는 이유다.

가격도 싸고 초밥 맛도 만족할 만한 수준으로 유명한 겐로쿠 스시에 사람들이 모이는 이유다. 저렴한 비용으로 도톤보리의 명소에서 초밥을 즐길 수 있다는 장점이 크기 때문이다. 게다가 초밥의 종류도 100여 가지나 된다. 입맛에 따라 골라먹을 수 있다는 얘기다.

'여기가 회전초밥의 원조라고 말하잖아.'

일본에서도 고급 음식으로만 알려졌던 초밥을 대중화시키는 데 일조했다는 회전초밥이 시작된 곳이 겐로쿠 스시다.

1958년의 일이다.

당시로서는 획기적인 방식이었는데 맥주공장에서 사용하던 컨베이어 벨트 시스템을 사용해서 그 위에 접시를 얹고 초밥을 서빙하게 되었다는 이야기가 있다. 사람들이 겐로쿠스시를 찾는 이유는 그처럼 '전해 내려오는 스토리' 때문이기도 했다. 이왕이면 일본에 와서 '회전초밥의 원조'라는 가게에서 식사를 하겠다는 목적 같은 거 말이다. 게다가 가격도 저렴하니까 부담도 안 되고 일석이조 아닌가.

겐로쿠 스시 읽기

회전초밥의 원조

→ 회전초밥을 처음 시작한 가게라는 유명세가 있다. 이젠 세계 어느 곳을 가더라도 회전 초밥 가게가 상황에서 일본 도톤보리에 원조가 있다면 가보고 싶지 않은가? 가게 창업을 하는 이들에게 선사하는 의미가 큰 점이다. 다른 이들이 다하는 것 하지 말고 자기만의 것을 개발하라는 메시지를 얻는다.

'그래도 회전초밥은 두 명이 와야 되는데, 난 혼자니까 좀 아쉽긴 하네.'

회전초밥은 둘이 먹는다?

접시 위에 올린 초밥의 개수가 두 개라는 얘기다. 생각해보면 초밥이란 것은 주방장이 손님 앞에서 적당히 따뜻한 밥 위에 제대로 숙성된 생선을 얹어 온기가 유지된 상태에서 손님에게 제공해야 하는 음식이다.

그래야만 손의 온기와 밥의 온기, 생선의 온도가 제대로 어우러져 사람 입속에 들어갔을 때 혀 위에서 녹는 식감을 만들어내기 때문이다. 그런데 회전초밥에서는 왜 한 접시 위에 두 개를 올려둘까?

가격이 싼 만큼 이왕이면 두 사람이 와서 많이 먹어달라는 얘기다.

혼자 오는 것과 둘이 오는 건 가게 입장에서 두 배의 손님을 받는 것과 같다. 저렴하게 팔겠으니 두 배의 손님을 받아서 돈을 좀 벌게 해달라는 이야기이기도 했다. 그래서 사장인 '시라이시 요시아키白石義明'가 회전 초밥을 만들어낸 것은 기발한 아이디어였다고 고개를 끄덕이게 된다.

'지금도 그렇지만 1958년 무렵에도 초밥은 결코 저렴한 음식이 아니었겠지. 초밥장인이 만들면 지금도 초밥 한 개당 1만 엔(10만 원)이 넘는 것도 있으니까. 당시엔 먹고 싶어도 비싸서 못 먹는 사람들이 많았을 거야. 요시아키 회장이 있다면 물어보고 싶지만 87세가 되던 2001년 8월 29일에 작고하셨지. 44세 무렵에 회전초밥을 처음 시작하고 생을 마감할 때까지 일본에서만 250개가량의 점포를 운영했다는 건 정말 큰 성공이야. 지금은 뭐 세계 곳곳에 없는 곳이 없으니.'

한 걸음 더 가게 쪽으로 다가섰다.

겐로쿠 스시 안에서 한 팀이 빠져나왔다. 관광객들이었다. DSLR 카메라를 들고 여자 친구처럼 보이는 여성의 사진을 찍어주는 남자 두 명이 두 명의 여자랑 같이 나왔다.

커플끼리 동반 여행을 온 것인가 생각했는데 아니었다. 서로 모르는 사이. 두 커플은 가게 앞에서 각각 사진을 찍더니 다시 도톤보리 골목 어디론가 걸음을 옮겼다. DSLR 카메라의 셔터를 누르자마자 냉큼 달려와서 자신의 모습을 확인하는 점이 익숙하다.

외국에서는 DSLR 들고 사진 찍기에 바쁜 동양인을 보면 '저 사람은 코리언!'이라고 확신한다고 했다.

공감되는 얘기다.

방금 전 내 앞에서 사진을 찍던 두 커플들은 모두 한국인이었다. 두 커플이 어디론가 자리를 옮기고 내 눈에 겐로쿠 스시 가게 안이 들어왔다. 조금만 더 기다리면 초밥을 맛볼 수 있었다.

> '요시아키도 궁리한 거야. 비싸서 못 먹는 초밥을 어떻게 하면 싸게 팔 수 있을까? 결국엔 인건비를 줄이는 게 답이었겠지. 초밥 장인의 수를 줄이고 한 명이 여러 손님에게 대접할 방법. 주방장이 직접 초밥을 만들어서 매번 주는 게 아니라 초밥 주방장이 만들어둔 걸 빠른 시간 내에 손님이 집어 먹을 수 있게 하려면? 가게가 넓은 필요도 없고 주방장을 많이 뽑을 필요도 없고, 결국엔 컨베이어 벨트 아이템이 제격이었어.'

컨베이어 벨트가 움직이는 방향도 중요했다.

움직이는 접시는 따라 가서 잡는 것보다, 마주 올 때 잡는 게 편하다. 오른손 잡이가 많은 특성상 접시는 왼손으로 잡아야 한다. 오른손엔 젓가락을 들고 있어서다.

젓가락을 든 손으로 접시를 잡는 건 위험하다. 그래서 컨베이어 벨트는 시계 방향으로 돈다. 접시를 잡고 벨트 위에서 테이블로 내려두는 건 오롯이 왼손의 몫이 되었다.

> '하지만 결국엔 속도가 문제였겠지. 고급 초밥이란 건 주방장의 손에서 손님의 입 안까지 전해지는 속도가 중요한 건데 회전초밥에서는 그 속도를 어떻게 맞출 수 있을 지가 고민이었을 거야. 생각해볼 수 있잖아, 주방장이 밥솥에서 밥을 집어 손에 담아서 몇 번 쥐었다 폈다 하지. 그리고 와사비를 넣은 후 동시에 생선을 집어서 밥 위에 얹은 후 손님 앞에 내놓는데, 이 시간이 7~8초거든. 그렇게 보면 초밥을 만들어서 손님에게 전하는 시간이 8초 이내인 셈이야. 회전초밥에서는 이 시간을 어떻게 맞출 수 있었을까? 그리고 돈 계산은? 손님이 뭘 먹었는지 주방에서는 알 수가 없을 텐데?'

그에 대한 해답은 컨베이어 벨트의 속도와 접시 색깔에 있었다.

접시의 간격과 벨트의 속도가 중요하다. 접시 간격은 바쁜 시간대엔 조밀하게 놓을 수 있다 하더라도 컨베이어 벨트의 속도만큼은 정확해야 한다. 가령, 주방에서 초밥을 만들어서 벨트 위에 올려두면 그 초밥을 손님이 보고 잡을 수 있는 시간이 8초 이내여야 한다는 의미였다.

'아! 그래! 회전초밥 가게는 좁을 수밖에 없는 거야. 컨베이어 벨트가 주방에서부터 가게 안에 손님들을 거쳐 다시 주방으로 들어온다고 할 때 손님이 초밥을 보고 잡기까지의 시간이 8초 이내여야 한다는데. 8초 이내에 초밥을 보고 잡아야 한다면 1초에 몇 센티미터를 움직여야 할까? 그래서 회전초밥에서 벨트가 움직이는 최적의 속도가 1초에 8센티미터라고 하는 거구나.'

1초에 8센티미터를 움직이는 컨베이어 벨트.

8초가 되면 64센티미터를 움직인다. 이 거리는 손님이 테이블 위에 앉아서 초밥을 보고 팔을 뻗어서 접시를 잡을 수 있는 충분한 시간이다.

계산해보자.

대략 한 사람이 초밥 테이블 앞에 앉았을 때, 앞에 차지하는 공간이 그 정도쯤 된다. 손님 앞을 지나는 시간이 8초이자 거리상 64센티미터가 된다는 얘기다. 8초가 손님이 초밥을 보고 팔을 뻗어 집을 수 있는 최적의 시간이자, 요리사가 초밥을 내놓는 시간과 같기 때문에 심리적으로 최적의 시간이다.

가격은 접시 색깔로 구분할 수 있었다. 주방에선 열심히 초밥을 만들기만 하면 된다. 컨베이어 벨트 위에 남은 초밥을 보면 손님이 어떤 초밥들을 좋아하는지, 어느 재료를 써야 할지도 금세 파악이 된다. 회전초밥 안에는 고도의 전략이 담긴 셈이다.

"이랏샤이마세いらっしゃいませ!"

드디어 입장.

회전초밥집이 그렇지만 입장 후에는 모르는 사람이라도 모든 손님이 나란히 앉아서 식사한다. 점원이 안내하는 빈 좌석에 앉았다.

이게 얼마만의 식사인가. 오늘 오후부터 아무것도 먹지 않아서 더 배고프던 차였다.

우선 녹차를 마시기로 했다. 속을 달래줄 따뜻한 무언가가 필요했다. 내가 앉은 테이블 앞엔 겐로쿠 스시 가게의 서비스가 적힌 안내판들이 보였다.

"따뜻한 차는 무료, 국과 음료는 주문해서."

그렇다. 앉은 자리마다 온수가 나오는 수도꼭지 밸브가 있다. 차는 무료다. 녹차 분말이 보였다. 앞에 놓인 컵을 들어 녹차분말을 조금 넣고 뜨거운 물을 담았다. 향긋한 녹차 향이 속을 진정시켜주는 것 같았다.

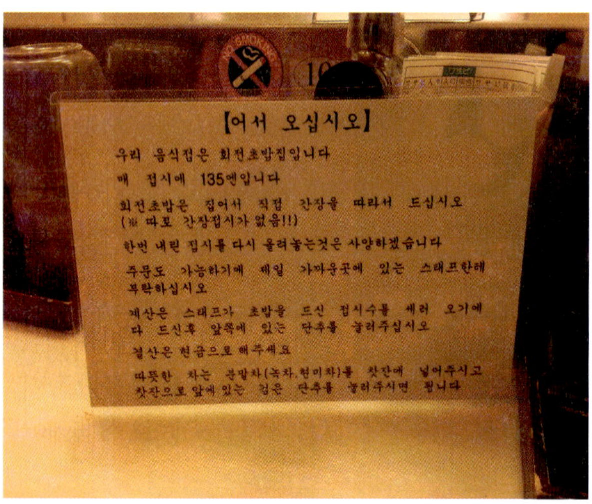

내가 한국인인 걸 알았을까? 아니면 한국인 관광객들이 많이 오므로 자연스럽게 한글메뉴판을 주는 것일까? 내 앞에 우리말로 된 메뉴판이 놓였다.

『우리 음식점은 회전초밥집입니다. 매 접시에 135엔입니다. 회전초밥은 집어서 직접 간장을 따라 드십시오, 따로 간장접시가 없습니다. 한 번 내린 접시를 다시 올려놓는 것은 사양하겠으며, 주문도 가능하므로 제일 가까운 곳에 있는 스태프에게 초밥을 주문해주세요. 계산은 스태프가 초밥을 드신 접시 수를 세러 오므로 다 먹으면 앞쪽에 단추를 눌러주고, 결산은 현금으로, 따뜻한 차는 분말(녹차, 현미차)를 찻잔에 넣은 후 찻잔으로 앞에 있는 검은 단추를 눌러주면 됩니다』란 내용이다.

번역한 게 아니라 한글설명서에 적힌 내용이다.

한쪽엔 겐로쿠 스시에서 내놓는 초밥이 어떤 종류인지 재료표가 붙어있다. 자리마다 식수대가 있어서 종이컵에 따로 받아서 마시면 된다. 테이블 앞에 붙은 호출링에 쓰인 번호가 내 자리번호다. 테이블 안쪽 나무젓가락 통 옆엔 금연 표시가 붙었다.

겐로쿠스시를 사용하는 방법은 이를테면 이런 식이다. 테이블 끝에 앉았거나 뭔가 나만의 초밥을 먹고 싶다면 스태프를 불러서 한글 메뉴표에서 골라서 주문하라는 것. 주방에서 멀리 떨어진 테이블 자리에 앉으면 사실 맛있는 초밥 골라먹기란 불가능하다. 앞에 앉은 손님들이 대부분 다 가져가기 마련이라서다. 그래서 겐로쿠 스시에서는 테이블 끝 쪽에 앉은 손님들에겐 원하는 초밥을 직접 주문해도 된다고 안내해둔다.

'초밥 종류가 뭐가 있는지 볼까?'

참치, 오징어, 생오징어다리, 도미, 뱀장어, 새우, 달콤새우, 연어, 양파연어, 낙지, 생낙지, 생새우, 피조개, 정어리, 청어알, 붕장어, 산 성게, 옥수수콘, 낫토(한국의 청국장과 비슷한 된장), 새우샐러드, 가다랑어, 유부초밥 등이다.

각각 접시에 135엔이란다. 예전엔 130엔 초밥으로 알려졌는데 조금 올랐다.

겐로쿠 스시 읽기

저렴한 단일가격

135엔에 즐기는 초밥. 한 사람이 10개의 접시를 선택해도 1350엔. 일본에서 아르바이트를 하면 시간당 평균 1000엔 정도를 받는다. 1시간 노동으로 초밥 20개를 즐길 수 있는 셈이다. 저렴한 가격임에도 맛은 나쁘지 않은 메뉴를 구성함으로써 관광객들에게 필수코스로 인정받는 유명세를 얻었다.

가게 안으로 들어서면 한눈에 드러난다. 겐로쿠 스시 내부를 기차 칸처럼 긴 공간에 중앙을 기준으로 반으로 나누어 주방과 손님 테이블로 만들었다. 형광 조명에 밝은 실내, 나무 재질로 보이는 의자가 테이블마다 촘촘히 놓였다.

'맛있어 보이는 식감을 주려고 주황색 조명을 사용했을까?'

드디어 한 접시.

내가 앉은 자리 앞을 지나가는 초밥을 골라 먹으면서 식감을 느껴본다. 맛은 시장에서 파는 스시초밥와 100엔 스시의 중간 정도다. 나쁘지 않다. 다소 아쉬운 점은 초밥의 재료 상태를 미리 볼 수 없다는 점이었다. 어떤 재료를 써서 초밥을 만드는지 눈앞에서 확인할 수 없다는 점만 뺀다면 맛은 훌륭했다.

'그래, 재료가 안 보여. 가게 내부 구조가 좁아서인가?'

회전하는 컨베이어 벨트 위에 놓인 초밥이 계속 손님 앞을 지나가는데 초밥을 만드는 곳은 보이지 않는다. 초밥이 만들어져 나오는 곳은 어디에 있는가? 손님끼리 마주 앉아서 시선이 마주치는 걸 막아주는 용도인 테이블 앞 칸막이와 차단용 칸막이가 있는 건 좋다. 낯선 사람과 음식을 먹다가 시선이 마주치는 건 좀 어색하니까.

'아, 저건 된장국인가 보네. 미소시루.'

회전초밥 접시 사이에서 검정색 큰 그릇도 이따금 같이 돌아다니는데 그건 미소시루된장국이니 덜어서 먹어도 되겠다. 마침 셰프가 타다키를 만들면서 토리로 불에 붙였다. 나는 안다. 타다키를 만들면 그 초밥 접시를 먹어봐야 한다는 걸. 그것도 불맛이 사라지기 전에 맛을 봐야만 그 식감이 좋다.

“자, 여기 사진 찍어.”

“초밥 사진 찍었어? 안 나왔네. 다시 찍어. 이번엔 연어초밥 먹는 거로.”

오사카 도톤보리에서의 첫날 저녁식사가 회전초밥으로 채워지는 중이었다. 오사카의 저녁에 즐거운 기억이 가득한 사람들이 모여 함께 식사하는 기분, 사진 플래시는 없었지만 셔터 소리가 끊이지 않은 건 분명 여기가 맛집이고 명소라는 증거다.

“우리 여기 초밥 포장해서 가져갈까? 호텔에 가서 이따가 출출하면 먹게.”

옆 좌석에 앉은 손님 두 명이 서로 속삭이듯 얘기하는 소리가 들린다. 연인 사이인 듯했다. 분면 저 두 사람은 사귀기 시작한 지 얼마 지나지 않은 커플일 것 같았다. 상대에게 잘 보이고 싶은 단계, 여자는 오늘 맘껏 식사를 못 한 모양이었다. 조금만 먹고 이따가 다시 먹겠다고 하는 걸 봐서 그렇다.

“나 지금은 배불러. 그런데 이따가 저녁 때 자기 배고프면 먹어도 되니까.”

여자는 남자가 좋아할 말만 골라서 하는 방법을 안다. 물론 연애 초기 이야기다.

여자가 챙긴 초밥도시락은 분명 여자의 방에 놓일 게 분명하다. 그리고 다음 날 아침 남자가 물어보면 상태가 이상한 거 같아서 버렸다고 하지 않을까?

두 사람은 오사카의 맛집을 찾아서 한국에서부터 비행기를 타고 온 커플로 보였다. 도시락을 사고 싶다는 얘기는 여자가 꺼냈다. 남의 대화를 엿듣고자 한 건 아니었지만 바싹 붙어 앉다시피 자리 잡는 가게 테이블 구조 탓에 다른 사람의 대화 내용을 의도치 않게 듣게 된다. 더구나 같은 언어를 사용하는 한국인들이니까.

'가게 앞에 보니까, 겐로쿠 스시 도시락은 515엔부터 팔던데.'

입 밖으로 꺼낸 말은 아니다. 옆 자리 손님의 이야기를 듣고 생각났다. 아까 가게 앞에서 차례를 기다리며 구경하다가 본 도시락 초밥 가격이었다.

'어, 배부르다.'

몇 개의 접시를 집어 먹었는지 모를 정도로 정신없이 식사를 하던 중 앞에 놓인 접시를 보니 수북이 솟은 모양이 마치 탑 같다. 그래도 다행이다. 겐로쿠 스시에서는 모든 접시가 135엔이니까. 접시 개수 곱하기 135하면 내가 식사한 비용이다.

'그러고 보면 초밥이란 게 불을 사용하는 음식도 아니고 생선과 밥만 있으면 언제 어디에서든 즐길 수 있는 음식이잖아.'

스태프가 돈과 계산서를 가져간 사이에 컨베이어 벨트 위에서 계속 나오는 초밥을 보며 떠오른 생각이다.

초밥의 유래에 대한 '카더라' 속설에서도 초창기에 초밥은 생선에 소금을 뿌려서 밥과 함께 무거운 틀로 눌러서 보관해둔 것이라고 한다. 칸사이 지역에 교토京都가 일본의 수도였던 시절[1] 이야기다. 그렇게 해두면 얼마의 시간이 흐르면서 젖산이 흘러나와서 생선을 오래도로 보관할 수 있게 해줬다는 것이다. 그 당시엔 생선을 먹으면서 밥을 털어버리곤 했는데 밥이 아까운 사람은 생선이랑 같이 먹었다고 하니 그게 초밥의 시초 아닌가?

---

1. (필자 주)옛 일본은 왕이 사는 곳이 수도였다. 일본 왕은 교토에 살았는데 일본이 막부시대를 지나면서 통치권을 가진 건 '쇼군將軍'이 되었고, 1603년 도쿄에 에도막부를 세워지면서 실질적인 수도 역할을 하게 된 식이다. 그런데 메이지유신을 통해 막부시대가 끝나고 통치권을 왕이 다시 갖게 되었는데 1868년엔 교토에 살던 일본 왕이 도쿄로 옮기면서 일본의 수도는 도쿄가 되었다.

'와사비(고추냉이, 山葵)는 귀족들만 먹는 거였으니까 서민들은 겨자(芥子:카라시) 정도만 사용했지. 서양문물을 받아들였다면 당시에도 호스래디시(horseradish, 서양고추냉이)가 있었을지도 모르지만 말이야. 독일인이나 덴마크인이라면 겨자를 먹으면서도 호스래디시로 알았겠지. 그 거나 그 거나 맛은 뭐 비슷하지만.'

밥이랑 생선을 아무리 무겁게 눌러 보관한다고 해도 나중에 꺼내서 먹을 때는 생선 비린내가 진동했을 텐데 그걸 어떻게 참았을까? 매운 맛의 향신료를 넣기 시작한 이유다. 초밥에 와사비가 콕 박혀 들어간 이유는 생선 비린내를 잡아주기 위함이었다.

"감사합니다."

스태프가 내게 갖다 준 영수증을 받아들고 자리에서 일어섰다.

나도 모르게 이젠 자연스럽게 인사가 나온다. 일본인이 동전 몇 개뿐인 거스름돈일지라도 두 손으로 공손히 손님에게 건네는 모습을 보고나서 배운 매너이기도 했다.

한국의 일부 가게에서는 손님에게 잔돈을 주면서 거스름돈을 카운터 위에 놓고 가져가란 태도를 보인다. 뒤에 다음 손님에게 빨리 돈을 받겠다는 모습이나 다름없다. 동전을 집기 힘들어서 시간이 걸리면 그걸 또 못마땅하게 보는 직원도 있으니 문제다.

가게를 나서는데 아직도 밖에는 줄을 선 채 들어오기를 기다리는 손님들이 꽤 있었다. DSLR을 들고 사진을 찍는 사람도 여전했지만 일부는 이제나 저제나 가게 내부만 들여다보며 자리가 나기를 기다리는 이들이었다.

"오빠, 근데 겐로쿠 스시가 무슨 뜻이야?"

영수증을 지갑에 넣고 도톤보리 골목으로 나서려는데 가게 앞에 선 사람 중에서 부부로 보이는 남녀 일행 중 여자가 남자에게 물었다.

"로쿠? 여섯이란 뜻이야? 초밥 접시를 여섯 개만 먹으라는 의미? 오빠는 한자 많이 알잖아, 저거 뭐라고 쓴 거야?"

"겐로쿠? 한자를 보니까 원조집 말할 때 쓰는 원元이란 글자랑 '록'이란 글자야. 회전초밥을 처음 기록하기 시작한 가게라는 의미이겠지."

이를 어쩔까.

남자 체면을 배려하자면 바로 알려줄 수도 없는 노릇이었다. '기록하다'란 의미의 '록録'은 겐로쿠元祿의 록祿과 한자가 다르다. 録록이란 한자가 기록을 의미한다면 록祿은 봉급이나 상금을 의미한다. 공무원들에게 나라의 녹을 받아서 생활한다고 말할 때 사용하는 글자다.

그때 바로 설명해주지 못한 걸 여기에 다시 적자면 이런 의미다. '겐로쿠 스시'는 알아도 '겐로쿠'가 무슨 의미인지 모르는 이들을 위해 알아두자.

예전에는 일본 왕이 살던 '교토'가 수도였는데 1603년 3월 24일에 지금의 도쿄東京인 '에도江戸'에 막부를 설치하고 통치권을 행사한 '도쿠가와 이에야스'가 나타나면서 '에도江戸'가 실질적인 일본의 수도 역할을 담당한 시기가 있었다.

일본 왕은 교토에 살고 있었지만 막부시대엔 쇼군이 통치를 했으므로 '에도江戸'가 실질적인 일본의 수도였던 것이다. 연대로는 1868년 3월 1일 메이지 정부군이 막부幕府를 무너뜨리기까지 1603년부터 265년간의 시기에 해당된다. 그런데 여기서 '겐로쿠'란 다른 의미로 '에도江戸시대'를 말하는 것이다. 우리식으로 풀이하자면 서울의 옛 지명인 '한성'이란 명칭을 넣어서 '서울 초밥' 대신 '한성 초밥'이라고 부르는 것에 비유 가능하다.

조금 더 구체적으로 알아보자면 일본 역사에서 '겐로쿠 시대'로 불리는 기간은 에도의 5대 쇼군 '도쿠가와 쓰나요시徳川綱吉'가 통치하던 1680년부터 1709년을 말하는데,

일왕이었던 히가시야마東山가 재직하던 1688년부터 1704까지 사용하던 연호이기도 하다. 당시 역사적 배경에서도 알 수 있지만 일왕이 있음에도 쇼군이 일본을 통치하던 상황에서 유난히 서로 관계를 좋게 유지하던 약 23년간의 시기를 겐로쿠 시대라고 부른다.

'겐로쿠 스시는 우리말로 한성초밥이란 뜻에 비유 할 수 있지. 조금 더 깊게 생각하자면 일왕이랑 막부의 쇼군이 서로 사이좋게 지낸 시대처럼 오사카랑 도쿄가 서로 사이좋게 지내자는 의미라고도 볼 수 있지 않을까? 조금 앞서간 생각이지만 한 걸음 더 나아가면, 겐로쿠 스시에서는 국적에 상관없이 모두 사이좋게 초밥을 먹자는 의미이기도 하겠지만 말이야.'

겐로쿠 스시 읽기

역사에서 가져온 명칭

'원조를 기록하다'는 의미로 元錄라고 써도 일본어 발음은 '겐로쿠'다. 가게 이름에 동음이의어를 충분히 잘 살렸다고 여겨지는 부분이다. 일본 역사상 왕과 막부가 서로 사이좋게 지낸 시대를 일컫는 '겐로쿠 시대'를 아는 일본인들은 초밥을 앞에 두고 역사를 떠올릴 것이고, 현대에도 도쿄 사람과 오사카 사람 사이에 상대방에 대한 문화적 차이가 있다고 본다면 같은 일본인끼리 사이좋게 지내자는 의미로도 해석될 수도 있겠다.

하나의 문화로 자리잡아가는 가게

"저기 있다!"

겐로쿠스시를 나와서 주위를 둘러보자마자 눈에 들어온 가게가 보였다. 도톤보리에서 커다란 문어가 살아 움직이듯 다리를 꿈틀대는 곳, 도톤보리에 수많은 타코야키가게들 중에서도 한눈에 쏙 들어오는 곳이었다.

일본식 발음으론 '코나몬 뮤지아므'이고 의미는 코나몬 박물관이란 뜻이다. 일본식 발음 '뮤지아므'는 '박물관'을 의미하는 영어의 museum을 일본어 발음으로 표기한 그대로다. 모음 체계가 아あ, 이い, 우う, 에え, 오お 다섯 개밖에 없고 일본어 특성상 받침 발음을 제대로 할 수 없어서 생기는 현상이다.

참고로 우리말은 'ㅏ, ㅑ, ㅓ, ㅕ, ㅗ, ㅛ, ㅜ, ㅠ, ㅡ, ㅣ'라는 10개의 모음이 있고 세계의 어떤 언어라도 (거의) 제대로 발음할 수 있다. 게다가 훈민정음에선 존재하지만 지금은 사용하지 않는 글자인 '여린 히읗ㆆ'과 '반치음ㅿ'까지 포함한다면 영어의 F와 P의 차이, L과 R의 차이는 물론이고 중국어의 shi와 chi, zhi 발음까지 완벽하게 구사할 수 있으니 말이다. 아무튼 세종대왕과 집현전 학자들에게 감사하는 마음이다.

'뮤지아므. 진짜 일본어 발음을 보면 일본사람들이 영어 배우기가 쉽지 않겠다는 생각을 하지. 그래도 영어 잘하는 일본인들이 있으니 대단해.'

사실 우스개 중에 하나이지만 한국인이 일본에 와서 '나는 한국에서 왔습니다'라고 일본어로 말할 때 저지르는 실수가 있다. 딴에는 한국인임을 일본어로 말해주고 싶은 건 알겠는데 일본어 발음상의 유성음과 무성음 구별이 익숙지 않아서 생기는 에피소드다.

가령, '나는 한국에서 왔습니다(私は韓国から来ました:와타시와 **칸꼬꾸**카라 키마시타)'라고 발음해야할 것을 "私は監獄かんごくから来ました(와타시와 **칸고쿠**카라 키마시타)"라고 발음하면서 '나는 감옥에서 왔습니다' 로 이야기하는 경우가 생긴다. 반갑게 웃으며 어느 나라에서 왔는지 서로 인사하려던 일본인 입장에서는 상대가 갑자기 '감옥' 에서 왔다고 말해서 무서웠다고 털어놓는 일이 생기는 이유다.

'사람들이 줄을 섰네. 기다려야지.'

코나몬뮤지엄コナモンミュージアム은 도톤보리에서도 인기 명소다. 그러고 보면 가게마다 특색 있는 간판을 만든 이유가 관광객들에게 잘 보이고 싶은 전략 때문이 아닌가 생각된다.

어느 가게에 왔다, 어느 가게에 들렀다를 기록하려는 관광객 입장에서는 사진 찍기가 매우 중요한데 다른 가게와 차별화를 주는 게 바로 간판이기 때문이다.

'오늘도 대왕문어는 타코야키 하나 들고 있고.'

가게 위를 보면 커다란 문어가 벽에 붙어 있다.

문어다리들이 꿈틀대는 걸 보니 가게가 영업 중이란 표시다. 가게가 문 닫으면 다리도 멈춘다.

그런데 한 가지 재미있는 사실은 가게 위에 움직이는 문어 광고판이 빨간색이란 점이다. 이게 왜 이상하냐면 살아 있는 문어는 빨간색이 아니기 때문이다. 문어를 익히면 빨갛게 변하는데 타코야키를 들고 있는 빨간 문어가 다리를 꿈틀대는 게 어떻게 생각하면 이치에 맞지 않는다.

코나몬뮤지아므 읽기

식재료를 캐릭터화해서 생동감을 넣다

문어 음식을 먹으러 왔는데 문어 캐릭터를 본다면? 그런데 그 문어 캐릭터가 타코야키를 들고 있는 모습이라면? 문어 다리들이 연신 꿈틀대며 손님들 머리 위에서 움직이는 중이라면?

단순한 간판이 아니다. 손님들은 문어 캐릭터를 찾아와서 문어음식을 산다. 문어는 항상 그 자리에 있고 문어 음식은 언제든 자꾸 생긴다. 이건 단순한 식당이 아니라 재미있는 놀이를 즐긴다는 이미지까지 얻는다. 문어가 문어요리를 판다? 재미있는 설정이다. 사람들 기억 속에 오래 남고 다른 가게들과 차별화가 되는 이유다.

가게 스태프의 기운찬 인사말이 연이어 터지면서 가게 앞에 줄이 조금씩 줄어든다. 포장을 가져가는 손님들도 많다. 가게 내부에 올라가서 먹고 가려는 이들은 주문하고 가게 안으로 들어가기도 한다.

치이익.

커다란 문어가 꿈틀대는 사이, 가게 안에서는 스태프들이 만드는 타코야키가 익어간다. 가로 12개 세로 6개 들이 파인 조리기에 재료를 넣으면 귓가를 흘러들며 침샘을 자극하는 치이익 소리와 함께 타코야키들이 익는다.

한 번에 72개를 구워내는 조리틀이다. 스태프 한 명마다 한 대의 조리틀을 담당하는 듯 보였다.

손님이 주문하는 타코야키는 대부분 한 상장에 8개들이 메뉴다. 가게 안에서 먹고 가는 손님은 16개짜리 메뉴를 주문하기도 한다. 8의 배수다.

이건 왜일까? 타코야키 포장은 8개들이 메뉴가 많이 나간다면? 8의 배수만큼 타코야키를 빠르게 구워내는 게 중요하다.

'8의 배수로 딱 떨어지는 조리틀을 사용하면 손님들이나 가게 입장에서 매력이 줄어들지. 64개를 한 번에 굽는다고 해봐. 8팀 손님이 와서 8개씩 담는 메뉴를 가져가면 끝이야. 가게는 다시 64개를 담아서 처음부터 다시 구워야 해. 그 시간을 손님들이 기다리겠어? 8팀씩 손님들이 기다렸다가 가고, 기다렸다가 가고 하는데 9번째 온 팀에서는 대충 얼마나 기다려야 할지 알게 되잖아, 그럼 따분하지. 뭐하러 이 가게에 기다리겠어, 차라리 다른 가게에 가고 말지.'

8개씩 담아주는 타코야키. 72개가 들어가는 틀에 굽다보면 9팀 손님을 보낼 경우 자칫하다간 타코야키가 없게 된다. 이 경우를 대비해서 3개의 조리틀을 다루게 되고 두 개의 조리틀에서 타코야키가 다 팔리더라도 나머지 한 개에선 곧 판매 가능한 타코야키를 굽는 셈이다.

'요즘엔 오사카 사람들치고 타코야키 틀(たこ焼き器) 하나 없는 집이 없다는데. 이걸 가게에서 사먹으려는 사람들은 관광객이니까 가능한 거야. 타코야키는 4개나 6개가 들어간 세트도 많으니까 개수에 특별한 의미는 없는데, 보통 두 사람이 먹기에 적당한 양이 4개 정도가 되거든. 그리고 의미를 부여해본다면, 일본어에서 8개는 8個(はっこ:핫코)라고도 말하는데 발음상 첫사랑을 뜻하는 初戀(はつこい: 하쯔코이)랑 비슷하니까 뭔가 맛에 대해 기대감을 갖게 되기도 하지.'

코나몬粉もん.

이 말은 오사카 사투리다. 밀가루나 쌀가루를 이용해서 만든 음식을 말하는데 오코노미야키, 우동, 타코야키 등이 해당된다. 예로부터 상인이 모인 오사카 지역에서는 아침부터 밤늦게까지 일하는 삶을 이어왔다. 그래서 장사를 하는 중에도 먹을 수 있는 든든한 요깃거리를 찾게 되었는데 이런 이유에서 인기를 끌게 된 음식들이 코나몬 종류인 셈이다.

지금도 오사카 각 가정에서는 타코야키를 구워먹으면서 대화하는 걸 즐기곤 하는데 불 위에서 굽는 '직화구이 틀' 말고도 가스나 전기를 이용해서 타코야키를 만들 수 있는 기기가 많이 있다. 오사카 사람들은 밀가루 음식으로 타코야키나 오코노미야키를 즐긴다.

'코나몬박물관이라니 그럴듯해. 타코야키 박물관이란 거잖아.'

지하1층 '비스트로'에선 캐주얼한 타코야키와 샴페인, 와인을 팔고, 1층의 타코야키 가게 '타코야 도톤보리 쿠쿠르'에서 기술자이 현란하게 뒤집기 기술을 보여준다. 바삭한 겉면과 부드러운 내부가 일품인 타코야키가 나오자마자 사라진다. 손님들이 가져가는 것이다

2층 코나몬 뮤지엄에서는 코나몬과 소스에 대한 역사 자료를 한눈에 볼 수 있다.

3층에선 타코야키 음식모형 만들어보기가 가능하다. 아침 11시 30분부터 저녁 7시 15분까지 운영한다는 것만 염두에 두자. 가짜 반죽을 뭉치고 모형 식재료로 타코야키 만들기는 꽤 재미가 있다. 어린아이들이 와서 타코야키를 만들면 재미있어할 게 분명해 보인다. 한편으론 어릴 때부터 타코야키에 익숙하게 해주는 전략 아닌가? 어른이 되어서도 어릴 때 놀던 가게에 오라는 의도 말이다.

코나몬뮤지아므 읽기

① 어린이 고객을 만들다

고객은 유동적이다. 가령, 단골이란 여러 제약 조건을 필요로 한다. 예를 들면 가게 근처에 살아야 하거나 교통이 편리해야 하고, 주기적으로 가게에 와야 된다는 조건이 붙는다. 그래야만 단골이라고 부를 수 있다. 그래서 가게 입장에선 단골을 많이 만들기보다는 방

문고객을 늘리는 게 더 중요하다.

현재의 어른 고객 대상이 아니라 어린이이나 청소년 고객과의 관계 설정에 집중해야 한다. 타코야키를 사러 오는 어른들이 그들의 아이를 데리고 올 이유를 만들어준 셈이다.

② 고객이 직접 참여하는 체험형 가게를 선보이다

코나몬 뮤지아므에서는 타코야키 메뉴를 다루면서 어린이들이 타코야키를 만들어 볼 수 있는 재미까지 상품으로 만들었다. 우리나라로 치자면 돈가스 가게에 어린이 고객이 와서 돈가스를 만들며 놀 수 있게 해주는 식이다. 어린이들이 미래의 고객이 되는 게 당연하다. 그래서 코나몬 뮤지아므의 전략은 장점으로 작용한다.

타코야키 메뉴 가격은 제품 구성마다 약간씩 다르다.

도톤보리에는 여러 타코야키 가게가 있는데 큼지막한 타코문어를 넣어주는 '오오타코'란 가게도 있고, 6개에 360엔, 10개에 600엔, 20개에 1200엔 정도에 가격이 형성되어 있다.

바로 옆 가게에선 8개에 550엔, 12개에 760엔 가격도 있다. 8개에 650엔, 12개에 900엔짜리 메뉴도 파는 가게가 있다.

'타코야키에 들어가는 재료가 엇비슷하다는 사실에서 생각해봤을 때, 가격 차이는 가게의 위치나 스태프의 숙련도에 따라 생기는 것일 거야. 여러 가게가 경쟁하는 입장에서 싼 가격에 맞추느라 나쁜 재료를 쓸 수는 없을 것이고, 가게 임대료나 고정비용을 감안해서 하루 매출을 고려해야 하니까 가격이 달라지겠지.'

타코야키에 대해 설명하자면, 밀가루 반죽 안에 잘게 자른 문어, 절인 생강, 파, 간장, 튀김가루라고 부르는 텐카스 등의 재료를 넣고 동그란 모양의 틀 안에 넣어 구운 후에 마요네즈랑 소스를 발라서 김가루나 가쓰오부시 등을 뿌려서 먹는 음식이다.

'오사카 사람들이라면 누구나 해먹는 대표 간식이지. 그 기원도 1935년경 오사카에 '아이즈야'라는 가게가 최초로 고안한 거잖아.'

이를테면 타코야키의 시작은 '라디오야키ラジオ焼き'라고 부르는 코나몬 음식에서 비롯되었다는 것이다.

라디오야키란 밀가루 반죽 안에 파, 양배추, 텐카스, 곤약 등을 넣어 만들었는데 오사카 인접 지역인 효고兵庫현県에 위치한 아카시明石 시市의 특산물인 문어타코를 넣으면서 타코야키로 불리게 되었다.

'당시에 일본에 라디오Radio가 보급되면서 뭔가 새로운 건 다 이름 앞에 라디오라고 붙인 게 참 재미있어. 그래서 라디오야키가 된 것이고.'

1912년 이후 무렵이다.

당시 일본은 다이쇼大正 시대였는데 쇠고기랑 곤약을 넣어서 길가에서 운전자에게 팔던 간식이 라디오야키였다.

그런데 1935년경 라디오야키를 팔던 가게 '아이즈야会津屋'에 들른 어느 손님이 "아카시에도 비슷한 게 있는데 문어를 넣더라"는 얘기를 했는데 이때부터 라디오야키에 문어를 넣게 되면서 본격적인 타코야키가 되었다는 이야기다.

그럼 효고현에는 이와 비슷한 코나몬이 없었겠는가? 물론 있었다.

효고현은 일본에서도 유일하게 태평양과 동해를 모두 접하고 있는 곳이다. 이곳의 특산물이 바로 문어다. 효고현県 아카시에서는 코나몬을 만들면서 달걀반죽을 만들고 속재료로 문어만 넣어 먹었는데 이걸 가리켜 '아카시야키'라고 부른다. 현지에서는 달걀을 사용한다고 해서 다마고야키卵焼き라고도 부른다. 지금도 효고현 아카시에 가면 아카시야키를 파는 가게가 즐비하다.

아카시야키를 온전한 타코야키가 아니라고 보는 이유가 재료와 먹는 방법에 차이가 있어서다.

밀가루만 사용하는 타코야키와 다르게 아카시야키는 밀가루랑 '우키코浮き粉'라고 부르는 '밀 전분'을 섞어서 만들고 '아게이타上げ板'라고 부르는 나무판 위에 올려서 '파'랑 미츠바(三つ葉: 반디나물 또는 파드득나물, 삼엽채)가 들어간 특제 소스에 찍어서 먹는다. 밀 전분 재료 덕분에 아카시야키를 입 안에서 씹으면 부드러운 식감이 돈다. 그게 일품인 건 또 다른 차이점이다.

'또 생각나네. 처음에 아게이타라고 해서 목욕탕에 씻을 때 깔고 앉는 널빤지 생각했는데 갑자기 아카시야키를 떡하니 내놓아서 놀랐지.'

맞다. '아게이타'라는 단어는 목욕탕에서 씻을 때 깔고 앉는 널빤지를 말하기도 하고 마루에 물건을 넣을 수 있도록 뗐다 붙였다는 판자를 말한다.

'드디어 내 차례다.'

8개짜리 메뉴를 주문했다. 마침 내 앞에 손님이 만들어둔 타코야키 대부분을 가져갔기에 나는 조금 더 기다려야 했다. 스태프가 금방 만들어주겠다며 조금만 기다려 달라고 미안해한다.

괜찮다. 타코야키를 먹고 싶은 건 나다. 호텔에 가서 먹을 건데 아직 시간이 많다. 난 그 대신 스태프가 만드는 타코야키 기술을 바로 앞에서 구경할 기회를 얻지 않았는가? 이런 생각을 하는 도중 타코야키가 츠르륵 익어갔다.

스태프는 재료통에서 반죽된 걸 꺼내어 틀에 담았다.

밀가루를 다시마나 가쓰오 우린 물에 넣어 소금이랑 간장, 달걀을 넣고 반죽한 재료다. 그러더니 이내 문어 조각을 집어 그 안에 넣는다. 문어살 크기가 일정하다. 눈대중으로 어림잡아 보더라도 한 개의 크기는 1~2센티미터 정도다. 문어의 부위는 제한을 두지 않는 듯했다.

'텐카스도 넣네. 저러면 바삭하긴 하겠다.'

튀김가루를 반죽 안에 넣는 게 보였다. 그리고 반죽의 아래 부분이 익는다 싶으면 스태프가 능숙한 솜씨로 반죽을 돌려 위아래를 바꾼다. 상하上下 자리 바꾸기다.

여러 번 반복한다.

한 번에 익는 게 아니다.

내가 보기엔 대충 익었겠다 싶은데 스태프가 보기엔 아닌가 보다. 바삭해진 겉면에 기름을 바르더니 다시 돌려 굽는다. 그렇게 타코야키를 유심히 보던 스태프가 이윽고 내게 건네줄 포장박스를 들었다. 타코야키가 다 익었다는 신호다.

"오래 기다리셨습니다. 여기 있습니다."

한국에서 먹던 붕어빵 포장마차의 모습과 비교가 되는 건 어쩔 수 없다. 붕어빵 하나를 굽더라도 지금 여기 타코야키 가게의 스태프처럼 진지하고 최선을 다해 구어 준다면 얼마나 감동적일까?

박스에 담긴 타코야키 위에 마요네즈와 가다랑어포(가쓰오부시)를 얹어준다. 가쓰오부시가 마치 살아 있는 것처럼 열기에 움직인다. 이런 모습을 보는 것도 묘한 재미다. 누가 그랬던가? 타코야키란 식어도 맛있는 게 진짜라는 말, 소스 없이도 먹을 수 있을 정도로 맛있어야 한다는 말, 기억나는 모든 미사어구가 지금 이 순간만은 필요 없었다. 내 손 위에는 전문가로 보이는그렇지 않더라도 정성 하나 만큼은 진지한 스태프가 만들어둔 타코야키가 있지 않은가 말이다.

'고가류도 잘 있겠지?'

스태프로부터 타코야키를 받아든 그 순간 내 머릿속에는 고가류甲賀流라는 가게가 떠올랐다. 타코야키에 마요네즈를 처음 뿌리기 시작한 가게다. 아이즈야会津屋 가게도 생각났다. 타코야키의 원조라는 자부심이 대단한 곳, 소금만으로 간을 맞춘 타코야키를 맛볼 수 있는 곳 아닌가.

'오사카역에서 걸어서 5분이면 가는, 덴포잔마켓플레이스天保山マーケットプレース 2층이었지? 아, 갈등된다. 고가류는 니시신사이바시西心齋橋에 있으니까 멀지도 않고 지하철을 타고 가도 요츠바시四つ橋

역에서 3분이면 되는데.'

타코야키에 들어가는 문어가 횟감으로 쓸 정도로 신선하다고 해서 더 유명한 가게들이다. 잘되는 가게는 역시 다 이유가 있다. 도톤보리에서 코나몬 뮤지아므도 유명한 이유가 같다.

'오늘은 일단 너무 피곤하니까 숙소에 가서 쉬어야겠어. 모처럼 타코야키도 여기 있으니까. 도톤보리의 정경을 구경하면서 말이야.'

도톤보리에 오면 먹을 것도 많고 어느 가게 하나 빠트릴 수가 없다. 먹다가 죽는다는 이야기가 맞는 것 같다. 일본어로 구이다오레くいだおれ라고 이야기한다. 오늘 내 경우도 마찬가지다. 도톤보리에 오면 도무지 정신을 차리기 힘드니 말이다.

도톤보리 수로를 따라 걸으며 숙소까지 걸어가기로 했다. 겐로쿠 스시에서 먹은 식사도 포만감이 여전했다. 게다가 손 위에는 타코야키가 있지 않은가. 숙소에 가서 먹으려면 어느 정도 운동을 해서라도 소화를 시키는 게 나았다.

'이 거리가 얼마나 길지? 500미터는 되겠네.'

수로를 따라 걷는데 이런저런 간판이 눈에 들어온다. 엄청 큰 대게 모양의 간판이 보인다. 일본의 대게 프랜차이즈 가게인 '카니도라쿠かに道楽'다. 이름에서부터 대게 식도락 가게라는 의미가 들어 있다.

또 다른 간판은 복어다.

커다란 복어가 보이는 가게는 '츠보라야つぼらや'라고 부르는 복요리 전문점이다. 그리고 삐에로 복장으로 북을 치는 남자아이 간판도 보인다. 이른바 쿠이타오레타로食い倒れ太郎다. 먹다가 망한 아들이란 의미인가?

도톤보리를 걸으며 문득 그런 생각이 들었다.

'도톤보리. 이곳을 백제 사람들이 만들었다는 사실을 일본인은 알까? 역사란 게 참 희한하지. 백제 사람들이 만든 곳에 지금은 한국인 관광객이 제일 많이 몰리는 곳이 되었으니까 말이야.'

물론, 도톤보리 **수로**를 백제인이 만들었다는 게 순전 내 생각인 것만은 아니다.

일본의 역사학자 무라다 다카시村田隆志라는 사람이 2005년에 발간한 『쿠마타 신사 경내사적산책杭全神社境内史蹟散策』라는 책에서 밝힌 사실인데, 야스이 도톤安井道頓이라는 상인이 사재를 털어서 수질 정화를 목적으로 1612년에 파기 시작하여 그의 사촌이 1615년에 완성하였다는 잘못된 설說이 있다고도 덧붙였다.

쿠마타신사杭全神社는 일본 오사카에서도 백제인들이 살던 옛 터전으로 유명한 히라노平野 지역에 소재한 사당을 말하는데, 백제인들이 모여 살던 곳 도톤보리, 그곳을 다시 찾는 많은 한국인들이라니? 어쩐지 역사의 흐름이 반복되는 것 같은 느낌이다.

그리고 다카시 학자의 책에 기록에 의하면 758년부터 811년경 백제 왕족인 사카노우에 다무라마로坂上田村麻呂의 후손 중 나리야스가成安家 가문의 '나리야스 도톤成安道頓'이란 사람이 1615년에 도톤보리 운하(수로)가 완성되기까지 운하개설을 담당했던 최고위 행정관이었는데, 자신이 완성한 기념으로 자기 이름 도톤道頓과 운하(수로: 水路)를 뜻하는 호리(ほり)를 붙여 '도톤보리'라는 이름을 정하게 된 이유라고 한다.

국물이 진해서 매니아가 생긴다?

숙소로 돌아온 시각은 밤 10시가 넘은 무렵이었다. 도톤보리를 따라 걷다보니 이곳저곳 구경하고 사진에 담느라 예상보다 시간이 꽤 많이 흘렀다.

'종이학. 유카타(浴衣)[1]. 인사 메시지.'

방 안에 들어오는데 침대 위에 놓인 종이학과 유카타가 보인다. 그리고 선반처럼 한쪽 벽에 고정된 상태인 좁은 책상 위에 놓인 A4용지도 있었다. 분명 저 종이는 손님을 환영한다는 인사 메시지가 적혔을 게 확실했다.

비즈니스호텔 특성상 좁은 욕실, 침대 하나만으로도 꽉 채워진 룸. 침대 옆으로 벽에 붙은 상태로 지나다녀야 하는 공간. 좁은 선반 위에 놓인 텔레비전. 그리고 인터넷 시대를 확인시켜주듯 텔레비전 바로 옆에 놓인 랜선까지 어느 것 하나도 여기가 일본이란 사실을 잊게 해주진 않았다.

당신은 반드시 이 침대에 누워야만 해!

무언의 압박이 느껴질 정도는 아니었다지만 정갈하게 정돈된 호텔 방 안에서 내가 누울만한 곳은 오직 한 자리, 침대뿐이다. 침대에 누워서 앞을 바라보면 텔레비전이 있고 팔을 뻗으면 닿는 위치에 전화기가 놓였다. 몸을 일으켜 침대 끝으로 이동하면 바로 앞에 좁은 선반과 그 위에서 노트북컴퓨터를 놓고 뭔가 작업할 수 있는 공간이 있다.

1. 유카타浴衣: [필자 주] 목욕을 한 후에 또는 여름철에 입는 무명으로 만든 일본식 홑겹 옷.

'이 정도면 진짜 누가 이 방 디자인할 때 하나하나 다 해보고 최적의 거리와 위치를 계산했다고 밖에 할 수 없어. 공간이 좁은 만큼 그 안에서 불편하지 않게 하려면 공간배치가 중요한 건데 여기는 뭐 좁게 느껴지면서도 필요한 일을 다 할 수 있으니.'

사람들이 일본, 일본 말하는 이유는 이처럼 '공간활용도'가 높다는 장점이 있다. 좁은 공간이라서 최소한의 일만 제한적으로 할 수 있게 되는 게 아니라, 좁은 공간임에도 불구하고 필요한 모든 일을 다 하게 해주는 아이디어가 뛰어나다는 이야기다. 좁아서 안 됩니다 대신 좁아도 다 된다는 얘기다.

"배고파."

밤 12시가 넘은 시각이다.

샤워를 마치고 일과를 정리하다보니 잠시 눈을 붙인다는 게 잠을 자고 일어났다. 방에 불을 켜고 시계를 다시 보니 새벽 1시가 되어간다. 이쯤 되면 뭔가 먹기도 그렇고 그냥 자자니 배가 고플 것 같은 시간이다. 일행이 있다면 간단하게 근처에서 술이나 한 잔 하겠지만 혼자 온 여행은 술을 마시기에도 어째 좀 느낌이 그렇다.

선반 위에 놓인 타코야키 포장이 보였다.

잠시 망설였다.

저걸?

고개를 저었다. 내일 아침에 먹어야 할 음식이다. 아침잠이 많은 나로서는 어중간한 시간대에 일어날 텐데 점심식사하기가 마뜩잖은 시간에 음미할 식량이었다. 시계를 다시 보니 새벽 1시가 넘었다. 이러고 있을 게 아니었다. 생각을 더 할수록 배가 더 고파졌다.

'아, 그렇지.'

옷을 주섬주섬 챙겨 입고 호텔을 다시 나선 시각은 새벽 2시. 어느덧 난바역 주변엔 인적이 드문드문. 그래도 저녁 무렵처럼 많은 인파는 아니었지만 지나다니는 사람들이 없진 않았다.

이른 새벽.

내가 향한 곳은 도톤보리 거리에서 24시간 영업을 하는 킨류라멘 가게였다.

'내가 그걸 잊고 있었다니.'

일본의 3대 라멘은 홋카이도北海道의 삿포로라멘札幌ラーメン, 후쿠오카福岡의 하카다라멘博多ラーメン 그리고 오사카大阪의 킨류라멘이라고 할 수 있겠다.

혹자에 따라서는 다른 라멘을 들 수도 있지만 일본에서 라멘이랑 그 종류가 어마어마하게 많고 라멘 가게들마다 저마다 특성이 천차만별인지라 딱히 3곳을 꼽기도 어렵다. 어쨌든 이 날 내게 꼭 필요한 라멘으로 떠올렸다는 점에서 킨류라멘을 세 손가락 안에 들게 했다고 치자. 각자 좋아하는 라멘을 우선순위에 두는 게 당연한 것 아닌가.

이러한 라면라멘이 일본에 처음 전해진 시기는 '에도 시대'에 중국을 다녀온 일본 사신에 의해 전래되었다고 하는데 일본에서 라멘이란 국제식품규격위원회에 '라멘'이라는 명칭과 규격을 요구할 정도도 일본인들이 갖는 자부심이 남다를 정도다.

'아까 먹고 올 걸.'

겐로쿠스시에서 너무 배가 불렀던 탓이었다. 타코야키를 포장해서 숙소로 갖고 돌아오면 도톤보리 거리를 지나왔지만 킨류라멘 가게 앞을 지나치면서도 먹을 생각이 들지 않았다. 그런데 몇 시간이 채 지나지 않아서 새벽에 다시 나올 줄이야. 어쨌든 다행이었다. 도톤보리에 킨류라멘이 있어서도 다행이고 24시간 영업을 해서도 다행이었다.

'라면의 기원은 일본에서도 의견이 분분하지. 중일 전쟁(1937년 7월 7일) 때 일본 관동군이 중국군인의 비상식량이던 건면을 기초로 해서 국물을 개발한 것이 라멘이 되었다고도 하고, 에도시대에 명나라에서 온 중국인 유학자가 당시 일본의 미토水戸 번藩을 지배하던 도쿠가와 미쓰쿠니(徳川光圀, 1628년~1701년)에게 중국의 국물면을 대접했다는 이야기도 전해지고 말이야.'

일본의 라멘은 그 밖에도 여러 기원을 이야기한다.

메이지시대에 고베에서 시작되었다는 이야기도 나오고 다이쇼시대에 소금시오라멘이 시초라는 이야기도 한다. 그래서 여러 이야기를 종합해보면 라멘이 일본에서 널리 확산된 계기는 중국인들이 이주해오면서 생긴 중화요리점을 통한 경우가 많음을 알게 된다.

그 외에는 '야타이屋台'라고 불리는 포장마차 메뉴로 사람들에게 널리 확산된 것으로 전해지기도 한다.

일본에서는 옛날, 심야 시간대에 조리 기구를 쌓은 리어카를 끌고 다니며 사람들에게 음식을 팔았는데, 영업 중임을 알리려고 피리를 불면서 다녔다고 해서 일본의 포장마차를 '차르멜라(チャルメラ, 피리처럼 생긴 중국식 목제 악기)'라고 부르기도 한다.

이러한 전통이 이어져 요즘에도 작은 차에 의자를 여러 개 싣고 다니며 사람들이 모이는 곳에서 영업을 하는 형태로 발전했다.

'어디 가게를 가지?'

킨류라멘은 도톤보리에 3개가 있다. 도톤보리 거리 안에도 있고 난바역 14번 출구 앞에도 있다. 아무래도 지하철 역 앞보다는 거리 안쪽으로 들어가기로 했다.

주황색 건물이 보이고 초록색 용 한 마리 간판이 보인다면 거기가 킨류라멘 가게다. 한자어로는 금용金龍인데 왜 초록색 용이냐고? 그 용의 배를 보자. 금색이다. 킨류라멘이라고 한 이유는 사실 다른 데 있으니까 그건 조금 뒤에 설명하기로 하고 우선 식사부터 하자.

'잘했어. 기다리지 않아서 좋다.'

도톤보리에서 킨류라면 가게는 사람들이 많다. 그래서 세 곳을 잘 살피다가 줄이 가장 짧은 곳에 가는 게 이득이다.

난바역 14번 앞에 가게는 사람들이 항상 조금 많은 편이고 도톤보리 거리 안에 들어가서 만나는 첫 가게에 사람들이 제일 많다. 조금 참을 수 있다면 조금 더 안쪽으로 들어가 보자. 가게가 하나 더 나오는데 홀도 제일 넓고 줄을 안 서는 경우도 많아서 편리하다.

모든 가게가 셀프서비스로 손님이 직접 식권 뽑고, 반찬 가져가고, 음식 받아가서 식사를 하는 시스템이지만 그래도 줄 안 서는 게 좋다. 아참, 식사를 마치면 노란색 행주를 들고 테이블까지 치워주자. 그래야 다음 손님들이 또 편하게 식사한다.

'뭐 먹을까?'

밥과 김치, 부추가 무료이고 무제한이다.

이건 라멘에 넣어먹으라는 얘기다. 밥과 김치는 누군가 그러던데 한국인 관광객을 위해 갖다 놓았다고 한다. 느끼한 거 입맛에 안 맞으면 김치 넣어 먹고, 라멘 양이 부족하면 밥 말아서 더 먹으란 얘기다. 라멘 국물에 밥 말아서 먹는 민족이 한국인들이니까.

킨류라멘 읽기

양념반찬이 무료다

닭 육수와 돼지뼈 육수. 이 두 가지 육수는 사람들에게 익숙하다. 어쩌면 평범한 맛이다. 특별한 재료가 들어가지 않으면 별반 차이를 못 느낄 수도 있다. 다른 가게의 닭육수와 돼지뼈육수가 더 입맛에 맞을 수도 있다.

그래서 닭육수와 돼지뼈 육수를 손님 입맛에 맞게 만들어 먹을 수 있도록 하는 게 중요하다. 손님들은 '먹어본 육수'보다 '새로운 육수'를 원하기 때문이다. 한 가지 맛은 질리기 쉽다. 게다가 '색다른 육수'를 찾는 이들도 꽤 되지만 가게 입장에서는 기존의 육수를 좋아하는 손님들을 위해 그대로 콘셉트는 유지할 필요도 있다.

한 가지 맛만 고집할 경우 그 맛을 좋아하는 손님들이 계속 늘어나야만 가게가 성장하는데 그 맛이 어느 순간 구식이 되어버리고 또 다른 맛에 익숙한 사람들이 늘어난다면 그 가게는 문 닫기 일보직전이 된다.

그래서 킨류라멘의 양념부추 추가, 김치 추가, 다진 마늘 추가 서비스는 탁월한 전략이다. 가게를 찾는 한국인 손님이 늘어날수록 킨류라멘은 더 인기를 얻을 게 분명하다. 그뿐 아니라 킨류라멘의 기존 육수를 기억하는 사람들일지라도 새로운 양념을 추가해보면서 그들에게 더 어울리는 맛을 만들어 먹는 즐거움을 가질 수 있다.

양념 더하라고 다진 마늘도 넣게 해준다.

테이블 한쪽에 비치되어 있으므로 자유롭게 이용 가능하다. 다만 별도 그릇은 손님이 알아서 챙기고 반찬도 알아서 담는다. 김치랑 다진 마늘, 양념부추는 라면 그릇에 넣어서 기호에 맞춰 먹어야 한다.

밥? 밥도 마찬가지다.

적당량을 덜어서 나중에 먹자. 라멘 식권을 직원에게 건넸다면 주방 앞에 놓인 공간에서 젓가락, 물티슈, 수푼, 물 등을 준비해서 테이블에 가져다 둔다.

'그래도 그렇지, 일본에서 무료반찬이라니. 감동이지. 도쿄만 하더라도 반찬 한 개에 300엔씩 받는 곳이 대부분인데. 탁월해. 아, 근데 뭘 먹지? 그냥 라멘? 차슈 라멘?'

메뉴는 딱 두 개다.

그냥 라멘과 차슈라멘인데 수육을 더 넣느냐 마느냐에 따른 차이다. 차슈 라멘은 돼지수육의 양만 차이가 있을 뿐 맛은 동일하다. '차슈'는 돼지고기 편육을 말한다. 이곳 돼지뼈를 우려낸 진한 육수다.

이 날 내가 고민한 건 수육을 더 먹느냐 덜 먹느냐의 문제였다. 물론 평소 같았으면 두 개 먹을 수도 있었지만 이 밤에 두 개는 무리, 하나만 골랐다.

킨류라멘 읽기

메뉴가 단출하다

식당을 찾는 사람들은 어느 가게든지 어떤 맛 하나만을 기억한다. 김치찌개가 떠오를 땐 김치찌개를 먹으러 가고 라면이 생각나면 라면을 먹는다. 설렁탕이 생각나면 설렁탕집에 간다. 다시 말해서, 짜장면이 생각나면 중국식당에 간다는 의미다.

그런데 중국식당에 가보면 알지만 그곳엔 짜장면, 우동, 볶음밥, 탕수육, 팔보채 등처럼 많은 요리가 있다. 불필요한 추가메뉴 구성은 손님들에게 '이 가게는 비전문가'라는 이미지만 심어줄 우려가 생긴다지만 '중국집에 와서 탕수육이나 팔보채를 먹으려는 사람들은 어떻게 하는가?'

생각해보자. 10명의 손님이 와서 탕수육과 팔보채를 주문할 가능성이 몇 퍼센트나 되는가? 확률상 높지 않다. 일정 퍼센트 미만의 확률을 위해 탕수육과 팔보채를 준비하겠는가? 아니면 짜장면을 주문하는 사람들을 더 받겠는가?

'짜장면을 주문하는 고객이 늘어난다고 장담 못 한다?'

아니다. 손님들에게 '우리 중국집에서는 짜장면만 판다'고 알려지지 않아서다. 상식적으로 생각할 때도 사람들은 중국집에 가면 탕수육도 있고 팔보채도, 양장피도 판다고 여긴다. 그래서 중국집에 가서 짜장면만 시키면서도 은근히 다른 메뉴를 보며 망설인다.

손님이랑 있는데 다른 거 먹어야 되는 거 아닌가?

오늘은 짜장면 말고 탕수육이라도 먹어볼까?

어느 중국집에서 짜장면만 판다고 생각해보자. 우선 마음에 부담이 없다. 그 중국집은 짜장면 전문가라는 이미지를 얻는다. 어느 누구랑 그 가게에 가더라도 짜장면을 먹게 될 거라고 생각한다. 평소엔 중국집에 가서 탕수육이나 팔보채, 간짜장 등 다른 메뉴를 먹을까 고민했던 것도 사실이지만 이곳에 가면 메뉴가 단일하므로 여러 걱정이 사라진다. 그리고 가게 입장에선 테이블 회전율이 그만큼 더 좋아진다. 탕수육 주문 후 조리 시간, 식사 시간을 합쳐보면 짜장면을 만들어 파는 게 더 이익이다.

킨류라멘은 닭육수 라멘과 돼지뼈 육수 라멘 두 개로 단일화한 게 장점이다. 손님들은 식사를 해결하러 올 뿐이다. 킨류라멘에 와서 무엇을 먹을까 고민할 시간도 준다. 그들은 오직 '어떤 맛일까?'만 생각한다. 그들이 기대하던 맛이건 아니건 중요한 건 아니다. 손님들이 만족을 하건 안 했건 간에 킨류라멘은 소문날 수밖에 없다.

'너 라멘 좋아하지? 킨류라멘 가서 먹어봐. 거기 메뉴가 라멘뿐인데 그 맛 좀 보고 와.'

이럴 뿐이다. 사람들이 계속 몰리는 이유다.

단일메뉴가 장점이 되는 이유 하나를 더 설명하자면 '어떤 맛이든 호불호가 갈린다'는 점 때문이다. 한 가지 맛만 고집하는 가게가 있다고 하자. 사람들이 들고 나가보면 그 맛을 좋아하는 손님만 오게 된다. 그 가게의 맛을 원치 않는 손님들은 자연스레 발길을 끊는다. 그리고 일정 시간이 흐르면 어떻게 될까? 그 가게엔 그 맛에 대한 호평만 남는다. 그 맛을 좋아하는 사람들이 가게를 자연스럽게 홍보하는 것이다.

자판기에서 돈을 넣고 메뉴를 고르니 식권이 나왔다.

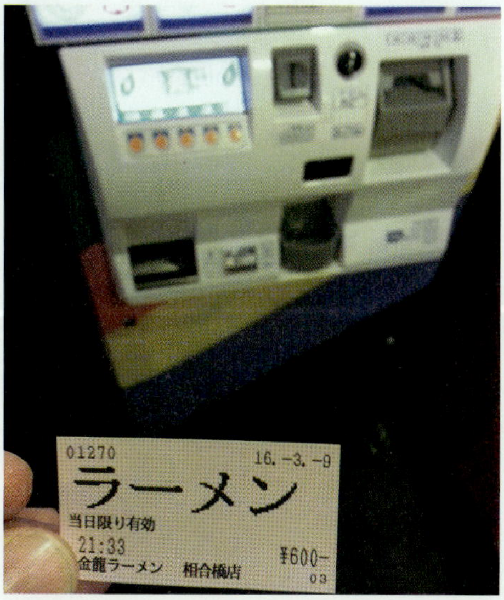

일본어를 하느냐 마느냐의 문제도 없다. 우리말로도 구입 가능하다. 라멘가게치고 이쯤 되면 진짜 글로벌하다.

뽑아든 식권을 오픈키친 주방 앞으로 가서 직원에게 건넸다. 직원은 내게 번호표를 준다. 이제 내가 할 일은 라멘이 나오길 기다렸다가 번호표 들고 가서 번호표 주고 라멘 받아 오는 일뿐이다.

킨류라멘 읽기

셀프서비스다

24시간 가게 운영은 인건비 문제가 가장 크다. 낮시간대와 밤시간대 임금이 달라야 하고 이런저런 안전사고의 위험을 감당해야 한다. 가게 입장에선 24시간 내내 운영하는 게 좋은데 손님 접대를 해야 할 직원을 써야 한다면 인건비와 부가적인 비용이 들기 때문에 음식 가격을 올리거나 다른 추가 조치를 강구해야 한다.

어떻게 해야 할까?

가게엔 손님들만 있게 하고 스태프는 최소한의 인원만 주방 안에만 머물게 하는 전략이 가장 좋다. 카운터에 앉힐 직원도 필요 없다. 식권 자판기로 대체하면 선불을 받는 셈이니 계산도 정확해진다. 미리 돈을 낸 손님은 셀프서비스 방침대로 잘 따라오게 된다. 그들이 원하는 음식값을 지불했으니 그 안에 모든 비용이 포함된다고 여기기 때문이다. 그래서 셀프서비스 가게에서는 무조건 선불을 받는 게 중요하다.

킨류라멘에서 24시간 영업을 하고 셀프서비스를 운영할 수 있는 이유는 선불로 받는 식권자판기의 공이 크다.

'오. 이런. 이건 반드시 먹어야만 해.'

도톤보리에서 킨류라멘을 맛본 사람들의 공통된 이야기다.

이 날 나도 마찬가지였다.

배가 고팠던 차에 야식 겸 고른 것일 뿐이지만 일본 특유의 라멘 맛이 어우러져 감탄사가 저절로 나왔다. 다진 마늘과 양념부추를 넣어서 먹으면 한국인의 입맛에 어울리는 얼큰한 육수 맛이 된다.

제주도에서 파는 고기국수에 비유할 수도 있겠다. 사골국물에 국수를 말아먹는 식감과 정확하게 일치하는 건 아니지만 대략 그런 느낌이 난다. MSG가 들어간 라면은 먹고 나서도 목이 칼칼하고 거북한 속 느낌이 난다고 하면 킨류라멘의 육수는 여운이 남도록 진하고 개운한 맛이다.

'그 전에 여기 왔을 때는 서서 먹는 사람들도 많았는데 이 시간대에 오니까 조용하고 테이블도 여유롭고 좋네.'

킨류라멘은 도톤보리의 명소이지만 일본 내에 여러 점포가 있다. 유명 인사도 가끔 와서 먹고 갈 정도로 인기가 높다. 사람들이 많은 시간대에는 빈 좌석이 없기도 하는데 서서 먹는 사람들도 있다. 좌석제 식당 분위기가 아니라 포장마차 분위기라서 가능한 모습이다. 참고로 난바역 앞에 있는 킨류라멘은 서서 먹는 가게다. 사람은 많고 가게는 좁고.

'이건 3대 라멘이라고 해도 손색이 없지 않아!'

육수 맛을 보면서 고개를 끄덕인다.

포장마차에 가까운 야타이屋台 형태의 가게에서 파는 음식이라고 해서 그 깊이를 간과하면 안 된다는 게 실감된다. 한두 스푼을 떠서 먹어보면 입 안 가득 진한 육수에서 나오는 시원함이 있다. 한국음식에서 말하는 뜨거우면서도 몸을 개운하게 해주는 시원함을 말한다.

그리고 야타이에서 실력을 인정받아야만 가게를 열고 장사를 이어가던 사람들이었기 때문이다.

'킨류金龍らーめん란 누런 면발을 용이라고 여기고 입 속으로 들어가는 모양이기도 해. 용이 하늘로 오르는 셈이지, 코믹하네. 그리고 킨류라는 발음이 같은 건데, 金流きんりゅう, 즉 돈이 흐른다는 상징을 준 거야.'

라멘을 먹다보니 그 모양이 재밌다.

꼬불꼬불한 면발이 육수 안에서 이리저리 도는데 젓가락으로 휘휘 젓다가 푹 집어

올리고 입 안에 넣는 모습을 보니 물에서 용들이 꿈틀대다가 하늘로 솟구치는 상황이 연상된다. 용이 몸을 꿈틀대며 헤엄치는 물은 라멘 육수이고, 라멘 면발은 꿈틀대는 용 그 자체가 아닌가?

라멘이 중국에서 유입된 거라고 한다면 가게 이름에 용龍과 금金이 등장한다는 건 더욱 필연적이라고 밖에 할 수 없다. 황금 그리고 용. 특히 중국에서 좋아하는 재물에 대한 이미지 아닌가.

가게 이름을 발음상으로같은 킨류金流라고 이해한다면 황금의 흐름이라고도 생각할 수 있다.

라멘에서 노란 면발은 황금이고 그게 하늘로 솟구쳐서 손님들 입으로 들어가니 황금을 가져가는 사람이라고 상상할 수 있다. 가게 주인은 손님들이 황금을 갖다 주니 좋고, 손님들은 황금을 먹으면서 돈을 많이 벌 수 있기를 기대하게 되니 좋다.

> '킨류라멘의 라멘 면발과 육수의 맛이 입맛에 맞는 것도 이 가게가 잘되는 이유지. 한국인들이 많이 오니까 다진 마늘과 김치, 양념부추를 반찬으로 내놓는 발 빠른 전략도 훌륭하고. 메뉴도 간단하게 두 가지만 정한 것도 좋아. 육수의 맛만으로 라멘 가게의 특색을 말하더라도 킨류라멘만의 독특함이 있으니까 어디에 내놔도 손색이 없겠어.'

원조란 뭔가?

그 고장에서 자라난 재료로 맛을 내야 하는 건 당연하다고 하더라도, 가게 주인의 오랜 노력 끝에 독특한 맛을 찾아내고 그 맛을 손님들에게 인정받은 가게라는 뜻 아닌가?

라멘에 얹어 먹는 고명이 독특한 것도 차별화도 중요하겠지만 무엇보다도 중요한 건 육수 맛이 차별화되어야 하는 점이다.

이름이 똑같은 닭육수, 돼지뼈 육수라고 하더라도 어느 부위를 어떤 재료들과 함께 얼마나 오래 고아서 만드느냐의 차이점도 생기겠다.

물론 상식적으로는 닭육수가 특별하다고 해서 반드시 오사카면 오사카, 도쿄면 도쿄에 가야만 그 닭육수를 맛볼 수 있다는 건 아니다. 여기서 말하는 원조란 의미는 어느 누가 가장 처음 그 맛을 냈느냐의 문제가 되겠다. 맛을 가장 처음 만든 사람이 원조이고, 그 맛을 처음 판매한 가게가 원조가게다.

'그래서 라멘 가게들을 보면 원조라는 이미지를 강조하기 위해서 지역 명칭을 라멘가게 앞에 붙이곤 하잖아.'

예를 들어, 많은 한국인들이 어느 순간 한 번은 익히 들어봤음직한 가게이름 '큐슈라멘'이 있다.

넓은 큐슈 땅에 각기 다른 맛 스타일의 라멘가게들이 천지에 널렸지만 일반적으로 큐슈라멘이라고 하면 기름이 풍부하고 짭짤한 돼지육수가 떠오른다. 큐슈 지역이 돈가스의 본고장이라서 일까?

큐슈라멘과 비슷하지만 전혀 다른 육수가 특색인 '하카타 라멘'이 있다. 후쿠오카의 다른 이름인 하카타를 라멘 앞에 붙여 만든 것이 원조의 냄새가 난다.

큐슈라멘처럼 돈코츠 라멘이 주요 메뉴인데 돼지육수가 더 진하고 면발이 가늘다. 일본 라멘을 좋아한다는 사람도 하카다라멘 만큼은 입맛에 맞지 않는다고 고백할 정도로 그 맛이 독특하다.

하카타 근처의 '쿠루메久留米 라멘'도 인기다.

돈가스와 간장 재료를 넣어 만든 차별화된 맛이 독특하다. 후쿠오카 지역에 쿠루메가 있다. 이처럼 각기 다른 맛을 내며 여러 종류로 나뉜 라멘들이 많다. 또 다른 경우로 '쿠마모토熊本 라멘'은 라멘에 생마늘 대신 구운 마늘이나 튀긴 마늘을 넣는다. 육수의 맛이 달라지는 이유다.

'언제인가? 국내에 나가사키 라멘도 나온 걸 본 거 같은데. 짬뽕이었나?'

나가사키長崎 라멘은 육수에 조개류 식재가 많이 들어간다. 나가사키 짬뽕이 아니다. 나가사키 라멘이다. 사람들이 흔히 나가사키를 말하면서 짬뽕을 거론하는 탓에 진정한 나가사키 라멘을 맛보기가 쉽지만은 않지만 분명 나가사키 라멘은 독특하다.

지금까진 돼지뼈를 우려낸 만든 라멘을 말했는데, 닭뼈로 우려낸 라멘 육수로 차별화하는 가게도 있다. 대표적으로 도쿄東京라멘은 맑은 육수가 특징이다. 중국식 메밀면 육수에 가까운 맛이다.

'킨류라멘에 양념 부추, 다진 마늘, 김치를 넣는 것처럼 일본 라멘에도 고명에 따라 다른 맛이 있지.'

일례로 요코하마橫濱 라멘이 있다. 돈가스 라멘 범주에 속하는데 김 3장을 올려서 내놓는 게 특색이고, 홋카이도(北海道) 라멘처럼 돼지기름을 많이 넣고 옥수수 등을 올려 먹는 라멘도 있다.

> '그래도 일본 3대 라멘에 속하는 삿포로札幌, 하코다테函館가 있지. 미소라멘으로 대표되는 게 삿포로 라멘이고, 시오라멘이라고 하면 하코다테 라멘이지 않겠어? 삿포로 지역보다 거주 인구가 적어서 시오라멘의 인지도가 늘어나는 게 조금 역부족이긴 하지만 말이야.'

킨류라멘을 나와서 숙소로 돌아온 시각은 새벽 3시가 될 무렵이었다. 새벽에 출출함을 참지 않고 외출했다가 들어온 것이 잘했다고 여겨진다. 킨류라멘의 풍미를 제대로 느낄 수 있어서이고 오사카의 이른 새벽 공기를 느끼며 도톤보리의 색다른 정취를 볼 수 있어서다.

오사카의 밤이 흐르는 도톤보리에서 만나는 또 하나의 새벽이었다.

먹고 갈 손님은 반드시 미리 말하세요

얼마 후.

"글리코맨 광고물이 저기 있고, 이 다리 건너서 H&M 보이면 그 맞은 편 골목인데. 아, 저기다."

도톤보리의 명소 '파블로'에 들렀다.

사실 개인적으로는 달달한 디저트류를 자주 즐기는 편은 아니지만 오사카 도톤보리에 온 기념으로 귀국할 때 지인들에게 줄 선물을 고르라면 역시 파블로가 압도적이다.

내가 파블로를 본 건 꽤 오래 전 일이다.

오사카에서 신사이바시 역에 내려서 도톤보리 쪽으로 걷던 중이었다. 그 날도 역시 사람들이 줄을 서서 기다리고 있는데 나도 줄을 서서 맛을 봤던 기억이 난다.

달콤한 치즈타르트가 계속 만들어지면서 가게 밖으로 새어나오는 달콤함이 내 발길을 세웠다고 할까. 바쁘게 돌아가는 파블로 가게 내부의 스태프들을 보며 궁금하기도 했다.

그렇게 큰 가게는 아니다.

가게 내부엔 치즈타르트를 굽는 스태프, 오븐기, 판매대, 진열대가 전부였다. 하지만 그 안에서 모든 스태프들이 일사분란하게 마치 오로지 치즈타르트만을 위해 존재하는 것처럼 막힘없이 흐른다. 치즈타르트가 나오면 포장과 동시에 주문 고객에게 전달된다. 치즈타르트의 맛이 보존되는 건 6일인가 보다. 유효기간이 6일이란다.

'먹고 갈까? 포장해서 갈까?'

가게에서 먹고 가려면 치즈타르트를 주문하고 2층에 가서 기다리면 된다. 스태프가 주문했던 치즈타르트랑 음료를 갖다 준다. 2층엔 의외로 손님들이 많지 않았다. 대부분 손님들이 포장해서 간다는 얘기다.

'나도 처음엔 포장해서 갔는데 나중에 생각해보니 먹고 가는 게 좋은 것 같기도 하더라. 치즈타르트는 만들자마자 따뜻할 때 먹는 게 가장 맛있거든. 포장해 가서 나중에 레인지에 데워 먹어도 되지만 그래도 구워서 오븐에서 막 나올 때의 그 맛은 아니야. 한 입 베어 물면 입 안에서 치즈가 흐르는 그 식감도 훌륭하지. 가게 이름을 보더라도 <야키다테 치즈 타르트 파브로焼きたてチーズタルトPABLO>잖아. 구워서 내오는 치즈타르트. 구워서 바로 먹는 게 진짜지.'

사람들 뒤에 줄을 서서 가게 안을 구경하는 중이었다. 치즈타르트를 받아들고 돌아가는 사람들 모습이 보였다.

'간판에 봐. 치즈가 주르륵 흐르잖아.'

치즈타르트는 큰 사이즈, 작은 사이즈 두 개다. 줄 서지 않고 다음에 줄 없을 때 와서 바로 사가야지 생각하다간 더 긴 줄을 서야 할 수도 있으므로 파블로 앞을 지난다면 줄을 서더라도 그때 바로 사는 게 좋다. 가게에서 먹고 갈 손님들이랑 테이크아웃해서 가져갈 손님들이랑 서로 줄이 다르다. 이뿐 아니다. 도톤보리의 다른 가게들도 마찬가지지만 도무지 종잡을 수 없는 게 사람들의 줄이다.

괜스레 유쾌한 기분이 들었다. 가게 내부도 보고 간판도 보면서 이래저래 혼잣말을 중얼거렸다.

'도쿄 시부야에서도 봤는데 거기에서도 인기인데. 이번엔 도톤보리에서 맛을 보네.'

파블로에서는 하루에 치즈타르트를 1,500개 만든다. 그게 모두 팔릴 정도로 인기가 높다. 무엇보다도 관심을 두게 된 이유는 치즈타르트 만드는 과정을 손님이 직접 볼 수 있다는 점이었다.

파블로 읽기

유리 키친

모든 걸 오픈하는 주방이다. 가게에 온 손님에게, 가게 주위를 다니는 사람들에게도 오픈한다. 단순히 메뉴를 만드는 것만 보여주는 게 아니다. 가게에서 일하는 스태프가 장인정신으로 최선을 다하는 마음가짐까지 보여주는 키친이다.

만드는 과정을 모르면 그 안에 얼마나 노력이 들어갔는지 모른다. 더구나 치즈타르트처럼 작고 예쁜 디저트는 겉모양만 봤을 때 기계에서 금방 금방 찍어내는 쿠키라고 생각할 수 있다. 그래서 파블로에서는 만드는 과정을 모두 오픈하고 스태프들이 최선을 다하는 모습을 손님들에게 보여줌으로써 치즈타르트에 가치를 더하는 전략을 썼다.

그리 크지 않은 가게에서 스태프들이 바쁘게 움직이는 것도 신기했지만 오븐에서 스르륵 쏟아져 나오는 치즈타르트를 보면 누구라도 진짜 빨리 하나 먹어보고 싶다는 생각이 들게 할 정도다.

쏟아져 나온다고밖에 표현 할 수 없는 게, 가지런히 정돈된 치즈타르트들이 노란색으로 모인 모습을 보면 그 줄을 흩으러 버리고 싶을 정도다.

'아, 시작이다. 시작이다.'

스태프가 치즈타르를 준비하고 있었다. 새로 굽기 시작했다.

우선 제일 먼저 눈에 띈 건 페이스트리처럼 생긴 빵이다. 치즈를 넣는 틀 역할을 빵이 한다. 틀 안에 반죽을 넣어 빵 틀을 만든 스태프의 손에 들린 건 치즈크림. 노릇하게 생긴 빵 틀 안에 치즈크림을 넣는다.

'맛있겠다.'

치즈크림만 봐도 입 안에 군침이 돋는다. 어느새 가게 밖에 있던 손님들이 줄을 선 그대로 노릇하게 구워진 빵 틀 안에 담기는 치즈크림을 바라보고 있었다. 명성만 듣고 왔던 사람일지라도 눈앞에서 치즈타르트가 만들어지는 과정을 보면 하나 살 거 두 개 살 것 같은 기분이 든다. 소문난 먹거리라고 이름만 들었을 때와 직접 눈앞에서 만들어지는 걸 보는 거랑은 딴 판일 것이다.

빵 틀 안에 치즈크림이 가득 가득 채워진다. 그 모습을 지켜보는 사람에게 스스로 치즈크림을 넣는 것 같은 기분을 느끼게 한다. 유리창 하나를 사이에 두고 바로 앞에서 벌어지기 때문이다.

'아, 이제 오븐에 넣는구나.'

치즈크림을 일일이 다 넣은 후에는 빵

틀을 그대로 들어서 오븐에 넣으려는 것 같았다.

아, 그런데 잠깐.

치즈크림이 담긴 빵 위에 뭔가 노란 크림을 바르는 게 아닌가? 저게 뭔가 생각해보니 캬라멜 크림 같다.

'저걸 왜 바르지?'

치즈크림이 담긴 곳마다 그 위에 캬라멜 크림을 꼼꼼히 발라준다. 오븐에 넣었을 때 치즈타르트의 표면이 살짝 굳게 만들어주는 효과가 있는 듯했다. 빵의 부드러움과 폭신함, 그리고 캬라멜크림의 달콤한 뚜껑 효과, 그리고 보니 그 안에 담긴 치즈크림은 어떨까? 간판에 그려진 치즈타르트가 떠오른다. 치즈타르트를 자르는 순간 안에서 흐르는 치즈크림. 그 모습이 바로 저거다.

'아, 캬라멜크림이 치즈가 굳는 걸 막아주는구나. 부드러운 상태로 유지되게 해주는 거야.'

고개가 끄덕여졌다.

그제야 뭔가 이해가 되는 기분이었다. 그러는 사이, 유리창 안에선 스태프가 치즈크림을 빠짐없이 채운 빵을 오븐 안에 넣는 중이었다.

그리고 잠시 후.

레어 메뉴가 먼저 오븐을 빠져나왔다. 그리고 조금 더 있다가 미디엄 메뉴가 다시 나왔다. 오븐에 머무는 시간에 따라 치즈타르트가 레어, 미디엄으로 나뉘었다.

'타르트라는 게 사실은 프랑스 스타일의 디저트인데, 밀가루 반죽 안에 과일이나 크림, 견과류를 넣는 거거든. 홍콩의 에그타르트처럼 말이지. 그런데 파블로에서 치즈크림을 넣은 것도 특별하지만 빵과 캬라멜크림으로 층을 만들어서 그 안에 치즈가 맛 좋은 상태로 유지하게 해준 게 차별화인 거야.'

타르트를 누가 만드느냐, 어떤 재료를 쓰느냐에 따라 모양이 달라진다. 식감도 천차만별이고 재료에 따라 이름도 다르게 부른다. ㅇㅇ타르트, ◇◇타르트, ㅁㅁ타르트 식이다. 하지만 가장 중요한 정성이 빠지지 않는다는 게 공통점인데, 국내에서는 2000년대 초반부터 본격적으로 등장했다.

유명한 제과점이나 프랜차이즈 가게에서 팔던 디저트라면 호두파이 혹은 애플파이 정도였던 상황에서 변화가 일어난 셈이다.

'한국에선 아마 2006년일 거야? 드라마에서 마카오 풍경이 나오면서 에그타르트가 알려진 순간이 있었는데, 그 무렵부터 디저트 시장이란 게 생겼으니까. 마카오나 홍콩에서 먹는 타르트는 그 기원이 파스뗄 드 나따pastel de nata라고 해서 커스터드 크림 타르트custard tarts라고 부르던 것인데 포르투갈 수녀원에서 먹던 타르트지. 프랑스에서 전해진 타르트랑은 약간 달라. 홍콩이나 마카오에서 파는 타르트를 에그타르트라고 부르는 건 커스타드 크림에 달걀 반죽이 들어가서이고. 그리고 우리나라에서도 초창기엔 재료를 하나만 넣어서 여러 조각으로 나누어 팔던 파이가 주류였지만 이젠 타르트를 디저트로 파는 데 더 익숙하잖아.'

라틴어의 tourt토우르트에서 유래한 '타르트'란 명칭을 미국에서는 tart타르트, 독일에서는 torte토르테라고 부른다. 프랑스에서는 발음이 같은 타르트이지만 표기는 tarte라고 쓴다. 버터를 넣어 만들던 방식에서 다양하게 변화하면서 여러 오일을 사용하는 경우도 많다.

감자나 쇠고기를 넣은 식사대용 타르트도 많고 생크림이나 생과일을 넣은 디저트 용도의 타르트도 많이 등장했다.

'타르트를 만들 때는 두 가지 방식이 있어. 반죽을 틀에 넣고 먼저 구운 후에 내용물을 넣고 다시 굽는 것하고, 반죽에 내용물을 넣어 동시에 굽는 방식이지. 두 번 구우면 바삭거림이 좋고 한 번만 구우

면 부드러운 식감이 좋은 건데. 여기 파블로는 부드러운 식감이 최고야.'

파블로의 치즈타르트는 만드는 방식에서 일반적인 타르트 제조법과는 조금 다르다.

가령, 포르투갈 스타일의 타르트는 밀가루 반죽으로 만든 페이스트리[1]에 설탕을 뿌린 후에 불을 쬐서 캬라멜 시럽 스타일로 만든 후에 그 위에 크림을 넣어 오븐에 굽는다.

홍콩 · 마카오 스타일은 타르트 반죽이 바삭한 상태에서 크림을 넣어 오븐에 굽는 방식을 사용한다.

그런데 파블로에서는 캬라멜시럽을 치즈크림 위에 발라주는 게 아닌가? 한 번 구워내서 가게 로고를 찍은 후 다시 그 위에 발라주는 시럽도 있다. 그렇다면 바삭한 빵이 아래에서, 두 번 덧칠한 캬라멜시럽 층이 위에서 덮어주며 안에 든 치즈크림을 부드러운 상태로 유지해준다.

'어, 저건 또 뭐야? 귀여워. 파블로 로고를 캬라멜크림 위에 찍어주네?'

오븐에서 나온 치즈타르트 판을 내려놓은 후에는 스태프가 와서 파블로 로고를 일일이 캬라멜크림 위에 찍기 시작했다. 어느 것 하나 로고가 삐뚤어지지 않게 하기 위해 신중하게 작업한다. 노랗게 보기 좋게 만들어진 치즈타르트위에 연갈색 파블로 로고가 하나씩 채워졌다.

여기서 끝이 아니다.

스태프는 로고를 다 찍은 후에는 다시 치

1. 페이스트리: 반죽을 차가운 상태로 얇게 민 후에 반죽 상태를 고려하면서 여러 번 접는 과정을 반복해서 층층이 만든 빵.

즈타르트마다 로고 위에 시럽을 발라주는 것 같았다. 그 모습을 빠짐없이 지켜보는 사람들 눈에는 '저게 보통 치즈타르트가 아니다'라고 생각하게 된다.

이렇게 해서 만들어진 치즈타르트 레어 및 미디엄은 780엔, 치즈타르트 프리미엄은 1500엔이다. 어떻게 보면 가격이 좀 비싼 게 아닌가 싶겠지만 가게 앞에서 만드는 과정을 본 사람 입장에서는 그저 감사히 받게 된다.

'유통기한이 3일이라고? 아, 치즈의 맛이 변하기 전에 먹으라는 얘기구나.'

치즈타르트는 만들고 나서 바로 먹어야 제일 맛있는 게 사실이다. 오븐에서 생긴 따듯한 온기랑 적절하게 녹은 치즈, 바삭한 빵과 치즈를 둘러싼 캬라멜 크림의 부드러움이 적절히 어우러지는 순간이기 때문이다.

파블로 읽기

유통기한 3일

손님에게 치즈타르트를 건네며 빠트리지 않는 메시지가 있다. 유통기한 3일이라는 얘기다. 포장박스에 표시까지 해준다.

'유통기한 3일이라니?'

메시지를 듣는 손님 입장에선 조금 애매하다. 이걸 3일 동안이나 먹을까? 10분이면 다 먹을 텐데? 지금 먹으려고 샀는데 3일 동안 뒀다가 먹으라고? 손님은 여러 생각을 하게 된다. 물론 그 치즈타르트는 그 날 다 없어진다.

3일이란 유통기한 메시지 자체가 파블로의 정성이 담겼다는 메시지를 전해주는 전략이다. 손님 입장에서 생각하는 '3일'이란 시간이 여러 의미로 전해지기 때문이다. 누구에게는 하루 같은 빠른 시간이고 누구에게는 일주일처럼 긴 시간일수도 있지만 말이다.

물론 어느 쪽이나 결론은 한 가지다.

'파블로에서 3일 이내에 먹으라는 걸 보니 치즈가 가장 맛있을 때 먹으라는 얘기'라고 이해한다. 손님을 배려해주는 파블로의 정성에 다시 감동한다.

아무리 오래 지나더라도 최대한 반나절 이내에는 먹어줘야 제대로 된 치즈타르트 맛을 즐길 수 있다. 정 시간이 안 되거나 나중에 먹을 거라면 그대로 3일 이내에 먹어야 한다는 얘기다.

'드디어 나도 GET IT.'

드디어 내 차례. 치즈타르트 미디엄으로 받았다.

사실 나도 치즈를 좋아하긴 하지만 레어 rare(덜 익힌 상태)는 너무 식감이 흐물흐물 거릴 것 같아서 이왕이면 씹는 느낌의 졸깃함이 있을 것 같은 미디엄이 나을 듯했다.

'아, 이게 무슨 맛이지? 슈크림? 치즈?'

파블로에서 받아든 치즈타르트 박스를 들고 나와 도톤보리 거리를 걸어가며 하나를 쏙 빼서 입에 넣어본 순간 드는 기분이다.

파블로 읽기

치즈크림

피자를 먹을 때 사람들은 치즈 때문에 고민한다. 뜨거울 때 빨리 먹어야 치즈가 부드럽게 늘어나며 식감도 최고이기 때문이다. 피자가 식은 후 또는 냉동고에 넣었다가 다시 꺼내서 레인지에 데워 먹어본 사람들은 '피자를 언제 먹어야 치즈가 가장 맛있는지' 잘 안다.

그런데 파블로의 치즈타르트에는 '치즈'를 아는 수많은 사람들이 고민하는 그 치즈가 들어 있다. 저걸 언제 먹어야 하나? 사자마자 바로 먹어야겠네? 포장해서 가져가더라도 몇 시간 이내에 먹어야 되는 거잖아? 사람들이 '치즈타르트'에 이끌려왔더라도 저걸 어떻게 처치(?)할 것인가에 살짝 고민한다.

하지만 파블로에서 내놓는 치즈타르트는 이러한 손님들의 고민을 그대로 날려버린다. 바삭한 빵과 두 겹의 캬라멜 시럽 층이 감싼 치즈크림이기에, 집에 가서 먹어도 그 맛이 변하지 않는 다. 그래서 손님들은 감동한다. 피자에서 먹던 그런 치즈랑은 전혀 다른 것임을 안다. 피자타르트가 이런 것이구나 하고 알게 되면서 파블로에 줄을 서게 된다.

그릴 캐피탈이라 불리는 가게 이야기

1897년에 문을 연 가게.

그로부터 거의 120년 동안 문을 닫지 않은 가게가 있다. 일본엔 보통 100년 넘는 가게가 수두룩한지라 남다른 감흥이 없을지 모르지만 최소한 이 가게만큼은 기억해 둘 필요가 있다. 일본에 육식금지령이 내려졌었다는 사실을 아는 사람이라면, 그럼에도 불구하고 이 가게는 고기를 파는 가게이면서 지금도 오사카 등 일본에서 영업을 이어가는 중인 사실을 아는 사람이라면 말이다.

오사카 토요테이
함박스테이크

이곳의 특징을 이야기하는 단어는 이 두 가지다.

'다카시마야 오사카高島屋 大阪' 백화점 7층, 1897년 이후부터 100년 전통의 함박스테이크라는 부연 설명은 외국인 관광객 위해 필요한 문구일 뿐이다. 가게가 위치한 오사카 난바역 인근이며 토요테이를 설명하는 수식어 중에는 100년이란 말이 빠지지 않는다. 그래서 일본 여러 지역 중에서도 특히 오사카에 왔다면 동양정(토요테이, 東洋亭)을 뺄 수 없다.

'드디어 도착. 오늘은 기다리는 사람들이 엄청 많진 않네. 다행이다.'

토요테이 읽기

함박 스테이크의 원조

잘 되는 가게 따라 하기가 아니다. 자기만의 특색을 만들어서 원조가 되는 게 가장 좋은 전략이다. 따라 하기에 바쁜 일부 가게가 배워야 할 부분이기도 하다. 잘되는 아이템이 있으면 일단 베끼고 본다는 생각은 버려라. 나만의 방식으로 나만의 것으로 장사를 해야 원조가 된다.

토요테이 앞에 서면 100년 양식의 맛이라고 쓰인 공간이 있다.

여기서 양식이란 서양음식을 말한다. 깔끔하게 정돈된 의자가 놓인 곳, 대기자석에 앉아 기다리다 보면 스태프가 나오고 좌석 안내를 받아 들어간다. 가게 내부로 들어가는 사람들을 보니 방금 앉았던 그들의 자리 머리 위로 인테리어 조형물이 보인다.

'저게 뭔가?'

손님들이 기다리는 공간에는 머리 위로 프라이팬처럼 생긴 함박스테이크 조리도구가 세 개나 걸려 있다. 이 가게가 함박 스테이크 전문 식당이라는 걸 여실히 보여준다.

대기하던 사람 중 일부가 가게 안으로 들어가고 일부 사람들은 남는다. 아직 시장기가 심한 것도 아니었고 여유가 있었다. 가게 앞에 놓인 모형 음식에 눈이 갔다.

'함박 스테이크 외에도 여러 가지 메뉴가 있네.'

토요테이 가게 앞에서 여러 메뉴를 만들어둔 모형 음식을 볼 수 있다. 800~900엔 정도의 가격이다. 이 가게가 호텔 10층에 있다는 걸 염두에 두더라도 크게 비싼 가격은 아니다. 오사카 시내에 나가면 대부분 1,000엔 내외의 가격이지 않은가. 새우튀김부터 각종 스테이크와 달걀프라이가 눈에 들어온다.

한 가지 차이점이라면 토요테이의 대부분의 메뉴에는 토마토 에피타이저 메뉴가 곁들여 있다는 점이다.

'엥? 토마토?'

그런데 음식 모형이 놓인 진열대 아래 공간에는 토마토들이 깨끗한 박스에 담겨서 가지런히 놓여 있었다. 마침 이 날은 토마토가 거의 팔린 탓인지 진열대 아래엔 한 박스만 남은 게 보였다.

'저 자리에 토마토가 왜 있을까?'

토요테이에서 파는 음식 안에 토마토가 들어간다는 의미인가, 아니면 인테리어상 빨간색 과일이 건강해 보이므로 상징적으로 갖다 둔 것인가 모르겠다. 토마토 에피타이저를 곁들인다는 표시라고 보기도 좀 그랬다. 선뜻 '이런 이유 때문이다!'고 설명하기 어려운 부분이다. 도대체 왜 진열대 아래에 토마토가, 그것도 판매용인 것처럼 포장박스 안에 들어 있는 상태로 놓여 있는 것일까?

'혹시 스테이크 소스를 토마토로 만들기 때문인가?'

진열대 앞에 서서 이런저런 생각을 하던 중이다.

손님 대기석에서 나만 뒤로 돌아서 진열대를 보고 있던 탓일까? 스태프가 다가오더니 미소 띤 얼굴로 인사를 한다. 드디어 내 차례란다. 따라 들어가자.

스태프가 알려준 테이블에 앉았다.

테이블 위엔 1897년이란 숫자가 쓰인 포장지에 싸인 젓가락, 은수저 느낌의 수저 그리고 음식에 추가할 수 있는 양념이 든 통, 위생용 물티슈처럼 생긴 냅킨이 놓였다. 손님이 없는 테이블 위에 기본 세팅되는 아이템이다.

"함박 스테이크 런치 세트 주세요."

그리고 얼마 지나지 않아서 애피타이저가 나왔다.

본 요리 전에 입맛을 돋우는 사이드 메뉴인 셈이다. 스태프가 내 앞에 놓는 음식들을 보다가 나도 모르게 작은 소리로 탄식을 내뱉었다.

'아, 토마토!'

함박 스테이크 정식을 주문하면 본 요리에 앞

서 애피타이저가 나온다. 이때.토마토가 나온다. 아까 진열대 아래에 놓인 토마토들이 왜 거기에 있었는지 이해가 되는 순간이다. 모든 메뉴에는 애피타이저로 토마토가 들어간다는 메시지가 아니었을까?

'아, 이 토마토. 이 맛이 도대체 뭐지?'

토요테이에서는 애피타이저로 토마토를 익힌 다음에 차갑게 식힌 후 위에 소스를 뿌려 내준다. 토마토를 반으로 잘라서 먹으려는데 어찌나 토마토가 찰지고 싱싱한지 반으로 잘라도 안에 과일즙이 흐트러짐이 없다. 탄력도 그대로이고 탱글탱글 과즙이 그대로인 게 확연히 보였다.

'이건 정말 생소한 토마토 식감과 싱싱한 느낌의 과일향이…….'

토마토를 좋아하지 않는 사람들일지라도 이건 정말 엄지손가락을 들 수밖에 없는 맛이다. 별미로 즐기는 사람들에게 인기를 끌 거라고 확실히 인정할 수 있다.

토마토 아래에 있는 흰색 소스를 토마토 위에 얹어서 먹으면 참치샌드위치 속 소스와 비슷하면서도 아삭한 오이를 씹는 듯한 식감이 들어 조화롭다는 느낌이 전해진다.

토요테이 읽기

차별활힌 토마토 애피타이저

주 요리에서 나만의 것을 만들었는데 거기서 그치지 않고 자기만의 것을 추가했다. 토마토 애피타이저는 샤프란 소스와 함께 나와 입맛을 돋우는데 좋고, 함박 스테이크에는 감자와 아스파라거스를 넣어서 느끼할 수 있는 육즙을 야채 소스로 잡았다. 싱싱한 토마토 과즙으로 입맛을 돋우고, 함박스테이크를 더욱 맛있게 즐기도록 식사 코스를 만든 덕분이다.

토마토의 빨간색은 스테이크와 어울리면서 싱싱한 과즙 그리고 싱싱한 고기라는 이미지를 연상시켜준다. 스테이크는 양념요리이기 때문에 소스를 걷어내고 고기 상태를 확인하기 어려운 측면이 있는 것도 사실이다. 그래서 오로지 식감으로만 스테이크의 맛을 즐겨야 하는데, 여기에서 토마토가 큰 역할을 한다.

붉은 토마토를 잘라내도 싱싱한 과즙 상태가 유지되는 게 보인다면 함박스테이크를 열어도 마찬가지일 거라는 믿음을 주는 효과다. 게다가 바삭거리는 아스파라거스도 신선하고, 호일 옆에 곁들여지는 감자 또한 육즙의 활용도를 높여주지 않는가?

독특하고 맛나다.

토마토 위에 뿌린 소스가 이 가게의 차별화인가? 주위를 둘러보니 토마토 애피타이저에 사용하는 소스를 따로 팔고 있었다. 도대체 무슨 소스인가 싶어 살펴봤다. 소스를 보니 그 이름이 샤프란 소스saffran sauce의 종류다. 물론 토요테이의 카운터 한 쪽 진열대엔 토요테이 만의 토마토 소스를 파는 중이기도 하다.

'아, 토요테이만의 차별화인 거야! 토마토 소스도 있어! 그리고 샤프란 소스라면 이건 더더욱 나한테도 필요한 거야.'

요리하는 이들에게는 필수 소스인 샤프란.

샤프란은 가격이 비싼 향신료 중 하나다. 유럽 크레타 섬 벽화에 기록된 내용을 보면 자그마치 기원전 16세기 무렵부터 사람들이 사용했다는 걸 알게 된다. 페르시아로부터 중국에 걸쳐 널리 사랑받았던 재료다.

샤프란을 잘 모른다면 혹시 이탈리아 요리 중에 리쪼토를 아는지 생각해보자. 리쪼토에 들어가는 향신료가 샤프란이 되겠다. 이게 원래는 향기로운 꽃인데 샤프란 꽃은 요리의 착색에도 사용된다. 오렌지색이다.

영국, 프랑스, 이탈리아, 스페인 등지의 각 유럽권에서도 널리 사랑받는다. 주로 갖가지 소스에 사용되고 생선요리나 감자 요리, 페스트리 등에도 사용된다.

> ‘샤프란을 음식에 넣으면 오렌지색이 확연히 선명해져. 맛도 쌉쌀하면서도 단맛이 나는 게 어떤 음식에도 어울리는 건강한 맛 아니겠어? 그러니까 가격도 비싼 거야.’

샤프란은 주로 생선 등의 해산물 요리, 연어구이, 바닷가재 요리, 안심 스테이크 등의 요리에 사용된다. ‘파에야[1]’ 같은 요리에는 샤프란이 빠지면 안 될 정도인데 샤프란이 있어야만 그 맛이 일정하게 유지되기 때문이다.

> ‘이건 정말 꼭 먹어봐야 했어.’

애피타이저를 맛나게 먹은 다음엔 드디어 함박스테이크가 나올 차례다.

그런데 이게 뭔가?

테이블 위엔 나무받침이 먼저 등장한다. 저 위에 스테이크를 얼마나 많이 올렸던 것인지, 커다란 탁구채 모양(?) 또는 동그란 주걱 모양의 나무받침 위엔 그은 흔적이 가득하다.

> ‘드디어 나오는구나.’

스태프가 가져오는 은빛 호일에 쌓인 무언가가 보였다.

---

1. 파에야Paella[필자 주]: 스페인 발렌시아 지방의 대표 음식. 야채와 육류 및 해산물을 넣어 쌀을 주재료로 한 음식으로 샤프란과 토마토 등을 양념으로 첨가하여 향이 독특한 게 특징

드디어 호일 안에 담긴 함박 스테이크 등장이다. 배가 불룩한 풍선처럼 보이기도 하고 뭔가 재미있는 게 안에 들어 있을 법한 장난감처럼 보이기도 한다. 헬륨풍선을 떠올리게 하는 모양새다. 불룩한 곳을 터뜨리면 헬륨가스가 나와서 목소리가 변하는 게 아닐까?

이윽고 은빛 배뚱뚱이가 검게 그을린 자국이 많은 그 나무받침 위에 놓였다.

가장자리가 꽉 맞물린 덕인지, 안에 열기가 가득 채워지면서 동그랗게 부푼 호일이 보였다. 배가 통통한 무언가를 닮아서인지 귀여워 보이기까지 한다. 그 옆엔 감자까지 놓였다.

'자, 시작해 보자.'

포크와 나이프를 사용해서 조심스럽게 호일을 뜯자 그 안에서 스테이크가 얼굴을 내민다. 훅 하는 김과 함께 코끝을 사로잡을 정도로 매혹적인 육즙 그리고 고기향이 감미롭다. 헬륨 가스는 아닌데 뭔가 머릿속까지 사로잡는 맛있는 향기다.

'정말 대단해. 아, 받침대 밖으로 육즙이 넘치겠어.'

소스가 넘쳐나듯 풍부해서 곁가지 메뉴로 나온 통감자를 소스에 찍어먹어 봤다. 함박 스테이크와 같은 자리에 아스파라거스도 보인다. 사각거리는 식감이 맛나다. 호일 안에서 제대로 익은 모양이다. 함박 스테이크의 육즙과 아스파라거스의 식감이 어울린다.

'함박스테이크, 감자, 아스파라거스. 이렇게 잘 어울릴 줄이야.'

토요테이의 분위기는 지점마다 약간의 차이는 있지만, 비유하자면, 오래된 경양식집 느낌이다. 100년 전통의 느낌을 이어가려는 의도에서일까? 아니면 서양인들이 즐기는 스테이크 가게의 느낌을 만들려는 의도였는지도 모른다.

한 가지 확실한 건 함박스테이크로 유명한 가게답고, 토마토소스가 특색인 가게답다는 점이다. 애피타이저를 맛보고 난 후 본 요리를 먹으며 주위를 들러보는데 일본인 손님도 꽤 있다. 주로 일행이 와서 식사를 즐기는 모습들이다. 경양식집에서 느끼는 분위기라고 생각한 이유다. 모처럼 특별한 날을 기념하기 위해 오는 곳, 그런 느낌말이다.

'본 요리도 맛있지만 토마토 애피타이저를 좋아하는 사람들도 많을 것 같아. 이게 얼마야? 1200엔 정도네. 런치코스는 할인 가격이고, 저녁엔 2000엔 정도구나. 디저트까지 포함한 가격치고 많이 비싼 건 아니야.'

1접시 1요리.

토요테이의 원칙이라고 했다. 애피타이저가 나온 접시에도 토마토 요리만 1개, 디저트도 마찬가지였다. 두 가지 이상의 요리를 얹을 경우 소스가 섞이거나 맛이 달라질 수 있어서다. 자기만의 맛이 있고 맛에 대한 자부심을 갖는 가게임을 알 수 있는 부분이다.

'다카하시 긴지라고 그랬나? 이 사람은 이걸 왜 시작한 거야? 너무 맛있잖아.'

1897년 무렵엔 일본 서민들이 접하기 어려웠던 요리라고 한다. 특히 서양 요리는 서민들이 즐길 수 있는 기회가 없었다고 한다. 그래서 다카하시 긴지는 어떻게 하면 서민에게도 서양 요리를 맛보게 할 수 있을까 생각하다가 토요테이를 창업했다고 하는 이야기다.

토요테이 읽기

사회변화를 읽은 창업 전략

시대상으로도 고기 요리를 허용하는 분위기가 되면서 발 빠르게 만들어 선보인 메뉴가 인기를 끈 성공요인이다. 같은 시기에 돈가스가쓰레쓰를 시작한 가게가 인기를 얻기 시작했지만 따라 하는 대신 자기만의 메뉴를 개발한 점도 눈여겨보고 기억해야 한다. 시대가 바뀐다는 것은 새로운 창업 기회가 열린다는 것과 같다.

나도 이야기를 처음 알게 된 무렵에는 '그럼 일본인들은 고기를 안 먹었다는 얘기인가? 서양요리라고는 하지만 소고기 아닌가?' 하고 생각한 적이 있다. 그런데 일본 역사를 보면 실제로 '육식금지령'이 내려진 시기가 있었다.

텐무 왕 시절인 675년에 '살생과 육식을 금지하는 칙서'가 일본에 내려졌는데 소,

말, 개, 원숭이, 닭 등을 죽이지 말고 먹지도 않는다는 게 내용이었다. 그런데 문제는 이게 그 이후로도 1200여 년간 지켜졌다는 것.

> '일본 근대화의 계기가 된 메이지유신이 1868년 3월 1일이니까 토요테이는 그로부터도 30년이나 지난 무렵에 시작된 거야. 텐무왕이 일본인들에게 고기를 먹지 말라는 명령을 했는데 그게 메이지유신을 계기로 깨지게 되었다는 거지. 그렇게 생각하면 다카하시 긴지란 남자는 메이지유신 이후 일본 사회생활상이 어떻게 변할지 미리 대비하고 사업을 시작한 거라고도 볼 수 있겠어. 무려 1200여 년간 고기를 먹지 못하던 일본인들이야, 그 사람들이 메이지유신 이후에 서서히 근대화 사고가 들어가는데 어떻게 변하겠어? 서양인들이 일본에 와서 맛있는 고기 요리를 먹고 있는데 그걸 바라만 보고 있었을까? 일본인에게 고기요리를 전파하려고 노력한 사람이라면 오히려 메이지유신 무렵에 후쿠자와 유키치福澤諭吉라는 정치인을 꼽을 수 있지. '육식을 이야기한다'라는 칼럼까지 쓰면서 일본인들에게 고기 먹으라고 앞장서서 주장했잖아. 물론 그게 서양인이 키가 크고 덩치가 크니까 상대적으로 왜소한 일본인들에게 키 크자고 얘기한 거지만 말이야.'

함박스테이크 한 조각을 베어 물고 우물거렸다.

입 안에 육즙이 퍼지며 향긋한 느낌이 전해진다. 이런 느낌을 1000년 넘게 모르고 지냈을 일본인이라니, 그들이 조상 대대로 모르던 이 맛을 처음 맛보게 된 그 날의 느낌은 어땠을까?

토요테이에 와서 함박 스테이크를 처음 먹던 날 아마 일본인들은 기절했을지도 모른다는 생각이 들었다. 둘이 먹다 하나가 죽어도 모를 정도의 맛이라는 표현의 장난기 담긴 우스개였다. 혼자 와서도 잘 노는 남자, 함박 스테이크를 혼자 우물거리면서도 재미있는 상상을 이어간다.

> '그런데 한 가지 비밀이라면 비밀인데. 그런 이야기도 있지. 사람들은 토요테이가 1897년에 서양 고기 요리를 일본 서민들에게 처음으로 선보인 가게라고 알고 있지만 말이야, 사실 그보다 2년 앞서, 그러니까 1895년에 돈가스가쓰레쓰를 판매하기 시작한 렌카테이煉瓦亭가 있거든. 렌카테이는 돼지고기 요리를, 토요테이는 소고기 요리를 팔았다는 점이 다른 셈이지. 규나베쇠고기전골은 돈가스보다 앞

섰긴 했지만 일본식 요리니까 빼야지. 아니다. 어차피 그게 그거이긴 하지만. 렌카테이는 '가쓰레쓰'란 이름으로 팔았고 '돈가스'란 명칭을 사용한 건 1929년에 우에노上野 지역에 폰치켄ぽんち軒이라고 하는데, 하긴 뭐 여러 설이 있으니까.'

여기서 렌카테이煉瓦亭는 '벽돌집'이란 의미인데, 서양의 돈가스 요리를 일본식 돈가스로 개발해서 판매하기 시작한 일본 최초의 가게로 알려져 있다. 지금도 도쿄에 가면 지하철 긴자銀座선을 타고 긴자銀座역 A13출구에서 도보 1분이면 만나는 가게다.

'따뜻한 야채를 곁들이던 방식에서 차가운 양배추 채를 내놓기 시작한 곳도 렌카테이煉瓦亭가 처음이지. 주방장이 러일전쟁에 징병되면서 누구나 손쉽게 만들고 소스도 싼 걸 써도 되는 아이디어로 시작한 건데 이게 요즘엔 돈가스엔 양배추 채라고 굳어졌으니.'

렌카테이의 돈가스는 두툼한 돼지고기를 사용하면서도 다 먹을 때까지 바삭한 식감을 그대로 유지하는 비법으로 유명하다. 실내장식도 오래 전 고풍스런 느낌 그대로 변하지 않는 것을 원칙으로 하고 있어서 일본 돈가스 원조 가게로서의 이미지를 유지한다고 하겠다.

돈가스 이야기가 나온 김에 조금 더 추가하자면, 프랑스어에서 돼지고기를 튀겨먹는 요리를 일컫는 단어인 '코틀레트Les Cotelettes'가 영어권에서 와서 뼈에 붙은 갈비고기를 지칭하는 '커틀릿Cotelette'이라는 의미 대신 '얇게 저민 고기를 굽거나 기름에 튀긴 요리'라는 명칭으로 사용되었다. 이후에, 일본에서는 '커틀릿Cotelette'이란 단어를 발음하기 어려워서 '가쓰레쓰カッレッ'라고 불렀는데 점차적으로 바뀌어서 '돈가스豚かっ'로 불리게 되었다.

돈가스 재료로 사실 처음엔 소고기였다가 닭고기로, 나중에 돼지고기를 사용하게 되면서 빵가루를 얹고 기름에 튀긴 후에 우스터소스[2], 샐러드드레싱이나 스테이크, 햄버거, 딤섬, 돈가스 등에 사용를 얹어 내놓게 되었다. 일본식 돈가스 요리가 탄생하게 된 과정이다.

'진짜 돈가스를 맛보려면 가고시마鹿児島현県 최고 등급의 흑돼지 등심을 사용하는 마루이치丸一에 가야지. 일본 내에서도 돼지고기의 품질이나 신선도를 따지자면 가고시마 지역이 최고인데 거기서 돈

2. 우스터소스Worcester sauce[필자 주] : 영국 우스터 지방에서 유래되었으며, 향신료와 양파, 마늘, 타마린드, 당밀 등을 넣어 숙성한 액체 조미료

가스 맛을 봐야 진짜거든. 가격도 마트에서 파는 흑돼지 등심 100그램에 1만5천 원이 넘을 걸? 마루이치 같은 가게에선 돈가스 1인분에 2만5천 원이 넘을 거야. 그래도 고개를 끄덕이게 되는 이유가 먹어보면 답 나오거든. 이게 돼지고기인가 싶을 정도니까.'

토요테이에서 식사를 마치고 나섰다.

'어, 잘 먹었다. 속이 다 든든하네.'

가게 앞에는 아직도 몇몇의 손님들이 질서 있게 기다리는 중이었다. 토요테이에 여러 번 온 손님들 같아 보였다. 아까 나처럼 토마토 박스가 진열대 아래에 있는 이유를 궁금해하는 사람은 찾아볼 수 없었다.

'아무리 불교 때문이라지만, 사람들에게 고기 먹지 말라고 한 텐무왕이 요즘 이 모습을 본다면 무슨 생각을 할까? 하긴 고기를 금지하면서 생선 요리랑 초밥, 회 메뉴가 발달하긴 했지만 말이야. 요리의 맛이 역사를 거쳐 오면서 변하는 것처럼 어떤 사람의 생각도 그게 영원하다는 건 없는 게 아닐까, 그 말이지.'

생크림의 부드러움으로 성공하는 이야기

"오사카 간다고?"

"응."

"그럼 한국에 올 때 빵 좀 사다 줘."

"빵? 무슨 빵?"

"거기 유명한 빵 있잖아, 빵이라고 부르긴 아트art하지? 그 롤케이크. 도지마롤인가?"

"아, 도지마롤. 알지. 알았어."

전화를 끊으려다가 갑자기 궁금했다. 도지마롤이 왜 필요할까?

자기가 먹으려고? 아니면?

남자 중에서도 상남자 '우혁'은 건설업계에서 일하는 마초 성격의 남자다. 현장소장을 거쳐 해외 플랜트건설 영업팀에서 일하는 중이다. 그리고 어느 누구와 이야기를 하든지 말끝마다 남자가, 남자가 하면서 남자로 태어났음을 자랑스럽게 여기는 사람이다.

그런 그에게 도지마롤이라니?

"여자 친구 생겼어? 도지마롤 어떻게 알아?"

그러자 전화기 저 편에선 예상 밖의 대답이 들렸다.

"응? 여자 친구는 무슨. 내가 먹고 싶어서지. 그리고 여자 친구 있어도 그 빵은 내가 먹어야지, 다른 사람을 왜 주나. 나 혼자 먹기도 부족한데. 남자가 롤케이크 하나는 다 먹어야지 않겠어? 그게 양이 얼마나 된다고."

상남자 스타일의 우혁이 도지마롤을 좋아한다?

마침 오사카 출장 시에 꾸려야 할 목록을 정리하던 중이었기에 "우혁의 부탁, 롤케이크"도 목록에 적어 수첩에 담았다. 우혁과 도지마롤. 생각할수록 한편으론 입가에 미소가 번졌다.

> '도지마롤이 대단하긴 대단하구나. 황소도둑처럼 생긴 녀석도 자기가 그 빵 먹고 싶다고 평소에 체면 깎여서 안 한다던 부탁 전화까지 하게 만드는 걸 보니 말이야.'

그런데 이 날 통화에서 우혁에게 말해주지 않은 내용이 있었다. 도지마롤堂島ロール이란 이름이 실은 도지마에서 만들었다는 의미이긴 한데 도지마 특산품이란 의미는 아니라는 점이다.

도지마 지역에 대해서도 알아두자면, 오사카 남부에 지역 이름인데 도지마 강江이 있어서 옛날엔 쌀을 실어 나르던 부두가 있던 지역이다. 한강과 맞닿은 마포 지역과 비교할 수 있다. 서울의 마포는 예로부터 배를 통해 물자를 교역하던 곳인데 지금도 무역 오퍼상들이 모인 지역이다. 도지마 지역이 그렇다.

구체적으로 오사카는 에도시대(17~19세기)에 더욱 발전한 곳이다. 도톤보리에 있는 겐로쿠스시라는 이름의 유래를 설명한 것이 기억날 것이다. 일본의 겐로쿠 시대(17세기)만하더라도 쌀을 거래하던 도지마 시장은 채소를 거래하던 덴마天満시장, 생선을 취급한 자코바雑喉場시장과 합해서 오사카 3대 시장으로 불렸고 일본 전역에서 모든 물자가 모이는 곳이었다.

> '도지마롤은 애칭이고 실제 상표는 -내가 좋아하는 사람남자-라는 의미인 몽쉐르mon cher지. 아, 그전엔 -좋아하는 것-이란 의미로 몽슈슈mon chou chuo였지만 말이야.'

우혁과 통화할 때는 도지마롤이란 단어로 소통이 되었지만 실제 그런 상표는 없다. 단지 도지마 지역에서 유명해진 롤케이크라서 도지마롤이라고 불리게 된 셈이다.

그러고 보니, 우혁이나 나나 남자들이 롤케이트 이름 외우고 다니고, 서로 도지마롤 맛있는 거 인정하고 있는 거 보니 희한하긴 했다. 다 큰 남자 성인도 빵을 좋아한다는 사실이 좀 어색하게 받아들여지지 않는가?

"야! 요즘 셰프가 인기잖아! 남자라고 하면 자기가 좋아하는 롤케이크 하나쯤은 만들어서 먹을 줄도 알아야지, 안 그래?"

"롤케이크를 만든다고? 이야, 그거 신선하네. 근데 만드는 거 쉽나? 남자가 하기에 좀 그렇지 않나?"

우혁은 롤케이크를 직접 만들어 먹는 것까진 생각하지 못한 듯 했다. 롤케이트를 직접 만들어 먹으라는 이야기에 적잖이 당황한 목소리였다. 그렇게 남자 둘의 이야기는 처음부터 끝까지 오사카에서 매우 맛있다고 소문난 롤케이크 이야기로 마무리 되었다.

> '롤케이크 만들기가 어려운 건 아니지. 도지마롤 그러니까 몽셰르처럼 만들기가 어려운 거지.'

우혁이 놀란 건 롤케이크 만들기가 어려워서가 아니었다. 도지마롤을 자기가 만들 수 있을 거란 생각을 상상도 해본 적이 없어서였다.

우혁은 오사카의 도지마롤을 맛본 이후로 서울에서 다른 롤케이크를 맛 본 게 틀림없었다. 그러다가 오사카의 원조 도지마롤 맛을 다시 느낄 수가 없다는 걸 알고 오사카에 간다는 내게 전화를 걸어온 경우였다.

> 도지마롤?
>
> 생크림을 빵에 올려서 김밥처럼 돌돌 말아서 만드는 케이크

도지마롤이 아니라 그냥 이름이 롤케이크인 빵을 만드는 방법은 어렵진 않다.

준비물도 간단하다. 이런 식이다.

우선 빵이 필요하다. 생크림을 얹을 빵이다. 종이처럼 얇고 넓어야 한다. 빵의 넓이는 나중에 생크림을 넣어 돌돌 말았을 때 적당한 크기, 성인의 팔뚝 길이 정도면 적당하겠다.

'빵에 시럽을 바르면 더 달달하지.'

준비한 빵에 유자시럽을 발라서 나중에 생크림이랑 먹을 때 식감이 더 달달하게 만들 수 있다.

하지만 문제는 생크림과 빵의 고착력.

생크림이 빵에 제대로 흡착되어서 돌돌 잘 말려야 하므로 숙달된 사람이 아니라면 유자시럽을 바르는 게 무리일 수 있다. 생크림이랑 빵이랑 제각각 놀 수도 있다. 말린 빵의 앞뒤로 생크림이 삐죽 빠져나올 수도 있다.

'돌돌 마는 데 성공했다고 해도 빵을 바로 자르면 안 돼.'

생크림이 굳은 상태가 아니기 때문에 빵을 자르려고 하면 모양이 일그러진다. 생크림도 뒤죽박죽, 빵이 삐뚤빼뚤 모양이 된다. 그래서 빵에 생크림을 넣고 동그랗게 마는 데 성공했다면 일단 냉동실로 직행 시켜야 한다. 1시간 정도는 부족하다. 서너 시간은 굳혀야 한다.

그런데 롤케이크를 만들다 보면 빵을 돌돌 말아도 나중에 보면 생크림이 들어간 빵의 단면이 안 예쁠 때가 있다. 도톰한 빵을 잘 펴놓고 그 위에 생크림을 얹는 방법대로 롤케이크를 만들었는데 왜 나중에 단면을 보면 모양이 조금씩 다를까?

도톰한 빵의 가장자리 부분이 생크림 단면 속에서도 그대로인 걸 보게 된다. 도지마롤이나 다른 롤케이크처럼 날렵하게? 혹은 말풍선 모양처럼 끝이 뾰족하고 예쁘게 나올 수는 없을까 고민하게 된다.

이런 경우엔 빵을 펼쳐둔 상태에서 한쪽 가장자리 부분을 어슷하게 잘라내고 생크림을 얹은 후에 돌돌 말기 시작해보자. 나중에 생크림 단면을 잘라보더라도 이전과 다르게 예쁜 모양이 된 롤케이크를 볼 수 있다.

"여기다."

몽쉐르(일본어식 발음 '몽슈').

오사카 도지마에 있는 본점에 왔다.

오사카 및 일본 곳곳에, 그리고 한국이나 다른 나라에도 도지마롤 가게가 많다. 하지만 본점은 바로 여기, 한 곳이다. 그래서 이곳을 찾아오려는 사람들이 많은 것도 사실인데 일본에 처음 오는 사람들일 경우 그 길이 헷갈려서 찾기 힘들다고 볼 멘 소리가 나오기도 하는 곳이다. 그래서 말인데 도지마롤 본점에 쉽게 가는 방법을 소개해둔다.

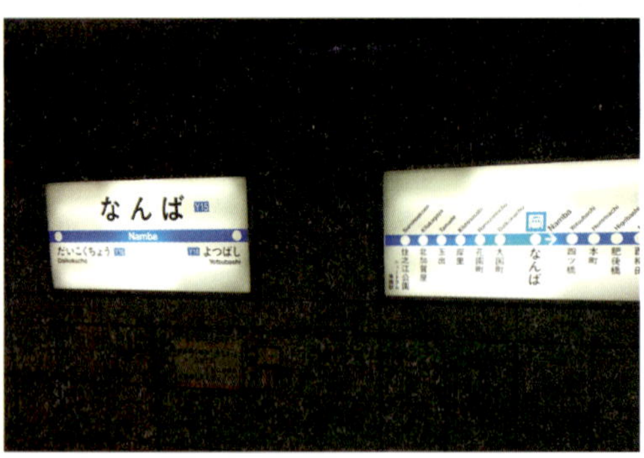

1단계, 난바역에서 지하철을 타고 니시우메다西梅田 역으로 간다.

그리고 C93 출구를 찾아서 나온다.

출구로 나와서 보면 이런 모습이다.

이제 다시 출구를 등지고 앞을 보자. 조금 걸어야 한다.

한 스무 발자국 정도? 조금 더 걸어도 된다. 그러면 건물 모퉁이로 뭔가가 보인다. 찾아보자.

뭔가 보였는가? 맞다! 드디어 본점 도착이다.

왜 이곳에?

도지마 지역은 베이커리 지역이나 도톤보리처럼 먹거리 지역이 아니다. 그보다는 오피스빌딩이 밀집한 지역이다. 주위를 둘러봐도 이런저런 회사가 입주한 고층빌딩들이 가득하다. 그런데 신기하게도 도지마롤을 만든 몽쉐르 본점은 이런 거리에 있다.

도지마롤몽쉐르 읽기

몽쉐르 이름 외에 애칭으로 알려지다

몽쉐르 상표를 알렸지만 사람들은 도지마롤을 기억했다. 도지마에서 만든 롤케이크라는 의미다. 몽쉐르라는 이름은 유럽 프랑스 느낌의 이미지를 줄 수는 있었지만 완전하게 오사카의 것을 표현하기에는 다소 부족한 것도 사실이었다. 그래서 도지마에서 만든 롤케이크라는 의미로 도지마롤을 알리기 시작했다. 그러자 도지마 사람들이 먼저 기억하기 시작했다.

'도지마에서 롤케이크를 만든다고?'

고개를 갸웃거리던 사람들이 있었지만 일부는 수긍하기도 했다. 겐로쿠 시대엔 오사카 3대 시장으로 쌀 거래가 이뤄지던 도지마 시장이 있던 곳이다. 밀가루 빵이 아니라 쌀로 만든 롤케이크라고 해도 전혀 이상할 건 아니었다. 각양각색의 기업들이 모여 비즈니스를 주로 하는 지역인 도지마이다 보니 롤케이크를 만드는 가게가 생겼다고 해도 전혀 이상할 게 없었다. 오히려 주위 회사원에게 호응을 얻을 수 있었다. 세계 각 나라의 기업과 거래하는 그들에게 롤케이크는 생소한 메뉴가 아니었다.

'우선 밖에서 가게를 찰칵.'

주황색 가장자리, 흰색 안쪽.

서양의 어느 건물처럼 생겼거나 아니면 상자 뚜껑처럼 생긴 모습이다. 양쪽 기둥과 위쪽 면은 주황색이고 그 안쪽으로 흰색이 칠해져 있다. 몽쉐르라는 이름은 가게 정면 위쪽 정중앙에 주황색으로 새겨져 있고 양 옆으로 오사카 도지마Osaka Dojima라는 글자가 흰색으로 새겨져 있다.

'롤케이크 모양이네!'

주황색은 빵, 흰색은 생크림을 상징하는 것 같다. 가게 안에 진열대엔 맛있게 보이는 빵들이 가득했다.

'이건 뭐야?'

예전에 왔을 때 기억이다.

가게에 들어가려다 보니 입구 바로 옆에 조각물이 하나 보였다. 환하게 웃고 있는 소녀가 머리에 리본을 달고 주름치마를 입은 상태로 가게에 오는 손님들을 향해 웃고 있는 모습이랄까?

그런데 소녀처럼 생긴 조각물의 얼굴 부분을 보니 뭔가 재미있는 느낌이다. 동그란 얼굴에 목도리를 두른 모습으로 생각되었는데 자세히 보니 소녀의 얼굴이라기보다는 롤케이크의 단면처럼 보였다.

'아래는 케이크네. 케이크 위에 롤케이크를 얹어둔 모양인데 웃는 얼굴의 소녀처럼 만들어 놨어.'

몽쉐르 가게 입구 옆에 세워진 조형물은 '도지마로리ローリー'라는 이름을 붙이고 있었다. 도지마롤堂島ロール과 비슷하다. 도지마롤을 연상하기 쉽게 만들어둔 롤케이크 조형물이다.

'이 조형물은 소녀라는 이미지를 느낄 수 있게는 해놨지만 『로리타』에서 말하는 소녀라는 의미는 아냐. 로리타에서 로리는 로리ロリー라고 써야 하거든. 이 조형물은 도지마롤 이미지를 기억하기 쉽게 만든 거야.'

가게 앞에 섰다.

'여기가 본점이라고?'

본점 가게라고 해서 무조건 넓어야 한다는 건 아니다. 하지만 이건 좀 예상 밖이다. 백화점에 입점한 진열대 정도의 공간이라고 할까? 도지마 지역 임대료가 비싸서 그런가? 가게 안으로 들어와 보니 창가 쪽과 마주 보이는 벽 쪽 진열대가 전부다.

'오늘은 도지마로리가 안 보이네? 비가 와서 그런가?'

가게 안으로 들어섰다.

항상 손님들로 북적대는 곳이다. 마침 내가 찾는 도지마롤 몽슈 빵이 보인다.

드디어 구입. 몽슈에서는 비 오는 날엔 포장 겉에 비닐 포장을 하나 더 씌워준다. 비 내리는 길에 가더라도 젖지 말라는 이야기다. 아, 손님을 배려하는 서비스 정신이 느껴진다.

하지만 공간이 좁다는 생각이 든 것도 잠시, 내 시선은 롤케이크들이 예쁘게 진열된 진열대 안으로 향했다.

도지마롤몽쉐르 읽기

직영으로 운영하다

작은 호텔의 복도 가게에서 시작한 몽쉐르는 어느덧 일본 곳곳에 많은 가게를 두고 영업하고 있다. 많은 백화점에서도 판매되고 있으며 한국에도 2013년에 진출했고 그 외 다른 나라에도 진출을 계획하고 있다. 그런데 변하지 않는 한 가지, 도지마롤몽쉐르는 모두 직영점이다. 그래서 맛과 서비스 모든 걸 동일하게 변하지 않고 유지할 수 있었다.

'도지마롤 외에도 다른 게 많네. 초콜릿 생크림인가? 저건 프린스롤, 이쪽은 생크림하고 과일이 들어간 롤케이크인데 신데렐라롤이라고 부르는구나.'

본점에 온 기념으로 도지마롤을 들고 나온 건 물론이다. 처음 계획은 숙소에 가서 하나만 맛보려고 했지만 본점에서 파는 롤케이크 도지마롤의 맛이 궁금해서 도저히 견딜 수가 없었다.

드디어 하나만 손 위에 준비. 생크림을 감싼 투명 비닐을 벗기는데 내 손끝이 살짝 떨리기까지 한다. 비닐에 묻어나는 생크림이 아깝다는 생각이 들었기 때문이다. 최대한 생크림 유실 없이 도지마롤을 맛보고 싶었다.

'오오, 이건!'

그 맛을 전혀 모르는 바가 아니었다. 그리고 본점에서 도지마롤을 먹는다는 기분 덕분만도 아니었다. 하지만 이건 생크림 자체가 롤케이크 안에 듬뿍 담긴 상태임에도 불구하고 느끼하지 않았다.

생크림을 감싸고 있는 빵도 겉면이 단단하다고 느껴질 정도이긴 하지만 딱딱하지 않았다. 생크림을 제대로 감싸줄 정도로 굳은 빵, 입에 넣는 순간 생크림과 함께 사그라지는 바삭한 빵이었다.

생크림이 뭔가 다르다는 느낌만은 확실하다. 물컹거리지 않고 너무 옅지도 않은 진하면서도 고급스런 식감의 생크림.

'이건 정말 꼭 먹어봐야 해.'

포장으로 판매되는 도지마롤은 박스에 담을 때 앞뒤로 보냉제를 하나씩 넣어준다. 생크림의 변질을 막아주고 롤케이크의 신선도를 유지하기 위함이다.

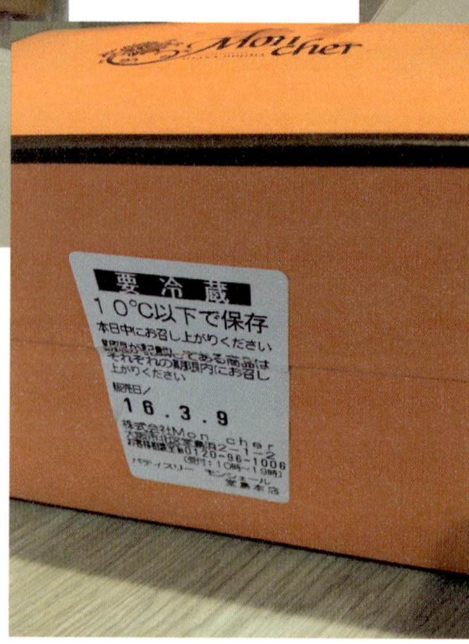

그뿐 아니다. 2013년경엔 한국에 진출한 도지마롤의 포장박스에는 이런 이야기가 적혀 있다. '영원을 의미하는 원통 모양의 롤케이크, 행복을 표현하는 노란색과 흰색의 동그라미가 도지마롤의 자랑'이라는 내용이다. 롤케이크 하나에 어느 정도의 애정이 담겼는지 상상되는 부분이다.

도지마 거리를 빠져나오며 난바로 향했다.

한 손에 든 도지마롤몽쉐르 포장박스가 유난히 조심스럽게 들었다. 이리저리 부딪히지 않으려고 애지중지 하는 상황, 나중에 이걸 받아든 사람에게 제대로 된 원통 모양의 맛있는 롤케이크를 안겨주기 위함이다.

'2000년에 김미화라는 재일교포3세가 처음 만든 거라던데. 생크림을 별로 좋아하지 않는 자기도 먹을 수 있는 생크림을 찾다가 직접 만든 게 오늘의 도지마롤이 되었다고 하지. 대단한 집념이기도 하지만 대단한 도전이야. 보통 사람들은 그냥 포기하고 말잖아. 찾다가도 없으면 없나보네 하는 게 보통인데 없네?에서 그치지 않고 직접 만들어보자고 한 게 어디야. 한국인의 창의성과 도전정신이 드러나는 부분이지 않겠어?'

도지마롤몽쉐르 읽기

직접 제조한 생크림의 차이

우유를 못 마시는 사람들이 꽤 많다. 체질적으로 우유 속 지방을 소화시키기 어려운 사람이기 때문이다. 이들은 우유를 마시지 않고 우유 성분이 들어간 음식도 먹지 않는다.

그런데 우유를 못 먹는 사람들도 먹을 수 있는 생크림이 있다면? 도지마롤몽쉐르은 생크림을 잘 먹지 못하는 사람도 먹을 수 있는 생크림을 만들기 위해 시작한 것이다. 빵도 먹고 싶고 생크림도 좋아하지만 우유 성분 때문에 배탈이 나곤 하던 사람들이 먼저 호응한 건 당연한 일이었다.

생크림을 먹는 사람들과 생크림이 몸에 맞지 않던 사람들이 서로 어울려 롤케이크에 대해 이야기하기 시작했다. 도지마롤이 세상에 알려지고 성공을 하게 된 이유는 사람들의 불편을 해결해준 배려가 그 시작이었다.

숙소로 도착한 시간.

'아참! 도지마롤 유통기한 하루!'

생크림이 듬뿍 들어간 도지마롤 몽쉐르는 유통기한이 하루다.

오늘 사면 내일까지다. 물론 냉장 보관하고 며칠 뒤에 먹어도 큰 이상은 없겠지만 여기서 '하루'란 제대로 된 도지마롤의 맛을 느낄 수 있는 시간이란 의미다. 어떻게 해야 할까 고민할 필요도 없는 일, 결국 그날 저녁 숙소에서 저녁 디저트가 된 건 당연했다.

'이건 정말이지 남녀노소가 모두 행복한 롤케이크야.'

그날 저녁, 도지마롤 몽쉐르를 한 입 베어 물 때마다 든 생각이다.

"서울에서도 먹어 봤지. 그런데 어느 가게에서 도지마롤 판다기에 좋다고 들어갔는데 모양만 비슷하지 아니더라고. 생크림도 적고 빵의 바삭거림도 식감이 아냐. 생크림 자체가 도지마롤에서 만드는 생크림이 아닌 건 물론이었지. 어찌나 자증이 났던지 차라리 도지마롤을 판다고 하지 말든가 말이야. 바쁜데도 일부러 찾아갔는데 괜히 시간낭비만 한 거 같아서 하루 종일 기분도 찜찜했다니까."

우혁의 이야기였다.

전화통화를 하던 도중에 내가 도지마롤이 서울에도 진출했다는 이야기를 해주자 우혁이 기억난다며 해준 말이었다. 백화점에 가면 만날 수 있다는 이야기였는데 우혁은 서울 시내 디저트 카페에서 우연히 만난 도지마롤을 기억했다. 도지마롤이 일본에서 인기를 얻자 한국의 일부 카페에서 모방을 했다.

생크림은 우유로 만드는데 우유를 먹으면 배탈이 나는 사람도 도지마롤 롤케이크는 괜찮더라는 이야기를 들은 기억도 떠올랐다. 남자들은 느끼한 거 좋아하는 편은 아닌데 도지마롤은 입맛이 자꾸 당긴다는 이야기가 나왔다. 무엇보다도 생크림이 많아서 마음에 든다는 얘기들이었다.

음식 그리고 추억이 담기다

비.

오사카에 비가 내린다.

그런데 신기하게도 한국에서 보는 비와 다른 나라에서 보는 비가 다르다. 해외여행 중에 비를 만난 적이 있는 사람들은 공감할 부분 아닐까?

한국에선 비가 익숙한 풍경평소에 다녀본 거리에서 내리지만 해외에서는 그렇지 않기 때문이다. 거리가 생소하고 모든 것들이 생경한 곳인데 거기에 비까지 내린다면 또 다른 곳이란 느낌이 든다. 그 지역, 그 시기에 비가 내리는 그 나라를 보는 게 익숙지 않아서다.

후두두둑.

츠츠츠즈즉.

비닐 베니어합판 위에 떨어지는 비는 파전 굽는 소리를 낸다. 제대로 달궈진 프라이팬 위에 기름을 조금 얹고 그 위에 밀가루반죽을 국자로 잘 떠서 올리면 귓가를 자극하는 경쾌한 소리를 내며 익어간다.

그래서 한국에선 '비 내리는 날엔 파전에 막걸리지!'라는 이야기도 나왔다. 비 내리는 날 그 소리를 듣고 있다 보면 파전 생각이 간절하게 된다. 혹시 어쩌면 비 내리는 날 파전과 막걸리란 이야기를 어느 상술 좋은 가게에서 만들어낸 것인지도 모르지만 말이다.

호텔에서 건네주는 우산을 받았다.

숙박하는 모든 손님이 외출할 때는 호텔에서 우산을 빌려준다. 그 서비스가 고맙긴 하지만 덩치가 큰 나는 조금 난처하기도 하다. 그도 그럴 것이, 내게 필요한 커다란 우산을 생각하면 곤란하기 때문이다. 호텔에서 받는 우산은 하얀 손잡이가 달린투명한 비닐우산이다. 체격이 작은 남자나 여성들에겐 썩 괜찮은 아이템이긴 한데 내가 쓰고 다니려면 좀 부족한 크기다. 허리 아래로는 비 맞을 각오하고 다녀야하는 정도?

그래도 다행인 건 머리카락이랑 얼굴 부분은 비를 가려준다는 점이다. 어쨌든 고마운 일이다. 우산 없이 다른 나라에 온 여행객에게 비가 내리는 날 우산을 제공해주는 서비스는 충분히 감동할 만하다.

'오늘은 지지야키じじ焼き를 먹어야겠어.'

아침에 빗소리에 눈을 뜨자마자 떠오른 생각이다. 호텔 방안에선 창밖에 비가 내리는 풍경은 볼 수 있어도 빗소리를 듣는 경우는 거의 없는데 어제 마침 잠자리에 들면서 창문을 조금 열어둔 탓이다.

밤새도록 빗소리에 잠을 푹 자고 일어난 느낌, 개운한 몸 상태가 느껴졌다. 어디를 가든 모든 게 유쾌하게 받아들여질 기분 상태라고 할까?

호텔을 나선 시각은 아침 11시경이다.

밖으로 나오자마자 우산을 폈지만 아니나 다를까 비가 조금만 방향을 틀어서 내려도 몸이 젖는다. 우산이 작은 건지 내 체격이 큰 건지 모르지만 아무튼 오늘 아침 기분이 상쾌해서 모든 게 그저 유쾌하다.

도톤보리 골목으로 향하며 기억을 떠올렸다. 이날은 도톤보리 거리 끝 쪽에 있는 가게를 찾아갈 생각이다.

> '한국에서 빗소리를 파전 굽는 소리라고 하는 것처럼 일본에서도 비가 내리면 지지 소리가 난다고 해서 지지 소리를 내며 구워먹는 음식이라는 의미로 지지야키じじ焼き라는 게 있잖아. 그런 걸 보면 세계 어느 나라든 음식에 대한 생각은 크게 다른 게 없어. 식문화가 비슷한 인접 국가들 사이에서는 더욱 그렇지.'

내가 '지지야키'라고 부른 건 오사카의 명물 '오코노미야키お好み焼き'를 말한다.

한국에서도 인기 있는 메뉴에 속하는 오코노미야키는 일본스타일의 지짐이부침개라고 말할 수 있다. 밀가루 반죽에 양배추, 고기 등의 재료를 넣고 프라이팬에 지져서 익히는 음식이다.

특이한 부분은 오코노미야키의 경우 겉에 삼겹살을 두어 장 붙여서 지져낸다는 점이고, 한국의 부침개를 간장 소스에 찍어 먹는다면 일본의 오코노미야키는 마요네즈를 뿌린 후 오코노미야키 소스를 발라 먹는다는 점이다. 간혹 오코노미야키 소스를 돈가스 소스에 사용하는 우스터소스라고 생각하곤 하는데 비슷한 느낌일 뿐이고 같은 소스는 아니다.

참고로 알아두자면, 오코노미야키와 비슷한 몬자야키もんじゃ焼き란 게 있는데 이건 도쿄 지역 사람들이 즐겨 먹는 음식이다. 오사카에선 오코노미야키, 도쿄에선 몬자야키인 셈이다.

만드는 방법은 같은가? 그것도 아니다. 사실 몬자야키는 재료를 넣지 않고 밀가루 반죽만을 프라이팬에 지져먹는 음식을 말한다. 그런데 이게 요즘엔 많이 바뀌어서 오코노미야키처럼 갖가지 재료를 넣어 만들게 되었다. 최근에는 두 메뉴의 차이점을 찾자면 오코노미야키보다 몬자야키가 수분기가 더 많다는 점이라고 하겠다.

'오사카에는 오코노미야키의 원조라는 자부심이 있고, 도쿄에선 누구나 몬자야키를 좋아한다고 생각하는데, 같은 나라 사람들끼리 생각이 다르다는 게 참 신기해. 도쿄에선 사실 문화나 이런 게 새로운 게 나타나도 다른 지방으로 퍼질 수가 없었지. 모든 게 하코네箱根 지방을 넘는 일이 거의 없었다는 건데, 몬자야키도 도쿄 사람들만 즐기던 음식이 된 거잖아. 도쿄가 속한 간토지방의 경계 관문이 하코네였는데 사람들을 검문하는 역할을 하다가 문화나 식습관도 검문을 하게 된 거라고 봐야겠지.'

도톤보리 거리에 들어섰다.

11시가 조금 넘은 시각이었지만 벌써부터 가게 곳곳엔 사람들이 북적였다. 점심식사를 하러 나온 사람이 많았다. 비가 내리는 도톤보리는 그렇지 않은 날과 비교해서 크게 다를 바 없었다. 가게 앞에 손님도 줄을 서고 기다리는 중이었고 거리엔 오가는 사람들로 북적였다.

보테쥬ぼてぢゅう가 보였다.

오사카에서 오코노미야키를 말할 때 빼놓을 수 없는 가게다. 1946년에 문을 연 곳으로 오코노미야키의 원조라고 알려진 곳이다. 이 가게의 인기 메뉴는 떡이랑 치즈가

들어간 모찌치즈야키もちチーズ焼き다. 오코노미야키를 먹을 때 치즈가 식감을 살려주는 게 여성들이 특히 좋아하는 맛이다. 떡은 고기랑 채소 위주인 오코노미야키를 씹을 때 식감을 더 살려주는 효과를 낸다.

보테쥬 옆을 지나는데 미즈노美津の가 눈에 들어왔다.

이 가게는 오코노미야키에 밀가루를 넣지 않고 산마山麻를 사용해서 만드는 메뉴로 유명하다. 차이점이 뭐냐 하면 밀가루를 넣어 만들면 기름이 많이 필요해서 느끼한 맛이 나고 반죽도 질긴 특성이 있는데 산마를 넣으면 느끼함이 덜하고 반죽도 훨씬 부드럽다.

'도톤보리엔 진짜 오코노미야키 가게가 많지. 저기 하츠세가 보이네.'

하츠세はっせ는 손님들이 오코노미야키를 직접 만들어 먹는 재미를 주는 곳이다. 메뉴에서 재료를 주문하고 기다리면 손님 앞에 있는 철판에 재료를 얹어주고 나머지는 손님이 직접 만들어 먹는 방식이다. 이게 좋은 게 뭐냐 하면 손님들마다 원하는 정도로 익혀서 먹을 수 있다는 것이다.

계속 길을 걷다보니 이번엔 후쿠타로福太郎가 눈에 들어왔다.

고기랑 채소 외에 독특하게 파와 마늘을 넣어 담백한 맛을 즐기는 오코노미야키다. 파葱를 넣었다고 해서 이른바 '네기야키葱焼き'라고 부르는 메뉴가 있다. 이곳은 일본인이 더 많이 들르는 가게라는 점이 특색이다. 아무래도 관광객은 그들이 익히 알던 오코노미야키를 찾는데 비해 현지 일본은 조금 더 특색 있는 오코노미야키를 찾는 경향이 있어서라고 하겠다.

'오늘 가게는 오카루おかる.'

1946년에 문을 연 가게로 알려져 있다.

도톤보리에서 유명한 오코노미야키

가게 중에서도 남다른 차별화를 해서 인기를 얻는 가게다. 이른바 캐릭터 오코노미야키.

이 가게에 가면 도라에몽과 헬로키티는 물론, 손님들이 원하는 캐릭터가 즉각 나온다. 오코노미야키 가게에서 캐릭터가 나온다는 차별화로 많은 손님들, 특히 여성 손님들에게 인기를 얻었다.

'오코노미야키랑 캐릭터랑 무슨 관계이기에?'

궁금한 걸 못 참는 사람은 직접 방문해도 좋겠다. 오카루에서는 오코노미야키 위에 캐릭터를 그려준다. 어떻게 그리느냐고? 이제부터 알려드리겠다.

우선 가게 입구부터 보자.

흰색 바탕에 빨간 글씨로 오코노미야키, 오카루란 글자가 새겨진 전등이 가게 앞에 걸려 있다. 가게 입구는 그렇게 크진 않다. 안이 들여다보이도록 유리로 된 두 칸짜리 문과 그 옆에 메뉴를 소개한 창문 형태의 진열대가 전부다. 가게 출입문 바로 위에는 일본식 기와가 장식되어 있어 마치 누군가의 집으로 들어가는 느낌을 받는다.

가게 안으로 들어가 보자.

손님이 많아서 줄을 서야 할 경우가 자주 있다. 자기 차례가 오면 드디어 가게 안으로 입성, 빈 좌석을 안내받아 앉자.

‘생각보다 가게 내부도 크지 않네?’

오카루 내부는 철판이 부착된 목제테이블이 양쪽으로 나뉘어 배치된 구조다. 몇 개 안 된다. 손님들이 양쪽 테이블에 앉으면 중앙 통로로 스태프들이 다니며 서빙하는 방식이다.

‘젓가락 포장에 빨간색 올림머리 여자 얼굴이랑 철판요리용 주걱이 그려져 있어!’

여자 손님 두 명이라면 테이블 한 쪽에 한 명씩 넉넉한 공간에 앉으면 되고, 보통 체격의 어른 4명이라면 양쪽으로 두 명씩 꽉 끼어 앉으면 간신히 앉을 만한 테이블이다.

테이블 위엔 인원수에 맞춰 젓가락이 놓여 있고 한쪽 자리엔 철판볶음용 스텐레스 주걱이 주걱받침접시 위에 놓인 게 보인다. 테이블 세팅 자체가 정해진 방식대로 놓인 것 같다.

'벽에 메뉴판을 붙여놨구나.'

가격은 대개 800~900엔 대, 스태프에게 요청하면 영어 메뉴판도 갖다 준다. 테이블 한 쪽엔 양념통이 보였다.

주문을 마치면 잠시 후 스태프가 재료를 준비해서 테이블로 온다. 재료가 밀가루반죽이랑 섞여 담긴 통이다.

가장 먼저 하는 일은 네모난 철판 위에 기름을 두르는 건데 동그라미를 그리듯 기름을 두른다.

그리고 재료를 섞은 밀가루반죽이 담긴 통을 들고 다시 한 번 더 재료를 잘 섞은 후에 조금 전 기름을 두른 철판 위에 쏟는다.

치이익.

잘 달궈진 철판 위에서 재료가 익는 소리가 난다. 아침에 들었던 빗소리다. 귓가를 자극하는 경쾌한 소리다. 더불어 코끝을 자극하는 맛있는 향이 주위를 채운다.

'저걸 뒤집어야 하지 않을까?'

지금이 아니다.

부침개라면 위아래를 잘 뒤집어가며 익히겠지만 이건 오코노미야키. 철판 위에 놓인 재료가 익어가는 소리가 들리면 스태프가 뚜껑을 덮는다. 그렇게 됐다고 다시 와서 뒤집고 뚜껑 덮기를 몇 번, 다 익은 건가? 마지막 단계가 되면 뚜껑을 그 위에 다시 덮었다가 벗긴다.

철판 위에 동그랗게 기름을 두른 이유, 그 자리에 들도록 밀가루반죽을 쏟은 이유, 스태프가 뚜껑을 들고온 이유가 모두 설명되는 순간이다.

오카루 읽기

기름은 둥글게, 마무리는 뚜껑

오코노미야키를 만들 때 재료를 섞은 반죽을 처음 올려두는 철판에 동그랗게 기름을 친다. 그래야만 반죽의 가장자리가 늦게 익고 중앙부터 익는다. 기름이 들어간 자리는 바삭하게 되고 재료가 수북이 쌓인 중앙 부분이 먼저 익는다.

물론 오코노미야키의 중앙이 먼저 익고 가장자리가 늦게 익는다고 해서 그 모양이 항상 산처럼 불룩 솟은 형태가 되는 건 아니다. 조리하는 도중에 중앙 부분을 눌러주면서 전체적으로 도톰한 두께가 되기 때문이다.

오코노미야키의 가운데를 눌러주면 안에 든 재료의 육즙이 가장자리로 전달된다. 오코노미야키 가운데와 가장자리 모두 같은 맛이 나게 해주는 노하우다. 뿐만 아니다.

전체적으로 재료가 다 익은 시점엔 마무리 단계에서 뚜껑을 덮는다. 이렇게 해주면 향이 날아가지 않고 오코노미야키 안으로 골고루 스며든다. 나중에 어느 부위를 베어 먹어봐도 같은 맛, 같은 향이 어우러진다.

그리고 잠시 후에 뚜껑을 열고 아랫부분이 맛있게 노릇하게 익은 오코노미야키를 철판주걱으로 뒤집는다. 그리고 다시 익히기. 노릇노릇하다 못해 고기 익듯 향긋한 육즙이 보이는가 싶은 순간, 스태프가 오코노미야키 위에 소스를 바른다.

그 위에 다시 양념 가루를 뿌리고 드디어 절정의 순간!

'캐릭터다!'

오카루 가게의 스태프의 실력(?)에 따라 캐릭터가 달라지는 것 같다. 헬로키티를 잘 그리는 사람이 있고 도라에몽을 잘 그리는 사람이 있는 것 같다. 대개 손님들이 그려달라는 캐릭터를 그려주는 걸 보면 기본적으로 오카루 가게 스태프들의 실력은 좋은 것 같다.

'대단해. 오코노미야키 위에 마요네즈로 그림을 그리다니!'

쓱싹. 쓱싹.

마요네즈가 이리저리 오가면서 그림이 완성된다. 그리고 캐릭터를 다 그리면 아쉽지만 주걱으로 먹기 좋게 잘라서 철판 위에 적당한 위치에 둔다. 사진 찍으려면 미리 스태프에 말해서 적당한 순간들을 골라야 한다는 점을 기억하자. 절묘한 순간이 까딱하다간 그냥 지나가 버린다.

오카루 읽기

캐릭터 오코노미야키를 만들다

오코노미야키는 오사카 지역의 대표적 메뉴다. 오코노미야키의 발상지라고 자부심을 갖는 음식이기도 하다. 그래서 가게들은 저마다 특색을 가져야만 나름의 원조가 될 수 있다는 생각을 한다. 오카루의 전략은 캐릭터를 그려주는 것이다. 오코노미야키가 완성되었다는 의미이기도 하고 재료가 익는 동안 기다려준 손님에게 선사하는 만화 속 주인공이기도 하다.

오카루는 손님들의 시선이 머무는 곳에서 등장하는 캐릭터가 특색이 되었다.

가게 이름은 오카루おかる.

잘 키운다는 의미다. 자르다 또는 베다라는 의미도 있다. 사냥하거나 낚시를 하다는 의미도 있다. 이처럼 다양한 의미를 내포한 단어 오카루. 오코노미야키 가게 이름으로 적절하지 않은가? 고기와 채소, 해산물이 들어가고 잘 만들어서 베어 먹기 때문이다.

'손님들에게 더 알려지고 장사가 잘될수록 가게를 고치려고 하는 대신 차별화로 명맥을 이어가는 느낌이야.'

70년 가까이 된 가게.

그래서 가게 내부 인테리어는 현대식이라기보다는 일본 옛 동네가게 같은 느낌이 더 강하다. 가령, 화장실 분위기도 현대식이 아니다. 그래서 더 동네가게다운 정서가 장점으로 다가오는지 모르지만 말이다.

오카루 읽기

모습이 변하지 않는다

1946년 개업한 이후로 모습을 바꾸지 않은 곳이다. 오카루는 오랜 시간 동안 인근 지역 주민과 시대를 공유해온 삶의 일부가 되기에 충분하다. 손님이 모여든다고 금방 모습을 바꾸지도 않았다. 내부 인테리어나 화장실, 주변 집기도 그대로 유지하고자 노력했다. 좌석을 더 늘리지도 않았다.

이러한 오카루의 모습은 변하지 않는 신뢰가 되어 손님들에게 인정받을 수 있었다. 돈을 더 벌려고 좌석을 늘리는 가게가 많은 요즘, 돈을 더 남기자고 싸구려 재료만 쓰는 가게가 생기는 요즘, 오카루는 처음 문을 연 이후로 손님들을 향한 변하지 않는 믿음을 지켜오는 중이었다.

'짭쪼롬하다.'

많이 짠 것은 아니고 맛있게 짠 정도다.

입 안에 넣어 씹어보면 바삭한 식감이 느껴진다. 오코노미야키는 대부분 두꺼운 반죽 탓에 우물거리며 먹어야 하는 경우가 대부분이었는데 오카루의 오코노미야키는 적당한 두께다. 속재료가 모두 익는다. 아무래도 마지막 단계에서 뚜껑을 덮는 효과가 아닐까 싶다.

지나가는 발걸음을 멈추게 하는 이야기

점심 무렵이 가까울 무렵이다.

상쾌한 아침 공기도 쐴 겸, 난바역 주변 거리를 걷는 중이었다. 바쁘게 지나다니는 사람들 틈바구니에서 여유로운 기분을 느낀다는 것, 여행자이기에 가능한 것 아닐까? 바쁜 사람들 얼굴을 보며 '저 사람은 어디에 가는 길인가?' 생각하게 되고, 잔뜩 풀죽은 사람을 보면 '저 사람은 무슨 고민이 있는가?' 싶기도 하다.

그리고 꼭 마주치게 되는 모습, 주위를 두리번거리며 스마트폰을 꺼내 손에 꼭 쥐고 서성이는 사람들이다. 그들도 여행자이긴 마찬가지인데 길을 잃은 것 같다.

"한국에서 맛집 방송에 나온 거 봤어. 거기가 난바역에서 가깝다던데."

"스마트폰 켜 봐. 주소나 가게이름 검색하면 나올 거야."

"여기 일본인데? 나 일본어 몰라."

"그냥 한글로 입력해. 그래도 나올 거야."

한국에서 온 사람들이다.

DSLR 카메라를 어깨에 걸고, 여자는 핑크톤의 여행용 캐리어를 끌고 왔다. 남자는 배낭 한 개를 짊어진 상태에서 여자의 캐리어를 대신 갖고 다니는 것으로 보인다. 남자와 여자는 주위를 둘러보며 뭔가를 찾는 듯 했지만 일본어를 모르는 것 같았다.

'어떻게 찾겠다는 건지?'

공교롭게도 내가 앉은 도로 벤치에 다가와서 이야기를 하는 통에 의도치 않게 그들의 이야기를 들었다.

서둘러 스마트폰을 다시 꺼낸 여자가 와이파이를 확인하더니 이리저리 자리를 옮겼다. 이왕이면 와이파이 안테나가 더 많이 나오는 곳에서 검색을 하려는 모양이다. 물론 난바역 주변에서는 와이파이가 잘된다.

그리고 잠시 후.

여자가 남자에게 검색한 결과를 보여준다. 가까운 곳이란다. 그들이 이야기하던 '한국 맛집 프로그램에 소개된 일본 오사카 난바역 근처의 가게'는 어디였을까? 그들의 이야기 속에 등장한 가게가 손님이 이런 정성을 들인다는 걸 안다면 서비스가 더 풍성해지지 않을까 하는 생각이 들었다.

멀리 한국에서 비행기를 타고오자마자 숙소에 체크인하기도 전부터 맛집을 찾아오지 않는가 말이다. 가게 입장에선 고마워해야 할 이야기다. 한국인 남녀 커플 덕분에 그 옆에 머물던 나까지 가게를 찾아가볼 생각을 하게 되었으니까.

난반테이.

오사카 난바역 인근에서 걸어서 15분 정도 시간이 소요되는 가게다. 그렇게 먼 거리는 아니다. 걸어서 갈 만한 충분한 거리다. 짐을 많이 들고 있는 상태라고 해도 큰 무리는 안 된다.

일본의 도로는 인도와 차도가 만나는 부분을 평지와 같게 디자인을 하기 때문에 캐리어를 끌고도 걸어 다니기 편하다. 도로에 요철 부위가 적다는 얘기다.

"지도를 봐도 복잡한데."

남자가 고개를 갸웃거린다. 여자는 스마트폰을 들고 이리저리 방향을 비교해보는 것 같다. 이쯤 되면 가만히 있어선 안 되는 것 아닌가?

"한국분들이시죠? 어디 찾으세요?"

갑자기 한국말을 듣자 깜짝 놀란 표정이다. 조금 전까지도 일본인으로 생각했던 남자가 갑자기 한국어로 말을 걸어주니 놀란 모양이다. 이해가 안 되는 건 아니다. 내 얼굴이 글로벌해서인지 세계 어느 나라를 가더라도 가끔 현지인 취급을 받으니 말이다.

커플이 보여준 스마트폰 화면을 보니 난바역 주변의 이면도로 골목 안쪽이었다. 골목에서도 한복판이다. 찾기 어려운 곳은 아닌데 캐리어까지 든 오사카 초행길인 두 사람이 한 방에 찾기란 쉬운 길이 아니었다. 어떻게 해야 쉽게 찾아가도록 알려줄 수 있을까?

"난바역 5번 출구로 나가셔서요, 뒤로 돌아보시면 '난바 라쿠쟈樂座'라는 골목이 보이거든요. 그 골목 안으로 들어가면 바로 쉽게 찾으실 거예요."

커플은 그제야 고민이 풀렸다는 듯 환하게 웃었다.

다행이다.

외국에 나와서 시간절약을 할 수 있으면 그것보다 더 즐거운 일이 없다. 커플은 일단 그날 찾아가고 싶은 가게를 보던 중이라고 했다. 숙소에 가서 먼저 체크인을 하고 저녁 무렵쯤에 간다고 했다.

나중에 들은 이야기이지만, 모 방송에 소개된 이후로 한국인 손님들이 부쩍 많아졌다고 한다. 어떤 가게이고 어떤 메뉴를 팔기에 소문이 난 걸까?

프로그램의 의도는 알 수 없었지만 난반테이의 어떤 메뉴를 소개했는지 궁금했다. 오사카에서 맛집을 소개하려 하면 소개할 가게가 부지기수다.

나름의 어떤 기준을 정하지 않으면 1년 내내 오사카의 가게들을 찾아다니며 소개한다고 해도 방송 시간이 부족할 수 있다. 실제로 모 일본 방송채널에는 일본 전역의 라멘가게만 찾아다니는 프로그램도 있다. 특정 메뉴만을 골라서 일본 전역을 다니는 프로그램들이 대부분이다.

그런데 이 가게는 도대체 어떤 메뉴를 팔기에?

'나도 궁금해지는데? 가봐야겠어.'

그날 점심시간 무렵. 가게 앞에 도착했다.

야타이? 일본식 포장마차 느낌이 강하게 났다. 도로에 손수레를 놓고 장사하는 야타이는 아니었지만 길가 가게이면서도 야타이처럼 느껴진다.

실내가 좁다. 가게는 동네 사람들끼리 모여서 과일도 먹고 이야기도 나누는 사랑방 공간 같다. 물론 이 가게에서는 손님들이 기다리는 장소로 사용되는 게 빤하지만 말이다. 그리고 난반테이는 주방꼬치를 굽는 곳을 경계로 두 개의 공간으로 나뉘었는데, 도로변에서 들어오는 가게는 테이블 손님을 위한 자리이고, 건물 옆 통로로 들어오는 공간은 주방 앞에서 1인 혹은 소수의 손님들이 앉는 곳이었다.

'가게 출입구나 창가 쪽 위에는 접이식 천막을 했구나. 날씨가 좋을 때는 접어두고 궂을 때 사용하겠지. 창가에 앉아서 밖에 비 내리는 도로를 본다? 운치 있겠는데?'

가게 안으로 들고나는 현관 출입구 쪽에 우산꽂이를 세워두었다. 흰 손잡이에 투명 비닐우산들이 몇 개 놓여 있다. 비가 내리나 안 내리나 상관없이 놓아두는 우산꽂이라는 생각이 든다.

'손님을 이만큼 배려한다는 얘기인가?'

비가 내리는 날이면 이 가게가 떠오르는 이유가 될 것 같다. 우산 없는 사람들이라면 난반테이에 와서 식사하고 우산 하나 얻어서 쓰고 돌아가면 되겠다 싶은 그런 기분이 든다.

현관 출입 공간 주위엔 이 가게를 다녀간 유명인 사진이 붙어 있다. 소문난 가게라는 이야기인데 일본 연예인도 있고 한국 프로그램에 소개된 곳이라는 사실을 증명하듯 그 프로그램 진행자들 사진도 보였다.

가게 안이 궁금하다. 가게가 영업 중임을 알려주는 환하게 켜진 조명 아래를 지나서 가게 안으로 들어갔다.

"어서 오세요."

가게 안으로 들어서자마자 힘찬 인사말이 터진다. 일본 가게 특유의 무조건 인사하기 아닌가? 안으로 들어오는 인기척이 나면 '어서 오세요', 밖으로 나가는 사람이 있으면 '안녕히 가세요, 또 오세요'다. 그런데 난반테이는 조금 다르다. 내 시선과 마주치며 인사를 한다.

빈 좌석을 안내해준다.

누가 봐도 딱 보이는 빈자리가 가게 안에 보이지만 그래도 일본 가게에선 스태프의 안내를 받아서 그들이 알려주는 자리에 앉는 게 좋다. 간혹 예약석도 있을 수 있고 가게에서 별도로 준비해둔 공간도 있어서다.

별도로 준비해둔 공간이란 의미는 대부분의 가게에 해당되는 건 아니지만, 손님들에게 이벤트를 제공하거나 새로운 메뉴를 보여줄 때 빈 테이블 위에 차려두고 다른

손님들에게 나눠주는 경우에 사용하는 공간이란 뜻이다. 우리 가게에서 새롭게 선보이는 메뉴인데 오늘 우리 가게에 오신 손님들에게 미리 선보인다는 애기를 하며 나눠준다.

난반테이 읽기

손님과의 이야기

가게에 오는 손님들은 가게 주인과 친하고 싶어 한다. 그러면 여러모로 그들에게 이익이 있을 거라는 기대를 한다.

손님과 가게라는 관계에서, 이웃이 하는 가게로 관계가 바뀌면 '아는 가게'가 되어버리는데, 이 단계에선 손님이 손님을 데리고 오고, 손님이 혼자도 오며, 가게주인이 손님에게 오라고 연락을 해도 괜찮은 관계가 된다.

그래서 가게 입장에서도 손님들과의 친밀도를 높이도록 노력하는 게 중요하다. '뜨내기' 손님이 아니라 자주 찾고 방문해주는 '아는 손님'이 되어야만 가게가 운영에 도움이 되기 때문이다. 그러려면 '손님들과 나눌 이야기'가 필요하다.

손님이 와서 그들끼리 이야기만 하고 가버리는 가게라면 어떤가? 손님은 '아는 가게'에 갔다고 생각지 않으며 다른 어떤 가게에 가더라도 머물다가 떠나버리면 그뿐이다.

가게 입장에서 '뜨내기' 손님의 이야기를 엿듣는데만 집중할 뿐이라면? 하루 종일 가게 안에서 일하는 무료함을 달래기 위해 손님의 이야기를 엿듣기만 하는 거라면? '아는 손님'을 얻지 못할 게 분명하다.

가게를 한다면 손님과 이야기를 나눌 필요가 있다. 손님이 먼저 건네주는 이야기도 좋지만 가게가 손님에게 건네는 이야기가 더 좋다. 그 이야기가 어려운 것도 아니다.

'우리 가게 새로운 메뉴인데 맛을 검토해주세요'

'고기 냄새가 베일지 모르니 겉옷을 보관해드릴까요?'

'이건 서비스 무료입니다. 다음에 또 오세요.'

손님의 입장에서 '이 가게에서 특별대우를 받았다'고 생각될 만한 이야기라면 어떤 것도 좋다.

손님과 가게 사이에 처음부터 진지한 인생사 이야기를 할 필요도 없다. 손님과 가게 입장에서 주고받을 수 있는 이야기는 무궁무진하다. 그래서 난반테이처럼 손님에게 건네는 이야기가 중요하다. 손님은 가게를 기억하는 게 아니라 이야기를 기억하기 때문이다.

'가게 안에 손님이 아직 꽉 찬 건 아니네.'

시간이 좀 일러서다. 난바역에 온 시간이 점심 무렵이었다고 해도 10시 30분이 조금 지난 시각이었다. 한국에서 온 커플도 짐 가방을 그대로 들고 여기에 올 생각을 한 걸 보면 호텔 체크인하려면 시간이 아직 많이 남았다는 얘기다. 아니나 다를까. 자리에 앉아 창밖을 보는데 사람들이 하나둘 모이기 시작한다.

"죄송합니다. 조금만 기다려주시겠습니까?"

얼마 더 지나자 1인석 위주의 공간으로 들어오려던 손님들이 가게 안을 둘러보더니 다시 문을 닫는다. 그리고 가게 앞에 익숙한 모습으로 줄을 만들기 시작했다. 대여섯 팀이 금방 줄을 지었다.

'돗자리 커튼인가? 천정에 나름의 인테리어를 해놨다. 여기가 지푸라기 구이 가게인 것 같은 느낌이 충만하다. 천정이랑 가게 한쪽에 보이는 에어컨과 묘하게 어울리는데?'

테이블 손님을 위한 공간 쪽 천정에는 무슨 이유로 돗자리를 걸고 메뉴판도 붙여뒀을까? 누가 본다고?

이런 생각은 하지 말자. 이 가게가 아직 어느 메뉴를 파는지 모르는 상태라면, 그리고 세상의 모든 가게의 인테리어에는 주인의 전략과 영업방침이 담겼다는 사실을 염두에 두자.

그래도 잘 모르겠다면 이런 상황을 기억해보자.

당신이 어떤 사람과 술자리 혹은 식사를 하러 가게에 들렀다. 그곳엔 분명 맛있는 음식, 가게에 어울리는 분위기, 이야기할 상대가 있다. 그 가게에 머물던 당신에겐 어떤 일들이 생겼는가?

상대를 보고 이야기한다.
맛있는 음식을 먹는다.
화장실을 찾는다.
계산대를 찾는다.
종업원스태프를 찾는다.
스마트폰을 이따금 들여다본다.

위 상황들이 펼쳐질 게 분명하다.

그 중에서도 두 번째 상황, 맛있는 음식을 먹는 모습을 떠올려보자. 국물 음식이라면 고개를 조금 숙였을 게 분명하다. 흘리지 않으려고, 수저를 들고 고개를 살짝 숙인다.

이번엔 술잔을 들 때를 기억해보자. 물컵도 좋다.

'어떻게 마시는가?'

고개를 든다.

이야기하려고 드는 상태가 아니다. 목을 살짝 뒤로 젖힌다. 목 넘김을 조금 더 편하게 하기 위함이다. 눈치 챘는가? 이 가게 주인이 천장에 메뉴판을 놓고, 돗자리를 놓아두면서 노린 건 무엇이었을까?

맞다. 손님의 시선이다.

천장에 가게에서 파는 주요 메뉴를 걸어두고, 천장 보는 사람들 시선까지 확보하는 게 이 가게의 배려, 혹은 영업 전략이었다. 천장 공간을 영업 전략으로 삼았다는 증거는 또 있다. 천장 메뉴판 한쪽에 이 가게를 다녀간 유명인 사진이 붙어 있다.

천장 벽엔 스타들 사진 부착? 사람들이 천장을 쳐다보지 않는다면 굳이 천장에 저런 걸 걸어둘 이유는 없다.

사실 어느 가게라도 손님들이 천정을 보는 경우는 있다. 음식이 늦게 나오거나 처음 오는 가게라서 인테리어가 궁금할 때도 그렇고, 더운 여름인데 가게 안이 생각보다 시원하지 않을 때 에어컨을 찾으려고 두리번거릴 때도 마찬가지다. 사람들은 어느 가게에 가든지 천장을 볼 때가 반드시 있다. 그런데 천장 공간을 활용하지 않는다고?

생각해보자. 천장을 쳐다보는 손님들 시선을 적극 영업에 활용하는 가게와 그렇지 않은 가게의 차이가 있을까, 없을까?

난반테이 읽기

천장 공간 활용

손님들이 가게에 온다는 건 가게의 서비스를 받고 싶고 가게에서 파는 음식을 먹고 싶다는 의미와 같다. 그래서 손님들은 처음 오는 가게이건, 단골이 된 가게이건 상관없이 가게의 모든 걸 즐기고자 하는 마음이 있다. 모든 가게가 손님의 시선에 집중해야 하는 이유다. 가게에 손님이 머무는 동안 가게의 모든 서비스를 내보이고 장점을 적극 알려야 하며 제공하는 음식들을 알려야 한다. 가게 안에 손님이 있기 때문이다.

손님의 시선이 머무는 곳마다 메뉴판을 붙이고 새로 나온 음식 사진을 걸어두는 가게였을지라도 천장 공간에 대해선 정작 무심한 경우가 많지 않은가? 손님의 시선이 어떻게 변하는지 관찰하지 않아서다. 가게 주인 입장에서 여기가 좋겠다, 저기가 좋겠다고만 생각했을 뿐, 정작 손님이 어디를 바라보고, 어디를 거쳐 어느 쪽으로 시선이 옮겨지는지 생각하지 않은 것이다.

난반테이에서는 고개를 들고 음식을 먹는 손님의 시선까지 고려해서 가게의 천장 공간을 적극 활용했다. 벽이 아니고, 가게 출입문 현관이 아니고, 카운터가 아니며, 주방이 아니었다. 그런 곳은 모든 가게가 다 활용하는 공간이다. 그런데 손님이 바라보는 나머지 한 곳, 다른 가게들은 고급 마감재로 인테리어를 해버리거나 전등을 달아두는 것만으로 끝낸 공간, 천장 공간을 활용하는 데 눈을 뜬 난반테이의 전략이 이채롭다.

'게다가 난반테이는 꼬치구이 가게라고!'

꼬치를 먹는 사람들 대부분 고개를 들고 먹는다. 맥주를 마실 때도 고개를 들고 뒤로 살짝 젖힌다. 손님들 시야에 난반테이의 다른 메뉴들이 들어오는 게 당연하다.

그때 유명인 사진과 메뉴들이 보인다면? 생맥주 한잔 하는 중이라면?

안 먹어본 또는 먹어봤는데 맛있는 메뉴를 추가 주문할 가능성이 높다. 난반테이의 천장 공간 활용 아이디어를 보고 속으로 감탄하던 중에 눈에 띈 것이 있다.

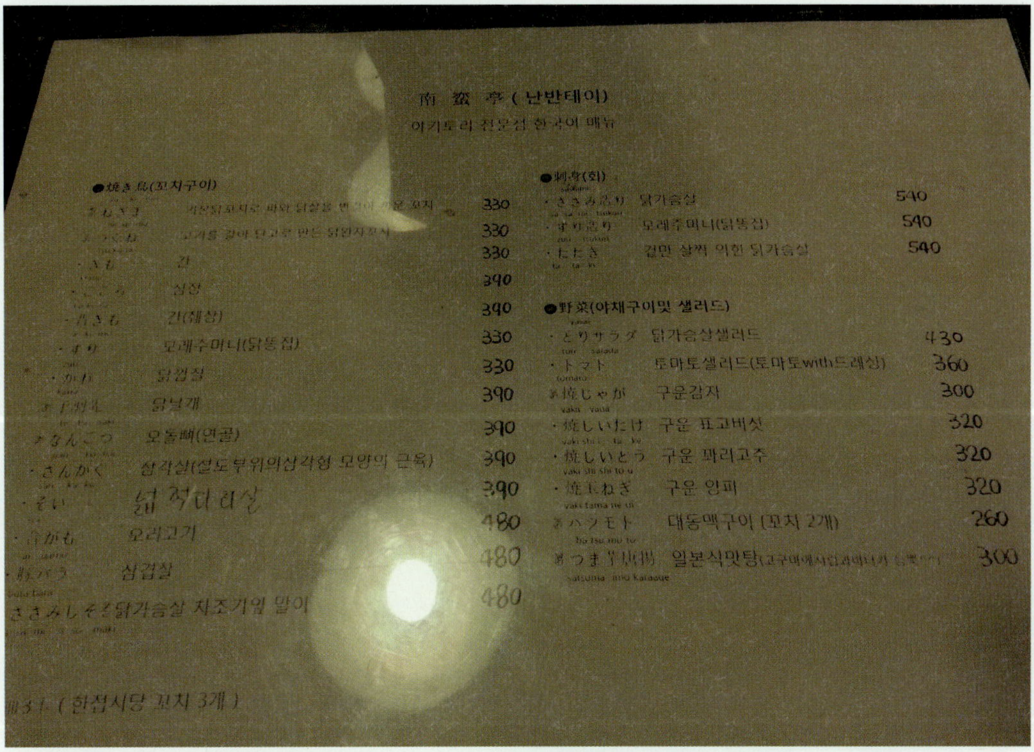

'한글 메뉴가 있네?'

한국인 손님이 많이 온다는 얘기다.

메뉴 대부분이 300엔에서 400엔 대이고, 260엔짜리도 보인다. 난반테이의 꼬치 메뉴는 간, 췌장, 모래주머니, 닭껍질, 오돌뼈, 삼각살(설도 부위 삼각형 모양의 근육), 넙적다리살, 오리고기, 삼겹살, 닭가슴살 차조기잎말이 등이다.

'회?'

회도 있다. 생선회는 아니다. 날 것으로 먹을 수 있는 일부 부위를 회로도 판다. 회 메뉴는 닭가슴살, 모래주머니(닭똥집), 겉만 살짝 익힌 닭가슴살로 모두 540엔씩이다.

메뉴판을 더 보자.

야채구이 및 샐러드로는 닭가슴살 샐러드, 토마토샐러드, 구운 감자, 구운 표고버섯, 구운 꽈리고추, 구운 양파, 일본식 맛탕 등이다. 정리해보면 꼬치구이 전문 가게인데 닭가슴살 등은 회로도 파는 곳이다. 꼬치와 곁들이는 야채 메뉴도 있다.

몇 가지를 골라 주문해봤다.

모래집꼬치랑 닭꼬치다. 기본에 충실하자는 게 내 취지다. 그거 아는가? 유명한 맛집 일수록 기본기에 강하다는 점 말이다.

방송에서 진행자 중 한 명이 강력하게 추천했다는 닭오돌뼈 꼬치도 주문해보자. 물론 이 이야기는 커플에게서 들은 정보다.

스태프가 음식을 내오기 전까지 시간이 여유로웠다. 물 한 모금을 마시고 다시 가게 안을 둘러봤다.

주방을 감싼 상태로 스태들를 마주 보고 앉은 테이블 주위로 손님들이 많다. 다른 사람은 가게 곳곳에 배치된 테이블에 앉아 있었다. 가게 내부가 넓지는 않았지만 공간 활용을 잘 했다는 느낌이 들었다.

"감사합니다."

드디어 내가 주문한 음식이 등장했다.

'어? 여기 꼬치들은 양념이 되어서 나오는구나.'

난반테이에서 판매하는 꼬치들은 양념이 된 상태로 나오는 게 특색이다. 다른 꼬치구이 가게에선 소금이나 후추로만 간을 내어 판매하는 꼬치가 많은데 여긴 다르다. 손님의 입맛에 따라 선호가 갈릴 수밖에 없는 부분이다.

'그런데 한 접시에 꼬치가 3개씩이네?'

흠.

3명이 오면 한 개씩 먹는다고 치자. 그런데 2명이나 4명이 오면? 한 명이 덜 먹게 된다. 어떻게 할까? 2명이 와서 꼬치 한 접시는 주문하기가 좀 그렇다. 2접시는 주문해야 한다. 그래야 6개가 된다. 3명이 오면? 한 접시로 꼬치 1개씩 먹을 수 있다.

하지만 아쉽다. 아직 술도 남을 텐데. 그래서 두 접시는 주문해야 한다. 6개가 나오고 한 사람당 2개씩 먹는다. 4명이 오면 어떨까? 한 사람이 덜 먹는다. 결국 4접시를 주문해야 한다. 그래야만 12개가 되어 한 사람당 3개씩 먹을 수 있다.

난반테이 읽기

1접시에 3개의 꼬치

꼬치구이 가게에 오는 손님들은 대부분 2명이다. 가게가 좁고 테이블이 작아서 3명 이상은 손님 스스로 꺼려한다. 혼자 오는 경우는 드물다. 혼자 와서 꼬치구이를 먹으며 술을 마신다는 건 매니아 아니면 어려운 이야기다. 꼬치구이 가게에 오는 이유는 대부분 이야기를 하기 위해서다.

손님의 이야기가 길어질수록 가게 입장에서는 조바심이 난다. 꼬치 한 접시와 생맥주 한 컵만 주문하고서 이야기만 길게 한다면 가게 입장에서 손해다. 테이블 회전율이 중요하고 손님들이 자꾸 들고나야 좋다.

손님이 오래 머문다면 그 대신 매출이라도 올려주기를 기대하는 게 가게 입장이다. 하지만 손님들에게 대놓고 '한 시간에 몇 접시 주문하라'고 할 수는 없는 노릇이다. 가게 입장에선 어떻게 해야 할까?

손님 1팀당 최소 기대 매출을 정해두고 이를 달성하도록 노력해야 한다. 가령, 한 달에 가게에서 필요한 고정비용과 기대매출이 얼마나 필요한지 계산한 후에 손님이 한 달에 몇 명이 오는지 평균을 측정해서 인원수로 나눠보자.

가게에 오는 손님 한 명당 기대매출이 나온다. 손님이 하루에 몇 명 왔는데 기대매출에 미치지 않았다면 그 날 매출은 손해라고 봐야 하는 식이다. 그래야 가게가 운영된다.

한 접시에 꼬치 3개란 의미는 손님 1팀(2명)이 가게에 와서 최소한

두 접시(6개)는 먹는다는 계산을 하게 해준다. 꼬치 두 접시와 생맥주 2잔을 최소로 잡고 손님이 머무는 시간 대비 기대매출 금액을 기대하는 식이다.

가게에 오는 손님 수 대비 월 기대매출을 정해두고 메뉴의 종류와 가격대를 정하는 게 중요하다. 한 접시에 꼬치 3개란 건 우연히 나온 수치가 아니다.

꼬치구이 가게에 오는 손님은 보통 2명 아니면 4명이다. 3명이 오는 경우는 드물다. 여행객도 2명인 경우가 많다. 그날 내가 만난 커플도 2명이지 않은가? 3명이 온다면 자리 배치도 난감하다. 테이블 배치가 짝수 형태로 되어 있어서 한 자리가 비게 되면 합석을 해야 할지도 모른다.

가게 입장에선 손님 2명이 오더라도 최소한 한 테이블에 꼬치 두 접시 이상은 팔 수 있어야 한다는 전략이 있었을 것이다. 한 접시에 3개의 꼬치가 들어가게 된 이유다.

'아하! 가게 이름에서 한자가 난반테이南蛮亭였든가? 재밌네.'

가게 이름에 '난반南蛮'이 머무르는 '장소(정:亭)'라는 의미가 있다. '장소(정:亭)'이란 서울 남산에 '팔각정' 처럼 특정한 장소를 의미하는 걸 알겠는데, 가게 이름을 떠올리고 재밌어진 이유는 '난반南蛮'이란 단어의 여러 의미 때문이다.

가령, 일본어에서 '반蛮'이란 '오랑캐 만'이란 한자어다. '동쪽의 오랑캐'를 말하는 '동이족'을 칭할 때도 쓰이는데 미개인을 이야기할 때 쓰는 한자다. 한자어로만 치자면 '남쪽의 오랑캐'라고 이해될 수 있는 부분이다.

그런데 난반테이에서 '난반'이란 글자는 다르게 해석될 텐데, '니煮'를 붙이면 야채나 생선, 닭고기 등을 기름에 튀긴 음식을 말하기 때문이다. '인人'을 붙이면 에도시대(1603~1867)에 남미 지역 사람들을 가리켰다. 스페인이나 포르투갈 사람들이 해당된다.

이 날 내가 난반테이라는 이름에서 떠올린 건 '난반니南蛮煮'라고 부르는 요리를 먹을 수 있는 가게 '난반테이南蛮亭'라고 해석이 되면서도 한편으론 남쪽에서 온 덩치가 커다란 사람들(스페인, 포르투갈 사람들)이 먹던 음식으로도 해석될 수 있겠다는 생각이었다.

7세기경부터 육식금지령에 따라 고기를 안 먹고 생선회나 야채 등을 위주로 먹던 일본인들이었고 메이지유신 이후에야 비로소 고기 먹기 운동이 벌어지지 않았는가?

서양 문물과 함께 서구인들이 들어오던 당시, 작고 왜소한 일본인이 바라보던 덩치가 커다란 서양인이 어떤 모습이었을지 상상되기 때문이었다.

손님이 조리하는 맛

서울.

오사카 출발 전 어느 날 오후.

"혼자 밥 먹기 좀 그렇겠다."

"아냐, 괜찮아. 익숙해."

"진짜 혼자 가? 혹시 오사카에서 누구 만나는 건 아냐?"

오사카 이야기를 나누던 중에도 소라는 계속 여행을 혼자 가는 거냐며 되묻기에 바빴다. 그녀는 커피가게 테이블 위에서 자기 앞에 놓인 커피잔을 오른손으로 쥐었다 놨다 하더니 다시 손을 들어 머리카락을 오른쪽 어깨로 쓸어 넘겼다. 시선은 여전히 내 이야기를 못 믿겠다는 눈초리였다.

같이 가고 싶다는 건지 아니면 누군가 오사카에서 가이드 해줄 사람을 만나는 게 아니냐고 묻는 것인지 잘 모르겠다.

"아냐. 혼자 가는 거야. 몰라? 내가 항상 주장하는 말 있잖아, '여행이란 길 위에서 나를 만나는 시간'이라는 거. 내 안에 또 다른 진짜 '나'를 만나려면 혼자 가야지. 그래야 진짜 여행이지."

"잠도 혼자 자고 여행은 혼자 다닌다고 해도, 밥 먹을 땐? 누구랑 같이 먹어야 하잖아. 혼자 식당에 가서 먹는데 옆 사람이랑 눈 마주치면 엄청 낯설겠다. 으으, 생각만해도 힘들어. 진짜 뭐 나는 돈 주고 하라고 해도 못할 것 같은데. 어떻게 혼자 밥을 먹어? 아무도 혼자만 먹는 식당이라면 모를까."

혼자 밥 먹는 식당.

사실 식당 입장에선 손님이 여럿 오든 혼자 오든 상관할 바는 아니다. 문제는 손님의 마음이다. 혼자 밥 먹는 걸 아무렇지 않게 생각하는 사람도 많지만, 유독 혼자 밥 먹는 거 힘들어하는 사람도 있다.

기사식당이나 도로변 패스트푸드점에는 혼자 식사하는 사람이 많다. 운전을 직업으로 하는 사람도 혼자 밥 먹는 데 익숙하다. 패스트푸드점에서는 햄버거 세트를 주문해서 혼자 자리 잡고 앉아 밥 먹는 사람 많다.

'서울에 독신가구가 몇 명인데? 이젠 혼자 식당에 가는 거 아무렇지도 않아.'

이젠 상식이 되어버린 일 아닐까? 굳이 밥 먹는데 여럿이 가야 하는 시대가 아니다.

아니, 그렇다고 생각했다.

최소한 싱글로 살아가는 사람들 사이에서도 혼자 못 가는 식당이 있다는 얘기를 듣기 전까지는 말이다. 패스트푸드점이나 기사식당? 일반 샌드위치가게나 분식점은 혼자 갈 만한 식당이라고 했다. 그런데 혼자 밥 먹기의 고수조차 혼자 가기 어렵다는 곳, 그곳은 다름 아닌 '고깃집'이었다.

몇 인분을 시켜야 할지도 모르겠고 혼자 굽고 혼자 먹는 그 모습이 너무 이상해서 웃음거리가 될 것 같다는 얘기였다. 혼자 밥 먹기 힘든 곳이 있다는 고백은 한국인이나 일본인이나 크게 다를 바 없었다.

"하루는 고기가 엄청 먹고 싶은데 도저히 혼자 야키니쿠 가게 가기가 엄두가 안 나는 거예요."

오사카에서 태어나서 자란 일본인 27세 여성 유미코 니키가명의 이야기다. 그리고 혼자 못 가는 식당이 몇 곳 더 있다고 했다. 식당의 종류가 문제가 아니라고 했다.

어느 식당이든지 앞 사람이나 옆 사람과 시선이 마주칠 수 있는 곳이라면 혼자 가기 어렵다고 했다. 유미코 니키는 그런 마음이 단순히 자기만의 생각은 아니라고 덧붙였다. 그래서 혼자 밥 먹어도 좋은, 주위 사람의 시선으로부터도 자유로운 가게가 문을 연건 것 아닐까?

*

'오늘 저녁은 애매하네. 저녁식사로 뭐 먹지?'

비가 내리는 날엔 외출하기가 꺼려진다.

작은 우산 속에서 온몸을 요리조리 꽈야하는 것도 힘들지만 어쩐지 비가 내리면 마음도 차분해지고 혼자만의 시간을 갖고자 하는 감성적인 마음으로 변해서다. 밥보다는 커피가 생각나는 시간, 북적대는 모임에서 식사하기보다는 혼자만의 식사가 더 편한 시간이기도 하다.

같은 날 저녁. 도톤보리 거리에 나왔다. 동키호테 숍 바로 옆에 24시간 운영하는 라멘 가게다. 느끼하지 않고 담백한 맛이 한국인의 입맛도 사로잡은 곳, 이치란 라멘 가게에서 식사를 하기로 했다.

'오늘은 약간 더 맵게 먹어봐야지.'

이치란에서는 육수의 느끼함 정도, 맵기 정도, 라멘에 없는 토핑재료를 고를 수 있다. 누구나 이용 가능한 라멘 가게이지만 각자의 입맛에 맞춰 직접 만들어먹는 라멘가게이기도 하다. 이치란 라멘의 '비밀 소스'는 맵기를 정하는 매운 소스인데 각자 취향대로 넣을 수 있다.

'소라가 봤어야 하는데. 바로 이치란 라멘 가게가 혼자 먹는 식당이거든.'

1인용 독서실 공간을 식당으로 그대로 옮겨왔다면 바로 이런 모습 아닐까? 이치란 라멘은 그야말로 혼자 밥 먹는 식당이다. 하루 24시간을 운영하는 덕분에 언제 와도 식사가 가능하고, 야근을 이유로 식사가 늦었다고 해도 아무것도 눈치 안 보고 언제든 와서 식사가 가능하다.

'눈치를 안 보긴 뭘? 손님끼리 시선 마주치면 난감할 거 아닌가?'

밤늦은 시각 혼자 밥 먹는 사람? 식사 시간 지나서 혼자 식당에 오는 사람? 옷차림도 그렇고 지나다니는 사람들 시선도 있고 스태프종업원들 시선도 있을 텐데 편하게 혼자서 식사를 할 수 있다는 건 말이 안 된다고?

아니다.

이 모든 게 해결되는 식당이 이치란 라멘 가게다. 심지어 스태프와도 이야기만 주고받을 뿐이지 시선이 마주 치는 일이 없다. 라면 주문도 메뉴판에 체크해서 건네기만 하면 되고 음식이 나올 때도 음식을 건네는 스태프의 손만 보인다. 곁에 다른 손님과도 얼굴이 마주칠 일이 없다. 이따금 맛있게 식사하는 소리는 들릴 수도 있지만 말이다.

"왜 식당에 혼자 가는 거야?"

"아냐! 이 식당은 혼자 가야만 하는 식당이라고! 그게 콘셉트이거든!"

혼자 밥 먹는다는 걸 다른 이유로 변명하기도 쉬웠다.

이치란 읽기

손님의 시선을 보호하다

식사할 때 다른 사람들과 시선을 마주치는 걸 부담스러워하는 손님의 마음을 고려했다. 1인 가구가 많은 일본에서 혼자 식사하는 게 더 이상 누군가의 시선을 받아야 할 일은 아니지만 '다른 사람들과 공유하는 공간'에서 혼자만의 스타일을 내세우는 걸 꺼리는 일본 문화특성이기도 하다.

'그들이 나를 어떻게 생각할까?' 걱정하는 일 없이 자기만의 식사에 집중하고자 하는 손님의 마음을 배려한 전략이 성공으로 이끌었다. 손님과 시선을 마주치는 스태프는 가게 입구에서 안내하는 직원 1명뿐, 라멘을 조리해주는 직원이나 가게 안에 그 어떤 사람과도 시선 마주칠 일 없는 가게가 되었다.

'입장.'

이치란에 들어서면 가장 먼저 자판기가 보인다.

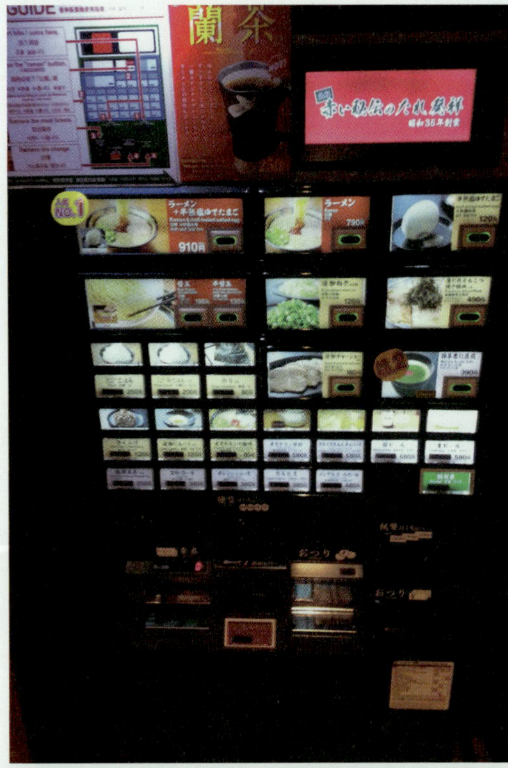

이치란 라멘 보통, 이치란 라멘 곱배기를 선택할 수 있다. 추가적으로 반찬과 밥을 선택할 수도 있다. 버튼을 누르고 표시된 돈을 넣으면 식권이 나온다.

식권을 보자. 날짜랑 '라멘'이란 글자, 주문시각, 가격, 이치란 라멘 점포주소가 보이고 당일에 한해 유효하다는 문구가 표시되어 있다. 식권을 뽑아들고 기다리면 스태프가 와서 체크리스트를 건네준다. 이 순서는 뒤바뀔 수도 있다. 손님이 많으면 스태프가 와서 줄 선 당신에게 체크리스트를 먼저 건네주기도 한다. 일본어로 된 체크리스트가 부담된다면 영어로 된 걸 달라고 요구해도 된다.

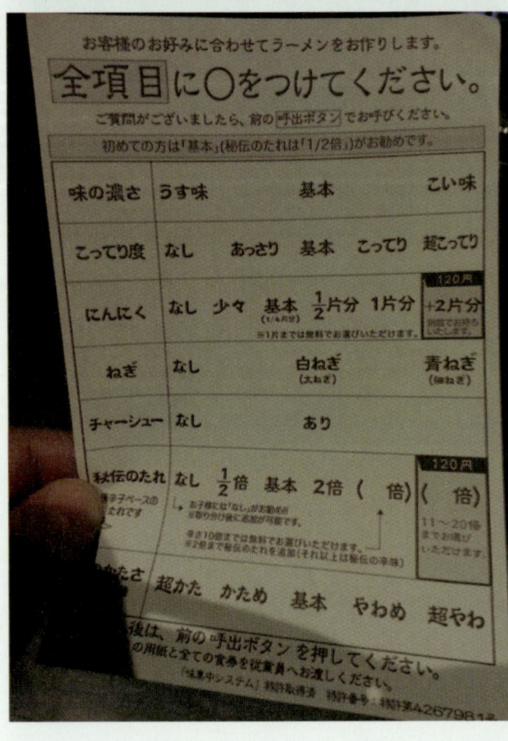

'오늘은 어떻게 조리해서 먹을까?'

체크리스트를 보는 방법은 간단하다.

가장 먼저 체크하는 건 맛의 농도다. 이치란 라멘을 처음 만난다면 '미디엄medium'으로 시작해보자. 그 다음엔 육수에 기름기 정도다. 어떻게 할까? 이번에도 잘 모르겠다면 '미디엄medium'으로 고른다. 3번째는 라멘에 넣는 마늘의 양이다. 마늘을 못 먹는 사람도 있으니 각자 입맛대로 알아서 넣자. 나는 1/2로 선택.

4번째는 '파green onion'를 선택하는 단계다. 라멘에 어떤 파를 넣을 건지 고른다. 그리고 5번째는 돼지고기를 넣을 것인지 안 넣을 것인지 선택하는 건데 돼지고기를 얹어서 먹을 것이라면 with를 선택하면 된다. 이어서 6번째는 '비밀소스'다. 이치란 라멘을 얼마나 맵게 먹을가의 문제다. 맛을 잘 모르니 정하기 어려울 테지만 이것도 처음이라면 '중간half'로 하자. 조금 더 매운 맛을 원한다면 '레귤러regular'를 고를 수 있다.

'면은 어떻게 할까?'

마지막 단계는 면의 식감을 고르는 단계다. 이 단계로 잘 모르겠으면 '미디엄medium'으로 선택하자. 뭐든 중간을 하면 후회는 안 한다고 하지 않는가?

'식권이랑 체크리스트까지 했고, 이제 빈 좌석 나오기를 기다려야지'

식권이랑 방금 체크를 마친 체크리스트를 들고 기다리자.

현재 출입구 위치 기준으로 화장실 위치까지 표시된 좌석안내기가 있다. 이치란 라멘 입구는 길게 독서실 책상처럼 생겼는데 1인석 외에도 좌석배치표에서 알 수 있듯 밀실도 있고 어린이를 동반한 좌석도 이용 가능하다. 빈 좌석이 나오면 불빛이 깜박인다. 잘 모르면 직원이 안내해줄 때까지 기다리자.

이치란 읽기

손님이 맛을 정하다

가게에서는 육수의 농도, 토핑 재료 선택, 면발의 삶은 정도까지 모두 손님이 자기 입맛대로 만들 수 있다. 대중적인 라멘 가게이지만 이치란에 오면 자기만의 라면을 만들 수 있다는 게 장점이다. 친구랑 두 명이 와서 각자의 입맛대로 만들고 맛을 비교해보는 것도 가능하다. 더 중요한 것은 '어떤 선택으로 조리하든 간에 이치란에서 제공하는 맛있는 라멘이 된다'는 점이다.

손님이 선택할 모든 경우의 수를 철저히 대비, 육수와 토핑재료, 면발 정도를 짜임새 있게 미리 맞춰뒀다는 사실을 눈여겨봐야 한다. 손님은 자기 입맛대로 라멘을 주문하지만 실상은 이치란에서 미리 만들어둔 종류일 뿐이다.

이치란에서 내가 원하는 맛대로 조리해서 먹었는데 맛이 이상하다고 해보자. '내 실수야'라고 여기고 다음에 또 갈 것인가? 아니면 '거긴 실수하면 맛 버려' 생각하고 안 갈 것인가? 이치란에서 어떠한 방식대로 조리해도 다 맛있어야 하는 이유다. 미리 테스트하고 검증을 거쳐 완성해 낸 조리표를 보여주는 이유다.

'자리에 착석. 이치란 라멘 가게라고 해도 혼자만 오라는 건 아니지. 둘이 같이 와도 되거든. 둘이 오면 좌석 옆에 칸막이를 접어주면 OK지.'

이치란 라멘에 일행들과 왔다면 좌석에 따라 옆 자리와 칸막이를 접을 수 있다. 1인석 라멘 가게이지만 두 명이 와도 사용가능하다. 각 칸마다 컵을 진열하는 곳도 따로 있고 온수가 나오는 곳도 있다.

두 명이 같이 왔다면 원하는 곳 온수를 사용해도 된다. 물론 정수기가 따로 있어서 각자 물을 마시는 것도 된다. 말하자면 2인이 와도 옆자리에만 앉을 뿐, 모든 좌석 이용법은 1인용과 동일하다는 얘기다.

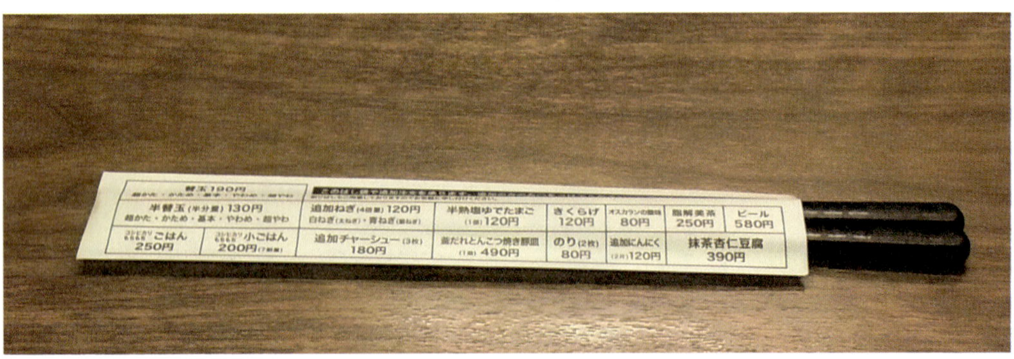

조리체크리스트를 작성할 볼펜, 물, 이런저런 메뉴홍보물이 붙은 공간이다. 넓이는 1인이 앉으면 딱 적당한 곳, 물론 여자 몸집의 경우다. 덩치 큰 남자인 경우 협소하게 느껴질 수 있다. 물론 그렇다면 테이블 자리를 선택해도 되지만 말이다.

일단 자리에 앉아서 기다리면 스태프 인기척이 들린다. 앞에 보이는 스태프다. 조리체크리스트를 체크하면 나타나는 스태프, 조리체크리스트를 스태프에게 건네고 기다리기만 하면 된다.

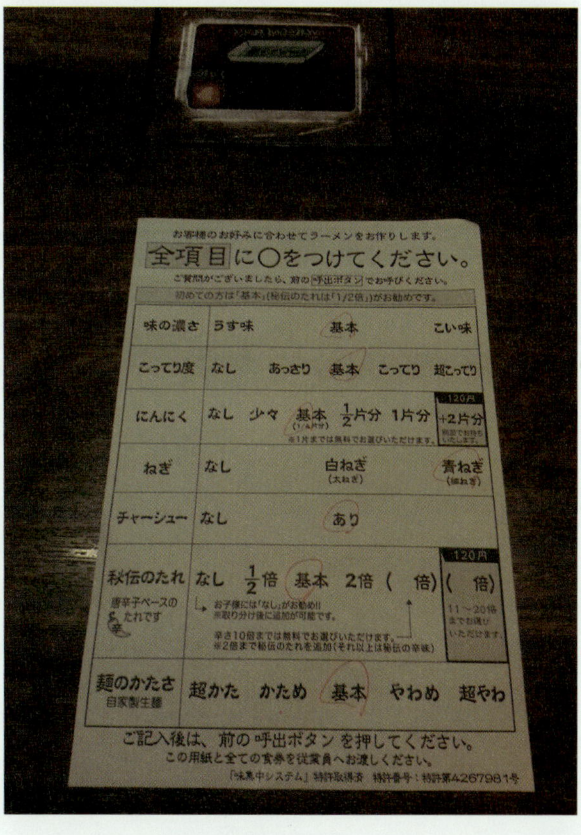

‘아, 드디어 라멘 출현!’

주문한 라멘을 스태프가 내왔다. 스태프가 라멘을 가져왔지만 손만 보는 게 고작이다. 얼굴은 안 보인다.

'왜 그러지?'

손님을 배려한 서비스다. 스태프와도 시선을 마주치지 않아도 되는 가게. 식권 고르고 요리체크리스트 작성할 때도 스태프에게 건네주기만 하면 되는 가게, 혼자서 온수 따라 먹고 물 정수기에 받아먹는 게 가능한 가게다.

라멘을 건넨 스태프는 맛있는 식사가 되라는 인사90도로 인사를 한다를 마치고 앞에 커튼을 쳐주고 사라진다.

이제 철저히 혼자만 남는다.

'철저한 1인 가게 같으니라구!'

1인용 라멘가게라는 콘셉트에 지나치게 철저하다 싶을 정도다. 아무리 해도 그렇지 스태프 얼굴도 마주치지 않아도 된다니? 옆 사람들도 시선이 마주칠 일은 거의 없다. 이따금 다른 손님들 이야기를 듣게 되어 궁금해서 고개를 들지 않는 한 말이다.

라멘을 한 수저 떠서 육수를 맛본다.

'오! 훌륭하다.'

맛도 나쁘지 않다. 적당히 조리하는 인스턴트 라멘 맛이 아니다. 아까 체크한 조리표에 맞춰 정확하게 맛을 만들어준 주방장 그 누군가에게 감사하고 싶은 기분이다. 오사카에서 이치란 라멘이 유명한 이유가 실감이 난다.

'이치란 라멘은 1960년에 문을 열었지만 처음 문 연 곳은 후쿠오카福岡였지. 운영방식도 워낙 독특해서 도대체 무슨 라멘이기에 그러냐고도 했잖아.'

원래 이치란 라멘의 운영 방식은 '회원제 라멘 가게'였다.

누구나 손님이 될 수 있는 가게가 아니라 '회원'이어야만 먹을 수 있는 방식이었다. 도대체 라멘 맛이 어떻기에? 회원이 아닌 사람은 그 맛이 궁금해서 견딜 수 없었고 회원은 남과 다르다는 자부심으로 라멘 맛을 즐길 수 있었다.

그로부터 시간이 흘러 1인용 독서실 칸막이 형태의 라멘 가게가 된 것은 새롭게 바뀐 운영방식이기도 하다.

〈주위를 의식하지 않고 식사에 집중할 수 있도록〉

이치란 라멘이 추구하는 콘셉트가 제대로 호응을 얻기 시작한 이유는 현대화되는 사회에서 점점 더 고립되는 사람들의 처지를 반영했기 때문 아닐까? 식사할 때만큼은 주위의 시선에 신경 쓰지 않고 싶다는 이야기는 평소에 얼마나 많이 주위 시선을 신경 쓰고 살고 있느냐의 반증 아닌가?

일본의 대부분의 가게가 일(一)자형 내부 구조를 고집하는 이유이기도 하다.

주방장과 손님이 1대1로 마주보고, 바로 옆 사람이 있다고 해도 일부러 쳐다보지 않는 한 시선을 마주치지 않아도 된다. 주위 시선을 의식하고 살아가는 일본의 현대인들을 위한 가게의 배려이기도 하다.

이치란 읽기

1인용 좌석

회원제 라멘 가게를 내세울 만큼 육수와 모든 것에서 자부심을 갖는 이치란. 손님 개개인의 입맛을 모두 맞춘 1인용 라멘 가게를 표방한다. 남의 시선 걱정 없는 혼자만의 공간이지만 다른 한편으론 한정된 공간을 최대의 효율로 나눈 공간분할이기도 하다.

이를테면 일반적인 라멘 가게를 생각해보자.

손님이 혼자 온다. 그리고 4인용 테이블에 혼자 앉는다. 가게 입장에선 손해다. 주위 사람들과 합석하는 걸 꺼리는 일본인의 특성상 나머지 세 자리는 한 명이 다 먹고 나갈 때까지 그냥 놀려야 하는 공간이 된다.

그래서 1인용 좌석은 손님 혼자 식사할 수 있는 공간의 최대치다.

식사를 할 때 필요한 동작 범위를 감안해서 가로×세로×높이를 정한다. 손님은 가게 안에 들어가서 자기만의 공간을 차지한다. 손님 입장에선 독립된 공간이지만 가게 입장은 조금 다르다. 한정된 공간에서 1인 손님에게 제공할 수 있는 최대의 공간이다. 1인 객단가(손님 1인당 예상되는 매출)가 높아지는 것은 당연하다.

"요시노야 같은 가게도 그렇고 가게 내부가 일자형이 아닌데 잘되는 가게들도 많아요!"

물론이다. 하지만 내부 구조가 일자형일 때와 아닐 때, 가게에 오는 손님의 성비를 고려해야 한다. 어느 가게가 여성 손님이 더 많은지 살펴보면 의외의 결과를 얻는다.

가령, 가격이 저렴해서 장점이지만 옆 테이블 사람들과 시선이 마주치는 일이 생겨서 별로 그 가게에 가고 싶지 않다는 여성이 있다. 여기서 말하는 일자형 가게 구조라는 게 손님과 가게 주인 또는 주방장과의 1:1 시선 맞춤이어서 편하다는 여성손님들이 많이 있다는 뜻이다. 식당에 간 건 식사를 하기 위함이지 옆 사람과 시선을 마주치러 간 건 아니라고 말하는 여성들이다. 주위 사람 시선에 상관없이, 식사하기 원하는 여성들은 일자형 내부구조를 갖춘 식당을 선호한다.

'맛있다. 술 마시고 난 다음에 숙취 해장용으로도 제격이겠어. 한국인의 입맛에 도 맞고 이 정도면 인정.'

이치란이 1960년에 처음 문을 연 시점보다 2년 정도 앞서 안도 모모후쿠安藤百福라는 사업가가 출시한 '닛신日清 치킨라멘'이 일본 전역에서 히트를 친 일이 있다.

같은 시기에 '삿포로 라멘'도 출시되면서 대중적인 인기를 얻는데 성공했는데, 본격 인스턴트 라멘인 닛신치킨라멘을 기점으로 일본에 라멘이란 명칭이 자리 잡게 되었다. 중국의 '拉麵(라미엔:납면)'이 일본에 전해져 일본 특유의 라멘이 된 시점이기도 하다.

'라멘이란 명칭이 자리 잡기 전까지는 중국식 라미엔을 일본식으로 어떻게 불러야 할지 잘 몰랐던 거야. 2차 세계대전 후부터는 중국식 면이라는 의미로 츄카소바中華そば라고 부르기도 했는데 그 맛은 소유라멘이랑 비슷했어. 그보다 앞선 메이지 시대엔 중국의 남경에서 유래했다는 의미로 남경소바(南京そば:난쿄소바)라고 부르다가 지나소바支那そば라고도 불렀으니까.'

'라멘'이란 이름이 어떻게 정해졌는지 유래를 아는 것도 일본에서 라멘을 즐기는 데 도움 된다. 가령, 중국에서 유래된 라멘이라고 말하지만 중국에선 '라멘'이란 명칭 자체에 그다지 신경 쓰는 사람은 별로 없다.

왜냐하면 중국어에서 라미엔拉麵이란 '밀가루 반죽으로 당겨서 만든 국수'라는 의미일 뿐이지 요리 명칭이 아니기 때문이다. 쌀가루로 만든 국수를 '펀粉'이라고 부르는 것과 같다.

'이치란 라멘의 육수는 돈코츠 라멘답게 제대로 맛이 나.'

큐슈 지방의 후쿠오카에서 처음 문을 열었다는 라멘 가게다웠다. 돼지뼈를 우려낸 육수를 사용하는 라멘을 돈코츠라멘이라고 부르는데 큐슈 지방에서는 육수에서 어느 정도 돼지뼈 특유의 향이 나야 제대로 만들었다는 평을 들을 정도로 육수에 대한 자부심이 남다르다.

한국에선 돈코츠 라멘을 파는 가게에서도 MSG나 돼지뼈농축액을 사용하는 곳이 많아서 제대로 된 큐슈 라멘을 맛보기 어려운 현실이긴 하지만 말이다.

기다리지 않는 맛의 힘

"그 방송에 나온 다른 가게가 더 있어요."

난반테이에서 요기를 해결하고 자리에서 일어설 때다.

계산을 마치고 나오는데 마침 가게 안으로 들어오는 커플과 마주쳤다. 내가 일어서서 마침 비게 된 자리로 들어와 앉으려는 손님이 다름 아닌 커플이라니? 가게 밖에서 기다리던 중이라고 했다. 우연히 같은 사람을 두 번 만날 수 있는 경험도 오사카라서 가능하지 않았을까?

커플 중에서 남자가 먼저 가게에서 안내한 자리에 앉고 여자는 가게 밖으로 나를 배웅하며 알려줬다. 다른 가게가 또 있다는 얘기. 커플은 오사카에서 한국 방송에 소개된 맛집을 다녀보려고 왔다는 걸 알았다.

"저희는 오늘 저녁이나 내일 점심 때 갈 거예요."

여자가 보여준 스마트폰 화면을 보니 내가 아는 가게다.

"아하, 네. 여긴 찾기 어렵진 않죠?"

"네네. 미리 검색해서 다 찾아놨어요."

"네, 그럼 즐거운 여행 되세요."

여자랑 인사를 마치고 가게 안을 쳐다봤다. 방금 전에 안으로 들어가면서 난반테이에서 안내받은 자리를 잡고 있을 남자랑 눈인사라도 하기 위함이었다. 남자는 창밖으로 나랑 눈이 마주치더니 미소를 지어 보인다. 덕분에 쉽게 가게를 찾았다는 고마움을 전하는 표정이었다.

커플과 인사를 마치고 뒤돌아서는데 마침 메시지가 온다. 서울에서 소라가 보낸 것이다.

오사카 좋아? 도쿄랑 많이 달라? 사진이라도 좀 보여줘.

난반테이에서 찍은 사진을 몇 장 보냈다.

내가 주문한 음식, 가게 안에 여기저기 붙여둔 메뉴판, 가게에 온 유명인 사진과 메시지, 가게 안에 북적거리는 일본인과 사람들, 가게 밖에서 기다리는 사람들 모습도 있었다.

혼자 밥 먹고 다니기 그렇지? 거 봐, 사진을 봐도 다른 사람들 다 일행인데 혼자만 다닌다는 거 영 아니라니깐.

이치란 라멘 가게 사진을 보내줬다. 이번엔 뭐라고 할까? 은근 기대된다.

독서실 가서 컵라면 먹었어?

독서실 컵라면. 다른 이의 눈에는 이치란 라멘 가게가 그렇게도 보일 수 있겠다 싶었다. 독서실 칸막이 구조에 라멘 한 그릇 앞에 둔 모습이니까 말이다. 이치란 라멘의 자판기와 조리해서 먹는 체크리스트 사진도 보여줬다.

아, 거긴 입맛대로 해먹는 거네? 그건 좀 마음에 든다.

다행이다. 서울에서 오사카 사진만을 받아보고 마음에 든다고 말해준 가게가 있다. 그리고 다음 메시지가 왔다.

근데 왜 수저로 안 먹어? 오사카에서는 숟가락 안 줘?

수저?

도쿄에서도 숟가락은 안 준다. 일본 어느 곳에 가도 마찬가지다. 국물 떠먹는 작은 국자를 수저라고 착각하는 사람들이 있는데 그건 엄연히 수저가 아니다. 국물 전용 스푼이라고 이해하는 게 더 맞다.

일본인들이 젓가락만 사용하고 수저를 사용하지 않는 이유는 여러 가지 설이 있는데 그중 하나는 '왕족만 숟가락을 사용할 수 있다'는 이야기가 있다. 일왕 가문에서만 숟가락을 사용하게 하고 다른 일본인은 젓가락만 사용하게 했다는 이야기다. 왕족에 대한 예의로서 차별을 두기 위함이라는 이야기를 들은 기억이 있는데 정확하게 기록된 문헌은 없다는 게 아쉽다.

일본인들은 식사를 할 때도 젓가락만으로 먹어야 했는데 그릇 안에 담긴 음식을 먹으려다 보니 자연스럽게 그릇을 들어서 입에 대고 먹게 되었다고 한다. 이 과정에서 자기만의 그릇과 자기만의 젓가락이라는 개념이 생겼고 일본에선 음식마다 다른 그릇을 사용하게 된 이유라고도 했다.

그릇이 예쁜 이유도 마찬가지다. 입에 대고 먹어야 하는 그릇인데 예뻐야 하는 게 당연하지 않은가? 손에 잡기 편해야 하는 것도 물론이다. 일본에서 그릇을 볼 기회가 생긴다면 한번 자세히 보기 바란다.

국물은 그럼? 미소시루 어떻게 먹어?

우리나라의 된장국에 해당되는 일본의 '미소시루味噌汁'같은 음식도 마찬가지로 젓가락만 사용해서 먹는 게 일본인의 식사 방식이다. 그릇째 들고 국물을 마신 후 안에 남은 음식물은 젓가락을 사용해서 입 안으로 밀어 넣는다.

세상에.

문화적 차이일 뿐이니 너무 놀랄 것까진 없다.

일본인들은 각 가정에서도 자기만의 밥그릇, 젓가락, 찻잔 등을 정해두고 쓴다. 그리고 부모는 아이가 성장하면 매해 생일마다 새 젓가락을 사주기도 한다. 기념으로 사준다기보다는 아이의 손이 커졌으니까 새로운 젓가락을 사주는 식이다.

*

숙소에 들러 잠시 휴식을 취하다가 저녁 식사 무렵이 되어 다시 나왔다. 서울에서 연락 온 급한 업무는 작성해서 전달해줬다. 그러고 보면 기술 발달이 업무 시간의 구분조차 없애버린 게 아닌가 싶은 기분이 들 때가 종종 있다. 세계 어디를 가든 연락이 되는 전화가 있고 간단한 서류 작성이나 회의는 스마트폰 한 대만으로도 손 안에서 해결되는 시대다.

샘플 검토나 시제품 확인, 아이디어 회의처럼 예전에는 모든 직원이 모여서 의견을 나누던 일도 이제는 어디에 있든지 상관없다. 영상통화를 사용하거나 사진을 찍고 전송해서 보고 확인하는 일들이 모드 가능한 세상이다.

이젠 기술이 넘쳐서 일상이 되어버린 시대, 너무 빠르게 변하는 기술에 대한 반발로 사람들이 옛것에 대해 더 관심을 갖기 시작한 것 아닐까?

지난 과거에다가 '응답'하라고 요구하며 텔레비전 앞에서나마 추억을 회상하니 말이다.

난바역에서 도톤보리를 따라 신사이바시 역쪽으로 산책하던 중이었다. 난바역에서 난카이센 남쪽 개찰구로 나오면 도코모DOCOMO 건물과 타이토스테이션TAITO STATION 건물이 보이는데 그 사이로 직진하면 덴덴타운에 갈 수 있다는 생각을 했다.

'덮밥이 필요해. 덴덴타운이랑 덴푸라돈부리, 텐동 비슷하잖아?'

일본 음식의 텐동天丼을 말한다.

똑같진 않지만 비유하자면 우리나라의 비빔밥과 비슷하다. 다른 이름으로는 덴푸라돈부리天ぷら丼라고도 부르는데 밥을 그릇에 담고 그 위에 튀김을 올려서 먹는 덮밥이다. 텐츄우天重이라는 비슷한 음식은 찬합에 담는 덮밥을 말하는데 통틀어서 '덮밥'이라고 이해할 수 있다.

이치미 텐동.

도쿄에 아키하바라秋葉原가 있다면 오사카에는 덴덴타운이 있다. 오사카의 니폰바시日本橋 지역에 해당된다. 에도 시대에는 나가마치長町로 불렸다. 제2차 세계대전 이후에 전자제품을 파는 가게가 모이면서 '덴덴타운でんでんtown'으로 불리게 되었다. 난바역하고 에비스쵸역에서 가까운데 오사카 초행길이라면 길을 잘 찾아서 와야 하는 난바역보다 에비스쵸 역에서 오는 게 빠르다.

이치미텐동은 덴덴타운에 건담 간판이 있는 곳에서 도톤보리 쪽으로 조금만 걸어가면 찾기 쉽다. 덴덴타운 3번가 입구다. 골목 어귀에 있다.

덴덴타운에서 힐라리스 호텔Hotel Hillarys에 묶는다면 그 호텔 바로 길 건너에 있다. 도톤보리에서도 찾아올 수 있는데, 난바 워싱턴 프라자 호텔 맞은 편 쪽에서 니폰바시 쪽으로 걸어오다 보면 쿠로몬 시장을 지나 덴덴타운이 보인다.

'열 명도 못 들어가겠네. 본점이 아니라서 그런가?'

이치미젠 텐동 본점은 오사카 츄오쿠 타니마치大阪市 中央区 谷町 1번가에 있다. 텐동과 생선회, 해산물도 팔고 가게 내부도 넓다. 하지만 TV에 소개되고 사람들에게 많이 알려진 곳은 여기다. 인지도를 따지자면 여기가 본점이라고 해도 과언이 아니겠다.

'여긴 모두 카운터 자리뿐이지.'

가게 앞에는 손님들 대기용 나무의자가 있다. 가게는 주방과 손님 테이블만으로도 단출하게 꽉 찬다. 덩치 큰 어른이 들어가면 대여섯 명이면 찰까? 가게 안쪽에 자리 잡은 손님은 길 쪽으로 등을 돌린 상태다. 식사를 할 때 남들과 시선 마주치는 걸 꺼리는 일본인의 문화가 여기서도 느껴진다.

이치미센 텐동 읽기

회전율을 높이는 작은 가게

가게가 좁아서 손님을 많이 모을 수 없다? 그러면 손님 회전율을 높여서 방법을 찾는다. 가게가 넓으면 많은 손님이 올 수도 있지만 자리를 차지하고 나가지 않아서 손해가 나는 경우도 생긴다.

대형 커피점을 생각해보자. 노트북과 각종 과제를 들고 커피점을 찾는 많은 손님이 많다. 그들 입장에서는 넓고 쾌적한 곳에서 공부하거나 일을 하는 것이지만, 커피점 입장에선 손해가 될 수밖에 없다.

반면에 테이크아웃 전문 커피점은 어떤가? 가게 안에 손님을 많이 머물게 할 수는 없지만 커피를 많이 사가게 할 수는 있다. 가격이 저렴하고 맛 좋은 커피를 제공하기만 한다면 테이크아웃이라고 하더라도 손님들이 계속 찾아오기 마련이다.

가게 내부가 좁으면 밖에서 보이게 하라!

길모퉁이에 자리 잡은 가게는 가게 안에 앉아 있는 손님들 엉덩이부터 가게 천장까지 보이는 구조다. 통유리는 아니지만 유리문인데 꽤 크다. 출입구에 달아둔 천막은 주방장 얼굴 가림 용도로 보인다. 가게 안에 손님들이 앉으면 허리부터 뒷모습 머리까지 보인다. 가게가 좁다 보니 기다려야 하는 건 필수다. 운이 좋으면 바로 입장도 가능하지만 말이다.

입장.

가게는 작지만 회전율이 빨라서 마음에 든다. 손님들이 식사를 빨리 한다. 기다리는 사람을 배려하는 마음에서일까? 가게 앞에 줄을 서도 생각보다 오래 기다리지 않는다. 주문 걱정은 없다. 이치미센 텐동에는 한글메뉴판이 있다.

600엔에서 1000엔 정도의 가격. 텐동과

미소시루 메뉴가 있다. 소고기튀김덮밥, 파&참치덮밥, 새우튀김덮밥, 아나고 튀김덮밥, 새우&아나고 튀김덮밥 등이다. 메뉴판 중앙에 보면 '놀라운 마법 덮밥'도 있는데 이것저것 섞은 정도이니 '마법'을 기대하진 말자.

이치미센 텐동 읽기

메뉴를 단출하게

음식의 양을 늘리자면 메뉴를 줄이는 게 방법이다. 양을 많이 넣으려면 재료를 많이 구매해야 하는데 여러 재료를 사는 것보다는 한정된 재료를 많이 구매하는 게 가격도 낮출 수 있다. 이치미센 텐동에서 파는 메뉴를 보면 그 종류가 단출하다는 걸 알 수 있다.

아나고, 새우, 소고기 위주의 덮밥이다. 다른 메뉴 하나는 이 재료들을 섞은 것이고, 하나의 재료로 두 가지 맛을 낸 것도 있다. 이처럼 가게를 살리는 차별화란 새로운 메뉴로만 가능한 건 아니다. 때로는 음식의 양만으로도 충분히 가능하다.

'일본에선 음식 사진과 실제 음식이 똑같아야 해. 안 그러면 클레임을 받거든.'

이 이야기를 기억해두자.

이치미센 텐동에서 메뉴판에 붙은 음식 사진을 보고 '이렇게 큰 튀김이 들어간다고?' 믿지 못하는 사람들이 간혹 있다. 가게 앞에 음식모형을 보면서도 놀란다. 정말 이렇게 큰 튀김이 덮밥에 올라가는가 싶을 정도다. 하지만 잠시 후 그들이 주문한 음식이 나온 걸 보고선 다시 놀란다.

'이걸 다 먹으라고?'

이런 식이다.

장어 튀김덮밥이라고 해도 작은 조각 몇 개가 아니라 커다란 장어 튀김이 실제로 밥 위에 올라온다.

이치미센 텐동은 소스를 얹은 크고 푸짐한 메뉴로 유명하다.

덮밥 위에 올리는 튀김이 진짜 크다. 한국에서 먹는 튀김 메뉴나 일반적인 크기를 생각하면 안 된다. 한눈에 봐도 눈에 들어오는 크기가 다르다. 여성이라면 아마도 이걸 다 어떻게 먹지? 생각할 정도다. 이치미센 텐동의 차별화는 튀김의 크기가 아닐까?

이치미센 텐동 읽기

큰그릇에 밥과 요리가 가득

가게의 차별화는 맛과 재료, 실내 분위기 등도 있지만 음식의 양도 차별화 전략이 될 수 있다. 가게 입장에선 되도록 적은 재료로 나름의 독특한 맛을 내는 게 중요한데 재료가 많이 들어가면 가격이 비싸지고 결국 손님들이 줄어든다.

그래서 재료를 크게 많이 넣으면 그 자체가 손님 입장에선 다른 가게에서 찾아볼 수 없는 차별화가 된다. '이 가게는 왜 이렇게 양을 많이 주지?'란 생각이 '가게에 대한 호감'을 만드는 덕분이다.

'튀김이 크기가 크니까 양념을 미리 해서 내놓아야 되는 거야. 소금이나 후추로만 간을 하면 튀김이 퍽퍽하거나 맛이 떨어질 수 있지. 튀김이 커서 바삭한 식감보다는 소스의 맛과 함께 밥반찬으로 먹는 게 낫지. 싱거우면 원재료의 맛을 느끼게 해줄 순 있지만 맥주나 술이랑 곁들이긴 어려워. 포만감도 금방 생길 거고. 그리고 튀김이 크니까 먹을 때는 베어 물어야 하는 게 필수야. 고개를 숙이고 식사하느라 바쁘지 않을까?'

튀김을 한 입 베어 물었다.

고개가 끄덕여진다. 다른 데서 먹던 튀김덮밥이랑은 다른 기분이다.

대부분 튀김을 먹을 때는 조금 뜯어서 입 안에 넣고 바삭거리는 식감을 즐기며 오물거리면서 이야기를 하거나 생맥주를 홀짝이는 게 전부였지 않은가? 이치미센 텐동의 튀김은 '튀김을 먹는구나'라는 기분을 확실히 느끼게 해준다.

우물우물.

맛있는 음식을 먹는 식당이라지만 그래도 먹는 데만 집중하기 어렵다. 입 안에 음식물을 넣고 주위를 둘러보는 건 어째 그 모양이 점잖지 않아 보이지만 물이나 생맥주 한 모금하면서 고개를 드는 건 상관없겠다.

여기서도 한눈에 보이는 건 이 가게가 한국의 방송 프로그램에 소개된 집이라는 것, 진행자들 사진도 보인다.

내 옆 좌석에 자리 잡은 사람 중 일행이 놀라운 마법덮밥을 주문한 모양이다. 아나고(あなご:붕장어) 튀김 통째 1개, 새우 2개, 야채 3개, 어묵, 떡과 소고기 튀김이 들었다. 미소시루 반찬은 포함이다.

'설마 저렇게 클지 몰랐나 보다. 표정이 난감하시네.'

양이 많으면 어떻게 해야 할까? 생각하다 보니 가게 앞에서 테이크아웃을 본 기억이 났다. 이치미센 텐동에서는 길고 좁은 가게 공간을 나눠서 튀김조리 공간을 도로변 쪽에 두고 작은 창을 만들어서 테이크아웃 손님들에게 판매하기 때문이다. 아까 가게 앞에서 사진을 찍는데 마침 튀김조리를 하던 남자의 얼굴도 기억났다.

오사카 사투리로 '고맙습니다'라는 의미의 일본어 '아리가도우 고자이마스'에 해당되는 '마이도 오오키니' 인사를 건네며 내게 사진을 찍어서 고맙다고 인사하던 남자다.

말이 나온 김에 '덮밥' 이야기를 해보자면 우리가 생각하는 덮밥과 일본의 덮밥이 약간 다르다는 점이다.

흔히 생각하는 밥 위에 반찬 올려서 먹는 우리식 덮밥으로 생각하면 실수하기 마련이라는 얘기다. 일본의 덮밥은 밥 위에 반찬을 올려 먹는 음식이 아니라 밥과 요리를 양념해서 같이 먹는 음식이다. 반찬과 요리라는 차이점도 있다.

가령, '돈부리'라는 음식은 커다란 밥그릇에 밥을 먼저 담고 밥 위에 요리를 얹어서 소스로 간을 맞춰 먹는 음식이다. 밥 위에 돈가스를 올리면 '카츠동'이 된다. 돈가스 덮밥이란 의미이고 밥 위에 돈가스를 올려 같이 먹는다. 위에서 말한 반찬과 요리의 차이다. 돈가스 반찬이란 말은 하지 않고 돈가스 요리라고 하지 않는가?

'소고기를 올리면 규동牛丼, 돼지고기를 올리면 부타동豚丼, 닭고기랑 달걀을 넣으면 오야코동親子丼이라고 부르잖아. 새우튀김을 올리면 에비카츠동海老カツ丼, 유부를 올리면 키츠네동きつね丼, 오믈렛하고 중국식 소스를 얹으면 텐신동天津丼이라고 부르지.'

이치미센 텐동 가게에선 '비벼 먹지 마세요'란 문구가 보이진 않았다.

'한국 손님들이 많은데 비벼 먹지 말라는 얘기는 없네. 한국인들은 텐동 먹을 때 비빔밥으로 생각하고 비벼 먹곤 할 텐데.'

돈부리텐동은 밥과 소스로 간을 맞춘 요리를 같이 먹는 음식이지 비빔밥은 아니다. 그 모양새가 비빔밥하고 비슷하긴 하지만 비벼 먹으면 좀 무리다. 기껏 밥 위에 올린 요리는 반찬(?) 취급을 받아 부셔지고 소스는 밥과 뒤섞이면서 짠 맛이 강하게 된다. 텐동에서 소스는 비벼먹는 게 아니라 요리랑 곁들이는 정도가 적합하다.

'맛집인 줄 알았는데 와서 먹어보니 짜기만 하더라는 얘기를 하는 이유지.'

일본 음식은 모양도 중요하다. 밥과 요리를 번갈아가며 먹는 게 텐동을 먹는 방법이다. 간혹 이런 차이점을 간과한 사람들이 밥과 섞어 먹다가 불평을 토로하곤 한다. 소스가 밥에 뒤섞여 짜기만 하더라, 튀김을 조각내서 밥 위에 얹어먹는데 바삭하지도 않고 눅눅하더라는 이야기도 나온다.

'식문화가 다르니까 생길 수 있는 차이이기도 해.'

일본에선 밥을 먹을 때 고개를 숙이지 않고 먹는 게 예의라고 해서 그릇을 들고 먹는다. 일본의 노인은 여전히 젓가락만 사용해서 식사를 하는 경우가 많다. 요즘 일본 젊은이 중에는 뜨거운 음식이나 카레, 덮밥류 음식은 그릇을 놓고 먹을 수 있다고 생각하고 스푼을 사용하는 경우도 늘어나는 것처럼 식문화 습관도 시대가 바뀌면서 변하는 중이다.

'돈부리라는 게 에도시대부터 시작되었다고 하는데 그 기원을 보면 우리나라에서 밥에 국을 말아 먹는 거랑 별반 차이가 없어 보여.'

일본에서 소개하는 덮밥(돈부리, 텐동)의 유래는 무로마치 시대(1338~1573)와 에도 시대(1603~1867)로 거슬러 올라간다. 무로마치 시대엔 절에 사는 중들이 각종 채소를 올린 밥에 국물을 부어 먹었다고 하고 에도 시대엔 어부들이 조개를 넣어 끓인 국을 밥 위에 부어 먹었다는 기록이 있다.

어쩌면 우리나라에서 '머슴밥'이라고 부르는 것과 유사하지 않은가? 밥에 국을 말아먹는 게 식사예절이라기보다 식사를 빨리 마치고 일해야 하는 이들 사이에서 자주 볼 수 있던 모습이니 말이다.

참고로, '돈부리'란 단어에 대한 유래를 알아보자면 에도 시대에 큰 그릇에 밥을 담아 그 위에 요리를 얹어 팔던 가게의 이름이 慳貪屋켄돈야이고 慳貪振り鉢켄돈후리바치라고 부르는 그릇을 사용하였는데, 그 명칭이 どんぶり鉢돈부리바치을 거쳐 どんぶり돈부리라고 전해졌다는 일설이 있다.

맛을 끼운 꼬치 이야기

튀김을 맛있게 먹는 방법을 아는가?

"튀김? 그냥 젓가락으로 집어서 간장 찍어 먹으면 되는 거 아닌가?"

그건 누구나 생각하는 방법이다.

여기서 중요한 건 튀김의 맛이다. 어떻게 먹느냐에 따라 맛이 달라진다.

평범하게 먹으면 별 맛이 없다. 음식은 재료에 따라, 만드는 요리사의 기술에 따라, 같이 먹는 사람에 따라, 식사를 하는 장소에 따라 맛이 달라진다. 튀김 하나라도 먹는 방법에 따라 맛이 달라진다는 이야기다.

공감하는가? 그럼 이번엔 조금 어려운 질문이다.

"젓가락을 안 쓰고 튀김을 먹으려면?"

포크도 안 쓴다. 냅킨으로 튀김을 집는 것도 아니다. 다른 사람이 튀김을 집어서 대신 먹여 주는 것도 아니다. 튀김을 먹을 때 젓가락을 안 쓰고 먹으려면 어떻게 먹을 수 있을까?

"이쑤시개요?"

50퍼센트 정답이다.

생각해보자. 잘게 자른 튀김 조각을 이쑤시개로 찔러서 하나씩 먹던 기억이 있을 것이다. 하지만 여기서 원하는 답은 아니다. 50퍼센트 정답인 이유는 튀김을 조그맣게 자른다는 '조건'이 붙었기 때문이다. 커다란 튀김을 이쑤시개 하나로 콕 집어서 소스를 찍어먹을 수는 없다. 힘들다.

자칫하다간 이쑤시개를 타고 스르륵 흘러내려서 기름이나 소스가 손에 다 묻을 수도 있다. 이쑤시개로 찍어서 들고 먹는다는 아이디어는 50퍼센트만 맞는 답니다. 그럼 100퍼센트 맞는 답은 뭘까?

젓가락 없이, 손으로 잡지 않고, 포크도 사용하지 않고 튀김을 먹으려면?

'꼬치!'

딩동댕.

드디어 100퍼센트 정답이다. 튀김을 꼬치처럼 꼬챙이에 끼워서 먹는 방법이다. 소스를 묻히기도 쉽고 손에 들고 먹기도 쉽다. 꼬치에 끼우기 쉽게 적당한 모양으로 튀김을 길쭉하게 만들면 손에 들고 한 입씩 베어 물기 편하다.

'맛은 어떨까?'

꼬치랑 튀김을 같이 튀기기 때문에 한 입 베어 물기 전까지는 튀김재료의 향이 새어나가지도 않는다. 제대로 튀겨낸 꼬치튀김은 입 안에서 바삭거리는 식감을 만들고 튀김옷 안에 숨은 재료의 맛을 온전하게 혀에 전달해준다.

좀 더 특별한 맛을 원한다면 소스에 찍어 먹어도 된다. 꼬치튀김만을 위한 소스가 제공된다면 말이다. 꼬치튀김이 인기를 끌 경우에도 직접 개발한 소스를 제공한다면 다른 가게가 따라 하기 어렵게 된다.

튀김옷, 소스, 기름.

꼬치 튀김 가게의 차별화는 위 세 가지가 중요하다. 재료의 신선도나 재료의 가격은 다른 사람도 금방 흉내 낼 수 있다. 사람들이 많은 거리에 가게를 내는 건 돈만 있으면 가능한 일이다.

꼬치 튀김 가게의 성공 요인은 다른 사람들이 따라 하기 어렵거나, 따라할 수 없는 차별화를 만드는 것이다. 그게 위 3가지다.

퇴김? 그냥 초간장이나 파간장? 새콤하게 만들어서 찍어 먹으면 되는 거 아냐?

튀김이니까 돈가스 소스를 뿌려 먹으면 어때?

천만에 말씀이다. 꼬치와 튀김을 하나의 요리로 만들어 선보인 가게가 있다.

튀김을 좋아하는 사람이라면 오사카에 들러 반드시 들른다는 가게다. 찾아가기가 어려운 것도 아니다. 도톤보리에서 가장 화낸 얼굴을 가진 남자를 찾으면 쉽다. 양손에 꼬치를 하나씩 들고 팔짱을 낀 상태로 섰다가 이따금 눈동자가 툭 튀어나오며 꼬치튀김은 소스에 한 번만 찍어 먹으라고 고함치는 남자다.

'아, 이렇게 비 오는 오늘도 줄을 서야 하네? 할 수 없이. 좀 시간 걸리겠다. 가게 밖까지 늘어섰으니.'

1929년 오사카 신세카이(新世界) 지역에서 문을 열고 최초로 꼬치 튀김을 선보였다는 '쿠시카츠 다르마'에 왔다. 여지없이 줄을 선 사람들. 1층엔 주방과 마주 보는 좌석이 일자 형태로 되어 있고 2층엔 테이블 좌석이다.

마치 사람들 줄 선 모습도 꼬치를 닮은 것 같은 기분이 든다. 가게 밖에서 안으로 질서정연하게 늘어선 모습을 보면 사람들 사이에 투명 꼬치가 이어진 게 아닌지 상상된다.

쿠시카츠 다르마?

'다르마'는 사람 이름이다. 가게를 처음 연 남자다. 그럼 쿠시카츠는 뭘까? '쿠시'는 '꼬치'라는 의미이고 '카츠'는 돈카츠할 때 '카츠'를 말한다. '쿠시카츠 다르마'는 그래서 '다루마라는 남자가 만든 돈가스를 꼬치에 끼워 소스를 찍어먹는 가게'를 말한다.

"오래 기다려야 해요?"

물어볼 필요는 없다.

줄을 서 있으면 1층 가게 안으로 들어오고, 다시 대기석에서 기다리다 보면 자리가 나는 대로 가게 직원이 와서 순서대로 자리를 배정해준다. 이른바 자리 선택권이 없다는 얘기다. 바쁜 가게에서 내가 원하는 자리 골라서 앉겠다는 것도 무리수지만 말이다.

'가게 구조는 특이할 만한 게 없어. 일자형 테이블도 그렇고 가게 내부 조명이나 주방에서 일하는 직원도 그렇고. 특별하다면 테이블마다 놓인 소스통이랄까?'

기다림 끝에 드디어 빈자리에 앉는다.

가게 내부엔 손님이 앉는 자리마다 양배추, 소스통, 물수건이 세팅되어 있다. 자리에 앉으면 직원이 메뉴판을 주는데 일본어나 영어가 불편하다면 '한글메뉴판'을 달라고 하자. 갖다 준다.

'꼬치튀김은 120엔에서 240엔 정도 가격이네.'

메뉴판 뒷면을 보자. 세트 메뉴다.

'꼬치튀김 9개 그리고 하나를 추가로 선택할 수 있군. 콩이나 김치 아니면 도테야키인데, 도테야키[1]를 먹어야지.'

쿠시카츠 다루마에선 나름의 규칙이 있다는 게 특색이기도 하다. 무엇보다도 꼬치튀김을 들었다면 테이블 앞에 놓인 소스통에 딱 한 번만 넣는다는 점이다. 두 번 찍으면 안 된다.

가게 앞에 화난 표정의 남자가 주구장창 요구하는 것도 같은 내용이다. 직원이 처음에 주문받을 때도 손님에게 이야기해주고 가게 내부에 곳곳에 경고문구가 적혀 있다.

이쯤 되면 손님 스스로 소스를 한 번만 찍게 될 텐데 그것도 아닌가 보다. 손님이 많은 가게이니까 번번이 두 번 찍는 손님들이 나타나나보다.

'양배추는 손으로 잡고 소스를 찍어야 하지.'

꼬치 튀김 가게이다보니 손으로 잡는 게 편해서일까? 물론 젓가락을 사용할 수도 있지만 양배추는 손으로 잡고 소스에 찍는 게 낫다.

1. 도테야키[필자 주] : 일본 된장으로 소 힘줄을 졸여 만든 음식.

젓가락에서 양배추를 놓치기라도 하는 날엔 소스 통에 빠진 양배추를 꺼내기 위해 소스통을 새로 바꿔야 할지도 모르기 때문이다. 근데 이 양배추가 마냥 무료는 아니다. 1인당 꼬치 5개를 먹는 게 아니라면 테이블 마다 놓인 양배추 접시 한 개당 300엔씩 지불해야할 수 있다.

'오늘은 두 사람이 10개 이상을 먹는 거니까 양배추는 무료로 제공되는 셈이네.'

돈가스를 먹을 때 소스를 얹어 먹는 상황을 생각해보면 이해가 된다.

돈가스에 소스를 두 번 뿌리는 사람은 없다. 그러면 맛이 너무 달라지는 것도 문제이고 돈가스 튀김옷의 바삭함이 눅눅하게 된다. 한 마디로 돈가스가 아닌 게 되어버린다. 쿠시카츠돈가스 꼬치에서 소스를 두 번 찍으면 안 되는 이유로 확실하지 않은가?

또 다른 이유라면 다른 사람의 입에 들어갔던 꼬치튀김이 소스통에 다시 들어가는 상황을 방지할 수 있어서다. 식당에서 서로 모르는 사람끼리 시선 마주치는 것도 꺼려하는 일본 문화에서 남이 먹던 꼬치가 소스통에 또 들어간다는 건 상상조차 하기 싫은 일일 것이다. 실제로 가게 안에서 유심히 보면 손님이 다녀간 테이블을 정리하면서 스태프들이 소스통에 떠다니는 튀김옷 부스러기들을 건져내는 모습을 보게 된다.

쿠시카츠 다루마 읽기

소스는 한 번만

튀김을 먹을 때는 개인별 소스를 주거나 간장을 줘서 혼자 찍어먹게 할 수 있다. 그런데 쿠시카츠 다루마에서는 테이블 위에 소스통을 두고 손님들이 직접 소스를 찍어 먹게 했다. 다만 한 번만 찍으라는 얘기를 내세우고 있다. 가게 앞에 화난 남자 얼굴상까지 세워두고 '한 번만 찍어먹으라'고 외친다. 왜일까?

이쯤 되면 쿠시카츠 다루마 가게에 온 손님은 물론, 아직 오지 않은 사람들도 궁금한 게 생긴다.

'저 가게의 소스는 도대체 무슨 맛이기에?'

'손님들이 소스를 두 번 이상 찍어먹어서 그런가? 소스가 얼마나 맛있으면?'

'소스를 두 번 찍으면 어떻게 될지 궁금한데?'

개인별 소스를 주지 않는 대신 공통으로 이용하는 소스통을 둔 이유는 '홍보전략'으로 볼 수 있다. 생각해보자.

쿠시카츠 다루마의 메뉴는 튀김이라고 하지만 이름에서 알 수 있듯이 거의 '돈가스'다. 돈가스를 먹을 땐 가게에서 소스를 뿌려주는 게 일반적인데 쿠시카츠 다루마에선 그렇게 하지 않는다. 돈가스와 양배추를 곁들여 내면서 소스를 뿌리는 대신 손님이 직접 양배추를 소스에 찍어먹고, 튀김돈가스를 소스에 찍어먹게 했다.

그 이유는 튀김돈가스의 크기가 '제각각'이라서다. 돈가스처럼 정형화된 크기다면 가게에서 고정 분량만 뿌려주면 된다. 적절한 맛을 내는 레시피가 있다. 하지만 꼬치에 꽂는 튀김은 크기가 전부 다르다. 똑같은 재료로 만들어도 튀기는 시간이나 기름의 상태, 기술 숙달도에 따라 모양에서 차이가 생긴다. 소스를 뿌려준다고 하면 맛의 차이가 생길 수밖에 없다.

어떻게 해야 할까?

손님이 직접 소스를 뿌려 먹게 해야 하는 게 최선이다. 손님이 직접 적당량을 묻혔으므로 나중에 이의를 제기할 수도 없다. 가게에서는 단지 '한 번만 묻혀라'고 얘기할 따름이다.

'만약 누군가 실수로 두 번 찍으면 어떻게 될까?'

굳이 확인해보지 않아도 된다. 소스통을 가져가고 새로운 통을 내온다. 가져간 소스는 다 버린다. 가게로서는 이만저만한 손해가 아니다. 그러니까 오죽했으면 가게 앞에 인상이 험상궂은 남자 마네킹가게 주인이랑 닮은 부분이 있다을 세워두고 '소스를 두 번 찍지 마!'라고 목걸이까지 걸어뒀겠는가?

'일본 맥주를 먹으면 진짜 한국에서 먹던 것과 맛이 달라. 한국에선 물을 타서 희석하는 경우도 있다고 하는데 일본은 맥주 안에 맥아麥芽, 보리싹 비율이 66.7%가 넘어야 하고, 독일에선 100%가 아니면 맥주라는 이름 자체를 사용하지 못하게 하니.'

뿐만 아니다. 쿠시카츠 다루마의 인기 요인은 제대로 된 '쿠시카츠돈가스 꼬치'를 만들기 때문이다.

이런 식이다. 꼬치튀김을 만든다고 하자. 꼬챙이에 재료를 달고 튀김옷을 입혀서 튀긴다. 재료를 먼저 익히고 나중에 튀김옷을 입혀서 튀기기도 하고 신선한 맛을 즐기는 채소라면 그대로 튀김옷을 입혀서 튀긴다.

이 경우 숙달된 기술자가 튀기지 않는다면 보나마나 이 꼬치튀김은 재료와 튀김옷 사이에 기름이 범벅될 게 분명하다. 재료를 튀김옷으로 감쌌다면 튀김옷에만 기름이 묻는다.

'재료에 튀김옷이 묻어난다면 원재료 맛을 느끼지 못할 수도 있으니까 그것도 안 돼. 가장 좋은 꼬치튀김은 재료는 재료대로 그 맛을 유지하게 해주고 튀김옷은 튀김의 바삭거림만 느끼게 해주는 것, 튀김을 제대로 튀겨내는 게 중요한 거야.'

일본어의 튀김이란 단어 '덴푸라天ぷら'는 에도시대에 유일한 국제무역항 '나가사키長崎'를 통해 일본에 온 포르쿠갈 선교사가 텐페로포르투갈어, temperos:조미료라는 재료를 전파한 것이 유래라고 알려져 있다.

당시엔 하루 종일 장사를 하던 수많은 상인들이 아침부터 저녁까지 일을 하면서 집에서 식사를 만들어먹기보다는 가게 주위에 식당야타이, 포장마차에서 식사를 하는 일이 많았는데 거리음식을 먹게 되면서 조미료temperos:템페로 맛에 빠지게 된 것이 시대가 흐르면서 나중에 '덴푸라'라고 알려진 게 아닐까?

'튀김이란 게 기원전 2500여 년 전의 이집트에도 기록이 있지만 제대로 튀겨내는 기술은 일본이 독창적으로 만들어 낸 게 아닐까 싶어.'

여자 손님들에겐 치즈 쿠시카츠도 인기다.

손님들은 소고기 쿠시카츠, 새우 쿠시카츠, 돼지고기와 차조기 잎을 넣은 부타 쿠시카츠를 주로 찾았다. 세트메뉴에서 쿠시카츠랑 곁들여 주문하는 메뉴는 단연코 '도테야키土堤焼'가 대부분인 것도 확실했다.

'쿠시카츠는 튀김옷이 핵심 비결인데 소고기 심줄을 끓여 만든 기름으로 튀긴다고 했지? 튀김옷에는 밀가루 대신 참마를 갈아 넣어서 바삭한 식감을 만들고 말이야.'

쿠시카츠 다루마 읽기

튀김옷

돈가스를 꼬치에 꽂아서 먹는다는 생각 자체는 평범하지 않더라도 튀김을 꼬치에 꽂아서 먹는다는 생각은 누구나 할 수 있다. 그런데 이런 아이디어만 갖고서는 가게를 운영할 수 없다. 더 좋은 꼬치가 나오고 더 쉽게 먹는 방법이 나오게 마련이다. 그래서 중요한 건 튀김옷이다. 꼬치는 같지만 다른 건 튀김옷이다. 어떻게 튀기느냐가 승부를 가른다.

쿠시카츠 다루마의 튀김옷은 유명하다. 속재료와 분리되고 겉면은 바삭거린다. 속재료의 맛에 기름의 느끼함이 전혀 없다. 그래서 쿠시카츠의 튀김은 속재료 본래의 맛을 즐길 수 있다. 일반적인 튀김 가게에서 속재료까지 기름기가 흥건해지는 것과는 딴판이다.

정리해 보면, 쿠시카츠를 만들 때는 소 심줄을 끓여 만든 기름으로 튀기고, 기름을 뺀 소 심줄은 다시 2시간 이상 미소시루에 넣어 삶은 후에 또 구워서 도테야키라는 메뉴로 내온다.

쿠시카츠 다루마 읽기

도테야키의 상징

쿠시카츠의 기술력은 튀김옷의 상태가 말해준다. 바삭거림 정도와 튀김 속재료에 엉기지 않는 상태를 만드는 게 차이이다. 누구나 사용하는 보통 기름을 사용하면 이런 상태를 만들 수 없다. 뭔가 달라야 한다.

가장 중요한 기름이 달라야 한다. 그래서 쿠시카츠는 소 심줄을 끓여 만든 기름을 내어 튀긴다. 그러면 기름을 만들고 남은 소 심줄은 어떻게 할까? 미소시루에 담가 삶은 후에 다시 손님에게 내놓게 되는데 이 음식을 도테야키라고 부른다.

그래서 도테야키는 한 마디로 '쿠시카츠를 이걸로 만든 기름으로 튀긴다'는 걸 상징한다. 튀김 자체가 고급 기름을 쓴다는 얘기다. 슈퍼에서 흔히 파는 기름이 아니라 가게가 개발한 기름이다. 다른 가게랑 비교할 수 없는 차별화이기도 하다. 기름이 쏙 빠진 소 힘줄은 부드러운 살코기가 되어 또 하나의 훌륭한 안주다. 그리고 쿠시카츠의 튀김옷의 바삭거리는 식감은 밀가루 반죽 대신 참마를 사용해서 만들어낸다.

'손님들 입장에선 쿠시카츠를 맛있게 먹으면 될 뿐이지. 도테야키도 그렇고. 어떻게 만드는지 세세한 방법까지 알 필요는 없겠지.'

시간이 얼마나 흐른 것일까?

어느 덧 오사카 도톤보리에 뜬 달이 길 가는 행인들의 얼굴을 환하게 비춰주고 있는 무렵이었다.

미슐랭이 인정한 도미밥鯛めし:타이메시 이야기

『생선 한 마리를 통째 얹는다고? 그게 무슨 초밥이야?』

초밥이라고 자꾸 착각하는 이소라. 아침부터 메시지를 날리며 성화를 부린다.

시작은 어제 저녁부터인가?

오사카에서 가장 유명한 스시초밥 맛집이 어디냐고 묻는데 도톤보리에 오면 스시가게가 많고 일본 전역에, 아니 오사카에 널린 게 스시집이라고 말해주면서 타이메시도미밥 이야기를 해준 게 화근이었다.

나　　:『밥 위에 도미 생선 한 마리를 통째 얹어서 먹는 요리가 있어.』

이소라 :『왕초밥이야?』

나　　:『아니, 도미밥이라고. 도미 알지? 생선. 도미를 쌀 위에 얹어서 밥을 짓고, 나중에 밥이 익으면 밥이랑 같이 먹는 거야.』

이소라 :『비리겠다. 생각만 해도... 으으.』

나　　:『하나도 안 비려. 그거 얼마나 별미인데. 도미밥은 튀김이랑 같이 먹는 건데 튀김이 또 얼마나 환상적이라구!』

이소라 :『인증해야하는 거 알지?』

나　　:『아...』

결국 그 날 오후 식사는 도미밥 메뉴로 정했다. 인증샷을 찍어서 보내라는 성화에 못 이기고 그러겠다고 한 이유도 있지만, 메시지를 나누면서 생각해보니 타이메시 먹으러 다녀온 지도 꽤 흘렀던 까닭이다.

'이쯤이었는데?'

요타로는 오사카 시내에만도 여러 개의 지점이 있다. 하지만 식당마다 등급을 주는 미슐랭 별스타를 받은 곳에 가려면 '요타로 혼텐'에 가야하므로 옛 기억을 되살리면서 가야만 했다.

기억상으로는 난바역에서 걸어서 20여분 걸리는 거리였다. 여자일 경우 하이힐을 신으면 낭패일 수 있다. 운동화나 발이 편한 신을 신고 식사 전에 간단한 산책을 할 기분으로 걷기에 좋겠다.

드디어 도착.

얼마나 걸었을까? 이번엔 경로는 조금 다르게 정했다. 기타하마北浜 역에서 6번 출구로 나왔다.

그리고 출구를 등지고 바로 좌회전, 한 블록만 걷다가 좌측 골목으로 들어섰다.

골목 안으로 들어와선 첫 번째 사거리에서 바로 좌회전. 드디어 요타로 혼텐이 눈에 들어왔다. 난바역에서 걸어서 찾아오기보다는 기타하마 지하철역에서 6번 출구로 찾아오는 게 훨씬 편리했다.

'여기다.'

1921년 문을 연 가게인데 프랑스 미슐랭 잡지가 별을 준 시기는 2013년이라고 했다. 미슐랭誌는 브랜드별로 맛집 선정을 하는 게 아니라 가게별로 선정을 하기 때문에 미슐랭 스타로 인정된 맛을 보려면 본점에 와야 하기 때문이다.

'옛 일본 집처럼 생긴 구조이며 화려하지 않은 가게 출입구, 간판도 흰 바탕에 검정 글씨로 이름만 쓴 것처럼 여러 가지 요소가 실력자의 풍모를 보이는 것 같아. 변하지 않는 이런 느낌 때문에 일본에선 수십 년, 백 년 넘는 가게들이 나오는지도 모르지만 말이야.'

가게 안으로 들어섰다.

평일엔 11시30분부터 2시까지, 오후5시부터 9시까지만 영업한다. 토요일도 문을 열긴 하는데 예약 손님만 받는다. 손님이 미리 예약을 하면 주방 바로 앞 자리로 마련해준다. 튀김이 튀겨지는 모습을 바로 앞에서 보게 된다.

'가게 내부는 음식 외에 아무 것도 신경 쓰지 않겠다는 마음가짐이 느껴질 정도군. 인테리어가 지극히 심플하네. 나무재질의 의자와 테이블, 일본 전통식 창문과 칸막이 벽까지. 조명은 옛 스타일이간 하지만 이것만큼은 금속제 인테리어로 해둔 게 전부이니 말이야.'

오후 런치 타임엔 두 분의 직원이 서비스를 담당했다. 가게에 들어서자마자 우측에 보이는 주방 그리고 널찍한 테이블이 한눈에 들어온다. 튀김을 튀기는 곳은 주방 한쪽 구석인데 깨끗한 기름이 담긴 금속제 통이 두 개가 있고 그 앞엔 손님에게 기름이 튀지 않도록 위한 유리벽 칸막이가 설치되어 있다.

자리에 앉으면 손님 앞에 소금을 갖다 준다. 튀김을 찍어먹는 용도다. 음료수를 따로 주문하지 않으면 물을 마련해준다.

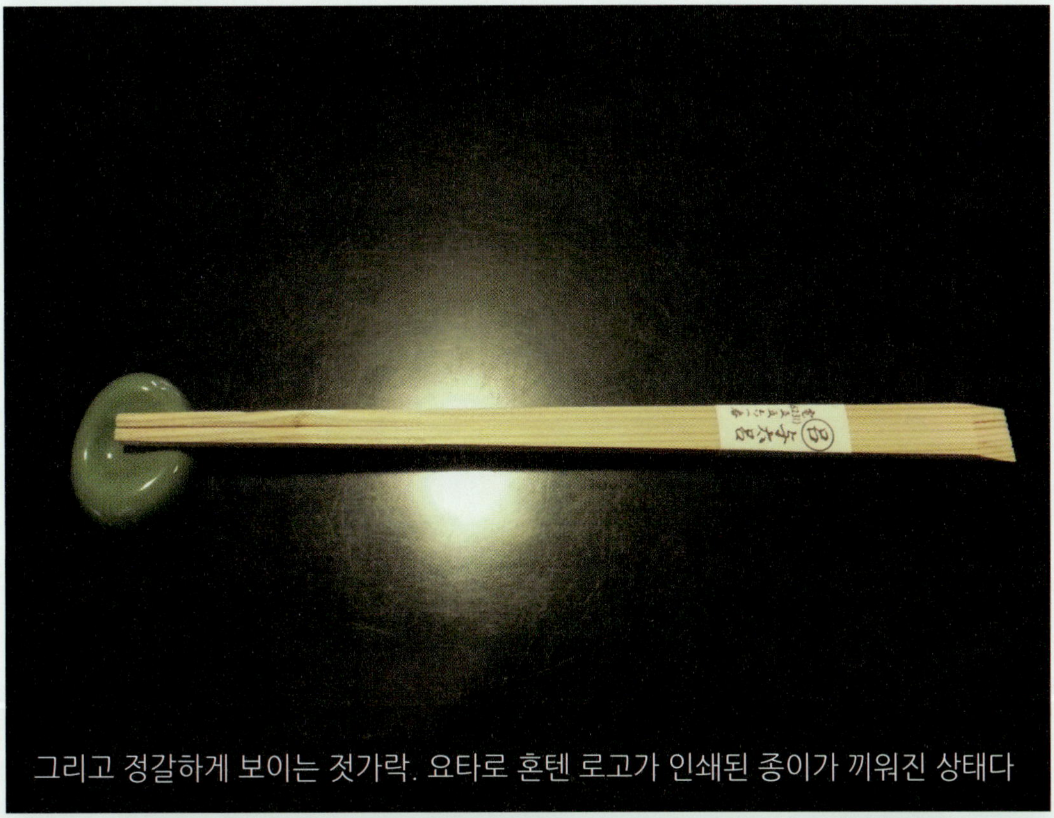

그리고 정갈하게 보이는 젓가락. 요타로 혼텐 로고가 인쇄된 종이가 끼워진 상태다

'손님에게 기름 상태를 보여줘도 자신 있다는 거야. 튀기는 모습을 봐도 좋다는 것이지. 칸막이를 유리로 만든 이유야.'

주방 안에는 중국음식점에서 보던 커다란 솥단지 같은 금속제 조리도구 안에 기름이 고여 있다. 한눈에 보더라도 맑고 투명하다. 요타로에서 자랑하는 튀김을 만들어 내는 기름이다.

'목화씨 기름이라지? 손님 한 팀당 기름 한 번만 사용하고 다 버리는데, 어느 땐 손님 한 팀에서 기름을 두 번 가는 경우도 있어. 미슐랭 스타를 받은 이유가 딴 데 있는 게 아니지.'

요타로에서는 같은 기름을 반복해서 사용하지 않는다. 한 테이블 당 한 개의 기름통이었다.

손님 한 팀장 한 번만 사용하고 버리는 게 요타로의 방식이다. 간혹 손님 인원수가 많으면 튀김을 여러 번 튀겨내는데 이 경우에도 기름 상태를 보며 새 기름으로 바꿀 때가 있다. 오로지 튀김의 제대로 된 맛을 내기 위함이다.

요타로 혼텐 읽기

1회용 기름

손님 한 팀에게 서비스하는 튀김을 튀기는 기름은 한 번만 사용한다. 간혹, 손님 한 팀에게 기름만 두 번 사용할 때도 있다. 그만큼 기름의 상태와 재료의 신선도, 음식의 맛을 철저히 관리한다.

기름 상태를 손님이 볼 수 있도록 주방 앞 손님 테이블 바로 앞에서 튀기며, 기름과 손님 사이엔 유리로 만든 칸막이를 두어 혹시라도 기름이 튀는 걸 예방한다.

본격적인 튀김 요리를 주기 전에 에피타이저로 간단한 음식이 제공된다.

성게알도 그중 하나다. 이어서 도미회. 튀김을 찍어 먹어도 맛있는 간장소스랑 같이 주므로 살짝 찍어서 맛을 봐도 좋다.

에피타이저로 허기진 뱃속과 시장기를 달래주고 있으면 드디어 튀김을 튀기기 시작한다. 적당한 온도와 기름 상태, 재료의 신선도까지 골고루 맞아 떨어져야 맛이 살아나는 튀김, 다른 데서 튀김 먹고 요타로에서 튀김 먹으면 그런 생각을 하게 된다.

'지금까지 내가 튀김인 줄 알고 먹은 건 다 뭐라는 말이냐!'

요타로에서는 즉석에서 튀긴다.

재료에 튀김옷을 입히자마자 바로 기름에 넣고 튀긴다. 나름의 시간도 정해진 것 같다. 재료를 넣고 튀기는 시간도 길지 않다. 제대로 익었을까 걱정하는 사람도 있을 수 있다.

'한국에선 치킨 튀기는 거 볼 때도 그렇고, 튀김가게에 가도 마찬가지 지만 미리 튀겨놨다가 손님이 주문하면 다시 튀겨서 주는 경우가 많잖아? 한 번 사용한 기름을 계속 사용하는 것도 그렇고 저녁 때쯤 튀김집 가보면 이게 기름인지 뭔지 탁한 상태를 보게 되는데, 요타로에서는 전혀 그렇지가 않아! 그리고 저 기름그릇. 비스듬하게 놓는 이유는 하나의 기름그릇에서 기름온도를 다르게 하기 위해서야.

가장자리쪽에서 튀기면 적은 기름으로 튀기고 안쪽으로 내려갈수록 많은 기름에서 튀기는 것이지. 재료에 따라서 기름그릇에 넣는 위치가 다르고, 어느 위치에 넣어서 언제 꺼내느냐가 튀김의 비법이었어!

아, 그러고 보니, 목화씨 기름이잖아? 사람의 옷을 만드는 목화씨!

튀김옷을 만드는데 목화씨기름을 쓰는 거였어! 어느 식재료에도 조화가 될 수 있는 기름!'

그리고 고운 소금.

요타로에서는 튀김을 즉석에서 튀겨 내오면서 튀김간장 대신 소금을 접시에 담아 준다. 요타로에서 제공하는 '야키시오'다. 일명 '구운 소금'인데 태우듯 한 번 볶아낸 소금을 말한다. 튀김의 바삭거리는 식감을 위한 것으로 생각된다. 간장 소스를 찍어 먹으면 아무래도 튀김옷이 눅눅해지는 이유다. 소금을 찍어 먹으니 적당한 짭짤함이 튀김맛을 더 좋게 만든다.

새우, 채소, 새우를 갈아 넣은 식빵조각, 고구마. 고추, 둥글게 만 우엉, 파프리카, 통 완두콩, 큰 새우, 무, 무청, 대파무침, 양파. 뭉친 옥수수 알갱이, 생강, 장어, 가지, 머위fuki notou 등등의 재료들이 튀김이 되어 나온다. 주방엔 직원들 뒤로 신선 재료가 담긴 통이 놓인 게 보인다. 재료통 안에 담긴 건 손님이 주문한 메뉴당 튀김이 될 재료들인데 한눈에 보기에도 신선한 상태가 도드라진다.

가게에 들어와서 테이블에 앉으면 손님 앞에 기름종이를 깔아주는데 주문한 튀김메뉴가 나올 때마다 기름종이 위에 얹어준다.

'저걸 어떻게 튀기려고 하지? 고구마는 딱딱하고, 양파는 부드럽고, 대파 썬 것은 흐물거릴 텐데? 다른 재료들은 또 어떻고?'

기대는 걱정을 동반한다고 하지 않던가?

신선한 재료를 보는 건 좋은데 과연 저걸 같은 기름, 같은 온도에서 제대로 튀겨낼 것인지 의문이 들게 된다. 기름이 뜨거워 보이지 않을 땐 더 그렇다. 튀김옷이 바삭거려야 하고 재료도 익어야 하는 건 물론이다. 과연 이 가게의 튀김은 제대로 나올 것인가?

'생고구마를 넣고 특석에서 튀겼는데 튀김옷은 바삭하고 고구마는 다 익었다니!'

이런 의문을 갖는 건 자유다.

하지만 그 정도라면 요타로의 실력을 잘 몰라서 하는 얘기다. 모든 재료는 신선한 상태 그대로 날生 것이다. 즉석에서 튀김옷을 입혀서 튀기는데 튀김이 하나씩 나오면서 맛을 보면 모든 걱정이 기우였음을 알게 된다.

요타로 혼텐에서는 손님에게 튀김을 하나씩 주기도 하지만 세트 메뉴를 주문하면 한 접시에 담아서 제공하기도 한다. 튀김은 즉석에서 튀겨서 먹는 게 제일 좋지만 이곳에서는 튀겨내는 시간과 서비스되는 시간에 큰 차이가 없으므로 맛의 큰 차이는 없는 것으로 기대해도 좋다.

'드디어 나왔다. 요타로 혼텐에서 인정받는 또 하나의 메뉴!'

그리고 도미밥.

짜잔!

요타로에서 도미밥은 2인 이상 주문할 때만 가능하다. 하지만 나는 남으면 포장해서 가져갈 생각이어서 상관없었다.

튀김을 먹다 보면 직원이 도미밥을 통째 가져와서 보여준다. 튀김을 주문할 때 도미밥까지 주문하면 대략 30분 정도 걸린다고 이야기해준다. 그리고 손님 앞에 나온 도미밥을 보니 노릇하게 지은 밥 위에 도미 한 마리가 제대로 떡하니 누워있는 모습이다.

고개를 끄덕이고 봤다는 표시를 해주면 직원이 다시 가져가서 정성스럽게 도미밥을 조리하기 시작한다. 조리라는 게 다른 건 아니고 도미의 살을 발라서 밥하고 같이 그릇에 담아 내주는 일이다.

'담백해. 이게 느끼할 거라고? 천만에! 맛만 있구먼.'

도미밥을 한 입 입에 물고 먹는 순간 저절로 나오는 감탄사다.

도미밥은 튀김코스가 마무리되고 나서 일본식 반찬류인 쓰케모노漬物, 소금에 절인 채소와 국물류에 해당되는 스이모노吸い物랑 같이 나온다.

쓰케모노는 오이랑 가지를 소금에 절인 것인데 발효를 한 것은 아니다. 스이모노는 미소시루(味噌汁, 된장국)이랑 스마시지루(淸まし汁, 맑은 국)로 나뉘는데 요타로에선 스마시지루가 나온다.

남은 도미밥은 포장.

요타로 혼텐에서 싸준 포장을 숙소로 가져와서 다시 보는데도 그 맛이 잊히지 않고 떠오르는 건 무엇 때문이었을까?

'그런데 진짜 이 튀김은 불가사의한 맛이야.'

도미밥을 먹으면서 주방 한 쪽에 기름을 보는데 손님당 기름 한 통을 구분해서 튀겨내는 모습이 인상적이다. 손님이 주문한 코스 튀김이 마무리되면 남은 기름은 다 버리고 다른 손님을 위해 새 기름을 담아서 사용한다. 기름이 깨끗해 보이는데도 여지없었다. 사용하고 남은 기름은 무조건 버린다.

'칸사이 스타일 튀김이잖아. 낮은 온도에서 튀기는 건데 튀김옷을 얇게 해서 속재료가 익도록 만든다는 튀김. 속재료는 충분히 익고 튀김옷은 부드럽게 아삭거리는 정도로 식감도 좋고 말이지.'

요타로 혼텐 읽기

칸사이 튀김

오사카 지역을 아우르는 칸사이關西 지방의 튀김 방식을 사용한다. 낮은 온도에서 튀김옷을 얇게 입혀서 만드는 튀김은 속재료가 다 익더라도 겉에 튀김옷은 부드럽게 바삭한 느낌을 유지한다.

튀김은 신선한 재료를 준비해놓고 손님이 주문하면 즉석에서 튀김옷을 입혀서 튀긴다. 미리 튀겨놓지 않으며 재료를 미리 익히지도 않는다. 튀김 재료는 흔히 다뤄지는 재료들보다는 독특한 재료를 사용한다. 머위, 저민 파, 통 완두콩 등처럼 '이게 튀겨질 수 있을까?', '어떤 맛일까?'란 궁금증이 생기는 재료들이다. 그래서 튀기는 실력은 숙달된 사람만 가능하다.

도미밥을 보여주고 나서 도미 살을 발라내는 모습도 가히 환상적이다. 뼈를 발라내고 살만 솎아내서 밥과 함께 주는데 담백하고 그 맛이 전혀 비리지 않다. 도대체 얼마나 오랜 동안 도미밥을 만들어야만 이런 정도의 숙달된 기술력이 나올까 생각하는 것도 잠시, 도미밥의 맛에 빠지고야 만다.

'여긴 식당이라기보다는 이웃집 식사대접을 받으러 온 기분이 들어.'

그도 그럴 것이, 도미밥이란 게 알고 보면, 오사카나 도쿄에서 시작한 것이 아니고 일본 에히메愛媛현에 우와지마宇和島시의 향토 음식이라서가 아닐까?

'도미밥은 두 가지 방식이 있지. 우리나라의 회덮밥처럼 회를 떠서 따뜻한 밥 위에 얹어먹기도 하고 통째로 솥에 넣어 밥이랑 함께 지어 먹기도 하거든. 그런데 회덮밥은 먹어본 사람들이 많지만 도미를 통째 밥이랑 같이 지어 먹는 건 경험해본 적이 없어서 그런지 이게 훨씬 더 새롭고 그래서 맛도 더 좋은 거 같아.'

우와지마宇和島시에 우와해宇和海에서 일본 해군의 선상 요리가 기원이라는 이야기가 전해지는 도미밥의 조리방법이다.

바다에서 막 잡아 올린 신선한 참돔을 회로 뜨고 날달걀과 갖가지 양념으로 섞은 후에 밥에 얹어 먹는 요리가 도미밥인데, 요타로에서 접하게 되는 방식은 도미밥의 조리법 중에 하나라고 들은 기억이 있다.

'통째로 도미밥을 만들 때에는 도미를 미리 익혀서 다시마를 쌀 위에 깔고 그 위에 도미를 얹어서 밥을 짓는다고 하지? 나중에 도미밥을 먹는 손님들은 도미와 다시마 그리고 밥의 맛이 섞인 걸 맛보게 되니까 담백하면서도 맛있는 밥이 된 거야.'

도미밥을 지을 때 날생선 도미를 그대로 쌀 위에 올리고 밥을 짓는 건 아니다. 그러면 밥에서 비린내가 나지 않는다고 보장할 수가 없게 된다. 그래서 도미밥을 지을 때는 도미를 통으로 미리 구운 후에 쌀 위에 얹고 밥을 짓는 방식을 사용한다. 그래야만 담백한 맛의 밥이 된다.

'날생선 도미를 쌀 위에 얹고 밥을 짓는다면 진짜 엄청 비릴 거야. 이소라 생각도 틀린 건 아니지. 하지만 도미밥이란 게 뭐 그런 건가? 쌀에 넣기 전에 날생선 도미에서 기름기를 빼면서 먼저 구울 때도 '사라만다 그릴'을 사용하거든. 위에서 열을 가하면 기름기가 빠지니까 담백한 맛이 되는 것이지.'

흰 색과 붉은 색이 행운을 가져다 준다고 여기는 도미는 일본에서도 고급 생선이다. 하지만 일본인들도 날생선을 밥이랑 같이 조리해 먹지는 않는다. 각각 조리해서 마지막 단계에 섞어 어우러지는 맛을 즐길 뿐이다.

요타로 혼텐 읽기

도미밥

6,850여개의 섬으로 이뤄진 일본에서도 4대 섬 혼슈本州, 홋카이도北海道, 규슈九州, 시코쿠四国 중에 하나인 시코쿠四国 지역에 에히메 현의 향토 음식인 도미밥을 서비스한다.

원조 방식은 우와지마 시에 앞바다 우와해에서 잡는 고급 참돔을 재료로 사용해서 통째로 도미와 밥을 지어 도미살과 밥을 섞어 먹는 도미밥인데 그 재료와 정성 그리고 숙달된 기술력이 필요한 고급 음식으로써 정평이 났다. 그런데 오사카에서 도미밥을 맛볼 수 있는 곳? 요타로 혼텐이 미슐랭으로부터 인정받은 비결 아닐까[1]?

1. [필자 주] 위 사진들은 코로나19 이전에 촬영한 것으로 일부 연출된 장면이 있을 수 있습니다.

일본 가정의 식사가 생각난다면

오사카를 설명할 때는 일반적으로 한국의 부산에 비유된다.

서울은 도쿄에 비유되는 것과 상대적인데, 도쿄를 서울로 치자면 오사카는 부산으로 언뜻 떠오르는 것 '사투리'가 있다.

일본 방송프로그램에서 코미디언으로 인기 스타가 된 사람들을 보면 대개 오사카 지역 사람들인 경우가 많을 정도로 오사카 특유의 구수하면서도 솔직담백한 언어구사력이 시청자들에게 큰 재미를 선사한다.

'그래서 구수한 오사카 정서 충만한 오사카 가정식을 먹는 것도 즐거운 일이지.'

일본엔 오사카 요리와 도쿄 요리가 대표적인가?

물론 그렇진 않다. 현대 일본에서도 인기를 얻는 요리를 자세히 보면 일본 전통 요리라고 하기엔 어려운 음식들도 있다. 가령, 외국에서 넘어온 음식이 일본식으로 변한 것들이라고 할 수 있는데, 대표적으로 중국에서 넘어온 음식이 일본화 된 것으로는 짬뽕ちゃんぽん, 군만두焼き餃子, 라멘ラーメン 등이 있겠다.

프랑스의 크로켓croquette에서 시작되었지만 일본식으로 완전 다르게 바뀐 음식이 고로케コロッケ다. 다진 고기랑 채소를 으깬 감자로 감싸서 동그란 모양으로 만들어 튀긴 음식이 '크로켓'이라면 으깬 감자와 다진 고기를 섞어서 동그랗게 만든 후 밀가루 반죽과 빵가루를 입혀 튀긴 음식이 '고로케'이다. 비슷하면서도 같지 않은 음식이 되었다.

유럽의 커틀릿Cutlet에서 시작된 일본의 돈가스豚カツ도 있다.

얇게 고기를 저며서 튀긴 음식이 커틀릿이라면 돈가스는 돼지등심을 2cm 정도 두께로 넓적하게 썰어서 빵가루를 튀김옷으로 입혀 튀긴 후 소스를 부어 밥과 야채랑 같이 먹는 음식이 되었다.

유럽의 마린Marine 스튜stew가 원조인데 일본에 와서 카레라이스カレーライス가 된 경우도 있다. '마린'은 식재료를 소금, 오일, 허브 등에 섞어 만든 음식이고 '스튜'는 식재료를 물에 넣어 끓여 만드는 수프와 같은 음식인데 카레라이스는 식재료랑 향신료를 섞어 양념을 만들고 그 안에 고기 등을 넣어 끓인 후 밥에 얹어 먹는 음식이 된 것이다.

그뿐인가? 한국의 냉면은 메밀을 쓰지만 일본에선 전분하고 밀가루만 넣어 만든 모리오카 냉면盛岡冷麵도 있으며, 한국의 고기구이가 일본에 와서 야키니쿠焼肉가 된 경우가 있다.

그리고 한 가지를 추가하자면 한국의 곱창구이를 떠올리게 해주는 일본 음식으로는 호르몬야키ホルモン焼き가 있겠다. 물론 여기서 '호르몬'이란 의미는 남성호르몬 등을 말하는 용어가 아니라 일본어에 '버리다'라는 의미의 '호우루放る'라는 단어와 '물건'이란 의미의 '모노物'란 단어가 합쳐져 만들어진 명칭으로 '버리는 것'이란 의미다.

'버리는 것을 굽다?'

이 음식의 기원은 사실 좀 안타까운 역사에서 생겨났다는 점이다. 제2차 대전 후에 일본이 전쟁에서 패한 후 오사카 지역에서도 궁핍한 생활상이 벌어졌는데 당시 오사카에 끌려온 강제징용자들이나 재일교포들은 상대적으로 더욱 어려운 삶을 이어가야 할 처지에서 일본인들이 시장에서 버리는 소와 돼지의 내장을 가져다가 구워먹기 시작한 게 시초다.

이처럼 일본 음식인 것 같지만 유래를 알고 보면 한국과 유럽, 중국 등지의 다른 나라에서 건너온 것들도 상당수다.

'오늘은 오사카 집밥을 먹어야겠어.'

숙소에서 나와 아침 무렵 난바역 인근을 거닐던 중이었다. 곳곳에 음식점들과 가게들을 보면서 이런저런 상념을 떠올렸다. 눈앞엔 하나의 거대한 생명체처럼 되어버린 '난바역'이 있고 그 안에서 수많은 사람들이 나오고 있으며 다시 그 안으로 들어가는 인파 속에서 떠오른 생각이었다.

사람들이 서로 스치는 칼바람 같은 사각거림만 가득한 곳에서 필요한 건 가족의 정겨움이 아니었을까? 요란한 기계음과 거대한 전동차가 지나다니는 길 위에 서 본 적 있는 사람이라면 이따금 느낄 것이라고 여겼다. 그들도 아주 오래 전에는 어디에선가 떠나왔을 게 분명해서다.

'히가시 신사이바시東心齋橋로 가야지.'

일본 식당 체인 중에 '마이도 오오키니 쇼쿠도まいど おおきに 食堂'란 곳이 있는데 각 지역명에 따라 이름을 다르게 부르는 곳이 특색이다. 신사이바시에 있는 식당은 '신사이바시 쇼쿠도'라고 부르고 아케쵸에 있는 식당은 '아케노 쇼쿠도'라고 부른다. 이 식당들이 간판에서나마 공통으로 사용하는 이름은 '마이도 오오키니まいど おおきに'가 되겠다.

'마이도 오오키니 신사이바시 쇼쿠도, 마이도 오오키니 아케노 쇼쿠도가 되는 셈이지. 동네 따라 이름이 바뀌니까.'

우리말로 '매번 고맙습니다 식당'인데 일본어라서 그런지 낯설게 들리진 않지만 우리말로 '매번 고맙습니다 식당'이라고 부르는 식당이 있다면 어떨지 생각해보자. 그것도 각 식당이 문을 연 동네에 따라서 신촌식당, 홍대식당, 청담식당 등처럼 체인점 형태로 영업을 하는 곳이라면 말이다.

마이도 오오키니 쇼쿠도 읽기

마이도 오오키니

도쿄에서 사용하는 일본어와 다른, 오사카만의 사투리 '마이도 오오키니'를 이름에 사용한다. 오사카 사투리로 '매번 고맙습니다(이쯔

모 아리가또우 고자이마스:何時も ありがとう ございます)'란 의미이다. 식당 이름에 오사카 지역 사투리를 넣음으로서 푸근함과 가정식, 집밥 음식이라는 이미지를 제대로 살려냈다. 도시에서 살아가는 수많은 사람들이 떠올리는 고향의 정서가 가득한 식당이다.

'가정식 식당이지. 그래서 가게 모양도 일반 주택형태이고.'

직장인들이나 혼자 식사하는 사람들에게 어울리는 분위기다. 동그란 의자에 푹신함감이 있다. 테이블은 커다란 나무재질의 판자를 놓고 여럿이 모여 앉아 먹는 스타일이다. 물론 테이블 정가운데에 젓가락통, 양념통, 냅킨 등이 있다.

'테이블 하나에 의자가 여러 개인 이유는 각자 먹을 음식을 쟁반에 알아서 담아서 갖고 와서 먹는 거야.'

마이도 오오키니 식당은 뷔페식 또는 카페테리아식 식당이다. 음식이 뷔페식은 아니고 쟁반에 각자 먹을 반찬과 밥을 담아 와서 계산하고 먹는 곳이다. 국과 절임류, 밥과 달걀프라이 등 각자 입맛에 맞춰 고르면 된다.

개별 반찬의 가격은 약 100엔대부터 280엔 정도다. 300엔 짜리도 있는데 메뉴가 대부분 200엔대 가격들이다. 달걀프라이나 계란말이는 가게 직원에게 주문하면 바로 만들어준다.

마이도 오오키니 쇼쿠도 읽기

달걀말이와 생선류는 주문 즉시 조리

집밥의 대명사는 달걀말이와 생선구이다. 집에서 밥 먹을 때 조리해서 먹는 것으로 달걀과 생선을 떠올리는데 이곳에서도 손님이 주문하면 조리해서 손님 테이블로 가져다준다. 마치 집에서 가족이 식탁 위로 가져다주는 음식의 느낌이다.

'밥이랑 오이절임이랑 돈가스를 골랐더니 400엔에 좀 넘네?'

꽁치구이(￥241) 우엉조림(￥105) 낫또(￥84)도 보인다.

꽁치처럼 생선들은 주문을 하면 즉석에서 구워서 내가 앉은 테이블로 갖다 준다. 아무래도 미리 만들지 않고 즉석에서 만들어 먹는 음식맛이 더 좋다. 집에서 밥 먹는데 어머니가 생선 구워 주시는 기분이 그대로 든다.

가정식 밥이란 묘미가 이거 아닌가?

일본에서 프랜차이즈식당 순위권에 든다는 후지오푸드시스템社의 식당 체인 되겠다. 조림반찬류와 생선구이처럼 가정식 메뉴를 차별화로 내건 식당이다.

'일본인들의 체형이 왜소한 측면이 있는 것도 사실인데 어쩌면 이런 가정식에서 영향이 있진 않을까?'

2000년대 이후로 먹는 양이 늘어났다고 하지만 일본인들의 식문화를 보면 여전히 조금 먹고 작게 먹는 걸 느낄 수 있다.

가령, 일본어로 '곱배기'라는 의미는 많이 담는다는 뜻의 오오모리大盛り라고 하는데, 특곱배기라는 단어 '토쿠모리特盛り'가 나오고 특특곱배기라는 단어로 '메가모리メガ盛り'가 등장하는 것도 사실이지만 아직도 배분의 식당에선 적게 먹고 맛있게 먹는 일본식 메뉴의 모습이 대부분이다.

마이도 오오키니 쇼쿠도 읽기

이저렴한 가격

집에서 밥 먹는 것과 외식의 차이는 가격이다. 아무리 집밥 분위기의 식당이라고 해도 가격이 비싸다면 그건 집밥이 아니다. 그런데 여기선 100엔 정도에서 300엔 정도의 반찬류가 대부분이다. 밥과 된장국, 반찬 1가지를 위주로 식사하는 경우 500엔도 안 되는 금액으로 식사가 가능하다.

全員に当たる
スクラッチキャンペーン!
キャンペーン期間

준비된 재료만 팔면, 오늘 영업은 멈춥니다.

한국인과 일본인이 좋아하는 참치 부위가 다르다.

일본인들은 참치 뱃살을 선호하고 한국인들은 참치대가리와 목살 부위를 좋아하는데 이로 인해 우리나라 어선이 잡은 참치를 일본에 수출하면 뱃살을 제외하고 나머지 대길 부위와 목살 부위를 재수입해서 국내 소비자들에게 공급하기도 한다. 물론 국내에도 참치의 앞쪽 뱃살을 달라고 하면 주는데 주로 고급세트에서 제공되는 비싼 부위다. 그만큼 한국 소비자들의 입맛도 참치를 제대로 즐길 줄 아는 경지에 올랐다고 하겠다.

한국인에겐 삼겹살, 일본인에겐 참치?

이런 비유가 가능할 정도로 참치를 즐기는 일본인들에게서 가장 인기 있는 부위는 참치의 뱃살이다. 한때 참치가격이 폭등했을 시기엔 일본에 회전초밥 집에서 판매되는 '오토로' 부위를 한 접시 2개에서 1개로 줄여 팔던 경우도 생겼다. '아카미'라고 불리는 빨간뱃살 부위를 특히 좋아하는 일본인들에게 참다랑어의 빨간 근육살은 더없이 좋은 횟감, 그래서인지 일본에서 참다랑어 130kg짜리 한 마리의 가격은 최고 1억 원에 달하기도 한다.

'물고기 한 마리에 1억 원이라...'

사실 참치가게들은 일종의 홍보효과를 누리기 위해 새해 첫 참치를 놓고 어마어마한 경매 낙찰가 경쟁을 벌이기도 한다. 주로 홍콩과 일본의 참치가게 오너들이 벌이는 경쟁이 화제가 되곤 하는데 한 마리에 10억 원대가 넘어가는 진기록을 수립했을 때도 있었다. 참치 한 마리에 1억 원 정도는 깜도 안 되는 정도였던 셈이다.

230kg 참치 한 마리는 초밥 9,000여개를 만든다.

가격이 상대적으로 저렴한 아카미속살부터 츄토로옆구리살와 가장 비싼 대뱃살오토로까지 모두 포함하는 개수다.

'오토로. 이게 최고급 부위지.'

참다랑어 뱃살 '오토로'는 한국 스시가게에서 판매되는 가격이 1인분에 15만 원선이다. 너무 비싸다고? 글쎄, 손님 입장에선 그렇게 느껴질 수도 있다. 하지만 가게 주인의 입장에선 좀 다르다.

'참다랑어 오토로 1kg은 국내에서 도매가격으로 대략 16만 원선에 거래되는데, 껍질 떼고 내장 분리하면 800g 정도 남지. 떨어져 나가는 부위까지 계산해보면 가게 입장에선 원가가 1kg에 20만 원정도 되는 셈인데 1인분에 15만 원을 받는다고 해도 가게 입장에서 크게 이익 보는 게 아니야.'

그럼 다른 부위를 먹어도 될 텐데 왜 오토로만 찾을까? 그건 먹어본 사람만이 안다. 오토로를 먹어보면 참치의 다른 부위는 참치로 느껴지지 않는다. 아이스크림처럼 녹는다는 표현이 맞다.

가령, 바다에서 잡은 참치는 현장 냉동하는데 이게 참치가게에서 판매될 때는 적당히 해동되어야 한다. 이 순간 조리사의 실력이 증명되는 순간이기도 한데, 눈다랑어나 황다랑어 등은 주문이 없더라도 미리 해동해서 숙성을 시켜두는 게 일반적인데 비해서 참다랑어 만큼은 주문을 받자마자 해동해서 손님에게 내놓아야 한다.

그 이유는 '오토로대뱃살'엔 기름기가 풍부해서 자칫하다간 손님이 먹기도 전에 금방 녹아버리기 때문이다.

'그래서 대뱃살오토로 부위는 살짝 덜 녹은 상태에서 썰어야 하는 거거든. 손님 앞에 딱 내놓을 때 색이 살아나면서 제대로 먹기 좋은 상태가 되거든.'

모처럼 참치 생각에 사로잡혀 오사카 시내를 걷는 중이었다.

오사카에서 하루에 두 시간만 문 여는 참치가게를 찾아가는 중이다. 그리고 그 가게에서 두 시간 일한 아르바이트를 찾는 중이란다. 어떤 가게인지 궁금해지는 게 당연한 것 아닐까?

식당에서 아르바이트 직원을 구하는데 아침 10시 30분부터 오후 1시 30분까지만 일해 줄 사람을 찾는다? 이런 이야기를 들으면 생각한다.

'아, 점심시간대 바쁜 시간에만 일해 줄 사람을 찾는가 보네?'

틀렸다.

이 가게는 하루 영업시간 내내 일해 줄 사람을 구하는 중이다. 하루에 두 시간만 영업을 하는 가게다.

장사가 안 되는 곳도 아니다. 이 가게가 하루에 딱 두 시간만 영업을 하는 이유는 준비된 재료를 다 파는데 두 시간이면 충분해서다. 이 가게의 문 여는 시각은 아침 11시, 그날 장사는 12시 30분 정도면 모두 끝난다. 실제로 영업하는 시간은 2시간도 채 안 된다. 11시 개점이라고 해서 11시경 식당을 찾으면 낭패를 볼 확률이 매우 높다. 가게 앞에는 10시 30분경부터 손님들이 줄을 선다.

'아니, 근데 왜 아르바이트 직원을 구하지?'

이유야 간단하다. 바빠서다.

가게 문을 열기 전부터 손님들이 줄을 선다. 손님들이 기다리는 동안 가게 안내도 해주고 영업 준비도 해야 할 일손이 부족해서다. 영업을 마친 후에는 나머지 정리를 위해서 일손이 더 필요했다. 하루에 두 시간만 영업하는 가게, 이곳은 마구로 쇼쿠도 참치 식당이다.

마구로 쇼쿠도 읽기

하루에 2시간만 문을 연다

하루에 점심 시간대에만 영업을 한다. 그 이유는 새벽에 가져온 참치를 가장 신선한 상태에서 팔기 위함이다. 점심식사 손님에게만 팔고 말아야지 남은 걸 저녁에도 판다고 생각해보자. 아무래도 냉장 보관, 냉동 보관을 해야 하는 것 아닌가?

오후에 문을 여는 수산시장이 있다면 저녁 손님을 받아도 된다.

하지만 수산시장은 새벽에 열고 아침에 문을 닫는다. 저녁 손님을 받기 위해 오후에 와서 생선을 고를 시장이 없다는 얘기다.

그래서 하루에 2시간, 점심시간대에만 문을 여는 가게가 되었다. 그랬더니 신선도를 생명으로 하는 참치덮밥 애호가들이 먼저 알고 오기 시작했다.

오사카에서 쯔루하시鶴橋 역에 내리면 가깝다.

6번 출구로 나와서 계단이 보이면 올라가서 바로 좌회전, 밖으로 향하는 출구로 향해서 나가자마자 다시 우회전하고 이제부터 직진이다.

잘 모르겠다 싶어도 걱정 없다.

5번이나 6번, 7번 출구로 나오면 쯔루하시 시장으로 갈 수 있다. 쯔루하시 시장 방향으로 찾아 나오는 길인데 시장 초입에 '중앙상점회'라고 쓰인 간판이 보이면 안으로 들어오면 얼마 지나지 않아 눈에 딱 보인다.

잘 모르겠는가? 그렇다면 이런 길도 있다.

쯔루하시역에서 내려서 시장 방면 출구로 나오자.

이런 길을 올라간다.

이런 통로가 나온다. 아직 계단을 올라가는 중이다. 계단을 올라가면 바로 왼쪽 JR쯔루하시 역 통로로 간다는 걸 기억하자.

JR 쯔루하시 역쪽으로 들어가면 나오는 공간이다. 여기서 곧장 앞에 보이는 출구 쪽으로 걷는다.

자, 드디어 나왔다. 도로변이다. 여기선 앞으로 직진. 그러니까 JR 쯔루하시 출구로 나와서 길 따라 우회전이다.

그러면 윗간판이 달린 골목길이 나타난다. 쯔루하시 시장 안으로 들어가는 통로다. 머뭇거리지 말고 안으로 직진.

시장 골목을 걷다보면 이처럼 생긴 좌회전 통로가 또 나타난다. 이제 거의 다 왔다는 표시다. 여기서 좌회전한다. 슬슬 콧가에 생선 향이 퍼지는 것 같으면서도 기분이 들뜬다. 아니다 다를까? 드디어 앞에 뭔가 보인다. 주의 할 점은 가게가 생각보다 크지 않으므로 놓치지 말고 잘 봐야 한다는 점이다.

'여기가 참치식당인가?'

식당 이름이 마구로眞黑:まぐろ쇼쿠도食堂, 글자 그대로 해석하면 참치식당이란 뜻이다. 그렇다고 참치만 파는 건 아니다. 가게 앞엔 메뉴들이 보이는데 오므라이스가 종류별로 다양하다. 가격대는 750엔에서 2,500엔인 메뉴도 있다. 대부분 덮밥류가 주 메뉴다.

아침 일찍 왔다. 10시도 채 안 된 시각. 가게 앞에 놓인 참치를 보면서 서성거리자 가게 사장으로 보이는 남자가 적잖이 당황한 것인가? 한 20여분 뒤에 다시 오라고 한다. 아직 준비 중이라고 했다.

"내가 1등이지요? 번호표라도 안 주나요?"

"제가 기억합니다. 걱정 말고

이 시장 주위를 보시든가 잠깐 다녀오세요."

그리고 실제로 20여분 뒤에 다시 오니 대략 10시 20분경이었음에도 불구하고 내 앞에는 10여명 정도가 미리 줄 선 상태, 가게는 10시 50분에 영업을 시작하는데 벌써부터 사람들이 모였다.

아까 대화를 나눈 가게 사장이 나를 기억하고 다른 손님들에게 양해를 구한 후 제일 앞자리를 내줬다.

그리고 잠시 후, 포장용으로 판매할 참리를 담는 손이 바빠진 듯 했다. 참치를 일일이 저울에 달아서 무게를 잰 후에는 가격표를 붙였다.

이번엔 뭔가 참치 위에 뿌리기 시작했다. 포장용 참치를 담고난 후에 일정한 양의 참치를 쟁반 위에 담아서 가게 앞에 냉장고 위에 올려둔 후였다. 아무래도 가게에 일찍부터 온 손님들에게 뭔가 보이기 위함 같았다.

"그게 뭔가요?"

"소금입니다."

그나마 지루하지 않은 건 오픈 무렵에 펼쳐지는 참치 해체 작업을 구경할 수 있어서다. 참치를 자르고 조각낸 후에 토치를 사용해서 겉살을 익히는 걸 보니 저건 참치타다키.

타다키 쇼show까지 보고나서였을까? 내 눈이 향한 곳은 가게 앞 메뉴판.

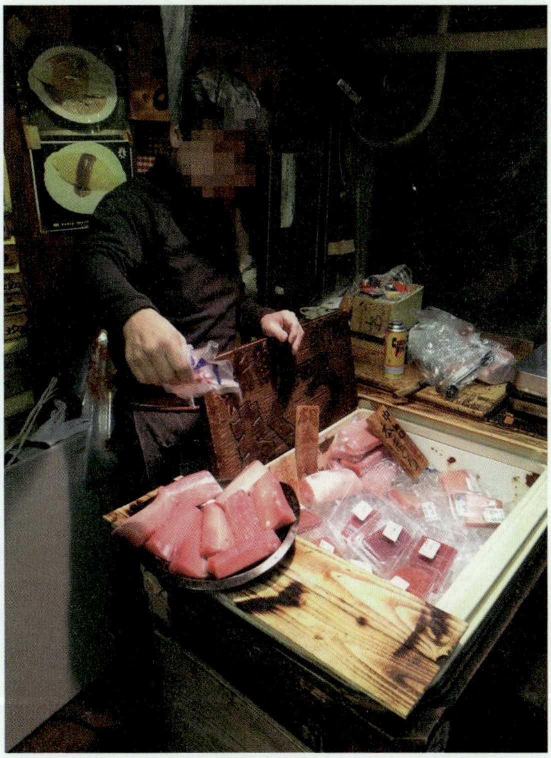

메뉴판을 보자 다랑어회참치 덮밥은 작은 그릇, 큰 그릇으로 구분해서 1,100엔과 1,500엔이다. 다랑어회랑 육회를 곁들인 메뉴는 1,100엔이다.

그리고 참치의 붉은살赤身:아카미과 나카토로中トロ가 반반 섞인 하프half덮밥이 작은 게 1,800엔, 큰 게 2,500엔이고, 나카토로만 넣은 덮밥은 작은 게 2,500엔, 큰 게 3,500엔이다. 차조기 잎을 얹으면 50엔씩이 추가된다. 근데 이게 참치가격에 따라 변동이 있는 가격이라는 점이다.

마구로 쇼쿠도 읽기

참치 메뉴로 특화

참치는 고가의 생선이다. 참치를 좋아하는 사람은 의외로 생각보다 많지만 가격 때문에 적잖이 자주 먹지 못하는 이들 또한 많은 게 사실이다. 그런데 참치를 즐기는 이들을 위해 맛 좋은 참치덮밥을 매일매일 신선한 상태 그대로 파는 가게가 있다면? 참치를 좋아하는 이들은 다른 곳에 없는 이 가게 앞에서 기꺼이 줄을 서기 마련이다.

참치메뉴로 특화하면서도 가게를 고급 인테리어로 꾸미지 않았다. 가게 앞엔 참치도매 직거래 등의 문구를 적은 것처럼 그 날 판매할 참치를 그 날 소진하는 가게다. 참치의 여러 부위 중에 특정 부위만 고집하는 것도 신뢰감을 더한다.

'오호! 나카토로 부위가 들어간다 이거지? 아카미 부위랑.'

마구로쇼쿠도 가게 앞에서 고개를 끄덕이게 된 순간이다.

참치를 좋아하는 사람이라면 알아두자. '토로'라고 부르는 부위는 참치 뱃살을 말하는데 지방이 풍부하고 윤기가 자르르 흐르는 부위다. 입안에서 녹는 식감을 자랑하는 부위이고 많은 사람들이 참치를 즐기면서 가장 많이 그리고 자주 먹는 부위다.

그런데 이 '토로'라고 하는 뱃살에서도 품질이 나뉘는데 지방이 가장 풍부한 부위는 앞쪽뱃살을 일컫는 '오토로'이고 여기가 최고급이다. 나카토로 부위는 뱃살의 중간 지점, 그러니까 옆구리살 정도를 말한다.

참치 뱃살 부위의 고급 정도를 따질 때 중간 정도 되는 부위에 해당된다.

지방이 풍부해서 입 안에서 녹는 식감을 주는 부위를 말한다. 속살을 뺀 부위는 말하는 용어이기도 해서 '겉살'이라고도 이해할 수 있겠다. 그리고 '아카미'는 참치의 지방이 없는 속살을 말하는데 나이테처럼 둥근 결이 있고 붉은 색을 띠는 부위를 말한다.

'참치는 다 같은 참치 아닌가?'

그렇게 생각한 적이 있다. 그래서 이 글을 읽을 독자들에게 뭐라고 딱히 지적하진 않겠다. 하지만 참치의 종류는 여러 개, 다같은 참치가 아니라는 점은 알아두자.

참치는 '다랑어류'와 '새치류'로 나뉜다.

우선, 다랑어류 중에서도 최고급 횟감은 혼마구로blue fin tuna라고 불리는 녀석인데 몸길이가 2.5m에 달하고 몸무게가 500Kg에 육박하는 녀석이다. 겨울철에 특히 맛이 좋아서 참치애호가들에게 유명하다.

그 다음 순서로 참다랑어 맛이 줄어드는 봄철에 즐기는 '메바찌'라고 불리는 '눈다랑어BigEye'가 있고, 지방이 조금 부족하지만 여름과 가을에 맛이 좋고 '기하다'라고 불리는 '황다랑어Yellow Fin'가 있다.

그 다음으로 참치회 대신에 통조림 용도로 쓰이는 '날개다랑어Albacore'가 있는데 일본어로 '빈초우, 돔보, 비소나가'라고 불린다. 여기에 추가하자면 '가쓰오부시鰹節, かつおぶし'로 익히 유명한 육수용 다랑어로서 '가쓰오鰹'라고 부르는 '가다랑어Skip Jack'가 있겠다. 일부 사람들은 여름에는 가다랑어, 겨울에는 참다랑어라고 맛을 쳐주기도 한다.

그럼 '카지키'로 불리는 '새치류'는 뭘까? 초밥이나 물회 등에 주로 쓰이고 덮밥류에도 사용되는 종류다. 다랑어랑 생김새가 다른데 코가 뾰족하고 길쭉한 몸을 지녔다. 다랑어보다는 저가다.

그래도 잘 모르겠다면 헤밍웨이의 소설 '노인과 바다'를 떠올리자. 거기서 노인이 잡은 게 '새치'다.

> '이 가게는 다랑어를 파는 곳이네. 카지키かじき라고 안 하고 마구로まぐろ라고 쓴 걸 보니.'

가게 앞엔 손님들이 입장(?)하는 통로 문이 있고 바로 옆엔 주방과 연결된 공간이 있다. 주방에서 참치를 조리해서 손님들에게 내놓기도 하고, 가게 앞에 냉장고를 두어 신선한 참치 부위를 직접 포장판매하고 있었다. 가게 안에서 식사를 하든가 포장을 사서 갖고 집에 가서 먹어도 되는 방식이었다.

그러고 보니 가게 안에 들어가려고 기다리는 사람들 대다수는 관광객이고 근처 사는 일본인들은 가게 앞에서 참치 포장을 사서 가는 중이었다. 하긴 그렇다. 한 시간 이상 기다려서 먹느니 집에 가서 밥 위에 얹어먹어도 되겠다.

가게 앞에선 저울까지 놓고 포장 참치를 판매 중이고, 바로 옆문을 통해 안으로 들어가면 가게에서 식사 가능하다.

문제는 맛있는 참치를 하루에 정한 양만 판다는 점이다. 손님이 더 팔라고 해도 불가능하다. 물론, 포장용으로 가게 앞에 냉장고에 둔 참치가 있는데 포장손님이 적고 가게 손님이 있을 경우엔 가게 손님 '우선!'으로 참치덮밥에 사용된다. 가게 손님이 많을 경우에 '때를 놓치면' 포장해서 가져가는 것도 불가능하다는 얘기다.

마구로 쇼쿠도 읽기

하루에 정한 양만 판다

신선함을 생명으로 하는 생선류 메뉴는 냉장 보관이나 냉동보관을 하면 그만큼 다른 가게에 비해 경쟁력이 떨어진다. 바다에서 가져온 싱싱함이 시간이 흐를수록 줄어드는 이유다. 자연히 가격도 내려가고 맛도 내려간다.

일부 몰지각한 횟집에서는 손님이 주문한 생선횟감에서 회를 떠서 제공할 때 일부는 남겨두었다가 냉동보관하고, 나중에 모둠회를 주문하는 이들에게 제공하는 경우가 있다. 생선회를 주문할 때 뼈를 주지 않고 나중에 매운탕을 주문하는 손님에게 제공하는 것과도 같다. 이런 경우엔 원재료의 맛도 줄어들뿐더러 냉장보관과 냉동보관에 따른 원재료의 신선함에도 영향이 우려되는 일이다.

그런데 매일 아침 수산시장에 가서 싱싱한 생선을 가져와서 그날 판매용으로 준비된 양만 파는 가게, 그 날 확보한 물 좋은 생선을 그 날에 팔 만큼만 파는 가게라면 어떤 손님들이 그 음식의 맛에 이의를 제기할 수 있을까?

특히 참치의 경우 한 마리를 통으로 거래하는 경우는 드물고 일정 부위살만 거래하는 경우가 있는데 한 번에 많이 가져와서 여러 날 냉동도관하며 판다면 그 맛이 변할 게 당연하다. 마구로쇼쿠도의 판매방식이 신뢰받는 이유다.

'그래도 가게에서 즉석에서 만들어 먹는 거랑 맛이 다를 텐데.'

참치를 먹을 때는 지방이 풍부한 곳을 최고급으로 쳐주는 사람들이 많은데, 속살아카미보다는 등살새토로가 좋고, 옆구리살츄토로와 대뱃살오토로에 이어 갈비뼈살나카오치 등의 순서면 족하다.

지방의 많고 적음이 중요한 이유가 뭐냐 하면 담백한 속살부터 지방이 풍부한 부위로 맛을 보는 게 순서이기 때문이다. 참고로 나카오치갈비뼈살은 칼로 썰 수가 없어서 참치 뼈에 붙은 살을 숟가락 등의 도구로 긁어낸 살인데 초밥으로 먹을 땐 수북하게 쌓아올린다.

가게에서 즉석에서 덮밥을 만들어 먹는 것과 포장을 가져가서 먹는 거랑은 별반 차이가 없겠지만 그래도 가게 안에서 먹는 게 어쩐지 맛이 더 좋을 거라는 느낌이 들지 않는가?

"'차조기(紫蘇の葉:시소노하) 잎'을 넣는다는 것도 특색이야"

차조기 잎은 방부 살균 작용이 있어서 생선회 먹을 때 함께 먹으면 도움 되는데 비타민A랑 칼슘, 철분도 많고 향기가 상쾌함을 느끼게 해준다. 바로 이 향의 성분 속에 '페릴 알데히드'가 있어서 방부, 살균 효과가 나온다.

일본에서 주로 사용하는 차조기잎은 들깻잎이랑 비슷한 건데 초밥이나 캘리포니아롤에도 넣어 먹고 매실장아찌를 만들 때 착색용이거나 방부제로도 사용한다.

드디어 입장.

가게 안은 좁다. 그래, 좁았다. 밖에 손님들이 줄을 설 수밖에 없다. 그나마 다행인 건 식사시간이 길지 않아서 한 두 시간 내에 입장할 수 있다는 점이었다. 가게 안에는 주방과 홀 그리고 2층 계단과 2층 공간이 전부였다.

가게 한쪽 주방에는 전기밥솥, 그릇 찬장, 메뉴판, 전화기, 조명 등이 보이고, 2층으로 향하는 구멍 하나가 보였다. 저게 뭔가 싶었지만 궁금증은 오래지 않아 저절로 풀렸다.

내가 앉은 테이블에서 나무젓가락, 이쑤시개, 물수건 그리고 이런저런 안내판들이 보는 중이었다. 생참치를 출장 해체해준다는 안내판, 육회가 200엔, 타다키가 300엔, 오므라이스가 맛있다는 추천 메뉴 광고 메모도 보고 있었다.

‘이런! 2층으로 음식을 올리는 수동 도르레?’

가게에서 내준 우롱차 한 잔을 마시다가 드르륵 도르레 소리를 듣고 쳐다보는 순간 내 입에서 나온 소리였다.

그런데 이게 뭔 일인가?

빨간 받침으로 3단 구성을 갖춘 책꽂이 형태의 물체가 드르륵 소리를 내며 좁은 틈을 통해 2층으로 올라갔다. 3단 공간 안에는 누군가 2층에서 주문한 덮밥이 놓인 상태였다.

가게 한쪽에 2층으로 올라가는 굉장히 가파른 계단이 보였는데 손님이 2층에 가면 저 통로로 음식을 갖다 주지 않고, 도르레로 올려버리는 거였다.

신기함에 카메라를 들었던 것도 잠시.

드디어 내 앞에서 참치덮밥이 나왔다. 이게 아까 가게 앞에서 참치해체쇼를 해주던 그 결과물인가? 굳이 일본어를 말하지 않아도 얼굴만 보면 알 수 있어서 일까? 한국어 메뉴판을 턱하니 내어주는 가게 주인의 미소 띤 얼굴을 보며 주문한지 얼마 지나지 않아서였다.

그리고 아까 참치 타다키를 주문할까 아니면 육회를 주문할까 생각 중이었는데 잘했다는 생각이 들었다. 한국인 손님들에게는 아마도 서비스로 무료제공해주는 듯싶었다. 이것도 알아보니 참치육회를 주기도 한단다. 그 때 그 때 달라지는 서비스메뉴다.

아름다운 자태.

참치덮밥 그리고 참치타다키, 우롱차, 참깨 양념의 미소시루된장국.

참치 위에 김을 뿌리고 차조기잎을 얹었다. 그리고 참치를 한 점 두 점 먹으며 그 아래에 놓인 쌀밥도 흡입.

식사를 마치고 나오는데 가게 앞에 커다란 참치뼈 모형이 눈에 들어온다. 오므라이스라고 쓴 커다란 간판과 그 뒤에 'coffee shop'이라고 쓴 간판도 그대로인 게 이색이다. 참치식당을 하기 전에는 커피가게였던 모양이다. 그리고 오므라이스란 이 가게 사장의 안주인이 오므라이스 메뉴를 같이 판매할 때가 있었다는 거, 지금은 참치덮밥 메뉴 하나만으로도 손님이 넘친다는 사실에 주목하게 된다.

⁂오사카大阪에서 나오며⁂

잘 되는 가게에서 배워야할 특별한 그 무엇

일본 오사카를 찾는 수많은 한국인들, 그들이 가장 많이 찾는 곳은 이름난 관광지도 아니고, 유명한 휴양지도 아니다. 그곳은 오사카에서 소문난 가게들이었다.

- 블로그 포스팅을 보고
- 유명하다기에
- 소문난 먹거리가 있다기에
- 사진 찍어서 SNS에 올리려고

많은 사람들이 찾아오고 가게 앞에 줄 서며 기다리는 가게들의 전략은 무엇일까?

일본의 부엌이라는 오사카에서 나름의 차별화와 독특한 전략으로 무장한 가게들이 길게는 100여 년 전부터, 그리고 요즘도 성공을 이어가는 중이다.

그들 중에는 회원제 멤버쉽 라면가게도 있었고, 하루에 딱 2시간만 문을 여는 참치덮밥 가게도 있으며, 돈가스 꼬치튀김을 팔면서 소스는 반드시 한 번만 찍으라고 눈을 부라리는 가게도 있다.

그러나 어느 가게에서 때로는 재미로, 맛으로 손님들을 유혹한다고 해도 그건 어디까지나 일시적인 것, 오랜 시간 동안 사람들의 발걸음이 끊이지 않으며 성공을 이어가는 가게들의 드러나지 않은 전략은 무엇일까? 사람들이 잘 모르는 그곳만의 이야기가 있다.

저자가 현장을 직접 걸어 다닌 오사카의 역사를 되짚어가며 일본의 관서지방과 관동지방 그리고 메이지유신과 에도시대를 아우르는 역사적 근거를 바탕으로 요즘도 영업 중인 가게들의 스토리를 이야기했다.

일본에서 회전초밥이 시작된 이유, 스시가게가 인기를 얻으며 성장한 이유, 돈가스와 카레라이스가 유럽에서 유래되어 일본의 음식이 되기까지 등, 당신이 지금까지 관광객이었을 뿐, 전혀 알 수 없었던 그 가게들의 스토리를 말한다.

도미 한 마리가 통째 들어간 '도미밥'을 먹으면서도 '맛있다, 맛없다'만 기억했다면 그건 지금까지 당신이 그 가게에 갔던 게 아니었다.

도미밥이 일본의 어느 지방에서 유래했고, 어떻게 조리되었으며, 어떻게 서비스되고 있는지 이야기한다. 도미밥을 인기 아이템으로 만들기까지 그 가게가 성공을 위해 노력했던 드러나지 않은 전략에 대한 이야기다.

부록

홍콩 香港 식당

골목장사 천재들

가게 장사는 직접 하는 것 이전에 실전 현장 경험이 중요한 분야다.

어떤 shop이 생긴다는 건 가게의 단순한 이미지 전달을 넘어 지역 상권에 어울리고 지역 소비자들의 정서에 맞아야 하는 브랜드 친화력이 필요하기 때문이다. 그래서 창업자들이 가게를 할 때는 트렌드와 유행은 물론이고 각 상권별 유동인구의 생활 문화까지 꿰뚫어야 하는 안목이 중요하다.

관광객들의 등장?
가게를 찾는 고객들의 증가

시장의 경계가 사라지면서 창업자들에게 요구되는 능력은 트렌드와 유행 감각을 넘어 문화 습득을 위한 언어학습까지 당연시되고 있다. 백화점과 로드샵뿐 아니라 동대문시장처럼 특화상권에 이르기까지 내외국인 상관없이 모든 소비자들이 곳곳에서 혼재되는 상황이기 때문이다. 창업자들에게 요구되는 업무가 늘어난 이유다.

그런데 현장에서 장사 좀 해봤다는 국내 자영업자들은 실패의 원인부터 찾는다. 그들이 찾는 실패 이유는 정부 탓, 경기 탓, 소비자들 탓이란다. 서점을 하는 A씨는 책 안 읽는 독자들 탓이라고 하고, 치킨가게 운영하는 K씨는 프랜차이즈 본사가 이익이 너무 박하며 홍보를 제대로 안해서라고 둘러댄다. 직장인들 상대로 시내에서 식당을 운영하는 D씨는 원재료 값이 올라 메뉴 가격을 올렸는데 직장인들이 지갑 사정만 생각하고 건강은 상관없는지, 500원이라도 싼 옆 식당으로만 간다고 푸념이다.

과연 그럴까?

'장사 못해먹겠다'며 일찌감치 더 손해 보기 전에 문 닫을 생각하거나, 권리금 붙여서 순진한 사람에게 넘겨버릴 심산을 갖고 있는 건 아닌지 반성해보자. 장사를 진짜 그동안 제대로 한 건지 생각해보고, 매출이 줄어든 이유가 무엇인지, 정부만 바라본 것인지, 식당 장사 잘되게 해달라고 솥뚜껑 들고 나설 생각만 한 건 아닌지 생각하자.

과거에 가게를 차린다고 하면서 쇼윈도 디스플레이어를 할 때도 인테리어 마감재와 디자인, 쇼윈도 활성화처럼 쇼윈도 안에서만 머물던 특성이 있었는데, 현재의 창업상황에서는 쇼핑몰이라는 온라인 환경과 로드샵과 백화점 무대까지 골고루 고려해야하는 전천후 장사능력이 필요하게 된 시점이다.

작은 가게가 장사로 성공할 수 있는 요건이 변화했는데, 정작 가게 주인만 예전 그대로였는지 반성해야 한다는 의미다.

그리고 창업자들이 중요하게 여겨야할 핵심 능력이 소비자의 시선 그리고 마음을 움직이는 홍보기술이라는 점에서 생각해볼 때, 소비자들은 주로 온라인에서 활동하고 백화점과 로드샵에 들르는 경우는 점점 줄어드는 상황이므로 온라인 환경과 오프라인 shop을 동시에 컨트롤할 수 있는 전략을 구사해야하는 게 필수적이다.

급변하는 SHOP가게 트렌드와 쇼핑 환경에서, 언어능력이 준비된 상태로 국내외적으로 다양한 머천다이징을 경험한 자영업자가 아니었다지만 자기 스스로 반성할 때, 내 가게를 운영하는 핵심 전략의 필요성을 제대로 깨닫지 못하고 간과한 점도 사실이지 않은가?

최신 트렌드를 아우르는 멀티컬쳐Multi-Culture 경험을 가진 최고의 가게 장사 전략서의 등장이 절실했던 이유다. 어느 문화를 안다知, KNOW는 건 그 나라 언어가 필수적인데 비해, 영어와 일어, 중국어를 구사할 수 있고 각 나라의 문화를 경험한 장사 유경력자의 노하우를 배울 기회가 극히 부족했던 게 문제였다. 외국에서 작은 가게들은 잘 나가는데 우리나라에서만 자영업자들 죽는 소리가 들릴 뿐, 진즉 밖에서 성공전략을 찾을 생각을 안 한 게 문제다.

가게는 어렵지 않다. 창업자 스스로 즐겨야 한다. 창업자이건 손님이건 장사를 한다는 건 모두를 위해 즐거운 가게를 만들어야 한다는 것과 같다. 그래서 창업자들은 강의실에서, 백화점에서, 로드샵에서만 머물러도 안 된다. 기존의 지식을 배웠다면 과감히 현장으로 달려 나가 살아 숨 쉬는 트렌드와 유행을 경험해야 한다. 그래야만 소비자의 니즈를 이해하고 그들보다 반걸음 앞서 트렌드를 선보일 수 있다.

그리고 이제부터라도 '가게 장사'란 쇼윈도 혹은 상품진열만이 전부가 아니라는 점을 알아야 한다. 쇼윈도는 과거의 홍보기술이면서 온라인쇼핑을 지원하는 부가적 업무공간이 되었을 뿐이다. 소비자들은 스마트폰과 컴퓨터 모니터에서 쇼핑하며 시간을 보내는데 마네킨 세워둔 오프라인 쇼윈도 안에만 머물러선 안 된다.

홍콩을 위주로 온/오프라인 가게 마케팅 활용 전략을 담고 있는 이유다. 급변하는 쇼핑 환경에서 소비자보다 반보 앞선, 필요한 도움이 되기를 바라는 마음이다.

거리에 랜드마크가 있다면 맛집의 랜드마크가 되어 보세요.

홍콩에서 그래도 내가 가장 좋아하는 건 길거리 간식 메뉴다.

몽콕 지역에 들러 여러 꼬치 메뉴에 감탄한 기억도 있다. 홍콩사람들과 함께 그들의 생할 속 깊이 빠져보는 기분이랄까? 특히 남다른 차별화를 넣어 명물로 키운 돼지고기 고로케 가게, 전통 빵으로 승부하는 만가萬家燒餠皇는 어떤가?

홍콩을 비롯해서 여러 매스컵에서 극찬하고 자주 소개된 곳이다. 이 런 가게에 들러볼 생각을 하게 되니 홍콩에 거의 도착했다는 기장의 이야기도, 비행기 창문 밖 아래로 보이는 시가지 풍경도 너무 느리기만 하다.

"도착했네?"

홍콩 공항에 도착해서 수화물을 찾고 입국장을 빠져나온 시각을 보니 대략 오후 1시가 다 될 무렵이었다. 한국에서 아침 이른 시각에 비행기를 타고 3시간 30분 걸리는 홍콩까지 여정을 감안하면 이삼십 분 늦은 일정이었다.

나는 평소에도 수화물을 갖고 다니지 않고 작은 가방 하나 들고 다니는 편이라 평소와 같았으면 도착 승객들 중 제일 먼저 입국장 게이트로 나와야 했는데 다른 때와 다르게 늦은 나를 발견한 윈디가 다가오며 꺼낸 말이다.

"기장이 그러더라. 오는데 비행기에 맞바람이 불어서 연착했다던데."

"맞바람?"

아뿔싸.

윈디Windy가 장난스럽게 나를 쳐다보며 웃음을 짓는 걸 보고 깨달았다.

얼마 전 윈디랑 저녁을 먹으며 한류문화에 대해 이야기하던 중, 한국에서 사용하는 은어 중에 애인들 사이에서 한쪽이 바람 피우면 다른 상대도 이성을 만난다는 의미로 '맞바람'을 알려준 기억이 있었다.

윈디는 카트를 밀며 공항 주차장으로 향하는 내 옆에 서 따라 걸으며 계속 종알거렸다. 그도 그럴 것이, 비행기가 맞바람을 피우다니? 이제 막 한국 문화에 대해 관심을 갖기 시작한 한글 초보 윈디에겐 이해하기 어려울 단어였다. 그런데 윈디는 자기 이름도 영어발음으로 '윈디Windy'라는 걸 눈치 못 채는 듯 했다. 윈디가 자기 이름을 아무리 'Windey'라고 말해도 말이다.

첵랍콕 공항을 빠져 나온 후, 윈디는 주차장에 세워둔 차 앞으로 가서 트렁

크를 열고 내 수트케이스를 집어넣었다. 그리고 운전석에 앉더니 여유롭게 시동을 걸었다. 홍콩에서 여자가 운전 하나 못하면 사회일 못한다는 신세대 커리어우먼, 홍콩 출신으로 대학까지 홍콩에서 다닌 윈디는 프랜차이즈 컨설팅 회사에서 근무하는 홍콩 여성이다.

"뭐 먹을까?"

숙소에 짐을 풀고 약속 시간이 되어 대문 밖으로 나오는 나를 발견한 모양인지 윈디가 차 경적을 울렸다. 아까 나를 태우고 숙소로 데려다 준 윈디 차에 다시 올라탔다. 이번에도 나는 윈디 옆 자리, 조수석이다.

똑같은 자동차, 똑같은 여성?

아니다. 윈디는 어느새 옷차림이 바뀐 상태였다.

회사에 다녀온다며 숙소 앞에 나를 내려주고 돌아갔던 윈디가 다시 나타났을 때는 데님스커트에 화이트셔츠 차림이었다. 분명 아까 봤을 땐 여성 정장 차림에 흰 블라우스 차림이엇던 여자였는데 말이다.

"나 지금 목이 말라. 센트럴 쪽으로 가는 길에 거기 알지? 허유산 들러서 망고 쥬스 먹자. 허유산 지금도 잘 되고 있지?"

"허유산?"

"아, 후위라우샨許留山."

"한국에선 후위라우샨許留山을 허유산이라고 불러?"

"한자는 같은데 발음이 달라서 그래."

저녁 식사는 어디가 좋을지 물어보는 윈디에게 대뜸 허유산 이야기 먼저 꺼냈다. 홍콩에 오면 가장 먼저 들르는 곳, 내가 좋아하는 망고쥬스 외에도 여러 가지 신선한 과일 쥬스를 즉석에서 갈아서 먹게 해주는 곳이다.

"거기가 왜 없어지겠어? 홍콩 사람뿐 아니라 세계 사람들이 다 아는 곳이 되었는데."

내가 잠시 한국에 다녀올 동안 홍콩에 명물 '허유산'이 없어지진 않았지 물어보는 나를 보던 윈디가 퉁명스럽게 대꾸한다. 윈디와 내가 탄 차는 뉴테러토리를 건너 침사추이 방면으로 달리기 시작했다.

"저쪽이다. 스타페리 선착장 방면."

"근데 허유산은 도대체 왜 인기인 거야?"

윈디가 차를 운전하며 앞을 본 상태로 말했다. 홍콩에서 태어나 홍콩에서 살면서 허유산의 인기를 실감하고 모르는 바가 아니지만 날이 갈수록 많은 사람들이 허유산을 찾는 이유를 쉽게 이해하지 못하겠다는 표정이었다.

"망고가 좋잖아? 망고푸딩도 망고가 많아서 좋고, 다른 과일이랑 섞은 망고콤보도 인기잖아? 홍콩처럼 더운 곳에선 시원한 망고 주스 한 개 들고 다니면서 이것저것 구경하기에도 좋아. 달고 시원하고 망고도 먹고. 가격이 뭐 그렇게 크게 비싼 것도 아니고. 사실 허유산은 홍콩 시내 여기저기 많잖아? 하지만 내가 여기 스타페리점에 오는 이유는 한 가지야. 스타페리를 처음 탔을 때 먹었던 게 허유산 망고쥬스였거든. 그때 그 추억을 다시 느끼고 싶어서 오는 이유가 가장 크지."

"추억 때문에 허유산에 온다고?"

"추억도 있지. 사실 홍콩에 오는 외국인들은 대부분 여행을 오는 거잖아? 그런데 공항에서 내려서 MTR을 타고 시내에 도착해서 빠지지 않는 곳이 여기 침사추이 지역하고 저기 바다 건너 코우룽 지역이야. 저쪽은 무역하고 금융하는 곳이고, 여긴 명품 사고 쇼핑하는 곳이랄까? 하여튼 홍콩에 오면 어딜 가든 외국인들이 느끼는 공통된 게 하나 있어."

"그게 뭔데?"

차가 멈추고 신호등을 기다리는 동안 윈디가 나를 보며 물었다.

"더워. 홍콩은 진짜 더워. 여름에 오면 섭씨 40도는 되지? 겨울에 1월에 와도 20도는 오르락내리락 하잖아? 홍콩에서 태풍이랑 비는 많이 겪어도 눈 내리는 건 단 한 번도 못 볼 거야. 그렇지?"

"눈? 스노우? 나 여기서 30년 가까이 살지만 홍콩엔 눈이 안 내려. 그거야 뭐 당연한 거 아닌가? 여름에 태풍이 오긴 자주 오는데 1급부터 10급까지 등급을 매기거든? 등급이 높을수록 바람도 세고 비도 많이 와서 외출하기도 좀 그래."

"그래도 홍콩에서 걸어 다니긴 편하지? 건물 사이사이에 지붕 달린 육교를 만들어 놔서 비가 내리더라도 안 맞고 다닐 수 있어. 그게 어딘데? 허유산에서도 가게 안에서 먹으면 2~3 달러 더 받지? 테이크아웃해서 들고 다녀도 좋다는 게 장점이야."

"근데 더운 거랑 허유산이 인기인 거랑 무슨 상관이래?"

윈디가 잠시 멈 던 차를 다시 출발시키며 말을 이어갔다.

"허유산에서 먹는 망고주스는 그냥 글자 그 모습 그대로 홍콩을 상징하는 게 있어. 망고 색깔이 그렇고, 망고랑 섞어 먹는 알로에나 코코넛, 키위를 보면 홍콩의 대표색이거든. 초록색, 노랑색, 투명한 색, 검정색. 홍콩에 와서 밤거리를 걸어본 사람이라면 알 거야. 홍콩의 밤거리에도 가장 잘 어울리는 게 허유산의 망고주스란 걸 말이야."

"그래? 이거 어째 알듯하고 모를듯하기도 하고."

윈디는 전방에 침사추이 도로 쪽 진입로가 보이자 속도를 늦추며 운전대를 살짝 왼쪽으로 틀었다. 홍콩의 운전석과 도로 방향은 한국과 반대이기 때문에 차를 세울 수 있는 곳도 달랐다.

"아까 얘기한 거, 홍콩에 오는 사람들은 대부분 외국인이잖아? 그것도 여름엔 여자들이 정말 많이 오지. 뭐 하러 오겠어?"

"쇼핑?"

> "응. 허유산은 그런 점에서 홍콩을 대표하는 음료이기도 하고, 망고주스 자체가 외국인들, 특히 여성 관광객들이 쇼핑할 때 더위를 식히며 들고 다니며 먹기에 가장 알맞은 음료야. 알로에나 코코넛, 키위, 망고를 봐. 과일 구성 자체도 여성들에게 어울리는 것들이야. 컬러 모양도 그렇고 맛도 좋고 컵에 담긴 모양도 예쁘고. 허유산이 유명한 게 아니라, 망고 주스가 홍콩을 찾는 외국인 여성들에게 인기를 얻기 시작하면서 허유산이 덩달아 유명해진 거지. 망고 쥬스를 파는 데니까."

윈디가 고개를 끄덕였다.

사실이었다.

그리고 윈디가 운전하던 차량 앞유리로 드러난 홍콩의 밤거리가 그랬다. 홍콩에 오는 사람이라면 낮이나 밤이나 망고 주스를 떠올리게 될 게 분명했다. 노랑색, 투명한 색, 초록색, 검정색. 망고주스 안에는 홍콩의 컬러가 담겨 있었다.

"거의 도착했지? 저쪽에 버스정류장 쪽으로 가면 되는데 주차장은... 음, 하버시티 안에 두고 가야겠어. 스타페리 타러 가는 사람들이랑 버스 승객들, 택시 타고 오가는 사람들이 많아서 저기 한 번 들어가면 빠져나오기 힘들어. 알잖아?"

"그럼, 알지. 밖에 사람들 좀 봐? 그리고 홍콩색 보이지? 허유산이 있는 곳들을 잘 살펴보면 내 말이 이해가 될 거야."

"맞아. 허유산 가게는 카메론로드, 스타하우스, 카나본로드, 하버시티 등에 관광객들이 많은 지역이라면 어김없이 있어. 몽콕에도 있고. 홍콩뿐 아니라 중국이랑 마카오, 말레이시아에도 있다던..."

윈디가 운전하는 자동차 방향을 따라 홍콩 시내 전경이 눈에 들어왔다.

> "허유산 가게의 전략도 좋아. 가게 안에서 먹는 손님들에겐 자릿세랄까, 메뉴 가격을 조금 더 받아. 이건 그러니까 되도록 들고 다니면서 먹으란 건데, 사람들이 허유산에서 산 망고주스를 들고 다닐수록 홍콩사람이나 외국인들에게 허유산이 알려지게 되는 거잖아? 가게 안에 들어오지 말고 밖에서 걸어다니면서 홍보도 해달라는 거지. 가게 안에서 먹는 사람들에게 더 받는 2~3달러 가격이란 게 거리에서 허유산을 홍보해주는 사람들을 위한 할인서비스 개념인 셈도 돼."

"윈디는 뭐 먹을래? 망고키위? 망고주스?"

윈디가 차를 잠시 멈춘 뒤 내가 차에서 내리며 물었다.

주차장까지 들어가는 대신 내가 잠시 뛰어 허유산에 다녀와도 괜찮았다. 윈디는 망고주스를 시켰다.

A1이었다. 그럼 나는 A4를 먹어보기로 했다.

허유산은 이처럼 메뉴판에도 장점이 있었다.

외국인이나 홍콩사람 누가 오더라도 허유산에서는 커다란 메뉴 사진과 함께 그 옆에 짙은 알파벳으로 표기된 암호(?)만 외우면 될 뿐이었다.

각 암호 메뉴 안에 들어가는 과일 이름은 영어로 적어뒀는데 알로에Aloe, 키위Kiwi, 망고Mango, 코코넛coconut 정도였다.

이 정도 단어를 모르는 사람이 있을까?

가격은 개당 35 홍콩달러에서 40 홍콩달러 정도다.

한국 원화 100원당 홍콩 달러 153원 정도인 환율을 감안하면 5,350원에서 6,114원 정도인 셈이다. 한국에서 1.5리터 pet병에 든 망고쥬스는 3,000원 정도인데, 홍콩에 허유산에서 파는 망고주스에 비할 바가 아니다. 허유산에서 망고주스는 진짜 망고 알갱이가 엄청 많이 들어간다.

망고 한 개에 가격이 얼마냐고?

그건 파는 곳마다 다르고 국내산인지 필리핀산인지 등에 따라 다르지만 국내에서 판매하는 망고 한 개 가격 평균은 3,000원 정도다. 망고 한 개를 그대로 썰어 넣은 듯 보이는 허유산에 망고주스 한 컵 가격이 5~6,000원이라고 해도 아깝지 않은 이유다.

물론, 홍콩 시내에서도 얼마든지 망고를 사서 먹을 수도 있지만 그건 허유산의 망고주스를 먹는 거랑 개념 자체가 다르다.

더운 홍콩에서 얼음과 키위, 달콤한 향이 어우러진 허유산 망고주스를 예쁜 컵에 들고 다니며 맛있게 즐기면서 쇼핑을 누릴 것인지, 아니면 망고 과일 한 개를 사서 우걱우걱 씹어 먹으며 다닐 것인지의 차이다.

특히, 스타페리점 허유산이 좋은 점은 바로 옆에 스타페리 선착장이 있어서 구룡반도 센트럴Central쪽으로 저렴한 가격에 이동할 수 있다는 점이다.

선착장 옆에는 버스정류장이 있어서 홍콩 각 처로 이동할 수 있으며, 바로 옆에 조금만 더 걸으면 택시정류장도 있다.

선착장에 들어서면 스타페리를 탈 때 1층에 탈 것인지, 2층에 탈 것인지에 따라서 이동 통로가 다르지 잘 살펴보게 되는데, 그리고 행선지 별로 선착장을 찾아가는 길이 다르므로 목적지가 어딘지도 살펴보고 확인하는 게 중요하다.

요금은 어른 1인당 2.5 홍콩달러이다.

선착장 입구 옆에 세워진 티켓 자동판매기에 동전을 넣고 성인, 사람 수를 누르면 동전 모양의 초록색 플라스틱이 나온다. 이걸 선착장 입구에 세워진 지하철 표 개찰구처럼 생긴 기계에 넣고 앞으로 지나가면 입장할 수 있다.

침사추이에 있는 하버시티에 연결된 스타페리 선착장에는 홍콩섬과 구룡반도를 오가는 많은 홍콩사람들하고 관광객들이 배를 이용하는데, 5분여 남짓 되는 시간 동안 홍콩섬 바닷가를 배 타고 이동해보는 이국의 풍경에 흠뻑 빠질 수도 있다.

그리고 망고주스.

허유산의 망고 주스가 인기 있는 이유는 또 한 가지가 있다.

침사이추이처럼 쇼핑몰이 꽉 들어선 지역은 식당을 찾기가 쉽지 않다는 점이다. 관광지이고 명품 매장이 많은 곳이라서 사람들이 몰리므로 식당도 많을 것이라고 생각하면 큰일이다.

침사추이에 있는 식당이란 마르코폴로홍콩호텔 주변에 서너 곳이 있고, 하버시티 2층 위로 각 층마다 많지 않은 식당이 몇 곳 있을 뿐이다.

물론 가격이 비싸다.

당신이라면 어떻게 할 것인가?

홍콩섬에 있는 침사추이에서 바다를 바라보며 멋진 식사와 와인을 마실 수는 있지만 홍콩 초행길의 여행자에겐 식당 찾기 어려운 장소이므로 쇼핑을 출발하기 전에 식사를 든든히 해두거나 간단한 요깃거리를 가방 속에 챙겨서 떠나려고 할 게 분명하다.

그런데 막상 홍콩에 도착해서 눈앞에 펼쳐진 쇼핑의 천국 면모를 보게 된다면?

일단은 무조건 쇼핑을 하고 싶어진다.

단1초라고 아깝다고 여기게 되고 거리 곳곳에서 당신의 눈을 유혹하는 쇼핑몰들과 인사를 나누느라 지치는 줄도 모르고 다니게 된다. 그러다가 어느 순간 갑자기 느끼게 되는 피로감이 있을 때 그곳에 허유산이 보이게 된다.

홍콩에서 최고의 장사꾼들을 만나는 이번 기회에도 어김없이 그 시작은 '망고 주스'였다.

골후위라우산許留山의 [성공 팁]

가게 평수는 넓은 편이 아니다.

망고주스 외에도 간단한 요깃거리를 할 수 있는 건 여느 패스트푸드점과 크게 다르지 않다. 하지만 후위라우샨許留山의 1등 효자상품은 뭐니 뭐니 해도 망고주스다.

어느 가게들마다 도로 쪽에 창구를 열어두고 주문을 받는다.

창구 바로 옆엔 커다란 메뉴판을 따로 인쇄해서 붙여두고 거리에서도 손님들이 메뉴를 보고 바로 주문할 수 있도록 조치했다. 가게가 좁더라도 가게 안에는 항상 넉넉한 좌석이 있는 이유다.

후위라우샨許留山의 망고주스는 외국인 관광객들과 거리에 사람들에게 파는 메뉴란 점을 분명히 했다.

홍콩의 대표적 컬러를 그대로 담은 망고를 주요 재료로 하고 코코넛과 키위, 알로에라는 세계 공통 과일을 넣어서 어느 누가 오더라도 부담 없이 먹을 수 있게 했다. 키위나 코코넛, 알로에, 망고는 세계 어느 누구에게나 거부감이 없는 과일들이다.

후위라우샨許留山 가게는 주로 관광지, 쇼핑몰 지역에 자리 잡았다.

눈 구경에 바쁜 사람들이 목말라할 때쯤, 다리가 아프더라도 우선 목부터 축이면서 쇼핑을 더 하고 사람들이 많은 곳이다.

가게 안에 들어와서 쉬려는 사람들보다는 밖에서 돌아다니고 싶은 사람들이 많은 지역이다. 그래서 매출을 높지만 가게임대 등에 필요한 고정경비 부담이 상대적으로 적은 편이다.

후위라우샨許留山의 망고주스는 남자보다 여자들에게 더 매력적인 메뉴다.

알로에, 키위, 코코넛이 여자가들이 더 선호하는 재료인 이유도 있다. 거리 곳곳에서 쇼핑을 하다가 마주치는 여성들이 서로에게 느끼게 되는 질투의 시선 사이에 망고주스가 놓이게 한 점이 탁월하다.

저 여자에겐 있고 나란 여자에겐 없는 것 중에 하나가 망고주스가 되게 만든 탁월한 전략이다.

공식 인증은 홍보 없이도 명소가 됩니다. 게다가 착한 가격이라면 더더욱

"유명한 딤섬 가게인데, 한 번은 들러서 꼭 먹어 봐야지?"

몽콕旺角에 팀호완으로 향하는 길이다.

몽콕에 올 때면 느끼는 것이지만 '왕성한 뿔'이란 한자어답게 홍콩 최고의 번화가로 성장하는 곳이란 생각을 갖게 한다. 그래서 몽콕에 올 때면 홍콩의 트렌드를 볼 수 있다는 기대를 한다. 한국의 홍대 지역과 비교할 수 있을까? 몽콕엔 항상 젊은이들이 넘쳐나고 각종 먹거리와 최신 유행 흐름이 가득하다.

'몽콕은 세계 사람들이 모이는 곳이고 그만큼 경쟁이 치열한 곳인데 호텔 주방장 출신이 가게 주인이라곤 하지만 단박에 유명세를 얻다니, 대단한 곳이야.'

2011년인가?

프랑스에 유명한 맛집 가이드인 '미슐랭 가이드Michelin Guide'誌로부터 별 한 개 등급을 받았다고 알려지면서 더욱 유명세를 탄 곳이긴 한데, 사실 이 가게를 처음 연 사람은 포시즌스 호텔 주방장 출신이라는 사실을 아는 사람은 그렇게 생각보다 많지 않다.

미슐랭에서 달리 인정할 수밖에 없었다는 이야기가 아니다. 딤섬 가게를 열기 전에 최고의 호텔에서 이미 실력을 인정받은 주방장이 가게 주인이라는 애기다.

'드디어 몽콕이다. E2 출구였지?'

몽콕 MTR 역 E2 출구로 나와서 쭉 직진하다가 3번째 블록에서 좌회전 하면 둔다스 거리Dundas St.인데 이 안으로 들어가서 골목이 끝날 무렵 만나는 삼거리에서 다시 좌측 길 '퀑와 거리Kwong Wa St.'로 들어서면 드디어 팀호완에 다다르게 된다.

짜잔.
눈앞에 나타난 팀호완.

흰색 배경에 초록색으로 써둔 가게 상호 '팀호완 딤섬전문점'이란 글자도 여느 가게들의 간판 모양과 큰 차이가 없다.

게다가 가게 안이 좁은 것도 마찬가지다. 유리문 통로에 덕지덕지 붙은 메뉴 소개와 주방장 소개, 손님들에게 전하는 메시지 정도가 전부다. 딤섬 전문점답게 갖가지 메뉴 사진을 붙여두는 것도 색다르게 보이진 않는다. 가게 앞 오토바이 스쿠터들이 즐비하게 주차된 모습을 보니 오히려 고개를 갸웃거리게 만든다.

좁은 공간에 도로변 위치인 탓에 어수선한 분위기가 있는데도 불구하고 홍콩을 비롯하여 전 세계적으로 유명하게 된 이 가게의 매력은 무엇일까?

'오늘은 1시간 정도만 기다리면 되겠네. 다행이야.'

아침 10시부터 밤 10시까지 하루 12시간 영업하는 가게치고는 가게 영업시간 전부터, 이른 9시 무렵에도 벌써부터 사람들이 줄을 서기 시작하는 곳이다.

사람들이 가게 문 열기 전부터 줄을 서는 이유는 그래야만 조금 기다리고 딤섬을 맛볼 수 있기 때문이다. 영업 시작 이후에 온다면 두어 시간 기다릴 각오를 해야 할 정도다. 이른 아침 식사를 비롯해서 저녁은 물론, 외식을 즐기는 중국인들 특성에서도 너무 오래 기다린다는 건 매력적이지 않다.

'차슈빠오, 하가우 주세요.'

돼지고기를 바비큐 소스랑 곁들인 버터빵 '차슈빠오'와 새우를 재료로 만든 딤섬 '하가우'가 특히 인기가 높은 이 가게는 영업시간 하루 언제 방문하더라도 두어 시간은 줄을 서야 하는 게 당연하게 받아들여지는 곳이다.

9시부터 기다리는 사람은 1시간만 기다려도 되지만(?) 그 이후에 오는 사람들은 더 오래 기다려야 한다는 걸 당연하게 받아들이는 가게다.

가게 점원이 내게 건네준 메뉴 주문표에 표시를 하려다가 그냥 말을 했다. 점원이 체크하더니 재빨리 다음 사람에게 다가간다. 여기선 메뉴주문표가 번호표다. 메뉴 먼저 주문하고 줄을 서 기다리다가 자기 차례가 되면 들어갈 수 있다.

'차슈빠오酥皮叉燒包'는 향기가 버터향으로 우선 달콤한 식감을 느끼게 해주고 여자 손 안에 쏙 들어가는 작은 크기다.

그래서 더 인기인가 싶다. 여자 손님들이 좋아한다.

크기는 작지만 한 입 베어 물기만 해보면 빵 안에서 입 안으로 툭 터지며 가득 전해지는 바비큐소스가 혀끝을 자극하고 덩달아 씹히는 돼지고기 식감이 고소하고 기분 좋게 맛있다.

분명 입안에서 씹고 잇는데 머릿속 전체가 향기에 취하는 기분이다.

버터맛과 바비큐소스, 돼지고기의 조합이 돈가스 미트볼을 느끼하지 않은 달콤한 버터 빵이랑 같이 먹는 느낌이다.

'하가우晶瑩鮮蝦餃'는 얇고 투명한 껍질 안으로 새우살이 그대로 보일 정도로 탱글탱글하게 들어찬 모습이다. 딤섬이긴 하지만 어째 그 모양 자체가 새우처럼 보이기도 한다.

입안에 먹는 식감도 훌륭하다. 새우살이 쫀득쫀득 씹히면서 잘 익은 새우를 식사대용으로 먹는다는 기분이 든다.

예전에 먹었던 기억을 되살리며 가게 앞에서 줄을 서기 얼마나 지났을까? 드디어 내 앞에 줄을 선 사람들이 한 명도 남지 않았다.

'이게 얼마만이야. 드디어 내 차례군.'

가게 안으로 들어가 보자.

매장은 20평 넓이다. 그런데 테이블은 10개 정도?

가게가 좁다.

2인용 테이블이 10여개 정도로 놓인 곳, 다닥다닥 붙어서 먹어야 하는데.. 여기 가게 손님들은 밖에 사람들이 아무리 많이 기다려도 절대 급하게 식사하지 않는다. 느긋하게 즐기며 식사, 그러니 또 밖에선 줄이 더 길어진다.

가게에서 사용하는 그릇들은 하나같이 안은 빨간색, 겉은 검정색이다. 중국인들이 좋아하는 빨강색을 안에 담고, 식욕을 당겨준다.

'메뉴를 더 시킬 걸 그랬나? 너무 오래 기다렸는데 달랑 두 개만 먹기 좀 그런데?'

밖에서 오래 기다리다 보니, 배가 덜 고파서 조금만 먹으러 왔던 사람들도, 기다리다가 배가 고파져서 더 많이, 기다린 게 억울해서라도 다음에 또 온다는 걸 잊고 메뉴를 많이 주문한다. 뭘 먹어야하나 고민 걱정은 없다.

테이블에 앉자마자 손님들 눈앞에 메뉴판이 펼쳐진다. 테이블이 붙어있다. 추가 메뉴도 가능하다. 테이블 위에 놓인 메뉴판을 보고 가게 안 점원에게 주문하면 된다.

음료는 보이차가 가능하다.

한 컵에 2달러다.

'이제 기다리기만 하면 되는군.'

그토록 그리던 팀호완 딤섬을 주문한 후에 그제야 가게 안 풍경이 눈에 들어왔다.

바로 이곳이 아무 때나 가면 아무 것도 먹지 못하는 가게이자 문 열자마자 가면 두어 시간은 기다려야 먹을 수 있는 가게가 아닌가? 문 열기 전에 줄을 서야 한 시간 정도 기다려서 먹을 수 있는 가게가 여기다.

'처음엔 진짜 뭣도 모르고 무작정 기다리기만 했었는데, 나중엔 번호표 먼저 받고 근처에 다른 곳 구경 다녀와도 된다는 거잖아. 역시 사람은 머리를 써야 해.'

이 이야기는 팀호완에 자주 오는 사람들에겐 불문율이다.

팀호완에 익숙해지면 번호표 받고 기다리지 않고 어디 구경 갔다가 나중에 다시는 사람들이 있다. 번호표 순서가 지났더라도 먼저 온 사실이 확인(?)되므로 바로 앞 사람보다 먼저 들여보내준다는 비밀 아닌 비밀을 알기 때문이다.

"잘 먹겠습니다."

오늘 주문한 차슈빠오, 하가우가 나왔다.

언제 봐도 먹음직하고 먹기 전부터 그 맛이 머릿속에 그려지는 요리다. 그것도 홍콩 원조 가게에서 즐기다니 아침 일찌감치 발걸음을 서두르길 잘했다는 생각이 드는 순간이다. 가게 앞에서 1시간 정도 밖에 기다리지 않았던 것도 기분 좋았다. 그 정도의 발품은 맛있는 요리를 먹기 위한 준비운동쯤으로 생각해줄 수 있었다.

팀호완添好運의 [성공 팁]

세계적 맛집 평가 잡지인 '미슐랭'의 공식인증이 첫 번째 성공 요인이다.

최고급 호텔 주방 출신다운 실력을 다시 한 번 인증 받았다고 할까?

철저한 실력이 장점이다. 처음엔 미슐랭 브랜드를 기억하고 팀호완을 찾은 사람들이지만 가게 안에 들어가면 미슐랭 인증 별표 외에도 여러 매체에서 선정해준 맛집 인증패가 걸렸다는 걸 보게 된다.

단순히 돈 주고 홍보하는 'ㅇㅇㅇ 브랜드' 식의 광고가 아니다.

TV맛집 프로그램에 소개되는 것 정도가 아니다. 요식업계 관련 분야에서 까다롭기로 내로라하는 전문가들의 인증이 있다.

그리고 그런 인증은 팀호완을 찾은 수많은 손님들의 입과 귀를 통해 다시 전 세계로 알려졌다. 여기에 누구 하나 이의를 달지 않고 그 명성이 꾸준히 이어져 온다는 건 최고의 실력이 검증되었다는 얘기다.

두 번째는 가격이 저렴하다.

홍콩에서 딤섬을 주문하려면 보통 홍콩달러로 25H$~45H$ 정도하는데, 여기에선 새우 딤섬이 22달러, 소고기두부 딤섬이 14달러, 찹쌀 딤섬이 12달러 정도다. 모든 딤섬 메뉴가 대부분 10~20H$ 정도로 우선적으로 가격이 다른 곳보다 저렴하다.

맛은 다른 곳과 비슷하거나 더 좋다. 사람들이 몰리는 이유다.

최고급 맛으로 인증받은 딤섬을 다른 가게의 절반 값에 즐기는 게 장점이다.

"이 가게가 딤섬이 싸."

이 말을 하기엔 어쩐지 손님을 접대하는 사람들의 마음이 편치 않다. 이왕이면 좋은 사람에게 좋은 메뉴를 대접하고 싶은 게 사람이다.

"이 가게가 딤섬으로 프랑스 맛집 잡지인 미슐랭에 인증받았잖아."

이 말은 팀호완에 오는 사람들이 일행들에게 꺼내기에 가장 좋은 표현이다.

가격은 둘째다.

이 가게에 온 이유는 인증 받은 맛이기 때문이라고 내세울 수 있다. 맛도 있고 가격은 저렴하고, 손님들이 몰리지 않을 이유가 없다.

셋째는 번호표의 색다른 기능! 메뉴주문표가 번호표다?

팀호완 앞에 줄을 서면 가게 점원이 사람들 줄을 보고 다니면서 번호표를 준다.

이건 그냥 숫자가 적힌 게 아니다. 손바닥에 쏙 들어오는 크기에 주문표가 되겠다.

먹으려는 메뉴에 표기해서 점원에게 다시 접수시키고 구경 가도 된다.

손님 입장에선 자기가 먹을 메뉴를 미리 주문해둔 것이고, 가게 입장에선 재료 준비할 시간을 확보하는 식이다.

“세상에서 가장 맛있는 요리는 가장 맛있을 때 먹는 요리야.”

가게 앞에서 줄을 서는 동안 시장기가 돈 사람들이다. 배고프지 않을 때 왔더라도, 맛만 보고 가기 위해 왔더라도 가게 앞에서 줄을 서는 동안 시장기가 생긴다. 두어시간 정도를 기다리다 보면 은근히 ‘당 떨어지는 소리’도 들린다.

‘도대체 얼마나 맛있는 딤섬이기에 이렇게 줄을 서야하는 거야?’

그리고 드디어 입장, 잔뜩 뾰로통해진 심기에서 오래 기다리느라 시장기가 돈 상황, 여기에 달콤한 육즙이 가득한 딤섬을 가장 맛있는 온도에서 먹는다고 해보자. 그 맛이 맛없다고 할 맛인가? 그래서 팀호완의 성공요인 중 하나를 포함시키라면 줄 서는 동안 나눠주는 메뉴판번호표가 되겠다.

‘줄 서는 거 지루해서 그냥 포기하고 가버리면?’

그래도 상관없다. 팀호완 앞에는 수많은 사람들이 줄을 선다.

그들이 미리 표시한 주문표가 주방에 가득하다. 몇 명의 손님들이 줄을 이탈하고 노쇼NO SHOW한다고 해도 괜찮다. 주방에선 재료만 준비해둔 상태다. 가게 안에 손님이 들어와서 착석하고 주문하면 그때부터 음식을 만들기 시작한다.

메뉴판 주문표의 최대의 장점은 주방에서 다음 순서로 만들어야할 메뉴를 짐작하고 있게 해준다는 점이다. 뭐를 만들어야 할지 모르고 있다가 주문을 받는 거랑 대략적으로 다음 메뉴를 짐작하고 있다가 만드는 거랑은 맛의 차이를 구분 짓는다.

“호텔에서도 손님들 오면 미리 예약하고 메뉴도 미리 주문하잖아?”

팀호완에서는 메뉴판번호표가 그 역할을 담당한다. 호텔과 다르게 꾸준히, 불시에 들이닥치는 손님들에게 보다 맛좋은 호텔급 딤섬요리를 제공하려면 어떤 방법이 좋을까? 궁리한 결과 만든 전략 아닐까?

'근데 딤섬을 주문하려고 해도 홍콩어? 중국어를 모르는 사람이라서?'

상관없다. 테이블에 그림이 있다.

그림을 골라서 메뉴를 점원에게 말해주면 된다. 테이블에 주문 받으러 오는 점원은 그림판 메뉴를 들고 오니 걱정 말자. 가게 앞에서 줄 서며 메뉴판 번호표에 미리 체크했다고 해도 가게 안에서 그림판 보고 수정 가능하다.

누구에게나 부담 없는, 꼭 필요하진 않지만 그래도 손이 가는 메뉴로 승부하다

"한 번 맛보면 손을 뗄 수 없는, 멈추지 못하는 과자가 있다고?"

벌꿀 감자칩이 유행이다.

이건 무슨 과자를 명품처럼 파냐고 사람들의 볼멘소리도 들렸지만 그 회사에서는 단단히 마케팅 전략을 세웠던 모양이다. 사람들에게 기다리게 한 만큼 그 과자에게 화제성도 생기고 인기를 얻으리라는 걸 알았던 게 분명하다.

기다리게 한만큼 대중은 열광한다.

이 말을 생각해보자. 스포츠다.

월드컵이 4년마다 개최되고, 올림픽도 4년마다 열린다. 왜 그럴까? 왜 2년 마다, 3년마다 아닐까? 사람들이 좋아한다면 매년 열려도 상관없지 않은가? 하지만 현실은 다르다. 올림픽은 4년마다 열리고 월드컵도 4년마다 열린다. 여기서 4년이란 시간은 한 세대를 의미한다. 중학생이 고등학생이 되는 시간, 고등학생이 대학생이 되는 시간이다.

중학생이 바라보는 고등학생은 어른이다.

체격도 어른이고 생각도 어른이며 공부하는 내용도 중학생인 그들과 차원이 다른 내용들이다. 고등학생은 중학생이 바라보는 닮고 싶은 형, 누나, 언니, 오빠의 모습이다.

그런데 고등학생이 바라보는 대학생은 부러움의 대상, 성공적으로 어른의 삶에 진입한 그들의 우상이다.

고등학교까지 배운 내용으로 시험을 치르고 대학에 성공적으로 들어간 그들의 모습은 고등학생들에게 있어서 머지않은 미래에 닮고 싶은 모습이다.

그래서 스포츠 경기일수록 세계적으로 인기를 얻는 대회들은 4년이라는 황금시간을 골랐다. 4년마다 개최됨으로써 바로 다음 세대가 지금 세대 선수들의 모습을 부러워하게 만들었다. 시간이 흐를수록 인기를 더해가는 이유다.

이처럼 '기다림이란 간절함의 다른 말이다.'

벌꿀 감자칩 뿐만 아니다.

스마트폰도 마찬가지다. 요즘엔 모 연예기획사들에서도 소속 아티스트들의 새 앨범 출시나 활동 시점에 대해 보도자료를 내면서 '기다림 전략'을 쓰는 중이다. 사람들의 간절함을 극대화시킬 수 있고, 간절함을 얻지 못하더라도 대신 '화제성'을 부각시킬 수 있어서다.

심지어 약속을 어기기도 한다.

내일 출시된다고 했다가 다음 주로 연기하는 식이다. 재고가 부족하다는 핑계를 댄다. 그러면 사람들은 또 흥분한다. '재고가 부족하다는 그들의 말이 사실인지 거짓인지 따질 생각도 안 하고' 무조건 열광한다.

'도대체 얼마나 많이 팔리기에 재고가 부족한 거야!'

그래서 '기다림'을 이용하는 마케팅은 업체 분야를 가리지 않고 여기저기서 사용되는 중이다. 세상에 나오기만 해라. 어떻게든 구해 갖겠다. 어디서든 보는 순간 잡아채겠다는 사람들이 늘어난다.

제품 출시 전에 가게 앞에 텐트를 치고 노숙을 하고 1호 구매자가 되었다가 환하게 웃는 얼굴로 신문지상에 오르내리는 것도 마다 않는다. 설령 그것이 마케팅에 철저히 당한 '호갱님'일지라도 그 당시엔 모른다. 자기가 산 제품이 6개월 뒤엔 구제품이 된다는 것도 생각하지 않는다. 사람들에겐 그 순간만큼의 욕구해소가 뿌듯할 뿐이다.

그런데 오늘 내가 가는 곳은 이처럼 '기다림을 간절함으로 바꾸는 마케팅'과는 조금 다른 이야기를 떠올리게 하는 곳이다.

홍콩에선 이미 그 오래 전부터 유명한 과자 가게가 있는데 중독성을 이야기하자면 빼놓지 않고 기억하게 되는 곳, 입에서 입으로 소문난 곳답게? 홍콩을 다녀오는 사람들 손에 어김없이 하나씩 들려있는 '제니베이커리' 이야기다.

'진니곡기?'

맞다. 제니베이커리珍妮曲奇 되겠다.

한자어 '진니곡기'는 중국어 발음상 '제니쿠키'가 되겠는데, 뜻을 보자면 '진귀한 여자가 만드는 기이한 것' 정도가 되지 않을까? 하지만 이런 생각은 잠시 덮어두자. 중국인들은 그저 발음 나는 대로 의미를 두지 않고 상호를 표기하기도 한다.

'작년인가? 설 연휴 때 와서 선물 사주겠다고 하다가 낭패였지.'

해마다 설 연휴 기간엔 10일 정도 휴무를 갖는다.

이걸 모르는 사람들이 홍콩에 와서 제니쿠키 가게 앞에 오고는 문 닫힌 가게만 보고 돌아가기 일쑤였다. 일부는 그래서 뭐가 아쉬워 암거래(?)로 파는 가짜 제니쿠키를 사는 경우도 있다. 제니쿠키가 인기를 얻다 보니 가게 주위에서나 여기저기서 비슷한 짝퉁을 만들어 파는 사람들이 적지 않다. 가격도 더 저렴하지만 그 내용물은 뭔지 모르는 과자들이다.

'도대체 제니쿠키가 무슨 맛이기에?'

홍콩에서 제니쿠키를 처음 듣고 가진 생각이다.

홍콩인들뿐 아니라 홍콩에 오는 외국인들 입소문으로 유명세를 얻는 가게, 과자 하나 사가려고 줄을 서는 곳, 해외에 가서도 그 맛을 잊지 못해 다시 홍콩을 찾는 사람들이 늘어난다는 전설을 가진 가게 등등, 제니쿠키를 이렇자 저렇다 표현하는 사람들의 이야기는 끝이 없었다. 인스타그램www.instagram.com이나 구글www.google.com에서 검색해보면 그 진가를 안다. 야후홍콩www.yahoo.com.hk을 살펴봐도 관련 후기와 이미지, 뉴스가 수두룩하게 검색되는 곳, 최소한 인기 없는 곳은 아니구나 생각하게 되는 곳이다.

제니쿠키를 기억하는 사람들은 우선, 4가지 맛, 8가지 맛 구성 쿠기세트를 선호한다.

그리고 그들의 일관된 시식평을 들여다보면 '제니쿠키는 잘 부셔질 정도로 부드럽긴 하지만 일단 입안에 넣고 보면 달기도 달거니와 자꾸 손이 가게 되는 맛'이 장점이라는 얘기를 한다. 생각해보자.

입에서 잘 녹는 건 설탕 때문 아니겠는가? 싶은데, 입 안에 넣자마자 사르르 녹듯이 부서지며 느끼게 되는 맛이 일품이라는 얘기는 또 뭔가?

그리고 4가지 맛 세트나 8가지 맛 세트를 주문할 때도 그렇고 제니쿠키를 사가는 사람들에겐 동그란 철제 상자에 담아주는데 그게 곰인형이 바라보는 귀여운 디자인이다.

과자를 다 먹더라도 케이스를 소장하고 싶어지면서 자꾸 이용할 때마다 제니쿠키를 떠올리게 된다는 게 비밀을 알 수 있다. 먹고 버리는 포장이 아니라, 먹고 보관하고 자주 이용하는 포장이라는 게 무기인 셈이다.

제니쿠키 가게에 가보자.

시간대를 잘 골라야 줄 서는 수고(?)를 덜 수 있다. 평일 오후 2~3시 사이가 그나마 한가한 시간이다. 시간이 좀 된다면 저녁 무렵에 가보자. 무난하게 쇼핑 가능하다. 이렇게 시간대를 골라 가야 한다고 이야기하는 이유는 제니쿠키 가게에서 보통 1시간은 기다려야 하는 이유에서다.

> 제니쿠키는 홍콩에서 두 곳의 가게를 운영한다.
>
> 아침 9시부터 저녁 6시30분까지 영업하는 침사추이점나단로드 54-56B, 미라도맨션 shop 24G/F이 있고, 아침 10시부터 저녁 7시까지 영업하는 셩완점셩완 MTR역 E2 출구, 셩완(上環) 윙워스트리트(永和街) 15번지이 있다. 두 가게 중에 어느 곳엘 가더라도 동일한 제니쿠키 맛을 볼 수 있다.
>
> 가격은 4개 맛純味曲奇 스몰 사이즈 70달러, 라지 사이즈 130 달러이고, 8개 맛果仁曲奇 세트는 각각 120달러, 190 달러다. 제품들의 가격은 이전 가격보다 조금 오른 가격들이고, 시간이 흐를수록 재료값에 따라 가격이 달라지는 것 같다.

가게 안으로 들어가 보자.

흰색 톤으로 어우러진 가게 분위기는 깔끔하다. 나무색인가? 갈색 톤으로 새겨진 상호 Jenny Bakery라는 글자가 한눈에 쏙 들어오고 그 옆엔 면류관인가 월계수인가 나뭇가지가 동그랗게 원을 그리며 그 안에 Since 2005라는 표시가 보인다. 2005년부터 이 가게를 시작했다는 얘기다.

'아, 이 갈색? 눈에 익은데?'

그러고 보니 흰색 바탕에 갈색 글자는 건물 외벽에 마감재 색이랑 닮았다. 전체적으로 통일감을 주기 위해서였을까? 같은 맨션 건물 안에 다른 가게들을 보니 그런 것 같진 않다. 제니쿠키만의 분위기다.

'쿠키를 먹기 편하게 세로로 세워 담는 것도 아이디어야.'

제니쿠키 앞에 가까워올수록 유리창 안으로 보이는 풍경이 눈에 들어온다. 손님들 중에는 방금 사 갖고 나온 쿠키 포장을 가게 앞에서 열어보며 서둘러 맛을 보는 이들도 있다. 동그랗게 만든 철제 케이스 안에 가장자리 원을 그리듯 쿠키를 일렬로 세워두고, 그 안에 생긴 작은 원 공간 안에도 과자를 세워 넣었다.

거기서 끝이 아니다.

빈틈없이 꽉꽉 채워준다는 느낌이랄까? 세워둔 쿠키들이 흔들리면서 줄이 무너지지 않도록 제일 마지막 작은 공간 한 곳에도 쿠키 한 개를 콕 넣어주는 센스도 보였다.

케이스 안에 쿠키들이 질서정연한 것에 비해 맨션 안에 자리 잡은 가게 풍경은 그저 심플하다 못해 단출하다. 제니쿠키 가게 앞에 '이쪽으로 줄을 서시오' 표시해둔 줄공항에서 티켓팅할 때 줄을 세우는 줄까지도 '질서'를 지켜야 한다는 느낌이 강했건만 가게 안 풍경은 주문과 쿠키 포장 주고받기, 결제가 전부일 뿐이었다.

'주문을 하면 점원이 안에 들어가서 포장 케이스를 들고 나오네?'

물론, 주문을 받는 점원의 웃는 얼굴 뒤로 상상되는 그것, 어마어마한 주문량을 자랑하듯 가게 주문대 뒤에 높게 쌓아둔 제니쿠키 포장 케이스들이 하나 같이 예쁜 봉투 안에 들어간 상태라는 걸 보면 이 모든 게 다 미리미리 준비해둔 결과라는 걸 알게 된다. 사람의 키를 훌쩍 넘은 것들도 많은 게 당연하지 않을까?

"4가지 맛 세트 주세요."

"한 가지 맛 포장 한 개랑, 두 가지 맛 포장 한 개 주세요."

"8가지 맛 세트요."

카운터 앞에 서서 자기가 원하는 맛을 이야기하면 점원이 자기 뒤에 쌓아둔 포장세트에서 그 맛을 집어 건네준다. 산처럼 쌓은 포장세트가 채 사라지기도 전에 또 다시 그 위에 과자 포장이 높게 쌓인다. 한쪽에선 만들고 한쪽에선 파는 중이다. 이런 모습이 가게 영업시간이 다하도록 지속된다.

제니베이커리珍妮曲奇의 [성공 팁]

1번째 요인: 쿠키의 배합

제니쿠키의 성공 비결 첫 번째는 쿠키의 배합이다.

4가지 맛 세트인 4mix味道는 牛油小花、咖啡小花、脆牛油、燕麦提子로 구성되는데, 牛油小花버터꽃 쿠키, 咖啡小花커피꽃 쿠키, 燕麦提子귀리 쿠키, 脆牛油바삭한 버터 쿠키로 풀이되는 것처럼 쿠키의 모양과 원재료의 맛을 중심으로 적절하게 섞었다.

여기에 또 하나의 인기 세트인 8가지 맛8mix味道에는 啡杏仁커피 아몬드、腰果캐슈 넛、앵속자라고 부르는 양귀비씨앗을 넣은 杏仁罌粟子아몬드 양귀비-마약성분 없는 양귀비-씨、개암이라고 부르는 榛子헤이즐 넛, 核桃호두、开心果피스타치오、씨앗의 속살을 말하는데 부럼으로 통용되는 果仁땅콩、땅콩류를 넣어 만든 초콜릿 巧克力果仁땅콩초콜릿까지 8가지 종류의 쿠키가 들어간다.

그리고 1가지 맛味道만 주문하는 사람들은 '버터 쿠키'가 들어간 포장을 주고, 2가지 맛에는 '버터 쿠키'랑 '커피 쿠키' 쿠키가 들어간 포장을 준다.

이처럼 제니쿠키의 맛을 보면 버터를 기본으로 커피 및 각종 고소하고 몸에 좋은 재료가 들어간 걸 알게 된다. 하나가 달면 하나가 고소하고, 하나가 식감이 당기면 다른 건 바삭한 느낌을 내는 재료들 아닌가? 쿠키 한 세트에서 4가지 맛, 8가지 맛을 골고루 맛볼 수 있게 해준다는 점이 장점이었다.

2번째 요인: 상표 등록

두 번째 특징은 jenny(珍妮)가 상표 등록되었다는 점이다.

추가하여, 밀가루 과일은 미국산 수입재료로 원재료가 모두 수입산이며, 모든 쿠키는 수제쿠키라는 점이다. 상표를 등록해두면서 고유의 맛을 지킬 수 있게 해두었고 모든 쿠키를 수제 쿠키로 만들면서 정성을 배가한 점이다.

기계가 뽑아내는 쿠키가 아니라 사람들이 직접 손으로 만들기 때문에 반죽부터 포장되는 순간까지도 모든 게 일사천리로 정갈하게 만들어질 수 있는 부분이었다.

예를 들어, 완성된 쿠키를 포장에 담을 때다.

사람들이 직접 손으로 집어 담게 되는데 이 순간 쿠키의 질감과 식감을 느낌으로 알 수 있다는 점이다. 쿠키 한 개를 집어서 포장에 넣을 때 손끝에 전해지는 무게감과 질감, 쿠키의 반죽 상태와 굳기 등이 모두 전해진다는 얘기다.

기계로 만드는 쿠키라면 성분배합도와 재료만 알고도 똑같은 맛을 낼 수 있겠다.

하지만 사람들이 직접 만들고 담는 쿠키이기 때문에 기계가 따라오지 못하는 섬세함이 있다. 기계는 쿠키의 무게와 성분만 확인하고 세세한 모양까지는 확인할 수 없지만 사람은 질감과 무게감, 모양 그리고 바삭함과 굳기까지 모든 걸 손으로 집어 알 수 있기 때문이다.

3번째 요인, 포장 케이스마저 하나의 캐릭터!

세 번째 특징은 제니쿠키의 포장 케이스가 매월 바뀐다는 점이다.

제니쿠키는 매월 인디언 곰, 신부 곰 등처럼 곰이 들어간 그림을 여러 가지 디자인으로 포장을 새롭게 바꾸는데 바뀌지 않는 게 있다면 아기 곰이라는 것뿐이다. 그래서 귀여운 곰그림이 들어간 제니쿠키 포장을 매월 전문적으로 수집하는 사람도 있다는 것 아닌가?

"다음 달 곰은 어떤 디자인이지?"

"맞아, 이 제니쿠키 곰. 그때 이 쿠키 맛있었는데, 또 가볼까?"

쿠키 포장을 버리지 않고 계속 모아두고 사용하게 된다.

맛있게 먹어버린 쿠키는 이제 없지만 제니쿠키는 손님 옆에 남게 되는 전략이다. 버릴 수 없는 포장 케이스의 장점이다.

특히 여자들에게 실용적인 철제 케이스다.

아기자기한 것들을 넣어두고 보관할 수 있을뿐더러 누군가에게 선물하기에도 부족함 없는 포장케이스다. 한 명의 고객이 제니쿠키를 사갔지만 포장케이스를 보는 사람들은 그 이상, 수십 여 명이 될 수도 있다.

똑같은 메뉴라도 고객이 직접 맛을 만들 수 있게 해보세요.

"오늘 홍콩 추워. 17 도는 될걸?"

"그게 무슨 소리야? 17도면 선선한 가을 날씨구만! 반팔 입고 다녀!"

"홍콩을 몰라? 여기선 그 날씨에 오리털 점퍼 입고 다녀. 춥다고."

홍콩을 더운 지역이라고만 기억하는 사람들이 많다.

하지만 그건 여름에 홍콩을 와 봤던 사람들의 이야기일 뿐이다. 우리나라의 한겨울에 해당되는 1월에 홍콩을 와 본 사람은 안다.

1월의 홍콩 날씨는 17도 정도로 우리나라의 영하 날씨에 비교해서 추운 편이 아니라지만 홍콩 현지에서 생활해보면 어쩐지 두꺼운 옷을 입고 다녀도 괜찮을 것 같은 기분이 든다. 거리에 보면 반팔 소매를 입고 다니는 사람도 있는 반면, 두꺼운 패딩 점퍼를 입고 다니는 사람을 볼 수 있는 경우다.

아침부터 한국에서 걸려온 전화 통화 중에 홍콩 날씨로 옥신각신 대화를 마친 탓인지 왠지 따끈한 국물이 생각나는 하루다.

내가 머무는 숙소가 그나마 호텔이라서 난방이 잘 된 덕분에 간밤에 춥게 지내진 않았지만 난방시설 없는 홍콩의 건물들 형편에선 아마도 어제 정도의 날씨에 추워하는 사람들이 꽤 있었을 거라 여겨진다.

'그래, 오늘은 윈난 국수가 제격이야. 따끈한 국물에 쌀국수까지.'

중국어 발음상 '윈난'이라고 부르는 곳은 중국의 서남부에 운남성雲南省을 말한다.

사시사철 봄과 같이 온화한 날씨가 이어지는 덕분에 천연재료가 풍부하다. 그래서 '요리'로 둘째가라면 서러워할 사람들 사이에선 '식물의 왕국'이라거나 '향료의 왕국'으로도 불린다. 재료가 많은 만큼 다양한 요리가 나올 수 있어서다.

이처럼 천혜의 자연환경에서 비롯된 수많은 재료로 얻는 다양한 요리들 중에서도 하나를 꼽으라면 단언하건대 '과교미선過橋米線'이 있다.

> '침사추이, 완차이, 셩완, 몽콕. 어딜 가지? 숙소랑 제일 가깝고 그리고 매운 맛도 내 입에 맞게 만들 어 먹는 곳이니까 오늘은 침사추이에 싱럼쿠이星林居에 가야겠어. 과교미선過橋米線하면 또 윈난 국수가 제격이지.'

일단 메뉴를 정하고 나니 마음이 가벼웠는데 오랜만에 맛볼 윈난 국수를 생각하니 MTR을 타고 가는 중에도 발걸음이 어서 빨리 가자는 것처럼 보폭을 줄이며 나를 재촉하고 있었다.

싱럼쿠이星林居.

MTR 침사추이역에서 A1출구 앞, lock 로드를 따라 직진하면 노란 바탕에 한눈에 보기에도 맵게 보이는 국수 사진을 담은 星林居싱럼쿠이 간판이 보이는데, 金輝大廳golden glory mansion, 카나본 로드carnarvon road 16번지 자리 잡은 싱럼쿠이星林居는 과교미선過橋米線으로 대표되는 중국의 운남성 지역에서 시작된 국수 메뉴를 맛볼 수 있다.

> 홍콩에서 중국의 윈난 국수를 파는 가게를 소개하는데 빠지지 않는 게 바로 한자어 과교미선過橋米線이다. 이 의미는 '다리를 건너온 쌀국수'라고 풀이할 수 있겠는데, 그 이름이 불리기까지 유래를 찾아보면 기본적으로 아내의 남편에 대한 사랑과 남편의 고마움의 표현이 자리 잡고 있다는 걸 알게 된다.

이를테면 이렇다.

지금으로부터 백 년 하고도 수십여 년 전에 중국의 운남성 남쪽에 멍즈蒙自현에는 '남호南湖'라고 불리는 아름다운 호수가 있었는데, 당시 과거시험을 준비하던 사람들은 바로 여기 남호에 있는 누각에서 공부를 하는 게 유행이었다고 한다.

우리나라로 치자면 절간에 들어가서 공부를 하는 것에 비유될까?

지금은 용도가 많이 변질된 감이 없진 않지만, 한때는 사법시험 준비한다는 사람들이 머물던 신림동 고시원에서 공부하는 것에도 비유할 수 있겠다.

어쨌든 각설하고, 바로 여기 남호 누각에서 공부를 하던 어떤 유부남이 있었는데 남편이 공부를 하면서 머무는 동안 아내는 매번 끼니를 준비해서 공부하는 남편에게 식사를 갖다 주던 지극정성 아내가 있었다.

하지만 아내가 해주는 식사가 집에서 남호까지 가는 동안 식어버리기 일쑤였고, 남편도 입맛이 없는지 식사를 제때 하지 않아 몸이 여위기만 했다고 한다.

요즘 같았으면 배달업체나 아니면 근처 편의점에서라도 식사를 했겠지만 그 당시엔 그런 게 없었으니 오로지 아내의 밥수발이 남편을 먹여 살렸던 셈이다.

하루는 아내가 남편 몸 건강도 챙겨줄 겸, 뚝배기에 닭을 삶아 고아서 가졌는데 남편이 식사를 마쳤음에도 여전히 뚝배기에 온기가 남아 있는 걸 알게 되었고, 그 국물에 야채랑 쌀국수를 넣었더니 그 맛이 탁월했다고 한다.

그러면서 남편에게도 닭을 먹은 후에 다시 이처럼 닭 고운 국물에 야채를 넣어 쌀국수를 만들어 줬는데 아내의 정성 덕분에 남편이 건강을 회복하고 과거시험에 합격하고 나서 말하길 '과교미선過橋米線'이라고 불렀다는 얘기다.

"오후 1시가 조금 지난 무렵이니까, 딱 맞게 온 거야."

가게는 아침 11시 30분부터 새벽 2시까지 영업하는 곳이었지만 식사 때를 피해서 오면 번잡하지 않고 여유롭게 식사를 즐길 수 있다는 장점이 있었다. 가게는 골든글로리맨션 3층에 자리 잡고 있다. 침사추이 캐머런 로드 14번지다.

메뉴는 국물 국수랑 비빔국수 두 종류인데, 고명토핑을 손님 맘대로 고를 수 있다는 게 특색이다. 면 국수는 24달러로 저렴하고, 토핑 재료에 따라 가격이 오른다는 점을 알아두면 메뉴를 주문할 때도 편하다.

"오늘은 매운 맛으로요."

맞다. 이 가게에서는 매운 맛, 신 맛 등을 손님이 정할 수 있어서 각자의 입맛에 따라 자기만의 국수가 가능하단 점도 장점이었다.

왜 그런 날 있지 않은가?

어느 날엔 전날 느끼한 식사를 해서 담백한 메뉴가 당기는 날이 있고, 또 어느 날엔 날씨도 쌀쌀하고 말을 많이 한 날이라서 얼큰하지만 톡 쏘는 매콤한 맛이 당기는 날 말이다. 특히 이날처럼 쌀쌀한 날씨엔 얼큰하면서도 뭔가 매콤한 게 그리운 날이었다.

'누가 여기 모르고 보면 이탈리안 식당이라고 볼 수도 있겠어?'

메뉴를 주문하고 가게 안을 둘러 봤다.

아까 가게 안으로 들어오기까진 길을 헤맬 필요도 없었다. 홍콩에서 알게 된 지인들이 소개해준 곳이었기 때문에 어느 길로 가야하고 어디에 있는지 아는 덕분이었다. 그런데 여길 처음 오거나 잘 모르는 사람이 찾아온다면 다소 의문이 드는 것도 사실이었다.

'한국에선 쌀국수하면 베트남쌀국수를 떠올리는데 홍콩이나 중국에선 운남성 쌀국수가 인기이니 그것도 색다르고.'

쌀이 주식인 운남성에서 시작된 색다른 쌀국수임 셈이다. 물론, 홍콩에선 완탕면이나 볶음면처럼 여러 가지 종류의 쌀국수가 있지만 그래도 완탕면처럼 유명한 쌀국수가 바로 '과교미선' 으로 불리는 쌀국수이니 말이다. 쌀국수가 먹고 싶다며 홍콩에서도 베트남쌀국수가게를 찾을 게 아니라는 생각을 하던 중이었다.

아닌 게 아니라 가게 내부가 정갈하고 청결한 인상을 주는 데 충분했다.

가게 내부 모습이 깔끔하고 널찍하다. 창가 쪽 테이블들이 4인석 기준으로 나란히 일렬로 늘어서 있고 가게 안에서 맞은 편 위치에 테이블들도 깔끔한 구성이다. 가게 안이 어둡다는 생각이 조금도 들지 않고 밝다. 패스트푸드점 분위기마저 느껴진다.

주문표를 보자.

육수면과 비빔면을 타입을 고르게 해준다. 가격은 홍콩달러 24달러부터다.

국수를 골랐으면 토핑 재료를 고르게 해주는 A단계로 넘어간다. 손님은 자기가 먹고 싶은 재료를 골라서 체크해주면 된다. 만약 국수나 토핑 재료를 잘 모르겠고 생각하면서 고르는 게 귀찮다고 여겨진다면 바로 다음 단계로 '세트' 메뉴를 골라주면 되겠다. 손님들에게 인기가 높은 세트 메뉴로 구성해두고 있으니 편하다.

여기서 끝이 아니다.

매운 맛 고르기, 신 맛 정도 고르기, 그 밖에 개인의 취향상 호불호가 갈리는 '파' 등의 재료를 넣거나 뺄 수 있는 선택의 단계가 남아 있다. 이거 언뜻 생각하기엔 '햄버거 속을 내가 골라서 주문형 햄버거로 만들어 먹는 기분'과 같다. 메뉴만 햄버거가 아니라 '국수'라는 점이 다를 뿐이다. 이처럼 손님의 맛 취향을 제대로 배려해주는 가게가 또 있을까? 물론, 여기서 핵심은 매운 맛 고르기다.

'드디어 나왔군!'

아침부터 이 맛을 기다려온 탓이다.

점원이 갖다 준 메뉴를 보면 군침이 저절로 생긴다. 쌀쌀한 날씨도 한몫했다. 매운 맛이 생각나게 해주는 날씨라니, 날씨와 가게는 진짜 떼려야 뗄 수 없는 서로 돕는 사이 아닌가? 이런저런 생각으로 들뜬 기분을 애써 가라앉히고 다시 식사에 집중.

내 앞에 놓인 국수를 보자.

매운 맛의 기본 국수다. 숙주나물도 넣었고 부추도 들어갔다. 채소는 중국인들이 잘 먹는 소금에 절인 채소로 했다. 아, 근데 맵다. 매워도 좀 많이 맵다. 난 매운 걸 먹으면 왼쪽 귀가 아파지는 경향이 있는데 이날 국수를 먹는 내내 왼손으로 왼쪽 귀를 눌러주며 먹느라 고생 좀 했다. 그나마 다행인 건 국수에 숙주를 넣기 잘했다는 생각이다.

'국수도 면발이 좋지만 숙주랑 부추가 들어가니까 국수 면발이 더 살아나는 느낌이야.'

싱럼쿠이星林居의 [성공 팁]

1번째 요인: 맛을 고집하지 않는다

맛집이긴 한데 딱히 정해진 맛이 없다?

사람들의 입맛은 까다롭다. 사람들은 작은 '혀'로 맛을 느끼지만 그 '혀'가 얼마나 간사하고 다재다능한지 사람마다 원하는 맛이 다르다. 모든 게 그 '혀' 때문이다. 사람마다 특별나게 생긴 '혀'가 아니고 대부분 비슷하게 생겼지만 모든 '혀가 원하는 맛이 다르다는 사실, 하나의 맛을 고집하기보다는 될 수 있는 한 많은 혀들을 만족시키기 위한 전략을 세웠다.

2번째 요인: 손님이 직접 자기 맛대로 주문한다

사람들이 즐겨 찾고 인기 있는 식당인데 사람들이 좋아하는 정해진 맛이 없는 가게다. 사람들은 식당의 맛을 보러 오는 게 아니라 자기 맛을 즐기러 온다. 이 가게의 주방장이 만드는 '맛'을 주문하는 게 아니라 손님들 각자의 입맛에 따라 주문한다.

'사람들 입맛은 변하거든.'

맞다. 사람들 입맛은 변한다.

매번 단 것만 먹던 사람도 시간이 흐르면서 담백한 요리를 찾는다. 매운 것만 먹던 사람일지라도 어느 순간부터는 고춧가루 안 들어간 요리를 찾는다. 사람들 입맛은 변하기 마련이고, 입맛 달라진 가게 단골들을 잃는 것보다는 단골들의 입맛대로 주문하게 해주면서 가게에 오게 하는 게 더 이익이다.

3번째 요인: 날씨에 따라 생각나는 가게가 되다

창가에 후두둑 소리를 내며 비가 내리는 날씨엔 사람들이 파전이나 부침개 그리고 막걸리를 떠올린다. 지붕에 비 내리는 소리가 파전 굽는 소리가 비슷해서라는 이야기도 있다지만 어쨌든 사람들은 날씨에 따라 입맛이 원하는 게 달라진다.

'식사는 해야겠고 뭘 먹지?'

점심시간이 되면 뭘 먹을지 고민인 사람들이다.

거리로 나와 보더라도 막상 어제 갔던 식당엔 다시 가기 꺼려진다. 오늘은 뭔가 내 입맛을 충족시켜줄 쌈빡하고 입에 착착 감기는 맛이 없을까? 고민하며 주위를 둘러보지만 어제 그곳들뿐이다. 예전부터 익히 자주 들렀고 그런 식당들에서 파는 메뉴들은 대부분 먹어봤던 메뉴들뿐이다.

'차라리 도시락을 싸서 다녀?'

'회사에서 매일 식사를 만들어주진 않나?'

여러 생각을 해보지만 그것도 잠시, 자신이 입맛을 정하지 못한 이유를 알게 된다. 모든 게 날씨 때문이다. 그러고 보면 매일 매일 똑같은 날씨가 없다. 하루는 비가 내리고, 다른 날은 해가 뜨고, 또 다른 날은 구름이 잔뜩 끼거나 바람이 불기도 한다. 비개 내리는 듯하더니 이내 그치고 해가 뜬 날도 있다. 요란한 우박을 동반했던 날도 있다. 도무지 일기예보는 예보를 하는 건지, 실시간 중계를 하는 건지 궁금할 때도 있었다.

'오늘은 조금 다르게 먹어 봐야지.'

어제 국수를 먹었더라도 오늘은 조금 덜 매운 맛, 내일은 싱거운 맛이 가능하다. 그 다음 날엔 부추를 빼거나 숙주를 더 넣어 먹어 볼 수도 있다. 이도저도 아니면 세트 메뉴를 먹어볼 수도 있다. 날씨에 따라 변하는 입맛대로 손님들은 달라진 자기 입맛에 맞춰 맘대로 메뉴를 만들어 먹을 수 있는 가게에 온다.

당신 생각에 아무 것도 아니라고 느껴진다면 그 안에 특별함을 담아보세요.

'에그타르트?'

홍콩에 트렌드 촬영을 하러 왔을 때 일이다.

모델로 선발된 일행들이 홍콩에 비행기가 내리자마자 꺼낸 이야기가 '에그타르트'였다. 홍콩에 오면 무엇보다도 가장 먼저 먹어봐야 한다는 그것, 한국에 친구들이 홍콩 간다고 했더니 무조건 그거부터 먹어보라고 했다는 그것이 바로 에그타르트였다.

도대체 에그타르트가 뭐기에.

"대표님, 에그타르트 언제 먹으러 가요?"

"여기 미드레벨 에스컬레이터 쪽에 유명한 데가 있다던데요?"

"에그타르트가 홍콩에서 꼭 먹어야 하는 아이템이래요!"

3박 4일여 짧은 기간 동안 촬영을 하면서 쉬지 않고 들었던 이야기가 바로 에그타르트였다.

남자들보다는 여성들에게 더 인기 높은 에그타르트의 매력은 도대체 뭘까?

사실 그동안 홍콩을 자주 왕래하면서도 단 한 번도 건들 생각을 하지 않았던 것이기도 했다. 일도 바쁘거니와 굳이 찾아가며 뭘 먹으려고 하지 않았던 습관 때문이기도 했다.

하지만 모처럼 홍콩에 온 이번엔 에그타르트의 이야기를 담아갈 요량으로 서둘러 숙소를 나섰다.

국내에 모 방송 프로그램이 다녀간 곳이기도 하다.

한국인들에게도 방송을 통해 널리 알려지면서 명소(?)가 된 곳인데, 가상 결혼을 다루는 프로그램에서 '가인'과 '조권'이 다녀간 이후로 국내에도 많은 이들에게 알려진 곳, 이 가게의 이름은 '타이청빙가'다. 에그타르트의 이야기를 하기 위해 내가 향하는 타이청 베이커리는 에그타르트egg tart로 유명한 곳이다.

우선 에그타르트를 만드는 방법을 알아두도록 하자.

마치 해바라기처럼 가장자리를 바삭한 빵이 감싸고 그 안에 노란 달걀노른자처럼 생긴 푸딩(?)이라고 말하는, 실제는 커스타드 크림이 들어간 달콤하면서도 예쁘게 생긴 먹거리가 에그타르트다.

누가 '에그egg' 아니랄까 봐, 처음 보면 그 모양이 영락없이 달걀노른자만 쏙 빼놓은 것처럼 생겼는데 한 입 베어 먹어보면 텁텁한 달걀노른자가 아닌, 달콤한 크림이라는 걸 알게 된다. 그 생김새부터 귀여운 걸 좋아하는 뭇 여성들의 시선을 한 몸에 받고 그 맛까지 달콤함으로 유명해진 에그트라트 이야기다.

에그타르트를 만드는 방법은 이렇다.

먼저 에그타르트의 가장자리 빵, 크림을 품을 수 있는 얇고 납작한 그릇 역할을 해낼 빵을 만드는 과정이다.

버터랑 소금, 달걀을 준비하고 나서 할 일은 버터를 녹이고, 액체 상태의 버터에 소금을 한 번 꼬집은 양 정도로 조금만 넣고, 달걀 1개를 넣어 잘 섞어서 크림처럼 만들어둔다.

여기에 슈가파우더버터보다 반 조금 되게랑 채에 걸러서 고른 입자상태인 박력분버터의 2배 정도을 넣어 반죽을 해준다.

반죽을 하다가 어느 정도 찰흙 정도의 느낌이다 싶으면 된 것이므로, 냉장고에 넣어 40분 정도 숙성해두면, 이른바 '파이 시트Pie Seat'라고 부르는 에그타르트 받침용 반죽 만들기가 완성된다.

그 다음엔?

이제부턴 우유랑 설탕우유의 약 1/3, 생크림우유보다 조금 적게을 넣어 잘 섞어주고, 달걀노른자만 넣어 다시 섞어준다. 파이 시트 안에 들어갈 커스타드 크림을 만드는 과정이다.

달걀노른자까지 넣어 잘 섞어줬다면 오븐을 데운 후, 이 상태에서 에그타르트용 빵틀을 준비, 빵틀 바닥에 설탕을 조금씩 뿌려준 후에 반죽을 넣어 빵틀 모양대로 만들어준다. 반죽을 빵틀에 넣고 좌우로 꾹꾹 눌러주면서 빵틀에 맞게 모양을 내주는 일이다.

'반죽을 붙여둔 빵틀 안에 생크림을 부어야지.'

그리고 만들어둔 생크림과 우유계란 석인 것을 빵틀 안에 부어준다.

넘치지 않도록 가장자리 끝을 조금 여유분을 두는 게 포인트, 너무 꽉 채우면 오븐에서 데워지다가 넘칠 수도 있지만 우선 그 모양이 뚱뚱해보이고 예쁘지 않기 때문이다.

남자들은 잘 모르겠지만 여자들은 먹는 것을 고를 때도 예쁘고 귀여운 것을 선호하는데 '뚱뚱한 에그타르트'라면 여자들의 선택 대상에 포함되지 않을 가능성이 높아진다.

여기까지 잘 따라했다면 그 다음엔 기다리는 일 뿐이다. 이제부터 약 20분만 지나면 그야말로 당신이 그토록 원하던 에그타르트가 완성된다.

그런데 자! 여기서 중요!

오븐의 온도랑 반죽 상태, 생크림과 우유랑 달걀노른자가 섞인 것의 상태가 중요하다.

에그타르트를 먹어본 사람들은 알지만 오븐의 세기의 따라 시커멓게도 되고, 탄 껍질이 나오기도 하며 빵 모양도 울퉁불퉁, 탄 빵도 나오기 때문이다. 에그타르트가 예쁘게 나오는지, 아니면 시커멓게 나오는지의 차이는 이 부분에서 결정된다.

"페이스트리 빵에 달걀이 들어간 생크림을 넣은 디저트가 에그타르트야."

그러니까 홍콩에 업무차 다니기 시작한 지 얼마 지나지 않았을 무렵, 윈디가 내게 알려준 이야기였다. 한국에서 아침 비행기를 타고 홍콩에 와서 오후에 업무만 보고 서둘러 밤 비행기를 타고 한국으로 돌아가는 내가 측은하다며 기념품으로 '에그타르트'라도 갖고 가라며 건네주면서 해준 말이었다.

비행기에서 먹든지, 한국에 직원들 갖다 주든지 하라는 말과 함께.

"에그타르트?"

"타르트Tar라는 게 커스타드 케이크잖아? 그 위에 토핑하는 재료에 따라서 초콜릿 타르트, 블루베리 타르트 등으로 부르는 건데, 달걀을 넣은 생크림을 얹었으니까 에그타르트라고 부르는 거야."

원디가 건네는 포장꾸러미를 받아들고 '에그타르트'가 뭔지 되묻는 내게 원디가 해준 이야기다. 원디의 말을 빌자면 이렇다.

> 에그타르트는 홍콩식과 마카오식이 있는데 홍콩스타일은 탄 부분 없이 깨끗한 모양새이고 마카오식은 겉면이 조금 그을린 모양으로 만든다고 했다. 그게 불의 세기나 오븐의 온도 차이 때문이 아니라 커스타드 위에 설탕을 뿌리느냐 안 뿌리느냐의 차이인데, 마카오식은 설탕을 뿌려서 굽는 덕분에 겉면에 불에 그을린 것 같은 효과가 생긴다는 이야기였다.

"한국에서 예전에 모 드라마에 나왔다는데? 그때는 마카오식 에그타르트였나 봐. 홍콩에서 알게 된 한국 사람들이 에그타르트 이야기를 하도 꺼내는 통에 나도 알아봤거든."

많은 한국인들이 드라마와 방송프로그램을 통해 알게 된 에그타르트의 기원을 따지자면 200 여 년 전으로 거슬러 올라간다.

포르투갈 리스본에 있는 어느 성당에서 수녀가 만든 게 시초라고 하는데 1837년경 이후부터 세상에 알려지게 되면서 유명해졌다는 이야기가 전해진다.

원래 이름도 에그타르트가 아니라 포르투갈어로 "pastel de nata(파스텔 드 나타)" 또는 "파스텔 드 벨렝Pastel de Belém"이라고 부르는데, 그 의미는 '커스터드 크림이 들어간 타르트'를 말한다고 했다.

"파스테이스 드 나타pastéis de Nata가 같은 말이었구나?"

"어? 알고 있었어?"

"포루투갈 친구들에게 들었지. 처음엔 포루투갈어로 하도 '빠스테이스'라고 하길래 영어 단어 중에 페이스트리pastry인가 싶었거든. 고기 같은 재료를 넣어서 튀겨먹는 파이 있잖아? 그런데 나중에 알고 보니까 타르트를 말하는 거더라."

"맞아. 홍콩에 에그타르트가 전해진 시기는 1940년경이야. 마카오에는 그보다 훨씬 앞서서 전해졌다고 해. 원래 처음엔 크게 만들었는데 간편하게 먹는 디저트가 되면서 크기가 작아진 거야. 하여튼 난 에그타르트보다는 크림 브륄레Creme brulee가 더 좋지. 커스타드 크림 위에 설탕 굳힌 걸 깨트려 먹는 거 달콤하더라."

여자들의 이야기는 사실 자꾸 듣다 보면 남자들이 고개를 끄덕이게 되는 순간이 온다.

뭘 알아서가 아니라 잘 몰라도 그냥 빨리 넘어가고 싶은 마음 때문이다. 윈디의 이야기가 점점 어려운 단어를 쓴다고 생각하게 된 순간 나도 여느 남자들처럼 고개를 끄덕이기 시작했다.

"그리고 에그타르트 가게 앞에 왜 여자들이 줄을 서는지 알아?"

"으, 응?"

"에그타르트는 많이 달라. 그래서 방금 구워낸 상태로 따뜻할 때 먹어야만 부드러운 맛을 음미하면서 먹을 수 있어. 에그타르트가 식으면 너무 달거든. 그래서 에그타르트 가게 앞에 여자들이 줄을 서는 거야. 방금 구워낸 걸 먹어야 제맛을 보는 거거든."

"아, 아."

"그런데 요즘엔 에그타르트를 먹으러 갈 때도 잘 골라서 가야 해."

"왜?"

"사람들에게 많이 알려지고 인기를 얻다보니까 제대로 만드는 에그타르트 가게가 드물어. 어떤 가게에서는 가스토치로 겉면을 그을려서 얼룩지게 해서 파는 곳도 있다니까."

"이를테면 참치타다키 초밥을 만들 때 브랜디를 넣고 불을 붙여서 만드는 게 아니라 가스토치로 겉을 살짝 익히는 거랑 같다는 것이지?"

남자와 여자의 대화가 드디어 공통점을 찾아낸 순간이었다. 그 날 윈디는 나를 공항으로 향하는 MTR 역까지 바래다주고는 회사로 복귀한다고 했다. 한국에 도착한 나 역시 양손에 들린 에그타르트중국인들은 항상 선물을 줄 때 두 개를 주는 게 예의라고 여기는데, 양손에 선물을 들려주는 게 손님에게 예의라고 여기기 때문이다 포장을 들고 회사로 향했음은 물론이다.

"여긴가? 다 왔네."

그래서 타이청빙가의 에그타르트는 우선 빵 모양이 일정하고, 그 안에 달걀을 그대로 얹어놓은 듯 노란 달걀노른자 그대로를 보는 착각을 만들어주는 것부터 일품이다.

홍콩의 마지막 총독 '크리스 패튼'도 영국으로 돌아가고 난 후에도 그 맛을 잊지 못해서 주문했다는 전설까지 전해지지 않는가?

MTR 센트럴 역 D2 출구로 나와서 미드레벨 에스컬레이터에서 소호 거리 방향으로 걸어왔다. 코크런Cochrane 스트리트에 자리잡은 타이청빙가 앞에는 여전히 많은 사람들이, 특히 여성들이 줄을 서는 중이었다. 아침 8:30부터 저녁 7:30까지 영업한다지만 시간대를 구분해서 줄의 행렬이 짧고 긴 것은 아니었다. 운이 좋으면 조금 기다리고 주문할 수 있고 평소 같으면 어느 정도 줄을 서야하는 상황이었다.

"가게 안을 볼까?"

사람들과 함께 줄을 서서 가게 안을 봤다.

중국의 명소가 된다는 건 오랜 역사를 바탕으로 시작되어야 한다는 건가? 타이청빙가를 만나게 되면 첫 인상이 에그타르트 전문가게 그 이상의 정돈된 역사책 느낌이 난다.

사파이어블루 컬러라는 영어 명칭보다는 감녹색이라는 우리식 표현이 어울리는 곳, 달걀이 가득한 숲풀 속으로 들어가는 기분도 든다.

가게 앞에 항방 붐비는 관광객들, 사진 인파를 헤치고 들어가면 주문과 동시에 바로바로 구워져 나오는 달콤한 에그타르트 향이 가득하다.

'페이스트리 빵 안에 고이 담긴 달걀노른자, 아니 달걀 푸딩인가? 커스타드 크림인가? 맛있다.'

달걀노른자만 한 개 쏙 빼먹는 기분도 들고, 홍콩의 어감상 황색이란 느낌과 황금을 먹는 기분도 연상된다. 그렇게 에그타르트의 이야기를 마칠 무렵, 나는 이날 타이청빙가의 역사 속에 서 있었다. 1954년부터 시작된 소호 거리에서 본점의 하루에 기록되는 중이었다.

타이청빙가泰昌餅家의 [성공 팁]

1번째 요인: 정통 방식을 유지한다

시대가 변하면서 다양한 디저트 가게가 생기고 프랜차이즈 형태의 먹거리 가게들이 생겨났어도 고유의 정통 방식과 맛을 그대로 유지하며 전통을 이어가는 중이다. 그 맛을 기억하는 사람들이 전통의 가치를 깨닫고 기억하게 되면서 입에서 입으로 소문이 전해지고, 생명력을 여전히 유지하게 되었다.

변하는 세상 속에서 변하지 않는 것 또한 차별화가 되고 특색이 된다.

세상이 변하니까 나도 변한다는 논리는 '지극히 당연한 것' 그 이상도 이하도 아니지만, '세상이 변하더라도 나는 변하지 않는다'고 하면 사정이 달라진다.

사람들은 '왜?'라는 의문을 갖게 되고 그들의 호기심과 궁금증을 갖고 가게에 온다. 그리고 '아! 역시!' 감탄하며 '이래서 변하지 않는구나!' 생각하며 되돌아간다. 가게가 말해준 게 아니라 손님들 스스로 느낀 결과다.

2번째 요인: 사람들의 필요에 따라 크기를 줄였다

맛은 변하지 않지만 크기는 변했다.

식사용으로도 가능했던 크기에서 점차 사람들의 간식용으로, 사람들이 들고 다니기 편리한 크기로 변화했다. 크기가 작아지자 사람들은 그들의 식사용도를 넘어 선물용으로, 간식용으로 소비를 이어갔다.

스마트폰 시대에도 가게가 살아남는 것 이상으로 발전을 이어가는 이유다.

손님들이 가게에 와서 사진을 찍고 페이스북에, 트위터에, 블로그에 기록하기 시작했다. 가게에 방문했다는 사실을 남기는 것에 그치지 않고 시식후기를 올리고 친구들과 공유하게 되면서 가게 이름이 더 많이 알려졌다. 이 모든 게 에그타르트트틔 크기를 줄이면서 얻은 이익이다.

3번째 요인: 그 자리에서 역사가 되었다

에그타르트 아이템 하나만으로도 수십여 년 역사를 이어오며 가게 문을 열었다. 홍콩에선 1940년대 이후로 사람들에게 알려지기 시작한 에그타르트이지만 본격적으로 인기를 얻기 시작한 건 1990년 무렵이다. 기성세대와 다른, 나만의 것'을 중시하는 X세대의 등장과 더불어 신세대들이 좋아하는 에그타르트 아이템으로 자리 잡은 결과다.

그리고 다시 시간이 흐르면서 2000년대를 지나 2010년을 지난 지금도 가게 문은 항상 열리고 손님들은 다시 줄을 서는 중이다. 타이청빙가 가게는 단순한 에그타르트 가게가 아닌, 소호거리 그 자리에서 수십여 년을 지나오며 항시 만나는 랜드마크가 되었다.

지금 그 자리를 오래 지키기만 해도 역사가 됩니다.

"사진을 보면 뭘 해? 맛도 모르는데, 그냥 알아서 좋은 거 시켜줘."

"그래도 좋아하는 맛이라든가, 먹고 싶은 메뉴라든가, 뭐 그런 거 있을 텐데? 메뉴 보면 영어로 재료랑 이름을 설명해놨으니까 사진도 보고 설명도 보고 맘에 드는 걸 시켜야지?"

"아냐, 그래도 몰라. 그냥 괜찮은 거 시켜줘."

"뭐 먹을 건데?"

"아무거나."

이쯤 되면 기분 좋은 마음으로 식사를 하러온 사이에서도 잠깐의 어색한 침묵이 흐른다.

마음에 드는 메뉴를 고르라는 사람과 괜찮다며 아무 거나 시켜달라는 상대방 사이에 예의 바른 듯 하지만 뭔가 결정하기 쉽지 않은 순간이다.

뭘 먹어야하는 건지, 뭘 주문해야할지 서로 쉽게 결정하기 어려운 상황, 사람들은 이 경우 '차라리 뷔페나 갈 걸' 후회하곤 한다.

"여기 마음에 안 들어? 다른 식당에 갈까?"

이 얘기를 듣고 자리를 일어나면 그나마 다행이다. 상대방은 최소한 이 식당에선 먹을 게 없었다고 생각하던 중이란 게 된다.

"아냐, 아냐. 다른 데 가봤자 또 그래. 여기서 먹자. 여기 괜찮은 데 뭘. 그러지 말고 여기서 괜찮은 메뉴 하나 시켜 줘. 아무거나."

꼭 빼놓지 않는 말.

아. 무. 거. 나.

이쯤 되면 두 사람 사이에선 한숨도 쉽게 나오고 식당 안 가게 주위를 두리번거리게 된다.

상대방 얘기대로 진짜 아무거나 시켰다가 입맛에 안 맞는 걸 먹게 되면 낭패다. 둘 사이가 비즈니스 관계라면 더 어색해진다. 한쪽은 상대방 배려를 못하는 사람이 되고, 상대방은 모처럼 유명하다는 식당에 갔는데 이도저도 아닌 그저 그런 음식만 먹었다고 생각한다. 그래서 주위를 두리번거린다.

다른 사람들은 여기서 뭘 주문해서 먹는지, 가게 밖에는 몇 명이나 줄을 서는지, 메뉴판엔 무슨 음식들이 있는지 헤맨다. 주문을 받으려고 기다리던 점원들도 답답하긴 마찬가지다. 뭘 주문해야 빨리 주방에 전달해서 음식을 만들 텐데 손님들이 가게에 들어온 지 벌써 몇 분 째 주문을 못하는 상황이다.

점원은 테이블 위에 물을 갖다 두고 다른 일 보러 가버린 뒤다. 점원들은 이런 상황에 익숙하기 때문이다. 앞으로도 얼마의 시간이 흐른 뒤에 드디어 테이블 벨이 울리면 다가가서 물어보면 될 일이다.

"정하셨어요?"

라고 말이다.

"그럴 땐 카트가 딱 이지."

내가 자주 들른 곳, 처음엔 지인의 소개를 받아 들른 곳인데 이제는 내가 지인들을 초대하는 곳이 된 가게다. 이름 하여 '카트 메뉴'다. 이 가게는 도대체 뭘 파는 곳이기에 카트가 등장할까? 설명하자면 이렇다.

메뉴판을 보기 싫다?
점원의 추천 메뉴가 믿기 어렵다?
메뉴판을 봐도 뭘 먹을지 고르기 어렵고 설명도 난해하고 어렵다면?

이럴 때 들르는 카트 요리 가게가 있다.

연꽃의 향기가 머무는 장소라는 의미인가?

'린홍쿠이'는 홍콩 셩완 센트랄 지역에 '드 보예 거리'에 있다.

가게 안으로 들어가 보자.

깔끔한 분위기, 다소 고풍스런(?) 중국식 계단을 올라가면 2층에 그 본모습을 드러내는 공간이 펼쳐진다. 가게 안이 좁진 않지만 밀려드는 손님들 덕분에 합석은 기본이다. 고급 식당에서 자리 안내 받아가며 먹는 곳이 아니다. 빈자리 찾아 앉아서 주위에 오가는 카트를 세우고 그 위에 놓인 요리를 골라 식사하는 곳이라서다.

'여기에도 국내 모 프로그램 제작진에서 다녀갔다지?'

서너 명이 앉으면 도리 테이블이 가게 안에 가득, 푹신한 소파나 고급스런 의자가 아니자만 어쩐지 정감 어린 등받이가 돋보이는 의자다.

사람들은 신문도 보고 스마트폰도 만지작거리는 어른들이 대다수. 의자를 보아하니 엉덩이 앉는 부분이 길어서 식사를 하고 배를 쑥 내밀며 등을 기대도 편안할 듯 보인다. 식사 때가 다가와서일까, 사람들이 들어오고 나가면서 식당 안이 웅성거린다. 곳곳에 보였던 빈 테이블도 이젠 어느새 자리가 없어졌다.

'뭘 먹을까?'

창가 쪽 자리를 보면 분명 저기에도 이 가게의 메뉴 사진이 붙어있긴 하다. 그러나 창가를 바라보고 주문하는 사람들이 없다.

자리에 앉아보자.

점원이 차를 내온다.

처음에 주는 그릇엔 컵이랑 수저 씻으라고 주는 용도. 분명 차$_{tea}$처럼 생긴 옅은 녹색 물이 담긴 그릇이 나오는데 일반적인 밥그릇이나 요리접시보다는 다른 용도로 보인다. 크기도 좀 크다. 주전자와 차가 담긴 그릇, 점원은 그렇게 테이블을 세팅하고 다시 다른 테이블로 간다. 그쪽 테이블 위에도 내 앞에 놓인 주전자와 차 그릇이 놓인다.

하지만 차$_{tea}$라고 해서 이거 먹으면 안 된다.

중국, 특히 광동성 지역처럼 더운 지역 홍콩에선 대부분의 음식점에 가면 그릇과 수저, 손을 씻으라는 차를 내온다. 날씨가 습하고 더워서 위생상 청결하게 식사하라는 의미다. 그대신 손님이 직접 그릇을 씻어서 식사하라는 얘기다.

그렇게 손님이 차가 담긴 큰 그릇에 수저랑 컵을 요령껏 씻으면 그 다음에 마실 수 있는 차를 내준다. 씻은 컵 안에 차를 따라 마시면 된다.

그런데 참고로, 컵을 먼저 씻을 때도 사람들마다 기술이 다르다.

일반적인 방법은 컵을 뉘여서 수저를 이용, 차를 담아 뿌리듯 컵 안쪽까지 골고루 찻물이 닿도록 해주는 게 있다. 일부 눈치 빠른 사람은 다른 중국인들이 그릇을 씻는 모습을 보고 따라 하기도 하는데 굳이 능숙하게 보일 필요는 없다. 자기가 원하는 방식대로 씻으면 된다.

'자, 이제 그릇을 됐고, 딤섬을 먹어볼까나?'

기다리면 테이블 사이사이를 지나가는 카트가 등장한다.

국내에서도 큰 식당에 가면 손님이 주문한 음식을 싣고 다니는 카트가 있긴 하지만 이 카트는 용도가 다르다. 그렇다고 그릇 치우는 카트도 아니다. 내가 앉은 테이블 옆으로 카트가 지나가는 걸 보고 세웠다. 그리고 그 위에 놓인 딤섬통들을 하나씩 열어보며 안에 뭐가 들었는지 살폈다.

'요건 지난 번에 먹어봤고 오늘은 이걸로 먹어볼까?'

맞다. 이 카트는 딤섬카트다.

점원이 카트를 밀고 손님들 사이사이를 다니며 손님들에게 딤섬을 보여준다. 손님들은 메뉴판을 볼 필요도 없고 점원에게 뭘 만들어달라고 주문할 필요도 없다. 그저 카트 위에 놓인 딤ㅂ섬 중에서 입맛 당기는 걸 보고 직접 고르면 된다.

이 카트가 특별한 이유다.

제법 그 안에 열기까지 품었다. 카트 위에 놓인 딤섬 메뉴를 먹기 좋은 상태로 유지해주기 위함이다. 손님들은 카트가 지나갈 때 딤섬 뚜껑을 열어보고 자기가 먹을 걸 들어서 테이블에 놓으면 된다.

그러면 카트를 밀고 온 점원이 아까 손님이 테이블에 앉을 때 테이블 위 유리판 덮개 아래에 끼워둔 주문지에 표시를 해준다. 주문지라고 해봐야 소형, 중형, 대형 등으로 구분한 칸에 12번까지 적힌 숫자가 전부이지만 꽤 요긴하다.

'카트 안에 먹을 게 없어. 그럼 어쩌지?'

손님들이 카트 위에 놓인 딤섬 중에서 먹을 게 없으면 또 다른 딤섬을 가져다주기도 한다. 아니면 손님이 가게 안에 다른 카트로 가서 또 살펴보면 된다. 가게 안에선 카트가 여러 대 돌아다닌다. 그 위에는 다양한 딤섬이 있으므로 손님이 각자 먹을 걸 골라서 가져오면 된다.

카트가 내게 다가오길 기다리는 건 아니다.

내 자리 테이블까지 모든 카트가 지나가는 건 아니다. 내가 앉은 테이블과 떨어진 카트가 있다면 거기까지 손님이 가서 열어보고 골라서 가져오면 된다.

'주문표 체크해주세요.'

난 여기 꽤 여러 번 왔다.

그래서 점원이 뭘 해야 하는지, 내가 딤섬을 고르면 그 다음 해야 할 일이 뭔지 안다. 점원에게 주문표를 건넸다. 주문표에는 린흥퀴, 식품기록장이라고 하고 그 아래에 경고문구가 적혔는데 '손님이 체크하지 말라'는 내용이다. 테이블 번호와 차를 마신 사람 수손님 수, 돈을 받은 점원을 표기하게 되어 있다.

'이 가게 처음 왔을 때는 진짜 이 주문표만 보고 이게 무슨 메뉴판인지 뭔지 헷갈렸는데.'

여기서 주문표는 손님이 고른 딤섬의 가격과 개수를 기록하는 역할이다.

작은 요리, 중간 요리, 대형 요리, 특별 요리, 주문 요리 등을 표시하게 되어 있고, 주문표에 기재된 숫자는 손님들이 주문한 메뉴 가짓수를 표시한다.

대형 요리 3개를 주문하면 대형요리 칸 3개까지 점원이 도장을 찍어주는 식이다.

이때 도장엔 29 또는 34 등처럼 그 메뉴의 가격이 적혀 있어서 나중에 주문표에 찍힌 도장 안에 숫자를 모두 더하면 손님이 결제해야 할 음식값이 된다.

"린흥라우蓮香樓엔 가봤어?"

윈디를 만나게 되면 항상 린흥쿠이를 자랑하곤 했다. 내가 골라먹는 딤섬 메뉴에 푹 빠져다는 일종의 자랑이었다. 나도 이만하면 홍콩사람 아니냐는 얘기이기도 했다. 그러자 윈디가 내게 물었다. 린흥라우엔 가봤냐는 질문이었다.

“거긴 어딘데?”

“린흥쿠이 안다고 했지? 거기 본점인 셈이야. 셩완 지역에 웰링턴 스트리트 160번지에 있는데. 거기에도 가 봐. 아침 6시부터 영업해서 밤 11시까지 할 거야. 아침식사는 린흥라우가 좋지. 난 홍콩에서 어렸을 때부터 거기 다녔어. 부모님이랑 같이.”

린흥라우.

윈디가 알려준 이 가게는 ‘린흥 티 하우스’라는 이름으로 더 많이 알려진 곳이다.

하지만 나 역시 린흥쿠이를 알면서도 린흥라우를 몰랐던 것처럼 외국인들이나 관광객보다는 홍콩 현지 사람들이 주로 찾는 유명한 곳이었다. 그 기원도 1889년에 중국 광동성에서 처음 문을 연 이래로 1918년에 홍콩으로 진출한 가게라고 했다.

“린흥쿠이에서 딤섬 카트 먹어봤다고 했지? 린흥라우에서도 낮 시간대에 가면 딤섬 카트가 나올 거야. 주문하고 먹는 방식은 똑같아.”

내가 린흥쿠이에 들렀다가 윈디의 소개를 듣고 린흥라우에 다녀온 이후로 이따금 기억하는 목소리다. 1889년에 문을 연 가게라면 2015년 기준으로 126년이나 된 역사가 흐르는 가게 아닌가? 윈디의 목소리는 내게 1백년을 넘도록 문을 연 가게의 역사를 느껴보라는 안내판이기도 했다. 내가 이따금 걷게 되는 그쪽 길에는 항시 동행을 데리고 가는 이유이기도 했다. 역사는 함께 만들어가는 것이니까.

린흥쿠이蓮香居의 [성공 팁]

1번째 요인: 음식을 보여주고 주문하게 하다

주문표가 없다. 계산서가 있다.

주문서 따로 계산서 따로 있지 않다. 손님에겐 미리 만들었지만 맛있는 상태로 유지되는 음식을 보여주고 현장에서 주문을 받아 계산서에 기재한다.

주문표가 필요 없게 되는 부분이다.

음식이 메뉴판이 되고 손님이 음식을 고르면 바로 계산서에 가격을 표시하는 게 전부다. 손님은 손님대로 음식을 직접 보고 고를 수 있어서 편하고, 가게 입장에선 주문받는 과정을 건너 뛸 수 있으므로 시간절약도 되고 음식 제공 과정이 간편해진다.

2번째 요인: 손님의 눈으로 직접 보고 바로 식사하게 하다

음식을 눈앞에서 보고 고른 손님에겐 '맛없다'는 평가가 나올 수 없다.

메뉴판을 보고 주문하면 사진과 음식이 다르다고 불평할 수 있다. 기대에 비해 맛이 없다라는 불만도 생길 수 있다. 하지만 손님이 직접 보고 고른 음식이라면 이야기가 달라진다. 음식 맛에 대해 불평불만을 하지 않는다. 직접 보고 골랐기 때문이다.

음식은 온기로 데워주는 특별한 카트 안에 놓여 제공된다. 손님이 언제 고르더라도 방금 만든 따뜻한 음식이 된다. 방금 만든 음식을 자기 테이블 위에 올려두고 먹는 기분은 자기가 요리해서 먹는 것 이상의 즐거움을 준다. 주방에서 손님 테이블로 오기까지 음식의 온기가 중간에 사라질 위험도 없다. 음식이 항상 맛있는 상태가 되는 이유다.

3번째 요인: 없는 음식은 주문받아서 만든다

같은 음식을 여러 번 먹어도 된다.

하지만 준비한 음식에 손님이 원하는 게 없다면? 손님이 주문한 대로 만들어서 제공하는 가게다. 카트 안에는 가게에서 준비해둔 딤섬들이 미리 준비되어 있다. 하지만 손님 중에는 뭔가 특별한 딤섬을 원할 수 있고 특별한 날에 걸맞는 요리를 주문할 수도 있다. 그래서 가게는 손님이 주문하는 음식을 만들어서 제공하게 되었다.

가격은 시가다.

재료값이 시기별로 다르고 음식을 만드는데 필요한 재료와 시간이 각기 다르기 때문이다. 그래서 손님이 특별 주문한 메뉴는 가격이 다르게 책정된다. 가게 입장에선 매출이 더 늘어나는 부분이고, 손님 입장에선 자기 입맛에 맞춘 자기만의 음식을 먹을 수 있어서 좋다.

오로지 '국물' 하나로 승부할 수 있다면 다른 건 신경 쓰지 않아도 됩니다.

"이건 한국에서만 맛 볼 수 있는 음식이야!"

"일본엔 없어?"

"없어. 최소한 내가 알아봤지만 찾을 수 없었어. 나 이번 서울 출장엔 이거 먹으러 왔다니까. 일본에 있는데도 이 맛이 잊히질 않는 거야. 나 이거 사업할까?"

서울 종로에 위치한 불판낙지 전문점에 들른 일본인 사업가 '하토리'의 이야기였다.

그는 무교동낙지 스타일의 매운 양념에 푹 빠진 상태였다. 일전에 서울에서 저녁 식사를 하러 들른 가게였는데 처음 맛본 그 맛을 잊을 수 없었던 모양이었다. 이번 서울 출장에선 아예 공항에서부터 사무실 대신 낙지식당으로 직행한 경우였다.

"양념 하나에 빠져서 장사까지 생각하다니? 대단한데?"

"이 맛이 보통 맛이 아니라니깐. 나 지금 진지해. 일본에 낙지도 있고 다른 재료는 다 있는데 이 양념이 없어. 비슷하게 따라하려고 해도 이 맛이 나질 않을 거야. 그래서 말인데."

"응?"

"내가 일본에 여기 같은 낙지 전문요리점을 낼 테니까 이 양념 좀 나한테 수출해 줄래? 그러면 진짜 사업 대박 날 거야. 어때?"

하토리의 이야기는 그 표정부터 진지했다.

낙지요리 맛에 빠져 일본에서 장사를 하겠다고 계획했는데, 낙지와 다른 모든 건 일본에도 있으니, 내게는 한국에서 이 양념만 수출해달라고 했던 경우다.

하던 패션 사업은 어쩌고?
겸업으로 사업을 하려고? 그것도 낙지요리전문점을?

사실 낙지요리 그것도 불판낙지요리란 한국인 입장에서는 그 양념이 특별할 게 없는 메뉴이기도 했다. 국산 고춧가루에 고추장, 갖은 양념을 넣고 낙지와 함께 불판에서 볶으면 되는 간단한 일이었다.

그런데 그런 일련의 과정이 한국인이 아닌 일본인 입장에선 완전 새로운 놀라운 메뉴였던 셈이다. 하토리는 도대체 왜 매운 맛에 빠졌던 걸까?

'홍콩에도 국물 하나로 성공한 가게가 있지.'

이른 아침부터 숙소를 나서 걸음을 옮기던 중 문득 하토리에 대한 기억이 떠올랐다.

그렇게 한국에서만 맛 볼 수 있는 아이템, 한국에서만 맛을 제대로 경험할 수 있는 음식이 있다면? 성공가능성이 더 높을 게 분명했다. 하토리의 심정을 이해할 수 없는 건 아니었다. 다만 그 당시에 난 낙지요리전문점에 관심이 없었을 뿐이었다.

'그런데 내개 국물을 먹으러 지금 가고 있잖아?'

'쌩홍윤'을 찾아가는 길은 어렵지 않으나 가게에 도착해서도 자리를 잡고 테이블에 앉기란 생각만큼 쉬운 게 아니다. 특히 오늘처럼 아침부터 다소 후덥지근한 홍콩 날씨 속에선 더욱 그렇다.

'사실 여긴 가게 안이라고 부를 데가 없지.'

쌩홍윤은 가게가 없다, 아니, 천장만 있다. 도로변 골목 통로로 사용되는 장소에 천장을 만들고 테이블과 의자를 갖춰 놓고 장사하는 곳이다. 한국에선 이런 가게를 포장마차 혹은 노점이라고 부른다. 쌩홍윤은 홍콩식 포장마차인 셈이다.

'아침부터 진짜 후덥지근하네. 선풍기 앞자리가 났으면 좋겠는데.'

MTR 셩완 역에 내려서 E2 출구로 나섰다.

신세기 광장을 지나니 웰링턴 스트리트에 도착, 이 안에서 고프 스트리트Gough Street 를 찾아 들어가면 드디어 싱흥유엔을 만난다.

'안젤리나 졸리도 여기 와서 골동품을 구경했다지?'

홍콩 속의 작은 유럽이라고 부를 수 있다.

고프 스트리트에는 영국 스타일의 부티끄와 크고작은 유럽스타일의 레스토랑이 가득한 게 특징이다. 그리고 얼마 지나지 않아 골목 초입부터 늘어선 사람들 행렬이 보였다.

'아, 여기가 거기구나!' 싶었다.

그러나 제대로 찾아왔다는 기쁨도 잠시, 도대체 얼마나 기다려야 하는 거야? 걱정이 앞서게 만든다. 아침부터 국물을 먹으러 온 사람들이 이렇게 많다니, 조금 더 일찍 출발할 걸 후회가 든다.

'설마, 이렇게 아침부터 사람들이 오겠어?'

방심한 게 불찰이다. 사람들 뒤로 이어 줄을 섰다.

그런데 쌩홍윤 가게 앞에 줄을 서 있자니 바로 골목 앞 쪽으로 '카우키'가 보였다.

'저길 갈까? 카우키에서도 국물이라면 최고잖아?'

하지만 선불리 자리를 뜰 생각은 못했다.

카우키에 가도 사람들 줄이 상상을 초월하는 곳일 테니, 일단 쌩홍윤부터 맛을 보자며 성질급한 가슴을 다독일 수밖에 없다.

그나마 다행이다.

아침 8시에 문을 연다는 걸 알았기에 시간 맞춰 왔다. 그러고 보니 나보다 일찍 쌩홍윤에 온 손님들은 보나마나 직장인들 같았다. 출근은 9시까지, 아침식사겸 들른 사람들로 보였다. 금방 자리에서 일어날 거라는 생각이 들었다. 오래 기다리지 않아도 된다는 얘기다. 마음이 조금 더 느긋해졌다.

'여긴 언제 와도 그대로이네.'

'쌩홍윤'

홍콩식 포장마차다. 노점식당이랄까? 도로변 골목 안에 천장을 쳐두고 간이 테이블과 의자를 놓고 장사하는 곳이다. 사실 그 명칭은 쌩홍윤인지 싱흥유엔인지 부르는 사람들마다 달라서 정확한 발음을 적기가 까다로운데, 홍콩관광청에서 발간하는 맛집 소개 책자엔 '싱흥유엔'으로 표기되어 있으니 동일하게 적으면 되지 않을까? (개인적으로는 어감적으로도 쌩홍윤이 왠지 모르게 더 친숙하지만 말이다.)

'노점이라니? 거리에서 장사한다고?'

맞다. 가게 안을 가로지르는 골목으로 사람들이 왕래한다.

따로 벽을 만들고 공간을 만든 게 아니라서 지나다니는 사람들이 가게 안을 가로지르게 하는 것도 늘 있는 일이다. 도로변 골목을 차지하고 하늘을 가린 천장을 만든 게 전부라서다. 이 정도면 진짜 홍콩에서만 맛보는 음식이 나올 듯싶다.

진짜 홍콩사람들이 먹는 음식을 말한다.

게다가 도로변 포장마차라서 볼 수 있는 상황, 예를 들면, 가게라고 해봤자 천장을 만든 천막 안 쪽을 보면 맥주병과 음료수병 박스를 진열해둔 곳, 음식을 만들어 내오는 조립식 가건물이 전부라는 점이다. 천막 아래엔 플라스틱 테이블과 의자들을 골목 벽 쪽으로 모아둔 상태도 눈에 들어왔다. 한국에서 볼 수 있는 포장마차와 크게 다를 바 없는 구조다.

가게 구경을 마친 후에는 다시 가게 안 쪽으로 시선을 돌렸다. 너무 오래 기다리지 않으면 좋겠다는 생각이 들 무렵, 길가에 줄 서서 가게 안에 어느 테이블이라도 자리가 나기만을 기다릴 때였다.

'아, 내 차례다.'

드디어 맛을 볼 시간, 가게 안에 빈 좌석이 생긴 걸 보는 순간 재빨리 다가가서 앉았다.

여기선 손님들이 자리가 나는 대로 앉는 게 우선이고 합석이 기본이다. 좁은 공간에서 맛있는 음식을 순서대로 먹는 방법이기도 했다. 나름의 질서였다.

사실 홍콩엔 '쌩홍윤'처럼 도로변에 차려진 가게를 '다이파이동大牌檔'이라고 부르는데 우리나라에서는 '포장마차'라고 부르는 형태의 가게다. 하지만 급격히 산업화가 이뤄지면서 현재 홍콩엔 양손가락으로 꼽을 정도밖에 남지 않은 게 현실이기도 하다.

그런데 이와 같은 다이파이동도 처음엔 무허가 영업을 하는 통에 규제 대상이 되기도 했는데 이젠 그 남은 수가 적다보니 정부에서는 아예 라이선스를 부여해서 지정된 장소에서만 영업을 하도록˙허가를 내주기도 상황이다.

그래서 더 애착이 가는 걸까?

홍콩사람들이나 홍콩을 찾는 관광객들은 여정 중에 쌩홍윤에 들르기를 빼놓지 않게 된 이유가 되었다.

그리고 다이파이동에서만 즐길 수 있는 메뉴들이야말로 사람들을 불러 모으는 이유에서 빼놓을 순 없다. 튀김옷이 우리나라의 튀김보다 살짝 더 얇은 오징어튀김도 인기이고, 두부와 오리고기, 소시지를 모아놓은 치우차우潮州라는 메뉴도 현지인들에게 인기다.

특히 한국인의 입맛에는 마늘양념을 넣어 볶음 채소무침이 인기이고, 후추소스랑 기름에 볶아낸 바지락볶음은 하얀 쌀밥과에 밑반찬으로 손색이 없어서 한국인의 입맛에도 훌륭하다. 하나를 더 꼽자면 새우요리가 있겠는데 중간 정도의 크기의 새우를 반으로 갈라 그 사이에 마늘 양념 등을 넣어 삶아낸 메뉴가 사람들에게 큰 인기를 얻는 곳이다.

"토마토라면 주세요."

이날 내가 먹으려고 한 메뉴다.

토마토랑 라면을 따로 먹는 게 아니라 하나의 메뉴다. 면발은 마카로니로 할지, 인스턴트 기름에 튀긴 면발로 할지 고를 수 있는데, 인스턴트식 면발로 했다. 이처럼 갖은 재료로 만든 육수에 토마토소스가 추가된 음식이 토마토라면인데 사람들에게 인기를 얻는 또 다른 이유는 손님 입맛에 따라 소고기나 달걀 등의 고명을 얹어서 각자 스타일대로 먹을 수 있어서다. 가격은 대략 한국 돈으로 3,000원 정도.

"레몬차도 한 개요."

매콤한 토마토라면과 함께 먹는 건 역시 시원한 아이스 티, 내가 고른 건 레몬차였다.

그런데 여기서 한 가지 알아둘 것은 '레몬차'라고 해서 레몬향 분말을 섞어 만드는 음료가 아니라 레몬 과육을 홍차에 가득 넣어주는 음료라는 점이다. 더위에 지친 사람이라면 누구에게나 큰 호응을 얻는 음료 되겠다. 토마토라면의 매콤한 식감을 단박에 사라지게 해주는 청량감도 일품이다.

'이 컵은 진짜. 처음엔 몰랐는데 보면 볼수록 매력적이야.'

처음 볼 때는 다소 투박한 재질의 플라스틱 컵이었고 '이런 건 요즘 한국 초등학교에서도 안 쓴다고!' 생각이 들게 하는 컵이었다. 그런데 이 컵을 자주 보다보니 홍콩 특유의 감성적인 부분도 느껴지는 것 같고 나름의 분위기도 만들어주는 것 같아서 어느 때 보면 정감을 갖게 되는 대상이 된 듯하다.

그리고 잠시 후.

드디어 내가 주문한 토마토라면에 내 앞에 놓였다.

아침 일찍 숙소를 나서 싱흥유엔에 도착한 지 얼마만인가, 줄 서 기다린 지 몇 시간 만인가? 기다릴수록 간절함이 더 커지기도 하지만 모든 걸 다 떠나서 토마토라면이라는 메뉴 하나에 이토록 매달리게 될 줄 누가 알았을까?

그 맛은 한국에서 먹는 라면의 그것과 크게 다르진 않다.

토마토를 라면에 넣어 먹는 맛이 이상하지 않을까 염려했던 적도 있었는데 모든 건 역시 기우였다. 직접 먹어보지 않는 한 아무도 모를 맛, 그렇다고 해서 맛이 특별하다거나, 매니아 층만 좋아할 정도로 어떤 고유의 맛이 있다는 게 아니다. 토마토라면은 담백한 국물맛도 좋지만 면발을 함께 먹는 식감도 나쁘지 않다. 익숙한 식감 그대로다.

싱흥유엔勝香園의 [성공 팁]

1번째 요인: 다이파이동의 명맥을 유지한다

하루에도 많은 고층빌딩이 들어서는 홍콩.

하루에도 수백만 명의 사람들이 들고 나는 홍콩에서 오랜 시절 홍콩서민들과 함께 시간을 보냈던 많은 다이파이동은 시간이 흐를수록 홍콩의 옛 이야기로 사라질 수밖에 없는 운명에 처했다. 하지만 '싱흥유엔'만큼은 여전히 굳건한 명맥을 유지하며 건재한 곳이 되었다는 사실에 집중하자. 역사 속으로 사라질 운명을 받아들이던가, 역사 속에서 그대로 살아남을 것인가 선택의 문제다.

트렌드를 좇지 않으면 나만의 트렌드가 된다.

패션 유행에도 일정한 시대별 흐름이 반복되는 특성이 있다. 고도로 발달된 세상일지라도 사람들은 상대적으로 과거로 회귀를 그리워할 때가 생긴다.

문명에 치이고 사회 발달 속도에 피로감을 느낄 때다. 매초 마다 쏟아지는 정보 속에서 허겁지겁 달려왔지만 세상 모든 것이 변했다고 느낄 때라도 그 자리에 그대로 머문 곳이 있다면? 사람들은 휴식을 생각할 때 그 곳으로 향한다.

그 자리에 싱흥유엔이 있다.

2번째 요인: 토마토라면, 차별화된 메뉴로 승부하다

토마토라면을 만들다.

사실 토마토는 삶아서 먹기도 하고 샐러드와 햄버거 재료로도 많이 이용되는 재료다. 피자 도우반죽에도 토마토소스를 바르고 그 위에 토핑재료를 얹는다. 이처럼 토마토는 과일 자체로 섭취하는 것 외에도 다양한 메뉴에서 사람들과 친숙한 존재다. 라면과도 충분히 어울릴만한 재료다. 누군가 먼저 시도해보지 않았을 뿐이었다.

그런데 토마토라면을 만든 건 아이디어다.

핫도그나 햄버거에 뿌려 바르던 토마토소스를 라면에 넣는 순간 느끼할 것 같다는 상상과 정반대의 담백한 맛이 우러났다. 햄버거, 핫도그, 피자 등의 음식에서 익숙하게 접했던 토마토소스가 라면 속으로 들어온다고 해도 낯설게 받아들일 이유가 없었다. 사람들이 싱흥유엔의 토마토라면에 빠져들기 시작했다.

3번째 요인: 유럽풍 거리에서 홍콩 그대로의 모습을 유지하다

세련되고 고풍스런 느낌의 유럽 스타일이 가득한 거리에서 그 어느 골목에 자리 잡은 싱흥유엔은 사라지지 않는 홍콩 그대로의 생명력을 보여주는 대표적 이미지가 되었다.

모든 걸 수입에 의존할 수밖에 없는 홍콩의 특성상 무역과 금융이 자유로운 산업적 환경과 함께 항상 새로운 것들이 쏟아지는 홍콩이었다. 하지만 변하지 않는 그 무언가가 중요했다. 홍콩사람들이 먼저 변하지 않는 존재를 찾아서 지키려고 노력하기 시작했고 그 자리에 싱흥유엔이 들어섰다.

성공한 홍콩 사람들의 향수를 달래주는 가게, 세계에서 하루가 다르게 물밀 듯 들어오는 새롭고 좋은 것들과 경쟁하면서 굳건하게 자기자리를 지킨 가게, 홍콩사람들이 외국인들에게 기꺼이 소개해주고 싶어 하는 가게가 되었다. 홍콩을 찾는 사람들이 반드시 들러보고 싶어 하는 가게이기도 했다.

지역특색을 살린 메뉴로 승부하세요. 지역을 구경 온 손님이 가게에도 옵니다.

“이태원에만 가도 각 나라 사람들을 다 볼 수 있어.”

“미국 사람만 있는 거 아니고?”

“아냐, 이태원 소방서 골목 쪽으로는 러시아 사람들, 그 아래쪽으로는 태국이나 방글라데시처럼 아시아 사람들이 자주 모이는 가게들이 있고, 소방서 길 건너편으로는 인도 사람들, 그리고 한남대교 방면으로 보는 블록에는 미국인들이 주로 모이거든. 이태원에서 녹사평역 쪽으로 향하는 대로변 길에는 한국인들도 자주 가는 큰옷을 파는 가게들이 모여 있어. 이 부근에선 힙합패션이나 덩치가 큰 운동선수들을 상대하는 가게들을 해야지. 이처럼 이태원에서 장사하려면 각 나라 사람들이 자주 모이는 가게들 특성을 알아서 전략을 세워야 해.”

옷가게를 열고 싶다는 후배가 홍대 부근이나 이대역 부근, 동대문시장이나 이태원 쪽 중에서 어느 동네에 가게를 열어야할지 물어보기에 답해준 이야기들이다.

그 후배는 내 이야기를 듣고 며칠간 더 고심하는 것 같더니 인터넷에 가게를 열었다. 임대형 쇼핑몰을 활용하면서 초기 투자 비용을 줄이고 돈을 벌게 되면 나중에 오프라인에 가게를 차리겠다는 얘기를 했다.

초기 투자자본이 적고 사업 경험이 부족한 상태에서 올바른 길이었다.

"그런데 옷가게만 하려고 그러는 것보다는 여러 가지 아이템을 놓고 다양한 가능성을 생각해 봐. 기존에 뜬 상권보다는 새롭게 부각되는 지역이 있고, 지금은 유명하지 않더라도 사람들이 점점 몰리는 거리가 있어. 북촌마을 지역이나 성북동, 가로수길, 서래마을 주변 지역들도 그렇게 알려진 곳들이거든."

옷가게 외에도 다양한 가능성을 열어두라고 얘기해주며 후배에게 알려준 동네들이었다.

사실 알고 보면 대한민국 서울에는 프랑스 스타일이 돋보이는 서래마을길, 일본식 아기자기한 도로들이 특징인 압구정동 길, 대만계 중국인들이 몰린 연남동 길, 중국 교포들이 거주하는 대림동과 신길동 주변 동네, 베트남이나 몽고 등의 이주근로자분들이 집단 거주를 하는 안산 등처럼 각 나라의 문화적 특색을 느낄 수 있는 지역들이 많다.

서울에서 한국인들만 상대로 장사하는 시대가 아니란 얘기다.

'오늘은 스탠리에 오길 잘했어.'

한적함과 여유로움이 가득한 스탠리.

여기 근처에는 여성을 위한 다양한 액세서리와 의류 등을 판매하는 레이디스마켓에 이어, 스탠리마켓, 스탠리 메인 스트리트 구경이 매력적이다.

맛집들이 많이 모인 스탠리에 중심 거리라면 이국적인 외국의 느낌이 더 강한 지역이 특색이라는 점에서 서울의 이태원에 비유되는 곳이랄까? 홍콩사람보다 서양 사람들이 더 많은 지역이니 어쩌면 당연할 듯하다.

스탠리에는 조금만 때를 놓쳐도 좌석 잡기가 힘든 카페나 가게들이 많으니 말이다. 스탠리 지역 레스토랑엔 식사 때에 가면 빈 좌석 찾기 어려울 정도다.

모든 곳에 만석, 또 만석이다.

번스 비치바에는 예약이 필수인데 운이 좋으면 그냥 가도 착석 가능한 곳

미니버거와 허니듀 비어만으로도 만끽할 만한 곳

도로변 아담한 가게, 그러나 즐거움은 아담하지 않는다는?

내부 좌석보다는 길가 테라스가 더 인기, 지나다니는 사람들도 보고 날씨 구경도 하고

'이쯤에 있었는데? 아, 저기다!'

스탠리 도로가에 서면 어렵지 않게 금방 찾을 수 있는 가게 '번스 비치바'에 가는 길이다.

노란색 파라솔이 옹기종기 모인 가게 앞에 섰다.

노란색 벽면에 야자수 그리고 태양 그림이 여기가 '번스 비치바'라고 표시해주는데, 누가 그렸는지 모르지만 앙증맞게 보이는 파도 그림이 귀여워서 한참 들여다보게 된 곳이다. 어쩌면 저 파도가 나를 이 곳에 데려온 지도 모른다.

'메뉴는 가게 앞에서 미리 보고 고르자.'

모든 메뉴는 가게 앞 테라스에 입간판을 세워두고 손님들이 지나다니며 볼 수 있게 해둔 점이 특색이다. 이젠 세계 어느 곳을 가더라도 식당 앞에 음식 모형이나 메뉴판을 놓은 모습을 쉽게 보게 되지만 번스 비치바의 메뉴판은 메뉴판이라고 부르기에도 조금 더 단출하다.

메뉴 보고 들어오라는 자부심인가?

'의자는 왜 이렇게 높아? 엉덩이 큰 사람은 앉기 힘들겠는 걸?'

엉덩이를 얹을 수 있는 면적은 좁지만 키가 큰 동그란 테이블 주위로 길쭉한 키 큰 의자들이 놓여 마치 야자수처럼 보인다.

의도한 걸까?

테이블 사이를 통해 보이는 번스 비치바 가게 내부 풍경이 한눈에 보인다. 가게 앞 테라스에 놓인 파라솔들과 테이블들 사이 폭은 몸집 있는 남자가 걸어가기에도 충분할 정도다. 넓다.

이 통로가 가게 안으로 이어지게 만든 아이디어다.

가게 면적이 좁아서 하늘로 솟은 테이블들, 파라솔로 가려둔 시원한 공간, 가게 내부로 이어지는 좁지 않은 통로, 이 가게 주인은 마치 '좌우는 좁지만 위아래는 굉장히 넓다'고 말하려는 것 같다. 의자도 높고 테이블도 높고 가게 내부에 와 보니 천장도 높다.

그래서인가, 가게가 전반적으로 작아 보이지 않는다. 오히려 천장에 비해 내가 너무 작은 게 아닌가 생각된다. 가게 안으로 들어와서 도로쪽 방향으로 다시 쳐다봤다.

테라스에 동그란 테이블 뒤로 나무재질로 보이는 테이블과 의자가 놓였고, 길쭉하면서 좁아 보이는 가게 내부 구조는 정면과 한 쪽 벽을 터서 문을 달아 테라스랑 하나의 공간처럼 만들어둔 게 눈에 들어온다.

가게 안에서 밖을 볼 때도 어색함이 없다.

도로 쪽 손님들이 걸어 지나가면서 '번스 비치바'를 볼 때나, 가게 안에 앉아서 도로 쪽 풍경을 감상할 때나 일체감이 든다는 얘기다. 가게 안과 밖에서 바라보는 풍경이 서로 어울린다.

'번스 비치 바라는 거 누가 모를까 봐?'

가게 앞 입간판 인테리어 구조물들이 보인다.

그 중에는 제프리Jeffreys Bay 만灣으로 가는 방향이 저쪽이라는 화살표 구조물도 만들어 두었고, 그 옆에는 또 다른 만灣을 가리키는 화살표 구조물을 뒀다. 마치 이곳에선 어느 해안을 보고 싶든지 여기가 중심이라는 효과를 주려고 한 듯하다.

'엥? 와이키키 비치 Waikiki Beach까지 가는 길이 8942.8km란다?'

내가 잘못본 건가 싶어 눈을 부비고 다시 봤지만 틀림없다. 89.42m가 아니라 8942.8km다. 사실 나는 홍콩 스탠리에 있는 이 가게에서 하와이 와이키키 해변을 가리키는 간판을 보면서 그저 장식품이겠거니, 손님들에게 하와이 느낌 내려고 달아두었거니 생각했을 뿐이었다. 그런데 거리 표시를 보니 실제 거리다. 홍콩의 어느 작은 동네 스탠리에서 하와이까지 얼마나 떨어져 있는지 정확하게 알 수 있다니.

'그러고 보니 바로 옆에 제프리 만灣까지 가는 길이 11317.2.km라네? 이거 봐라? 서울부터 부산까지 거리가 450km라고!'

번스 비치 바를 만든 가게 주인의 아이디어가 번득인다.

화살표 방향대로만 걸어가면 거기 적힌 지명이 나온다고 하니, 여기가 번스 비치 바, 여기에 머무르고 싶은 충동이 강하게 들지 않은가? 1만 km가 넘는 다른 해안가에 언제 다 걸어갈까? 차라리 번스 비치 바에 머물지? 하와이에 살고 있는 사람에게 전화를 걸고 싶은 충동도 느낀다.

'이봐! 난 네가 살고 있는 하와이에서 고작 9,000km도 안 떨어진 곳에 있는 카페에서 칵테일을 마시고 있다고! 오늘 뭐해? 저녁에 술이나 한 잔 할까? 응?'

가게 내부로 들어가 보자.

모든 게 공개되는 확 트인 오픈 키친이다. 테이블은 없고 술과 메뉴를 만드는 키친이 바BAR 형태로 되었다. 손님들이 바 앞에 서서 술이나 음료, 메뉴를 먹을 수도 있다. 영락없이 미국식 어느 작은 주점 모습이다. 손님과 가게 주인이 이웃인 동네, 언제든 편하게 들러 위스키 더블샷 한 잔만 마시고 돌아가도 되는 동네, 그 느낌이다.

'그래서였구나. 의자들이 키가 큰 이유를 알겠어.'

그리고 가게 안에서 도로를 향해 바깥쪽을 다시 보아하니, 도로변 가까운 곳에 테이블이랑 의자가 키가 큰 이유를 알 것 같았다.

거리에 걸어 다니는 사람들이랑 눈높이가 비슷해지는 효과다.

도로변 번스 비치 바에 앉았지만 그 눈높이는 길가에 걸어 다니는 사람들이랑 비슷하다는 점이다. 번스 비치바에 손님은 앉아서 보고, 도로변 사람은 서 보고, 이거 이거 번스 비치 바에 들어오면 키가 갑자기 커지는 효과가 생긴다.

도로변 사람들 생각에, '난 서 있는데 저 사람들은 앉아있네?' 할 거 아닌가? '나는 다리 아픈데 재네들은 앉았네? 번스 비치 바 매력적인데?'라는 식이다.

자리에 앉아보자.

점원이 메뉴판을 바로 건넨다. 그래 좋다. 테이블 위엔 머스타드 소스, 소금, 케첩이 놓였다. 하인즈 케첩이다.

메뉴판을 보니 프리미엄 생맥주라고 하고, 오르가닉 허니 듀 비어란다. 250cc랑 500cc 사이즈다. 무슨 맥주이기에 꿀맛 맥주인가? 꿀을 탄 것인가? 이 어찌 궁금하지 않을 수가? 잠시 메뉴판을 보던 나는 이 가게의 매력 만점 메뉴 미니버거를 주문했다.

'미니 버거. 여기 처음 왔을 때 그 앙증맞은 모습에 놀라고 기대 이상의 맛에 감탄했는데.'

오래 전 어느 날 기억이다.

번스 비치바에서는 물론 여러 가지 버거burger를 판다. 이를테면 '더 엔드레스 썸머'라는 버거도 있다. 갖가지 재료에 따라 크기랑 맛이 다른 버거들인데, 생맥주랑 셋트 메뉴로 홍콩 달러 99달러에 판다.

그리고 미니버거, 냅킨 위에 올려진 4개의 미니버거가 한 메뉴로 나온다.

이쑤시개 4개로 쿡쿡 꽂아둔 모양도 귀엽지만 미니버거라고 해서 재료를 우습게 여길 건 아니다. 고기 패티랑 치즈, 토마토, 양배추도 온전히 들어갔다. 햄버거를 먹을 때 위아래 양쪽에 빵을 '번'이라고 하는데 '번'보다 더 두꺼워 보이는 고기 패티가 눈에 확 들어온다.

'제대로다!'

그러고 보니 앞쪽 도로변에 놓은 키 큰 테이블이랑 의자들 모습과 닮았다는 걸 알게 된다.

'아하, 다른 사람들이 지나다니며 번스비치바를 볼 때, 키 큰 테이블에 앉아서 키 큰 미니버거를 보는 기분, 이 가게엔 재밌는 거 파는구나! 그런데 고기가 두껍구나?'

이런 생각을 갖게 할만 했다. 난 이날 번스 비치 바에 앉아 하와이에 살고 있는 친구 '에이리(Eiri)'에게 전화를 걸었다.

"이따가 뭐해? 커피나 한 잔 하지? 여기? 네가 있는 하와이에서 9,000km 밖에 안 먼 곳이야. 네가 올래? 내가 갈까?"

번스비치바Verns BeachBar의 [성공 팁]

1번째 요인: 디테일하게 중심이 되라

서울에서 일식 가게, 이탈리아식 가게를 열긴 쉽다.

하지만 이탈리아에서 얼마나 먼 곳인지, 일본에서 얼마나 가까운 곳인지 알려주는 가게는 없다. 디테일하게 다가가는 순간, 막연한 곳이 아닌, 실제 구체적인 장소가 된다. 사람들 기억에 남기 시작한다.

일식가게를 열면서 화살표 조형물을 걸고, 거기에 일본 도쿄 신쥬쿠로부터 이쪽 방향으로 몇 km라고 써보자. 이탈리아 나폴리 방향으로 몇 km라고 써보자. 피자를 먹으면서 이탈리아를 떠올리고, 초밥을 먹으면서 도쿄 신쥬쿠를 떠올린다. 이름만 따온 가게가 아니라 실제 그 지역, 그 동네 가게라는 이미지를 심어준다.

그 길을 걸어가고 안 가고는 손님 몫이다. 물론 모든 손님들은 무모한(?) 행동을 저지르지 않지만 말이다. 디테일한 거리가 표시되는 순간 다른 동네 이야기가 아니라 같은 동네 가게가 된다.

2번째 요인: 좌우가 좁다면 위아래를 활용하라

세상에 모든 가게는 내 마음에 드는 평수를 제대로 맞추는 법이 없다.

항상 좁거나 넓거나, 직사각형이거나 마름모꼴이거나 크기와 모양도 제각각이다. 그렇다고 해서 내 마음에 드는 가게를 만들어서 장사할 수는 없는 노릇이다. 이럴 땐 주어진 가게 상태를 최대한 활용하는 전략이 필요하다.

좌우 폭이 좁다면 위아래 천장이 높은 장점을 활용한다. 사람들은 가게의 요모조모를 따지는 게 아니라 그 가게에 특색을 찾는다. 어느 가게에 평수가 '좁더라' 이야기하는 게 아니라 '어느 가게에 갔더니 이런 게 있더라'라며 그들이 가져온 추억을 이야기하길 좋아한다. 가게의 모양을 고민하지 말고 가게의 특색을 부각시켜야 한다.

3번째 요인: '뭘 파는 가게지?' 궁금증부터 없애준다

사람들은 항상 생각한다.

도로를 걸을 때나, 버스나 자동차를 타고 길을 지날 때 도로변 가게를 보고 생각한다. 가게가 예쁘다, 가게가 좁다, 가게가 신기하다 등. 그런데 유명한 프랜차이점이 아니고선 사람들이 보고 그 가게에서 뭘 파는지, 어떤 메뉴가 유명하고 어떤 음식이 맛있는지 모른다. 그래서 사람들은 이왕이면 그들이 아는 가게에 간다. 최대한 음식을 잘 몰라서 저지를 수 있는 실수를 줄이고자 함이다.

당신의 가게가 잘 안 되는 이유는 사람들이 당신 가게의 아이템을 모르기 때문이다. 그들은 그동안 그들이 알던 가게에 갈 뿐이다.

그들에게 당신 가게의 아이템을 알려주는 게 좋다. 그들이 당신 가게의 아이템을 보는 순간, 그들은 당신 가게가 신장개업이건, 손님이 많건 적건 상관없이 '그들이 좋아하는 아이템을 보고' 당신 가게에 들어온다. 당신 가게의 아이템은 당신 가게 인테리어보다 더 중요하다. 인테리어보다 더 먼저 사람들에게 알려져야 한다.

장사할 가게가 좁다면 아이디어를 넓히세요.

"우리 다 먹었으면 빨리 나가라는 거야?"

모처럼 홍콩에 온 전지현(가명)이 내 쪽으로 상체를 숙이더니 내게만 들릴 정도의 작은 목소리로 묻는다.

전지현을 만난 건 얼마 전 더운 여름 어느 날 저녁이다.

휴가를 내서 특별히 왔으니 홍콩에서 특별한 걸 먹게 해달라고 했던 터라 커즈웨이베이에 유명한 '게 요리' 식당으로 와서 식사를 하던 중이었다.

"아니. 식사 천천히 해도 돼."

"그럼 저 여자가 왜 와서 그릇을 치우는데?"

고민이 된 모양이다.

그도 그럴 것이 한국에서는 바쁜 시간대에 테이블을 오래 차지하고 있는 손님들에게 나가라는 표시로 빈 접시나 그릇을 치우는 경우가 종종 있어서다. 한국에서는 빈 그릇을 치워도 그 손님들이 눈치 못 채고 더 오래 테이블에 있으면 점원이 다가와서 '저희 마감시간이라서'라고 말하는 수도 있다. 다른 손님 좀 받게 다 먹었으면 그만 떠들고 나가달라는 얘기다. 전지현은 한국에서의 기억을 떠올린 모양이었다.

"중국에선 식사하는데 테이블 위에 빈 그릇 있는 걸 별로 안 좋아해. 문화차이인데 음식이 잇는 그릇은 그냥 두지만 빈 그릇은 치우려고 하는 게 보통이야. 대개는 그냥 와서 치우고 일부 식당에선 점원이 와서 '빈 그릇이나 음식을 거의 다 먹은 그릇은 치워도 되는지' 물어보거든. 중국에선 뭐든지 풍족하게 풍부하게 있어야 그걸 좋은 거라고 여기는 생각이 있어."

"아, 그래? 그럼 다행이고."

전지현은 다행이다 싶은 표정이었다.

내게도 처음 겪는 일은 아니었다. 한국에서 중국을 처음 온 사람들은 간혹 낯선 문화 차이를 겪으면서 당황하는 경우가 있다.

"여긴 이 빠진 그릇도 그냥 쓰는 곳이 많아. 그걸 하나의 전통이라고 여기거든. 우리 역사가 그렇게 오래된 가게라는 표시라고 여겨."

"아, 진짜?"

전지현이 고개를 끄덕이며 말했다. 아무래도 홍콩이란 곳 역시 중국의 문화가 존재하는 사실이, 겉으론 별 차이 없어 보이는 아시아 사람들이지만 한편으론 전혀 다른 문화를 지닌 사람들이란 게 새삼스러운 듯 했다.

"그리고 중국에선 손님을 대접할 때도 예의가 있어. 가령 손님이 배부르게 먹고 음식을 남기도록 하는 게 예의거든."

"그건 또 뭐야?"

"음식을 주문할 때도 손님이란 앉는 테이블 위에 가득 차도록 메뉴를 주문하거든. 상을 다 채우는 게 우선이고, 그 다음엔 손님이 배부르게 먹고 음식이 남도록 하는 거야."

"한국에선 예의가 남은 음식 없이 다 먹는 건데?"

"응. 그래서 중국 식사자리에 처음 온 한국인들이 너무 배가 불러서 고생을 좀 하지. 주는 대로 그릇을 다 비우거든. 예의 지키느라고. 그런데 그걸 중국인 입장에서 보면 손님이 배가 덜 찬 거야. 안 남기거든. 그래서 손님에게 메뉴를 자꾸 더 시켜줘. 배부를 때까지 먹고 남기라는 얘기지. 그런데 그걸 또 보는 한국인들은 예의를 지키느라 또 다 먹고."

"뭐야, 그게."

전지현이 입을 가리며 웃었다. 자기에겐 처음 듣는 얘기였다. 하지만 사실이다. 그래서 중국인들과 사업을 하는 자리에 가보면 그 사람이 중국에 온지 얼마 안 된 사람인지, 거래를 많이 해본 사람인지 알게 된다. 중국인들과 한국인들의 식사문화는 같으면서도 많은 부분에서 다르다.

"바다 보면서 맥주나 한 잔 할까?"

"땡큐지."

식사를 거의 마치고 디저트와 후식으로 커피까지 마신 후였다. 전지현에게 맥주를 마시겠냐고 물어보니 OK란다.

"이번에 가는 곳엔 가게 점원도 없고, 눈치 보며 언제 나가야하는지 걱정 없는 가게로 갈게."

"그런 데가 있어?"

"응, 영업시간 제한도 없어서 손님이 있고 싶을 때까지 있어도 되는 곳이야. 게다가 바다도 바로 눈앞에서 보고 시원한 자연바람도 좋은 데지."

"거긴 이름이 뭔데?"

전지현이 자기 가방에서 책을 한 권 꺼내더니 주섬주섬 페이지를 넘기기 시작했다.

미리 사들고 왔다던 홍콩여행책자였다. 홍콩에서 그런 곳이 있다는 얘기를 처음 듣는다는 표시였다. 거기가 어디인지 미리 찾아보겠다는 의미다. 그런데 나는 사실 거기가 홍콩여행 책자에 나왔는지 안 나왔는지 모른다. 다만 이날 전지현이 중국의 식사문화에 대해 궁금해 하는 걸 보고 조금 색다른 가게를 소개해주려고 했을 뿐이다.

"여기서 멀지 않아. 가자."

"걸어서?"

"걸어가야 해. 거긴 아무 멋진 곳이지만 주차장이 없어."

전지현과 함께 발걸음을 옮기면서 내 머릿속엔 벌써부터 홍콩 바닷가 야경이 그려졌다.

아사히, 하이네켄, 하이벨베르그 등등, 세계의 맥주를 생맥주로 야외에서 저녁노을을 보며 마시는 기분은 어떨까? 여행자에겐 여행의 고단함이 눈 녹듯 사라지고, 관광객에겐 이국의 정취가, 그 나라 사람들에겐 하루의 피로가 싹 사라지지 않을까?

'사람이 바다랑 같이 마시는 생맥주랄까?'

인테리어가 잘된 가게들은 많다.

그렇지만 이따금 강가나 바닷가에서 제방에 앉아 생맥주 한잔 들이켜고 싶은 그런 기분이 들지 않는가? 낭만을 안다면 말이다.

캔맥주?

알루미늄 뚜껑을 따는 소리는 마음에 들지만 그 곳에 입을 대고 마시는 건 어째 시원하게 느껴지지 않는다. 생맥주가 어울리는 시간과 장소가 있지 않은가? 자연바람을 맞으며 시야가 탁 트인 곳에서 마시는 기분 말이다.

"근데 거기가 어디야? 책에서는 못 찾겠는 걸?"

"거의 다 왔어. 간절하면?"

"만족감도 더 커진다?"

"그 말 기억하네?"

"홍콩 온다고 했더니 간절하게 오라고 했잖아? 그래서 기억하지."

전지현은 나를 따라 길을 걸으면서도 연신 책자를 뒤적이더니 결국엔 가방에 다시 넣었다.

낮에는 없지만 밤에 생기는 가게, 낮에는 거리공연도 펼쳐지고 인근 건물에서 근무하는 회사원들도 거니는 곳인데 저녁이면 파라솔도 설치되고 서서 생맥주를 마실 수 있는 곳이다, 세계 모든 맥주를 생맥주 상태로 간단한 과자 안주삼아 즐길 수 있는 야외 생맥주 가게인 셈이다.

센트럴 지역에서 만큉스트리트에 있는 센트럴 부두 3번지다. 조금 더 정확하게는 K4라는 가게다. 홍콩의 야경 속에서 조명이 반사된 바다를 앞에 두고 자연 바람을 맞으며 들이켜는 생맥주가 있는 곳.

"여기야."

가게는 단출하다.

서너 평 남짓 되는 공간, 가게 안에서 한 명이 서빙을 보고, 가게 안 냉장고에서 병

맥주를 팔고 바로 앞에 생맥주 기계를 두어 손님들에게 즉석에서 생맥주를 따라 준다.

생맥주 기계 한쪽 옆엔 과자류를 진열해두고 맥주랑 같이 먹으려는 사람들이 고를 수 있게 했는데, 이 가게의 진가는 바야흐로 저녁노을과 석양이 지는 밤이다.

"우아, 여기 뭐야? 가게 맞아?"

"응."

"신기하다. 바다 바로 앞에서 생맥주를, 그것도 세계 맥주를 원하는 대로 골라서 마실 수 있다니? 어? 위스키도 있어!"

"여기가 바로 '비어 베이'라는 가게야."

간단한 요깃거리가 되도록 데워먹는 메뉴도 가능하다. 가게 안에 전자레인지가 있다. 그리고 화요일에는 별도의 프로모션 이벤트를 진행한다. 화요일에만 이용 가능한 가격의 생맥주 제공이 된다.

칵테일과 위스키, 양주류도 잔으로 판매된다. 생맥주 기계 바로 옆엔 얼음통이 있어서 위스키를 원하는 사람들이 얼음을 섞을 수 있다.

전지현은 모처럼 바다 앞에 섰는지 즐거운 표정이었다.

딱딱한 회색빛 건물들 안에 갇혀(?) 지내는 일상으로부터의 탈출이기도 했다. 바다를 바로 앞에 두고 여행자들이 가져온 수트케이스 위에 얹어둔 생맥주 잔이 홍콩의 야경과 참 많이 닮았다는 느낌도 들게 해준다. 주위를 둘러보면 온갖 나라의 사람들이 다 모인 듯 하다. 커다란 가방을 짊어진 배낭여행자부터 근처 건물에서 하루 일을 마치고 나온 정장 차림의 직장인들 모습, 데이트 중인 커플들도 등장했다.

비어베이The Beer Bay의 [성공 팁]

1번째 요인: 사고방식의 전환, 없어서 못 하는 게 아니다

가게 벽이 없어서 가게를 열 수가 없다? 아니다.

테이블이랑 의자가 없어서 가게를 열 수가 없다? 아니다.

가게 벽이 없다면 벽 없는 가게를 열 수 있고, 테이블이랑 의자가 없다면 서서 먹는 가게를 열 수 있다. 가게랑 의미를 일정한 공간 안에 테이블이랑 의자를 두고 사람들이 들어와서 돈을 낼 수 있어야 하는 곳으로 규정지으면 안 된다. 이제부터 가게는 손님이 있으면 거기가 가게가 되어야 한다. 가게라는 곳은 주인이 있고 손님이 있어서 돈을 주고받는 상거래가 이뤄지는 곳이다. 다른 건 의미가 없다. 심지어 최근엔 손님이 돈을 낼 수 있을 뿐이고 주인 없는 가게들도 생기지 않았는가? 이런 형태의 가게엔 무인점포가 있고 자판기가 있다.

벽이 없고 테이블이 없다면 그 공간 자체를 벽 없고 테이블 없는 가게로 만들 수 있다. 가게의 특색이 되는 셈이다. 손님들은 가게 벽이 오는 게 아니고, 가게 테이블이 좋아서 오는 게 아니다. 그들이 머물 공간이 필요해서 온다. 벽이 없어도 공간은 있다. 마찬가지로 벽이 없어도 가게가 될 수 있다.

2번째 요인: 나머지는 손님에게 맡기다

가게는 주인의 것이 아니라 손님의 것이어야 한다.

주인은 손님이 원하는 물건을 파는 사람이기 때문이다. 가게에서

주인이 원하는 사람에게만, 주인이 원하는 물건만 파는 가게라면 그 가게엔 아무도 가고 싶어 하지 않는다. 그런 가게에 가는 손님이 있다면 그 사람은 아마 가게 주인이랑 가족이거나 가게 주인을 지극히 이용해먹으려는 불순한 의도만 가진 사람들이다. 그런 이상한 사람들로만 가득 채워질 게 빤하다.

가게 주인은 손님이 원하는 물건을 팔고 그 다음부터는 손님에게 맡겨야 한다.

식당에서 손님이 주문한 음식을 내준 주인은 아무 것도 할 수 없는 것과 같다. 기껏 해서 손님 테이블 옆에서 음식을 조리하는 걸 도와줄 수 있을 뿐이다. 손님 대신 먹어줄 수도 없고, 손님의 이야기를 들어주고 손님과 겸상할 필요도 없다. 그건 가게 주인의 임무가 아니다. 가게 주인은 손님이 원하는 상품이나 서비스를 제공한 이후에는 전적으로 나머지 모든 걸 손님에게 맡겨야 한다.

3번째 요인: 감성을 자극하다

사람들은 업무상 목적에 의해 가게를 찾고, 생활에 필요해서 가게를 찾는다. 목적성 소비를 하는 과정이다. 자신의 목적을 위해 소비를 해야 하고 소비를 하기 위해 돈을 번다. 그래서 목적성 소비가 이뤄지는 가게들은 망할 가능성이 거의 없다. 사람들이 끊임없이 찾아오고 돈을 내기 때문이다.

그런데 사람들은 자신의 생존을 위한다는 '뚜렷한 목적'이 없어도 돈을 쓸 경우가 있다.

감성에 젖을 때다.

자신의 과거를 돌아볼 때, 미래를 기대할 때, 누군가를 떠올릴 때, 고단한 몸을 휴식할 때도 돈을 쓰게 된다. 고민이나 힘든 문제가 생길 때 마음을 위로하고 싶은 사람들이 '술을 마시기 위해, 노래를 부르기 위해' 돈을 쓴다. 그리고 현실을 벗어나고픈 사람들이 '바다에 가고 싶어' 기꺼이 돈을 쓰기도 한다.

그래서 사람들이 감성을 자극받는 장소엔 사람들이 모이고 돈을 쓰게 된다. 바닷가야말로 대표적으로 감성을 자극하는 곳이다.

단일 메뉴, 단일 가격만 고집해도 되냐고요? 그래도 특색이 됩니다.

"오늘 저녁은 쇠고기 어때?"

"잘하는 집이야?"

"쇠고기 잘 하는 집? 쇠고기가 다 거기서 거기지."

"아니, 내 말은 쇠고기가 좋은 품질인지, 아니면 등급이 낮은지 물어보는 거야."

"그걸 어떻게 알아? 먹어봐야 알지."

쇠고기는 먹어봐야 안다?

전혀 틀린 말은 아니지만 그렇다고 맞는 말도 아니다. 쇠고기를 좋고 나쁨을 이야기하는 사람은 맛을 봐야한다고 말하지 않는다.

"쇠고기는 먹어봐야 하는 게 아니라 모든 걸 봐야 하는 거야."

"그게 무슨 소리야?"

"생각해 봐. 쇠고기가 테이블에 올라왔어. 뭐가 먼저 보여? 색깔이 보이지? 한국인들이라면 아마도 쇠고기의 기름기에 지나지 않는 것임에도 마블링, 마블링하면서 기름기를 볼 테지만 말이야. 풀을 먹고 초원에서 건강하게 자란 소들은 마블링이 적다는 걸 아는 사람이 드문 이유도 있지만."

"아, 진짜?"

"암튼 쇠고기가 테이블에 올라오면 가장 먼저 보이는 건 색깔이야, 그 다음엔 육질의 냄새 정도겠지. 그럼 그 다음엔 뭐겠어? 젓가락으로 쇠고기를 집어 구이판이나 석쇠에 올려야지? 그런데 육즙이 너무 빠지지 않도록 굽는 것도 중요하지만, 사실 여기서 진짜 쇠고기의 고수들은 젓가락으로 쇠고기를 집는 순간에도 쇠고기의 상태를 알 수가 있어."

"젓가락으로? 젓가락이 모슨 청진기야? 그걸로 어떻게 알아?"

"아냐, 알아. 젓가락으로 쇠고기를 집는 순간에 젓가락에 들어간 힘, 쇠고기의 탄력, 쇠고기 조각의 무게는 물론이고, 쇠고기가 접시에 놓였다가 젓가락에 집혀 들리는 순간의 모양에서도 그 쇠고기의 상태를 확인할 수가 있거든."

"말도 안 돼."

"말 돼. 그리고 구이판이 올려둔 후에도 금방 확인할 수 있어. 어떻게 익어 들어가는지 쇠고기의 상태를 보는 거야. 앞뒤 구운 면의 색깔이랑 구울 때 나는 소리, 익어가면서 새어나오는 향기로도 판가름 할 수 있어. 그뿐인가? 적당히 익혀서 입 안에 넣었을 때 혀에 닿는 느낌이라든가, 입 안에서 씹었을 때 나오는 육즙과 향기를 통해서도 알지. 이처럼 쇠고기의 좋고 낮음을 이야기할 때는 생각해야할 부분이 한두 가지가 아냐."

모처럼 직원 회식을 쇠고기로 해줄 건데 좋은 가게를 알면 소개해 달라는 전화를 받고 해준 이야기다. 그리고 이날 내가 추천해준 가게가 바로 지금 내가 찾아가는 홍콩에 '구기우남'이다.

구기우남九記牛腩.

홍콩에서 유명한 쌀국수 가게다.

'쌀국수는 베트남 아냐?'

아니다.

국내에도 몇몇 쌀국수 가게들이 있는데, 이 가게는 모 방송국에서 홍콩 특집편으로 만든 프로그램에서도 소개한 맛집이기도 하다. 홍콩 스타 양조위가 좋아하는 단골이라고 해서 더 유명한 가게, 방송 화면을 통해 소개된 진한 육수를 본 시청자들이 대부분 홍콩행을 계획하였을 정도다.

얼큰한 국물을 특히나 좋아하는 이들에게는 홍콩을 가야할 이유가 분명히!

'거의 다 왔는데? 지난번엔 싱흥유엔만 갔었지. 이번엔 카우케이아람으로 바로 가야겠어.'

싱흥유엔쌩홍윤과 같은 도로에 자리 잡은 카우케이아람九記牛腩의 홍콩 발음은 같은 도로 맞은편에 있다. 도로변 통로에 '구기우남九記牛腩'이라고 쓴 빨간색 간판이 붙은 곳이다. 길가 모서리에 자리 잡고 있어서 유동인구가 특히 많고 접근성도 좋다. 물론, '카우케이아람' 이 유명하게 된 이유는 장소 덕분만은 아니다.

'이곳만의 쇠고기 육수가 정말 일품이지. 보통 쇠고기 재료 갖고는 도저히 흉내 낼 수조차 없는 맛이야.'

가게 밖까지 길게 늘어선 사람들 행렬은 맛집의 기본이 되어버린 지 오래다. 그런 면에서도 운이 좋은 경우 가자마자 입장할 수도 잇다. 식사 때만 피하고 혼잡할 시기만 피하면 된다. 물론 그게 어렵지만 말이다.

'아, 오늘도 사람이 많네? 드디어 내 차례군.'

자, 가게 안을 보자.

이 가게만의 쌀국수를 먹으러 온 홍콩사람들과 관광객들이 가득하다. '합석은 기본'이란 게 홍콩에서 좀 유명한 가게들의 공통점이기에 빈 좌석만 보이면 바로바로 앉아야 한다.

많은 한국인들이 오는 덕분에 이 가게는 한국어 메뉴도 있다.

들어가 앉아 보자.

당신 얼굴이 한국인처럼 생겼다면 가게 점원이 곧장 한국어 메뉴판을 건넬 것이다. 혹시라도 영어나 중국어 메뉴판을 받게 되더라도 놀라진 말자. 메뉴판 남은 게 그거밖에 없었을 수도 있다. 당신 얼굴이 절대! 절대로 외국인 같아서가 아니라고 생각하자.

'오늘은 뭘 먹을까?'

메뉴판에는 '카우케이 쇠고기면 전문점'이라는 가게 설명을 붙었고, 주요 메뉴들로는 간수면과 쌀국수 메뉴들이 주르륵 표기되어 있으며, 메뉴판 제일 아래 쪽엔 나중에 토핑해서 추가할 수 있도록 카레소스, 쇠고기 육수, 계절 야채 및 육수 메뉴가 따로 적혀 있다.

'이 가게만의 기본은 쇠고기 간수면이나 쇠고기 쌀국수면인데, 손님들이 자기 입맛에 따라 양념을 추가하거나 고명토핑을 더 얹을 수 있도록 해둔 것도 마음에 들어. 아무리 좋은 것이라도 매일 먹으면 질릴 수가 있으니까. 이따금 나만의 재료를 넣어서 먹어볼 수도 있거든. 물론 여기 적힌 토핑 재료들은 아마도 이 가게 주방에서 미리 다 첨가해서 먹어본 것일 테니까 그 맛도 믿을 수 있겠지만 말이야.'

그리고 음료수다.

음료수 종류는 콜라, 오렌지 맛 환타, 스트라이프 등이 있고, 아이스커피, 아이스레몬티, 아이스 밀크티 등도 고를 수 있다. 이따금 메뉴판에서 보이는 '아시스, 쇠고시' 등의 오타는 '아이스, 쇠고기'를 뜻하는 의미인데 우리말을 잘 모르는 외국에서 만나는 오타이니 그냥 이해하고 넘어가도 되겠다.

아참, 여기선 손님들이 메뉴를 포장을 해갈 경우엔 포장용기 값을 따로 받는다.

'맞아, 어떤 사람들은 식당에 3명이 와서 2명만 먹곤 했지. 맛을 잘 모르니까 입맛에 안 맞을까 봐 그랬기도 했고 돈을 절약하느라 2명만 주문해서 나눠먹기도 했어.'

그래서 이 가게에 생긴 특이한 조건이 있다.

가게에 들어온 손님은 1인당 반드시 홍콩달러 28달러 이상을 써야 한다는 점이다. 이게 무슨 소리인가 생각해보니, 사람 여럿이 들어가서 음식은 적게 시키고 자리만 차지하는 경우를 막아보자는 의미다.

사람은 5명인데 음식은 3인분만 시키면 안 되지 않은가? 테이블 좌석은 5명이 차지해서 다른 사람들을 들어오지 못하게 해놓고 정작 식사는 3명만 해서 좌석 2개가 허비되는 걸 막아보자는 취지로 들렸다.

'오늘은 카레국수. 그래 이걸 먹어야겠어.'

홍콩을 방문하는 사람들에겐 카우케이에 오면 카레국수를 먹어보라는 말이 돌 정도로 인기다. 카레 쇠고기 안심 및 납작 간수면이 인기 메뉴다. 홍콩에서 맛보는 밀크티를 필수로 붙여서 말이다.

'카우케이아람, 이곳만의 밀크티 역시 훌륭하군.'

플라스틱 컵에 나오는 밀크 티도 빼놓을 수 없는 메뉴다.

요즘엔 초등학교 앞 분식점에서도 잘 안 보이는 플라스틱 컵이라지만 홍콩에 카우케이에서 맛보는 플라스틱 컵 안에 밀크티는 그 맛이 환상이라고 할만하다. 진한 맛에 여운이 오래 지속되어서 오래도록 기억에 남는다고 할까. 어쩌면 카레 쇠고기 국수보다도 더 오래 기억에 남는 맛이다.

'쇠고기육수에 담아낸 국수라니?'

사실 처음 들었을 때는 그저그런, 합성조미료 잔뜩 넣은 싸구려 국수를 생각했던 적도 있었다. 관광객들 상대로 저품질의 국수를 싸게 만들어서 향만 가득한 국수가 아닐까?라는 의구심도 가졌던 게 사실이다.

그런데 정작 직접 먹어보니 그제서야 홍콩에 다녀온 사람들이 꼭 먹어봐야할 음식을 말할 때 왜 '카우케이아람!'이라고 엄지손가락을 드는지 이유를 알 것 같았다. 카우키만의 정성 들인 육수에 양질의 쇠고기를 담아 내오는 데, 오래도록 푹 고은 육수도 일품이고 쇠고기 또한 최고급 육질인가 싶을 정도로 연하고 식감이 좋다.

육수와 더불어 면과 쇠고기를 한입 한 젓가락 먹으면 입안에서 향긋한 육수와 함께 씹을수록 식감이 더해진다.

'카레 쇠고기 국수, 드디어 나왔군.'

이날 주문한 카레국수에 기대를 걸었다.

잘 삶아진 국수와 푹 우려낸 육수에 카레를 넣어 먹는 그 맛은 독특한 식감이라는 말 외에 달리 표현할 길이 없다.

카레 육수 맛을 제대로 담은 쇠고기는 씹을수록 그 맛이 더욱 깊이 배어든다. 그냥 쇠고기 국수가 뽀얀 국물에 시원한한국인 특유의 취향 맛이라면 카레국수를 이국적이면서도 독특한 맛을 내는데 충분했다.

'그저 맵기만 하고 얼큰한 그런 맛이 아니야! 이런 맛이 카레육수라니?'

가게 안을 다시 둘러보자.

그동안 무수히 본 풍경이지만 가게 분위기가, 아니 그 느낌부터 달라 보였다.

우선 깔끔하다.

동그란 테이블마다 철제 의자가 여러 개 놓을 수 있도록 공간 제약이 없다. 합석이 필수라서다. 가게 내부도 시원한 느낌의 철제구조이고 천장에 따로 구조물을 만들지 않아서 천장도 높아 보이고 바닥도 깔끔하다.

가게 사방의 벽은 테이블에 앉은 사람들 머리 위 높이부터 유리창을 만들어서 가게 밖 거리풍경이 보이게 했다. 가게 안에 손님들은 테이블에 앉는 순간부터 밖에선 얼굴이 안 보인다는 뜻이다. 물론, 가게 밖에서 키 큰 남자가 가게 안을 들여다보면 보이겠지만 홍콩 대다수 평균 키의 사람들이 본다면 안 보일 것 같다는 얘기다.

'레몬차를 마셔야 해.'

에어컨 설비가 잘된 덕분에 무더운 홍콩 날씨에서도 제법 시원한, 때로는 소름이 돋을 정도로 서늘한 가게 안이었다. 거기서 먹는 뜨거운 국물에 진한 쇠고기육수 국수가 온몸에 전해진다. 이럴 땐 새콤한 뭔가가 필요했다. 생각난 게 레몬차였다.

'역시. 레몬차도 과즙 알갱이가 듬뿍 담겼고, 쇠고기육수로 담백한 입안을 상큼하게 만들어주는 효과가 있어.'

카우케이아람에서 먹는 레몬차는 홍차를 직접 우려내어 만든 진짜 레몬차를 말한다.

주방 안을 들여다 보면 금방 안다. 4명 정도의 주방 조리사분들이 보이는데 레몬차를 만드는 사람은 1명이 고정으로 맡아서 만드는 걸 보게 된다.

전문가다운 풍체가 느껴지는 눈빛이다.

레몬차는 쇠고기 육수면이나 간수면, 카레국수에도 제격이었다. 한 모금 마실 때마다 정신을 맑아지게 해주는 효과가 느껴진다. 레몬차가 담긴 컵 안으로 레몬을 얇게 썰어낸 조각들이 가득 보였다.

'카우케이아람의 쇠고기 육수는 정말 일품이지. 소 갈빗살과 쇠심줄을 한약재랑 섞어서 푹 고아 만든다고 했어. 육수가 진하고 품질 좋은 쇠고기가 아니면 만들 수 없는 그 진한 맛이 최고이거든. 이걸 누가 그냥 국수라고 하겠어? 이건 보양식이라고 부를만해.'

식사를 하는 중에도 내 머릿속에는 그저 감탄사만 연발하는 중이었다. 다시 레몬티가 생각나서 한 모금 마셨다.

그리고 내 눈 앞에 테이블 위 풍경이 들어왔다.

동그란 테이블 위에 젓가락 통과 수저통, 간장과 양념들이 보이는데 국물용 수저를 놓아둔 방식이 독특했다. 우리 한국의 식당들처럼 수저통을 올려두고 그 안에 수저를 담은 게 아니라 투명한 아크릴 통을 좁고 높게 만들어서 그 안에 국물용 수저를 나란히 쌓아둔 형태다.

언뜻 보면 '수저탑'처럼 보인다.

그 옆으로 젓가락은 세워두고 국물용 숟가락은 겹겹이 포개어 쌓은 모습이다. 거기에 동그란 테이블에 서로 잘 모르는 사람들끼리도 모여 앉아 쌀국수를 즐기는 모양새가 진짜 정겹지 않은가?

내 앞에도 쌀국수랑 밀크티가 놓였다.

밀크티는 플라스틱 컵 안에 스트롱빨대랑 밥수저처럼 보이는 수저 한 개가 필수다. 밀크티를 휘휘 저어 맛을 음미하면서 먹으라는 의미다.

'카우케이아람의 영업시간이 낮 12시 30분부터 밤 10시 30분까지인 게 딱 좋은 것 같아. 아침 일찍부터 문을 열면 이런 쇠고기 육수가 제대로 우러나올 시간이 없겠어. 영업시간대를 점심식사와 저녁식사만으로 정한 것도 이 모든 게 다 음식의 품질을 위한 것이 분명해.'

식사를 마치고 메뉴판을 다시 보니 음료수들이 보인다. 캔음료도 있고 차가운 아이스 음료와 뜨거운 차 그리고 여러 음료들이다. 그런데 제일 아래에 이런 맥주도 보인다. 캔맥주다. 쌀국수랑 즐기는 캔맥주에 도전해볼걸 아쉽다. 다음에 카우케이아람에 와야 할 이유가 또 생겼다.

카우케이아람九記牛腩의 [성공 팁]

1번째 요인: 기대를 넘어서는 깊이를 담다

쇠고기 육수, 그 한 가지부터 깊이가 다르다.

소 갈빗살과 심줄을 오랜 시간 푹 고아서 삶고 거기에 카우케이아람만의 독창적인 각종 한약재를 섞어 넣어 독특하면서도 진한 육수를 우려내어 가장 맛있게 삶아진 상태의 국수를 제공한다.

손님들은 국수를 맛보기 전에 육수부터 맛본다는 가장 기초적인 것에 주안점을 둔 방침이다. 육수가 맛있어야 모든 게 맛있다는 가치관이기도 하다.

하나가 다르면 다른 것도 깊이를 인정받는다.

그래서 카우케이아람의 음식은 진정한 쇠고기육수에서 시작되어 다른 메뉴에서도 골고루 인정을 받는다. 카레국수, 밀크티 등, 어느 것 하나도 손님들에게 등한시 당하는 게 없다. 카우케이아람 앞에 늘어선 손님들은 그래서 오랜 시간 기다림도 절대 거부하지 않는다. 이 가게 안에서만 맛볼 수 있는 음식의 깊이가 있다는 걸 알기 때문이다.

2번째 요인: 깊이를 만드는 전문가가 다르다

주방장 1인이 모든 재료를 손보는 게 아니라 전담하는 조리사가 따로 있다.

밀크티 전문 조리사, 쇠고기육수 전담 조리사 등처럼 가게는 하나이지만 그 안에 주방에서 각자 맡은 전담 분야가 따로 있다. 면발을 가장 맛있게 삶는 사람이 있고 밀크티를 가장 잘 만드는 사람도 있다. 쇠고기 육수도 가장 잘 끓이는데 면발도 가장 잘 삶는 사람이라면 어딘지 의구심이 들지 않는가?

그래서 카우케이아람에서는 주방을 책임지는 전담 조리사를 두어 밀크티, 쇠고기육수, 면발 삶기 등의 각 분야를 점담시키는 체제가 있다. 최고의 재료로 만들고 가장 맛있는 상태의 음식을 내오는 자부심이다.

3번째 요인: 최고로 만들고 당당하게 자부한다

쇠고기 육수와 각종 메뉴를 최고의 수준으로 만들었다면 그 다음엔 당당한 자부심을 갖는다. 가게에 온 손님들 1인당 최소 얼마 이상의 주문을 해야 한다는 규정도 자부심의 이미지가 된다. 가게에 온 이상 그 맛을 누리라는 가게주인의 제안이기도 하고, 가게 밖에서 기다리는 손님들을 위한 최소한의 배려이기도 하다.

특산품 재료만을 사용한다면?
가게 이름만으로 사람들이 찾아오다.

"이 가게엔 어디로 들어가야 해? 문이 어디야?"

최고급 스테이크 가게라고 듣고 왔는데. 이런 세상에! 벽이 없다.

아니 가게에 출입문이 없다고 해야 하나?

문이 있긴 있는데 문은 그저 통로 중 하나일 뿐이고 도로변에 자리 잡은 가게에 벽이 하나도 없다. 손님들은 문으로 들어가도 되고, 그냥 벽투명한 뚫린 공간으로 들어가서 마음에 드는 테이블에 앉는다.

"홍콩엔 처음이지? 그 유명한 '와규Wagyu'에 와서 문을 찾는 걸 보니 그런데?"

"와규? 암튼 난 잘 그런 거 모르겠고, 왜 지난번에 쇠고기 맛있다는 곳 소개해 달랬더니 이상한 소리만 들은 거 같아서 이번에 내가 직접 왔어."

민소희가명는 서울에서 인터넷쇼핑몰을 운영하는 어엿한 사업가다.

나이는 이제 갓 서른에 접어든 상태이지만 대학 졸업과 동시에 시작한 쇼핑몰사업이 잘 되면서 제법 성공한 청년사업가, 아니, 처녀사업가에 속한다. 맞다. 민소희는 아직 결혼 전이다. 요즘엔 서른 살 중반은 되어야 결혼적령기라면서 아직도 결혼을 미루는, 조금 더 정확히 말하자면 결혼 생각은 꿈도 안 꾸는 잘 나가는 커리어우먼이다.

"여긴 뭐 밥 먹다가 벽 뚫고 나가는 기분이겠어?"

"그럴 수도 있지. 어! 크리스틴! 란콰이펑에 오늘 왜? 놀러? 그래. 재밌게 지내!"

도로변 사람들과 밥 먹으면서 이야기하는 기분이 새롭다.

'누구?'

민소희는 자기랑 대화하던 내가 갑자기 길에 지나가던 파란 눈 외국인 여성과 이야기를 나누자 누군지 궁금한 모양이었다. 와규 안에 들어와서 테이블에 앉은 것과 동시였다. 게다가 우리 테이블은 도로변 바로 앞, 인도를 걷다가 한 발만 훌쩍 내딛으면 바로 가게 안으로 들어올 수 있는 자리였다. 이 가게에 통유리 벽이 있었다면 바로 여기에 만들었어야 된다고 생각되는 자리다.

"크리스틴? 아, 여기 센트럴에서 투자 업무하는 여자. 외국계 은행 직원인데 미국에서 대학 나오고 그 은행 홍콩지사에서 파이낸스 담당해. 나랑 알게 된 진 꽤 지났지? 란콰이펑에서 놀다가 인사한 게 처음이니까."

"아…"

민소희는 고개를 끄덕였다.

사실 내 이야기 중에 반은 맞고 반은 거짓말이었다. 크리스틴에 대해선 모두 맞는 말이었지만 크리스틴과 내가 만난 장소가 주말 저녁이면 클럽거리로 변하는 란콰이펑이란 이야기는 거짓이었다. 민소희에게 살짝 놀려주려고 일부러 지어낸 얘기였다. 크리스틴과 나는 은행 업무를 보다가 알게된 사이였다.

"안 궁금해?"

"뭐가?"

"크리스틴이랑 나랑 란콰이펑에서 어떻게 만났는지."

"몰라. 안 궁금해. 남자랑 여자가 놀다가 만났겠지, 뭐."

"암튼 대단해. 철벽녀. 민소희."

"그런데 여기 간판은 그냥 이거 하나야? 영어로 Wagyu?"

가게 간판은 그저 하나, 와규 wagyu.

민소희의 이야기대로 이 가게 간판은 영어로 쓰인 Wagyu 딸랑 하나가 전부였다. 가게 밖에서도 훤히 보이는 실내 분위기는 곳곳에 놓인 각 테이블 위엔 정갈한 흰색 테이블 보가 놓였고, 식기와 포크 수저 세트가 항시 세팅된 상태였다.

'그냥 들어와서 먼저 앉는 사람이 '갑'이네. 안 그래?'

아까 Wagyu 가게에 도착하자마자 민소희가 나를 보곤 해준 말이다. 문을 찾다가 가게 안에 세팅된 수저랑 포크 세트, 테이블보를 보고 한 이야기였다. 최고급이라고 해서 큰맘 먹고 왔는데 어딘지 모르게 대중적인 분위기라서 상황판단이 잘 안 된다는 얘기였다.

민소희는 이날 내게 최고급 쇠고기 먹는 법 내지는 쇠고기가 어떤 게 최고급인지 알려달라고 했다. 민소희를 데리고 Wagyu에 온 이유였다.

'오늘도 여긴 사람이 많네. 그러고 보니 Wagyu엔 하루 24시간 손님이 없던 적이 없어. 항상 사람들이 와서 식사를 하거든.'

사실이었다. Wagyu에는 손님이 하루 24시간 계속 드나든다. 주말저녁 가게 앞 거리에 차량들이 사라지고 길거리까지 인파로 넘쳐날 때도 Wagyu에는 식사를 하는 손님들이 항상 가득 찼다.

스테이크 가게라서 그런가, 아시아인 보다는 서양인 손님들이 더 많다. 다들 테이블 위에 놓인 메뉴판을 보고 주문을 하기에[바쁘다. 물론 가게 밖에선 사람들이 줄을 선 상태, 이 가게엔 아침저녁을 가리지 않고 손님들이 항시 밀려든다.

"허탕치고 갈 수도 있겠다, 그치?"

민소희가 내게 물었다.

식사를 못하고 자리가 만석이라고 되돌아가는 사람들도 있겠다는 애기다. 맞다. 그래서 맛집 아닌가? 이날 민소희랑 내가 쉽게 자리를 차지할 수 있었던 이유는 미리 예약을 해둔 덕분이다. 어지간한 상황에서는 예약 대기자만 한참 기다려야하는데 민소희의 홍콩 방문 소식을 들은 내가 서둘러 예약을 한 덕분에 식사시간에 알맞게 자리를 확보할 수 있었다.

"근데 Wagyu에 사람들이 왜 이렇게 많은 거야?"

"여기가 홍콩섬 하고도 윈드햄 스트리트Wyndham St.이거든. 이 주위로 갤러리들이 많아. 갤러리 구경하고 오는 손님들도 많지."

"그거랑 무슨 상관이지? 갤러리 구경하고 와야 되는 곳이야?"

민소희가 두 눈을 껌뻑이며 내게 다시 물었다.

"아니, 그 뜻이 아니고 '눈이 높은 손님들'이 오는 가게란 이미지가 있다는 의미야. 순전 그건 내 생각이지만 말이야."

"눈이 높은 손님들?"

"응. 사실 이 Wagyu란 건 최상급으로 분류되는 쇠고기 브랜드야. 미국에선 앵거스Angus라는 브랜드처럼 고급 레스토랑에서도 인정받는 최상급 쇠고기 브랜드야."

"어? Wagyu라는 이름이 그렇다는 거네? 아하! 이제 알겠어. 왜 나를 데리고 여기 왔는지. 역시. 쇠고기 알려달라니깐 일단 직접 먹어보라는 거 아냐? 응?"

민소희가 그제야 얼굴에 미소를 지었다.

아까부터 여기가 어딘지, 도대체 문도 헷갈리고 사람들 많이 다니는 도로 쪽과 칸을 나누는 통유리 벽도 없는 이런 가게에 왜 데리고 온 것인지 그 이유를 모르겠다는 표정이었다. 이제부터 본격적으로 Wagyu라는 쇠고기 브랜드에 대해 이야기할 차례였다.

"근데 어째 가게이름이 영어가 아니라면 일본식 이름 같다. 안 그래?"

"제대로 맞췄어. Wagyu는 영어 상표라기보다는 일본의 쇠고기라는 의미야. 구체적으로는 고베神戸(こうべ) 지역의 쇠고기를 말하는데 일본어로 쓰자면 和牛Wa Gyu가 되겠지."

"일본 쇠고기라고?"

"응. 미국이나 서양 지역에선 레스토랑도 그렇고 주택가 마트 전단지에도 아예 대놓고 Wagyu라고 써붙이고 홍보하는 경우가 많아. 그만큼 잘 알려진 쇠고기야."

"근데 왜 일본 그것도 고베 지역에 쇠고기가 그렇게 인기를 얻었어? 지금도 일본에서 전략 수출만 하는 거야?"

"아, 지금은 아냐. 일본 고베 스타일로 키운 소들이 마블링도 좋고 그 육질이 대단히 좋아서 최상급으로 분류가 되었거든. 그러면 다른 나라에서 소를 키우는 사람들이 가만히 있으면 안 되잖아? 기술을 배워야지? 1990년애 초반부터는 미국에서도 일본 고베산 송아지를 수입해서 키우게 되었고, 호주 등 여러 나라에서 고베 스타일로 소를 키우고 있어."

"값도 비싸겠다?"

"음, 싼 값은 아니지. 1 파운드는 0.45kg 정도인데, Wagyu 등급 쇠고기는 미국에서도 1 파운드당 최고 비싸게는 100달러원화 약 10만원는 줘야 사먹을 수 있거든."

"450g 정도에 10만원? 아니, 우리나라 한우가 1등급 꽃등심이 600g에 소매가격으로 65,000원 정도이니까, 뭐야? 한우보다도 훨씬 비싸네? 거의 두 배 가격이네?"

민소희는 새삼 이제야 알았다며 놀란 표정이었다.

"응, 그런데 Wagyu는 쇠고기에 제대로 된 마블링을 내기 위해서 기본적으로 30개월 이상 35개월 사이 연령대의 소를 도축해서 얻는 거야. 우리나라 한우에서도 30개월 정도 키우는 소들이 해당되는 건 같아."

"아. 그런데 고베에서는 소를 어떻게 키우길래?"

"이게 마블링이란 게 운동한 소들에게선 잘 찾아보기가 어려워. 운동을 시키지 않고 키우는 소들이 마블링이 좋게 나오거든. 마블링이란 게 지방층이라서 근육 사이사이에 지방이 쌓여야 그 모양이 좋게 나온대."

"운동을 하면 지방이 없으니까."

민소희는 갑자기 양손으로 자신의 양쪽 팔뚝을 번갈아 주무르며 말했다. 그동안 운동을 게을리 한 건 아닌지, 자신의 몸속에도 지방층이 생긴 건 아닌지 걱정이 된 모양이다.

"걱정마. 건강이 나쁜 소를 말하는 건 아냐. 조선시대에도 임금에게 진상하는 쇠고기는 묶어놓고 키웠다는 기록이 있어. 운동량을 조절한 것이지 다른 건 없으니까 안심해. 그리고 미국에서 키운 고베 쇠고기 Wagyu는 값이 그나마 일본산 쇠고기보다는 저렴해. 일본산 Wagyu는 일본 내에서 먹을 때도 왠간한 식당에선 저녁 한 끼에 미국 달러로 160달러는 줘야할 걸?"

"무슨 밥 한 끼에 16만 원을 줘? 아, 미치겠다. 그게 밥이냐, 금덩어리지?"

갑자기 웃음이 터졌다.

누가 사업하는 여성 아니랄까 봐, 쇠고기 브랜드 등급을 이야기하는데도 모든 걸 금전으로 환산하는 민소희였다.

"그런데 쇠고기를 고를 때는 주의해야할 점도 잇어. 소들이 원래 풀을 먹고 자라잖아? 그래야만 되새김질도 하면서 몸속의 가스도 내보내고 하는 거거든. 그런데 쇠고기 육질을 좋게 하려고 옥수수 같은 곡물사료를 먹이는 농가가 있는데 소가 곡물사료를 먹으면 위가 팽창하게 되고 가스가 소 체내에 쌓이기도 해서 위험하게 된대. 그래서 소에겐 풀만 먹여야 한다는 것이지. 사람들도 소를 볼 때 너무 마블링 마블링만 따질게 아니라 건강한 상태로 잘 자란 소인지 확인하는 게 중요하고 말이야."

민소희가 고개를 끄덕였다. 이제야 쇠고기에 대해 무엇이 좋은 것인지, 어떻게 하면 구변할 수 있는지 이해가 된다는 표정이었다.

그리고 곧이어 식사가 나왔다.

이야기를 마치자마자 기다렸다는 듯 점원이 식사를 가져다 주었는데 이날은 점심세트메뉴를 주문한 덕분에 여러 가지 음식을 맛볼 수 있다. 세트 메뉴 중에 쇠고기 스테이크가 나오자 민소희가 나를 향해 조그만 소리로 물었다.

"이거 Wagyu 쇠고기야?"

"응, 여기에 Wagyu Special(와규 스페셜)인데 1인당 1홍콩달러 1,250달러 정도지? 여기 완차이 지역에 '와규 타쿠미' 라는 가게에서도 맛볼 수 있지. 와규 타쿠미에서도 1인당 약 홍콩달러 2,000달러 정도면 맛볼 수 있어. 가격차이는 세트메뉴 구성에서 차이가 좀 있어서 그래."

와규WaGyu의 [성공 팁]

1번째 요인: 최고급 이미지로 '브랜드'를 사용하다

가게를 열면서 지역적 특성을 살피게 되는데 이때 가장 중요한 게 유동인구다. 여기서 유동인구란 단순히 왕래하는 사람들 수를 가리키는 게 아니라 어떤 사람들이 오가는지 조사해서 파악하는 일을 말한다.

가령, 어떤 직업군의 사람들이, 어느 연령대의 사람들이, 어떤 옷차림을 한 사람들이, 어느 시간대에 주로 다니는지 조사하는 일을 말한다. 그래서 가게를 열기 전에 반드시 해야 할 일은 내가 가게를 열고 싶은 장소 주위에 어떤 상권이 형성되어 있는지, 어떤 사람들이 내 가게에 손님이 될 것인지 미리 예측하는 일이라고 하겠다.

그래서 Wagyu의 경우 센트럴이라는 금융업 종사자들이 많은 지역적 특성시간 구애 없는 금융 미팅이 많다에 서양인들이 주로 다닌다타지 사람들이 고향을 그리워한다는 점, 주말마다 젊은 층 세대가 모여 소통하고 서로 어울리는 곳격식이 없고 서로 어울리는데 편하다이라는 점 등이 복합적으로 작용해서 시너지 효과를 낸다.

가게에 통유리 벽이 없는 것이 이유이고, 아침 8시 이후로 늦게까지 영업하는 점도 장점이다. 서구인들의 식습관에 스테이크를 내세운 간판도 주요한 부분이다.

2번째 요인: 벽이 없다

벽을 없앤다는 건 '안전하다'는 의미이기도 하고 '누구나 환영'이라는 뜻도 된다. 어느 가게에 벽이 없다는 건 그만큼 들고 나감이 자유롭다는 얘기가 되고, 누구에게나 자신 있는 사람들이 모이는 곳이란 상징도 된다. 이를 테면 구석진 자리를 찾거나 칸막이가 있는 장소가 필요한 사람들은 오기 꺼려한다는 얘기다.

이 얘기는 다시 말해서 친구들이 많고 대인관계가 좋은 사람들이 가게에 온다는 얘기가 된다. 식사하는 모습을 다른 이에게 들켜도 언제든 반갑게 인사할 수 있는 사람, 혼자 음료나 술을 마셔도 금세 사람들과 친해질 수 있는 사람들이 모이는 곳이 된다.

이렇게 모이는 사람들이 가게 이미지를 만들게 되는데, Wagyu의 이미지가 자유롭고 편하고, 거기에 최상급 쇠고기를 즐기는 사람들이 모이는 곳이 된 이유다. 생각해보자. 대인관계가 좋고 자유롭고 편안하고 최상급 쇠고기 브랜드를 줄기는 사람이라면 어떤 사람일까? 그들이 모이는 가게는 어떤 가게일까?

3번째 요인: 최고급 브랜드에 다양한 메뉴를 섞다

최상급 쇠고기 브랜드 Wagyu를 가게 이름으로 쓰지만 실제 가게에서 파는 메뉴들은 쇠고기만 있는 건 아니다. 밀크티도 있고 음료도 있다. 그런데 가게 이름은 Wagyu다. 그래서 사람들은, 특히 Wagyu라는 브랜드를 아는 사람들은 이왕이면 이 가게에 오려고 한다. 최상급이라는 브랜드 이미지를 그대로 가져갈 수 있어서다.

지역적 특색으로 바로 옆 골목에 갤러리가 있고 금융업에 종사하는 금융인들이 많은 점도 가게에 도움이 된다. 그림을 거래하고 돈을 투자하는 그들에게 어울릴 만한 브랜드이기 때문이다.

그리고 Wagyu에 왔지만 다른 메뉴를 주문할 수 있어서 더욱 매력적이다.

그들에게 필요한 건 Wagyu라는 최상급 이미지일 뿐이지 매일 하루 세 끼를 Wagyu를 먹을 사람은 없어서다. 브랜드에 다양한 메뉴를 섞었더니 많은 사람들이 브랜드 안으로 모여들어 다른 메뉴를 즐기는 결과가 되었다.

가게가 좁아서 손님이 기다린다?
가게 따라 찾아오는 사람들

"소호에 오고 싶다고 했지?"

"홍콩에 다녀온 사람들이 다들 소호, 소호 하니까."

"뉴욕에 소호는 가 봤다고 했던가?"

"거기랑 다르다던데? 이름만 같지만, 분위기도 그렇고 사람들 느낌도 그렇고."

"사실 이름도 달라."

"아, 진짜?"

소호soho는 홍콩의 핫플레이스.

인근 센트럴 지역에 집중된 금융피플들이나 관광객, 홍콩사람들이 모여 그날 하루의 추억을 만드는 곳이다. 홍콩섬 지역에 미드레벨 에스컬레이터 인근에 위치해서 접근성도 좋다. 언덕 위에 좁은 골목에 레스토랑, 바, 카페 등의 맛깔난 가게들이 즐비하다. 홍콩의 소호는 뉴욕의 소호 거리와 이름은 같지만, 의미는 다르다. 그 원래 의미가 헐리우드 로드의 남쪽 south of Hollywood이기에.

김민경가명은 이른바 페이스북 스타다. 줄여서 '페북 스타'라고 부른다. SNS 페이스북을 사용하는데 '좋아요' 친구만 수만 명을 넘어서는 인기인이다. 김민경이 사진 하나를 올리면 금방이라도 마치 곁에 있던 사람들처럼 댓글을 달아주고 '좋아요' 버튼을 눌러준다.

김민경의 직업은 바리스타.

직업상으로도 사람들을 만나고 대화하는 일이 많지만, 온라인에서 더 인기인 여성이다. 하지만 김민경에게 언젠가 들은 이야기가 있다. 온라인에서 만난 친구는 그저 온라인에서 만난 사이일 뿐이라는 게 요지다. 김민경은 자신의 취미생활이 페이스북이라고 했다. 사진만 찍어 올리는 건 인스타그램을 사용하긴 하지만 그래도 서로 소통하고 이야기하기엔 페이스부이 좋다는 예찬론자다.

"그래도 대단하다. 금토일 주말을 끼고 홍콩에 올 생각을 다했다니?"

"그냥 심심하기도 하고, 할인항공권도 득템'아이템을 얻다'는 표현으로 공짜 혹은 엄청난 할인가격에 구했다는 의미 했거든."

"1박 3일이라고 했지?"

"응, 비행기에서 하룻밤 지내고, 여기선 하루만 자. 그래서 나 오늘 핸드폰 배터리도 두 개나 갖고 왔고, 휴대용 충전기도 갖고 왔어. 사진 많이 찍고 가려고."

찰칵. 찰칵.

"스마일~"

내가 앞장서고 김민경이 바로 뒤에서 따라 걸어오는 중이었다.

김민경의 손에는 셀카봉이 들려 있었다. 남자들의 낚싯대처럼 생긴 그것, 김민경은 자리를 옮길 때마다 예쁜 카페가 나타나기라도 하면 그 앞에 서서 카페를 배경 삼아 연신 셔터를 눌러대기에 바빴다.

김민경과 내가 조금 사이를 두고 걸어가던 이유였다. 대부분의 남자들은 사실 셀카봉에 익숙하지 않다. 나도 마찬가지다. 주위에 사람들이 바쁘게 오가는 상태에서 팔을 삐죽 내밀고 스마트폰 화면을 바라보며 행복한 표정을 짓는데 어색하다.

'이쪽인가? 오늘 소호에서 민경이가 가볼 데가 거긴데.'

소호에 가는 길은 MTR 센트럴 역에 내려서 D2, 출구로 나가면 표지판을 따라 찾아가기 쉽다. 미드레벨 에스컬레이터를 타고 가다가 '여기에 사람들이 북적거린다' 싶으면 거기에 내려도 좋다. 순전 개인의 감感이다.

'여기 올 때마다 느끼는 것이지만 거꾸로 세워진 만리장성이 이런 느낌일까? 산 위로 에스컬레이터를 놓을 생각을 어떻게 했을까? 대단해, 정말.'

미드레벨 에스컬레이터는 사실 1993년부터 사용하기 시작ㄷ한 건데 경사진 산 지역에 사는 사람들을 위해 출퇴근용으로 만든 이유다. 800미터에 달하는 세계 최장 야외 에스컬레이터이고, 영화 '중경삼림' 배경으로도 유명하다.

여기서 유명한 '피크 카페 바'에 오려면, 미드레벨 에스컬레이터를 두 번 타고 내린 후에 언덕을 향해 걸어 올라가다가 중간 정도쯤 위치에서 만날 수 있다.

peak cafe bar

山頂餐廳酒吧

"다 왔다."

"아, 여기야? 우아, 예쁘다!"

찰칵. 찰칵.

연이어 터지는 셔터 소리를 뒤로 하고 가게 앞에 섰다.

입구가 두 개다.

오르막길에 자리 잡은 카페라서 그렇다. 안에 들어가면 2층 구조인 걸 알게 된다. 한쪽 벽 면 자리에 앉으면 미드레벨 에스컬레이터를 관람(?)할 수도 있다.

가게 안에 들어오면 의외로 가게가 꽤 크다는 걸 알게 된다. 길쭉한 타원형 테이블, 둥근 원형 테이블 여러 개가 놓였다.

가게 안에 들어와서 입구 쪽 밖을 보면 미드레벨 에스컬레이터를 타고 오르는 사람들 행렬이 보인다. 가게 안에 앉아서 에스컬레이터를 타고 오르내리는 사람들과 눈이 마주친다. 하지만 그 시간은 짧다. 서로 얼른 시선을 피해준다. 애써 안 보게 된다.

"근데 이름이 왜 피크 카페 바? 공원 카페 술집? 뭐, 이런 거야?"

"응? 아니, 아니."

김민경은 혼잣말처럼 질문을 한 듯 했다. 김민경에게 대답을 해주려고 내가 뒤를 돌아섰을 때도 김민경의 시선은 오로지 셀카봉 렌즈에만 맞춰진 상태였다. 잠시 헷갈린 것도 그때였다. 도대체 질문은 누구에게 한 것인지, 스마트폰 카메라에게 한 것인지, 내게 물어본 것인지 말이다. 어쩌면 김민경은 자기가 찍은 사진을 볼 페이스북 친구들에게 질문을 던진 것인지도 몰랐다.

"여기서 피크는 peak라고 정상이란 의미야."

홍콩의 명물이랄까? 홍콩의 야경을 보기에 가장 전망 좋은 곳은 산 정상 '빅토리아 피크Victoria Peak'에 있던 카페를 그대로 옮겨와서다. '피크카페 바'는 사실 1947년부터 빅토리아피크에 있었다.

그러다가 자리를 옮겨 소호거리로 왔다.

정확한 연도는 알 수가 없지만 애초에 있던 장소가 명소가 되면서 임대료도 치솟고 여러 가지 요인이 있었던 게 아닐까? 물론 지금 소호 쪽에 옮겨온 이후로 랜드마크가 되면서 더 성장을 했으니 오히려 잘된 일이다. 실내 분위기, 인테리어 모든 게 그대로인 채 모든 걸 옮겨왔고 사람들도 소호에 있는 피크카페 바를 기억하니 말이다.

'한 가지 아쉽다면 뷰View가 달라졌다는 건데. 산 아래로 보이는 전망을 감상할 수 없다는 게 안타깝긴 하지.'

하지만 사람들이 여전히 피크카페 바를 찾는 이유는 바로 '동양과 서양이 만난다'는 'East meets West'의 모토 덕분 아닌가 생각해본다. 중국과 동남아시아 풍의 음식들, 그리고 서양의 피자와 스파게티류의 메뉴로 구성된 차림표만 봐도 고개를 끄덕이게 된다.

가게 내부엔 동양의 전통 그대로의 역사를 느낄 수 있는 인테리어, 동시에 서양의 조명과 문양이 가게 바닥과 여러 곳에서 혼재한다. 가게에 오는 손님들도 그래서일까, 아시아인과 서양인이 서로 같이 어울린다. 피크카페 바의 매력이 여지없이 드러나는 순간이다.

'가게 손님들 중엔 아시아인보다는 서양인이 압도적으로 많네? 서양인들의 입맛에 맞는 메뉴가 있지만 가게 내부는 동양 특유의 정서가 있는 곳이라서 그렇군.'

가게 안에서 인테리어를 살펴보자.

가게 주방과 테이블 위치, 벽면, 바닥 등 곳곳에 동양적 요소들이 인테리어가 다채롭다는 걸 본다. 중국의 전통 느낌이 그대로 묻어나는 분위기다. 그래서 외국인들이나 홍콩인들에게 더 유명한 곳이 되었다.

아침 11시부터 영업을 시작해서 밤늦은 새벽 2시까지 문을 열어두는 가게,

저녁 무렵이 되면 사람들이 더 몰려든다. 서양인들이 대부분이다. 화덕에서 구운 피자도 특색이다.

오랜 전통을 지닌 홍콩의 어느 집에 놀러온 기분이랄까?

하지만 음식은 다양하다. 중국 음식은 물론이고 아시아 요리, 파스타 스테이크 등의 서양요리도 가능하다.

월요일부터 금요일까지는 아침 11시부터 새벽 2시까지 영업, 토요일은 아침 9시부터 새벽 2시, 일요일 및 공휴일은 아침 9시부터 자정까지 영업한다. 가게 위치는 센트럴 소호, Shelley Street 9-13에 있다.

와피크 카페 바PEAK CAFE BAR의 [성공 팁]

1번째 요인: 반드시 지켜야 하는 자리는 없다

가게 임대료를 고민해본 사람은 권리금의 중요성도 생각한다.

다소 무리한 조건의 보증금 얼마에 월세 얼마를 내고 장사를 하면서도 '나중에 권리금으로 받으면 되겠지?'라는 생각을 하며 스스로 안심하려는 행동이다. 가게 인테리어를 할 때도 마찬가지다. '나중에 권리금'으로 받으면 될 거라는 생각을 한다. 그래서 건물주인이 가게 임대료를 올려도 섣부르게 그 장소를 떠날 생각을 못하게 된다.

'지금까지 여기에 투자한 게 얼마인데?'

'나중에 받을 권리금이 얼마인데?'

혼자 생각하고 혼자 고민하다가 적절한 이사 시기를 놓치는 실수를 하게 된다.

생각해보자.

권리금은 미래의 일이다. 본인이 원하는 금액만큼 권리금을 주겠다는 사람도 없는 상태다. 업계 관행상 시설투자비 정도는 권리금으로 쳐준다는 생각도 본인만의 생각이다. '바닥권리금'이라고 해서 겉으로 내세우는 권리금은 없지만 가게 임대료를 높이는 방식으로 건물주와 이면에서 주고받는 돈이 있기도 하지만 그것도 생각처럼 될 가능성은 거의 없다.

한마디로 말하자면 '생기지 않은 돈을 기대하며 지금 돈을 더 쓰는 형국'이 된다.

가게 장사를 할 때 대표적으로 저지르는 실수다.

그래서 가게를 열 때는 언제든지 떠날 수 있는 전략을 세워둬야 한다.

가게 장소를 띄울 게 아니라 가게를 띄우고 알려서 나중에 가게가 이사 가더라도 손님들이 따라오게 만들 채비를 해야 한다.

가게가 잘되면 건물 가격이 오른다. 그만큼 유동 인구가 유입되기 때문이다. 결과적으로 잘 되는 가게 하나만 잡으면 건물주로서도 이익이 되는 셈이다. 당신의 가게가 잘된다면 건물주는 임대료를 낮춰주고 보증금을 줄여줘야 정상적인 얘기가 된다. 당신이 가게를 잘 운영하는데 건물주가 와서 임대료를 올려달라고 할 이유가 없다.

결론은 한 가지다.

어느 모로 보더라도 당신의 가게는 옮길 준비를 하고 그 자리에서 장사를 해야 한다. 장소에 연연하지 말고 손님에게 연연하자. 손님은 가게를 찾아오는 것이지 건물을 찾아오는 게 아니다. 가게와 손님이 만나는 것이지 건물주와 손님이 만나는 게 아니다. 손님을 당신 편으로 하자. 손님이 당신 가게를 지켜준다.

당신의 가게가 잘 되는데 가게를 비워달라거나 임대료를 올려달라는 건물주라면 '건물주가 직접 장사하겠다'는 얘기다. 당신의 가게가 아직 자리를 잡지 못했고 더 노력해야 하는데 건물주가 '가게를 비워 달라'고 했다면 '당신을 내보내고 장사 잘하는 사람에게 가게를 다시 내어주겠다'는 의미가 된다.

2번째 요인: 음식은 손님에 맞게, 분위기는 가게만의 취향대로

가게에 일부러 찾아오는 손님들은 딱 두 가지다.

'거기 음식이 맛있어.'

'거기 분위기가 좋아.'

그래서 잘 되는 가게는 분위기도 좋고 음식도 좋다. 사람들이 필요로 하는 두 가지 요소를 모두 꿰찼기 때문이다.

그런데 위 두 가지 중에 어느 한 가지 부족하면 어떨까?

물론 그래도 장사는 된다. 분위기가 좋은데 음식은 별로인 가게일지라도 손님은 찾아온다. 분위기를 공유하려는 사람들과 같이 온다. 음식은 간단한 커피나 차 종류만 마시고 갈 뿐이다. 반대로 음식이 좋은데 분위기가 별로인 가게라면 어떨까?

그래도 손님들은 찾아온다. 분위기는 별로이지만 그 가게에서만 맛볼 수 있는 음식을 먹으러 온다. 기꺼이 줄을 서기도 한다. 그래서 잘 되는 가게는 음식이면 음식, 분위기면 분위기 어느 것 하나를 반드시 잡아야 한다.

가장 이상적인 조건이라면 분위기를 좋게 만들고 음식은 손님 취향에 맞게 제공하는 전략이다. 분위기를 선호하는 손님을 잡고, 음식을 선호하는 손님은 추가하는 전략이다. 그 이유는 테이블 회전율 때문이다. 음식을 선호하는 사람들은 혼자 오는 경우보다는 여럿이 온다. 자연히 이야기가 길어지고 테이블 점유시간이 늘어난다.

반대로 분위기를 선호하는 손님들은 혼자 오는 경우도 많다. 와서 분위기를 즐기다가 배가 고파지면 다른 데로 간다. 간혹 먹을 음식을 가져오는 경우도 있다지만 그건 가게 영업방침으로 미리 막으면 된다.

3번째 요인: 그 가게엔 항상 새로운 메뉴가 있다

페이스북을 통해 사람들과 소통하는 가게다.

새로운 메뉴를 소개하고 날씨와 계절에 따라 추천 메뉴를 알려준다. 가게가 멈추지 않고 항상 새롭고 살아있다는 생명감을 만들어주는 전략이다. 멈추지 않는다는 느낌, 사람들이 항상 새로운 곳을 찾고 새로운 걸 원하는 것과 일맥상통한다. 페이스북의 친구들 수가 급속도로 늘어나도 일일이 이메일 보내고 전화 걸고 하지 않는다. 글 하나만 올려도 수백 명, 수천 명의 페이스북 친구들이 피크카페 바의 새로운 메뉴와 추천 메뉴 소식을 보게 된다.

피크카페 바를 다녀간 사람들의 SNS 계정엔 어김없이 그날 그들이 먹은 요리 사진과 다녀간 기억들이 올라간다. '피크 카페 바'의 손님들이 그들의 친구들에게 다시 피크카페 바를 소개하는 순간이다. 누가 시켜서 돈을 주고 부탁한 게 아니다. 사람들은 그들만의 추억을 얻은 시간과 공간에 대해 그들의 친구들과 기꺼이 다시 나누려고 할 뿐이었다.

단일 업종으로 트렌드에 맞춘 아이템으로 변신하다

"오늘 출국 비행기 몇 시라고 했지?"

숙소를 나서면서 김민경이 머무는 호텔로 연락을 했다. 그날 업무를 마치고 저녁식사라도 같이 하고 보내면 좋을 것 같아서다. 첫날은 사진만 찍느라고 고생했다면 마지막 날엔 뭔가 기억될 만한 쇼핑을 해보는 것도 제안해주고 싶었다. 어쩌면 김민경은 이미 뭔가 사고 싶은 물건을 정리해뒀을지도 모르는 일이었다.

'뭔가 사고 싶은 게 있을 지도 몰라.'

1박3일로 짧은 홍콩 여행을 다녀가는 김민경을 위해 기억될 만한 선물 하나를 챙겨줄 심산이었다. 홍콩에 온 첫 날은 여행가방을 준비하느라 잠도 제대로 못 잔 상태에서 아침 이른 비행기를 타고 오느라 인천공항에 새벽 6시에 나왔다는 얘기를 들었다.

"응? 새벽 0시 30분. 나 비행기에서 자야 해. 그럼 나 언제까지 홍콩에서 놀 수 있어? 최대한 홍콩에서 구경하다가 비행기 출발 시각까지만 안 늦게 가고 싶은데?"

"짐은?"

여자 혼자 무거운 가방을 끙끙대고 끌고 나왔다는 것도 놀랍지만, 1박3일 일정인데 무슨 짐이 그렇게 많은지 아침, 점심, 저녁으로 갈아입을 옷과 들고 다닐 핸드백, 헤어스타일을 바꿀 드라이기와 고데기까지, 이건 뭐 서울에서 자신의 살림살이를 챙겨 온 것 같다는 느낌을 받을 정도였으니 말이다.

"거의 챙기는 중이야. 아, 맞다. 나 선물도 사가야 하는데."

"선물?"

"페이스북 이벤트 걸었거든. 우리 페친들에게 '좋아요' 달아준 사람들 중에서 몇 명 추첨해서 홍콩 다녀온 선물 챙겨준다고 했는데, 뭘 줘야할지 고민이야. 뭐 없을까?"

"페친은 뭐야? 혹시 '페이스북 친구'를 말하는 거야?"

"딩동댕."

김민경이 말하는 '페친'이란 '페이스북 친구'를 말했다.

온라인상에서 만난 친구들, 아니 지인들이란 얘기다. 실제로 만남을 가진 적은 없지만 온라인 상에서 서로 안부를 주고받고 사진을 교환하고 이야기를 나누는 친구들을 말한다. 그들에게 뭔가 선물을 주기로 했다는 얘기다.

"그러면 좋은 데가 있어."

"뭔데? 응? 어딘데?"

"남자 여자 모두에게 기억될 만한 거야."

"호텔에서도 멀지 않으니까 가방은 호텔에 잠시 맡기고 다녀와도 되겠어."

김민경과 전화를 끊고 잠시 스마트폰을 열어 홍콩 지도를 검색해봤다. 선물을 구입하기 전에 식사를 할 장소가 호텔로부터 얼마나 거리가 떨어진 곳인지, 택시를 타고 가야할지 MTR을 타고 가야될지 확인 중이었다.

선물을 살 곳은 식사를 할 장소에서도 그렇게 멀지 않은 거리였다. 식사를 할 식당이 있는 MTR 침사추이尖沙咀 역에서 D1 출구로 나오면 길 건너 건물에도 있었고 L5 출구 쪽에도 있었다.

"우아! 여기 엄청 귀여워!"

드디어 도착.

식사를 마치고 들른 가게는 '키와빙가奇華餠家', 귀엽게 생긴 곰 얼굴들이 진열대 유리창 밖으로 얼굴을 내민 게 보인다면 이 가게가 맞다. 아담한 가게 모습에 뻥 뚫린 진열대 모습이 전부인 곳, 가게 밖 한 귀퉁이엔 '기화 베이커리'라고 쓰인 나뭇잎 표지판이 걸린 곳이다.

"들어가 보자. 마음에 들기를 바래."

가게 안으로 들어가 보자.

가게 밖에서 가게 안을 들여다볼 때와 다르다. 가게 안에 들어서자마자 아기자기한 과자 포장들이 한눈에 쏙 들어온다. 펭귄이 날개를 펴고 금방이라도 달려올 듯 한 그림의 과자도 있지만 팬더곰 얼굴이 단연코 많다. 과자들도 팬더곰 얼굴 모양이다. 대나무 밭에 앉은 팬더곰부터 팬더곰 얼굴 과자, 웅크린 모습의 과자 등처럼 모양도 각양각색이다.

"나 진짜 완전 기쁨! 팬더곰 대박인데? 여기 팬더곰 과자가 왜케 마나?"

"갑자기 왠 혀 짧은 소리야? '왜케 마나'라니?"

웃음이 나왔다. 누가 그랬던가? 여자와 데이트를 할 때는 남자가 돈 내는 데 당연한데 그 이유는 '애교값'이라고 했던 말이 기억났다. 김민경은 마치 자기가 팬다곰 숲에 들어온 것처럼 하나씩 조심스럽게 과자들을 살펴보기 시작했다.

수북 쌓인 팬더곰 과자를 보고 가격이 얼마인지, 어떤 과자들이 있는지 몰라볼 걱정은 없다. 과자들마다 그 앞에 가격표를 붙여뒀고 가게 안에 모든 과자들은 포장된 상태 따로, 포장을 열어 안에 내용물을 보여주는 상태로 진열된 것 따로 모두 진열된 상태이기 때문이다. 맘에 드는 과자 골라서 깨끗하게 포장된 걸 가져가면 그걸로 오케이.

'여긴 제과점이야?'

김민경이 내 쪽으로 몸을 가까이 숙이며 작은 목소리로 물어본다.

맞다. 하지만 단순히 과자만 파는 데라고 알면 안 된다. 가게 안에 한쪽엔 음료수가 든 냉장고, 그 옆엔 바로 사서 먹을 수 있는 과자랑 빵도 놓였다.

선물용 포장으로 많이 사가는 팬더곰 과자는 포장상태로, 그 밖에 다른 과자나 빵은 바로바로 사서 먹을 수 있는 상태로 판다.

아이 손님의 취향을 위한(?) 귀여운 과자도 다양하다. 새해 선물로 주고받는 특별 포장도 있고 바로 사서 들고 다니며 먹을 수 잇는 과자 포장도 있다.

하지만 기화병가의 히트 아이템은 단연코 팬더곰 과자.

물끄러미 바라보는 표정의 팬더 얼굴이 커다랗게 그려진 케이스를 들고 있으면 과자를 산 것인지, 캐릭터 팬더곰을 산 것인지 헷갈릴 수도 있으니 주의하자.

"근데 여기 어떤 아이템이 인기야? 응? 알려줘."

팬더곰 과자를 한바구니 담은 김민경이 내게 다시 묻는다. 자기가 고른 걸 다 사겠다는 건데 그 중에서 뭔가 히트 아이템을 골라달라는 얘기다. 아마도 선물을 줄 사람들 중에서도 누군가에겐 좀 특별한 걸 주고 싶은 모양이다.

"파인애플 쇼트쿠키."

"파인애플? 아, 이거?"

1938년에 시작된 기화빙가는 이젠 홍콩 전역 어디에서나 볼 수 있는 인기 가게다.수고를 들이지 않고도 언제든 주위에서 찾을 수 있다는 얘기다. 여러 가지 홍콩스타일의 전통과자 종류도 많다 다양한 메뉴를 팔지만 그 중에서도 특히 인기는 팬더곰쿠키, 파인애플 쿠키다. 펜더곰 쿠키 외에 인기를 얻는 중인 걸 고르라면 펭귄 쿠키를 이야기할 수 있다.

그리고 팬더곰 쿠키를 사서 케이스를 열어보자.

한쪽에 아홉 개 씩 양쪽으로 구분된 상태로 18개다.

왜 20개가 아니고 18개일까?

그 이유를 생각하자면, 중국어 9는 '지우' 발음으로 한자어 '오래 구 久'와 같고, 중국어 18은 한자어 '열 십 什' 글자와 '돈을 벌다'란 의미에 사용되는 '파차이發財'란 글자의 발음에서 '什發'라는 뜻으로 '10배의 돈을 모으다'란 의미로도 해석될 수 있기 때문이다.

팬더곰 쿠키를 사는 것도 기분 좋지만 그 안에 18개가 들었으면 '재산을 10배 더 모으다'란 의미도 되니까 손님들에게 더 행운이 함께 하기를 기원해주는 메시지가 담긴다는 얘기다. 한국어에서 18은 안 좋은 욕이지만 중국어에서 18은 의미가 다르다는 점을 염두에 두자.

"여기 이렇게 개별 포장이 되었어!"

김민경이 팬더곰 쿠키 세트를 꺼내 들고 뚜껑을 열어 내게 보여줬다.

그 안에는 귀여운 팬더곰이 웅크린 모양 그대로의 과자들이 개별 낱개 포장된 상태로 담겼다. 한 개의 크기는 여자 손 안에 쏙 들어오는 크기, 보통 성인 여자 손바닥 절반 정도의 크기보다 조금 더 작다.

"이거 봐! 내 손보다 작아. 엄청 귀여워."

"하나 먹어 봐."

"진짜? 이거 나 아까부터 먹어보고 싶긴 했는데, 그래도 돼?"

"응. 아니면 나도 하나 살 테니까, 내 것에서 먹어."

"우아! 이거 무슨 맛이지? 아, 부드러운 프림 같아. 굉장히 소프트soft하고 부드러운데? 그리고 달아. 완전 달달. 안 되겠다. 하나만 더 먹어야지."

투명 유리재질로 된 포장인데 진공포장은 아니고 안에 질소라도 든 걸까? 김민경의 손안에서 드러나는 팬더곰들을 보면서 부드러운 상태를 유지하는 그 맛의 비밀을 생각해본다.

한눈에 보기에도 포장이 약간 도톰하게 부푼 상태다.

안에 든 팬더곰 과자가 숨을 쉬는 것도 가능하겠다는 느낌이 든다. 김민경은 얼굴에 활짝 웃음을 지어보이며 팬더곰 쿠키 세트를 하나 더 골랐다.

케이스 겉에 그려진 팬더곰만 바라보면 김민경의 품에 귀여운 팬더곰 서너 마리가 안긴 모습이기도 했다.

카와빙가奇華餅家의 [성공 팁]

1번째 요인: 동물 캐릭터를 쿠키에 넣다

1938년은 세계 제2차 대전이 끝나기 7~8년 전이다. 전쟁의 참혹함 속에서 사람들의 먹거리로 시작된 쿠키 가게가 이제 어엿한 성공기업이 되기까지는 가게를 상징하는 그 무언가가 중요했다. 중국인으로서 스스로를 잊지 않고 버텨낼 무언가였고, 중국인들을 하나로 만들어줄 공통된 상징이기도 했다. 그래서 팬더곰 캐릭터 쿠키는 어쩌면 오래도록 지속될 수밖에 없는 기화빙가의 전략이 되기에 충분했다.

그리고 동물 캐릭터와 쿠키는 여성들과 아이들에게 꿈을 심어주고 동심을 유지할 수 있는 수단이기도 했다. 시간이 흘러 경제 성장이 이뤄지고 정치경제적으로 사회가 격변하더라도 어릴 때의 추억은 그대로 변하지 않는 것처럼, 어릴 때 캐릭터 쿠키를 먹던 사람들이 커서 어른이 된 후에도 캐릭터 쿠키를 자기 아이들에게 여전히 사주게 되었다.

그 아이들이 어른이 되었을 때에도 마찬가지다.

그 아이들이 다시 어른이 될 때에도 캐릭터 쿠키를 잊지 않고 또 대물림할 게 분명하다. 쿠키라는 과자는 변하지만 동물 캐릭터는 변하지 않고 여전히 아이들 곁에 머물기 때문이다. 동물원에서 만나고 책에서 만나며 TV에서 만나는 동물이 캐릭터 쿠키로 남아 있는 한 말이다.

2번째 요인: 여자 손보다 작은 크기로 만들다

쿠키의 크기는 여성의 손바닥보다 작아야 한다.

쿠키를 자주 찾는 손님은 아이를 동반한 여성들이므로, 여성의 손이나 아이들의 손이 비슷한 크기라고 할 깨 일반 성인 여성의 손보다 작아야만 아이들 손에 꼭 들어가는 알맞은 크기가 된다. 쿠키를 쥔 여성이 옆에 아이에게 건네주는 쿠키가 되어야 한다는 얘기다. 쿠키의 크기가 중요한 이유다.

아이가 쥔 쿠키는 아이의 입 안에 쏙 들어갈 정도의 크기여야 하는 이유도 있다.

작은 손과 작은 입 안으로 들어가려면 성인 남자 손에 어울리는 크기여선 안 된다. 여자 손보다 조금 더 작은 크기가 되어야 하고, 여자가 손 안에 감추고 아이에게 '뭘 줄까?' 퀴즈를 내며 장난칠 수 있는 작은 크기여야만 한다. 쿠키는 식사대용으로 먹는 게 아니라 간식거리로, 군것질로 먹는 경우가 대부분이라서다. 군것질을 할 때나 간식을 먹을 때란 여성들이 아이들이랑 놀아줄 때 재미있는 게임의 대가로 쿠키를 줄 수 있는 경우다.

3번째 요인: 부드럽고 달콤한 맛을 대표하다

쿠키는 부드럽다. 아니, 부드러워야 한다는 걸 내세운 경우다.

쿠키는 남자보다 여자가 더 즐기고, 아이들도 즐긴다. 쿠키가 진가를 발휘하는 순간은 입 안에서 혀와 뒤섞일 때이고, 그러려면 혀만큼 부드러워야 한다.

손님이 쿠키를 입에 넣고 먹기 시작할 때는 입 안에 낯선 이물감이 느껴지면 안 되기 때문이다. 손님의 입 안에서 혀처럼 부드러워야 하고, 입 안에 넣는 순간 녹아 사라지는 느낌을 줄 정도로 부드러워야 한다.

그래야만 쿠키를 먹는 손님들이 자기 입 안에 넣은 게 과자가 아니라 그저 당연히 내 몸에 어울리는 것이라고 생각하게 된다.

가게 역사가 짧다면, 지금부터 역사적인 메뉴를 만들어보세요

"이런 날씨는 어쩐지 어느 커피점에 앉아 있다가 그 앞을 우연히 지나가던 첫사랑을 만나는 것도 가능하고, 그 사람과 다시 사랑에 빠진다고 해도 다른 사람들이 충분히 이해해줄 만한 날씨 아니겠어?"

더운 여름 날씨가 이어지는 홍콩에서 쾌적하고 맑은 하늘을 보기란 생각처럼 쉬운 게 아니다. 여름철엔 특히 많은 태풍과 비로 인해 건물 사이 육교로만 다녀야 할 때도 많고, 홍콩 애경을 구경하러 온 사람도 희뿌연 안개에 낀 밤하늘만 보다가 귀국하는 일이 없지 않아서다.

그래서 한국의 겨울 시즌에 홍콩에 오면 쾌적한 한국의 가을 날씨를 경험할 수 있게 되는데 말고 쾌청한 하늘 아래에서 홍콩 시내를 걷다가 맞은편에서 걸어오던 누군가와 만나는 상상을 하게 된다.

사실 우연한 만남이란 것도 사람들 인생에서 드문 일만은 아니지 않은가?

대학시절 마음에 두었던 어느 여학생을 지하철역에서, 명동에서, 강남역 주변에서 우연히 만나는 일 따위도 가능하다.

내 경험상으로도 한국에서 만난 일본인 대학생 '아키노리'를 수년 후에 일본에 출장 갔을 때 아침 출근길 지하철역 바로 앞좌석에서 졸고 있는 모습으로 만났던 기억도 있어서다.

"뉴질랜드 공항에서 만난 '살레후딘 가잘리'는 또 어떻고?"

서울에서 열린 국제행사를 통해 알게 된 말레이시아 남자 살레후딘 가잘리.

4년이 지난 어느 가을에 오스트레일리아도 아닌, 뉴질랜드에 오클랜드 공항에서 만난 기억도 있다.

비행기를 타려고 구두끈을 다시 매고 일어섰을 때 정말 거짓말처럼 내 눈앞에 떡하니 서 있던 그 당시 상황은 그로부터 십여 년이 흐른 뒤에도 잊지 못하니 말이다.

'나는 뉴질랜드 여행 중이었고, 살레후딘 가잘리는 오스트레일리아에서 열리는 국제회의에 참석하기 위해 말레이시아에서 왔는데, 마침 2일 정도 시간이 남아서 짬을 내어 혼자 뉴질랜드로 여행을 온 날이었다. 그렇게 두 남자가 한국도 아니고 말레이시아도 아닌, 뉴질랜드에서 만나게 될 줄이야 누가 알았을까? 세상엔 참 기막힌 우연도 많아.'

그래서 난 숙소로 바로 돌아기 전에 MTR 완차이灣仔 역에 내려 조금 걷기로 했다.

이 모든 게 날씨 때문이라고 여기기로 했다. 왜 갑자기 쾌청하게 좋아서 남자 심장을 흔들어 놓는가 말이다. 그것도 갑자기 생각나는 영화 "The World Of Suzie Wong(1960년, 감독: 리처드 퀸 감독, 출연: 윌리엄 홀든, 낸시 콴)"와 "크로싱 헤네시(月滿軒尼詩 Crossing Hennessy), (2010, 감독: 안 서, 출연: 장학우, 탕웨이)"가 떠오르게 된 이유다.

'침사추이랑 센트럴 쪽을 오가는 스타페리Star Ferry도 그렇고, [수지 웡의 세상]이란 영화 속에서는 '로버트 로맥스윌리엄 홀든 역'가 덜 비싼 방을 얻기 위해 완차이 지역에 오면서 대부분의 장면들이 여기서 촬영된 거잖아. 1960년대 영화인데 그 당시엔 여기가 홍콩에서 그다지 유명하진 않았던 모양이야.'

영화 생각을 하면 걷는 중에도 완차이 동네가 한눈에 들어왔다. 말끔하게 정리된 거리, 세련된 주택가 골목들, 누가 보더라도 이젠 완차이 여기가 잘 사는 동네가 되었음을 알 수 있었다.

'리처드 퀸이란 감독은 우리에게 유명한 '형사 콜롬보1971년, Columbo' 드라마를 연출했던 감독으로도 유명한 사람인데, 지금도 나도 기억하는 걸 보면 영화 한 편의 영향력이란 게 참 대단해.'

완차이 거리엔 오늘도 홍콩 사람들이 바쁘게 움직이고 있었다. 신호등을 건널 때마다 빨간색과 초록불이 번갈아 바뀌면서 귓가를 울리는 맑은 종소리가 들렸다. 발걸음을 재촉하는 자명종 같기도 했다.

'그 영화 [크로싱 헤네시月滿軒尼詩]에선 탕웨이湯唯가 목욕용품 가게에서 일하는 여자로 나오고, 남자는 장학우張學友인데 소개팅으로 만난 남녀 이야기하잖아. 한국산 가전제품이 품질 좋다는 얘기도 막 나오고, 여기 완차이 동네 곳곳 다 보여주고 그랬는데.'

그러고 보면, 완차이는 홍콩 현지인들이 즐겨 찾는 지역이다.

홍콩에서 여러 지역들 중에 가장 일찍 개발된 곳이기도 한데, 여기에 오면 홍콩에서 가장 오래된 우체국도 볼 수 있다.

지난 1997년인가?

홍콩이 영국에서 중국으로 반환되는 해에 기념식이 열리기도 한 장소다. 홍콩컨벤션센터 앞 광장에서였다.

'관광객들은 센트럴中環, Central하고 커즈웨이베이銅羅灣, Causeway Bay를 주로 다니면서도 희한하게 여기 완차이灣仔, Wan Chai엔 잘 들르는 경우가 드물더라. 하긴 홍콩이 영국 식민지 시기였던 1841년경에도 센트럴은 무역 금융 중심지였으니까 세계 사람들이 더 많이 방문했을 수는 있지.'

그렇게 완차이 거리를 걸으며 생각에 빠진 것도 잠시, 드디어 어느 가게 앞에 섰다.

'여기다. [크로싱 헤네시月滿軒尼詩]에서 탕웨이湯唯랑 장학우張學友가 만난 곳.'

길을 걷다가 노란 간판이 붙은 베이커리가 보인다면 '호놀루루 커피檀島咖啡餅店'에 온 게 맞다. 왠지 모르게 안으로 들어가자니 영화배우의 감성을 느껴보게 되는 곳, 마치 지금 저 가게 안 어디에서 탕웨이가 혼자 밀크티를 마시고 있으면 다가가서 싸인을 받아야 할지 말아야 할지 망설이면 어떻게 할지 고민되는 곳이다.

쾌청한 이날 홍콩 날씨만큼이나 밝은 얼굴의 홍콩사람들이 웃음 머금은 얼굴로 담소를 즐기는 가게인 것은 분명했다.

안으로 들어가 보자.

노랑 에그타르트가 눈앞에 펼쳐지고, 그 바로 옆에 파인애플빵이 보인다. 두툼하고 겉표면이 파인애플 껍질을 닮아서 이름이 붙은 거 같은데, 노릇하게 구워진 빵 표면만 보더라도 식감이 느껴지는 파인애플 빵이다.

가게 안을 둘러보면 밝은 톤의 조명에 훤하게 뚫린 공간으로 느껴진다. 손님들 얼굴도 밝고, 네모 모양이거나 동그란 테이블과 의자들, 가게 벽에 걸린 빨간 잉어 그림 액자까지, 뭔지 모르게 활기찬 느낌이 가득하다.

테이블 위마다 메뉴판 색깔도 노랗고, 천장 조명은 주황색이랄까?

작아보이진 않는 가게 내부인데 거리에 도로변 창을 그대로 통유리 벽으로 만들어 빛이 가게 안까지 들어오게 만든 덕분이기도 했다.

가게 안에 앉아 있지만, 도로변 사람들이랑 같이 있다는 느낌, 가게 안에서 거리가 그대로 보인다는 게 장점이다

주방은 노랑 그릇들이 수북 쌓여 있다가 주문과 동시에 서빙.

정갈한 수저와 젓가락 통이 있고 주방은 오픈 키친이다. 에그타르트와 파인애플 빵은 흰 접시에, 밀크티는 노랑 컵과 노랑 접시에 담아내온다. 그러고 보니 에그타르트가 노란색이고 파인애플 빵이 노란색인데 접시가 하얗다.

파인애플 빵 안에 든 치즈 조각도 노란데, 일부러 가게 주인이 노란색을 통일시키기 위해 맞춘 걸까 싶다.

'아까 MTR 완차이 역에서 A4 출구였나? 스탠다드차타드 은행 골목 안으로 들어온 것 같은데 어쩌다 보니 호놀루루까지 왔네. 이젠 나도 홍콩사람 다된 모양이야.'

그도 그럴 것이 벌써 50년 이상의 세월을 홍콩사람들과 함께 하며 지내온 호놀루루이기에 그렇다. 차와 요리가 있는 곳이란 의미의 '차찬텡茶餐廳'은 우리말로 하자면 '분식집(?) 혹은 카페' 정도의 의미인데 그동안 이어져 내려온 역사가 반세기가 넘었다는 건 홍콩사람들에게 인정받은 가게라는 얘기 아닌가?

호놀루루에 스스럼없이 자연스럽게 찾아온 나 역시 누구든지 홍콩의 문화에 깊이 매료될 수밖에 없다는 걸 증명하는 듯했다.

"미니 카운터도 있네? 이따가 빵을 좀 사 가야겠어."

에그타르트와 파인애플 빵을 주문했다.

호놀루루에 온 이상 인기 아이템 시식은 필수다. 테이블에 앉아서 주위를 둘러보니 사람들이 꽤 많다. 평일 오전 무렵임에도 여기저기 사람들이 모여서 뭔가 대화를 나누는 모습들이다. 호놀루루가 아침 6시부터 영업을 시작해서 밤 12시까지 문을 여는 곳인데 매시간 대마다 한적한 느낌은 별로 없는 듯하다.

'여기 벽에도 금붕어 그림이 있네?'

대만에서도 본 기억이 있다. 중화권 나라에 가면 거리마다 금붕어 가게가 많다는 사실을 확인하게 되는데 손님들이 사가는 건 짝수의 금붕어 물고기들이었다. 반쯤 물이 담긴 반투명 비닐봉투에 금붕어들을 담고 비닐봉투가 빵빵해지도록 공기를 주입시키면 그걸 돈을 내고 받아가는 모습들이다.

빨간색 그리고 붉은 비늘이 돈과 행운을 가져다준다는 상징성 때문이다.

호놀루루 가게 안에서도 빨간 금붕어 그림을 보게 된 것도 다 같은 인식 때문 아닐까. 중화권 홍콩에서 겪는 경험으로서 낯설지가 않다.

호놀루루는 완차이에서도 '헤네시 도로Hennessy Rd.'에 있다. 그러고 보면 영화 '크로싱 헤네시'에서 탕웨이와 장학우가 처음 만나는 호놀루루 커피점이 바로 여기 '헤네시'에 있다는 점이 일치한다.

어쩐지 주위를 둘러보게 되는 것도 다 이유가 있을 법했다.

어디에선가 탕웨이 같은 여성이 다가와서 '어머, 여기 장학우 같은 남자가 계셨네?' 하지 않을까(혹은, 그래주기를 바라는) 기대심리 같은 거다.

하지만 결과는 역시 나 혼자.

에그타르트의 페스트리가 입술에 조금씩 묻어도 눈치 볼 사람 없고, 파인애플 빵 사이에 끼운 두꺼운 버터를 빵과 함께 씹어서 밀크티를 마시면서 목구멍 안으로 넘기며 꿀꺽 소리를 내도 혹시나 소리가 들릴까 배려해줄 사람이 없어서 편하다.

주위 다른 테이블에서 들리는 남녀의 달콤한 밀어蜜語들은 혼자 식사를 하는 사람들에겐 그저 지나가는 바람과 같은 존재였다.

호놀루루 커피檀島咖啡餅店의 [성공 팁]

1번째 요인: 사람들의 일상 속 잠깐의 시간을 공략하다

언뜻 보면 평범한 패스트푸드점이나 분식집의 모양새다. 메뉴 구성 측면이나 인테리어에서도 비슷하다. 그런데 호놀루루가 처음 문을 연 장소를 생각해보면 완차이 지역이라는 점, 1960년대에 미국 영화에 등장할 정도로 서양인들에게 익히 알려진 곳이었다는 점을 알 수 있다. 홍콩에 발을 딛은 서양인들이 들러 식사와 음료를 나누며 이야기하던 곳이었다. 그들에게 있어서 모국을 떠나 홍콩에서 즐기는 식사는 '호놀루루'라는 상호에서 느껴지는 하와이의 평화로운 해안가에서 즐기는 식사인 셈이었다.

그로부터 호놀루루는 홍콩에 와서 완차이 지역에서 살아가는 서양인들 중심으로 일과 담소의 자리가 되었고 점차적으로 그들 서양인들과 거래하는 홍콩인들도 들르게 되는 장소가 되었다는 점인데. 시대적으로 그들 사이에 공통점이 바로 '간단한 식사와 함께 나누는 대화'라는데 있다.

점식식사 때를 놓친 사람들이 일하면서 들를 수 있는 가게이자, 홍콩에 머무는 서양인들이나 홍콩에서 세계의 사람들과 일하는 사람들이 부담 없이 들를 수 있는 대화의 장소가 된 경우이다.

제대로 갖춰진 점심식사 장소가 아니고 느지막하게 즐기는 브런치 가게도 아니다. 그렇다고 저녁식사 무렵 하루 일과를 마치고 들르는 풍성한 메뉴의 식당도 아니다. 호놀루루는 하루 일과 중 바쁜 사람들이 간편하게 들러 간단한 요깃거리와 함께 대화를 나누는데 최적의 장소다.

2번째 요인: 영화 속에서 이름을 알리다

호놀루루는 일찌감치 영화 속에 등장하면서 홍콩 외에 여러 나라에 알려지면서 유명해졌다. 1960년에 개봉한 미국 영화에 등장했고, 2010년 홍콩 영화에도 등장하면서 동시대 탑스타들이 머문 자리가 되었다. 스타들을 기억하고 좋아하는 이들이 호놀루루에 대해 더 깊이 인식하게 된 계기가 되었다.

영화 속에 등장한다는 건, 단순히 가게 위치를 알려주고 홍보를 하는 차원 이상의 것이다. 가게에 스토리가 담기게 되고 스타들이 다녀간 장소에서 가게의 이미지가 만들어지게 된다.

어느 장소에 어느 가게가 있다는 것을 넘어, 어느 가게가 어떤 스토리로 기억된다는 효과가 더 크다. 호놀루루가 1960년에 한 번, 2010년에 또다시 영화 속에 등장하게 된 것은 반세기 동안 이어오는 스토리가 생긴 셈이다.

3번째 요인: 소소한 이야기의 중심이 되다

호놀루루에선 무거운 이야기가 나타나기 어렵다.

에그타르트와 파인애플 빵을 앞에 두고 밀크티를 마시면서 어떤 이야기를 할까?

친구들 사이에 즐거운 이야기다. 남녀 간에 사랑 이야기다. 달콤하고 새콤한 이야기여야 한다. 가게의 메뉴를 기억하는 사람들은 자기가 할 이야기에 걸맞는 가게에 가기 마련이다.

그래서 호놀루루에 오는 사람들은 짧은 이야기를 나눈다. 보다 진지한 이야기는 나중에 저녁에 다시 만나서할 수 있다는 걸 안다. 업무 이야기를 할 때도 밝은 분위기에 나누고 어떤 사람들과도 가볍고 즐거운 이야기를 하러 호놀루루에 온다.

가게 전체가 항상 밝고 건강한 이야기만 들리게 된다. 이런 점들은 다른 이들에게도 좋은 영향을 주기에 지속적으로 사람들이 모여들게 된다.

보통? 곱배기? 그리고 또 다른 사이즈를 만들어보세요

유명 식당이나 맛집에 가면 즐겁다.

눈에 익숙한 메뉴는 여기서 어떤 맛일까? 궁금하고 처음 보는 메뉴는 이게 어떻게 만들어졌을까, 이게 무슨 맛일까 궁금하다. 가능하다면 그 가게에서 파는 모든 걸 먹어보고 싶은 느낌 의욕이 충만하다.

그런데 현실은? 가장 마음에 드는 것 하나만 골라야 되니 안타깝다. 그 하나도 때로는 다 먹지 못하고 남기고 나와야 하니... 맛집에 왔는데 그 가게 메뉴를 다 먹어보지도 못하고 그저 인증샷self-camera 사진 남기기만 신경 쓰는 거 아닌가?

"넌 아까부터 식사는 안 하고 무슨 사진만 그렇게 찍어대니?"

"먹는 게 남는 거랬잖아? 사진으로 남겨둬야지."

"어우, 그게 그 소리야? 먹는 게 남는 거랑 사진 찍는 거랑 무슨 관계? 너 진짜 웃긴다. 먹는 게 남는 거란 얘기는 먹어두라는 얘기지. 사진 찍으란 소리야?"

"아니, 이를테면 그렇다 이거지. 내가 보기에도 음식이 예뻐 보이니 얼마나 맛있을까? 어느 맛집에 가면 그 가게에서 파는 메뉴란 메뉴를 정말 다 먹어보고 싶긴 한데 살찔까 그러지도 못하고 그래, 그래서 지금 나도 여기서 그냥 사진이나 찍어서 기념하자는 거야. 그거 알아? 여자들 중에는 나처럼 더 먹고 싶어도 안 먹는, 아니지, 못 먹는 여자들이 얼마나 많은데. 여자들이 식당에서 밥 먹을 때도 왜 반만 먹고도 배부르다며 남기는 줄 알아? 남자들은 몰라. 여자들에게 다이어트란 평생의 골칫거리야."

"넌 살쪄도 예뻐."

송혜교(가명)가 피식 웃었다. 왠지 내가 여자에게 칭찬받을 소리를 한 거 같다.

기억난다.

아무리 못생긴 여자라도 여자는 예쁘다는 소리를 들으면 기분이 좋다는 얘기를 들었다. 지금 내 앞에 앉은 송혜교, 저 여자가 해준 얘기다. 그래, 내 앞에 앉은 '송혜교'에 대해 나름의 분석을 덧붙이자면 대학 시절엔 길거리 캐스팅도 원 없이 당해봤고 만나자고 연락 오는 남자들, 사귀자고 프로포즈하는 남자들도 수없이 걷어 차봤다는 여자다.

"저, 연락처 좀 주세요."

"저 남자친구 있어요."

*

"저 그쪽 마음에 드는데 연락처 좀 줄래요?"

"저 유부녀에요."

거리에서 따라와서 연락처 달라고 하는 남자들이 얼마나 많은지 일일이 거절하기도 벅차서 이따금 '남자친구 있어요!'라고 대꾸하기도 했고 심지어 '저, 결혼했어요'라고 말해주기도 했다는 사람이다.

결혼이란 생각해본 적도 없다는 여자이면서도 자꾸 말 걸고 연락처 달라며 귀찮게 구는 남자들 앞에선 거짓말도 술술 잘 나오는가 싶다.

한국에서 인기 얻던 미모가 홍콩에 왔는데도 더 빛을 발하게 되었다는 이야기도 했다.

사실 이 부분에 대해선 반박을 못했다.

송혜교가 홍콩에 온 지 얼마 안 된 시점에 내가 데려간 곳이 란콰이퐁이었는데 거기서 실제로 많은 수의 동양인과 서양인들이 툭하면 다가와서 말을 걸었기 때문이다.

오죽했으면 내가 다 나서서 '내 부인이다'라고 했을까? 하지만 그것도 잠시, '당신 부인이 진짜 예쁘다'고 나랑 이야기를 다시 시작하는데 두 손 두 발 다 들었던 기억이 있다. 결국 그날 송혜교를 데리고 빨리 숙소로 데려다준 경험이 있다.

그러던 여자가 홍콩에 파견근무를 지원하고 오더니 이 모양이다.

먹거리의 천국에 와서 사진만 찍는 여자가 하는 이야기다. 참고로 송혜교의 직업은 디저트 개발자다. 국내에 모 프랜차이즈 요식업 회사에서 근무하는 메뉴개발팀 직원이다. 직업상 맛있는 음식은 다 먹어봐야 하는 여자인데도 좀체 젓가락 대기를 꺼려한다.

"그런데 먹고 싶긴 하다."

"먹어."

"이거 먹으면 살 많이 찔까? 이거 먹고 운동을 얼마나 해야 그만큼 살이 빠질까?"

"넌 이거 먹어도 살 안 쪄. 살 안 찌는 음식이야."

송혜교가 드디어 젓가락을 들었다. 맛을 보려는 모양이었다. 아니다. 갑자기 젓가락을 다시 내려놓는다. 그리곤 투정 부리듯 말했다.

"맛을 보고 싶긴 한데, 맛없으면 어떻게 하지? 기대만큼 맛없으면? 차라리 마트에서 시식코너가 훨씬 나은 거 같아. 조금씩 다 맛볼 수 있잖아? 안 그래?"

"다음 주 금요일에 뭐해? 일 마치고 어디 가자."

"어디?"

"타임스퀘어 알지? 거기 네게 원하는 가게 있어."

"진짜? 다음 주 금요일이라면 오케이."

여자의 이런 고민을 말끔히 해결해주는 곳, 적당량만 주문해서 먹는 곳이 바로 SML에스엠엘이다. 송혜교에게 소개를 해줄 바로 그 가게였다.

다음 주.

"여기야. 어때?"

우선 가게에 들어가 보자.

메인 컬러는 사파이어블루? 모 커피점 색이기도 하고 칠판 색과 비슷하기도 하다. 칠판색과 닮았다고 느낀 이유도 사실 가게 안에 테이블이랑 의자들이 나무 재질, 그것도 어느 학교 교실 같은 분위기에 가까워서다.

테이블 좌석마다 1인용 칠판을 둔 걸까? 정갈하게 보이긴 하는데 질서정연하게 배치된 테이블과 의자들을 보게 된다.

가게 한쪽엔 바가 있어서 와인이나 각종 주류를 맛볼 수도 있다.

동그란 나무 의자가 두 개씩 맞붙은 상태로 손님을 기다리는 모습이 이채롭다.

바 안에서 흰색 셔츠를 입은 점원이 열심히 뭔가를 만드는 모습은 왠지 모르게 와인 한 잔 마셔볼까 하는 생각이 들게 만든다. 거꾸로 매달린 와진 잔들, 그리고 자주 보지 않았던 술병들이 호기심을 끈다.

자, 테이블에 착석하고, 모 커피점 색을 닮은 색을 펼쳐보자.

메뉴판이다. 테이블 위에 놓인 물 잔, 포크와 나이프, 흰색 접시. 이제 주문할 일만 남았다. 사이즈에 맞게 주문한다.

그리고 잠시 후.

스몰 사이즈로 주문한 메뉴들이, 그리고 와인이 컵에 담겨 내온다.

진짜 딱 그 사람이 먹을 만큼의 적당량만 나온다.

큰 접시가 아니다. 1인분 식사량이라고 보기 어렵다. 한국에선 반찬 그릇 아닐까? 싶을 정도의 그릇에 그 날 주문한 메뉴가 담겨 나온다. 이렇게 자기가 원하는 모든 메뉴를 맛볼 수 있는 게 이 가게의 특색이다.

미트볼? 스파게티? 리조또?

그런 음식을 주문하더라도 스몰, 미디엄, 라지 사이즈에 맞게 나온다. 어떤 메뉴 서너 개를 맛보고 싶다면 각각 스몰 사이즈로 모두 주문해도 된다.

점원들 중에 누구 하나도 눈치를 주지 않는다. 오히려 다른 가게에 가면 메뉴 서너 개 시킬 엄두를 못 내던 상황과 전혀 다르다. 여기선 손님이 자기 마음대로 맛보고 싶은 메뉴를 다 시켜도 된다. 가게 내부 분위기나 다른 손님들이나, 점원들도 누구 하나 눈치 주지 않는다. 자랑스럽게 나만의 취향대로 적당량만 주문해서 먹을 수 있는 가게다.

"이 가게 왜 이래? 완전 천국이야!"

송혜교가 다시 웃는다. 오늘 남자가 제대로 가게를 골랐던 모양이다. 뭐든 맛 보고 싶다는 여자에게 뭐든 다 먹어볼 수 있는 가게를 추천했으니 칭찬받을만했다.

"가게 이름이 에스엠엘인 게 그거야? 스몰, 미디엄, 라지?"

"응."

"스몰을 시키면 여러 개 시켜서 먹어도 되고, 괜찮지?"

"그러게. 대부분 메뉴 시키면 사이즈가 딱 정해진 것만 나오는데 여긴 안 그래서 좋아."

송혜교가 연신 주위를 둘러본다. 다른 손님들은 뭘 주문해서 먹는지 궁금한 모양이다. 사람들이 주문한 메뉴들은 스몰 사이즈가 많은지 라지 사이즈가 많은지 걱정하는 건 아니었다. 그저 남들은 이 가게에서 뭘 먹는지, 어떤 메뉴가 인기인지 알고 싶을 뿐이었다. 그래야 또 주문할 테니까.

"여긴 혼자 와도 어색하지 않아. 양도 많지 않아서 혼자 먹어도 충분하고, 어때? 지금 여기 다른 사람들도 혼자 와서 식사하고 있지?"

"그러네."

"메뉴는 마음에 들어?"

"아니, 그러게. 메뉴가 엄청 많으니까 다 골라서 일일이 먹어보기도 그렇지만 일단 선택의 폭이 넓으니까 좋아. 실내 인테리어도 나쁘지 않고 산뜻하고. 근데 가게가 이렇게 큰데 스몰만 팔리면 어떻게 해? 사람들이 스몰 사이즈만 주문하면 가게 운영이 제대로 될까?"

송혜교는 가게 운영이 걱정인 듯했다.

다음에 또 오고 싶은데 혹시나 중간에라도 영업하는 게 적자가 나서 없어지면 어떻게 하나 염려가 된 걸까?

"가게가 크지만 한 쪽엔 술을 마실 수 있는 BAR바도 있어. 저녁에 장사가 더 잘되는 곳이야. 낮에는 식사 손님이 많고."

"술은 제대로 팔아?"

"아, 술도 1/4잔부터 팔지. 그리고 1/2잔, 제대로 된 한 잔. 뭐 그래. 예리한데?"

"와인 마실 때도 그럼 1/4잔만 먹으면 되는 거야? 가격이 저렴하긴 하지만 양이 적긴 할 것 같다. 하지만 뭐 더 마시면 되니까. 헤헤."

송혜교는 그제야 웃음을 참지 않고 배시시 웃었다.

손님의 식성에 따라 적당량을 주문해서 먹을 수 있는 가게, 그리고 먹은 양만큼만 계산하면 되는 가게의 매력에 푹 빠진 얼굴이었다. 국내에서도 흔하게 보는 보통 사이즈, 곱빼기 사이즈를 말하는 게 아니었다. 와인의 경우에서도 보듯이 1/4잔, 1/2잔, 1잔처럼 자기가 원하는 만큼만 주문해서 식사할 수 있었다.

물론, 술뿐만이 아니었다.

식사를 할 때도 자신이 먹을 양 만큼만 합리적으로 주문할 수 있는 가게였다. 그날 송혜교에겐 유쾌한 추억이 쌓이는 중이었다.

에스엠엘SML의 [성공 팁]

1번째 요인: 손님의 양 대로 주문하다

세상엔 많이 먹는 사람만 있는 건 아니다.

곱배기 양을 주문하려는 사람도 있지만 적은 양만 먹어도 충분한 사람들이 많다. 대다수 여성들이지만 남성들의 경우에도 다르진 않다. 식당들은 재료를 준비하고 그 재료들을 정해진 유통기한 내에 팔아야만 이익을 얻는다고 생각하기 쉽다.

그래서 어떤 메뉴를 만들 때도 들어간 재료 대비 일정한 이익을 고려해서 가격을 정한다.

하지면 여기서 문제가 생긴다. 과연 그 양을 누가 다 먹을 것인가?

'음식 남기면 벌금입니다.'

가게에 온 손님에게 주는 양 다 먹어야 하고, 다 안 먹으면 벌금 내라고 할 것인가?

당신 같으면 그 식당에 가서 또 식사하고 싶은가? 아니다. 손님은 음식 양이 많다고 하는데 가게에서는 주문한 음식(또는 셀프서비스로 가져온 음식)을 다 먹지 않으면 추가요금을 받겠다고 엄포를 붙여 둔다. 이 가게는 머지않아 문 닫을 확률 100%다. 손님이 점점 줄어들 게 빤하다.

'음식이 별로야? 왜 그만 먹게?'

모처럼 여자친구를 데려온 남자가 묻는다. 여자친구 앞에 놓인 음식이 반이나 남아서다. 하지만 여자친구는 배가 불러서 더 못 먹겠다고 말한다. 다이어트라서, 남자에게 음식 조금먹는 여자로 보이려고 하는 게 아니다. 실제로 배가 불러서 더 못먹는 경우다.

'포장해달라고 할까? 집에 가서 먹게?'

그것도 별로다. 식사 마치고 커피를 마시러 갈 건데 식당에서 먹고 남은 음식을 넣은 포장봉투 들고 다니는 것도 영 그렇다. 영화도 보러갈 건데, 식사를 마치고 좀 걷고 싶은데 이래저래 포장봉투는 아니다.

그래서 손님의 양 대로 주문하고 식사한 양 만큼 계산하는 방식이 호응을 얻는다.

양을 조금 주문한다고 해서 음식의 재료가 덜 들어간 것도 아니다. 1인분을 시키든 1/3만 시키든 온전한 맛을 자랑한다. 하나의 완벽한 음식인데 다만 양만 다를 뿐이다.

2번째 요인: 쾌적한 실내 분위기가 품격을 유지하다

혼자 오더라도, 언제 오더라도 편안하고 쾌적한 분위기를 유지한다. 가게 점원들은 손님 곁에서 '빨리 주문하라'고 채근하듯 메뉴판을 주고 기다리지 않는다. 음식을 조금만 시킨다고 눈치 주는 일도 절대 없다. 가게 영업전략이다. 손님이 먹을 음식의 양을 주문하는 건 손님의 자유다. 손님은 혼자 오건, 여럿이 오건 간에 필요한 양만큼만 주문한다.

가게는 넓고 쾌적하다.

은은한 배경음악도 흐른다. 패스트푸드점이어도 좋고 분위기 좋은 BAR라고 해도 좋다. 점원들도 단정한 유니폼을 입고 일사분란하게 움직인다. 손님이 부르지 않으면 다가오지 않는다. 저마다 자기 일에 집중하는 중이다. 손님들이 무슨 이야기를 하는지 무의식적으로도 귀담아 듣지 않는다.

3번째 요인: 음식을 재사용하지 않는다는 믿음을 준다

'잔반 쓰는 거 아니죠?'

음식을 남기면서 이따금 의문이 들 때가 생긴다.

손님이 남긴 음식을 주방으로 도로 가져가는 건 아닌지, 다른 사람들이 주문하면 그대로 내오는 게 아닌지 의구심을 완벽히 떨쳐 버릴 수가 없다.

사람이라서다.

이왕이면 내가 나긴 음식을 치우는 걸 다 지켜보고 음식쓰레기로 버리는지도 보고 싶지만 손님 입장에서 너무 오버하는 것 같아 그냥 돈만 계산하고 나올 때가 대부분이다.

'이럴 줄 알았으면 좀 굶고 와서 식사를 남기지 않을 걸.'

'나중에라도 여기 다시 올 수 있을까? 다른 사람 먹던 반찬이 또 나오면 어떻게 해?'

가게에서는 '아니'라고 하지만 손님 입장에선 불안감을 완벽하게 해소할 순 없다. 그래서 손님의 양대로 주문하는 전략이 유효하다. 손님 입장에선 자기가 먹을 만큼만 주문해서 다 먹으므로 음식 재사용 걱정이 없다.

가게 입장에선 음식이 남아서 버리게 될 걱정이 없다.

가게에서도 음식물을 버릴 때는 추가 요금이 든다. 손님이 남긴 음식을 바로바로 치울 순 없기에 주방이나 가게 주변에 쌓아두기도 골칫거리다. 한곳에 버려서 모아뒀다가 버린다고 해도 그 모양새가 보기 좋은 게 아니기 때문이다. 그래서 손님의 양 대로 주문하고 서비스하는 전략은 가게로서도 이익이다.

홋카이도에 전해진 서구식 목장우유가 궁금하다면

성공하는 가게들, 맛집을 다니다 보면 색다른 메뉴랑 인테리어 만으로도 승부해서 성공한 경우를 보게 되는데, 조금 더 색다른 가게도 있다. 우유를 가게의 대표 메뉴로 내걸어서 성공한 경우다.

"우유가 가게 메뉴라고? 우유가 뭐가 달라? 그게 그거 아냐?"

이런 생각을 하는 사람들을 위해, 당신의 그 고정관념을 공략해서 성공한 가게라고 알아두자. 성공을 한 사람들을 보면 대부분 '어, 되네?'가 많다.

사람들의 고정관념을 깨서 '안 된다'가 아니라 '된다'로 만든 경우다. 사람들이 무의식적으로 참고 지내는 불편을 공략해서 '이것마저도 편하게' 만들어낸 사람들이 성공했다.

"요즘도 아침식사는 우유 한 잔에 토스트 먹어?"

"응. 오늘도 그랬지. 항상 그렇지, 뭐. 쉽게 고쳐지질 않아."

"어렸을 때는 어머니가 찌개랑 반찬이랑 차려두고 항상 밥이랑 국을 주셨다며?"

"그땐 그랬지. 내가 중 · 고등학생 때는 아침밥 차려주는 여자랑 결혼하는 게 꿈이었다니까. 나 어렸을 때는 아버지랑 모든 식구들이 한 밥상에 모여서 식사를 했으니까, 그게 당연한 건 줄로만 알았어."

"그런데 지금은 우유 한 잔, 토스트 한 개?"

"거기에 달걀프라이도 추가. 외국에선 스크램블드에그Scrambled Egg 알지? 그거 먹기도 했는데 난 그냥 반숙 프라이가 좋더라. 햄은 별로. 내 입맛에 안 맞아."

"유학생활한 지 얼마나 된 거야? 꽤 지났네?"

"고등학교 다니다가 가서 대학교 졸업하고, 석사, 박사까지 하고 왔으니까 근 10년은 외국 생활한 거네? 이야, 징글징글하다."

"그때는 외국 유학이 붐이었잖아? 세계화다 뭐다 해서 대학생들치고 배낭여행 안 다녀온 애들 없었고. X세대 사람들은 다들 해외여행에 유학에 외국 문화가 익숙하니까. 요즘 봐, 다들 쇼핑도 외국 인터넷쇼핑몰에서 해외직구 하잖아? 책 살 때도 미국에 아마존에서 사는 사람들이 많아. 번역서 보지 않고 원서로 보는 사람도 많고."

"그렇지. 내가 외국에 10년 있었다고 하면 그 사이 조기유학이다 뭐다 외국에 나온 애들이 매년 10만 명씩만 계산해도 10년이면 100만 명이잖아? 애들 혼자 오나? 부모들 생각하면 곱하기 3 해야지. 그러면 300만 명이야. 이 대한민국 땅이 최소한 X세대 기준으로 300만 명이나 되는 외국 문화 생활에 익숙한 사람들이 살아간다는 거야. 그러니까 아침 식사도 이젠 문화가 달라진 거야. 된장찌개에 쌀밥이 아니라, 우유 한 컵에 토스트. 달걀프라이와 햄 몇 조각이 된 거지. 뭐 미트볼도 있고 빵도 있지만."

"난 가끔 커피 한 잔으로 아침 식사 대신하기도 해."

홍콩 출장길에서 모처럼 만난 하정우(가명)는 고등학교 동기다.

고등학교 3학년 때 모든 친구들이 대학입시에 매달릴 무렵, 일찌감치 외국 유학을 정해둔 상태였다. 친구들이 야간자율학습으로 밤 10시까지 학교에 남아 공부할 때도 하정우는 일찌감치 가방을 메고 유학원에 들러 어학 준비를 했다. 하정우를 아는 사람들은 모두가 그를 부러워했다. 자율학습을 하고 안 하고의 문제가 아닌, 대학을 정해놨고 그것도 외국에서 다닌다는 점 때문이었다.

"그런데 외국에서 적응이 안 되는 거야."

"응? 너처럼 10년을 살았는데도?"

"그러니까. 나도 그게 미스터리지. 암튼 외국계 회사에서 지내보다가 아니다 싶어서 바로 짐 싸고 가족들 데리고 한국 다시 온 거잖아."

"맞다. 아내는 유학생 시절에 만나서 결혼했고 아이들은? 모두 미국인이네?"

"아내는 교포였고 애들은 미국에서 태어났으니까. 거봐. 내 경우만 봐도 4식구인데 우리 아침 식사 어떤지 알아? 아침마다 빵이랑 토스트, 우유랑 주스 이런 거야. 아마 아버지가 보시면 노발대발하시겠지. 이런 거 먹고 무슨 힘을 쓰냐고 막 그러실걸?"

하정우는 이야기를 하던 중 비행기 탑승 안내를 듣고 자리에서 일어섰다.

나는 홍콩으로 출장을 가던 중이고 하정우는 미국으로 학회 세미나에 가는 길이었다. 인천공항에서 만난 고등학교 때 친구들은 비행기 탑승 게이트 앞에서 다시 작별을 해야 했다. 출장을 마치고 돌아오면 서울에서 언제 술 한 잔 하자는 약속을 남기는 건 잊지 않았다.

그리고 잠시 후, 홍콩 도착.

"여긴가?"

그날따라 공항에서 하정우를 만났던 기억 때문일까?

아침을 거르고 비행기를 탄 덕분에 뱃속이 영 허전했다. 다른 날과 같은 경우라면 홍콩 시내에 들러 업무를 먼저 다 보고 저녁에 커즈웨이베이 지역이나 몽콕에 들러 지인들과 식사를 할 게 분명했다. 하지만 그날은 어쩐지 토스트랑 우유로 늦은 아침 식사를 해야 할 것만 같았다. MTR 완차이 역으로 향했다.

그리고 A3 출구로 나온 후 5분이나 채 걸렸을까? 눈앞에 드디어 목적지가 보였다. 존스톤 로드Johnston Road에 들어왔다.

"그렇지. 홋카이도 목장."

가게 앞서 서면 왠지 목장에 온 느낌이다.

목장의 소 떼를 방목하는 울타리처럼 보이는 나무판자로 만든 간판, 그리고 그 위에 우유처럼 흰색으로 붙인 가게 이름이 보인다.

'우유 레스토랑은 처음이지?' 라고 묻는 기분이다.

가게 출입문 앞엔 동양 어린 소녀가 우유컵을 들고 마시는 모습이 있다. 일본 어린이인지 홍콩 어린이인지 잘 모르겠지만 양 갈래로 머리를 땋은 여자아이가 우유를 맛있게 먹는 모습을 보면 '나도 저 우유를 먹어보고 싶다'는 기분이 들지 않는가?

그렇게 가게 안을 살짝 들여다보니... 아니나 다를까, 나무 의자에 흰색 테이블이다.

나무 테이블일 것 같은데 일단 우유처럼 흰색. 가게 내부도 어쩐지 우유 향기 물씬 흐를 것 같은 기분이다.

가게 안에 손님들을 보면 저마다 바쁜 사람들이다. 그들이 먹는 메뉴들도 어째 단출해 보인다. 가게 안에 들어가서 주문해 보자.

메뉴판에 쓰인 그대로다.

여기는 '홋카이도 데이리 팜北海道牧場餐廳, HOKKAIDO DAIRY FARM'이다. 글자 중에 '도道'란 글자가 '섬 도島'가 아닌 게 특이하다는 생각도 해본다. 물론 우유로 유명한 북해도홋카이도는 '길 도道' 글자를 쓴다.

이 가게에 처음 오는 사람일지라도 쉽게 알 수 있도록 메뉴판을 보아하니 '아, 여기는 간단한 아침 식사를 파는 곳'이라는 느낌이 전해진다. 맛있는 우유랑 간단한 아침을 즐길 수 있는 가게다.

그래 주문해 보자.

샌드위치랑 달걀프라이, 햄 조각 서너 개만으로 구성된 아침 식사 세트 메뉴가 나온다.

'커피도 향이 좋아. 맛있겠다. 내가 홍콩에 와서 이 시각에, 지금 몇 시야? 낮 12시가 되어가네. 이 시각에 아침 식사를 먹다니. 그것도 우유랑 토스트를. 하참. 그런데 맛있긴 하네. 속에 부담도 없고. 그런데 진짜 언제 먹어도 이 우유는 맛이 독특해. 참 독특하단 말야.'

메뉴랑 곁들이는 커피도 좋고 우유도 맛있다.

그야말로 간단한 아침 식사, 목장에서 즐기는 식사 되겠다. 샌드위치나 달걀프라이랑 곁들이는 조미료, 소스는 테이블 위에 놓였다. 달걀프라이에 소스를 조금 뿌렸다. 맨송맨송한 맛이 훨씬 감칠맛으로 바뀌었다.

달걀프라이는 반숙을 원하거나 완숙을 원하면 주문할 때 미리 얘기해줄 수 있었다. 달걀프라이는 노른자를 톡 터트려서 익혀 내온다.

'우유 레스토랑이라니?'

우유 하나로 승부를 걸 만큼 대단한 우유 같다는 기대를 하게 되는 건 맞다. 메뉴판을 보니 영어로도 쓰여 있는데 자세히 보면 메뉴마다 시간대가 다르다. 손님이 여기 언제 오느냐에 따라 서비스되는 메뉴가 다르다는 말씀. 달걀프라이와 햄과 토스트, 그리고 주스 같은 음료를 포함해서 세트 메뉴가 나온다. 간단한 아침 식사를 하려는 사람들에겐 최고의 가게로 기억될 게 분명했다.

'우유가 진짜! 이 우유! 확실히 다르긴 다르네.'

우유 자체가 이렇게 고소한 맛이었던가 싶을 정도다.

목장이란 단어가 가게 이름에 들어간 이유가 충분했다. 방금 짜서 마시는 우유가 이런 맛일 거라는 생각도 든다. 물론 나 같은 대다수의 도시인들은 목장에 가서 우유를 마셔본 적이 없을 테지만 말이다. '이 가게, 아니 이 목장만큼은 다음에라도 언제든 우유 마시려면 꼭 와야 하겠어' 다짐하게 되는 맛이다.

'우유가 다 같은 우유가 아니지.'

생각해보면 우유 맛이 다른 건 품종이 달라서다.

우리나라에서는 젖소 중에서도 '홀스타인Holstein' 품종을 사육하는데 우리가 알고 있는 얼룩소에 해당된다. 우유 제품 겉봉투에 그려진 소들 모습이기도 하다. 하지만 일본 홋카이도에서 사육하는 젖소들은 '저지Jersey' 종에 속하는 소들이라는 점이다. 생김새도 홀스타인 품종과 달라서 사슴처럼 생겼다.

'쇠고기 하면 그래도 앵거스Angus인데, 소들 품종이 다양하긴 해. 헤리퍼드Hereford, 브라운스위스Brown Swiss, 샤롤레Charolais, 쇼트혼Shorthorn, 에어셔Ayrshire, 시멘탈Simmental 등등 많잖아.'

물론, 소들조차도 외모(?) 탓을 하는 건 아니지만, 저지 소에서 얻는 우유들은 진하고 고소한 맛이 일품으로 정평이 나 있는 게 사실이다.

'우유를 아는 사람이라면 홋카이도 우유를 택할 거야. 사실 저지 품종의 소에서 얻는 우유가 맛있다는 건 다 알지만, 우유 확보가 상대적으로 적고 사육비가 비싸니까 대부분의 농가에서 사육을 해볼 엄두를 낼 수가 없는 거거든. 그런데 이상하긴 해. 똑같은 홀스타인 품종에서도 홋카이도에서 키운 소들에게서 얻는 우유가 맛있다는 건 무슨 이유일까? 사육 방식이 자유롭게 키워서 그런가? 어쩌면 홋카이도에 목장들이 서구식이라는 걸 눈여겨봐야 할 거 같아. 1800년대에 홋카이도 개발붐이 일면서 미국의 '윌리엄 클라크' 박사가 전해준 신농법이 시작이라고 해야겠지.'

가게 이름이 눈에 다시 들어온다.

이 가게에선 홋카이도 우유 맛을 내세우며 품질이 다른 우유, 맛이 다른 우유라는 점을 사람들에게 알리고 있는 셈이다.

'홋카이도 우유의 유명세 뒤에 미국의 영향이 전혀 없다고는 말을 못 하지.'

평균 온도가 우리나라보다 4~5도 낮은 지역인 홋카이도, 체감 온도 상으로 10도 이상 차이가 나는 곳에서 만드는 우유가 세계적으로 유명한 이유를 찾자면 홋카이도의 역사를 이해하고 가야한다는 얘기다. 러시아의 남하 정책에 불안을 느낀 일본 메이지 정부에서 둔전병평소엔 농사를 짓고 유사시엔 군인을 거주시키면서 개발을 시작한 홋카이도의 삿포로 도청사의 예전 모습이 미국 네오바로크 양식으로 건축된 사실도 그렇고 윌리엄 클라크 박사가 전해준 신농법 이후로 홋카이도에 무수히 생긴 서구식 목장들이기 때문이다.

홋카이도 데이리 팜北海道牧場餐廳의 [성공 팁]

1번째 요인: 세상의 모든 우유와 그 맛이 다르다는 차별화

우유를 좋아하는 사람이라면 홋카이도 우유를 안다.

우유를 전공하거나 낙농업 분야에서 일하는 사람이 아닐지라도 이미 익히 유명한 홋카이도 우류는 우유를 마셔본 사람들이라면 누구나 최고로 꼽는 우유다.

그런데 가게 이름이 홋카이도 우유다?

간단한 아침식사를 찾는 사람들이라면 홋카이도 데일리 팜에 오지 않을 이유가 없다. 그들에겐 신선한 우유가 제일 중요하기 때문이다.

2번째 요인: 주문 시간대에 따라 다른 메뉴

오전 시간대에 가서 주문할 수 있는 메뉴와 오후 시간대에 주문할 수 있는 메뉴가 다르다.

이 가게에선 모든 음식을 미리 만들어 두고 하루 내내 팔지 않는다. 재료가 가장 신선할 때에 손님들에게 제공되는 방식이다.

아침에 준비한 채소를 오후에도 팔지 않는 식이다. 달걀프라이나 햄 등의 요깃거리는 언제든 같은 맛을 내지만 채소와 우유, 토스트 빵의 상태는 주문과 동시에 만들어서 나와야 제일 맛있는 상태가 된다.

3번째 요인: 달걀프라이부터 손님의 식성에 맞추는 서비스

간단한 아침 식사 메뉴이지만 세심한 부분에서 손님의 요구를 맞춘다.

그냥 평범한 아침 식사 세트가 아니라 달걀프라이 노른자 익힘 정도를 손님이 원하는 상태로 만들어 주는 배려가 깃들어 있다. 아침 식사를 해본 사람이라면 달걀노른자의 익힘 상태에 민감한 경우가 의외로 많다는 걸 안다.

반숙 상태가 좋은데 완숙으로 나오면 어쩐지 먹기가 부담스러워진다.

노른자가 살짝 덜 익은 상태여야 하는데 딱딱하게 굳은 반숙이어도 문제다. 달걀프라이 하나만으로도 자기가 원하는 취향에 제각각인 사람들이 많다. 그래서 달걀프라이를 손님의 식성에 따라 맞춰준다는 점은 그 자체만으로도 손님의 호응을 얻어내는 전략이 된다. 손님 입장에선 '대접 받고 있다'는 느낌을 갖게 되고 '집에서 먹는 것처럼 편안한 아침식사'라는 생각이 들게 된다.

손님 눈앞에서 만드는 친환경 주스는 어떤가요?

"이 가게 알아?"

"이런 데 있다는 건 또 어떻게 찾았어?"

모처럼 홍콩의 소호 거리에서 만난 손민아가명와 함께 할리우드 거리를 지나 어느 가게 앞에 섰다. 손민아는 가게 안을 들여다보며 커다란 두 눈을 껌뻑거렸다. 처음 보는 가게라는 얘기였다.

"할리우드 거리에 와서 구경하다가 지나가면서 봤는데 뭔가 신기한 거야. 사탕수수 보여? 난 저게 처음엔 무슨 한약재인가 싶어서 구경하러 왔다니까."

"한약방인가? 그 뭐지? 한국에서 보면 '약재상'" 아닌데, 그 건강식품 파는 곳 같아 보이는데? 맞아?"

손민아가 가게 안을 두리번거리며 내게 물었다.

"얼추 비슷해. 근데 여기서 핵심은 사탕수수야. 저 주스를 먹으면 맛이 장난이 아니거든."

가게는 크지 않다.

약제를 파는 곳이란 표시도 했는데 사탕수수 주스 외에도 여러 가지 몸에 좋은 '즙'

을 파는 곳이긴 하다. 사탕수수 주스만을 파는 가게는 아니다. 주문대 앞에 붙여둔 메뉴를 보면 중국 허브티도 판다는 걸 알 수 있다.

어쩐지 손민아 말처럼 건강음료점 분위기가 물씬 나는 이 가게의 정체는 바로 테이크아웃이 가능한 생주스生 Juice 전문점 되겠다. 가게 안에 한쪽을 보면 알 수 있다. 경쾌한(?) 기계음 소리와 함께 뭔가가 향기롭고 달콤한 게 만들어지는 걸 보는 순간이다.

"저게 뭐야?"

"사탕수수."

"저걸 그냥 먹어?"

"아니. 주스로 만들어서. 나 저거 중국에서 있을 때도 길거리에서 사탕수수 잘라 파는 걸 그냥 입에 넣고 씹어서 먹어봤거든. 근데 진짜 달아. 달달한 즙이 입 안에 퍼지는 게 진짜 신기하면서도 맛있었어. 그런데 여기선 사탕수수 주스를 만들어서 즉석에서 주는 걸 보고 오늘 너랑 같이 온 거야."

이 가게엔 패스트푸점에서나 볼 수 있는 음료 나오는 기계도 있다.

종이컵 하나 대고 버튼만 누르면 나오는데 일반적인 콜라나 사이다가 아니다. 중국차, 사탕수수 주스 등이다. 카운터 앞에는 미리 주문을 받은 것인지, 아니면 대량으로 많이 사가는 손님을 위해서인지 PET병에 담은 음료도 보인다.

"나 이번에 홍콩 쪽 에이전시에서 CF 건으로 인터뷰하자는 거 연락받고 온 거 알지? 미팅 전에는 단 거 먹어서 살찌면 안 되는데, 이거 살찌고 그러는 거 아냐? 지금 먹어도 될까?"

"이거 한 잔 먹었다고 살찌거나 그러진 않아. 오히려 비타민C 먹고 기운이 펄펄 나지 않을까? 활력 충전? 응?"

손민아는 한국에서 모델 겸 배우로 활동 중이다.

아직 이름이 그렇게 인지도가 높진 않지만 워낙 출중한 미모 덕분에 고등학교 시절부터 각종 패션매거진과 월간지에서 모델 활동을 해오던 터였다.

그리고 한국에서 발간된 잡지를 본 중국 측 에이전시에서 홍콩에서 활동을 제안하며 인터뷰를 요청한 경우였다. 하지만 조금 걱정이 된 모양이었다. 중국어는 잘 모르지만 영어만 조금 하는 수준인 손민아는 홍콩에서 나를 만나서 에이전시와 인터뷰할 때 같이 가달라고 연락을 해왔다.

"아, 몰라. 일단 조금만 맛이나 볼게."

사탕수수 주스.

손민아에게 말해준 것처럼 내가 중국에서 생활할 때, 사탕수수를 사서 거리에서 씹어 먹던 기억이 있었다. 사탕수수를 재배하는 농부처럼 생긴 중국인이 거리에서 리어카에 싣고 사람들에게 팔던 걸 사서 먹었던 기억이다. 지금도 기억나지만 무척 달콤하고 맛있었다. 그런데 홍콩에선 사탕수수를 기계로 즉석에서 짜서 생주스를 만들어 주는 식이었다.

"난 한국에선 사탕수수 주스를 먹어본 기억은 없어. 하지만 노점에서 키위나 오렌지, 파인애플주스를 갈아주는 건 먹어본 적 있어. 근데 이거 진짜 달아? 이거 무슨 생과일 100% 주스, 이런 거야?"

손민아는 사탕수수 주스를 주문하고 잠시 기다리면서도 여전히 궁금한 게 많았다. 기계 돌아가는 소리를 들으며 쉬지 않고 내게 말하는 통에 귀가 먹먹할 지경이었다. 기계 소리랑 손민아의 질문이랑 겹쳐서다.

가게 앞서 서서 기계를 바라보는 우리 눈앞에서는 가게 점원이 기계 안으로 사탕수수를 밀어 넣는 순간 둔탁한 저음의 기계 소리가 나면서 사탕수수 주스가 만들어지는 소리가 들렸다.

맞다. 손민아의 말처럼 국내에서도 오렌지나 바나나 등으로 거리 노점에서 즉석 생과일주스를 만들어 파는 가게는 많다.

그런데 사탕수수라니?

아이템이 독특하지 않은가? 중국인들에겐 익숙한 거지만 한국인들은 잘 모르는 것, 그리 오래 전 일은 아니지만, 베트남에서 코코넛 열매를 들여온 사람이 국내에서도 코코넛에 구멍을 뚫어 코코넛 안에 수분을 마실 수 있게 팔던 기억이 있다.

베트남에선 한 개에 우리나라 돈으로 100원 하던 코코넛이 한국에서는 개당 1,000원 정도에 팔렸던 기억이다.

이처럼 사탕수수를 조금 더 변용해보면 즉석 녹차즙, 즉석 당근즙을 파는 가게가 나올 수 있겠다는 생각도 든다.

쿵이公利의 [성공 팁]

1번째 요인: 손님 눈앞에서 만드는 주스

사람들은 주스를 사 먹을 때 바보스러울 정도로 '믿고' 먹는 경향이 있다.

편의점이나 슈퍼마켓에 냉장고 앞에 서서 형형색색의 음료를 고르면서도 저 안에 뭐가 들었는지, 언제, 누가, 무엇을 넣고 만들었는지 심각하게 생각하지 않는다.

단지 사람들의 머릿속에는 누가 광고모델인지, 어느 회사에서 만들었는지 '찾아볼까?' 생각할 뿐이고, 그것마저도 귀찮아서 안 할 때는 최소한 '유통기한은 언제지?' 손에 들고 이리저리 돌려가며 음료수 병에 인쇄된 숫자를 찾는 게 고작이다.

하지만 여기선 다르다.

손님이 주문을 하면 실제 사탕수수를 골라서 기계에 넣고 손님 눈앞에서 주스를 만들어준다. 손님은 사탕수수가 신선한지 확인할 수 있고 기계가 청결한지도 직접 눈으로 볼 수 있다.

손님은 자기가 고른 사탕수수를 직접 눈앞에서 짜서 주스를 만드는 전 과정을 직접 보게 된다. 플라스틱병이나 알루미늄 캔, 유리병 안에 든 주스를 사 먹는 것과 다르다. 손님에겐 재료 선택부터 생산과정, 그리고 마시기까지의 모든 과정을 직접 확인할 수 있는 권력(?)이 주어진다.

2번째 요인: 즉석 주스만의 장점을 살리다

시중에 주스들은 유통기한이 있다.

탄산음료나 기타 다른 음료수들 중에는 보존제와 여러 가지 첨가제를 넣기 때문에 굳이 냉장 보관하지 않아도 얼마든지 오랜 기간 보관이 가능한데, 100% 과즙만 넣었다는 생과일주스는 그나마 합성첨가제는 넣지 않으므로 상대적으로 유통기한이 짧지만 반드시 냉장보관을 해야 하는 등의 부수 조건이 따라붙는다.

그래서 즉석 주스가 장점이 있다.

우선 손님의 주문이 없으면 만들지 않는다는 점이다.

과일 상태로 보관되고 미리 주스를 만들어 두는 경우는 없다. 사탕수수도 마찬가지다. 실온 상태나 냉장 상태로 보관할 뿐이다. 보관 중에 약을 치거나 어떤 화학제를 첨가하는 것도 아니다. 실제 모습 그대로 보관할 뿐이다.

사람들은 자기 눈앞에서 즉석으로 만들어지는 주스를 보고 마실 수 있다. 할인점이나 슈퍼마켓에서 플라스틱병 안에 든 주스를 사 먹는 것과는 비교할 수도 없는 경험이다.

마치 농부가 밭에서 직접 캐준 사탕수수, 과수원에서 직접 따준 과일로 현장에서 만들어 먹는 주스 느낌이다. 손님은 그 순간만큼은 마치 자기가 과수원 안에, 사탕수수밭 앞에 서 있는 기분을 느낄 수 있다. 가게는 손님에게 과수원으로, 사탕수수밭으로 들어온 기분을 갖게 할 수 있다.

3번째 요인: 부족한 점을 장점으로 부각시키다

설탕은 사탕수수의 즙에서 추출한 원료를 정제해서 만든다.

그래서 사람의 몸속에 필요한 영양소들이 설탕 원료 정제과정에서 대부분 파괴되고 단맛만 남은 설탕으로 된다.

사탕수수 주스는 시중에서 파는 음료수들과 비교해서 단맛이 부족한 게 사실이다.

화학조미료와 탄산음료에 중독되었다고 할 정도로 단맛에 익숙해져 버린 사람들의 입 안을 사탕수수 주스가 파고들기엔 경쟁력(?)이 다소 부족하다는 의미다. 하지만 단맛이 부족하다는 건 그만큼 자연 그대로의 재료로 만든다는 장점이 있다.

건강음료로 거듭날 수 있다는 점에선 경쟁력이 있다.

냉장고에 보관하고 손님의 주문을 받으면 즉석에서 기계에 넣어 주스를 만드는 사탕수수. 합성첨가제가 들어갈 수 없다는 점과 손님 눈앞에서 만드는 건강음료라는 점을 부각시킨다. 그리고 가게에 홍보물을 걸어두고 사탕수수의 효능에 대해서도 홍보한다.

불안하고 긴장된 마음 대신 우리 몸의 이완 작용에 도움 되고 피로 대신 활력 회복에 좋다는 점을 부각한다.

혼자 가도 편안합니다

"생각해봤는데 하루 정도론 안 되겠어."

"그러면?"

"여기 최소 일주일은 있어야 될 거 같아."

"일주일이면 충분해?"

"몰라. 그런데 여기 왜 이렇게 넓어? 나 발 아파."

"그러게 하이힐 신지 말라니까. 하버시티를 구경하려면 운동화가 필수야. 이 안에서 쇼핑하다가 길 잃어버리는 사람도 많아. 출구가 복잡하고 어디가 어딘지 헷갈리거든."

하버시티.

침사추이에 지어진 엄청난 넓이의 쇼핑타운으로 각광 받는 쇼핑몰이다.

세계 유수의 명품 브랜드들과 패션 관련 메이크업 제품들, 스포츠용품들 등, 내로라하는 브랜드들이 입점해서 세계 각지에서 온 쇼핑객들을 만나는 곳이다.

영업시간 내내 수없이 많은 사람들이 들고 나가는 곳, 스타페리 선착장이 연결되어 있고 버스 편과 택시 정거장이 집중되어 교통이 편리한 곳이다.

"우리 뭐 좀 먹으면 안 돼?"

"그럴까?"

"여긴 앉을 데 찾기도 힘든 거 같아."

"그래. 여기가 오션터미널 구역 2층이니까 잘됐다. 한 층 더 올라가면 3층에 맛있는 데가 있어. 거기 가자."

김태희가명는 국내에 모 브랜드 기획팀에서 근무하는 디자이너다.

대학을 졸업하고 회사를 알아보러 다닌다는 얘기를 들은 지 엊그제 같은데 취업을 하고도 벌써 5년 차 경력이 되었으니 '대리'급을 넘어 '과장' 정도의 위치를 바라보는 중이었다. 선임대리 정도의 위치였다.

이번에 홍콩에 온 이유는 새로운 브랜드 론칭을 위해 시장조사를 하기 위함이었다.

하버시티에 들러 세계의 브랜드들의 경향을 알아보고 새로운 브랜드 콘셉트와 여러 가지 요소들을 기획해야 하는 업무가 있었다.

그런데 홍콩 출장이 처음, 그것도 해외 출장이 처음이었던 김태희는 국내에서 백화점에 시장조사를 나갈 때처럼 하이힐에 옷을 차려입고 나온 경우였다.

물론 옷을 제대로 차려입고 스타일리시 하게 다니는 건 좋다. 문제는 하버시티가 너무 넓다는 점이었다.

"나 발도 아프고 지치고 막 그래. 뭔가 달달한 거 그런 거 없을까? 응?"

김태희가 나를 바라보며 묻는다.

아닌 게 아니라 얼굴에 피로한 기색이 역력하다. 하버시티 안에서는 에어컨이 시원하게 나와서 더위를 느낄 수는 없었지만 김태희의 표정엔 더위 그 이상의 피로감이 가득했다.

"지금 가는 곳이 달달함의 명소야."

여름엔 그저 햇볕 피할 곳, 시원한 음료만 생각나기 마련인데, 쉽게 피로해지는 상황에서 뭔가 달달한 게 당기는 그럴 때가 있다. 홍콩에서도 여기저기 구경하다 보면 목도 마르고 배도 고프지만 무엇보다도 쉽게 지친 상태에서 달달한 게 무척 당기기 마련. 하버시티 안에 자리 잡은 달달함의 명소, 디저트 가게다

가게에 오면 알겠지만 가게는 진짜 작아 보인다.

한쪽 벽에 다녀간 스타들 사진이 붙은 것으로 보기에 이 가게가 명소라는 걸 알 수는 있다. 그런데 이렇게 작은 가게에?

명소라는 소문에 대해 의문이 드는 것도 사실. 테이블도 기껏해야 대여섯 개가 될까? 커다란 쇼핑몰 안에 구석진 모퉁이에 자리 잡은 곳인데 옹기종기 모여 앉은 사람들 수도 제법이다. 하지만 더 이상의 의문은 금물, 일단 이 가게의 메뉴판을 보자.

"뭐 먹을래?"

"맛있는 거."

"어려운 말이군. 사람들 뭐 먹을래 물어보면 '아무거나', '다 잘 먹어' 막 그러는데 그거 진짜 어려운 말이라는 거 알지? 그런데 여기선 괜찮다는 거. 하하. 씨우팀곡에서는 아무 거나 먹어도 다 맛있거든. "

가게 내부 테이블 자리보다 다소 커 보이는 카운터의 위엄, 손님들이 계속 밀려들면서 디저트를 주문하고 포장해가는 걸 보게 된다.

음료도 포장을 해가는데 깨가 들어간 거랑 사과음료, 파파야가 들어간 음료가 인기다. 모든 음료 컵에는 '소첨곡小甜谷, 씨우팀곡'이라고 쓰였다. 맞다. 이 가게 이름이다. '조그만 달달한 골짜기'란 의미 되겠다.

"초콜릿 케 이랑 주스."

"오케이. 잘 골랐어. 그거랑 과자도 몇 개 사줄게. 일 마치고 귀국해서 한국 가면 사람들에게 선물로 줘도 좋아할 거야. 여기 디저트가 달달하기도 하지만 홍콩 스타들도 많이 다녀간 가게로 유명하거든."

즉석에서 파는 디저트만 있는 건 아니다. 포장 손님을 위한 선물용 디저트도 있다. 과자랑 각종 초콜릿 등처럼 디저트 포장 상품도 있다. 가게는 작지만 사람들이 계속 몰려들어 인기 명소가 된 이유를 알겠다.

김태희가 디저트와 주스로 휴식을 취하는 중에도 많은 사람들이 들러 가게 들르는 게 보였다. 일부는 가게에서 디저트를 먹었지만 대부분의 사람들은 과자 등의 디저트를 포장해서 가져갔다.

"여기는 원래 유명한 곳이야? 사람들이 계속 오는데?"

"여기? 이런 디저트 가게들이 홍콩에서는 유명하긴 한데, 사람들에게 많이 알려진 곳이라기보다는 아는 사람들 위주로 꾸준히 인기를 얻어가는 곳이라고 보는 게 더 맞아. 홍콩에 처음 오는 사람들은 여행 책자에 나온 데만 찾아가는데 나처럼 자주 다니거나 현지에 체류하는 사람들은 이왕이면 뭔가 새로운 맛을 찾는 습성이 있거든. 여기도 그런 곳들 중에 한 곳이야."

"아이들이랑 가족들도 많이 오는데?"

"달달하잖아?"

"응?"

"달달한 거 좋아하는 사람들이 아이들이랑 여자들이 더 많지? 그래서 그래. 여기가 또 하버시티라는 최대의 쇼핑몰이고. 손님들 중에 가족 단위로 오는 사람들이 많아. 그런데 혼자 오는 사람들도 있어."

"가게가 그런데 넓은 편이 아니라서 메뉴가 뭐 있을까 그냥 그랬는데 여기 좀 봐. 메뉴판에 이게 다 메뉴야! 이 가게에서 이걸 다 판다고?"

김테희는 눈을 동그랗게 뜨며 나를 쳐다봤다. 고작해서 테이블 서너 개 뿐인 디저트 가게인데 자기 생각보다도 메뉴들이 많다는 얘기였다.

"그래서 포장 손님들이 많아. 가게에서 먹기보다는 가져가는 손님들. 자, 여기. 아까 이 가게 과자랑 케이크 디저트 몇 개 포장해준다고 했지? 케이크는 호텔 숙소 가서 먹고, 과자는 한국에 돌아가면 사람들에게 선물로 줘. 좋아할 거야."

쿵싸우팀곡小甜谷의 [성공 팁]

1번째 요인: 디저트를 쇼핑하다

쇼핑몰 안에서 영업하는 가게들은 테이블도 많고 의자도 있어야 하는 게 아니다. 쇼핑몰이라는 장소 자체가 '구경하러 다니는 사람'이 모이는 곳이라서다. 사람들은 쇼핑몰 안에서 상품을 구경하고 그들이 필요한 물건을 쇼핑한다.

사람들이 쇼핑몰 안에 가게(커피점 등)에 오는 이유는 '잠시 쉬려는 목적'이 있어서다. 구경하러 다니는데 피곤해서, 다리가 아파서, 힘들어서 온다.

그리고 사람들은 목이 마르다.

눈으로만 보는 쇼핑이니까 다리가 아픈 게 아니다. 다리만 아프면 의자를 찾아서 쉬면 되는데 여기저기 다니는 동안 목이 마르다. 쇼핑욕구가 활발해지면서 갈증이 생기게 된다.

그래서 피로를 없애줄 수 있는 디저트가 필요하고, 갈증을 해소할 수 있는 음료수가 필요하다.

쇼핑몰 안에 가게는 사람들이 쇼핑할 수 있도록 원기충전해주는 역할이면 족하다. 가게 안에 앉아서 사람들 구경하는 사람은 없다. 그들이 필요한 건 빨리 쉬고 다시 쇼핑몰 안에 돌아다니면서 구경하는 게 일이기 때문이다.

그래서 쇼핑몰 안에 가게들은 사람들이 쇼핑하듯이 들러 디저트를 즐기고 다시 쇼핑하러 나갈 수 있도록 돕는 역할이면 충분하다.

사람들은 디저트도 쇼핑의 일부로 생각할 뿐이다.

1번째 요인: 작지만 큰 가게

생각해보자. 옷가게 있다. 옷들을 가로로 진열하는 것보다 세로로 진열하는 게 가게 면적을 효율적으로 사용하는 방법이다. 옷을 가로로 진열하면 가게 앞을 지나가는 사람들에게 옷을 보여줄 순 있어도 많은 옷을 가게 안에 진열할 수가 없다. 그래서 대부분의 옷가게들은 마네킹을 이용한다. 쇼윈도와 마네킹에 옷을 입혀두고 보여줄 뿐, 나머지 다른 옷들은 가게 안에 세로로 진열해두고 차곡차곡 정리해둔다. 핸드백 가게도 마찬가지다. 옷가게나 핸드백 가게는 물건을 보고 사는 가게라서 어느 정도의 공간이 반드시 필요하다.

그럼 보석 가게는 어떨까?

보석은 크기가 작다. 하지만 단가는 비싸다. 그리고 보석가게는 사람들에게 가게 안에 있는 모든 보석을 보여줄 필요가 없다.

다이아몬드나 금, 은, 사파이어 등의 보석이 있더라도 사람들이 그걸 사는 게 아니기 때문이다. 사람들은 보석을 가공해서 자기 목걸이로, 자기 반지로, 자기 귀걸이로 디자인된 보석을 산다.

그래서 보석가게는 넓을 필요가 없다. 단지 손님과 가게주인이 서로 대화하고 보서글 가공할 수 있는 아이디어를 나눌 공간이면 족하다. 보석가게는 보석을 보고 사는 가게가 아니고 보석으로 자기만의 물건을 만들어 달라고 주문하는 가게다. 그래서 보석을 내보일 필요는 없고 손님들이 가게 안에서 보석을 고르고 어떤 디자인으로 만들어달라고 상담할 공간이면 충분하다.

그렇다면 쇼핑몰 안에 자리 잡은 디저트 가게는 어느 정도의 면적이 필요할까?

디저트는 보고 사는 것도 아니고 만들어 달라고 주문하는 가게도 아니다. 사람들이 쇼핑몰 안에 있는 디저트 가게에 오는 이유는 쇼핑을 이어가기 위해서다. 다리가 아프고 피로감이 있고 갈증이 있는데 그걸 해소하고 다시 쇼핑을 하러 다니기 위해서 온다.

그래서 쇼핑몰 안에 있는 디저트 가게는 사람들이 디저트도 쇼핑으로 생각할 수 있는 공간이면 족하다. 포장된 디저트가 필요하고, 미리 만들어둔 디저트 메뉴가 없다면 사람들이 그저 보고 주문할 메뉴판만 있으면 된다.

사람들은 그들이 쇼핑몰 안에서 쇼핑하듯이 디저트도 쇼핑하고 포장해서 갖고 가려고 할 뿐이다. 쇼핑몰 안에 디저트 가게가 작지만 큰 가게가 되는 이유다. 장소는 작지만 매출은 큰 가게다.

3번째 요인: 사람들의 머릿속에서 문을 열다

머릿속에서 문을 여는 가게라는 의미는 '사람들이 저절로 생각하게 되는 가게'란 의미다.

예를 들어, 더울 때 사람들은 아이스크림을 생각하고 콜라를 생각한다. 추운 날씨엔 따뜻한 국물과 밥을 생각한다. 목이 마르면 차가운 음료수를 떠올린다. 다리가 아프면 의자를 떠올리고 차를 운전중이면 주차장이나 주차할 공간을 찾게 된다.

이처럼 '머릿속에서 문을 여는 가게'란 사람들이 스스로 생각했다는 느끼는 그 순간, 가장 먼저 떠올리는 가게가 되어야 한다는 얘기다.

그런데 쇼핑몰은 사람들이 찾아오는 가게다. 예를 들어, 새로 살 옷이나 핸드백, 새로 나온 메이크업 제품을 찾으러 온다. 그들이 원하는 걸 찾으면 그때 지갑을 연다. 하지만 모든 사람들이 쇼핑몰에 와서 돈을 쓰는 건 아니다. 그들이 찾는 물건이 없거나, 그들의 마음에 드는 물건이 없으면 쇼핑을 하지 않는다. 그래서 쇼핑몰은 사람들이 찾아오는 가게이긴 하지만 실제 쇼핑몰 하는 사람들은 극히 일부인 가게다.

반면에 쇼핑몰 안에 디저트 가게란 여러 가지 면에서 장점이 더 많다. 쇼핑을 한 사람들은 그들이 쇼핑을 했다는 만족감(그들이 원하는 물건을 찾았다는 만족감)이 있어서 '이젠 좀 쉬자'고 생각하고 디저트 가게를 찾는다. 기쁨이 배가 된다.

다른 한편으로, 쇼핑을 아직 마치지 못한 사람그들이 원하는 물건을 찾지 못한 사람들은 '조금 쉬었다가 더 찾아보자'는 생각을 하고 디저트 가게에 온다. 어느 면에서나 쇼핑몰 안에 디저트 가게가 잘 되는 이유들이다. 사람들이 쉬고 싶을 때 가장 먼저 생각나는 가게가 된다.

다이어트 걱정은 NO,
설탕 없어도 커피는 달달합니다

"골목상권 살리기 어떻게 생각해?"

"글쎄. 대기업의 골목상권 진출을 막는다고 해서 해결될 문제는 아닌 것 같지?"

"무슨 소리야? 재래시장이 살려면 대기업이 들어오면 안 되는 거 아냐? 대기압이 할 게 있고 소상공인이 할 게 따로 있지. 돈만 된다고 해서 무조건 이것저것 다 해버리면 다양성이 없잖아? 결국엔 돈 많고 기술 좋고 사람들 많은 대기업에서 다 할 거 아냐?"

골목상권에 대해 이야기하는 임수정가명의 얼굴이 상기된 표정이었다.

그도 그럴 것이 요즘 임수정에겐 골목상권 자영업자 얘기가 남의 일이 아니었다. 미국에 어느 치킨회사의 세계에 있는 점포 수보다 한국 내에 있는 치킨가게 수가 더 많다는 웃지 못할 상황에서 강수정은 재래시장에서 자그마한 가게를 열고 장사해오는 중이었다. 임수정의 어머니는 국밥가게를 운영하던 중이었고 임수정은 어머니가 장사하는 가게 옆에 튀김가게를 열었다.

올해 서른 중반을 갓 넘긴 미혼여성 임수정의 포부는 튀김가게를 보란 듯이 성장시켜서 글로벌 회사를 만드는 게 꿈이었다. 한국식 튀김가게로 키워서 세계 굴지의 치킨점이나 도너츠 가게들보다도 더 성공하겠다는 꿈이었다. 하지만 처음엔 어느 정도 자리를 잡아가는 것 같았던 튀김가게가 근처에 대기업 계열 분식점이 들어오면서 타격을 받았다는 게 불만의 골자였다.

"아니, 대기업이 튀김을 팔면 어떻게 하겠다는 거야?"

임수정은 아직도 화가 덜 풀린 상태, 아마도 꽤 오래전부터 지속되어온 불만을 쉽게 버리지 못한 상태였다. 어떻게 해결 방안을 찾아도 이렇다 할 해결책이 안 보여서 더 문제라고 했다.

"나 홍콩에 가. 공항에 나와 줄 거지?"

지난달이었다.

임수정이 홍콩에 온다고 전화할 때부터 사실 내심으로는 임수정에게 어디를 보여줘야 할 지, 어느 아이템을 알려줘야 할지 고민이었다. 튀김 아이템 하나를 정하기 전까지 임수정이 얼마나 발품을 팔며 시장조사를 했는지 잘 알기 때문이었다.

어느 것 하나 쉽게 결정하는 법이 없는 여자에게 이것도 좋고 저것도 좋겠다는 제안은 역효과만 만들 게 빤했다.

신중하지 못한 사람으로 비춰질 위험도 있었다. 그래서 생각해낸 아이디어가 임수정을 데리고 재래시장에 가는 거라고 여겼다. 임수정 본인이 직접 보면서 뭔가 아이디어를 떠올리지 않겠느냐는 생각이었다.

"갈 데가 있어."

"응? 지금 홍콩 도착했는데 호텔에 짐이라도 놓고 가면 안 돼?"

"그러기엔 시간이 좀 촉박해. 오늘은 토요일이고 지금은 벌써 오후 2시가 되어 가는데 자칫하다간 늦어."

"어딘데 그래? 알았어. 일단 그럼 어딘지 모르지만 같이 가."

재래시장에도 성공 가게 아이템이 있다.

번화가나 유명 관광지가 아닌, 그 나라 사람들 삶 속에 깊숙이 자리 잡은 곳, 아직 잘 알려지지 않은 그곳에 아이템이 있다.

홍콩에 카우룽시티마켓으로 가보자.

"요즘엔 시장통 골목에서도 프랜차이즈 가게들이 많지?"

"많다뿐이야? 이러다간 진짜 대기업시장이 나올 기세라니깐. 재래시장 살린다면서 천막 달고 상가 짓고 하는 건 좋은데 워낙 재래시장 이미지가 도로에 물건 깔고 파는 거잖아? 그래서 그런지 재래시장에서도 대형 슈퍼마켓이 들어온 곳에 사람들이 몰려. 노점에 반찬 팔고 리어카 두고 생선 팔고 하는 사람들은 장사가 예전 같지 않아."

"여기야."

임수정이 가져온 수트케이스는 자동차 뒤 트렁크에 실었다. 공항을 빠져나온 지 얼마나 지났을까? 자동차는 이윽고 시장 앞에 섰고 임수정과 함께 내린 나는 시장 건물 안으로 올라갔다.

'낙원樂園?'

우리나라 낙원상가나 낙원시장을 떠올리면 안 된다.

이름만 같다. 여기는 발음을 '록위엔'이라고 부른다. 카우룽시티마켓九龍城街市에서 먹거리를 파는 곳인데 이 가게에서 파는 조금 특별한 커피가 오늘의 아이템이다.

가게는 일반적인 푸드코트의 재래시장 버전이랄까?

하나의 공간을 여러 가게가 나눠 쓰는 곳이다. 칠판 색으로 된 동그란 테이블에 동그란 의자에 앉은 사람들이 모이는 곳, 유리창 넘어 들어오는 빛도 있지만 가게 내부 조명으로도 어쩐지 투박한 서민의 삶이 고스란히 투영되는 곳이다.

다른 한쪽으로는 네모난 테이블들과 빼곡한 의자들이 놓여 있다. 시장에서 일하는 상인들이 와서 식사를 하는 곳 분위기다.

'여긴 뭘 파는데? 푸드코트 아냐? 근데 손님이나 상인이나 그 모습이 같아서 헷갈려.'

온전히 손님과 가게를 구분한 곳이 아니란 얘기다.

가게 상인들도 일하며 손님을 받고, 손님들도 개의치 않는다. 메뉴를 팔면서 다른 일도 하고, 다른 일을 하면서 손님을 맞는 곳이다. 가게 영업시간을 보면 이해한다. 아침 7:30부터 시작한다. 아침 식사랑 점심 식사를 준비하는 가게다.

"커피 좋아해?"

"응, 좋지."

"잠깐만. 내가 여기서 커피 시켜줄게."

"오오, 왜 이래? 나 믹스커피 안 마셔. 알잖아? 설탕 조금이라도 먹으면 나 살찌는 거."

"여긴 커피에 설탕 안 넣어."

"블랙커피야?"

"아니, 보통 커피 그대로인데 설탕을 안 넣어. 시럽도 안 넣고."

"그럼 뭘 넣어? 말도 안 돼."

"팥."

"뭐? 뭐라고?"

임수정은 놀란 표정을 감추지 못했다. 커피에 팥이라니? 도저히 믿어지지 않는다는 기색이었다. 하지만 실제로 이 가게에서 커피를 주문하면 팥을 넣은 커피가 나온다.

여기서 말하는 '팥커피'는 커피에 설탕을 넣지 않고 팥으로 단맛을 낸 커피를 말한다. 팥으로 단맛을 낸 커피를 주문하는데 내오는 커피를 보면 스트롱 빨대와 수저를 같이 내준다. 알맹이를 같이 퍼먹으란 점이다,

"달아. 달다."

임수정이 커피를 한 모금 마셔보더니 고개를 들며 말했다. 팥을 넣었을 뿐인데 커피가 단 이유를 모르겠다는 표정이었다.

"우리 한국에서 단팥죽 생각나? 그런 셈이야. 팥만 넣어도 다니까 커피에 팥으로 단맛을 낸 거야. 특이하지? 근데 달기도 해."

"이거 대박인데? 나처럼 살질까 봐 커피에 설탕 안 넣어 먹는 사람들에게도 좋겠어. 팥이 커피랑 이렇게 잘 어울리는 거란 말이야? 여기 영업시간이 언제래? 우리 내일 또 올 수 있어?"

임수정이 주위를 둘러보며 말했다. 시계를 찾는 눈치였다. 내가 말했다.

"토요일은 오후 4시까지야. 일요일엔 영업 안 해. 그 대신 평일엔 아침 7시 30분부터 오후 5시까지 영업해."

"그렇구나. 그래서 오늘 서두르자고 한 거였네?"

"응. 그리고 그 팥커피는 이름이 咖啡紅豆冰카페따우빵이라고 불러. 홍콩 발음으로."

"다시 먹어보는데 이거 모르고 먹으면 카페라떼? 그건 줄 알겠어. 맛도 비슷한 거 같아."

"커피와 팥이란 게 사실 특별한 건 아냐. 커피빙수에도 팥이 들어가거든. 하지만 여기 팥커피가 특별한 느낌은 아이디어라고 봐야지. 커피에 설탕을 안 넣고 팥을 넣어 단맛을 냈다는 게 특색이거든."

임수정은 내 이야기를 들으면서 연신 고개를 끄덕였다.

팥커피의 맛에 빠진 것인지, 아니면 내 이야기가 맞다는 것인 진 몰랐다. 하지만 한 가지 분명한 것은 임수정에게 새로운 아이템이 생겼다는 점이다. 임수정이 한국에 돌아가서 새롭게 선보일 그 무엇의 메뉴가 궁금했다.

록위엔樂園의 [성공 팁]

1번째 요인: 시장 특유의 커피를 만들다

설탕은 슈퍼마켓에서 팔고 팥은 곡물가게에서 판다.

사람들은 설탕을 보면서 요리에 넣거나 단맛을 내기 위해 구입하는데 비해, 팥을 살 때는 명절에 먹거나 떡을 만들기 위해 구입한다.

이처럼 설탕과 팥을 사는 사람들의 장소도 다르고 구매 목적도 다르다. 그리고 시장에는 설탕보다 팥을 파는 가게가 더 많다.

팥커피는 설탕을 뺐다는 점에서부터 사람들의 상식에 충격을 준다.

팥으로 단맛을 낸 커피가 있다니?

사람들에게 저절로 홍보가 되고 입에서 입으로 전해진다. 시장 상인들에게 알려지면서 상인들이 거래하는 다른 상인들과 손님들에게도 알려지게 된다. 팥커피는 그 시장의 명물이 되고 사람들이 시장을 찾게 되는 하나의 장점이 된다.

2번째 요인: 불편함을 애써 고치지 않고 손님이 찾아오게 만들다

팥커피가 인기를 얻고 사람들이 자주 찾게 된다고 해서 시내에 가게를 열거나 조리법을 판 것도 아니다. 팥커피는 여전히 카우룽시티마켓 3층에서 판매할 뿐이다. 그래서 사람들은 팥커피를 맛보러 기꺼이 시장에 와야 한다. 시장에 가야 맛 볼 수 있는 팥커피, 시장에서 먹어야 하는 팥커피가 된다.

하나의 아이템이 인기를 얻어간다고 해서 섣불리 가게를 열고 장소를 넓히진 않아야 한다. 장소가 좁고 찾아오기 불편하더라도 그대로 두면 그게 특색이 된다. 사람들은 기꺼이 찾아와서 맛보기를 마다하지 않는다.

3번째 요인: 반복 재구매의 기회를 열다

커피를 많이 마시면 목이 텁텁해지고 질리게 된다.

설탕 때문이다. 하루에 커피를 몇 잔 마시는가의 문제는 그 사람이 하루에 설탕을 얼마나 먹는가의 문제이기도 했다. 재래시장 상인들의 특성상 손님들도 오고 거래처도 많은 현실에서 하루에 마셔야 하는 커피가 수 잔 이상이 되었다.

재래시장 상인들은 커피 말고 뭔가 다른 걸 찾았지만 그마저도 마뜩치 않았다. 커피를 찾는 손님들에게 오렌지 주스나 다른 음료수를 내놓게 되었다. 커피 가게 입장에서는 손해나는 일이었다.

그래서 팥커피가 등장하게 되었다.

시장 상인들은 하루에도 몇 잔이더라도 기꺼이 팥커피를 주문했다. 가게에 들른 손님들이나 다른 상인들, 거래처들도 팥커피를 좋아하긴 마찬가지였다. 시장상인들 외에도 손님들이나 거래처 사람들 역시 하루에 마셔야 하는 커피가 너무 많았기 때문이다. 습관적으로 마셔야 할 순간이 있는 커피, 커피 말고 다른 걸 찾게 된 손님들에게 다시 팥커피가 주목받게 된 이유다.

남자도 좋아하는, 저렴하고 든든한 요깃거리 어떠세요?

특화된 패스트푸드점.

기존의 프랜차이즈 형태의 패스트푸드점 말고 어떤 가게만의 메뉴로 무장한 독립형 패스트푸드점이 있다. 햄버거를 팔더라도 기존의 햄버거가 아닌, 가격도 저렴하고 자기만의 재료로 빵 속을 채워 넣어 만든 햄버거를 말한다.

이게 장점인 이유는 '햄버거'를 아는 사람은 많은데 '햄버거가 햄버거지 뭐?'라고 생각하는 고정관념을 깨기 때문이다. 햄버거라면 다 같은 햄버거로 생각하는 사람들인데 거기에 대고 나만의 햄버거를 보인다면? 거기에 성공 아이템이 생긴다.

"이 가게는 뭘 파는데 사람들이 이렇게 많아?"

오늘은 맛있는 새로운 걸 먹어보자는 얘기에 기꺼이 나를 따라나선 신세경가명이 놀라며 말한다. 모처럼의 일요일 오후, 주말을 끼고 홍콩에 쇼핑하러 왔다가 귀국을 몇 시간 정도 남겨둔 신세경은 이왕에 홍콩에 온 이상 시간을 더 절약해서 가볼 곳 다 가보고 먹어볼 건 다 먹어보자는 20대 중반의 여성이다.

한국에서의 직업은 취업준비생으로 대기업이나 공사 취업을 준비하면서도 만약 취업이 안 되더라도 창업해서 장사하겠다며 아이템 찾으러 홍콩에 왔다고 당당하게 말하는 신세대 여성이다.

깜와金華에 도착했다.

야마테이역 A2 출구로 나와서 걷다가 첫 번째 골목에서 우회전으로 들어가서 골목이 거의 끝날 지점에 있는 가게다. 지리적으로 보더라도 활성화 상권으로 보기 어렵지 않은가? 역세권도 아니고 이면도로에서도 멀다. 그런데 여기 사람들이 몰리는 이유는 바로 이 가게에 오면 에그타르트와 파인애플 빵이 있어서다. 물론 다른 곳과 비슷한데 이곳만의 특색으로 만든 점이 있다.

우선 깜와金華란 상호에 대해 이해하고 가자.

'황금 중국'이란 의미 정도로 받아들여지는 이름이다. 황금 금金자에 중국을 의미하는 화華라는 글자로 이뤄진 가게 상호다. 물론 '화華'라는 글자는 꽃이 피다는 의미로 사용되지만 중국을 뜻하는 의미로도 쓰인다.

"줄이 길지? 조금만 기다리자."

사람들이 줄을 선다.

그만큼 이 가게가 인기 있다는 얘기다. 신세경은 가게 앞에 줄을 선 상태로 안을 기웃거린다. 내가 자신의 어깨를 톡톡 치자 나를 바라보는 신세경에게 가게 앞을 보라고 턱으로 가리켰다. 턱을 앞으로 조금 빼며 가게 쪽을 가리키자 신세경도 고개를 돌려 내가 가리키는 방향을 쳐다봤다.

'저건 빵이잖아? 에그타르트? 저건 나도 먹어봤어. 저게 왜? 이 가게가 에그타르트 맛집이라고? 에그타르트는 뭐 특별할 건 없는데?'

신세경이 내게만 들릴 정도의 작은 목소리로 말했다.

"나무만 보지 말고 숲을 봐야지?"

"응? 그건 내가 하는 말인데?"

신세경은 이따금 그런 얘기를 했다.

나무만 보고 숲을 못 보는 사람들이 회사 인사담당자들이라고. 그들이 신세경 같은 숲을 보지 못하기 때문에 스펙 같은 나무만 하나하나 보는 거라는 얘기였다. 신세경이라는 숲은 비전도 있고 장래성도 충분한데 그들이 숲의 일부분인 나무라는 스펙만 보니까 자꾸 취업이 안 된다고도 했다.

"가게를 봐. 사람들이 여기에 왜 오는지 보일 거야."

포장 손님을 위한 가게 앞 진열은 기본이었다. 물론, 가게도 많이 좁아보이진 않는 크기였지만 가게 안에 들어가는 손님 정도로 포장을 해가려는 손님들이 많다. 그 이유는 이 골목 자체가 유흥가나 먹자골목이 아니라서다. 지나가는 길에, 또는 퇴근길에 이 가게에서 파는 빵을 사 가려는 손님들이 많다.

"우리 차례다. 들어가자."

가게 안에 들어가 보면 어디에서나 보는 평범한 인테리어를 보게 된다. 국내에서도 흔하게 보는 분식집 인테리어다.

"여기 값이 왜 이렇게 싸?"

신세경이 메뉴판을 보다가 놀란다.

자리에 앉아서 메뉴판을 보면 일단 가격이 저렴하다는 것을 알게 된다. 그리고 에그타르트나 파인애플빵처럼 인기 메뉴들이 이 가게에도 있다는 게 눈에 들어온다. 밀크티도 기본이다. 다른 가게에서도 파는 인기 아이템들인데 이 가게에선 유난히 가격이 더 싸다.

주문을 해보자.

한 가지 특이한 게 파인애플 빵과 에그타르트를 손님이 먹기 좋게 반으로 잘라 내온다. 아무 것도 아닌 것처럼 보일 수 있지만 손님 입장에선 가게를 다시 생각할 수 있게 해주는 큰 부분이다.

햄버거처럼 큰 파인애플 빵은 여자 손님들은 물론이고 남자들도 한입에 베어 물기 버거운 게 사실인데, 그걸 반으로 잘라서 내오면 모서리부터 먹기에도 편하다. 신세경은 에그타르트 한쪽을 집어 입 안에 넣으면서 나를 보고 고개를 끄덕이다. 내가 이 가게에 와서 무엇을 보라고 한 것인지 알겠다는 표시였다.

"아, 진짜 홍콩에선 쇼핑도 쇼핑이지만 맛집만 찾아다녀도 아이템이 무궁무진한 거 같아."

"맛집 다니는 걸 여행의 목적으로 삼는 사람도 있잖아."

"그러게. 나처럼 장사할 아이템 찾으러 오는 것도 홍콩에 좋은 거 같아. 맛집만 다녀도 여러 가지 아이템이 막 떠오르거든. 식당을 할 게 아니더라도 어떤 가게를 열어야 한다든가, 가게를 열면 어떻게 장사를 해야 하겠다는 계획이 막 생겨. 아이디어가 떠오른다 이거지."

신세경은 연신 고개를 끄덕이며 말했다. 자기가 생각해도 자기 말이 맞다는 의미다. 에그타르트 한 개 중에서 반쪽을 먹은 신세경이 다른 쪽 반을 집었다.

"이 가게는 새벽에 열어. 6시 30분이면 시작하거든. 그리고 밤 12시에 문 닫아."

"아니 이 가게 사람들은 그럼 잠을 언제 자는 거야?"

"한 사람이 하는 건 아니지. 교대로 근무하는 점원들도 있지."

"이거 보여?"

신세경이 주문한 파인애플빵이 나왔다. 그 사이에 재료를 보더니 내게 말했다.

"소보로루빵 같지? 그 겉면이 파인애플 닮아서 파인애플 빵이라고 부르는 거 같아. 내 생각이야. 안에 들어가는 건 버터. 값도 천 원 정도면 충분해. 저렴하지?"

"나 아까 다른 것도 주문했는데 이 빵엔 고기랑 야채랑 들어갔어. 이것도 파인애플 빵이야?"

"응, 속이 다를 뿐이고, 같은 빵이야."

신세경은 가게 안을 두리번거리더니 벽에 붙은 메뉴 사진을 가리켰다. 자기가 주문한 것과 같은 빵이었다.

"응. 이 가게가 로컬식당이라서 관광객들은 잘 모르는데, 여길 찾아서 온다고 하더라도 주문하는데 걱정할 수도 있지. 하지만 그런 걱정은 안 해도 돼. 말도 다 통하고 무엇보다도 벽에 사진들 보고 주문하면 되거든. 이 가게 대표 인기 메뉴들인데 벽에 사진 보고 주문하면 혹시라도 잘못 주문해서 먹지도 못할까 봐 낭패 볼 걱정은 안 해도 될 거야."

깜와金華의 [성공 팁]

1번째 요인: 인기 메뉴를 나만의 가격에 팔다

홍콩에 오는 사람들은 에그타르트와 파인애플빵을 생각한다. 그만큼 소문난 메뉴이기도 하고 사람들이 여전히 즐겨 찾는 인기 음식이다. 한국에 오는 사람들이 소불고기, 전주비빔밥을 기억하는 것과 같다. 인기 아이템인 만큼 시내 유명 식당들에서도 에그타르트나 파인애플 빵을 파는 가게들이 무수히 많다.

하지만 인기 아이템이라고 해서 반드시 비싼 가격에 맞출 필요는 없다. 손님들 중에는 인기 아이템을 비싸게 돈 주고 먹는 사람들도 있겠지만 그렇지 않고 저렴한 가격에 사먹는 사람들이 있다. 그들은 에그타르트나 파인애플빵을 자기 집에서 직접 만들어 먹기도 한다.

그래서 전략이 생겼다.

관광객들이나 일부 사람들이 시내에서 비싼(값이 조금이라도 더 비싼) 에그타르트랑 파인애플빵을 사먹는다면 나머지 사람들은 모두 집에서 만들어 먹을까? 아니다. 일단 직접 해먹자니 어려운 건 아니지만 시간도 들고 귀찮다. 어디서 조금 저렴하게 에그타르트랑 파인애플빵을 판다면 차라리 직접 해먹기보다 거기서 사먹을 사람들이다. 그래서 깜와에 사람들이 몰려들기 시작했다.

2번째 요인: 손님의 하루를 책임지다

새벽 6시에 집을 나서는 사람들이 있다.

버스 첫차에 몸을 싣고, 지하철 첫 차에 올라타는데 이들 중 다수는 일터로 향하는 사람들이다. 직장이 멀어서, 남들보다 일찍 시작해야 하는 일이라서 아침 일찍 일어나는 사람들이다.

일찍 나오다 보니 집에서 식사를 하고 나오기도 벅찬 경우가 생긴다.

간밤에 늦잠을 자거나 아침에 늦게 일어날 때다. 아침식사는 고사하고 허둥지둥 집밖으로 나서기도 버겁다. 이들은 어떻게 식사를 해야 할까? 그래서 깜와는 새벽 6시 30분부터 문을 열고 밤늦게까지 영업한다. 밤늦게 퇴근하는 사람들은 깜와에 들러 포장을 사서 집에 가서 먹을 수 있다.

3번째 요인: 포장손님은 가게에 머무르지 않는다

인기 아이템을 저렴한 가격에 판다. 그렇다 보니 가게 안엔 손님들이 많다. 사람들이 가게 앞에 줄을 서서 기다리는 일이 다반사로 벌어진다. 이대로 가게를 운영해야 할까? 아니면 뭔가 다른 전략을 세워야 할까?

가게가 오는 손님들을 모두 수용할 수 없다면 포장 손님에 눈을 돌려야 한다.

사람들 중에는 가게 안에서 테이블 잡고 앉아야만 식사를 했다고 여기는 사람들이 있는 반면, 가게에 앉기는 좀 그렇고 집에 가서, 회사에 사무실에 가서 혼자 먹거나 사람들과 나눠먹어도 된다고 생각하는 사람들이 많다. 먹고 싶은 음식이긴 한데 가게에 앉아서 다른 이들과 섞여 먹기는 거부감을 갖는 경우도 있다. 이들은 음식을 사갖고 가서 자기만의 공간에서 즐기기를 원한다.

면발마저도 이래라저래라하는 손님

홍콩에 머무를 때였다.

"딱 2일 안에 홍콩에 그 많은 식당들을 다 돌아본다고요? 흠. 그럼 홍콩에 계시는 동안 택시 타고 식사만 하러 다니셔야 할 것 같은데요?"

나는 이 이야기를 하면서 웃었다. 그런데 아차 싶었다. 이미희 부장은 오히려 그러기를 바라고 온 여자라는 걸 기억한 순간이었다. 아니나 다를까.

"그러죠 뭐. 아이, 신나라."

이미희 부장은 호텔로 향하는 차량 안에서 나를 보며 연신 고개를 끄덕였다. 내가 한 말에 책임지라는 신호였다. 한숨이 나왔다. 내가 그만 깜빡하고 식도락 취향 있는 여자 앞에서 맛집 이야기를, 그것도 여러 곳에 흩어져 있는 맛집을 찾아다니자는 이야기를 해버린 후회였다.

"시간 되는 범위에서 다니시죠. 홍콩에 지역이 좁아서 교통도 막히고, 여러 맛집들 영업시간도 차이가 있고요, 모든 걸 맞춰서 다닐 수도 없어요. 어때요?"

가까스로 이미희 부장을 진정시킨 나는 차를 몰고 회사에 들렀다가 간단한 미팅을 마친 후에 다시 서둘러 코우룽九龍 지역에 있는 호텔로 향했다. 이미희 부장이 가져온 짐은 우선 호텔 체크인을 하고나서 호텔에 맡겨두기로 했다.

"저는 로비에서 기다릴게요. 준비되면 내려오세요."

이미희 부장의 숙소를 찾은 후 로비에서 기다리기로 했다.

호텔은 그나마 다행으로 소호 거리에서 가까웠다. 회사에 들렀다가 호텔로 온 지 얼마나 지났을까 생각하지 않아도 될 시간이었다. 이미희 부장이 가고 싶어 하는 맛집이 즐비한 소호거리가 가깝다는 점 덕분에 이날 회사에 들러 미팅을 하고 와도 괜찮았다는 의미다. 로비에 내려오고 10분도 채 지나지 않았는데 이미희 부장 모습이 나타났다. 옷차림은 공항에서 본 그대로였다.

식사를 하면서 간단하게나마 맥주를 마실 수도 있을 것 같아서 차는 가져가지 않기로 했다. 호텔 앞에서 택시를 타고 맛집으로 가는 동안 이미희 부장은 홍콩 음식에 들어가는 맛있는 소스들, 그런 소스를 많이 사갈 수 있는 마켓에 가고 싶다는 얘기를 멈추지 않았다.

"그럼 우리 제일 처음 어디 가요?"

"홍콩은 면 요리가 최고에요. 면 좋아하세요?"

"면? 좋죠."

이미희 부장과 함께 탄 택시는 완차이 MTR 역 쪽으로 달렸다.

차창 밖으로 스쳐 가는 저녁 무렵 홍콩의 정취에 감탄사를 내뱉는 그녀 옆에서 나는 여전히 그날 일정을 궁리 중이었다. 면 요리보다 빅토리아 피크에 올라가서 야경을 볼 걸 그랬나 싶기도 하고, 식사를 마치고 야경을 보러 가는 게 더 좋겠다는 싶기도 했다. 아니면 홍콩섬 쪽에 침사추에 거리에 들러 명품 shop들을 다니며 쇼핑을 하는 게 나았을지도 몰랐다.

"우리 얼마나 더 가야 해요? 이 택시가 너무 느리네요?"

"다 왔어요."

여러 생각에 복잡하던 상황에서 이미희 부장의 한마디에 머릿속이 말끔하게 정리되는 느낌이었다. 지금 이 순간이 중요했다. 타고 가던 택시의 차창 밖을 살펴보며 말했다. 택시가 느린 게 아니라 교통 체증이 시작될 무렵이었다. 이미희 부장은 아마도 택시 안에서 뛰고 싶은 마음이었던 모양이지만 말이다.

MTR '완차이灣仔' 역에서 내려 B1 출구로 나와서 조금 걸으면 삼거리가 나오는데, 삼거리에서 왼쪽을 향해 바라보면 '란데일 스트리트蘭杜街, Landale Street'가 보인다. 이 안에 프라운 누들 샵이 있다. 싱가폴 스타일의 메뉴이긴 한데, 홍콩에서 즐기는 색다른 특색의 맛이다. 프라운 누들shop(蝦麵店)의 영업시간은 월요일부터 토요일까지 아침 11시30분부터 저녁 7시 30분까지다. 전화번호는 852-2520-0268이다.

가게 이름은 Prawn Noodle Shop(蝦麵店이다.

참고로, 가게이름 중에 한자 虾를 [há(하)]라고 읽으면 '두꺼비 면' 가게라는 의미이고, 虾를 [xiā(시아)]라고 읽으면 '새우 면' 가게라는 의미다. 예를 들어, '새우'라고 쓰일 때 글자로는 干烧中蝦[gānshāozhōngxiā] 깐쇼종시아라는 메뉴가 있는데, 국내에 중식당에서 맛볼 수 있는 '쇼 새우'를 말하는 것이고 이른바 '칠리 새우'에 해당된다. 中蝦종시아라는 단어에서 이해할 수 있듯이 '대하'보다는 작고, 작은 새우보다는 큰 새우를 말한다.

"설마 두꺼비 면은 아니겠지?"

생각하고 가게 안에 들어가 보면 '새우 면' 요리라는 걸 알게 된다. 영어로 prawn 새우, 중간 크기 새우라는 의미다.

"여기에요?"

이미희 부장이 빈 테이블을 발견하더니 앞장 서 걸어가서 앉았다. 빨리 시작하자는 의미였다. 이미희 부장 맞은 편 자리에 내가 앉았다. 메뉴판을 펼쳤다. 이미희 부장은 고개를 갸웃거리며 가게 안을 둘러보는 중이었다. 어떤 맛집인지, 이 가게엔 특색이 무엇인지 궁금한 표정이었다.

프라운 누들샵에 대해 잠깐 설명하자면, 가게는 음... 작다. 그래서인지 공간을 크게 보이려 하기 위해 통유리 세 개를 붙여 가운데 유리는 문으로 만들었다. 밖에서 보더라도 가게 안이 다 보인다. 손님이 있는지 없는지, 몇 명이나 있는지 알 수 있다.

유리 세 개 중에 어느 게 출입문일까?

맞다.

화분 없는 게 가게 안으로 들어가는 문이다. 통유리 세 개를 가만히 보면 양쪽 옆 유리 앞엔 화분을 두어 여긴 문이 아니라고 알려준 걸 보게 된다. 보나마나 앞서 사람들이 문을 찾느라 헤맨 탓이겠지.

가게 안에 들어가 보자.

좌측엔 2인용 테이블을 세 개씩 붙여 최대 6인용 자리를 만들었고, 반대쪽엔 벽면을 바라보고 식사할 수 있도록 1인용 테이블을 붙박이 테이블로 붙여뒀다. 가게 안에 구조가 나무 의자에 나무 테이블인 이유는 손님들이 식사 전후 자리에서 앉거나 일어날 때 바닥에 끌리는 소리가 나지 않도록 만든 배려인 듯싶다. 맛집이라고 찾아오고 메뉴를 기대하는 그런 좋은 가게에서 그런 소리 나면 제대로 짜증이지 않은가?

역시 천장은 높다.

그런데 사람 키 높이까지만 흰색 판을 붙여 놓고, 그 위론 페인트 칠 한 게 전부다. 입구 맞은편이 주방인 듯, 각 테이블마다 메뉴판이 유리판 아래 들어가 있다. 자리마다 번호표가 붙어 있는 모습은 나중에 식사를 마치고 카운터에서 몇 번 테이블에 식대가 얼마인지 계산하기 편리한 목적이다.

"홍콩은 뭔가 재미있는 게 많다는데 우리 여기서 식사하고 구경할만한 곳 없을까요? 소화도 시켜야 하고."

이미희 부장이 나를 바라보며 말했다.

테이블 위에 마주 잡은 양손을 올려둔 상태다. 마치 나한테 '자기 부탁을 들어 달라' 는 느낌으로 전해온다. 맛있는 식사와 재미있는 구경까지. 물론 나는 알고 있었다. 재미있는 구경이 끝나면 어느새 또 다른 맛집에 들어갈 거라는 걸.

"여기 프라운 누들 가게는 란데일 스트리트Landale Street에 있어요. 볼거리가 많은 퀸즈 로드 이스트Queen's Road East가 여기서 가까워요. 프라운 누들 드시고 퀸즈 로드 이스트 갔다가 시간이 조금 더 있으면 트램 타러 존스콘 로드Johnston Road로 이동해도 좋겠어요."

"트램?"

"네. 차도랑 같이 만들어둔 철도에요. 아까 택시 타고 오면서 봤죠? 차도 곳곳에 철길이 깔려 있었잖아요? 그 위로 트램이 다녀요."

"아, 영화에서 본?"

"홍콩 영화에 자주 나오죠. 속도가 느리긴 한데 가격도 싸고, 홍콩섬 지역에서 동쪽과 서쪽을 이어주는 교통수단이에요. 가격은 홍콩달러 2.3 달러 정도. 원화로 500원도 안 되죠? 탈 때는 뒤로 타고 내릴 때는 앞으로 내리면서 돈을 내면 돼요."

이미희 부장의 눈빛이 반짝였다. 영화 이야기도 그렇고 트램도 꼭 타봐야겠다는 생각이 전해온다.

마침 프라운 누들 가게 점원이 우리 테이블 앞에 다가섰다. 우리가 뭘 주문할 건지 말해달라는 표정이었다. 사실 뭐 아까부터 밖을 구경하고 트램 이야기도 하고 그랬으니 저러다가 쉬기만 하고 그냥 나갈 건 아닌가 싶기도 생각했겠다,

"여기선 뭐 먹으라고요?"

이미희 부장이 얼굴에 생글생글 미소를 띤 상태로 내게 질문을 던졌다. 최대한 '관광객'스럽게, 한국 여성의 품위를 유지한 채 뭔가 색다르고 인기 있는 메뉴를 주문하고 싶다는 표시였다.

"메뉴판에도 적혀있지만 뭐니 뭐니해도 국물이 좋아요. 육수는 5시간 이상 돼지랑 닭 뼈를 삶아 우려낸 거고요, 마늘이랑 고추랑 추가해서 새우까지 넣고 수프를 만들어요. 이거 주문할게요. 스파이시 프라운 앤 슬라이스트 밋 누들Spicy Prawn & Sliced Meat Noodle"

"매운 새우랑 얇게 썬 소고기를 넣은 누들?"

"네. 이 가게의 대표 메뉴에요."

"저도 그걸로 할게요."

이미희 부장이 메뉴판을 내려놨다. 그리고 옆에 선 점원의 얼굴을 보며 미소를 지어보였다. 하지만 이미희 부장의 의도와 다르게, 점원은 주문을 받고도 자리를 떠나지 않았다. 뭔가 다시 물어보는 눈치다. 이미희 부장이 나를 보며 '이게 도대체 무슨 상황이에요?'라고 입모양을 지어 보인다.

"면발 고르시라고요."

"네? 면발을 고르라고요?"

"여기는 손님 취향에 따라 면발을 고를 수 있는 게 특색이에요. 정말 여성 취향 제대로 맞춘 곳이죠. 여성의 경우엔 입모양이나 립스틱 메이크업 등등 이유 때문에 입을 크게 벌리고 식사를 하는 걸 삼가는 경우도 있잖아요? 그런 면에서 여기 프라운 누들 가게에서는 모든 손님에게 원하는 면발 크기를 고르게 하고 있어요."

"대박."

"옆에 점원이 면발 들고 있죠? 그 중에서 하나 고르세요."

점원은 굵기 차이가 있는 면발을 들고 이미희 부장 옆에 서 있었다. 상중하 굵기로 나눌 수 있는 면발을 보면서 이미희 부장은 중간 굵기로 골랐다. 나는 제일 얇은 면발을 골랐다.

드디어 메뉴 등장.

"아, 이거 눈으로 쳐다만 봐도 진짜 매워 보이네요."

"음, 생각보단 그렇게 많이 맵진 않고요, 우리나라에 짬뽕 국물 정도? 맵기만 한 건 아니고 매콤한 국물 맛이 좋아요."

"이게 얼마라고요?"

"홍콩달러 48달러에요. 원화로 대략 7천 원 정도?"

"서울에서 식사 한 끼 가격이기도 하네요."

그리고 잠시 후.

이미희 부장은 프라운 누들을 시식하면서 연신 '엄지 척'을 선보였다. 국물이 얼큰하고 매콤해서 자기 입맛에 딱 맞는다는 이야기, 한국에서도 이런 맛을 볼 수 있었으면 좋겠다는 이야기도 곁들였다. 무엇보다 자기가 고른 면발의 굵기가 딱 제격이라는 말도 빼놓지 않았다.

그리고 프라운 누들shop의 특색은 육수 및 면 굵기를 고를 수 있는 선택권에 있다는 점이다.

돼지와 닭 뼈를 오랜 시간 우려낸 육수에 새우를 섞어 만들어낸 수프도 맛집의 특성으로 내세울 장점에 속하지만 면 굵기를 고를 수 있게 해주는 아이디어는 손님들 중에서도 여성 고객들에게 호감을 얻는 요인 중에 하나다.

여성 고객들의 경우 스파게티, 까르보나라, 리조또 등처럼 해물이 들어간 면 메뉴를 즐기는 데 반해 립스틱이나 메이크업이 지워지고 다시 해야 될까봐 만남 상대나 장소에 따라 면 요리를 배제하기도 하는 게 사실이다. 면 요리 가게에 와서도 다른 메뉴를 고르거나 면 요리를 시키더라도 포크와 수저를 이용해서 조금씩 감질나게 식사를 하는 경우다.

그런데 프라운 누들shop에서는 여성 고객들이 면 굵기를 고르면서 좋아하는 면 요리를 얼마든지 즐길 수 있다. 배가 고프다 싶을 때는 굵은 면을 고르고, 메이크업을 신경써야할 경우에는 얇은 면을 고르면 된다.

[성공 팁] “간판은 사람들의 시야에서 이뤄지는 예술이다”

거리에서 정면으로 앞만 보고 걷는 사람이 있다고 치자. 당신이 이 글을 읽으며 생각해도 좋다. 지금 당신의 눈은 앞을 본다. 책 속에서 글자만 눈에 본다고 여긴다.

이게 진실일까? 아니다. 거짓이다.

당신은 분명 책 속에 글자를 보고 있지만 책이 아닌, 당신 주위에 일어나는 일들을 다 보고 있다. 당신의 시야 각도는 180°가 된다. 당신은 뒤에 상황만 모를 뿐이다. 책과 책 속, 책 주위에서 일어나는 모든 일을 다 안다. 이처럼 사람의 눈은 앞에 달린 게 아니라 옆에 달렸다.

간판이 중요한 이유다.

유동 인구 통행로를 따라 표지판이 된다.

그래서 간판 인테리어는 가게 안에 들어오라는 직접 메시지가 아니더라도 우리가 있다는 식의 이미지 전달이면 된다. 사람들과 함께 항상 있다는 무언의 메시지가 된다. 길을 안내해주기도 하고 건너도 되는 순간을 알려주는 신호등이 되기도 한다. 가게 주변 지역이 아니라 다른 곳에 가더라도 사람들이 가게를 기억하게 된다.

당신의 가게가 손님들에게 잘 안 띄었던 이유, 혹시 간판 문제는 아니었는지?

우리 가게 손님들은 왜 사진을 안 찍지?

"이거 타는 거야? 우아! 되게 깨끗하다! 지하철 비슷한데 조금 다르기도 하네?"

언니네 부부 이야기를 하던 김현지가 MTR에 올라탔다.

홍콩공항에서 시내로 들어가는 가장 빠른 수단이다. 우리나라의 공항철도 내지는 지하철이랄까? 밤늦은 시각까지 운행되는 덕분에 부지런한 사람들은 가끔 홍콩 출장을 당일치기로 다녀가기도 한다.

이를테면 이런 식이다.

서울에서 아침 9시에 출발하는 홍콩행 비행기를 타면 홍콩 현지에 오전 12시 전에 도착한다. 한국시간보다 1시간 빠른 홍콩이기에 실제 비행시간은 3시간여 날지만 시간 차이는 2시간이 된다.

오전에 홍콩에 도착해서 MTR을 타고 시내에 오면 다닥다닥 붙은 지역적 특색 덕분에 웬만한 업무는 서너 시간 안에 볼 수 있다. 오후에 업무 보고, 저녁에 거래처랑 식사까지 하고 간단한 맥주를 곁들여도 밤 11시가 아직 안 된 시각. 이 무렵 슬슬 공항으로 들어가는 MTR을 타면 12시 전에는 공항에 도착하는데, 홍콩 현지 시각 00:30에 한국행 비행기를 탈 수가 있다.

비행기를 타고 서울에 도착하면 그 시각은?

맞다. 한국시간 1시 30에 출발했으니 서울에 도착하고 짐까지 찾아 나온다고 해도 새벽 5시 무렵이다. 건강하고 부지런한 사람은 집에 들러 짐 두고 다시 회사로 출근하는 경우도 없지 않다.

"형부랑 언니가 차렸다는 가게는 잘 된대?"

홍콩 공항에 착륙하자마자 이게 얼마 만에 해외여행이냐며 비행기 안에서 창밖으로 보이는 이국적인 풍경에 어깨를 들썩이면 터였다. 그 좁은 비행기 창문을 통해 조금이라도 더 밖을 내다보느라 얼굴을 바짝 들이대고 눈동자만 굴리던 김현지가명는 서울에서 디저트 회사에 다니는 중이었다.

잠시 후.

입국 수속까지 마치고 첵랍콕 공항 로비에 나온 순간, 김현지는 입국 로비 안에서 양팔을 펴고 춤을 추듯 걷더니 나를 쳐다봤다. 왜일까? 비행기를 같이 타고 홍콩에 온 게 영 아쉬워서일까? 이왕이면 자기가 홍콩에 도착했을 때 입국장 앞에서 자기를 기다려줬으면 좋겠다던 이야기가 머릿속에서 떠나지 않았다. 여자들은 왠지 로맨틱(?)한 상황을 즐기려는 기대심리를 타고났을지 모른다는 생각이 들게 한 것도 김현지의 그 이야기였다.

"언니네 가게? 말도 마. 나중에 잘해서 프랜차이즈까지 염두에 두고 시작했다던데, 시작할 때는 좋았지. 남편이랑 둘이 하니까 잠깐 쉬는 시간이 오더라도 왠지 그런 거 있잖아? 그런데 꿈은 낭만적, 현실은 고민적. 지금쯤이면 아마 문 닫았을지도 몰라. 지난주에 전화 통화를 했는데 어디 직장이라도 알아볼 거라고 했거든."

김현지가 말하는 언니네 가게 이야기는 이렇다.

서울에서 지하철 3호선 연신내역 부근 로데오 거리가 있다. 이 거리에 먹자골목 안에서 식당을 열었던 언니는 형부랑 부부가 운영하며 작은 가게로 시작했는데, 참나무 숯을 사용하는 숯불고기집이었고 손님들이 후식으로 찾는 냉면 메뉴는 가게 안에 직접 면을 뽑는 기계를 두고 가느다란 세면을 뽑아 서빙 하는 등, 나름 최고의 식당이 되기 위해 노력하던 곳이었다.

"아이들 볼 시간이 없어."

언니의 말이었다.

장사를 하려고 식재료를 준비해야 하는데 농수산 시장에 가서 좋은 식재료를 사려면 새벽 5시엔 가야된다고 했다. 새벽 4시에 일어나서 준비를 하고 나서면 새벽 5시까진 시장에 도착하는데 지방에서 올라온 농산물 상인들로부터 야채랑 채소를 사고 정육 가게에서 들러 고기까지 준비한 후에 가게에 돌아와서 주방에 식재료를 넣고 나서야 아침 식사를 할 수 있었다고 했다.

이 시간대가 대략 아침 9시경이었다.

아이들은 이미 학교에 등교한 뒤였다. 형부는 이른 아침 장사 준비를 마치고 집에 들어가서 늦은 아침 식사를 한 후에 아내랑 같이 가게에 다시 나오면 아침 10시 30분쯤이 되었고 점심 장사를 준비하다 보면 11시경부터 손님이 들어오기 시작했다.

그렇게 오후 장사를 하고 숨을 돌릴라치면 시계는 오후 3시 무렵이었다.

가게에서 일 도와주는 아줌마들이라도 있다면 이 시간대에는 저마다 돌아가며 가게 안에 테이블 여기저기 누워 낮잠을 자둬야 하는 시간이었는데 그래야만 저녁 장사를 밤 12시, 새벽 1시까지도 할 수 있기 때문이었다. 하지만 가게를 시작한 지 1~2개월이 고작, 언니네 부부가 아줌마들 급여 주는 것도 힘들어질 상황이 되면서 언니가 가게에 매달리게 되었고 오후 3시, 4시 무렵엔 집에 가서 청소를 하는 시간이 되었다고 했다.

그리고 저녁 5시쯤 다시 나와서 저녁 장사를 하다 보면 손님이 있건 없건 밤 11시까진 있어야 했는데 손님들이 늦게 돌아가는 날엔 밤 12시는 되어야 가게 문을 닫을 수 있었고, 집에 와서 씻고 잠을 자려고 누워 시계를 보면 새벽 1시에서 2시 사이였다. 그리고 형부는 다시 새벽 4시에는 일어나야 했다. 다음 날 장사할 식재료를 준비하기 위해서다. 물론, 식당 골목 안으로 야채랑 채소를 파는 트럭이 오긴 했지만 조금이라도 더 싼 가격에 재료를 준비하려면 언니네 부부가 직접 새벽시장에 나가야 했다.

"돈이라도 잘 벌리면 그깟 고생쯤이야 뭐 별거겠니?"

장사라도 잘되면 몸 고생이야 얼마든지 견딜 수 있을 것 같다고 했다.

그런데 집안일에 신경을 못 쓰게 되면서 아이들 학교 성적도 문제가 되었고, 가게 장사가 신통치 않으면서 버는 것보다는 빚내서 쓰는 게 더 많아지는 생활이 반복되었다고 했다.

언니네 부부는 작더라도 맛있는 메뉴가 장점인 식당을 열면서 자기만의 '맛집'으로 장사를 키워볼 계획이었지만 결국엔 장사를 시작한 지 6개월여가 지나면서 문을 닫고 말았다. 부부가 가게를 접기로 결정하고 도저히 버텨볼 여력이 없는 상태였다.

부부에겐 좋은 아이템은 있었는데 영업전략이 '열심히만 하자'는 게 문제였다.

때로는 장사를 '열심히 하지 말자'고 해야 잘 될 때가 있다는 걸 모르던 부부였다.

예를 들면, 부부의 가게에서 좋은 아이템으로 '냉면'이 있었다.

직접 가게에서 뽑는 면으로 냉면을 서비스하는 가게라면 손님들에게 충분히 어필할 수 있었다. 먹자골목 중심 통로는 항상 뜨내기손님들이 몰려서 싼 음식만 잘 팔리므로 부부의 가게는 인근 주택가를 공략하면서 가족 단위 손님들을 공략해야만 했다.

작은 가게를 열더라도 '장소의 특색'이 중요하다.

연신내 지역은 패션 가게들이 몰려 있어서 '로데오거리'라고 부르기도 하였는데 상권이 쇠퇴하면 유동 인구도 줄어들 수밖에 없는 곳이었다. 그래서 부부의 가게는 인근 지역 가족 단위 손님들을 대상으로 집중 홍보했어야만 했는데 '가게 문 열어놓고 손님 기다리기'만 했기에 경영이 어려워졌다.

그리고 가게 운영은 직원이자 사장인 부부가 모든 걸 다해야 했으므로 과감히 '저녁 장사'만 시도했어야 했다. 오후 4시부터 밤 10시까지만 운영하는 식당으로 방침을 정했어야만 했다. 가족 단위 식사 모임 고객을 대상으로 한다면 제대로 들어맞는 전략이었다.

그리고 부부가 운영하는 가게이면서 메뉴가 너무 많았다.

근처 다른 가게에서 하는 메뉴를 똑같이 하려고 했다. 당연히 손님들은 이 가게만의 특색이 없으므로 오지 않았다. 이따금 다른 가게에 손님이 밀려 자리가 없을 때에만 부부의 가게에 들르는 게 고작이었다. 다른 가게에 있는 메뉴들과 똑같은데 부부가 하는 가게에 올 이유는 없었다.

'부부 두 사람이 하는 가게에서 저 많은 메뉴를 한다고? 그건 불가능해! 보나마나 포장식재료 사다가 데우기만 하는 거겠지!'

어느 손님이더라도 생각할 부분이었다.

하지만 부부는 마음이 급했다. 다른 가게에서 하는 메뉴를 그들도 하지 않으면 손님들을 모두 빼앗길 것만 같았다. 지나친 노력이 결국 화를 만든 셈이었다.

자, 그럼 1년 365일 문을 여는 가게가 되어야 한다는 건 어떤 의미일까?

1년 365일 문 여는 가게라는 건 하루 24시간을 영업하라는 이야기가 아니다. 하루에 1시간을 하더라도 쉬는 날이 없어야 한다는 얘기다. 일반 회사에서 '집중근무제'를 하는 것과 같다. 아침 9시부터 11시까지 집중근무제를 하는 회사들은 그 시간대에 집중이 잘 되고 업무능률이 오르기 때문이다.

식당도 마찬가지다.

저녁 시간대면 저녁 시간대만, 점심 시간대면 그 시간대만 집중하는 게 전략이다. 아침부터 저녁까지 내내 영업한다고 문 열어두면 하루하루 지날수록 손님이 올 때마다 '피곤한데 왜 오지?'라는 생각도 든다. 손님이 기분 좋게 식사를 하러 왔는데 주인이라는 부부의 얼굴이 피곤에 쩐 상태라면 미안해서라도 다음부턴 안 온다.

가령 새벽 4시부터 오후 2시까지만 영업한다는 전략을 쓴다면 아침 식사와 점심 식사를 하러 손님이 오게 된다. 메뉴도 단출하게 한두 가지만 하면 된다. 다른 메뉴는 우리 가게가 아니더라도 다른 가게로 가도록 해야 한다.

상권이 살아야 가게가 산다.

상권을 접수하겠다는 것만큼 어리석은 생각은 없다. 이 골목에서 내 가게에만 손님이 몰리게 하겠다고 목표로 삼는 건 바보다. 상권이 살아야 손님이 더 많이 오고, 손님이 더 많아야 내 가게에도 손님이 더 온다.

가게의 성공 요인 중에 가장 기본이 되는 건 1년 365일 하루 1시간일지라도 문을 닫지 않는 가게여야 한다는 점이다.

"우리 뭐 먹으러 갈까? 아니지! 나 홍콩 오면 뭐 먹어야 해?"

홍콩 코우룽 시내에 자리 잡은 호텔에 들러 자기 방에 짐을 푼 김현지가 호텔 로비로 내려오더니 나를 보며 싱긋 웃는다. 그리고 잠자리 모양의 선글라스를 쓰면서 내게 물었다. 나는 순간 사람이 아닌, 커다란 '잠자리'가 내게 말을 하는 것인지 착각할 정도였으니 김현지가 가져온 선글라스가 얼마나 컸는지 적절한 비유가 될 것 같다.

"홍콩에서? 여기에 1951년에 개업하여 반세기를 훌쩍 넘어 60년 동안 명성을 이어오는 식당이 있어. 거기 밀크티가 또 아주 죽여주지. 거기 가자. 홍콩에서 그 가게 밀크티 안 먹으면 홍콩에 온 거 아니라고 할 정도니까 기대해."

"참, 나 에스컬레이터 그것도 타고 싶은데. 비행기에서 말했지? 왕가위 감독이 만든 영화 '중경삼림'에서 나온 그 에스컬레이터."

"응, 알지. 우리가 지금 갈 곳도 그 에스컬레이터 바로 옆이야."

내가 김현지를 데려간 곳은 실크스타킹으로 홍차를 걸러내는 방식으로 정말 부드러운 밀크티를 제공해준다는 독특한(?) 방식이 입에서 입으로 소문나면서 홍콩 시민들은 물론, 외국 관광객들까지 홍콩에 오면 꼭 한 번은 들러 맛을 보고 가야만 된다고 여기게 된 곳이다.

그리고 김현지가 말하던 홍콩의 그 '에스컬레이터'는 그 길이가 엄청나서 홍콩을 배경하는 영화엔 빠짐없이 등장하곤 하는데 바로 이 에스컬레이터의 미드레벨mid-level 위치에 '란퐁유엔' 이 있다.

참, 에스컬레이터 이름이 미드레벨이냐고? 먼저 알아두자. 영화에 자주 등장할 정도로 홍콩의 명물이 된 에스컬레이터라면 그 길이가 얼마나 긴 것인지 상상이 되는가? 한 번에 올라갈 정도로 길게 만들진 않고 긴 에스컬레이터를 여러 개를 이어 연결해두면서 시내에서 산 정상까지 잇도록 해둔 곳인데, 미드레벨이란 곳은 시내 아래쪽에서 위로 중간쯤 되는 위치를 말한다. 혹시 에스컬레이터를 보고 싶어 하는 사람(?)이 있다면 알아두자. MTR을 타고 센트럴Central역 D2 출구로 나오면 바로 그 에스컬레이터가 있다.

그리고 나란 김현지가 이날 찾아가는 '란퐁위엔蘭芳園'은 미드레벨중간 길이 에스컬레이터에서 소호 거리 방향으로 걸어가면 가깝다. 전화번호는 852-2544-3895 건물 이름으로 찾자면 Lyndhurst Bldg.이고 주소는 23-39 Lyndhurst Terrace, Central, HongKong이 된다.

"여기야."

"우아. 근데 맛집 중에 맛집이라고 소문난 데라서 그런가? 사람들 여기 이렇게 항상 많아? 가게는 좁은 거 같은데? 여기 뭐 팔아?"

란퐁위엔 앞에 도착한 김현지는 쉴 새 없이 질문을 쏟아냈다. 우선 가게 앞에 늘어선 손님 행렬에 놀랐고 질서정연하게 줄 서서 순서대로 가게를 들어가고 나오는 사람들 수에 놀란 듯 하다. 그리고 명성(?)에 다소 어울리지 않는 모습에 당황한 기색이기도 했다.

소문난 집이라면 사람들이 기대하는 그런 것 있지 않은가?

넓은 주차장에 인테리어가 잘된 가게 건물, 번호표를 받아든 손님들, 발렛파킹 해주는 사람들, 이도 저도 아니라면 왠지 고풍스런 느낌의 가게에 수염 덥수룩한 노인이 카운터를 맡고 있다거나 하는 분위기 말이다.

하지만 이곳 란퐁위엔은 일반적으로 생각하는 소문난 맛집 명소와는 그 느낌부터 차이가 있었다.

우선 메뉴다. 1인당 서울 시내 한 끼 점심 식사 정도의 예산이면 밀크티와 돼지고기, 빵, 인스턴트 라면으로 만드는 국수, 덮밥 등의 식사까지도 맛볼 수 있다. 부담없는 가격에 홍콩의 명소인 맛을 볼 수 있는 것 자체가 매력적이다.

그 다음은 장소이자 위치다.

미드레벨 에스컬레이터 아래에 란퐁위엔. 사람들이 항시 북적거리고 가게 안엔 활기차다. 사실 여기 에스컬레이터가 직장인들이 시내로 출근하는데 편의성을 두고자 만들어진 유래를 감안 한다면 란퐁위엔에서 파는 메뉴는 지극히 직장인들 끼니용이라고 부를 수 있다.

그것도 에스컬레이터 중간 위치에 있으니 지리적 장점도 딱 이다.

도로변 약간 경사진 길 언덕에 자리 잡은 란퐁위엔이라서 오가는 사람들이 많은 것도 장점이다. 이 자리에서 반세기를 넘어 지금도 역사를 이어가는 중이니 앞으로 또 얼마나 오래 이 자리에서 볼 수 있을지 기대되지 않는가?

"근데 왜 여긴 초록 지붕이야?"

가게 앞엔 장사진을 이루는 사람들 행렬을 넘어 란퐁위엔 가게의 모양을 살펴보던 김현지가 나를 보며 말했다. 김현지의 손엔 이미 스마트폰 카메라가 작동되는 중이었다. 블로그 혹은 페이스북에 올릴 심산이었나 보다. 어쩌면 인스타그램이겠지만 말이다.

김현지는 란퐁위엔에 오자마자 가장 먼저 회색 철제 간판에 빨간색 상호가 눈에 들어온 모양이었다. 뒷면 아파트 건물 외벽 회색과 닮았다고 했다. 너무 삭막한 도심 분위기가 싫어서일까? 초록색 양철지붕이 가게를 덮은 건 아니냐고 내게 되물었다. 지붕을 배경으로 연신 스마트폰 카메라를 찰칵거리던 것과 거의 동시였다.

"셀카 잘 나온다. 맛집 포스 있네? 여기 다녀간 사람들 봐! 방송에 나온 내용들도 걸어뒀고. 역시 맛집들은 이런 게 있어줘야 좀 맛집 포스가 있다니깐."

초록 지붕 그 아래로 밀크티를 담아내는 각종 컵, 밖에서 안이 들여다보이게 만든 주방 공간의 창문엔 란퐁윤을 다녀간 스타들의 사진들이 주르륵 걸려 있었다. 김현지의 말처럼 신문과 방송에 보도된, 맛집이라면 빼놓을 수 없는 인증 기념물들이 많았다.

"여긴 뭐라고 쓴 거야? 메뉴인가?"

김현지가 가리킨 곳엔 란퐁위엔에서 판매하는 메뉴가 찬 요리, 더운 요리도 다 있다는 간판 글귀가 눈에 보인다. 가게 안은 좁은 거 같은데 팔 건 다 판다는 의미일까 싶어 보면 손님이 원하는 건 뭐든지 있다는 의미로 받아들여진다.

주방 공간이 보이게 만들어 둔 창문 바로 위 간판 자리엔 앙증맞은 그림으로 그린 커피잔과 시원한 음료수가 담긴 유리컵 그리고 따뜻해서 금방 맛있게 먹을 수 있는 메뉴 일러스트가 눈에 들어온다. 잘 그린 그림이라 저절로 감탄이 나오는 게 아니라 옛 어느 시절 우리가 그렸을 어린이 그림 같아서 정감이 가는 느낌이다.

"사람들 줄 서서 우리까지 들어가려면 좀 기다려야겠다. 할 수 없이. 이것도 맛집 포스인데. 안 그래?"

김현지가 나를 돌아보며 씩 웃는다. 홍콩의 진짜 맛을 보려면 이 정도 수고는 참아야 하는 것 아니냐는 의미로 느껴진다. 손님들 뒤에 서서 기다릴 테니 자기 기다리게 했다고 난감해하지 말라는 의미로도 받아들여진다. 이래저래 따스한 여성이다. 김현지는.

나는 김현지의 뒤에 섰다. 가게 주변 풍경이 눈에 들어왔다.

건물 한 귀퉁이에 자리 잡은 란퐁위엔의 가게 위치를 고려한 것인지, 란퐁위엔과 이어진 아파트 벽면 위로 에어컨 실외기가 여럿 달린 게 보이는데, 실외기 외풍이 가게 안으로 스며들진 않을까 내심 고민했던 것도 잠시, 다시 자세히 보니, 간판을 직각으로 세워두고 그 안을 비워둔 덕에 에어컨 실외기 바람이 가게 앞으로 넘어오지 못하는 구조 아닌가?

"아하. 가게 앞에서 기다리는 손님들을 생각해서 이렇게 만든 거네."

바로 옆 벽면에 실외기 또한 가게 안으로 들어올 순 없어 보였다. 란퐁위엔 가게 천장 위에 간판보다도 높이 달린 실외기이기에 그렇다. 란퐁위엔 가게 안에 음식들 위생에 영향을 끼칠 위협(?)은 없어 보였다

눈을 돌려 가게 바닥을 향했다.

가게 바닥은 경사진 지면 특성을 고려한 것인지 손님들의 위치에서 입장하기 쉽도록 평면 상태를 만들어 둔 게 인상적이었다. 도로 바닥과 같은 시멘트 재료로 둔덕을 만들어 바닥을 평평하게 해두거나, 철제 강판으로 바닥을 만들어 평면을 유지해둔 게 보인다. 겉으로 보기엔 어느 주택가 허름한 구멍가게 정도로 보이지만, 내심 그 안을 살펴보니 홍콩사람들뿐 아니라 외국인들에게도 인기를 얻는 요소가 있었다. 배려였다.

안을 보자.

실크스타킹으로 홍차를 우려내어 찌꺼기가 없는 밀크티를 만들 정도라고 해서 유명해진 란퐁위엔에서는 사실 알고보면 실제 스타킹이 아니라 밀도가 높은 울 망사로 홍차를 우려낸다가 맞다. 그것도 많이 팔기 위해 한 번에 만들어 놓는 게 아니라, 주문이 들어올 때마다 홍차를 우려내어 밀크티를 만든다는 게 핵심이었다. 손님이 항상 밀려드는 급한 주문을 처리하기 위해 10잔 정도의 밀크티를 만들 분량만 준비해 놓는 게 전부였다.

가게 안에서는 진청색 앞치마에이프런을 입은 채 흰색 셔츠를 정갈하게 입은 중년의 남자가이럴 땐 꽃미남 청년보다 중년의 남자가 장인의 숨결 내지는 전문가 이미지를 풍겨주는 게 더 어울린다 검정색 고무 장갑을 낀 손으로 고밀도 울 망사를 왼손에 들고, 오른손으로는 홍차 우린 물이 든 통을 들어 망사 안으로 붓고 있다. 남자의 헤어스타일은 정갈하고 바리스타의 스타일을 따라 한 듯, 밀크티 전문가의 눈빛 그대로 신중을 기하는 모습이다. 가게 안에서나 밖에서 보더라도 흐트러짐이 없다.

"아, 향기 좋네? 이게 밀크티인가?"

김현지의 물음에 내가 고개를 끄덕였다.

홍차 특유의 향이 가게 안에서 밖으로 퍼지면서 여기가 란퐁위엔이라는 인식을 가게 밖에서 기다리는 사람들에게 심어줄 무렵, 망사 아래에 놓인 금속 통 안으로 망사에 걸러진 홍차가 속속 들어간다.

밀크티가 만들어지는 중이다.

그 앞에는 홍차를 데우고 있는 또 다른 금속 통들이 불 위에 놓인 게 보인다. 한 통엔 홍차를 데우고, 손님의 주문이 있으면 끓는 홍차를 망사로 걸러내어 밀크티를 만드는 식이다.

드디어 입장.

"기대된다. 흐흐."

오랜 시간 기다림이 끝났다는 안도감인지, 아니면 드디어 홍콩의 맛을 먹을 수 있다는 기대감 때문인지 몰라도 김현지의 얼굴 입가엔 알 듯 모를 듯 미소가 흘렀다. 분명 저 입 안에서 입맛을 다시고 있겠지 생각하면서 김현지의 뒤를 따라 가게 안으로 들어갔다.

란퐁위엔에서는 철저하게 홍콩 스타일이다.

그래서 글로벌 도시 홍콩에서 더 인기가 있는 이유다. 밀크티와 곁들일 수 있는 간단한 디저트를 고르려면 메뉴판, 영어와 홍콩어로, 사진이 붙은 걸 보자.

홍콩식 햄버거 고기빵, 홍콩식 프렌치 토스트가 좋겠다.

가게 안에 들어와 앉으면 나무 테이블 위에 놓인 주전자, 메뉴판, 간단한 차 그리고 조미료통이 보인다. 동그란 원형 테이블에 가게 안에 알맞은 간격을 두고 놓였다. 가게 안에 서빙을 보는 이들이 에이프런을 걸치고 손님들 사이를 천천히 다니며 주문을 받는다.

천장은 조금 낮은 편이다.

손님은 많아서 합석이 기본이다. 무더운 홍콩의 기후를 감안하면 어느 가게에서나 보는 풍경, 맞다. 선풍기랑 에어컨이 시원한 분위기 메이커 역할을 제대로 해낸다.

손님이 주문을 하면 잠시 후 여기 위에 메뉴가 놓인다. 밀크티엔 얼음과 빨대가, 토스트나 햄버거 옆엔 나이프와 냅킨, 그리고 접시가 나온다. 달콤한 빵과 부드럽고 달콤한 밀크티가 어울린다.

토스트는 계란을 입혀 구운 것인데 버터와 설탕이 토핑으로 제공되어 손님이 자기 입맛대로 조금씩 발라먹는 메뉴다. 나이프와 포크를 사용하면서 조금씩 잘라먹을 수도, 버터를 넓게 발라 한입씩 베어 먹을 수도 있다.

손님이 주문하면 바로 만들어져서 제공되는 빵이라서 손님 테이블 위에 놓인 순간에는 제법 뜨겁다. 그래서인지 버터랑 설탕이 스르륵 녹아들어, 손님이 커팅해서 입안에 넣을 때 즈음이면 알맞게 식힌 상태로 달콤한 맛만 남은 게 최고의 식감을 자랑한다.

"느끼해?"

"아니. 맛있어"

버터가 많이 들어가면 느끼할 수도 있는데 김현지는 괜찮다고 한다.

밀크티가 홍차로 만들어진 덕에 약간 홍차 특유의 맛이 있어서 버터랑 설탕의 맛과 조화가 된다. 빵 자체도 알맞게 고소한 식감이 나도록 구워진 상태이기에 느끼할 틈이 없다.

"어? 근데 이 토스트 되게 독특하다! 이거 여기?"

그런데!

토스트를 주문해서 먹어보면 알지만, 토스트 안에 버터 한 층이 더 들어가 있다. 김현지가 토스트 속을 보더니 나를 보며 소리친 이유다. 국내에서도 흔히 먹을 수 있는 달걀 토스트랑 다른 란퐁위엔만의 차별화가 여기에도 있다. 버터 맛이 풍부해지면서 고소한 맛이 더 난다. 물론 그렇다고 버터의 특유의 약간 고소하면서 느끼한 맛이 아예 없는 아니므로, 버터가 몸에 안 맞는 사람은 햄버거를 추천한다.

하지만, 밀크티로 유명한 란퐁위엔이므로, 그리고 그 맛을 보기 위해 온 것이므로! 실은 빵의 맛은 그다음이다. 밀크티에 어울리면 좋고, 안 어울리면 밀크티만 먹으면 될 게 아닌가?

"저기, 나 다음에 여기 찾아오려면 어떻게 해야 해?"

토스트를 한 입 베문 김현지가 입을 우물거리며 내게 물었다. 마치 이렇게 유명한 맛집을 그동안 몰랐다는 사실을 숨기려는 듯, 주위 사람들이 안 들리게 내게만 말한다는 걸 강조하는 자세다. 김현지가 토스트를 우물거리며 말하는 통에 처음엔 무슨 소리인지 잘 안 들렸지만 말이다.

란퐁위엔 가게는 찾기가 쉽다.

미드레벨 에스컬레이터를 타고 올라오다가 중간에 평평한 부분이 나오면 창밖을 보자.

양옆에 과일 가게를 대동한 채 초록색 지붕으로 존재를 부각시킨 란퐁유엔이 눈에 들어온다. 그것도 참. 과일가게가 양 옆에 있는 거랑 지붕이 초록색인 거랑 분위기가 어째 신경 쓴 모양이 역력하지 않은가? 그것도 마치 위에서 내려다보는 손님을 염두에 둔 것처럼. 초록 지붕 한쪽이 과일 좌판을 가리지 않고 모양새가 드러나도록 공간을 터준 느낌이다.

란퐁위엔으로 가는 길은 미드레벨 에스컬레이터 평평한 그 위치에서 아래로 내려가는 왼쪽 계단이 있다. 계단에서 내려오면 세모 형태 건물이 두 갈래 길을 만들면서 눈 앞에 펼쳐지게 되는데, 정면에 가게 하나가 보인다면 왼쪽으로는 타이청빙가에그타르트 맛집 가는 길이며, 오른쪽이 란퐁위엔이다.

[팁] "가게는 손님의 상상력을 자극해야 한다"

화려한 인테리어나 대단히 특별한 메뉴가 아니더라도 나만의 독특한 메뉴만 있다면 성공할 수 있다. 나머진 손님들이 소문을 내준다. 남들 다 아는 메뉴이더라도 좋다. 자기만의 차별화된 메뉴로 만들자.

손님은 쇼핑을 한다. 이들의 상상력을 넘는 즐거움을 만드는 가게 인테리어가 중요하다. 어딘가에, 다른 가게에서 흔하게 보던 인테리어라면 손님에게 다른 재미를 주자. 진열만 해둔 상품들도 매력이 부족해 보인다면, 가게 인테리어로 손님의 상상력을 자극해서 가게 안으로 들어오게 하고, 이 가게는 다른 가게들과 다르다는 이미지를 만들어줘야 한다. 가게 밖에서 가게 안을 보게 하자. 손님은 스스로 움직이는 걸 좋아한다.

블로그나 페이스북, 인스타그램을 즐기는 사람들이다. 그들에게 필요한 건 낯섬과 새로움이다. 당신 가게에 손님들이 사진을 찍게 하고 싶다면 다른 가게와 다른 당신 가게만의 것이 필요하다. 지붕색이 독특한 것도 차별화다. 무엇이든 하나만이라도 색다르면 그게 차별화가 된다.

카레 가게 하려면 인도 스타일로 꾸며야 해?

아침 11시에 가까울 무렵이었다.

아자부주방麻布十番역에 내렸다. 지하철역을 나오자마자 눈 앞에 펼쳐지는 자전거부대가 보인다. 일본인들의 도시 생활 교통수단 자전거, 지하철역마다 늘어선 자전거들이 산처럼 수북했다. 일요일이라서 더욱 그런가?

그래, 일요일 아침엔 자전거들도 늦잠을 잔다고!

"오늘 일요일인데 집에서 뭐 해? 심심하지?"

따르릉.

그러니까 오늘 아침 8시쯤 되는 이른 시각이었다.

어제 토요일 밤에 란콰이퐁에서 너무 즐겁게 놀았던 탓인지 스마트폰을 꺼놓고 자야한다는 걸 깜빡 잊은 결과였다. 일요일 아침은 직장에 다니는 세계의 모든 사람들이 마음껏 자도 된다는 엄연한 관습법(?)이 존재하는데 도대체 누구냐 넌? 하며 모기 같은 목소리로 받은 전화였다. 그것도 여기가 일본이 아닌, 홍콩이었다니. 진짜 이제는 꿈을 꿔도 글로벌이다.

"네… 여보…세요?"

상대방에게 이쪽 사정을 최소한 힘없게, 어제 너무 열심히 일해서 아직 일어날 수 없는 상황임을 알리려는 노력이었다. 나 아직 수면 중이란 사정을 전화기 너머 누군지 모를 상대방에게 알리려는 의도였다. 상대가 피곤하다면 최소한 일하러 나오란 이야기는 하지 않겠지 기대하는 바이기도 했다. 그것도 아니라면, 여긴 일본인에 그래도 오는 전화는 받아줘야 해야 한다는 일본인 코스프레코스튬플레이:costume play의 일본식 표현으로 '~인 척하다'는 의미 하려는 일종의 배려심이랄까?

하지만 상대방도 만만치 않았다.

"얼른 나와. 나 영희누나, 알지? 셩완上環, Sheung Wan에 마살라에서 브런치 살게."

상대는 홍콩 속의 인도India라는 마살라 가게 이야기를 꺼냈다.

갑자기 내 눈앞이 환해지며 기운이 솟았다. 그렇지 않아도 요즘 기름진 음식에 싱거운 식사만 연이어 하는 통에 뭔가 칼칼한 카레를 그리워하던 날들 아니었는가?

홍콩에서 자주 보는 중동 사람들, 특히 같은 영어를 사용한다는 점 때문에라도 피부상 느끼는 체감이 더 가까운 인도의 맛을 보는 곳이라니?

브런치를 즐기는 글로벌 여행객들이 여유로운 삶 속에서 일상을 만끽하는 마살라에 가는 날이었다.

영희.

이분은 내가 알고 지내는 일본인 누님이다.

일본인인데 한글 이름을 가진 걸보니 재일교포라고 생각하면 오해다. 한국 문화를 좋아하고 한국음식을 사랑하는 일본인 여성으로 IT분야에 웹디자이너로서 활동하는 전문직 여성이기도 하다. 도쿄대를 졸업하고 굴지의 글로벌 기업에서 근무하는 파란만장한 커리어우먼이라고 할까? 이 여자분의 한글 이름은 내가 지었다. 이 누님의 일본인 이름은 '요시코'가 되겠다.

"한국에서 제일 유명한 이름이 뭐야? 나 한글 이름 하나 지어줘."

"제일 많이 쓰는 이름인 있어요. 교과서에도 나와요."

"그래? 뭔데?"

"영희요. 영희."

오늘은 일본에 사는 영희 누나가 홍콩에 출장 온 날 이었다.

"그러고 보면 일본에도 오리지널이라는 정통의 그 무엇이 점점 사라지는 거 같아."

영희 누나는 침사추이에 자리 잡은 아시아 최대 쇼핑몰 하버시티 안에서 구경을 마친 뒤라고 했다. 그리고 아침식사를 할 겸 출출했는데 마침 마살라 가게가 떠올라서 내게 전화를 했다는 게 아닌가?

마살라masala에 들어와서 카레를 주문하고 기다리는 시간이었다. 앞에 놓인 생맥주 한 잔을 들어 조금 홀짝 들이켠 후 내려놓으며 나를 쳐다봤다. 아침부터 생맥주를 마시는 여자, 요시코, 아니 영희누나는 일본여성이라는 느낌보다는 글로벌 비즈니스우먼이란 느낌이 더 강한 여자였다.

MTR 타고 성완Sheugn Wan, 上環 역에서 내려 A2 출구로 나가 사거리가 나오면 다시 직진 후에 앞에 오거리가 나오면 10시 방향으로 걷자. 아침 11시 30분경에 오픈해서 새벽 3시까지 운영된다. 전화는 852-2581-9777이다.

"얼마 전엔 그런 뉴스를 봤는데요? 중국산 제품이 워낙 많으니까 일본에서만 만들어진 제품만 골라서 라벨을 붙여주는 정책을 펼친대요. made in japan 제품인 점을 일본정부에서 라벨로 인증해주겠다는 그런 거죠."

"될까?"

"그런데 제가 알기론 이탈리아 정부에서도 비슷한 걸 한다는 뉴스를 본 기억이 나요. 원단이나 부자재, 재로 같은 건 중국산 제품이나 다른 나라에서 들여와도 어쩔 수 없지만 봉제만이라도 이탈리아에서 해라는 그런 거요. 그래야만 made in Italy 원산지 표기를 허락한다는 내용이었어요."

"세상이 다 원산지가 문제네."

영희 누나가 방금 전 이야기한 '원산지가 문제네'라는 말과 같다. 수백 년, 수대 째 전통을 이어가며 자신들의 맛을 지켜온다던 일본인들은 어디에 있는 걸까? 어쩔 수 없는 산업화 과정의 살아남기 선택일까?

"누나, 누나는 일본인이고 누나가 일본 남자랑 결혼하더라도 여기 홍콩에서 아이를 출산하면 그 아이는 홍콩 시민이 되요. 그리고 요즘 나라들이 이중국적을 허용하는 곳들이 많아졌어요. 어떤 사람은 3~4개 국적을 갖고 있을 걸요? 이 나라 사람이면서도 저 나라 사람인 거죠. 요즘엔 원산지 정도는 문제가 아닌 것 같아요."

영희 누나가 웃었다.

원산지 문제를 제품이 아닌, 사람들 국적에 비유하는 상상력이 재미있다는 표시였다. 조금 더 늦춰보기로 했다. 카레가 나오기까지 몇 분 정도 시간 여유가 있었다. 마살라 가게 안을 가득 채운 향긋한 카레 향기를 느끼며 영희 누나랑 생맥주 컵을 들어 경쾌한 소리가 날 정도로만 건배를 하고 다시 테이블 위에 내려놨다.

'한국 남자랑 일본 여자가 홍콩에서 먹는 인도 카레라니?'

이거야말로 국적 따지려면 제법 머리 아프겠다는 생각이 들었다. 그리고 가게 안에서 주방이 잘 보이진 않지만 인도 카레를 필리핀 사람이 만들어준다홍콩에서 일하는 아시아 사람들이 많다면 그거야 말로 국적불문 아닌가? 물론 마살라에 모든 직원들은 인도 사람들이긴 하지만 말이다.

"영희 누나, 일본 근해에서 명태가 헤엄치며 놀다가 한국 동해를 거쳐 러시아로 갔어요. 그런데 이 명태를 인근 해역에서 영국제 배에서 일하던 중국인 선원들이 잡아 올렸어요. 그럼 이 명태는 어느 나라가 원산지일까요?"

"응?"

영희 누나가 나를 만나서 이야기하기를 좋아하는 이유는 때때로 생각할 '꺼리'를 주기 때문이었다. 기상천외한 아이디어뿐 아니라 때로는 알쏭달쏭한 수수께끼를 듣게 되는 재미 덕분이었다.

웹디자인 분야도 어떻게 보면 상상력이 필요한 분야이고 항상 새로운 트렌드에 목말라하는 분야 아닌가? 아니메애니메이션와 만화망가, 전자제품의 나라 일본에서 성공한 커리어우먼에게도 샘솟는 아이디어가 필요한 법이었다. 물론 그 아이디어도 한국 사람인 내가 일본에서 처음 꺼낸 것이니 원산지를 따지자면 애매해지긴 마찬가지지만 말이다.

생각해보자.

저 명태는 어느 나라 원산지를 표기해야 할까?

"글쎄. 중국산인가?"

"하나 더 있어요. 우리 지금 카레 먹을 건데요, 저 카레가 인도 정통 카레라고 하는데 진짜 그럴까요? 식재료에서 강황이나 각종 소스는 어느 나라가 원산지일까요? 카레를 담는 그릇은요? 그렇게 모인 재료를 마지막으로 서빙해주는 직원들은 인도에서 태어난 사람들일까요?"

"……"

"원산지는 이제 의미 없어진 거 아닌가 생각해요. 최종 선택은 소비자가 해야 할 문제겠죠. 지구촌이라는 단어가 사용되는 현대사회인데 국적이나 원산지란 말은 사라진 단어로 보는 게 맞을 거예요."

마살라

카레 느낌 물씬 나는 가게에 오면 홍콩 속 인도의 정서를 그대로 느낄 수 있다. 아침 11시경 문을 열고 영업을 시작해서 새벽 3시까지 운영하는 곳. 홍콩 속에서 인도의 맛을 느끼려는 사람들이라면 제대로 인 곳, 인도를 좋아하는 사람들이라면 반드시 들려야 하는 곳이었다.

"참, 근데 마살라가 무슨 뜻이야?"

영희 누나가 물었다. 오전에 잠깐 들렀던 하버시티 구경에서 다리도 아프고 힘들었던 모양이다. 카레를 앞에 놓고도 연신 생맥주만 홀짝이는 모습이다.

"마살라masala는 인도에서 처음 나온 차인데요, 요즘엔 여러 나라에서 마셔요. 홍차랑 우유랑 인도스타일의 향신료를 넣고 끓여서 만들죠. 인도식 밀크티라고 보면 제대로 된 표현일 거예요."

"마살라? 그게 인도어인가 보네?"

"네. masala chai라고 마살라 차이라고 하면 향신료 들어간 차茶라는 뜻이 돼요."

영희 누나가 내 이야기에 고개를 끄덕이더니 다시 생맥주를 한 모금 마셨다. 아무래도 마살라 차리를 맛보고 싶은 기분이 선뜻 내키지 않는 모양이었다.

나는 카레 한 그릇을 맛있게 비울 무렵, 마살라 가게 안을 둘러 봤다. 카레가 주 메뉴라고 해서 카레만 달랑 나오는 거라면 오해다. 가게 이름도 인도식 밀크티 또는 인도식 홍차를 뜻하긴 하지만 마살라에서 맛보는 메뉴로는 음료랑 수프또는 샐러드, 주 메뉴인도 빵, 샐러드, 밥 그리고 종류를 선택해서 즐기는 카레까지 세트 메뉴가 나온다.

우리나라 돈으로 1만 원이 채 안 되는 금액에 이 정도의 인도식 메뉴를 홍콩에서 점심식사로 즐길 수 있다면?

꽤 만족할 만한 식사였다.

마살라에 올 때마다 느끼게 되는 기분이지만 마살라 가게 입구와 실내 컬러는 모두 카레 느낌 물씬 풍기는 주황색이어서 열 맞춰 놓인 테이블 위에 나오는 접시의 흰색이랑 어울린다. 그러고 보니 주황색이란 카레 느낌의 색상이 밤 야경이 멋진 홍콩의 컬러와 어울린다는 느낌도 든다.

게다가 야경을 제대로 감상할 수 있는 황금시간 새벽 3시까지 운영한다는 것도 장점이다.

홍콩의 야경을 충분히 즐긴 관광객들이 숙소로 향하는 대신 지친 발걸음과 허기진 뱃속을 해결하기 위해 찾을 수 있는 최적의 식당이니 말이다.

그래서 마살라 가게 앞엔 거리에 사람들이 메뉴를 미리 볼 수 있게 가게 앞에 메뉴판을 놓고, 주요 메뉴는 현수막으로 만들어 가게 입구에 걸어두기까지 했던 게 아닐까? 인도 느낌이 배가 되는 잡지의 관련 페이지나 각종 뉴스랑 요리 메뉴 소개를 가게 앞에 붙여두고, 가게 입구는 유리 통문으로 만들어서 가게 안이 드러나 보이도록 만든 것도 장점이었다.

손님들이 얼마나 많이 다녀갔는지 문턱이 헤진 걸 보면 이곳의 인기를 알 수 있지 않을까?

그런데 가만히 보니, 마살라의 컬러가 홍콩의 컬러랑 닮았다는 생각이 확실해진다.

맞다.

새벽 3시까지 영업하는 가게, 홍콩의 컬러랑 닮은 가게 분위기, 거기에 인도 카레가 주메뉴인 아이템이다. 홍콩 속에서 맛보는 인도의 맛, 그 콘셉트가 정확해지는 순간이다.

"그럼 인도 사람들이 홍차를 먼저 마시고 나중에 중국에 전해져서 중국인들이 마신 거야?"

영희 누나가 앞에 놓인 생맥주 잔이 모두 비워진 걸 확인하고 기지개를 펴며 내게 물었다.

이른 아침에 일어나서 쇼핑을 다녀온 여성, 허기진 상태에서 식사보다는 시원한 생맥주를 마시며 갈증을 먼저 풀려는 여성, 점심식사겸 브런치로 식사할 때 생맥주 한 잔쯤 마셔주는 건 아무렇지 않게 생각하는 영희 누나였다.

"인도에 홍차가 전해진 시기는 영국령일 때 중국에서 차를 가져온 영국인들에 의해서래요. 그래서 마시는 방법도 차 받침에 차를 덜어서 마시는 사람들도 있다고 하죠."

"그럼 인도에선 티백인가? 마살라 차이를 마시는 방법도 다양하겠네?"

"그렇긴 하지만 전통적으론 조금 달라요. 인도에선 찻잎을 오래 끓인 후에 우유를 다시 추가로 넣고 우려내면서 설탕을 조금씩 넣어가며 맛을 내요. 품질이 좋은 차잎은 뜨거운 물에 바로 우려서 마살라 차이를 만들어 먹지만 품질이 다소 낮은 차 잎들은 오래 끓여서 만들어요. 영어에 더스트 티dust tea라고 부르는 표현도 있어요."

"그런데 일본에서도 차는 사실 도자기 컵에 마시는데 여긴 조금 다른 거 같은데?"

"인도에서는 금속 재질로 만든 컵이 깨끗하다고 여기는 경향이 있어요. 그래서 도자기보다는 금속 재질의 컵을 사용하고요 아니면 유리 컵을 사용하는 게 대부분이에요."

어느 나라에서나 보게 되는 현지 스타일의 음식점 이야기가 아니다. 홍콩에 마살라는 중국의 차 문화와 맞닿은 인도식 홍차 이야기이기도 하고, 홍콩을 찾은 영국인과 인도인들에게 향수를 갖게 해주는 추억의 메뉴이기도 하다.

오랜 비행으로 늦은 아침 호텔에서 일어난 당신을 생각해 보자. 느지막하게 시내에 나가서 간단한 조식과 차 한 잔을 마시고 싶은데 마침 인도식 카레가 특색인 인도식 홍차 가게가 있다면? 화려한 인테리어가 아니고 번잡한 시내도 아닌 곳에, 주택가 인근에 자리 잡은 작은 가게라면 그 자체로서 매력적이지 않은가?

[팁] "가게 이미지는 사람들에게 알려지는 기술"

세일 행사만 전문으로 하거나 프랜차이즈가 아닌 가게, 대리점이나 로드샵, 백화점 shop에 어울리는 가게가 아니라면 굳이 가게 인테리어가 필요한 건 아니다. 가게 인테리어는 가게 안으로 손님을 초대하는 기술인 동시에 가게 이미지를 높이는 전략이기 때문이다.

가게 인테리어는 손님들이 가게를 어떻게 생각하는가의 문제다.

그래서 가게의 브랜드는 가게가 파는 아이템으로 정해지기도 하고, 손님들의 이미지를 만들어주는 대리역할을 하기도 한다. 어떤 브랜드 가게를 이용하는가에 따라, 어떤 브랜드를 들고 다니는지, 어떤 브랜드 식당에서 사람을 만나고, 어떤 브랜드 식당에서 식사를 하는지 등등, 손님들의 이미지를 만드는 데 매우 중요하다.

물론, 가게 인테리어가 중요하다고 해서 평(3의 제곱미터)당 비싸야 한다는 건 아니다. 가게 특성에 맞게 소품 하나만으로도 가게 인테리어를 살릴 수 있고, 직원들의 앞치마 하나, 서비스 멘트 하나만으로도 인테리어가 차별화가 될 수 있다. 가게 이미지는 가게 주인의 미소 띤 얼굴 하나만으로도 훌륭한 이미지가 된다.

카레 가게를 차렸는데 손님들이 오더니 '인도 카레가 아니네?' 수근거린다며 불만이라는 가게 주인이 있다. 카레 가게를 하려면 그럼 모두 인도 스타일로 꾸며야 하는 거냐며 되묻는다. 그러려면 인도 가서 카레 먹지 왜 서울에 자기 가게 와서 카레를 먹냐고 항변한다. 맞는 말일까?

아니다. 손님들이 옳다. 카레의 원산지는 아무래도 인도가 맞다. 그러나 손님들이 원하는 건 인도 카레 그 맛이 아니다. 당신 가게의 스타일이다. 인도 느낌 충문하게, 혹은 인도 정서 보이는 소품 하나만이라도 있었다면 손님들은 만족한다. 최소한 '인도'를 아는 가게에서 카레를 먹었다고 여긴다. 당신 가게엔 카레는 있지만, 인도가 없어서 손님들이 떠나가게 된 이유였다.

치킨이 다 같은 치킨이지, 뭐가 다른 거야?

"드디어 홍콩이네? 나 오늘 기대해도 되는 거지?"

"아무렴. 그날 서울에서 가본 식당 기억하지?"

모처럼 여름에 홍콩을 찾은 유키를 만난 건 홍콩전시회에서 이듬해 신상품 트렌드를 시장조사하러 출장길에 오른 무렵이었다. 공교롭게도 같은 시기에 홍콩을 찾게 된 덕분에 유키와 나는 홍콩 시내에서 만나서 저녁 식사를 같이 하기로 약속을 했다.

그리고 유키와 내가 나눈 이야기는 그로부터 얼마 전, 서울에서 겪은 어느 가게의 일이었다.

어느 날 서울.

"죄송합니다만, 저희 가게는 전화 예약은 받지 않습니다. 직접 오시면 6시 전에 예약하실 수 있고요, 6시부터 예약 순서대로 자리 안내해드리고 있습니다."

"그런 게 어디 있어요? 내가 돈 준다니까요?"

일본에서 입국한 '유키'가 나를 만나 저녁 식사를 할 장소를 하루 전에 예약하려는데 전화 예약이 안 된다고 난리였다.

잔뜩 화가 난 모양이었다.

예약만 하고 안 올까 봐 그런 거라면 식사 대금을 미리 입금하겠다고 해도 가게는 요지부동이라고 했다. 가게 직원은 유키의 엄포(?)에도 불구하고 한사코 전화 예약은 안 된다고 하며 난색을 보였다.

도대체 어떤 가게이기에 전화 예약이 불가능한 건지 오히려 점점 더 직접 가봐야겠다는 오기가 생겼다고 했다.

"아니, 그 가게는 너무 이상하잖아? 예약도 하고 식사 대금도 미리 준다는데도 전화 예약은 안 된데! 그런 가게가 어디 있어? 안 되겠어, 그 가게 가봐야지. 같이 가자, 응?"

유키는 이날 자기가 서울에서 소문난 어떤 식당을 가려고 했는데 예약이 안 된다는 가게가 있다며 나를 데리고 같이 가보기로 했다. 나는 유키를 위한 통역겸 그 가게의 비밀(?)에 대해 유키에게 이야기해줄 역할을 맡았다.

"여기야? 거기가?"

대단한 식당인가 보다며 궁금해 하는 유키를 데리고 방문한 식당은 테이블 수 15개 정도 되는 퓨전음식점이었다. 얼마 전 TV에도 소개되고 인근 사람들에게 맛집으로 소문난 곳이라기에 기회를 만들어 방문한 기억이 있다. 일전에 다녀갔던 기억이 있는 가게였다.

"어서 오세요."

가게 안으로 들어서자 경쾌한 목소리의 20대로 보이는 여자 직원이 인사를 했다.

먹자골목 한쪽에 복합쇼핑몰 건물로 올라선 지 5분 만에 일이다.

가게 안에는 테이블마다 빈자리가 없이 꽉꽉 들어찬 상태였다. 출입구 쪽으로 왼편에 주방과 카운터 계산대가 놓였고 우측으로 차례를 기다리는 손님들이 줄을 서 있었다.

가게 안쪽에 작은 의자를 3개 정도 두어 앉아서 기다리는 손님도 있었고 출입문을 열고나서면 가게 앞에서 줄을 지어 기다리는 손님들이 보였다. 손님들은 애당초 기다리기를 작정하고 온 모양이었다. 카운터에 와서 이름을 등록해두고 직원이 불러주기 전까지 시간을 때우는 중이었다.

내 옆에 섰던 유키가 가게에 기대 이상으로 사람들이 많은 걸 보더니 살짝 놀란 눈치였다.

"이 가게 진짜 유명한가 보네?"

이 가게에 찾아오는 길은 어렵지 않았다.

지하철역에서 내려 3번 출구로 나서면 바로 앞에 건물이 있는데 1층엔 닭갈비집, 2층엔 공주카페, 3층엔 치킨점 등이 입점해 있고 5층에 우리가 가려는 가게가 있었다. 5층에 올라가서 엘리베이터에서 내리자 바로 앞에 ㅇㅇ가게를 안내하는 표지판이 눈에 들어왔다.

메뉴는 매운 갈비, 잔치국수, 피자 3종류가 기본으로 나오며 음료수 2잔까지 포함해서 상당히 저렴한 편이었다. 대학생들이나 청소년들이 오기에 부담 없는 가게였다. 그래서인가, 가게에 기다리는 사람들을 자세히 보면 10대 후반에서 20대 연령층으로 보이는 사람들이었다.

"그래도 그렇지, 전화 예약도 안 받는 건 좀 그런데?"

"가만. 기다려. 메뉴도 맛보고 분위기도 봐야지."

"이게 하나씩 주문하면 얼마지? 3가지를 한 번에 모아서 주는 메뉴네?"

얼마나 시간이 흘렀을까?

유키와 함께 사업 얘기 겸 시간을 보내고 자리에서 일어서려는데 음식이 남았다.

가게에선 잔치국수나 매운 갈비 외에 피자가 남을 경우 포장을 해준다고 했다. 매운 갈비도 포장을 해 달라면 해주지만 식어서 먹으면 맛이 없고 전자렌지나 후라이팬에 데워도 별로 맛이 없다고 했다. 가게에서 먹는 거랑 포장해서 다른 장소에서 먹는 거랑 맛이 다른 점은 이해해 달라는 얘기였다.

한국의 잔치국수는 포장이 불가능한 음식이니 그렇다지만 매운 갈비는 왜 나중에 데워먹으면 맛이 없을까? 유키가 고개를 갸웃거리며 궁금하다고 내게 물어봤다. 오히려 매운 갈비보다 차라리 피자를 데워먹으면 맛이 더 없지 않은가? 매운 갈비는 다시 뜨겁게 데워 먹으면 괜찮을 것 같은데 맛이 없다는 이유가 뭐냐고 물어봤다.

"매운 갈비는 고기 상태랑 양념이 혼합되는 순간의 맛이 중요해. 고기는 주문을 받고 즉석에서 익혀서 양념을 뿌려 나오는데, 양념이 고기에 스며들기 전에 입 안에서 섞이는 맛이 맛있잖아? 양념이 고기에 배어들게 되면 입 안에서 느끼는 식감이 줄어들거든. 그리고 피자는 이 가게가 천연치즈를 쓰기 때문에 나중에 데워 먹어도 그 맛이 처음 맛과 똑같진 않지만 비슷한 맛을 낼 수 있을 거야. 식용유에서 뽑아내는 인공치즈로는 다시 데운다고 해도 치즈 상태가 굳어 있기 때문에 만들어낼 수 없는 불가능한 맛이거든."

유키가 내 이야기를 듣더니 놀라는 눈치다.

유키는 내 이야기를 듣더니 그러면 음식 포장이야 그렇다고 하더라도 전화예약을 받지 않는 이유를 다시 물었다. 미리 식대를 받으면 가게로선 손해 볼 일이 아닐 텐데 왜 전화 예약은 거절하는지 이유를 물었다.

내가 말했다.

"몇 시부터 몇 시까지 전화 예약을 받으면 이 가게도 나쁘지 않을 거야. 그런데 손님이 와도 정확한 맛을 서비스해주기가 어려울 거야."

"응?"

"여기 가게는 하루 판매할 일정한 식재료를 준비해서 장사를 하는데, 전화 예약을 받으면 예약한 손님 인원수하고 예약 없이 가게에 방문하는 손님 인원수까지 고려해서 식재료를 준비해야 하거든. 가게에 오는 손님들 인원은 가게에서 장사를 해보면서 어림계산이 가능한데 전화 예약하는 손님들 인원수는 변동되는 경우가 많아서 그래."

전화 예약을 하는 손님들은 3명이 온다고 했다가 5명이 오기도 하고, 10명이 온다고 했다가 안 오기도 한다는 얘기였다. 최소 2명이 오기로 예약을 했지만 만에 하나라도 1명이 와서 식사를 하게 되면 나머지 1인분 식사는 재고로 남길 수밖에 없어서 아까운 낭비가 된다는 얘기였다.

예약 손님이 식대를 미리 준다고 해도 미리 사둔 식재료를 버리게 되니 오히려 더 낭비라는 이야기다.

"미리 돈을 줘도 전화 예약 해주기 어려운 이유지."

"아, 그렇구나. 이제야 알겠어. 그런데 6시 전에 와서 손님들이 예약하면 그 예약은 받아주는 이유가 뭐야? 6시 넘어서 오면 문 앞에서 기다리게 하면서."

나는 유키를 바라보며 여전히 미소를 머금은 얼굴로 대답을 이어나갔다.

유키는 가게 테이블에 내 맞은편에 앉아 있었다. 테이블 위에 올려둔 음료수가 남은 모양이었다. 빨대가 꽂은 상태인 걸 확인하더니 얼른 자기 입에 가져가 한 모금을 빨았다.

“여기 가게는 오전 11시부터 새벽 1시까지 장사를 하거든. 그래서 점심 식사 준비, 저녁 식사 준비가 하루 일과 중에 큰 부분이야. 저녁 6시 전에 오셔서 예약하면 가게에서 저녁 식사를 준비하는데 일정한 분량을 맞출 수가 있어서 가능한데, 6시가 넘어서 오는 손님들은 따로 식사를 준비해야 해서 기다리게 해야 되거든.”

“식사 준비?”

“이 가게는 저녁 6시부터 저녁 식사 준비를 해. 6시 전에 와서 예약을 하면 그 손님들 인원수까지 감안해서 저녁 장사할 식재료를 준비해두기 시작하지. 그런데 6시가 넘어서 오거나 평소와 다르게 손님이 많은 날이 되면 이 가게가 장사를 제대로 하지 못하는 거야. 신선한 식재료를 제공하는 게 이 가게 일 중에 제일 중요한 일인데 1차적으로는 어제 장사에서 남은 식재료가 없고, 오늘 장사하다가 남은 식재료를 내일 다시 팔 수는 없기 때문에 오는 손님을 다 받지도 못하는 일이 벌어지는 셈이지.”

하루에 판매할 정량을 정해두고 식재료를 구입해서 모두 사용한다는 얘기였다.

유키는 내 이야기를 듣는 동안 고개를 끄덕이며 감탄하는 표정이었다. 손님의 테이블에 올렸던 반찬이나 식재료들은 다른 손님 테이블에 올리지 않고 남은 반찬은 무조건 폐기한다는 얘기이기도 했다.

신선한 재료를 준비해서 하루 장사할 분량만큼만 판매하고 나머지 재료는 다음 날로 넘기지 않는 게 가게의 방침이었다. 메뉴는 기본 세팅 가짓수가 3가지 이상이기에 손님들 수도 기본적으로 2명 이상, 3명 이상의 일행 손님이 많았다. 메뉴 가짓수를 저렴하게 맞춰서 제공했더니 손님 인원수가 늘어나고 결과적으로 매출이 더 높아졌다.

유키와 내가 탄 택시는 어느 덧 홍콩 최대의 번화가 침사추이 거리에 들어서는 중이었다. ‘광동따오’라고 쓰인 도로 표지판이 눈에 들어왔다. 택시는 MTR 침사추이역 A1 출구 앞 쪽으로 향했다. 유키와 내가 택시기사에게 따로 이야기하지 않아도 될 일이었다. 오늘 택시는 유키와 홍콩에서 만나기로 한 날 일찌감치 예약해둔 경우였다. 드디어 택시가 도착한 곳은 LOCK Rd.樂道 진입로 앞이었다. 유키와 나는 택시에서 내렸다.

"아휴, 말도 마. 그날 겪은 일 생각하면 나 자신이 무안하다니깐."

유키가 나를 보며 고개를 설레설레 젓는다.

한국에서 독특한 방식으로 영업하는 가게가 있다는 걸 알게 된 날이라고도 했다. 전통을 지키고 싶어 하고 일본인 특유의 세심한 서비스를 장점으로 삼는 일본 가게들과 다르게 한국인들만의 장인정신유키는 그 표현을 가리켜 '한국인의 고집'이라고도 불렀다이 돋보이는 가게여서 인상이 좋았다고 했다.

"다 왔다. 여기야."

"어디?"

이날 유키와 내가 홍콩에서 찾은 작은 가게는 '매캐니즈' 음식이 특색인 가게였다. 매캐니즈macanese라고 했더니 어느 한국인은 '매캐한 연기가 나는 숯불구이집이야?' 물어보던 일도 기억났다. 하지만 웬걸? 매캐니즈란 마카오에서 태어난 사람을 말한다. 의미상 이해하기론 16세기 이후로 마카오에 살던 포루투갈 민족을 조상으로 하는 마카오 사람이란 의미가 되겠다.

"매캐니즈 음식이란 그럼 포르투갈 사람들이 먹던 음식을 말해?"

일본인 특유의 어설픈 영어 발음으로도 매캐니즈라는 발음은 제법 또렷이 들렸다. 일본어에 5가지 모음을 사용해서도 발음하는 데 어려움이 없어서였다.

"응. 이를테면 포르투갈 음식과 중국에 광동식 요리의 혼합 스타일 메뉴야. 사실 마카오는 16세기 이후로 포르투갈 사람들에 의해 450여 년 식민지였던 곳이거든. 1999년에 중국에 반환된 곳이 마카오인데, 그 전에 포르투갈 사람들이 아프리카 사람들을 마카오에 데려다가 요리를 시켰는데 그 당시부터 맛보게 된 게 바로 아프리칸 치킨이야."

"신기하다."

"그렇지? 홍콩에서 맛보는 마카오 음식인데, 그걸 만든 건 포르투갈 사람들이 데려온 아프리카 사람들이니 말이야."

"그걸 지금 맛보려고 하는 게 한국 남자랑 일본 여자잖아? 도대체 몇 나라가 섞인 거야?"

"그래서 홍콩은 글로벌 도시, 그 자체야. 내가 홍콩을 좋아하는 이유이기도 하고."

유키랑 눈이 마주친 내가 웃고 말았다.

한 술 더 떠 유키는 홍콩에서 한국 남자와 대화하면서 일본어를 사용하는 중이었다. 내가 이야기하는 동안 유키는 일본 여성 특유의 '네~' 발음을 연신 내뱉으며 감탄사만 연발하는 중이었다.

이래저래 생각해봐도 굉장히 복잡한 순간이라는 생각이 들었던 모양이었다.

"사람이 많네. 여긴 맛집이 틀림없어!"

유키가 매캐니즈 가게 앞에 늘어선 손님들을 보더니 양손을 들고 손뼉 치듯 부딪히며 소리쳤다.

"지금 몇 시지? 우리 여기서 오늘 식사나 제대로 할 수 있을까?"

"줄이 길긴 한데. 잠시만. 이 가게는 아침 7시부터 다음 날 새벽 2시까지 영업하는 곳이야. 식사 때에 맞춰 오면 손님들이 많긴 한데, 그래도 기다려야지. 그럴 만한 가치가 있어."

유키가 나를 보며 웃었다.

그럴 만한 가치가 있다고 말하는 내 이야기가 왠지 '여자들 사이에서나 주고받는 이야기'로 여겨진다고 말했다. 남자들은 보통 이렇게 길이 길면 '다른 데 가자'하든가, '다음에 먹자'고 하는데 내 대답은 달랐다는 얘기였다.

마치 여자들끼리 맛집에 온 것처럼 얼마간 기다리더라도 이 가게 안에 들어가서 맛을 보고 싶어 하는 마음이 느껴지더란 얘기였다.

가게에 커다랗게 붙은 간판엔 마카오 레스토랑이란 영어가 표시되어 있었다.

한자로 오먼차찬팅澳門茶餐廳이라고 쓰였는데 그 의미는 마카오 식당이란 뜻이다. 가게 간판을 쳐다보며 유키를 따라 줄을 서는데 유키랑 내가 선 위치에 이어, 얼마 지나지 않았는데도 순식간에 또 손님들 행열이 만든 줄이 어마어마하게 길게 생겨버렸다.

MTR 침사추이 역에서 내려서 A1 출구 앞 LOCK Rd.樂道 진입로 부분, 주소는 Shop A & B, G/F, Lokville Commercial Building, 25-27 Lock Road, Tsim Sha Tsui, Kowloon, Hong Kong에 있다. 아침 6:30에 시작해서 다음 날 새벽 2시까지 영업하고, 전화번호는 852-2366-8148를 참고하자.

"이게 도대체 몇 시간만이야?"

드디어 가게 안으로 들어온 유키가 자기 허벅지 부분을 주먹으로 툭툭 치며 빈자리가 보이는 테이블에 앉았다.

"아프리칸 치킨."

가게 점원에게 메뉴판에 보이는 메뉴를 주문하곤 식당 안을 둘러봤다.

유키는 손을 씻고 온다며 잠시 테이블을 비운 뒤였다. 가게 안에는 사람들이 꽤 많았다.

중국에서 온 가족 단위 관광객들도 있고 미국이나 유럽 쪽에서 온 것으로 보이는 일행들도 여러 테이블마다 자리를 차지하고 있었다.

가게 안에 들어오면 동그란 원형 테이블에 철제 의자가 놓여 3~5인석 자리가 대부분인데 아이를 동반한 가족들이나 관광객들이 대부분인 게 특징이라고 할까?

가게 안에서 바라보는 가게 천장엔 마카오 지역의 옛 사진들을 비치해두고 오래된 역사 이야기를 들려주는 듯하고, 가게 벽면 한쪽엔 인가 프로그램을 방송 중이며, 가게 한 쪽에 뻥 뚫린 창밖으로는 홍콩의 복잡한 도로 사정이 그대로 드러나 보였다.

'복잡'하다는 단어로도 설명이 안 되는 홍콩의 출퇴근 시간대 교통체증 상황은 무엇을 상상하든 그 이상이라고 보는 게 맞다. 어쩌면 이 가게의 전략은 밖에서 교통 체증에 시달리지 말고 가게 안에서 맛있는 식사를 즐기자는 것인지도 모르지만 말이다.

그래서일까?

가게 안에 한쪽 벽면을 거울로 만들어 둔 덕분에 이 식당 안이 더 넓어 보이는 것도 눈에 띄는 부분이었다.

가게 안에서 유난히 눈에 들어오는 물건(?)도 하나 있었다.

메뉴판 위에 떡하니 자리 잡은 아프리카 닭이다. 우리나라 오골계는 아닌데, 다 큰 닭이 아프리카 추장처럼 장신구를 한 게 눈에 보이고, 포르투갈 국기 컬러와 영어 알파벳이 쓰인 현수막이 꽃줄기에 이어져 닭 옆에 보이게 한 것도 특색이었다.

메뉴판뿐만 아니라 한쪽 식당에 닭 모양 도장인가?

조형물을 만들어 두고 인테리어 꾸미기에 열심인 걸 보아하니 매캐니즈 이 식당에서 대표 메뉴가 아프리칸 치킨이 된 게 낭설은 아니었다.

"이거야?"

"응, 어때?"

드디어 아프리칸 치킨 메뉴가 유키와 내가 앉은 테이블 위에 나타났다.

영어로 설명하는 명칭은 '생강 토마토 타마린 소스와 달걀프라이를 곁들인 매캐니즈 스타일 아프리칸 로스티드 치킨Macanese-Style African Roasted Chicken With fries and ginger-tomato tamarind sauce'가 되겠다.

"뭔가 버터 맛이 나면서 꽤 식감도 좋고 맛이 훌륭하네? 이거 어떻게 만드는 거야? 나 일본에 돌아가서도 이거 먹고 싶을 거 같은데?"

유키가 테이블 위에 놓인 아프리칸 치킨 한 조각을 베어 먹어보더니 감탄사를 연발하며 만드는 법이 궁금하다고 했다. 내가 웃기만 하자 다시 닦달하듯 조리법을 알려달라고 보챘다.

"만드는 방식에 따라 조금씩 맛은 달라. 소스가 가장 중요한 건데, 일반적인 소스 조리법을 소개하자면 이래. 먼저 버터를 준비해서 녹여. 그리고 약간의 버터를 더 준비해두고, 마늘을 으깨서 준비해둬야지."

"그리고?"

유키는 아프리칸 치킨을 포크에 꽂아 집어든 상태에서 조금씩 입속으로 넣어 깨물어보며 마치 맛을 음미하듯 식사 중이었다. 한입 베어 물 때마다 '오오!', '우흠!'이란 감탄사를 잊지 않았다.

"곱게 간 후추랑 강황이 준비되면 쿠민을 후추와 강황의 1/2 정도로 준비해야 해."

"쿠민?"

"응. 미나리 종류의 채소야. 쿠민 씨앗은 양념으로 사용하는 재료지."

"아하."

이제 보니 유키는 자신의 접시 옆에 스마트폰을 켜두고 내 이야기를 녹음 중이었다. 아프리칸 치킨 조리법이 실제로 많이 궁금하긴 했던 모양이었다.

"그리고 후추랑 강황 정도의 백리향이 필요해. 혹시 백리향 알아?"

유키가 나를 보고 괘를 가로 저으며 입가에 미소를 지어보였다.

물어보나 마나 모를 게 빤한데 겸연쩍다는 표시였다.

이럴 때면 내가 느끼는 게 하나 있는데, 유키와 나는 서로의 눈빛이나 표정만 봐도 상대방이 무슨 말을 하고 싶은지 아는 사이가 되었다는 점이었다. 남자와 여자 사이에도 말을 하지 않고도 서로 통하는 뭔가가 있다는 얘기다.

"타임thyme이라고 부르는 건데. 약이나 향료로 사용되는 거 있어. 그게 필요해. 그리고 '고수'라는 채소도 필요해."

"그거? 아, 알아. 서울에서 중국식당인가 어디서 식사할 때 나온 거. 향이 굉장히 독하던데?"

"쌀국수 가게였지? 중국어로는 샹차이香菜라고 부르는데 영어로는 실란트로cilantro라고 해. 이걸 저민 상태로 준비해야지."

유키가 나를 보는 시선 그대로 고개를 끄덕였다.

"그리고 코코넛우유랑 어느 정도로 숙성된 백포도주, 토마토를 으깨서 물을 조금 넣고 걸죽하게 만든 토마토 퓨레가 필요하고, 그 외에는 소금이랑 매운 가루 정도 준비해서 간을 보면서 양념으로 쳐주면 좋아."

"그럼 바로 먹는 거야?"

"아니, 아니. 이 소스를 만들어서 닭에 잘 바른 후에 알루미늄포일에 잘 싸서 하루 정도는 냉장실에 넣어두고 숙성을 시켜야지. 그리고 오븐을 달궈둔 상태에서 1시간 정도 익혀주고, 다시 소스를 바른 후에 30분 정도 더 익혀주는 거야. 그리고 나면 치킨을 옆으로 뉘여서 아까 준비했던 여유분의 버터 있지? 그걸 발라주고 난 후에 다시 15분 정도를 익히게 되는 거야. 치킨 빛깔이 황금색이 될 정도로 상태를 보면서 익혀주면 오케이."

유키가 고개를 끄덕이더니 내게 설명이 끝난 건지 묻는다. 말은 하지 않았지만 유키의 눈빛이 그랬다. 내가 고개를 끄덕이자 유키가 스마트폰 녹음을 멈췄다.

아프리칸 치킨 메뉴의 특색은 특히나 치킨과 맥주를 좋아하는 우리나라 상황에도 추천되는 메뉴다. 마카오에서 포르투갈 사람들이 즐기던 아프리카 사람들의 조리메뉴인 점을 배제하면, 전통적으로 오래도록 사람들이 즐기는 전통 메뉴라는 이야기가 된다. 가게 크기는 넓을 필요도 없고, 포장주문 위주로 가족 단위 예약제 가게로 운영해도 좋다.

[팁] "가게는 아이템을 돋보이게 만드는 기술"

대부분의 가게는 상품을 생산하는 게 아니므로 제품의 크기를 만들 순 없지만 손님들이 보기에 상품을 돋보이도록 만들어주는 기술이 필요하다. 가게 밖에서 들여다보이는 가게 내부가 있다고 하자. 어느 각도에서, 어느 상품이 보이는지 염두에 두고 쇼윈도 창 공간으로 들어오는 손님들 시선을 생각해야 한다. 쇼윈도뿐 아니라 문틈으로, 가게 문에 달린 작은 창으로, 가게 밖에서 보이는 인테리어도 생각해야 한다.

작은 상품은 손님들이 놓치지 않도록 가게 안에서 크게 보이는 진열을 해주고, 큰 상품은 다른 상품들과 비교해서 너무 튀어 보이지 않도록 작게 진열해주는 노하우가 중요하다. 가게 인테리어는 상품의 크기를 만들 순 없지만 손님들에게 진열하면서 상품의 매력을 돋보이게 해줄 순 있는 노하우다.

단, 가게만의 특별한 아이템이 있다면 다른 건 중요하지 않다. 손님들은 가게 안에서 그들이 원하는 걸 찾을 뿐이다.

손님들이 먹고살기 어렵다는 애기뿐인데, 딱히 해줄 건 없고

MTR을 타고 야우마테이 역에서 내리는데 문득 일본에서 지하철을 타던 기억이 난다.

"일본이나 홍콩이나 크게 다르지 않아."

우리나라 지하철에 해당되는 MTR은 홍콩 도심 곳곳을 빠짐없이 연결하고 있는데 고층건물들이 좁은 땅에 밀집한 홍콩 특성상 건물 지하층과 지상층까지 사이사이를 육교로 연결해둬서 사람들의 왕래가 자유롭도록 해둔 점이다.

일본이란 나라는 조용하면서도 제대로 꽉 짜인 질서의 나라라는 인상을 받는데, 그 느낌 이상으로 다르게 표현할 단어도 없다.

도심 곳곳을 연결하는 지하철이 근교 주택가로 이어져 많은 사람들이 지하철과 JR(우리나라의 국철)을 이용하여 생활하는 풍경은 우리나라와 비교해서도 크게 다를 바 없겠지만 출퇴근 시각에 일본인들과 어울려 보면 많은 사람들 중간에 나 혼자 동떨어졌다는 느낌을 받을 때가 있다.

한 마디로 일본인들의 움직임 그 자체가 '거대한 생명체가 꿈틀거리는' 느낌이라고 할까?

마치 지렁이가 땅속을 기어갈 때 그 옆에서 지렁이 몸을 보고 있다는 걸 상상하는 그런 느낌과는 다르겠지만 이따금 가슴이 답답하고 숨이 턱턱 막히는 기분도 든다.

조용한 일본인들이 더욱 그렇다.

잠자코 자기 길을 가는 일본인들의 얼굴엔 주위 사람들 얼굴을 쳐다볼 여유가 없다. 아니 오히려 교육받은 대로 행동할 뿐이란 이미지를 받게 한다.

JR오카치마치역에서 지하철을 두 번 갈아타고 긴자銀座 방향으로 이동하면서 느낀 기분이다. 거대한 정체불명의 덩어리의 흐름 속에 나 혼자 떠밀려 가는 기분을 느끼는데도 그 많은 사람들이 이동하면서 내 귀를 불편하게 만드는 소란스러움이나 시끄러움은 찾아볼 수 없다.

지하철에 타고나서도 마찬가지다.

서로 등이 떠밀리거나 지하철 차량 안에서 자리가 좁을 땐 불편하다는 기색을 나타낼 법도 한데 일본인들은 그런 게 없다. 밀리면 밀리는 대로 좁으면 좁은 대로 잠자코 있는 모습이다.

“아참, 나 갈아타야 하는데?”

오늘 찾아가야할 지하철역을 찾으며 개찰구를 지날 때였다.

마지막으로 갈아타야할 지하철역은 개찰구를 빠져나와서 다른 지하철선으로 갈아타야 하는데 그 이동 경로가 우리의 상식과 다르다. 지하철역을 완전히 빠져나가서 시내를 조금 걸어간 후 다시 다른 역으로 들어가서 개찰구로 들어가는 방식이다.

갈아타는 역과 역 사이가 지하에서 연결되어 있지 않아서 아예 거리로 나간 후 다시 지하철역으로 들어가야 한다,

“그냥 집에 가도 모르겠다.”

개찰구를 빠져나온 후 지하철 표를 잊어버릴까 걱정되어 양손에 힘이 들어간 것도 무리는 아니었다. 지하철역을 빠져나와서 근처 갈아타야할 역으로 걸어가는 내 모습이 신기하기도 하다. 한국에선 상상하지 못할 상황 아닌가? 예를 들면, 서울에서 3호선 타다가 거리로 나와서 다시 1호선 역으로 걸어가는 기분이다.

"저기다!"

5분이나 걸었을까?

도쿄 시내를 걷던 나는 갈아타야 할 지하철역 표지판을 확인하고 발걸음을 서둘렀다. 마침 점심시각이 조금 지난 시각이라서 그런지 지하철역 주변 거리엔 몇 걸음 디디지 못하고 앞에 오는 사람들과 부닥치지 않기 위해 서로 길을 골라야 할 정도로 많은 사람들이 거닐고 있었는데도 말이다.

식사를 마치고 사무실로 들어가는 사람들도 많았고 늦은 점심식사를 하기 위해 빌딩을 빠져나와 식당을 찾는 사람들만 거리에 가득했을 뿐이었다.

"홍콩에선 우산 없어도 걱정 않는다?"

MTR역 지하청로와 고층건물들 사이 육교 덕분이다. 대부분의 육교엔 지붕이 있어서 비를 맞을 염려도 없고 도로변 건물들도 1층과 2층을 지을 때 1층은 안쪽으로 더 들어간 구조로 지었기에 보행자 통로가 확보된 곳들이 대부분이다. 비가 내려도 우산 없이 쇼핑을 즐길 수 있는 곳이 홍콩이다.

홍콩에선 이따금 매운 맛이 당길 때가 있는데 비가 오거나 습기 찬 날씨 혹은 하루 종일 무더워서 차가운 음료수로 하루를 때웠을 때다. 설탕물로 느끼해진 목을 자극해 줄, 상큼하면서도 건강에 좋은 매운 맛이 당기는 그런 날을 말한다.

내가 이 날 가는 곳은 MTR을 타고 야우마테이Yau Ma Tei, 油麻地 역에서 내려 C 출구로 나가면 보이는 곳, 홍콩 관광객들에게 유명한 야시장 '템플스트리트'다.

홍콩에선 출퇴근 시간대에 겪게 되는 교통 혼잡이 정말 답답하지만 그렇다고 해서 밤 시간대에 원활한 도로 상황을 기대하는 건 아니다.

홍콩사람들의 토근 시간대를 피해서 느지막하게 밤 9시에 숙소를 나섰는데 그래도 여전히 도로 거리 곳곳엔 인산인해다. 야경으로 유명한 홍콩의 밤거리라서 일까? 아니다. 대부분의 가게들이 자정을 훌쩍 넘긴 시각까지, 새벽 3~4시까지도 영업하는 곳들이 있어서다.

"드디어 도착."

템플스트리트에 들러 해산물 레스토랑에 들러보면 그 중에서도 특색을 갖춘 시푸드 식당을 보게 된다. 노변 식당의 모양새는 여느 가게들하고 다른 점이 없어보지만 게 요리와 새우 메뉴로 유명한 가게가 바로 그곳이다. 이따금 맛있게 매운 맛이 생각날 때면 내가 자주 찾는 곳이다.

이 가게의 대표적 메뉴는 새콤하고 달콤한 맛에 매운 크랩게 요리인데 마늘과 칠리 소스로 버무린 맛이 일품이다. 가격은 3인분 정도에 홍콩달러 300 달러이고, 칼칼한 맛이 독특한 새우볶음도 일품이니 같이 곁들이면 더 좋다. 자리를 잡고 앉아서 메뉴판에 적어놓은 영어 표기를 보니 진하게 튀겼다고 할까? Deep fried shrimps 이거나 deep fried crab로 시작된다. 재료의 구석구석까지 잘 튀겨서 위생적으로도 안심할 수 있겠다는 생각이 든다.

통타이 시푸드 레스토랑

堂泰통타이 **海鮮**하이센 **菜館**차이꽌

간판에 커다란 새우 모양 네온사인이 붙은 곳이다.

MTR을 타고 야우마테이Yau Ma Tei, 油麻地 역에서 내려 C 출구로 나가서 바로 옆 야시장템플스트리트로 향한다. 밤 9시는 되어야 오픈해서 자정 너머까지 운영되는 야시장 골목에서 구경하다 보면 슬슬 배고파질 때쯤 통로 대로변 눈에 들어오기 좋은 위치에서 딱 보게 된다.

간판 바로 옆 도로변에 테이블을 놓은 이유는 순전 손님들 때문이란 걸 알게 된다.

가게 주위를 오가는 사람들 수가 어찌나 많은지 좁지 않은 골목골목에서 넘치는 중이긴 하지만 그래도 그렇지 대부분 관광객 쇼핑상품 가게 중에서 해산물 식당이라니? 그런데 잠시 지켜보기만 하더라도 금방 그 이유를 알게 된다. 쇼핑으로 바쁠 것처럼 보였던 사람들이 가게 안으로 손님들이 저절로 들어올 정도다.

사람들이 쇼핑을 멈출 정도로 뭔가 매력적인 비밀이 숨은 곳, 드러나지 않게 무언의 유혹을 하는 이곳에선 일단 가게 안에 들어와 보면 식당 벽 쪽에 붙은 커다란 요리 사진을 보는 순간 자기가 왜 이 가게 안에 있는지 이해하게 된다.

가게 이름이 레스토랑이라고 하니 혹시라도 이 글을 읽는 독자들은 인테리어가 좋고 조용하고 아늑하고 멋진 서빙을 받는 그런 레스토랑으로 오해할까 봐 미리 말해둔다. 식당이란 영어 표기가 레스토랑일 뿐이고 다른 이유는 없다. 이곳의 분위기를 설명하자면 시장통 좁은 골목 어귀에 모퉁이 가게라고 보는 게 적절할 듯싶다.

'오늘은 뭐가 신선하지?'

메뉴판을 보며 혼잣말처럼 중얼거렸더니 이내 가게직원이 옆에 수조를 가리킨다.

가게에서 메뉴를 주문할 때는 가게 안쪽 벽에 붙은 메뉴 사진을 보고 고르면 되겠다는 얘기다. 그리고 이 가게는 신선한 재료를 손님들이 직접 볼 수 있도록 식당 도로변 벽 앞에 수조 안에 진열해두었는데, 가게 옆을 다니는 사람들이 신선한 재료를 이용하는 식당이란 걸 알게 해주는 효과도 되고, 그런 재료로 식사하는 손님들을 부러워하는(?) 느낌도 갖게 해주는 효과가 있었다.

'와! 재료들이 싱싱하네! 가게에 저 사람들은 저렇게 신선한 재료로 식사를 하는구나! 사람들이 많은 걸 보니 맛집인 게 틀림없어!'

통타이 식당을 지나다니는 사람들의 생각이지 않을까?

그리고 도로변 테이블에서 식사를 하다가 비가 오면 비 맞지 않냐고? 파라솔이 없다고? 홍콩은 더운데 도로변에서 먹다가 비 맞으면 낭패라고? 그 정도 염려도 걱정 말자, 도로변 테이블 위를 보자. 접이식 차단막이 설치되었다. 비가 내려도 언제든 식사하는데 이상 없다. 파라솔을 미리 설치해두면 간판이 안 보이고 거리에 사람들이 메뉴판을 볼 수 없기에 평소엔 접어둘 뿐이었다.

"홍콩에선 영어도 되고 중국어도 된다는데 정작 문제는 우리가 한국어만 된다는 거 아냐? 그런데 이 가게엔 메뉴판에 엄청 크게 요리 사진이 있고 메뉴이름이 알파벳 기호로만 되어 있어서 '아, 나도 주문할 수 있겠구나!' 싶더라니깐. 솔직히 여기 템플스트리트에는 쇼핑 구경만하러 왔다가 다른 데 가서 식사하려고 했는데 메뉴판 보니까 그냥 지나칠 수 없겠더라고"

맞다. 메뉴판은 손님들용뿐 아니라 사람들에게 홍보용이다.

내가 통타이에 들러 맥주를 곁들인 매운 새우요리로 식사하는 중에도 관광객들로 보이는 일행들이 가게 안으로 들어오면서 금방 빈 좌석이 남아나질 않았다. 한국인들뿐 아니라 외국 거래처로 보이는 일행을 데려온 홍콩인들도 손님들이었다.

"근데 여기처럼 구운 요리들을 파는 가게엔 냄새 때문에라도 오기 꺼려지는 경우가 있는데 이 가게엔 냄새가 안 나네?"

옆 테이블에 앉은 여자손님들이 나누는 이야기였다.

그 순간 내 눈에도 이곳의 배기통이 들어왔다. 거리에 사람들이나 테이블에 앉은 손님들에게 해가 없도록 튼튼하게 철제 배기관을 만들어서 위쪽으로 구멍을 열어둔 게 아닌가?

가게 주위를 다니거나 가게 안에서 식사를 하더라도 냄새가 옷에 묻을 염려는 하지 않아도 좋았다. 비가 내리고 습기 찬 날씨에서도 가게 안에 모든 안 좋은 냄새는 가게 밖으로 내보내는 구조였다.

그리고 이곳의 전략을 한 가지 더 추가하자면, 가게 간판은 철제간판으로 조명을 달아 더욱 반짝이게 한 것도 특색이라는 점이다.

생각해보자.

템플스트리트는 밤시장이다. 밤에 열린다. 빛이라고는 가게들이 켠 조명들뿐인데 그 사이에서 통타이식당이 주목받으려면 어떻게 해야 할까? 주변에 주어진 조명을 최대한 활용하는 방법이다. 주변에 휘황찬란한 가게들 사이에서도 통타이식당이 사람들 눈에 쏙쏙 들어오게 된 이유다.

이 가게의 매력은 '생각나는 매운 맛'이라고 할 수 있다. 하지만 뭔가 이 가게만의 특별한 소스맛이 어우러진 매운 맛이라기보다는 무더운 여름날이나 얼큰한 국물이 당기는 날 또는 하루 종일 열심히 일하고 적당히 피곤할 즈음 스트레스를 풀려는 기분이 들 때 생각나는 매운 맛이다.

지리적 이점도 있다.

세계에서 관광객들이 몰리는 템플스트리트가 바로 옆이란 점이다. 물론 관광명소와 가깝다는 이점은 이 가게를 추천하는 요소가 아니다. 오히려 이 가게는 사람들의 생각을 간파해서 자리를 열었다고 봐야한다.

또 생각해보자. 가게들로 둘러싸인 지역에선 손님들이나 상인들이나 거래를 하면서 말을 많이 한다. 목이 칼칼해지고 약간의 스트레스도 생긴다. 그럴 때 생각나는 매운 맛 메뉴가 특색이 되었다는 얘기다.

[팁] "가게는 손님들이 편하게 이동하게 해주는 포장도로다"

가게 밖 사람들에겐 가게 안으로 들어와 보고 싶게 해주는 포장도로이고, 가게 안으로 들어온 손님들에겐 가게 안에서 고속으로 달릴 수 있을 정도로 편안함을 느끼게 해주는 포장도로다.

사람이 많아서 북적거리는 혼잡도로가 아니다.

골목이 막혀서 자동차가 들어갈 수 없는 주택가 골목이 아니다. 가게는 가게 밖에서나 안에서건 사람들이 편안하게 다닐 수 있는 포장도로다. 사람들이 팔을 뻗기 쉽고 멈추기도 쉬우며 구경하기도 쉽게 해주는 포장도로다.

그래서 가게는 손님들이 쉬어가는 휴식의 장소가 되어야 한다. 그들이 필요로 하는 가게여야 한다. 스트레스가 쌓인 손님들에겐 스트레스 해소의 장이 되어야 한다. 그러면 손님들이 아무리 멀어도 찾아온다.

가게에 손님들이 먹고살기 어렵다는 얘기뿐인가? 매운맛의 메뉴를 내놓자. 인기를 끌게 된다. 가게 밖에 파라솔을 두고 가게 앞에 여유 공간에 테이블을 놓자. 스트레스가 쌓인 사람들의 속을 풀어주고 큰 소리로 이야기해도 남의 시선 받지 않는 가게가 된다.

아이스크림 담는 거 보면 난리도 아냐

"그건 옛날 얘기야. 요즘 젊은 사람들은 안 그래."

홍콩에서 태어나서 대학까지 나온 후 홍콩에서 살아가는 홍콩여성 '줄리Julie'의 이야기였다. 내가 줄리의 이야기를 소개하면서 유난히 '홍콩'이란 단어를 많이 적은 이유는 글로벌 국제도시가 된 홍콩에서 오리지널 홍콩사람을 찾는 게 쉽지 않은 점을 강조하기 위함이다. 순전 홍통토박이 줄리는 타임스퀘어에 자리 잡은 빌딩에 있는 프랜차이즈 컨설팅 회사에 다닌다.

"과거엔 손님들에게 배려도 하고 그랬지만 요즘엔 먹고 살기 바빠서 그럴 여유가 줄어들었어."

가게 안에 도착한 줄리는 창가 쪽 테이블을 골라 앉았다.

서빙을 보는 직원이 손님들 테이블 사이를 다니긴 했지만 다가와서 유리컵을 내려놓는 일은 없었다. 손님들이 가게 안에서 왕래가 자유로운, 손님들이 직접 먹을 것을 골라서 담은 셀프 BAR 형태의 가게였다.

줄리의 이야기는 사실이었다.

요즘 젊은층 세대들은 예전에 사람들이 말하던 그때의 사람들이 아니었다. 남에게 피해를 주기 꺼려하고 상대방에게 예의를 깍듯이 대우하는 예절은 예전의 모습과 많이 달랐다. 서구화된 문화 스타일 때문에 지극히 개인주의적인 면모도 많이 드러나고 부모와 자식 세대 사이에 전해지는 예절의 의미가 많이 퇴색되었다는 느낌도 사실이었다.

줄리가 등을 뒤로 젖히며 의자에 기댄 자세로 나를 보며, 마치 내 생각을 다 읽었다는 식으로 거리낌 없이 말했다.

"그게 왜 그런 줄 알아? 1995년부터인가? 일본발 경기침체가 시작된 지 벌써 20년이야. 2007년엔 미국발 경기침체가 시작된 지 벌써 10년이 다 되어가고 있어. 1990년대 후반 무렵이지? 그 당시에 청소년이었던 아이들이 자라서 30대 청년층이 된 거야. 아이를 낳고 부모들이 된 거지. 그 사람들이 요즘 젊은 세대들인데, 생각해 봐. 자기가 어릴 때 어른들에게 교육받은 대로 했는데 왜 지금도 어렵냐는 거야. 직장 생활 아무리 열심히 해도 부자가 되는 건 불가능하다는 걸 알게 된 거고, 취업한다는 자체도 좋은 직장? 평생직장? 그런 건 오래 전에 이미 끝났다는 걸 알아버린 거야. 그러니 예전 어른들이 하던 이야기가 귀에 들어오겠어? 시키는 대로 했는데 왜 이 모양 이 꼴로 살아가게 되느냐? 응? 반감을 갖는 거야. 그게 요즘 젊은 사람들이지."

"그래서 기성세대들에게 반감도 갖고 그러는 건가? 그래도 그렇지, 자기 인생은 직접 개척할 줄도 알아야지 않겠어?"

줄리는 내가 요즘 사람들에 대해 너무 모르는 거 같다며 이번 기회에 자기 이야기를 잘 들어두라는 식이었다.

"그런데 웃긴 게 뭔지 알아? 나처럼 유학을 다녀오거나 한 게 아니라 오직 국내에서만 자란 사람들은 워낙 어렸을 때 교육을 잘 받아둔 탓에 불만이 있어도 겉으로 잘 내색을 안 해. 경기침체가 지속되는 건 누군가 다른 사람의 문제이고, 내 문제는 아니라는 식이지. 자기 자신은 혼자 먹고살 돈만 있으면 된다는 식이야. 결혼? 가정? 그런 거 중요하게 여기지도 않아. 어렸을 때부터 자기만 알고 자라난 사람들이 많고, 어른이 되어서도 남에게 피해주지 말라고 배워. 남의 일엔 철저히 무관심한 거, 그게 사람들이거든. 요즘 사람들은 남의 일에 무관심하고 남에게 피해 안 주는데서 더 나아가 자기 일에만 집중하는데 익숙한 사람들이야."

줄리의 이야기는 틀린 내용이 없었다.

아르바이트만 하며 살아가는 젊은이들에 대한 이야기는 어제 오늘 일이 아니었다. 대기업도 경쟁이 밀리면 하루아침에 쇠락하는 상황에서 청춘들에게 더 이상 평생직장이란 기대할 바가 아니었다. 어떻게 생각하면 청춘들은 당장 먹고살 여유분의 돈만 구할 수 있다면 혼자서라도 편하게 살아갈 수 있다고 여기는 중이었다.

오죽하면 요즘 사람들 사이에 '평생 현역'이란 말이 생겨났을까?

태어나서 교육 받고 회사에 다니고 결혼하고 아이를 낳아서 가정을 꾸린다는 개념 자체가 흔들리게 되어버린 사회였다. 103세에 회사에 다닌다는 남자의 이야기가 '노익장' 덕분이 아니라 '일하지 않으면 생계가 어려운 현실'의 문제가 아닐까 생각해봐야 된다는 의미다.

남녀 2명이 결혼해서 최소한 2명의 자녀를 낳아야만 현재의 인구가 유지(?)된다고 할 때, 남녀 2명이 결혼도 안 하고, 결혼을 한다고 해도 아이를 안 낳거나 낳아도 1명만 낳는 게 요즘 현실이었다.

생각해보자.

2명이 1명만 낳는다면 얼마 못가서 현재의 인구가 절반으로 줄어든다는 얘기랑 같다. 10명이 인구라면 금방 5명이 된다는 얘기다. 그 5명도 오래 가지 않아 2.5명이 되고, 제일 마지막엔 1명만 살아남았다가 멸망한다는 논리가 가능했다.

근데 이게 먼 미래 일이 아니란 점이 더 큰 문제다.

요즘엔 65세 인구가 15세 이하 인구를 초과한 상황이다. 65세 넘는 할아버지 할머니들이 15세 이하 청소년들보다 더 많다는 얘기다. 할아버지 할머니들은 점점 많아지고 15세 이하 청소년들은 점점 줄어든다는 얘기랑 같다. 이렇게 나아가다간 어느 순간부터 할아버지 할머니만 있는 나라들이 된다는 뜻이다.

이게 무슨 문제냐고 의문이 든다면 이 경우를 생각해보자.

정부에서 선거를 했는데 60세 이하 투표율 60%이고 60세 이상 투표율이 40%일 경우라도, 그 정부의 정책에 젊은 세대의 의사가 반영되는 게 아니다. 노년층 인구가 훨씬 많기 때문이다. 노년층 투표율이 40%라고 해도 실제 투표권자 수는 젊은 층의 배 가까이 될 수 있다.

"어느 나라들이나 다 똑같네. 결혼도 안 하거나 늦어지고 애도 안 낳고 그러는 거."

"한국도 그래?"

이런 식이었다.

"나 알지? 나도 프랜차이즈 컨설팅하기 전에는 프리터였거든. 고등하교를 졸업하고 대학에 가긴 싫었는데 난 공부보다는 빨리 사회에 진출해서 일을 배워서 내 사업을 하고 싶었어."

줄리가 말하는 '프리터'란 フリーター라고 쓰는데 영어로는 freeter라고 표기한다.

그 원뜻은 Free Arbeitor(프리 아르바이터)의 줄임말인데 정식 회사에 다니기보다는 근근이 아르바이트를 하면서 자유롭게 살아가는 사람을 가리키는 단어다. 따지고 보면 요즘 사회에서 프리터가 혼자 살아가기에 어려운 편은 아니다.

예를 들어, 커피점에서 아르바이트를 할 경우 시급 6,000원 정도를 받는다고 하자. 하루에 5시간만 일해도 하루에 3만 원씩이니 월급 90만 원이다. 이 돈이면 한국에서 1인 주택에서 살 경우 월세 임대료로 50만 원을 내고도 40만 원 정도 남는다.

40만 원으로도 한 달을 산다.

식당에서 한 끼 식사를 해결할 경우 5,000원 정도이고, 쇼핑몰 옷가게에서 2~3만원 정도면 옷을 살 수 있으며, 아메리카노 커피가 1,500원짜리도 있으므로 한 달 생활하기에 부족한 돈은 아니다. 한 달 내내 꼬박 일해서 받는 월급이 아니라 하루에 5시간 아르바이트로 한 달 일했을 때 버는 돈이다. 한국에서도 2015년 시점부턴 시급 6,500원 정도 되었다고 하니 머지않아 한국에도 많은 프리터들이 등장할 미래가 예상된다.

"갑자기 목이 마르네. 우리 뭐 좀 먹으면서 이야기할까?"

줄리와 나는 튜티멜론tutti melon에 있다.

튜티멜론은 침사추이에 더원 쇼핑몰 3층에서 만날 수 있다. 에스컬레이터랑 맞닿은 위치에 동물 캐릭터가 그려진 가게라서 찾기도 쉽다. 그리고 봉지국수는 한 가지 재료에 HK$2.5 달러 정도이고 몽콕의 CTMA몰 1층, 뉴타운몰 1층에서 볼 수 있다. 주말이나 공휴일, 저녁 무렵엔 많은 사람들 속에서 줄을 서야할 정도로 인기 가게이다.

"그래. 나 먹고 싶은 게 있는데 그거 고를게."

"나도 아까부터 봐둔 거 있어. 사람들이 그걸 꼭 퍼가더라. 새로 나온 토핑인가?"

그렇다. 튜티멜론은 손님이 자기 스타일대로 아이스크림을 만들어 먹는 셀프 아이스크림 가게다. 아이스크림 가게에서 주문형 영업방식은 흔하다고?

아니다. 이 가게에선 자기가 퍼서 자기가 먹는 거다. 무게만 달아주는 건데 말이 한마디도 필요 없다 점이 특색이다. 외국어를 모르는 사람들도 얼마든지 자기 입맛대로 아이스크림을 먹을 수 있다.

토핑 재료로 자기 마음대로다.

자기가 먹을 분량의 컵을 들고 맘껏 담은 후에 계산대에 가서 무게만 달고 돈을 지불하면 그걸로 끝이다. 그 아이스크림은 자기만의 것이 된다. 점원과 손님들이 서로 말 한 마디 안 하고도 거래가 이뤄지는 방식이다. 어쩌면 그렇게 요즘 '간섭받기 싫어하는' 트렌드와 딱 맞춘 것인지 놀라울 지경이다.

"난 여기가 편한 게, 내 맘대로 이거든. 점원에게 이거 달라, 저거 달라 안 해도 되고 그냥 내 맘대로 퍼 담으면 되잖아."

주문형 아이스크림 가게에 간 기억을 더듬어보자.

점원에게 이거저거 담아달라고 하면 '내가 이거 인기 메뉴를 고른 걸까?' 걱정되고, 점원에게 추천해달라고 하면 '혹시 잘 안 팔리는 메뉴 주는 거 아냐?' 의혹이 생긴다. 근데 무게만 다는 이 가게에선 온갖 재료를 내 맘대로 다 넣어도 누구하나 눈치를 주거나 받는 이가 없다.

'내가 먹겠다는데…'

그러니 아이스크림 뷔페라고 보면 되겠다.

뷔페이긴 한데 여러 메뉴를 한 접시에 놓고 순서대로 집어먹는 게 아니라 여러 재료를 섞어서 나만의 아이스크림을 만들어 먹는 게 특색 있는 뷔페다.

이 가게와 다른 방식의 주문형 아이스크림 가게도 물론 있다.

이것저것 고를 테니 점원이 퍼서 섞어달라고 하는 것이고, 여러 아이스크림을 차례대로 먹어보는 것일 수 있다. 하지만 여긴 여러 가지를 섞더라도 결국엔 손님이 직접 만든 하나의 아이스크림을 만들어 먹는다는 것이므로 또 다르다.

"나 여기 처음 왔을 때는 살짝 당황했잖아."

줄리는 중간 크기의 컵에 형형색색의 토핑을 얹은 아이스크림을 만들어 왔다. 방금 전 자리를 비운 자기 자리에 앉은 줄 리가 나를 보며 말했다. 아이스크림 한 스푼을 떠서 입안에 넣는 것과 동시였다.

"나란 여자도 군것질 진짜 좋아하거든. 식사를 해도 디저트도 먹고 또 다른 걸 사먹으니까. 이건 뭐 식탐 정도가 아니라 완전히 걱정될 수준이었잖아."

"괜찮아, 넌 아무리 먹어도 살이 안 쪄. 예쁘기만 한데 뭘."

줄 리가 나를 보며 놀란 얼굴을 지어 보이며 고개를 들었다. 아이스크림을 먹던 스푼을 컵 옆에 내려놓더니 박수를 친다. 그리고 나를 보며 미소를 짓는다. 이쯤 되면 나는 줄 리가 내게 무슨 말을 할지 짐작하게 된다. 보나마나 칭찬이다.

"어쩜 그렇게 여자들 마음을 딱딱 알아서 듣고 싶은 이야기만 해준대?"

줄리는 이 당시만 해도 몰랐다. 그런 내가 지금 이 책을 쓰고 있을지 말이다.

"홍콩에 오면 사람들은 과일 주스랑 디저트에 꽂히거든. 그런데 난 우연히 여기 지나가다가 가게를 보고 들어왔는데 이거 뭐 완전 내 스타일인 거야. 내 맘대로 만들어 먹는 아이스크림이잖아?"

"여기 침사추이에 이 건물 생긴 지 얼마나 됐지? 3층에 이 가게 생겼다는 얘기는 들었는데."

"같이 올 사람이 없었지?"

내가 먼저 이야기를 하면 줄리도 장단을 맞췄다. 이래저리 쿵짝이 잘 맞는다. 줄리가 다시 아이스크림을 한 스푼 떠서 입 안에 넣었다. 일찌감치 바닐라 이스크림을 잔뜩 퍼온 나도 아이스크림을 먹기 시작했다.

"컵이 더 큰 게 없더라."

튜티멜론에서 아이스크림을 먹는 방법은 재미있으면서도 간단하다.

우선 자기가 먹을 분량대로 아이스크림을 담을 컵을 고른다. 많이 담더라도 가게에서 목 멋으면 가져가도 되므로 적당량을 담을 고르도록 한다.

컵을 고른 후에는 이제 아이스크림을 고르면 된다.

10가지가 넘는 아시크림들이 눈앞에 펼쳐진다. 딸기, 바닐라, 요거트 등등, 먹고 싶은 아이스크림을 적당량씩 담는다. 여러 종류를 섞어 담아도 되고 한 가지만 담아도 된다. 완전한 자기 선택이다. 토핑재료로 마찬가지 방식으로 담는다. 그런데 여기서 여자들만의 공통된 점이 드러난다.

"나 여기 처음 와서 아이스크림 담을 때 있잖아, 맛을 생각하기보다는 이상하게 자꾸 예쁘게만 담고 싶더라니까."

줄리의 이야기였다.

맞다. 대부분의 여성들이 튜티멜론에 오면 아이스크림을 담을 때 자기가 고른 컵에 맛보다는 모양을 생각해서 예쁘게 담으려고 하는 경향이 있다. 어느 한 가지를 많이 넣진 않는데 다양하게 넣는 사람들도 보인다.

이것저것 맛을 다 보고 싶어 하는 이유에서다.

그리고 튜티멜론의 가격 방식이 아이스크림 종류에 상관이 없고 오로지 무게로만 계산하는 것도 이유다. 아이스크림 담기가 끝나면 컵을 들고 계산대 앞에 놓인 저울에 올려두면 가격이 표시된다. 돈을 내면 이제 그 아이스크림은 그 사람 것이 된다.

"내가 여기 언제 왔지? 아, 맞다. 꼬치 먹고 뭔가 시원하고 상큼한 거 먹으러 왔었어."

"꼬치? 페이제분식점肥姐小食店 갔었어?"

"홍콩에 살면서 거기 모르면 안 되지."

줄리와 내가 이야기한 페이체분식점肥姐小食店은 홍콩의 맛집을 즐기는 사람들이라면 누구나 아는 홍콩사람들의 간식거리로 유명한 가게다. 문어랑 돼지곱창을 주재료로 꼬치 메뉴를 파는데 손님이 자기가 고른 재료로만 꼬치를 주문해서 만들어 먹는다는 게 차이점이다. 꼬치 한 개에 홍콩달러 15달러 정도로 원화 2,200원 정도2015.10.29.시점의 가격이다.

"페이제분식점肥姐小食店 몽콕旺角에 있는 거?"

"응. 몽콕이 대박이지. 진짜 홍콩 사람들이 뭘 먹는지 궁금하면 몽콕에 가야한다니깐."

"꼬치라고는 하지만 한국에서는 거랑은 차원이 다르지. 한국에선 떡꼬치나 오뎅꼬치 등인데 페이제꼬치는 왕문어부터 시작해서 덩어리가 엄청 큰 것들을 고르는 대로 꼬치로 만들어 주잖아. 핫도그나 햄버거처럼 포장해서 보면 패스트푸드 같아 보이기도 하거든."

"몽콕뿐 아니라 침사추이나 커즈웨이베이 지역에도 있어."

"그걸 먹어야 진짜 홍콩 맛을 안다고 할 것 같아. 보통 다른 꼬치가 홍콩달러 6달러 정도잖아? 2배 이상 비싼 데도 그게 끌린다니깐."

"달걀빵도 알아?"

줄 리가 신바람이 난 표정이었다. 아이스크림을 먹으면서 또 먹는 얘기를 하는 게 전혀 낯설지가 않다.

"달걀빵? 또 그게 완전 최고지."

홍콩에서 먹는 달걀빵은 일정한 동그랗게 홈이 파인 프라이팬에 달걀반죽을 넣고 구워낸 것인데 한국의 붕어빵과 비슷하고 그 안에 딸기시럽이나 초콜릿 등을 넣어 색다른 맛을 내는 달걀빵도 많다. 겉모양만 보면 와플과 비슷하면서도 와플처럼 네모난 틀이 아니라 동그랗게 생긴 빵덩어리가 줄줄이 짜인 모습이다. 한 개씩 떼어 먹기 편하게 되어 있고 누구나 좋아하는 간식이다.

달걀빵은 한 개에 HK$10~13 정도인데, 소문난 가게에서는 번호표를 받고 줄을 서야할 정도로 인기가 높은 아이템이다. 침사추이의 네이던 로드Nathan Road와 힐우드 로드Hillwood Road의 코너에 있는 가게도 인기 맛집이다.

"줄리, 그럼 봉지국수 먹어 봤어?"

"봉지국수? 아! 카트누들Cart Noodle!"

줄리가 손뼉을 치며 웃었다.

이쯤 되면 나도 홍콩사람 이상으로 제대로 된 홍콩의 맛을 다 먹어봤다는 얘기였다. 줄 리가 내 이야기를 들을 때마다 놀라는 것도 같은 이유에서였다. 한국 남자가 홍콩여성들이 좋아하는 길거리 음식을 줄줄이 꿰고 있으니 말이다. 줄 리가 대학생 시절에도 그렇고 어렸을 때부터 먹고 자란 음식들인데 그걸 내가 다 알고 먹었다고 하니 줄리와 나 사이에 공통분모가 생긴 덕분이었다.

"나만의 국수! 카트누들이지."

내가 봉지국수라고 말한 걸 줄리가 카트누들로 바로잡아준 메뉴는 몽콕 지역에서 맛볼 수 있는 길거리 음식의 대표적 히트 아이템이다. 몽콕의 CTMA몰 1층에서 가게를 볼 수 있는데 어마어마하게 다양한 해초, 문어, 조개, 곤약, 소시지 등등 여러 종류의 재료들 중에서 원하는 걸 고르면 소스랑 섞어서 나만의 국수를 만들어 봉지에 담아주는 방식이다.

엄지 척.

줄리는 자기가 좋아한 길거리음식들과 홍콩에서 맛보는 다양한 가게들에 빠져 어른이 된 지금도 프랜차이즈 컨설팅을 주업으로 삼을 만큼 전문가가 되었다. 이날 줄리가 나랑 홍콩의 가게들과 음식 이야기를 하면서 놀라워한 이유도 줄리만큼 홍콩의 다양한 가게들과 여러 먹거리에 대해 알고 있기 때문 아니었을까? 줄리가 나랑 이야기하던 내내 자주 '엄지손가락을 들어 보이며' 대단하다는 감탄사를 연발한 것도 같은 이유에서였다.

[팁] "손님이 원하는 대로 메뉴를 서비스하라"

튜티멜론과 봉지국수, 페이졔꼬치의 특색은 '나만의 메뉴'라는 데 있다.

아이스크림 가게인데 누구나 똑같은 게 아니라 손님 개개인마다 다른 아이스크림을 먹게 해주고, 국수를 먹더라도 개인 입맛에 맞게 골라서 먹을 수 있으며, 꼬치메뉴를 먹더라도 자기가 원하는 재료만 골라서 꼬치를 만들어먹을 수 있다는 점이다.

가령, 우리가 흔히 보게 되는 꼬치를 떠올릴 수 있다.

고추랑 파, 햄이랑 게맛살 등을 가느다란 나무에 꿰어 프라이팬에 튀긴 꼬치를 생각해보자. 아이들은 햄이랑 게맛살만 빼놓고 고추랑 파는 꼬치에 그대로 끼워두거나 버리지 않았는가? 어른들은 아이들에게 파랑 고추도 먹일 심산으로 게맛살이나 햄은 꼬치의 가장 안 쪽에 넣어두기도 했지만 아이들은 그래도 자기가 원하는 것만 쏙쏙 빼먹고 나머진 버려두는 게 태반이었다.

국수도 마찬가지다. 가게 주인이 만들어주는 국수를 먹으면서 자기 입맛에 따라 국물이 싱겁네, 국물이 짜네, 다대기가 많이 들어갔네 등등, 이런저런 볼멘 불평을 한 기억이 있다. 이렇게 한 번 나빠진 인상은 두 번 다시 그 가게에 가고 싶지 않게 만들지 않았는가? 이럴 때, 손님들 모든 입맛에 맞춘 국수 메뉴를 파는 가게가 생겼는데 성공하지 말라고 해도 성공을 할 수밖에 없는 가게가 되었다.

아이스크림 가게를 하는데 손님들이 자유롭게 담도록 하고 접시당, 컵당 요금만 받았더니 난리도 아니어서 불만이라는 가게 주인이 있다. 무슨 에베레스트 산을 만드는 것처럼 삐쭉하게 솟은 아이스크림을 보면 헛웃음만 나오더라는 얘기였다.

그래서 그에게 손님들이 자유롭게 담도록 하고 그릇당 요금 대신 무게별 가격을 매기라는 이야기를 했다. 손님들은 그릇당 요금을 받으면 어떻게 하든 많이 담으려고 하지만 무게당 요금을 받으면 자기가 먹고 싶은 아이스크림을 만들게 될 것이란 이야기였다. 며칠 후 가게주인은 얼굴에 함박웃음을 지으며 연락을 해왔다. 가게에 손님들이 더 많아졌다는 소식이었다. 아이스크림을 먹는 손님들이 기존 메뉴 외에 자기만의 아이스크림을 만드는 것에 즐거워하더라는 얘기도 덧붙였다.

⁂홍콩에서 나오며⁂

나만 좋아하는 걸 팔지 말고 나도 좋아하는 걸 팔아라!

글로벌 도시 홍콩에서 세계 각국의 사람들의 입맛을 맞추고 치열한 경쟁에서 살아남는 전략을 이야기한다. 휘황찬란한 조명과 불 꺼지지 않는 거리거리가 특색으로 알려진 홍콩의 야경은 사람들의 기억에 남아 그들이 언젠가 다시 돌아오게 해주는 하나의 이유가 되었다. 그래서 홍콩의 최고의 가게들은 이른 아침부터 밤늦은 시각까지, 때로는 새벽까지도 가게 문을 닫지 않는다. 손님들이 그곳에 머물기 때문이다.

좁은 땅 홍콩이지만 세계 모든 인종이 살아가는 곳이라고 해도 과언이 아닌 곳, 홍콩의 성공하는 가게들은 저마다 살아남는 전략을 갖춘 가게들이었다.

아주 작은 차별화만으로도 지역의 명물이 된 가게도 있고, 사람들이 앞 다퉈 찾아오게 만드는 인기 명소가 된 가게들도 있다. 그들이 우리네와 다른 것도 아니었다. 그들이 무슨 대단한 자본으로 가게를 연 것도 아니었고, 아무도 못 만드는 기술로 그들만의 메뉴를 만든 것도 아니었다.

손님의 입장에서 손님이 불편해할 만한 것들에 집중했고 손님들이 필요로 하는 가게가 있다면 기꺼이 그 가게로 변모하기도 했다.

때로는 지역적 역사를 특색으로 삼아 가게의 인테리어를 꾸몄고, 중국을 대표하는 동물로써 팬더곰을 캐릭터화 해서 쿠키를 만들기도 했다. 과자들을 포장할 때도 그 가게만의 특색으로 개수와 진열방식을 고안해냈다. 손님들의 시선 하나하나를 절대로 놓치지 않고 소홀히 하는 법도 없었다.

그래서 한국의 창업자들, 자영업자들에게 시사하는 바가 크다고 할 수 있다. 잘 된다는 소문을 따라 무작정 가게를 열지도 않았고 우후죽순처럼 특정한 아이템을 따라 하는 가게들이 생기지도 않았기 때문이다.

무엇보다도 어떤 가게가 차별화된 메뉴를 만들고 특색을 만들었다면 기꺼이 그 가게의 고유함을 인정해주고 보호해주는 전략을 사용했다. 그들을 따라하는 전략보다는 그들과 또 다른, 자기만의 것을 만들기 위해 노력해온 사람들이었다.

이런 점에서도 한국의 자영업자들이 보고 배워야할 전략이 크다고 할 수 있다.

⁂글 나오며⁂

구인공고
"우리 가게에 오실 손님을 찾습니다"

당신이 이 책을 읽는다면 당신은 최소한 20세 이상 성인이다?

필자는 그보다 나이 어린 학생일지라도 창업에 꿈을 품었다면 읽기 바라지만 어쨌든 취업 대신 창업을 계획 중이거나 퇴직 후 창업을 염두에 둔 상태라면 당신은 20살 넘은 어른이 맞다. 혹은, 장사하다가 말아먹고 재창업을 해보려는 중이거나 그것도 아니라면 이제부터라도 가계살림에 도움이 되기 위해 조그만 장사라도 해보려는 사람이다. 어떤 입장이건 간에 당신은 장사를 하려는 중이다. 이 책을 그저 고양용으로 선택했던 당신이라도 책을 읽다가 '나도 장사를 해볼까?' 생각할 수 있으니 극히 적은 경우의 수는 빼기로 한다.

"나 여기서 살고 싶은데! 아, 진짜 한국 돌아가기 싫은데!"

"다음에 또 와."

"이 동네 집값 얼마나 될까? 진짜 여기서 살고 싶다."

모처럼 홍콩에 들른 최대박가명은 3박 4일간 짧은 휴가 여행을 마치고 귀국할 날이 되자 못내 발걸음이 떨어지지 않는 모양이었다. 지난 해 여름휴가를 미루고 올 겨울 1월에 들른 홍콩이었다. 한국은 영하 기온으로 매서운 추위가 극심한 겨울인데 홍콩은 반바지에 반팔 입고 다녀도 되는 영상 기온이었다.

최대박은 어쩔 수 없이 다음 여행 기회로 미루고 여행용 수트케이스에 꾸역꾸역 짐을 챙겨넣었다.

최대박은 국내에서도 알아주는 대기업에 다닌다.

재벌급은 아니지만 꽤 괜찮은 복지수준을 자랑하는 기업이다. 이따금 뉴스에도 소개되고 '젊은이들이 선호하는 직장' 명단에 이름을 올리는 곳이다. 최대박은 누가 보더라도 한국에서 성공한 직장인이다. 월차를 모아서 여름휴가, 겨울휴가로 장기간 유급휴가를 쓰고 상여금 800% 이상을 받는 회사가 흔하지 않다.

국내 기업 500위.

한국에서 기업 순위 500위 안에 들어가면 어느 정도 자산가치나 매출 규모 등에서 안정적인 회사로 평가받는다. 은행권에서도 국내 기업 500위 목록을 정해두고 나름 대출 이자 혜택이나 각종 금융상품 안내 등의 서비스를 지원해주는 경향이 있다.

예를 들어, S그룹에 다니는 직원은 대학 졸업 후 갓 입사해서 연봉이 3,000만 원이 된다고 하고, 다른 중소기업에 다니는 근무경력 5년 이상의 과장급 직원 연봉도 3,000만 원정도 된다고 할 때 금융권에서는 근속연한을 고려하는 대신 직장 규모를 따져서 신입직원에서 이자율 혜택을 더 준다. 신용대출 자금 지원도 가능하다. 그래서 요즘도 대기업에 입사하려고 매달리는 사람들이 많은 이유가 된다.

그런데 국내 기업 500위 안에 속하는 회사에서 근무하는 사람들은 몇 명일까?

10대 대기업은 약 1~2십만 명이 될 것이고 500대 기업까지 포함하면 한 회사당 수천 명씩 감안해서 전체적으로는 최소 100만 명 정도라고 계산할 수 있겠다. 그리고 이들의 가족까지 포함해서 4인 가족일 경우라면 국내 직장인 중에 400만 명이 되는 점인데, 최소한 이들 만큼은 경제적으로 쪼들리지 않고 안정적인 생활을 하는 사람들이라고 추정할 수 있게 된다.

그람 다시 조금만 더 숫자 계산을 해보자.

우리나라에서는 한 해에 35만 명 정도 인구가 태어나는데1995년 기준, 일본에선 약 150만 명 출생 20세에서 30세까지 인구를 추산해서 합해보면 대략 350만 명이 되는 셈이다. 이런 식으로 10년 단위로 끊어보면 1세부터 100세까지 인구는 약 3,500만 명이 되어야 하나 우리나라 인구 구조상 60세 이상 노령 인구가 다수이기 때문에 현재 5,000만 명이라고 하면 이들 중 절반 이상이 노인층이이 된다.

그래서 계산을 다시 해보면 1세부터 30세까지는 350×3 = 대략 1,050만 명, 40세 이후부터 3,950만 명가량 된다는 계산이 된다. 단, 이 수치는 통계청 인구센서스 값이 아니라 필자의 어림계산이므로 정확한 인구 분포는 다를 수 있다는 점은 염두에 두자. 사실, 이 계산에서 수치는 중요하지 않다. 여기서 말하려는 건 우리나라 인구 분포도를 대략적으로 일러두면서 나중에 가게 창업을 할 때 도움 된다는 점을 설명하기 위함이니까.

자, 그럼 당신은 장사를 해야 하는데 당신의 고객은 누가 될까 고민해야 한다.

고객의 연령대는 어디부터 어디까지인가? 당신의 고객은 안정적인 직장에 다니는 사람들로서 경제력을 갖추고 소비지출에 큰 무리가 없는 사람들이어 한다. 그래야만 당신의 장사도 매년 조금씩 성장을 할 수도 있고 장사가 안 돼서 먹고살 걱정 같은 건 안 해도 된다.

맞다. 당신의 고객은 위에서 말한 20세부터 30세까지 젊은 층이어야 하고, 대기업에 다니는 직장인들이어야 한다. 그들을 상대로 장사를 해야만 비교적 성공창업을 기대할 수 있다. 하루 벌어 하루 살아야 하는 극빈층이나 저소득층 상대로 장사를 하기엔 미래가 불안해질 수 있다. 당신의 장사는 가능하다면 소득이 안정적이고 지출 여력이 있는 사람들을 상대해야 한다.

그럼 이번엔 아이템이 문제다.

20세에서 30대까지 연령대에서 괜찮은 회사에 다니는 직장인들약 350만 명 중에 몇 %을 상대로 장사를 해야 하는데 당신이 자세히 보면 여기에 또 변수가 있다. 남자와 여자로 구분해야 한다. 남자용품인지, 여자용품인지 구분하면 당신의 고객은 더 줄어든다. 그러므로 이럴 땐 남자와 여자 모두에게 공통되는 아이템으로 선택하는 게 좋다. 뭐가 있을까?

인터넷을 뒤져보며 뉴스를 보고 시장조사를 해보자.

나이대만 검색해 봐도 요즘 20대에서 30대 사이 연령층 사람들은 지난 1986년부터 1996년 사이 출생자들로 이들의 부모들은 '아시안게임, 올림픽게임'을 겪은 사람들이고 1990년대 초 세계화 정책에 힘입어 조기유학, 해외연수, 배낭여행 붐을 겪은 젊은이들이란 걸 알게 된다. 뭐가 딱 집히는 감이 오지 않는가?

조금 더 검색해보자.

게다가 그 사람들이 해외여행을 자주 다닌다는 사실을 알게 된다. 남자 여자 할 것 없이 해외여행을 자주 다니는데 그들이 어릴 때부터 경험한 해외문화에 대한 향수 내지는 문화소유욕 때문이라고 이해할 수 있다. 그러고 보니, 요즘 뉴스에 나오는 게 '해외직구'하는 사람들이 많다는 얘기가 기억날 것이다.

국내 쇼핑몰에서 돈을 안 쓰고 해외직구에 나서는 이유는 그 사람들이 20세가 넘으면서 신용카드가 생겼기 때문이다. 학창시절엔 카드가 없어서 주로 인터넷카페나 블로그를 통해 '구매대행'만 하면 감지덕지하던 사람들이었다. 그들 손에 신용카드가 생겼으니 해외직구에 나서는 건 당연한 일이다.

이제 어느 정도 당신의 장사에 타깃으로 삼아야할 고객층이 드러나기 시작했다.

20~30대 젊은 층, 신용카드 소지자, 해외경험자, 안정적인 회사에 다니는 직장인이다. 당신은 이들을 상대로 어떤 장사를 할 수 있을까? 주점을 차리거나 식당을 한다고 생각해보자. 회사를 마치고 퇴근 후 들릴 가게가 되어야 하고, 주말 연인 데이트나 자동차를 몰고 근교로 나갈 수 있는 외식 코스가 되어야 한다.

그런데 이들이 직접 당신의 가게에 방문해서 즐기는 게 아니라면 당신은 이들을 상대로 무조건 온라인쇼핑몰을 해야 한다. 이들은 자기 시간 관리에 철두철미할 정도로 이해타산이 빠른 사람들이기 때문이다. 요즘 경기가 안 좋다고 아우성치는 가게들을 보자. 기꺼이 돈을 쓸 준비를 하고 있는 고객들을 전혀 모르는 그들이다. 세상에 돈은 많다.

> 가게를 하려는가? 사람들 머릿속에서 문을 열자.
>
> 사람들의 흐름을 따라가는 가게만 되면 성공한다. 일본인들이 불황을 이겨내고 장사를 이어온 것은 시대를 앞선 히트상품이 아니고, 사람들을 깜짝 놀라게 한 명품도 아니었다. 사람들 곁에서 함께 숨 쉬며 함께 사람들이 필요한 제품을 파는 가게가 되어 함께 살아온 덕분이었다.
>
> 가게에 역사를 담자.
>
> 가게가 숨을 쉬기 시작하고 살아나기 시작한다. 때로는 집이 가게

가 되었고 가게가 집이 된다. 당신이 이 책에서 배운 바대로 성공시킬 당신의 가게가 어느새 거기 있지 않은가? 지금 당장 당신의 가게 문 앞에 써 붙이자. 당신의 첫손님이 기다린다. 잘 되는 가게엔 분명 이유가 있다.

구인공고 "우리 가게에 오실 손님을 찾습니다"

일본식당 – 골목장사 천재들

2021년 9월 09일 초판 1쇄 인쇄
2021년 9월 17일 초판 1쇄 발행

글 · 사진 / 이영호
발행인 / 고우용
발행처 / 도서출판 서훈
등록일 / 1997년 11월 25일
출판등록 / 제 2018-000062호
주소 / 서울특별시 은평구 갈현로47가길 22
전화번호 / 02)324-6577
팩시밀리 / 02)324-6177

정가 / 70,000원

ISBN / 978-89-6249-150-0 03320